Baedeker

Allianz Reiseführer

Großbritannien und Nordirland

www.baedeker.com

Verlag Karl Baedeker

TOP-REISEZIELE ✶✶

Großbritanniens Sehenwürdigkeiten sind zahlreich und über das gesamte Inselreich verstreut. Hier vorab zur besseren Orientierung eine Übersicht über die absoluten Top-Ziele, für deren Besuch man allemal auch größere Umwege in Kauf nehmen kann.

1 ✶✶ Bath
Bath – ein berühmtes Heilbad mit warmen Quellen, das schon die Römer zu schätzen wussten und das die UNESCO zum Weltkulturerbe erklärt hat. ► **Seite 204**

2 ✶✶ Cambridge
In der traditionsreichen Universitätsstadt am Ufer des River Cam gibt es mehr als 30 schöne alte Colleges. ► **Seite 243**

3 ✶✶ Canterbury
Nach Canterbury fährt man hauptsächlich wegen der bedeutenden Kathedrale, die im Mittelalter berühmte Pilgerstätte war.
► **Seite 251**

4 ✶✶ Channel Islands
Die Kanalinseln liegen vor der Küste der französischen Normandie. Landschaftlich sehr reizvoll und klimatisch vom Golfstrom geprägt – ein beliebtes Reiseziel nicht nur für Engländer. ► **Seite 266**

5 ✶✶ Chester
Chester begeistert auf den ersten Blick: Die Stadt hat einen herrlichen alten Kern mit zahlreichen schönen Fachwerkhäusern.
► **Seite 274**

6 ✶✶ Cornwall
Cornwall, die Halbinsel im äußersten Südwesten von Großbritannien, zieht Scharen von Urlaubern an – zu Recht, denn die Küstenlandschaft und das milde Klima sind herrlich. ► **Seite 286**

7 ✶✶ Dartmoor
Dartmoor ist eine ungewöhnliche Moorlandschaft, die 1949 zum Nationalpark erklärt wurde. Markenzeichen sind die kleinen struppigen Dartmoor-Ponies.
► **Seite 307**

8 ✶✶ Durham
In Durham steht eine der schönsten anglonormannischen Kathedralen. Sie wurde im 12./13. Jahrhundert in einem kurzen Zeitraum in einheitlichem Stil gebaut und später kaum verändert. ► **Seite 325**

9 ✶✶ Edinburgh
Edinburgh ist nicht nur Schottlands Hauptstadt, sondern auch Kulturhochburg mit diversen Sehenswürdigkeiten. Besonders attraktiv ist die Stadt zur Festivalzeit mit vollem Kulturprogramm.
► **Seite 328**

10 ✶✶ Glasgow
Schottlands größte Stadt war 1999 »UK City of Architecture and Design«. Die einst graue Industriemetropole hat in beiderlei Hinsicht tatsächlich jede Menge zu bieten.
► **Seite 356**

11 ✶✶ Grampian Mountains
Die fantastische Bergwelt mit weiten Moor- und Heidelandschaften erstreckt sich im mittleren Schottland. Zahlreiche Whisky-Brennereien haben sich hier angesiedelt, sie nutzen das klare Quellwasser.
► **Seite 377**

20 Orkney Islands
23 Shetland Islands
19 Northwest Highlands
11 Grampian Mountains
25 St. Andrews
34 Falkirk Wheel
9 Edinburgh
10 Glasgow
12 Hadrian's Wall
17 Lough Erne
8 Durham
13 Lake District
33 York
15 Liverpool
5 Chester
14 Lincoln
18 North Wales
2 Cambridge
28 Warwick
27 Stratford-upon-Avon
© Baedeker
21 Oxford
16 London
3 Canterbury
32 Windsor
1 Bath
26 Stonehenge
29 Weald of Kent
30 Wells
22 Salisbury
31 Winchester
6 Cornwall
24 South Coast
7 Dartmoor
4 Channel Islands

Oxford
Weltberühmte Universitätsstadt mit Tradition

London
Parade vor Buckingham Palace in der Hauptstadt, Großbritanniens Reiseziel Nummer eins

DIE BESTEN BAEDEKER TIPPS

Baedeker Tipps geben den ganz besonderen Einblick – jenseits aller großen Sehenswürdigkeiten. Bevor es losgeht, schon mal eine Auswahl der besten Tipps für Großbritannien: schön, nützlich und manchmal auch skurril.

! Burgen reparieren
Über den British Trust for Conservation Volunteers kann man bei archäologischen Grabungen oder beim Rekonstruieren alter Gebäude mithelfen. ► Seite 57

! Wandern auf dem Tarka Trail
In North Devon kann man den Spuren eines erdichteten Otters folgen. ► Seite 170

! Fète Champètre
Konzert und Picknick an der frischen Luft in Stourhead Garden ► Seite 214

! South Downs Way
Ein 130 km langer Wanderweg durch die schöne Landschaft Südenglands. ► Seite 236

! Kahnpartie auf dem River Cam
Mit einem »punt« durch die Gewässer von Cambridge staken ► Seite 243

! Für Kinder: Techniquest
Naturwissenschaft und Technik können Kinder hautnah erleben im Techniquest Museum in Cardiff. ► Seite 263

! Höhlen
Höhlenerkundung mit ortskundiger Führung auf der Kanalinsel Sark ► Seite 273

! Eden Project
Das weltweit größte Gewächshaus mit riesigen Kunststoffwaben gibt es in Cornwall. ► Seite 292

! Schottenrock nach Maß
In Leith bei Edinburgh kann man sich einen »Kilt« anfertigen lassen. ► Seite 343

! Cream Tea
Die Region Exeter hat die fruchtbarsten Weiden in England und ist berühmt für ihren Rahm. Cream Tea sollte man hier auf jeden Fall probieren! ► Seite 352

! Willow Tearoom
In Glasgow: Teekreationen goutieren in einem Jugendstil-Gesamtkunstwerk von Ch. R. Mackintosh ► Seite 362

! Übernachten im Leuchtturm
Ungewöhnlich nächtigen auf den Inneren Hebriden ► Seite 396

South Downs Way
Wandern in Südengland und die leicht gewellte Landschaft genießen

Magical Mystery Tour
Liverpool: Kindheit und Jugend der Beatles im Schnelldurchgang

Magical Mystery Tour
Auf den Spuren der Beatles durch Liverpool ▶ Seite 456

The George Inn
Ein Pint in altenglischer Atmosphäre – im letzten original erhaltenen Fuhrmannsgasthof Londons. ▶ Seite 500

Manchester United
Für Fußballfans: Stadiontour und United Football Museum ▶ Seite 519

Monster-Trip
Auf dem Loch Ness herumschippern, sich an der Landschaft der schottischen Highlands erfreuen und nach Nessie Ausschau halten ▶ Seite 573

Bottlenose-Delfine
Diese seltenen Delfine kann man bei einer Bootstour vor der Küste Schottlands beobachten und sogar hören!
▶ Seite 575

Severn Valley Railway
Eine der beliebtesten Dampflok-Strecken Großbritanniens führt durch Mittel-england. ▶ Seite 649

Pembrokeshire Coastal Footpath
Ein fast 300 km langer Wanderweg an der Küste von Pembrokeshire in Südwales
▶ Seite 670

Wie entsteht der Cheddar?
Zusehen bei der Käseproduktion
▶ Seite 700

Themsefahrten
Von Windsor aus kann man herrliche Flussfahrten durch eine wundervolle Parklandschaft unternehmen. ▶ Seite 710

WC-Theater
Das kleinste Theater der Welt ist im Guinness Buch der Rekorde gelandet: 12 Plätze auf einem ehemaligen Herren-WC.
▶ Seite 713

Cream Tea
Nachmittags eine Tasse köstlichen »cream tea«, dazu kleine Kuchen mit Sahnehaube und Konfitüre

Nach einem langen Urlaubstag das wohlverdiente Bier. Dazu Tipps für gutes Benehmen im Pub
► Seite 133

HINTERGRUND

Die beliebteste Großmutter der Welt. Queen Mum-Souvenir
► Seite 34

PRAKTISCHE INFORMATIONEN

Romantisch: Conwy-Valley in North Wales
▸ **Seite 555**

Preiskategorien

Hotels
Luxus: über 90 £
Komfortabel: ab 30 £
Günstig: unter 30 £
Für eine Übernachtung im Doppelzimmer

Restaurants
Fein & teuer: über 30 £
Erschwinglich: 10 – 30 £
Preiswert: bis 10 £
Für ein Hauptgericht

TOUREN

Eine der berühmtesten Dorfstraßen Englands: Gold Hill in Shaftesbury
► **Seite 635**

SEHENSWERTES VON A BIS Z

Traumhaft schön: die Küste von Cornwall
▶ **Seite 286**

GOD
SAVE
THE
KING

Hintergrund

WISSENSWERTES ÜBER GROSS-BRITANNIEN, ÜBER LAND, LEUTE UND IHRE EIGENARTEN, ÜBER WIRTSCHAFT UND POLITIK, ÜBER DIE BRITISCHE GESELLSCHAFT UND IHR ALLTAGSLEBEN, DIE ROYALS UND VIELE ANDERE BESONDERHEITEN

BRITAIN IS GREAT

»Ein Kleinod in die Silbersee gefasst« schwärmten schon vor mehr als zweihundert Jahren Besucher vom Kontinent nach einem Inseltrip. »Überall saftige Wiesen, die schönsten Dörfer und die reizendsten, mit Parks und Teichen umgebenen Landsitze« – ein treffendes Loblied, das mühelos verlängert werden kann.

Ein Loblied auf Great Britain, auf Großbritannien. Oder auf das Vereinigte Königreich? Manch einer gerät ins Schleudern bei diesen Bezeichnungen oder sagt einfach nur »England«. Um genau zu werden: Das Vereinigte Königreich umfasst England, Schottland, Wales und Nordirland. Die offizielle Bezeichnung lautet: Vereinigtes Königreich Großbritannien und Nordirland – die Kanalinseln und die Isle of Man gehören nicht dazu. Genau genommen besteht Großbritannien nur aus England, Schottland und Wales und bezeichnet die größte der britischen Inseln; Nordirland und die irische Republik sind die zweitgrößte. Im inoffiziellen englischen Sprachgebrauch heißen das Vereinigte Königreich Großbritannien und Nordirland »Britain«. Im Deutschen wird »Großbritannien« meistens gebraucht, um den gesamten Staat zu bezeichnen. So weit, so gut. Homogen ist das Inselreich jedenfalls keineswegs. Die unterschiedlichen Regionen, bringen ihre Identität und Sprache im Zuge eines Dezentralisierungsprozesses selbstbewusst zum Ausdruck. Engländer, Schotten, Waliser und Nordiren sind zwar unter einer Queen vereint, doch will weder ein Schotte, Nordire oder Waliser nach jahrhundertelangen, unvergessenen Fehden mit einem Engländer verwechselt werden!

London
Die Tower Bridge – eines der Wahrzeichen der britischen Metropole, der uneingeschränkten Hauptstadt des Vereinigten Königreichs.

Kultstätten, Landsitze und üppige Gärten

Ein besonderer Reiz des Vereinigten Königreiches liegt in seiner kontrastreichen Gesamtheit aus nordischem, keltischem, angelsächsischem und normannischem Erbe. Von steinzeitlichen Kultstätten wie Stonehenge und Callanish geht es über mittelalterliche Trutzburgen und prunkvolle Herrensitze zu den noblen Heilbädern der Highsociety. Wer etwas über die wechselvolle Geschichte des Landes erfahren möchte, kann auf einer Schlössertour König Artus und seiner Ta-

Dudelsackklänge

Wer von England aus in Richtung Norden fährt, landet irgendwann in Schottland. An der Grenze steht normalerweise ein Dudelsackspieler, der zur Begrüßung seine Weisen spielt: Zeichen von Gastfreundschaft und Stolz auf die ureigene schottische Kultur.

Englische Gärten

Blumenbeete waren eigentlich verpönt im Englischen Garten. Verrieten sie doch, dass hier Menschenhand am Werk war – die englischen Gartenphilosophen erhoben aber die wilde Natur zum Ideal. Glücklicherweise nahm man das später nicht mehr so genau, und es durften wieder Blumenbeete angelegt werden.

Geruhsam

Geradezu altmodische Landschaften und Dörfer findet man in Großbritannien noch – in manchen Landstrichen scheint die Zeit regelrecht stehen geblieben zu sein.

Pint of Bitter

Bierselig ist die Laune allabendlich im Pub. Aber britische Nächte sind nicht lang: Um 11 p.m. ist »last order« – auch für die lustigste Gesellschaft.

Klosterruinen

Viele altehrwürdige Ruinen gibt es in Großbritannien, einige sind von der UNESCO zum Weltkulturerbe erklärt worden.

Schottenrock

Auch heute noch im Trend. Die schottischen Weberinnen waren Meister ihres Fachs. Sie schufen Muster, die auf Herkunft, Clanzugehörigkeit und sozialen Status des Trägers schließen ließen.

felrunde nachspüren oder die Schauplätze wilder Clankämpfe aufsuchen. Zudem erwarten den Besucher verwunschene Abteiruinen und meisterhafte Kathedralbauten die, hingelagert auf offenem Rasengrün, kontinentale Stilformen individualistisch interpretieren. Ebenso eindrucksvoll können im Geburtsland der Industrie aber auch die ältesten Monumente des Maschinenzeitalters sein. Begegnen Sie auf literarischen Wallfahrtsrouten Sir Walter Scott, William Shakespeare und dem viktorianischen Bestseller-Autor Charles Dickens oder folgen Sie den Spuren wilder Freibeuter, mutiger Schmugglerbanden und eigenwilliger Charaktere wie Lawrence von Arabien, Alfred Hitchcock und Maria Stuart, deren Schicksal bereits zu Lebzeiten Legende war. Natur pur versprechen derweil die entlegenen Moor- und Heideregionen, die atemberaubenden Steilküsten, feinen Sandbuchten und sanft geschwungenen Hügellandschaften, ganz zu schweigen von den bezaubernden Gärten und Parkanlagen, die bis heute die internationale Gartenbaukunst beeinflussen. Und schließlich ist britischer Sportsgeist sprichwörtlich, und so können Ferien in Großbritannien immer auch Aktivurlaub sein. Die Briten dürfen sich rühmen, Fußball, Golf, Rugby und Kricket erfunden zu haben. Zu den ganz wichtige Daten im Sportkalender gehören im Sommer neben Wimbledon natürlich auch Pferderennen und die bekannten schottischen Highland-Games.

Pubs
Eine gemütliche Bleibe nicht nur bei Regenwetter. Ein gutes Bier bekommt man hier allemal.

Pub und Humor

Wer aber die Briten wirklich kennen lernen möchte, geht am besten in einen Pub. Hier trifft man sich bei einem »Pint of Bitter«, zum Schwatz oder zu Spielen wie Snooker und Darts. Pubs stehen für urige Gemütlichkeit, warten mit zahlreichen Biersorten und landestypischen Speisen auf und eignen sich hervorragend, dem oft zitierten Regenwetter zu entfliehen. (Übrigens ist Großbritannien wahrscheinlich das einzige Land, dem man sein Nieselwetter verzeiht, denn welches Schlossgespenst spukt schon gern bei Sonnenschein?) Und last but not least die Briten und ihr Humor. Die Fähigkeit, über sich selbst zu lachen, gehört zu den Stärken dieser Inselnation – subtile Ironie, surreale Wortspiele, banale Witze, darin sind die Briten ganz groß. Den Deutschen wird nachgesagt, dass sie das mit dem Humor einfach zu ernst nehmen – sollten Sie aber wider Erwarten mit einem trockenen Sinn eben dafür überraschen, werden Sie sicher schnell ins britische Herz geschlossen.

Fakten

Die Briten und ihr Inselreich: eine Nation mit nicht weniger als drei Fußball-Nationalmannschaften, eine Landschaft, die so schön ist, dass man sie in Gartenformat immer wieder nachbildete, Menschen, die sich diszipliniert in einer Reihe anstellen, eine Verfassung, die nirgends geschrieben steht – Interessantes, Aufschlussreiches und Kurioses über die Eigenheiten Großbritanniens.

Landschaften und Natur

Sie gehören zu unserem Bild von England: die grünen Wiesenlandschaften, die traumhaften Gärten, deren Besuch ein wahres Glück verspricht, der Vorzeigerasen, Grundlage jeder Golf-, Polo- und Kricketanlage. Die Naturverbundenheit der Briten ist sprichwörtlich, und nicht umsonst hat der zuhauf imitierte Englische Landschaftsgarten seinen Ursprung in der britischen Inselwelt. Die Inseln Großbritanniens waren noch bis etwa 6000 v. Chr. vom europäischen Kontinent aus zu Fuß zu erreichen, erst dann stieg der Meeresspiegel und setzte die Landverbindung unter Wasser. So erklärt sich auch, dass Landschaftsbild und Tier- und Pflanzenwelt im Wesentlichen denen in Mitteleuropa entsprechen. Nur ist hier alles noch ein bisschen grüner, üppiger und satter – und dafür auch ein bisschen regenreicher.

Hügel und Gebirge

Hügellandschaften bestimmen Teile Südenglands, bergige Regionen gibt es in Wales und in Mittel- und Nordengland, wo sich die Penninen oder **Pennines** wie ein Rückgrat bis hoch nach Schottland ziehen. Die Pennines sind das wichtigste Gebirge Englands, sie bestimmen die gesamte nordenglische Landschaft. Zudem haben sie eine wichtige Funktion für die Industrie dieser Region, da hier immense Kohlemengen gespeichert sind; fast alle Städte, die sich im Industriezeitalter zu Großstädten entwickelt haben, liegen im Bereich der Pennines. Großbritanniens höchster Berg ist in Schottland zu finden: Der oft von Wolken verhangene, 1343 m hohe **Ben Nevis**.

Flüsse

Geradezu romantische Flüsse ziehen sich durch Englands sattgrüne Landschaften. Die **Themse** – mit nur 336 km der längste Fluss Großbritanniens – entspringt in 113 m Höhe in den Cotswolds; verglichen mit dem 1320 km langen Rhein, der in 2345 m Höhe entspringt, nicht gerade rekordverdächtige Daten. Andere größere Flüsse sind Severn, Mersey, Humber, Trent, Dee und Derwent.

Mit den vielen Buchten, die sich teilweise weit ins Land ziehen, und den breiten Flussmündungen hat Großbritannien eine enorme **Küstenlänge** – die britische Hauptinsel ist etwa 1000 Kilometer lang, ihre Küstenlänge beträgt aber nicht weniger als 7500 Kilometer! Die Küsten Großbritanniens sind sehr unterschiedlich und größtenteils ausgesprochen attraktiv. An der Westküste und im Norden von

? WUSSTEN SIE SCHON ...?

- Wer auf die Karte schaut, wird sehen, dass mehrere Flüsse in England den Namen »Avon« tragen – dahinter verbirgt sich eine Ableitung von dem alten keltischen Wort für »Fluss«. Auf Cornisch heißt Fluss bis heute immer noch »Avon«, auf Walisisch »Afon«.

← *Idyll mit Schafen: Sattgrüne Natur findet man in Großbritannien oft.*

Schottland gibt es herrliche **Fjordküsten**, in Südengland einmalig schöne **Klippenlandschaften**, deren unterschiedliche Gesteine in verschiedenen Farben leuchten, im Osten Englands dagegen flache **Marschgebiete**. Wer sich für die Vogelwelt interessiert, kommt vor allem an den Felsküsten voll auf seine Kosten: Abertausende von **Seevögeln** – verschiedene Möwenarten, Seeschwalben, Austernfischer, Basstölpel, Trottellummen, Kormorane – haben hier ihre Brutplätze. Viele vorgelagerte Felseilande sind den Vögeln komplett vorbehalten – sie dürfen meist gar nicht oder nur mit Genehmigung betreten werden, die Vögel können aber von Ausflugsbooten aus beobachtet werden.

? WUSSTEN SIE SCHON ...?

- ... dass man an keinem Punkt in Großbritannien weiter als 120 km vom Meer entfernt ist? Der Grund dafür ist die stark zerklüftete Küste mit ihren tiefen Einschnitten.

Naturschutzgebiete und Nationalparks

Selten gewordenen Pflanzen- und Tierarten wird in Nationalparks und Naturschutzgebieten Rückzugsraum geboten. Als erster Nationalpark des Landes wurde 1951 der **Peak District** in Mittelengland eingerichtet. Heute gibt es weit über 100 Naturschutzgebiete und zwölf Nationalparks: Sieben in England (Dartmoor, Exmoor, der Lake District, der Peak District, Northumberland, die North York Moors und die Yorkshire Dales), drei in Wales (die Brecon Beacons,

Lake District – zahlreiche Seen durchziehen das Gebiet der Cumbrian Mountains.

Naturräume Großbritanniens Orientierung

die Pembrokeshire-Küste und Snowdonia) und zwei in Schottland (Cairngorms und Loch Lomond and the Trossachs).

England Weite Teile Südenglands sind liebliches Hügelland, das von gemächlich dahinfließenden Flüssen und grünen Weiden und Wäldern durchzogen wird. In Cornwall und Devon im Südwesten liegen die von Heidegebieten bedeckten Hügelregionen **Dartmoor**, **Exmoor** und **Bodmin Moor**; weiter östlich die **Cotswolds**, parallel zur östlichen Südküste verlaufen die **South Downs** und die **North Downs**, nördlich von London erstrecken sich die **Chiltern Hills**. Zumal auf der Halbinsel Cornwall im Südwesten merkt man deutlich den Einfluss des **Golfstroms** – die Vegetation ist üppig, Gemüse- und Blumenanbau sind neben dem Tourismus wichtiger Wirtschaftszweig. Die Wälder Englands sind heute zumeist Forste; ein Großteil des einst nahezu flächendeckenden Waldbestands ist gerodet worden, das Holz wurde für den Schiff- und Hausbau und in der Industrie verwendet. Flache Marschgebiete prägen Lincolnshire im Osten Englands. Die auf über 900 m ansteigenden **Pennines** bestimmen die Landschaften in Mittel- und Nordengland, nordwestlich davon liegen die **Cumbrian Mountains**, die sich bis zur schottisch-englischen Grenze ziehen. Die von zahlreichen kleineren und größeren Seen durchzogenen Cumbrian Mountains sind von grandioser landschaftlicher Schönheit und unter der Bezeichnung **Lake District** zum Nationalpark erklärt. Der Dichter William Wordsworth hat mit seinen Versen den Lake District bekannt gemacht, heute ist er eine attraktive Urlaubsregion. Zwei Superlative hat diese Region zu bieten: Der 17 km lange Lake Windermere ist Englands größter See, der Scafell Pike mit 978 m Höhe Englands höchster Berg.

Wales Wales ist überwiegend bergig, flach sind nur einige Gebiete in unmittelbarer Küstennähe und in den Mündungsbereichen der Flüsse Severn und Wye. Die **Cambrian Mountains**, die die walisischen Landschaften prägen, steigen am mehrgipfeligen Snowdon auf 1085 m an. Auf den hoch gelegenen Heidegebieten wird Schafzucht betrieben, etwa ein Fünftel der Fläche von Wales wird landwirtschaftlich genutzt.

Schottland Einzigartige Landschaftserlebnisse bietet Schottland. Das menschenleere Bergland, die stillen Lochs, spektakuläre Fjordlandschaften, Hochmoore und Heideebenen – alles dies lässt Touristen von weit her nach Schottland reisen. Relativ flach ist das südschottische Bergland, Southern Uplands oder **Lowlands** genannt, das allerdings auch bis 843 m ansteigt. Die Highlands nördlich davon werden durch ein tiefes Tal, den Glen More bzw. **Kaledonischen Graben**, geteilt: Nördlich des Grabenbruchs liegen die **Northwest Highlands**, südlich die **Grampian Mountains** mit dem 1343 m hohen Ben Nevis, Großbritanniens höchstem Gipfel. Im Tal des Kaledonischen Grabens ist auch der berühmeste Loch Schottlands zu finden: **Loch Ness**. Die abgelegenen Gebiete sind noch Lebensraum von Wildkatzen. Ansonsten bestimmen die berühmten **Hochlandrinder** bzw. in den südschottischen Lowlands die Galloways das Bild Schottlands – Rinderrassen, die an das raue Gebirgsklima angepasst sind.

Hochlandrinder: dickes Fell für schottische Gebirgskälte

Der relativ kleine Bereich von **Nordirland** ist landschaftlich ausgesprochen abwechslungsreich. Im Landesinnern gibt es viele Loughs – eine irisch-keltische Bezeichnung für See oder Meeresbucht. Am größten ist **Lough Neagh**. **Lough Erne** mit seinen vielen Einbuchtungen, Halbinseln und Inseln ist wegen seiner landschaftlichen Schönheit ein viel gepriesenes Gewässer. Flache, teilweise sumpfige Ebenen findet man um den Lough Neagh und zur Ostküste hin, auch der größte Fluss Nordirlands, der **River Bann**, durchfließt ebene grüne Flussauen. Ansonsten gibt es in Nordirland eher bergige Regionen. Am bekanntesten und schönsten sind die **Antrim Mountains** im Nordosten, westlich davon – jenseits des River Bann – erstrecken sich die **Sperrin Mountains**. In dem kleinen **Mourne-Gebirge** im Südosten ragt Nordirlands höchster Berg auf, der 852 m hohe Slieve Donard. Die Küsten Nordirlands sind felsig, an vielen Stellen gibt es tiefe, schöne Meeresbuchten. Eine landschaftliche Attraktion ist der **Giant's Causeway** an der Nordostküste, wo Tausende von Basaltstümpfen aus dem Boden ragen.

Inseln

Um die britische Hauptinsel liegen verstreut zahllose kleinere und größere Inseln – teilweise nur Felseneilande, teilweise große grüne Inseln von außerordentlichem landschaftlichen Reiz. Die **Isle of Wight** unmittelbar vor der Südküste gilt als sehr beliebte Urlauberinsel, durch die milden Winter gedeihen hier sogar Weintrauben, die Römer haben den Weinanbau eingeführt. Der Halbinsel Cornwall sind die kleinen **Scilly-Inseln** vorgelagert – 40 Eilande, 150 Felsformationen und 5 bewohnte Inseln, die vom Golfklima verwöhnt sind, herrliche Sandstrände und damit beste Urlaubsbedingungen bieten. Zu Wales gehört **Anglesey**, ebenfalls eine beliebte Urlauberinsel mit schönen Sandstränden. Vor der Küste der Normandie liegen in einem klimatisch günstigen Gebiet die **Channel Islands**, die Kanalinseln. Der warme Golfstrom sorgt für eine üppige und vielfältige Pflanzenwelt. In öffentlichen Gartenanlagen findet man hier sogar kanarische Dattelpalmen, Washingtonien, Kamelien und Feigen, die eigentlich im südeuropäischen Raum beheimatet sind – für Blumen- und Gartenliebhaber sind die Channel Islands ein Traumziel. Die Jersey- und Guernseykühe sind wegen ihrer fetthaltigen Milch weithin bekannt. Mitten in der Irish Sea zwischen Irland und Nordengland liegt die **Isle of Man**, eine sattgrüne Insel, ebenfalls von großer landschaftlicher Schönheit. Das absolute Gegenteil sind die Inselgruppen, die zu Schottland gehören: Die **Inneren und Äußeren Hebriden**, die **Shetlands** und die **Orkney Islands** sind eher karge, wenngleich landschaftlich teilweise atemberaubend schöne Inselwelten des Nordens. Auch hier hat der Golfstrom noch Einfluss, aber natürlich einen vergleichsweise geringen. Immerhin ist aufgrund der fruchtbaren Böden und durch das relativ milde Klima selbst noch auf den Orkney-Inseln eine einträgliche Landwirtschaft möglich. Zerklüftete Felsküsten, sanfte Hügel mit Ackerflächen, Moore und Gras- und Heidelandschaften bestimmen das Bild. Die Shetlands auf Höhe der Südspitze von Grönland sind für ihre Lage erstaunlich unfrostig und haben nur geringe Temperaturschwankungen; allerdings können die Böden hier nicht mehr so gut genutzt weden wie auf den Orkneys. Alle Inseln sind Lebensraum für Seevögel – Papageientaucher, Basstölpel, Trottellummen, Kormorane finden an den meist felsigen Küsten beste Bedingungen.

Bevölkerung

Klassensystem

Man kennt die Bilder von den Pferderennen in Ascot, wo sich die Mitglieder des englischen Hochadels ein Stelldichein geben – Damen in ausgefallenen eleganten Kleidern und mit breiten Hüten, Herren im Frack und mit Zylinder. Viele der einst starren Klassenschranken sind in den letzten Jahrzehnten wohl gefallen oder doch abgeschwächt worden, vor allem zwischen der **Working Class**, der Arbeiterschicht, und dem breiter werdenden Mittelstand. Aber Angehörige der **Upper Class** schicken ihre Kinder weiterhin auf Privatschulen (z. B. Eton) oder Renommieruniversitäten (Oxford und Cambridge) und treffen sich gern bei Pferderennen wie in Ascot – »class consciousness«, das ausgeprägte Bewusstsein, einer ganz bestimmten Bevölkerungsschicht anzugehören oder aus ihr zu stammen, ist tief verwurzelt und immer noch erkennbar an der Art sich zu kleiden, an der Freizeitgestaltung und am Wohnort. Und so gibt es in jeder Klasse weiterhin eigene Verhaltensnormen, und auch die Sprache ist ein Indiz für die Zugehörigkeit zu einer bestimmten Schicht. Während die dialektfreie und korrekte Aussprache des Englischen (Oxford English, Queen's English) als Standesmerkmal höherer Schichten gilt, werden vor allem die Dialekte der industriellen Midlands oder des Nordens (Geordie), aber auch das Londoner Cockney als Zeichen geringerer Bildung diskriminiert. Doch dass Mitglieder der Upper Class, wie 1954 der britische Linguist A. S. C. Ross behauptete, sich vorwiegend angelsächsischer Wörter bedienen, die breite Masse der Bevölkerung dagegen häufig romanische Begriffe (sog. Hard Words),

Verwaltung Großbritannien Orientierung

Zahlen und Fakten Großbritannien

Lage

- Nordwesteuropa
- 50° bis 61° nördlicher Breite, 8° westlicher und 1°45′ östlicher Länge

Geografische Daten

- 244 050 km² Gesamtfläche (Deutschland: 357020 km²)
- 218 000 km² (britische Hauptinsel)
- 14121 km² (Nordirland)
- 7650 km² (Hebriden)
- 1530 km² (Shetland-Inseln)
- 1004 km² (Orkney-Inseln)
- Küstenlänge: 7500 km
- Größte Nord-Süd-Ausdehnung: 1200 km
- Größte Breitenausdehnung: 600 km
- Geringste Entfernung zum europäischen Kontinent: 33 km (Dover – Calais)

BEVÖLKERUNG GROSSBRITANNIEN

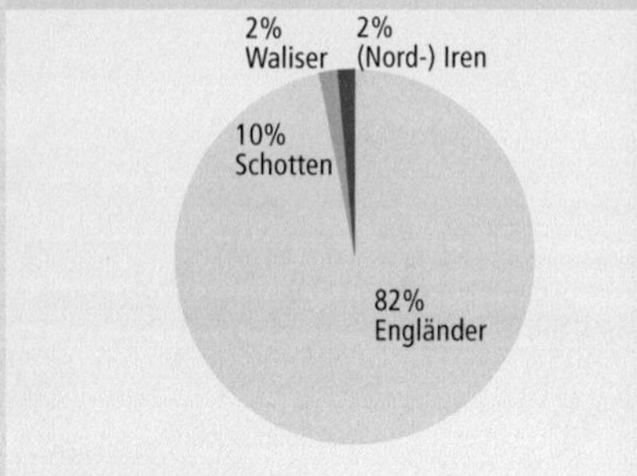

Bevölkerung

- 59,3 Millionen (2006) (Deutschland: 82,5)
- Bevölkerungsdichte je km²: 243 (2006) (Deutschland: 231 km²)
- Größte Städte: London (Greater London: 12,6 Mio.), Birmingham (1 Mio.), Leeds (726 000), Glasgow (599 000), Sheffield (520 000)

Religion

- 29% Anglikaner (Church of England)
- 14% sonstige Protestanten
- 11% Katholiken
- über 1,5 Mio. Muslime
- 500 000 Hindus
- 450 000 Sikhs
- 285 000 Juden
- 41% ohne Konfession

Staat

- Parlamentarische Monarchie
- Staatsoberhaupt: Queen Elizabeth II. (seit 1952)

Wirtschaft

- Bruttosozialprodukt: 1290 Mrd. £ (2006)
- Erwerbstätigkeit: Dienstleistung 77%, Industrie 20%, Landwirtschaft 1,6%
- Arbeitslosenquote 5,5% (2007)
- Tourismus 22,8 Mio. Besucher

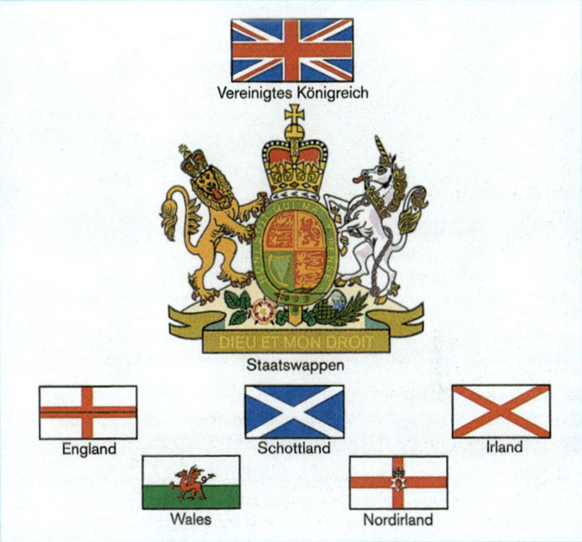

Flagge und Wappen

- Die Flagge des Vereinigten Königreiches, eigentlich eine Königsflagge, ist der »Union Jack«, in dem die Kreuze der Schutzheiligen Englands (St. George), Schottlands (St. Andrew) und Irlands (St. Patrick) kombiniert sind.
- Die Flagge von Nordirland besteht aus dem Georgskreuz mit dem seine Provinzen symbolisierenden Stern und der roten Hand von Ulster.
- Das britische Königs- und Staatswappen zeigt im Schild seit 1837 die drei englischen Löwen (herald. Leoparden), den schottischen Löwen und die irische Harfe, umschlungen vom Band des Hosenbandordens mit dessen Wahlspruch »Honi soit qui mal y pense« (»Verachtet sei, wer Schlechtes dabei denkt«). Der Schild wird gehalten vom englischen Löwen und dem schottischen Einhorn, die auf einer Wiese mit den Zeichen Englands (Rose), Schottlands (Distel) und Irlands (Klee) stehen; darunter das königliche Motto »Dieu et mon droit« (»Gott und mein Recht«).
- Die schottische Version unterscheidet sich in der Anordnung der Motive und enthält andere Wahlsprüche.
- Der rote Drache von Wales tritt weder in der Nationalflagge noch im Wappen in Erscheinung.

Pferderennen in Ascot – Treffpunkt des englischen Hochadels

die nach dem Einfall der Normannen im Jahr 1066 in das Angelsächsische aufgenommen wurden, verwendet – z. B. pardon statt sorry, liberty statt freedom, toilet statt lavatory, dinner statt lunch, serviette statt napkin – trifft heute wohl nicht mehr zu.

Nationalitäten Fußballfans wissen Bescheid. Bei Länderspielen – bei Europa- oder bei Weltmeisterschaften – kicken Fußballer aus dem United Kingdom nie für Großbritannien, sondern für England, Schottland oder Wales. Schotten und Waliser haben ihre eigene Fußball-Nationalmannschaft. Sie selbst bezeichnen ihr Land als Schottland oder als Wales und können höchst empfindlich reagieren, wenn man sie als Briten oder gar als Engländer betitelt. 1999 erhielten **Schotten**, **Waliser** und **Nordiren** eigene Länderparlamente, die Nordiren allerdings nur vorübergehend; Schotten, Waliser und Iren haben ihre eigene Geschichte, bewahren zum Teil ihre eigenen Sprachen, in denen eigene Literaturen entstanden sind, und unterscheiden sich in der Mentalität beträchtlich von den Engländern. In wirtschaftlicher und sozialer Hinsicht sind sie jedoch gegenüber dem englischen Landesteil immer noch mehr oder weniger benachteiligt, was mit zu Ressentiments gegenüber England und zum Erstarken separatistischer Bewegungen geführt hat.

Anders als Schotten und Waliser reden viele **Engländer**, deren Nationalitätenstaat der flächenmäßig größte und bevölkerungsreichste des

Vereinigten Königreiches ist, nicht von ihrer eigenen Nation, d.h. England, sondern von Großbritannien und möchten folglich auch als Briten angesprochen werden.

Schottland

Schottland, das etwa ein Drittel der Gesamtfläche von Großbritannien umfasst, ist der am dünnsten besiedelte Landesteil. Es hat eine eigene Gesetzgebung, Erziehungs- und Kirchensysteme, gibt eigene Banknoten und Briefmarken heraus. Seit 1999 hat Schottland – nach 292 Jahren – wieder ein eigenständiges Parlament mit Sitz in Edinburgh. Trotz der Ölfunde vor Schottland ist der Lebensstandard hier niedriger als in England.

? WUSSTEN SIE SCHON …?

- ...was die Briten richtig britisch finden? Eine Umfrage ergab folgende Rangliste: Fish & Chips, Roastbeef, Yorkshire-Pudding (73%), Queen Elizabeth II. (64%), Buckingham Palace (58%), das britische Frühstück (56%); auf weiteren Plätzen: diszipliniertes Anstellen und die Abneigung, Fremdsprachen zu lernen.

Wales ist historisch schon seit dem Unionsvertrag von 1536 mit England verbunden. Die Waliser fühlen sich ebenfalls wirtschaftlich benachteiligt, besonders durch die aus der Schließung der meisten Kohlengruben resultierende hohe Arbeitslosenzahl. Etwa ein Viertel der Bevölkerung spricht die Walisisch. Seit 1967 ist Walisisch vor Gericht anerkannt, 1972 führte man zweisprachige Straßen- und Ortsschilder ein. Seit 1999 hat Wales ein eigenes Länderparlament.

Nordirland

Nordirland entstand 1921 aus sechs Grafschaften der Provinz Ulster, die nach der Gründung des unabhängigen Irischen Freistaates bei Großbritannien verblieben; seine Bevölkerung besteht aus Protestanten, meist Nachkommen schottischer und englischer Siedler, die im 17. Jh. einwanderten. Die Minderheit der Katholiken wurde lange Zeit von führenden Stellungen in Verwaltung und Wirtschaft ausgeschlossen und auch sozial benachteiligt. Hierin liegen die Wurzeln des 1969 offen ausgebrochenen, von der radikalen katholischen IRA (Irish Republican Army) und der protestantischen, nicht minder terroristischen UDA (Ulster Defence Army) ausgetragenen Nordirland-Konfliktes. Um die Gewaltspirale zu durchbrechen, verständigten sich 1998 die verfeindeten Parteien im Belfaster Friedensabkommen auf eine eigene Regierung für die Krisenprovinz, die 27 Jahre lang direkt von London aus verwaltet worden war. Das nordirische Parlament wurde allerdings mehrfach suspendiert und wieder eingesetzt – Anlass waren jeweils Streitigkeiten über die Entwaffnung bzw. Aktivitäten der IRA. Im Juli 2005 hat die IRA das Ende ihres bewaffneten Kampfes bekannt gegeben.

Einwanderer aus dem Commonwealth

Das Ende des britischen Kolonialreiches nach dem Zweiten Weltkrieg veranlasste viele Menschen aus den Staaten des New Commonwealth, hauptsächlich aus Indien, Pakistan und der Karibik, nach

Treffpunkt für alle: Hyde Park in London

Großbritannien einzuwandern, zumal der 1948 erlassene British Nationality Act, in dem kein Unterschied zwischen Bürgern des Vereinigten Königreichs und der Commonwealth Staaten gemacht wurde, keine Schranken aufbaute und man Arbeitskräfte benötigte. Erst 1971 wurde unter dem Eindruck neuer Einwanderungswellen ein Gesetz erlassen, das den Visumzwang für Staatsbürger des indischen Subkontinents und einiger afrikanischer Staaten einführte, und 1981 definierte man die Staatsbürgerschaft neu. Dennoch ist die illegale Einwanderung ein großes Problem geblieben. Den andersfarbigen Mitbürgern steht die Bevölkerung meistenteils ablehnend gegenüber, und viele Farbige wohnen aus finanziellen Gründen gettoähnlich in den heruntergekommenen Vierteln der Städte.

Religion

Der anglikanischen Staatskirche (Church of England) gehören ca. 55 % aller Engländer an, während sie in den anderen Landesteilen nur eine untergeordnete Rolle spielt. In Schottland ist die presbyterianische Kirche, die keine Bischöfe kennt, Staatskirche; als unabhängige Kirche existiert sie in Wales und Nordirland – als zweitstärkste Religionsgemeinschaft –, und in England ist sie mit den walisischen Kongregationalisten zur United Reformed Church vereinigt. Katholische Hochburgen sind die Regionen Merseyside, Central Clydeside und Nordirland.

Politik

Verfassung

Großbritannien, unter den großen Demokratien der Neuzeit diejenige mit der längsten Geschichte, besitzt **keine in einem einzigen Dokument niedergelegte Verfassung** – ein nur scheinbarer Mangel, denn im Bewusstsein der Öffentlichkeit und der Politiker ist sie gerade darum um so stärker verankert. Dieser Umstand erklärt sich aus dem ausgeprägten historischen Sinn der Briten, die ihre **Verfassung als geschichtlichen Prozess** begreifen, der seinen Anfang in angelsächsischer Zeit nahm und Großbritanniens – mehr von Reformen als von Revolutionen gekennzeichneten – Weg vom feudalen zum bürgerlich-liberalen Staat bis heute prägte.
Infolgedessen bilden viele im Laufe der Jahrhunderte entstandene Dokumente und gewohnheitsrechtliche Normen die Grundlagen der britischen Verfassung. Nie hat ein britisches Parlament oder eine andere Versammlung eine Verfassung beschlossen, doch kann das Parlament sie per Gesetz mit einfacher Mehrheit verändern; andererseits gibt es keine Instanz – wie etwa das Bundesverfassungsgericht –, die die Verfassungskonformität von Regierungsakten oder die Einhaltung der Grundrechte überwacht. So betrachtet stünde die britische Verfassung auch heute noch allen – auch bedenklichen – Entwicklungen offen, wäre sie nicht zwei unverrückbaren Prinzipien untergeordnet: der Rechtsstaatlichkeit (Rule of Law) und der Souveränität des Parlamentes. Dennoch mehren sich in letzter Zeit die Stimmen für eine tief greifende Verfassungsreform.

Verfassungsgrundlagen

Die grundlegenden Dokumente der britischen Verfassung, die vor allem die »Rule of Law« festschreiben, sind allesamt aus dem Konflikt zwischen der Krone und dem Parlament bzw. dessen Vorgängern entstanden.
Zu ihnen gehört an erster Stelle die **Magna Charta** von 1215, die John I. auf Druck der Barone hin unterschreiben musste. In ihr verpflichtete sich der Monarch zur Beachtung des überlieferten Rechts (Common Law), erkannte das Recht der Barone an, ihn nötigenfalls mit Gewalt dazu zu zwingen, und garantierte in Artikel 39 den Schutz des Individuums.
Aus der Zeit der Stuarts stammen die **Petition of Right** von 1628, in der Charles I. einen Grundrechtekatalog billigen musste, um Finanzmittel vom Parlament genehmigt zu erhalten, die **Habeas Corpus Akte** von 1679, die vor willkürlicher Verhaftung schützt, und schließlich die **Bill of Rights** von 1689, in der Wilhelm von Oranien verschiedene Grundrechte, wie das Recht auf freie Meinungsäußerung oder das Petitionsrecht, bestätigte.
Weitere wichtige Verfassungsgrundlagen sind mehrere Gesetze zum Wahlrecht (zwischen 1832 und 1969), die Parliament Acts von 1911 und 1949 zur Reform des Parlaments und auch das Gesetz über den Beitritt zur EG (1973).

Conventions Bedeutende Teile des britischen Verfassungslebens sind überhaupt nicht schriftlich fixiert, sondern beruhen vielmehr auf Regeln (Conventions), die sich im Lauf der Zeit als ein System von Zugeständnissen und Übereinkünften herauskristallisiert und somit, wie das **Common Law**, Präzedenzfälle geschaffen haben. Als frappierendstes Beispiel mag gelten, dass kein Gesetz das Amt des Premierministers und das Kabinett geschaffen hat.

God save the Queen – die britische Nationalhymne, aus einem Lied aus dem 17. Jahrhundert hervorgegangen, lässt sich als Nationalhymne bis 1745 nachweisen und ist somit die älteste der Welt.

Die Krone Der Monarch ist Staatsoberhaupt, zugleich Haupt des Commonwealth of Nations und auch Staatsoberhaupt von 17 der 51 unabhängigen Commonwealth-Staaten; pro forma hat der Monarch den Oberbefehl über die Streitkräfte (seit 1960 Berufsarmee). Obwohl theoretisch noch mit großer Macht ausgestattet, ist die Teilnahme an der Regierung aufgrund von »Conventions« weitgehend nur noch formal: Eröffnung, Auflösung und Schließung des Parlaments, formelle Ernennung des Premierministers und der Minister und Genehmigung verabschiedeter Gesetze. Regierungshandlungen der Krone bedürfen der ministeriellen Gegenzeichnung; andererseits hat der Monarch das Recht auf Information über die Kabinettsarbeit, die der Premierminister in einer wöchentlichen Audienz gibt. So hat die Krone vor allem symbolische Bedeutung, die jedoch sehr hoch ist, denn immer noch wird die Verfassungsfiktion von der in ihrer Hand vereinigten Staatsgewalt aufrechterhalten.

Kabinett Die ca. 20 Mitglieder des die britische Politik bestimmenden Kabinetts werden vom Premierminister ernannt. Ihm gehören immer der Schatzkanzler, der Außen-, der Innen- und der Verteidigungsminister sowie der Lordkanzler an; seit Juni 2003 ist allerdings geplant, die 1400 Jahre alte Funktion des Lord Chancellor abzuschaffen, der u. a. als Sprecher des Oberhauses fungiert. Die eigentliche Regierung, inklusive Staatsministern und Parlamentarischen Staatssekretären, umfasst 80 bis 100 Mitglieder.

Die Queen eröffnet die neue Sitzungsperiode des Parlaments im November 1999.

Premierminister

Der vom König ernannte Premierminister (Prime Minister) muss Mitglied des Unterhauses sein und ist in der Regel der Führer der bei den Wahlen siegreichen Partei. Er besitzt eine Fülle von Macht. Insbesondere kann er jeden Minister nach eigenem Gutdünken ernennen und entlassen, er kann beim Monarchen – ohne Rücksprache mit dem Kabinett – um Auflösung des Parlaments zum Zweck von Neuwahlen zu einem für ihn günstigen Zeitpunkt nachsuchen und auch wichtige Entscheidungen ohne seine Minister und ohne das Unterhaus fällen, kurz: Er ist die beherrschende Figur der britischen Politik.

Parlament

Das Parlament besteht aus zwei Kammern, dem Unterhaus (House of Commons) und dem Oberhaus (House of Lords). Das **Oberhaus** hat heutzutage nahezu keinerlei politische Bedeutung mehr, so dass eigentlich immer das **Unterhaus** gemeint ist, wenn vom »Parlament« die Rede ist. Im 19. Jh. war das Parlament die höchste politische Instanz Großbritanniens. Heute jedoch ist seine umfassende Macht, insbesondere die Regierungskontrolle, Fiktion, denn sie wird mehr und mehr beschnitten durch die Macht des Kabinetts, das über die Unterhausmehrheit die Abläufe im Parlament beherrscht. Man kann dies u. a. daran ablesen, dass über 90 % aller Gesetzentwürfe von der Regierung eingebracht werden.

Erinnerung an Queen Mum, die »beliebteste Großmutter der Welt«

DIE ROYALS

Eine der Grundfesten Britanniens ist ins Wanken geraten: Immer respektloser betrachten viele Briten ihre Royal Family. Laut einer Umfrage im Jahr 2000 glaubt nur noch ein Fünftel von ihnen, dass die Monarchie das 21. Jahrhundert überleben wird (auch wenn sich in derselben Umfrage zwei Drittel gegen eine Republik aussprachen). Allein die Tatsache, dass ein solches Thema öffentlich diskutiert wird, zeigt, dass die Briten nicht mehr so rückhaltlos wie ehedem hinter ihrer ersten Familie stehen. An zwei Fragen entzündet sich der Unmut: Was tun die Royals eigentlich, und weshalb bekommen sie soviel Geld?

Faktisch ist die Macht des Monarchen tatsächlich sehr beschnitten. Zwar gibt es keinen offiziellen Akt in Großbritannien, der nicht in seinem Namen geschähe und schwört jeder noch so unbedeutende Beamte seinen Eid auf ihn und seine Erben, zwar eröffnet er das Parlament (und verliest die vom Premierminister formulierte Rede) und wird jeden Dienstag um halb sieben vom Premier über die aktuelle politische Lage unterrichtet, zwar ist er nominell **Oberbefehlshaber der Armee** und **Oberhaupt der Kirche**, doch könnte er heute niemals maßgeblich in politische Entscheidungen eingreifen. Andererseits ist der Monarch sicher eine der bestinformierten Persönlichkeiten des Landes und hat einen großen Vorzug gegenüber den Politikern: Er ist nicht dem wankelmütigen Wahlvolk ausgeliefert. Victoria regierte über 60 Jahre, George II. 26 Jahre, und Elizabeth II. beging 2002 ihr fünfzigjähriges Thronjubiläum. Der Monarch verkörpert also **Kontinuität** und strahlt **Verlässlichkeit** aus, ein Feld, auf das er sich mehr und mehr in dem Maße verlegte, wie seine tatsächliche politische Macht verging. Wer zum Monarchen hält, steht zu den in der ruhmreichen Geschichte verankerten Werten Albions.

Was haben die Royals zu tun?

Bleibt die Frage, was die Windsors denn nun wirklich zu tun haben. Wer es genau wissen will, kann dies täglich in den Zeitungen im Bulletin aus Buckingham Palace nachlesen und wird feststellen, dass die **»Firma«**, wie Prinz Philip seine Familie respektlos nennt, hauptsächlich und nicht nur bei großen Anlässen repräsentiert: Die Queen empfängt die Träger des Order of Merit zum Lunch, der Prinzgemahl eröffnet eine Ausstellung, der Prince

ne Auswahl der Royals auf dem Balkon von Buckingham Palace

of Wales enthüllt ein Denkmal, während Prinzessin Anne ein Gestüt besichtigt und der Herzog von York ein Kriegsschiff inspiziert. Auch die übrigen Mitglieder des engeren Familienkreises – die Kents und die Gloucesters – sind allesamt nicht untätig und nehmen meist mehrere Termine am Tag wahr. Bei solchen Gelegenheiten kann man feststellen, dass die königliche Familie gerade bei den »kleinen« Leuten sehr beliebt ist und jedermann, selbst eingefleischte **Labouranhänger**, vor allem der Queen großen Respekt entgegenbringt. Überhaupt ist es zu kurz gedacht, wenn man meint, dass die Linke der angestammte Feind der Monarchie ist, doch gerade auch Tony Blair und sein Nachfolger Gordon Brown werden nach dem Kosten-Nutzen-Effekt des königlichen Rummels fragen.

Wieviel kostet die »Firma«?

Denn tatsächlich kosten die Royals den **britischen Steuerzahler** eine ganze Menge Geld. Die Queen, mit einem geschätzten Privatvermögen von 6,5 Milliarden Pfund die reichste Frau der Welt, zahlt nichts am Repräsentationsaufwand. Die 400 Angestellten in Buckingham Palace – u.a. ein Lakai, der des Morgens die sieben Corgies der Queen und einen Dackel Gassi führt, oder ein schottischer Pipe Major, der dudelsackspielend unter dem Frühstückszimmer der Königin seine Kreise zieht –, die königliche Jacht, der königliche Zug, die königliche Luftflotte (drei Flugzeuge und zwei Hubschrauber) oder auch die königlichen Paläste: dies alles und noch viel mehr wird aus dem Staatssäckel mit jährlich über 50 Millionen Euro bezahlt. Lediglich die Güter Balmoral und Sandringham betreibt die Queen auf eigene Rechnung, wenn auch unter Weitergabe der Heizkosten an das Umweltministerium. Und Queen Mum hinterließ ihren Nachkommen gar **mehr als zehn Millionen Pfund Schulden**. Kommt die Sprache auf das Geld, fällt die Meinung der Untertanen über ihre erste Familie deutlich aus: Viele wollen ihr jeglichen Zuschuss streichen.

Arbeitgeber für die Boulevardpresse

Zu diesen harschen Ansichten hat auch das Ehe- und Liebesleben der Windsors beigetragen, das dem begehrlichen Publikum von den **»Royal Watchers«**, den nur mit der königlichen Familie beschäftigten Journalisten der Massenblätter, bis ins kleinste Detail auf den Frühstückstisch geliefert wird. Vor allem die Prinzen sorgten für Furore: der stocksteife, herzlose Charles malträtierte die zarte, todunglückliche Di, der geläuterte, einst als »Randy Andy« bekannte

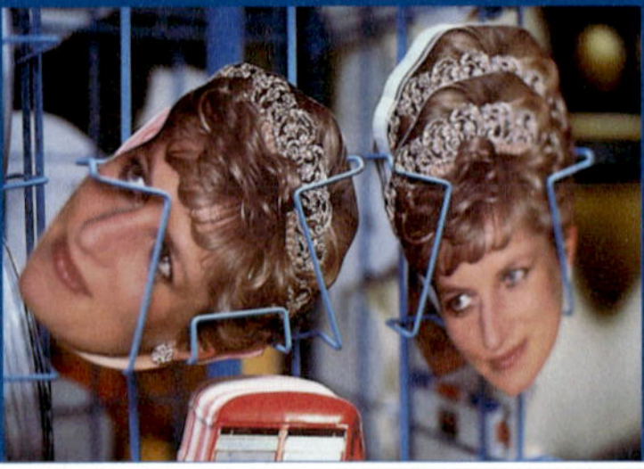

Lady Di: Postkartengrüße

Andrew ließ sich von Gattin Fergie mit einem ihren großen Zeh beknabbernden texanischen Millionär vorführen. Die **Queen** erkannte die Gefahr. Nicht zuletzt sie sorgte dafür, dass die Ehen von Andrew und Charles ordnungsgemäß geschieden wurden und setzte selbst ein (bescheidenes) königliches Zeichen, indem sie seit 1994 **einige Steuern** zahlt. Das große Umdenken schien mit dem tragischen Tod von Diana im August 1997 gekommen zu sein. Offenbar überwältigt von der Anteilnahme der Bevölkerung, besannen sich die Royals und wurden mit einem Mal volksnaher. Äußerer Ausdruck der Läuterung war die Heirat des Jüngsten, Edward, mit der bürgerlichen Sophie Rhys-Jones im Juni 1999: Ohne jeglichen militärischen Pomp, sondern mit leutselig lächelnden, im Cut zu Fuß zur Kirche marschierenden Prinzen ging die Royal Wedding in Windsor über die Bühne. **Queen Mum** beging im Juli 2000 ihren **100. Geburtstag** in **volksfestlicher Stimmung**, und als sie am 30. März 2002 starb, hieß es, die beliebteste Großmutter der Welt sei gestorben. Da störte nur, dass ausgerechnet Hoffnungsträgerin Sophie im Frühjahr 2001 auf einen als Scheich getarnten Sensationsreporter hereinfiel und ausführlich ihre abschätzige Meinung über die politische Klasse kundtat. Doch: Ende gut, alles gut – im April 2005 konnten sich Charles und Camilla endlich das Jawort geben – wenn auch »nur« im Standesamt von Windsor, wohin die Queen sich nicht begab (aber an der Zeremonie in der St. George's Chapel nahm sie teil) und nach einigen Anlaufschwierigkeiten, musste die Heirat doch wegen des Todes von Papst Johannes Paul II. verschoben werden.

Das Geheimnis der lebendigen Existenz

Bis heute aber sind die Royals für viele Briten immer noch **mehr als eine simple Folkloretruppe**, die Steuergelder verprasst und allenfalls noch als Touristenattraktion herhalten kann. Anders als in anderen europäischen konstitutionellen Monarchien lebt die britische Krone vom »Ritual der Entrückung«, wie es der deutsche Journalist Bernhard Heimrich formulierte. Wie man als braver Untertan damit umzugehen hat, wusste 1867 schon der Verfassungstheoretiker Sir Walter Bagehot zu erklären: »Unserer Monarchie muss Ehrerbietung entgegengebracht werden, und wenn wir erst einmal anfangen, zu sehr in ihr herumzuschnüffeln, können wir sie nicht mehr verehren... Ihr Geheimnis kommt aus ihrer lebendigen Existenz. Wir sollten etwas Geheimnisvolles nicht ans Tageslicht zerren.«

Unterhausdebatte: Regierung und Opposition sitzen einander gegenüber

Unterhaus

Das jeweils auf fünf Jahre gewählte Unterhaus, das Zentrum der politischen Macht, hat derzeit 659 Mitglieder, entsprechend der Anzahl der Wahlkreise (529 in England, 72 in Schottland, 40 in Wales, 18 in Nordirland). Es gilt das Mehrheitswahlrecht, wodurch die beiden großen Parteien eindeutig bevorzugt werden. Gewählt werden kann nur der Kandidat, nicht die Partei. Im Unterhaus sitzen sich die Abgeordneten der Regierungsfraktion und der Opposition (Her Majesty's Opposition) auf aufsteigenden Bänken gegenüber. Auf jeder Seite ist auf dem Boden je eine rote Linie eingezeichnet – nach alter Tradition »zwei Schwertlängen und einen Fuß« voneinander entfernt –, die die Abgeordneten nicht überschreiten dürfen. In den ersten Reihen sitzen die Minister bzw. das Schattenkabinett der Opposition (frontbenchers), auf den hinteren Bänken die übrigen Parlamentsmitglieder (backbenchers). Zwischen den Bankreihen steht ein Tisch, an dessen Kopfende der »Speaker« erhöht sitzt. Er ist der zur Neutralität verpflichtete Parlamentspräsident.

Oberhaus

Die Mitgliederzahl des Oberhauses, das politisch kaum noch Bedeutung hat, beträgt z. Zt. 711 Personen. Das House of Lords hat ein

Downing Street Nr. 10 – seit Jahrzehnten Residenz des Premierministers

einjähriges aufschiebendes Vetorecht gegen bestimmte Gesetztesentwürfe, 12 seiner Mitglieder (Law Lords) bilden das Oberste Gericht. Eine zeitlich nicht festgelegte endgültige Reform soll die Funktion des Oberhauses jedoch neu regeln.

Länderparlamente Großbritannien wird zentralistisch regiert und verwaltet, allerdings wurde im Zuge der »Devolution« (Dezentralisierung) den Regionen Schottland und Wales, der Hauptstadt London sowie – für kurze Zeit – Nordirland eine Teilautonomie zugestanden. Schottland und Wales haben seit 1999 eigene Länderparlamente, im Mai 2000 fand zum ersten Mal die Direktwahl eines Bürgermeisters für Groß-London statt. Diskutiert wird nun, ob nicht auch für England ein eigenes Parlament geschaffen und Versammlungen für die 8 englischen Regionen (zusätzlich zu London) gewählt werden sollen.

Parteien Seit 1931 bestimmen abwechselnd Konservative und Labour Party das politische Geschehen, da das britische Wahlrecht die großen Parteien krass begünstigt. Seit 1997 regiert die von Tony Blair in die politische Mitte gerückte Labour-Partei. Drittgrößte Kraft sind die Liberaldemokraten (Liberal Democrats). Die übrigen Unterhausparteien sind Regionalparteien.

Mitgliedschaft in internationalen Organisationen Großbritannien ist u.a. Mitglied der Vereinten Nationen (UN) mit einem ständigen Sitz im Weltsicherheitsrat, der Europäischen Union (EU), der Westeuropäischen Union (WEU), des Europarates, der OECD und der NATO.

Wirtschaft

Nord-Süd-Teilung

Kein anderes Land der Erde ist so eng mit dem Begriff der Industrialisierung verbunden wie Großbritannien, wo mit der industriellen Revolution gegen Ende des 18. Jh.s die entscheidenden Weichen für eine vollständige Umstrukturierung von Produktions- und Lebensformen gestellt wurden. Doch während Großbritannien vor 100 Jahren hohe Wachstumsraten erzielte und Arbeitskräfte suchte, als führende Industrienation über die Hälfte der industriellen Weltproduktion erzeugte und die größte Handelsflotte der Erde besaß, geriet das Land nach dem Ersten Weltkrieg in eine krisenhafte Situation, die – trotz kurzfristiger Aufschwünge nach dem Zweiten Weltkrieg – bis heute nicht grundlegend gebessert werden konnte. Die Schwerindustrie verlor immer mehr an Bedeutung, viele Betriebe waren vollkommen überaltert oder produzierten zu teuer. Darüber hinaus wurde Großbritannien aufgrund einer recht einseitigen regionalen Wirtschaftsentwicklung zu einem Musterbeispiel für die Unterschiede zwischen Zentrum und Peripherie, die sich in einer rasch fortschreitenden **Nord-Süd-Teilung** (North-South Divide) äußern. Zwischen dem wirtschaftlichen Ballungsraum und Bevölkerungszentrum von London und Südostengland einerseits und den wirtschaftsschwachen peripheren Gebieten und altindustriellen Abwanderungsräumen von Nordengland, Schottland, Wales und Nordirland andererseits bestehen gravierende Unterschiede hinsichtlich des Einkommens und Lebensstandards, der Arbeitslosigkeit und der wirtschaftlichen Zukunftsaussichten.

Deutsch-britische Wirtschaftsbeziehungen

Deutschland ist Großbritanniens zweitwichtigster Handelspartner weltweit (nur knapp hinter den USA). Für Deutschland ist Großbritannien der drittwichtigste Handelspartner (nach den USA und Frankreich). Die deutschen Investitionen in Großbritannien (u. a. Deutsche Bank, Siemens, Bosch, BMW) sind traditionell höher als die britischen Investitionen in Deutschland (u. a. BP, Shell).

London

Größtes Wirtschaftszentrum Großbritanniens ist die Hauptstadt London, deren Bedeutung als **Handels- und Dienstleistungszentrum** stetig zunimmt. Hier haben fast alle bedeutenden britischen Unternehmen ihren Sitz, hier finden jährlich über 80 wichtige internationale und nationale Messen und Ausstellungen statt. Darüber hinaus ist London weltgrößter Devisenumschlagplatz, wo **mehr als 520 - Banken** ihren Sitz haben und 22 % aller Banktransaktionen in der Welt getätigt werden. Weiterhin ist die britische Metropole einer der wichtigsten Handelsplätze für Rohstoffe und Edelmetalle und mit einem Anteil von 20 % der bedeutendste Versicherungsmarkt der Erde – über 500 internationale Versicherungsfirmen haben sich hier angesiedelt. Immer wichtiger wird der **Tourismus** in der Kapitale, die beliebtestes Ziel ausländischer Touristen in Großbritannien ist.

Gut gelaunt: Londons Banker bei der Mittagspause im Park

Südengland In Südengland blieben, nachdem die Vorkommen in den Zinn- und Kupferminen Cornwalls erschöpft waren, lange Zeit Landwirtschaft und Fischerei die vorrangigen Arbeitgeber. Auch heute noch spielt im warmen Süden die **Landwirtschaft** eine große Rolle: erzeugt werden u. a. Molkereiprodukte, Getreide, Obst und Gemüse – darunter Hopfen und Gerste für die Brauereien und Äpfel zur Herstellung von Cider – sowie Fleischprodukte (Schaf- und Rinderzucht). In den letzten Jahrzehnten hat sich jedoch der Südosten dieses Landesteils zur **führenden Industrieregion** in England entwickelt. Bristol ist die Heimat von Rolls Royce – heute im Besitz von Volkswagen – und British Aerospace (britische Luft- und Raumfahrtindustrie), in Hampshire stellen die Elektronik- und die Computerindustrie fast die Hälfte aller Arbeitsplätze. Darüber hinaus dominiert hier, mehr noch als in Großbritannien insgesamt, der Dienstleistungssektor, u.a. haben sich in der Nähe Londons zahlreiche Versicherungsgesellschaften niedergelassen. Eine wichtige Position nimmt auch der **Tourismus** ein. Vor allem entlang der Kanalküste von Kent bis Cornwall findet sich die größte Anzahl von Ferienorten, vom einst mondänen Seebad Brighton bis zu malerischen kleinen Fischerhäfen; äußerst beliebte Reiseziele sind ferner Bath mit seinen römischen Bädern und Stonehenge. Allerdings ist trotz des Wirtschaftsbooms ein Ost-West-Gefälle erkennbar: Während in den südöstlichen Grafschaften, die von der Nähe Londons profitieren, die Arbeitslosenquote bei 1 % liegt, erreicht die Arbeitslosigkeit in manchen Gegenden Cornwalls im äußersten Südwesten bis zu 20 %.

Schottland In Schottland, einst durch Schwerindustrie, Maschinen- und Schiffsbau sowie die Textilindustrie geprägt, sind heute fast drei Viertel aller Arbeitnehmer im Dienstleistungssektor beschäftigt. **Größtes Dienstleistungszentrum ist die schottische Hauptstadt Edinburgh**, das im

Banken-, Versicherungs-, Großhandels- und Wirtschaftsberatungswesen in Großbritannien nur von London in den Schatten gestellt wird. Doch es wird auch noch etwas produziert in Schottland. Die Hauptexportgüter sind nun Computer- und Bürotechnologie – mit fast **50 000 Beschäftigten im »Silicon Glen«**, einem 100 km schmalen Landstrich zwischen Edinburgh und Glasgow –, Biotechnologie, Kommunikationstechnologie und – nicht zu vergessen – Whisky. Eine besondere Rolle spielt ferner die **Erdölindustrie**, seit die Förderung in den frühen 1970er-Jahren vor der Nordostküste Schottlands begann, sowie die Gewinnung von Erdgas. Ein wichtiger Wirtschaftsfaktor für Schottland ist aber auch der Fremdenverkehr. Hauptreiseziele sind Edinburgh und das Hochland mit seinen Burgen, Lochs und Bilderbuchküsten.

Wales

Die abgelegenen, naturnahen Gebiete von Wales, darunter die Bergwelt von Snowdonia in Nordwales, erleben ebenfalls einen Aufschwung durch den **Tourismus**. Wales hat den Fremdenverkehr bitter nötig; vor allem der Süden, ein altes schwerindustrielles Zentrum Großbritanniens, gilt als wirtschaftliche **Krisenregion**. Darüber hinaus profitiert Wales, wie Schottland, davon, dass die Massenproduktion in der Computerindustrie in die peripheren Wirtschaftsförderungsgebiete verlagert wurde.

Dicht gedrängt: Schafe – wichtig für die britische Landwirtschaft

Geschichte

Etwa 300 v.Chr. kamen keltische Brythonen von Frankreich über das Meer nach Großbritannien. Sie konnten nicht ahnen, dass sie einmal dem ganzen Inselreich ihren Namen geben würden. Und dass aus diesem Inselreich zwei Jahrtausende später für 200 Jahre ein Weltreich werden würde. Die Briten von heute blicken auf eine lange und wechselvolle Geschichte zurück ...

Auswirkungen der Insellage

Die Insellage am Rand des europäischen Kontinents, zu der es ca. 6000 v. Chr. durch den Wiederanstieg des Meeres nach der letzten Eiszeit kam, prägte die Geschichte der Britischen Inseln in doppelter Hinsicht. Aufgrund der Isolierung traten hier wesentliche Faktoren der europäischen Geschichte – agrarische Produktion, römische Eroberung, Feudalismus – erst später auf, und es verstärkte sich die Tendenz zur Durchsetzung politischer Einheit auf einem durch die Natur umgrenzten Gebiet. Andere historische Ereignisse auf den relativ isolierten Britischen Inseln – wie die Verbreitung des Christentums außerhalb des Römischen Reiches (Irland), die erste päpstliche Missionierung (England, um 600 n. Chr.), die höchste Systematisierung des Feudalismus (England, nach 1066), die erste Phase der industriellen Revolution (England / Schottland, um 1760) – hatten Rückwirkungen weit über die Landesgrenzen hinaus. Zudem erhielt die bisherige Randlage innerhalb Europas nach der Entdeckung Amerikas eine neue welthistorische Bedeutung, da England nun in das Zentrum des neuen atlantischen Systems rückte, was eine der Voraussetzungen für den Aufstieg des Landes zur größten See- und Kolonialmacht der Neuzeit bildete.

Frühzeit und Antike

19.–15. Jh. v. Chr.	Errichtung von Stonehenge
300 v. Chr.	Einfall der Brythonen (»Briten«)
55 u. 54 v. Chr.	Cäsar versucht Britannien zu erobern
43 n. Chr.	Römer erobern das südliche England
ab 122 n. Chr.	Bau des Hadrianswalls
410 n. Chr.	Ende der römischen Herrschaft

Steinzeit

Bereits in der Altsteinzeit kamen Einwanderer aus Westeuropa über den Kanal oder die Nordsee-Landbrücken auf die Britischen Inseln. Nach 3000 v. Chr. entwickelte sich auf den Kreideböden Südenglands eine jungsteinzeitliche Bauernkultur, deren Spuren u.a. in Windmill Hill bei Avebury gefunden wurden. Träger dieser Kultur waren in erster Linie eingewanderte iberische Völker. Sie entwickelten auch eine erste **Megalithkultur**, die sich durch die Errichtung von Dolmen, imposanten Grabstätten und Menhiren auszeichnete. Zu Beginn der Bronzezeit Anfang des 2. Jt.s v. Chr. erreichten – aus dem Gebiet der heutigen Niederlande kommend – mehrere Wellen der nach glockenförmigen verzierten Tonbechern benannten Glockenbecherkultur Britannien. Diesem Kulturkreis sind auch die gewaltigen kreisförmigen Steinsetzungen zuzuschreiben, darunter **Stonehenge**, das in der

← Heute wie vor Jahrtausenden: Gewitter über Stonehenge

Zahlen und Fakten Die britischen Herrscher

Angelsachsen und Dänen

- Alfred der Große 871–899
- Eduard der Ältere 899–924
- Athelstan 924–939
- Edmund 939–946
- Edred 946–955
- Edwy 955–959
- Edgar 959–975
- Eduard der Märtyrer 975–978
- Ethelred 978–1016
- Edmund Ironside 1016
- Knut I. der Groåe 1016–1035
- Harold Harefoot 1035–1040
- Harthaknut 1040–1042
- Eduard der Bekenner 1042–1066
- Harold II. Godwinson 1066

Normannische Könige

- Wilhelm I. der Eroberer 1066–1087
- Wilhelm II. Rufus 1087–1100
- Heinrich I. Beauclerc 1100–1135
- Stephan von Blois 1135–1154

Haus Anjou-Plantagenet

- Heinrich II. Kurzmantel 1154–1189
- Richard I. Löwenherz 1189–1199
- Johann Ohneland 1199–1216
- Heinrich III. 1216–1272
- Edward I. 1272–1307
- Edward II. 1307–1327
- Edward III. 1327–1377
- Richard II. 1377–1399

Haus Lancaster

- Heinrich IV. 1399–1413
- Heinrich V. 1413–1422
- Heinrich VI. 1422–1461

Haus York

- Edward IV. 1461–1483
- Edward V. 1483
- Richard III. 1483–1485

Haus Tudor

- Heinrich VII. 1485–1509
- Heinrich VIII. 1509–1547
- Edward VI. 1547–1553
- Maria I. 1553–1558
- Elizabeth I. 1558–1603

Haus Stuart

- Jakob I. 1603–1625
- Karl I. 1625–1649

Commonwealth und Protektorat

- Oliver Cromwell (Lord Protector) 1653–1658
- Richard Cromwell (Lord Protector) 1658–1659

Haus Stuart

- Karl II. 1660–1685
- Jakob II. 1685–1688
- Wilhelm III. von Oranien 1689–1702 zusammen mit Maria II. 1689–1694
- Anna 1702–1714

Haus Hannover

- George I. 1714–1727
- George II. 1727–1760
- George III. 1760–1820
- George IV. 1820–1830
- Wilhelm IV. 1830–1837
- Victoria 1837–1901

Haus Sachsen-Coburg

- Edward VII. 1901–1910

Haus Windsor

- George V. 1910–1936
- Edward VIII. 1936
- George VI. 1936–1952
- Elizabeth II. seit 1952

Zeit vom 19.–15. Jh. v. Chr. entstand. Um 1600 v. Chr. bildete sich nach mehreren weiteren Einwanderungswellen die **Wessexkultur** aus, die bereits nachweisbaren Handel mit Zinn bis in den Mittelmeerraum hinein betrieben hat.

Keltische Brythonen (5.–1. Jh. v. Chr.)

Ab dem 5. Jh. v. Chr. wanderten von Frankreich aus keltische Stämme in Britannien ein; zu diesen gehörten unter anderem auch die Brythonen – die **»Briten«** –, die um 300 v. Chr. einfielen. Die Kelten – erfahrene Krieger, die die Herstellung von Gerätschaften aus Eisen kannten und Hügelfestungen errichteten – lebten in Stammesverbänden ohne eine übergreifende Herrschaft; soweit man weiß, nahm lediglich die Druidenkaste eine höhere Machtposition ein.

Trajan: Vorlugen hinter dem römischen Kaiser

Römisches Britannia (55 v. Chr – 410 n. Chr.)

Die Kelten leisteten den Römern, die in den Jahren 55 und 54 v. Chr. unter Julius Cäsar Britannien zu erobern versuchten, erheblichen Widerstand. Erst im Jahr 43 n. Chr. konnte das südliche England erobert und als **Provinz Britannia** ins Römische Reich eingegliedert werden. Nachdem die Römer auch das nördliche England und Wales unter ihre Herrschaft gebracht hatten, errichteten sie ab 122 n. Chr. zum Schutz gegen die keltischen Stämme im Norden – die Pikten (lat. »die Bemalten«) – zwischen Newcastle und Carlisle den Hadrianswall. Mitte des 4. Jahrhunderts begannen unruhige Zeiten in der römischen Provinz: Grund waren die Einfälle der Pikten und Scoten – die Scoten waren irische Kelten, auf die der Name Schotten zurückgeht. Im Jahr 410 schließlich endete die römische Herrschaft auf der Insel: Die letzten Legionen Roms, verließen Britannia, weil sie an anderen Grenzen des niedergehenden römischen Reichs zur letzten Verteidigung des Imperiums benötigt wurden.

Mittelalter

ab 449	Germaneneinfall
ab 596	Missionierung Englands
ab 866	Invasion der Dänen
1066	Normannen erobern die Insel
1215	Magna Charta schränkt die Königsmacht ein; Entwicklung des Parlaments
1337/1339–1453	Hundertjähriger Krieg zwischen England und Frankreich

Angelsachsen und Dänen (449–1066)

Ab 449 wanderten – wie in den Geschichtsbüchern zu lesen ist – vom europäischen Festland germanische Stämme (Jüten, Angeln und Sachsen) ein, vor deren Druck die romanisierten und christlichen Briten teils nach Cornwall und Wales, teils nach Gallien zur Halbinsel Armorica, der sie den neuen Namen »Bretagne« gaben, auswichen. Die Erinnerung an die Kämpfe gegen die germanischen Stämme um das Jahr 500 fand ihren Niederschlag im keltischen Sagenkreis (König Artus, Parsifal), den um 1200 dann die höfische Ritterdichtung verarbeitete. Jüten, Angeln und Sachsen sollen schließlich zu den **Angelsachsen** verschmolzen sein, die vor allem in England zahlreiche Kleinkönigtümer gründeten. Ab 596 begann die systematische Missionierung Englands – erstmals im Auftrag des römischen Papstes. Die politische Zusammenfassung Englands erfolgte in einem ersten Ansatz im 9. Jh. – im Königtum Wessex –, wurde aber durch die massive Invasion der Dänen ab 866 aufgehalten. Die Dänen machten sich zunächst nur das nordöstliche England, den »Danelag«, untertan, ab 1016 jedoch herrschten sie über ganz England. Erst 1042 kam wieder ein angelsächsischer Herrscher auf den englischen Thron.

? WUSSTEN SIE SCHON ...?

- Mittlerweile gehen Wissenschaftler davon aus, dass weit weniger Eroberer vom Festland die Insel überrollten, als Historiker bisher vermutet haben. Bei der Untersuchung von 24 Skeletten auf einem Friedhof, der bisher als angelsächsische Ruhestätte galt, konnte nur in einem Fall die Abstammung des Verstorbenen vom Festland zweifelsfrei belegt werden. Auch konnten Bevölkerungsgenetiker im Erbgut heute lebender Briten kaum genetische Spuren der Invasoren feststellen.

Normannen (1066–1154)

1066 wurden die Britischen Inseln ein letztes Mal erobert. In diesem Jahr landete der normannische **Herzog Wilhelm**, der später den

Ausschnitt aus dem Teppich von Bayeux, auf dem die Schlacht bei Hastings verewigt wurde

Beinamen **»der Eroberer«** erhalten sollte, mit einem Heer in England, schlug die Angelsachsen unter Harold II. bei Hastings und ließ sich zum König von England (1066–1087) krönen. Wilhelm, der gleichzeitig die Normandie regierte, führte das normannische Feudalsystem mit starker Königsherrschaft ein – die straffste Form des Feudalismus in Europa – und unterdrückte die Angelsachsen. So mussten die angelsächsischen Adligen ihre Macht und Besitztümer an normannische Barone abtreten, und die Bistümer wurden nur an Normannen vergeben. Die herrschende Schicht sprach Französisch und schrieb Latein, während das Angelsäschsische zur Sprache der Ungebildeten wurde.

Dynastie Plantagenet (1138–1399)

Im Jahr 1135 erlosch das Haus Normandie in direkter Linie, und England stürzte in einen erbitterten Bürgerkrieg, der erst mit der Thronbesteigung Heinrichs II. (1154–1189) aus dem Haus Anjou-Plantagenet endete. Heinrich, der auch große Teile West- und Südwestfrankreichs regierte, herrschte schließlich über ein großes Reich, das von Ostirland bis zu den Pyrenäen reichte. Aber bereits Johann I. Ohneland (John Lackland; 1199–1216), Nachfolger von Richard I. Löwenherz (1189–1199), verlor den größten Teil der kontinentalen Gebiete an Frankreich. Daraufhin zwang der Adel den immer mehr absolutistisch auftretenden, nun aber geschwächten König 1215 zum Unterschreiben der Magna Charta Libertatum (»große Urkunde der

Freiheiten«), die den Baronen, aber auch den Städten mehr Rechte und Freiheiten gegenüber der Krone sicherte. Aus der anfänglichen Beschränkung der Königsmacht durch die **Magna Charta**, die seit 1217 anerkannte Verfassungsgrundlage Englands ist, entwickelte sich das Parlament, in dem ab 1265 Vertreter des Adels und des Klerus, aber auch der Städte saßen. Anfang des 14. Jh.s entstanden dann die beiden heute noch existierenden Kammern: Im **Oberhaus** (House of Lords) waren Adel und Klerus vertreten, das **Unterhaus** (House of Commons) repräsentierte die Grafschaften und Städte. In der Folgezeit entwickelte sich das Parlament zu einem autonomen politischen Faktor. Insbesondere der Hundertjährige Krieg (1337 / 1339 – 1453) bewirkte durch den steigenden Geldbedarf, u. a. für die neuen Feuerwaffen (seit 1346), eine Stärkung des Parlaments. Der Hundertjährige Krieg entbrannte, als Edward III. (1327 – 1377) nach Erlöschen der Linie der Capetinger in Frankreich (1328) Anspruch auf den französischen Thron erhob. In den ersten Kriegsphasen errang England zahlreiche militärische Siege gegen Frankreich, eroberte West- und Südwestfrankreich und zwang schließlich 1420 die schwache französische Krone zur formellen Anerkennung des englischen Thronanspruchs. In der Folgezeit jedoch verschlechterte sich die Kriegslage für England rapide, und bis 1453 ging der gesamte Kontinentalbesitz, bis auf Calais, das erst 1558 von Frankreich erobert werden konnte, verloren. Aus der Niederlage gegen Frankreich entwickelten sich die **Rosenkriege** (1455 – 1485) – der Bürgerkrieg zwischen der seit 1399 regierenden Dynastie Lancaster, deren Symbol eine rote Rose war, und dem Haus York (weiße Rose) um die Macht im Land, zu dem auch das 1285 eroberte, aber erst 1536 formell ins englische Reich übernommene Wales gehörte. Ab 1461 übernahm York die Landesherrschaft, musste sich jedoch bereits 1485 dem letzten lebenden Lancaster beugen, der als Heinrich VII. (1485 – 1509) die Dynastie der Tudors begründete.

Frühe Neuzeit

1535	Heinrich VIII. erklärt sich zum Oberhaupt der Anglikanischen Kirche
1536	England und Wales bilden eine Union
1587	Hinrichtung von Maria Stuart
1588	Vernichtung der spanischen Armada
1600	Gründung der Ostindiengesellschaft in London
1640 – 1660	Englische Revolution
1688 – 1702	unter Wilhelm III. Beginn der konstitutionellen Monarchie in England
1703	Realunion von England und Schottland

Dynastie Tudor (1485 – 1603)

Unter **Heinrich VIII.** (1509 – 1547) löste sich England vom Heiligen Stuhl in Rom. Der Papst hatte sich geweigert, die Scheidung des Königs von seiner Ehefrau Katharina von Aragón und eine Neuvermählung mit Anna Boleyn zu genehmigen; daraufhin gründete Heinrich die **Anglikanische Kirche** und erklärte sich 1535 zu deren Oberhaupt. Als im Jahr 1553 Maria Tudor, verheiratet mit Philipp II. von Spanien und Tochter Katharinas von Aragón, auf den englischen Thron kam, wurde der Katholizismus wieder als Staatsreligion eingeführt und eine blutige Protestantenverfolgung entfesselt. Doch Marias Nachfolgerin Elizabeth I. (1558 – 1603) etablierte erneut die Anglikanische Staatskirche. Elizabeth legte auch durch Intervention in den schottischen Bürgerkrieg zu Gunsten der schottischen Calvinisten die Grundlage zum Bündnis der protestantischen Staaten England und Schottland. Weil mit ihrem Tod das Haus Tudor ausstarb, bestimmte sie testamentarisch Jakob VI. von Schottland als Jakob I. zu ihrem Nachfolger, dessen Thronbesteigung die Personalunion von England und Schottland ermöglichte, die der Auftakt zur späteren Realunion (1703) war.

Heinrich VIII.: schillernde Persönlichkeit

Aufstieg zur See- und Kolonialmacht

Jakob I. war der Sohn der katholischen schottischen Königin **Maria Stuart**, die, nach ihrer Entthronung nach England geflohen, auf Veranlassung Elizabeths 1587 wegen angeblichen Hochverrats hingerichtet worden war. Diese Hinrichtung löste in Spanien wütende Empörung aus – auch weil die stärkste europäische Macht des 16. Jh.s sich von England u. a. durch die Angriffe des englischen **Weltumseglers Francis Drake** auf spanische Besitzungen in Amerika zunehmend bedroht sah. Der Angriff der als unbesiegbar geltenden spanischen Flotte auf die Britischen Inseln 1588 scheiterte jedoch kläglich, die Vernichtung der Großen Armada leitete sogar den Aufstieg Englands zur Seemacht ein. Im Jahr 1600 wurde in London die Ostindiengesellschaft gegründet, die unter dem Schutz der englischen Marine die Handelsverbindungen in den südostasiatischen Raum ausdehnte, womit auch **Englands Aufstieg zur Kolonialmacht** begann.

Dynastie Stuart (1603 – 1714)

Unter Jakob I. (1603 – 1625) nahm die Tendenz zur absoluten Monarchie zu, was unter Ausschaltung des Parlaments vor sich ging. Während der Herrschaft Karls I. (1625 – 1649) gab es sogar elf parlamentslose Jahre (1629 – 1640), wodurch schließlich der Konflikt zwischen Krone und Parlament, die Englische Revolution (1640 – 1660), heraufbeschworen wurde. Nachdem die Truppen der Parlamentsanhänger, die von **Oliver Cromwell** angeführt wurden, das königliche Heer in zwei Schlachten besiegt hatten, wurde Karl I. hingerichtet und die Monarchie für beendet erklärt. Cromwell, der als Lord Protector nun eine Diktatur errichtete, hatte jedoch ebenfalls Schwierigkeiten, die Unterstützung des Parlaments zu erlangen. 1660 holten Adel und Parlament Karl II. (1660 – 1685) aus dem Exil zurück, der das Königtum wieder einführte, jetzt aber in der Form einer konstitutionellen bzw. parlamentarischen Monarchie. Als König Jakob II. (1685 – 1688) versuchte, erneut den Absolutismus in England zu etablieren, setzte das Parlament den Monarchen ab und berief dessen Neffen und Schwiegersohn, Wilhelm von Oranien, auf den Thron. Weil diese Revolution unblutig verlief, wurde sie »glorreich« genannt – als **»Glorious Revolution«** ist sie in die Geschichte eingegangen. Mit der »Declaration of Rights», der Erklärung der Rechte des Parlaments, die Wilhelm III. (1688 – 1702) anerkannte, entstand endgültig die **konstitutionelle Monarchie in England**.
Im »Act of Settlement« (1701) wurden die Stuarts zu Gunsten des Hauses Hannover von der Thronfolge ausgeschlossen. Königin Anna (1702 – 1714) war die jüngere Tochter von Jakob II., sie war die letzte Regentin aus dem Haus Stuart und zugleich die erste britische Königin. Anna vollendete während ihrer Regentschaft die Angliederung Schottlands. 1707 wurden das englische und das schottische Parlament offiziell vereint; der neue Staat nahm die Bezeichnung Großbritannien an.

Neuzeit

Dynastie Hannover (1714 – 1840)

1769	Erfindung der Dampfmaschine
1790	Erfindung des mechanischen Webstuhls
1756 – 1763	Siebenjähriger Krieg
1775 – 1783	Amerikanischer Unabhängigkeitskrieg
1801	Realunion mit Irland
1806 – 1813	Napoleonische Kontinentalsperre

Unter Georg I. (1714 – 1727), der seit 1698 Kurfürst von Hannover war, nahm Schatzkanzler Sir Robert Walpole erstmals das Amt des Premierministers ein. Er hatte die Mehrheit des Parlaments hinter sich, und der König hatte ihm sein Vertrauen ausgesprochen. Von diesem Zeitpunkt an war nicht mehr der König, sondern die vom Parlament gewählte Regierung die maßgebliche politische Kraft in Großbritannien.

Aufstieg zur Weltmacht

In der zweiten Hälfte des 18. Jahrhunderts begann in England dann die **industrielle Revolution** mit dem Übergang zur fabrikmäßigen Produktion, beschleunigt durch die Erfindung der Dampfmaschine (1769) und – seit dem 12. Jahrhundert war England ein bedeutender Produzent von Schafwolle – des mechanischen Webstuhls (1790). Gestützt auf seine **fast absolute Seeherrschaft** stieg England ab Mitte des 18. Jh.s auch zur **stärksten Wirtschafts- und Kolonialmacht der Welt** auf. Im Siebenjährigen Krieg (1756 – 1763) stand England auf preußischer Seite; der Friede von Paris brachte immensen überseeischen Gebietszuwachs: Kanada, Louisiana, Florida sowie französische Besitzungen in Westafrika und Südindien. Indien wurde schnell zur wichtigsten Kolonie im Empire (dem bald auch Australien angehörte), nachdem im amerikanischen Unabhängigkeitskrieg (1775 – 1783) dreizehn **Kolonien**, die späteren USA, die Freiheit erlangt hatten.
In der Phase nach der Französischen Revolution (1789) spielte Großbritannien insgesamt eine konservative Rolle und erwies sich als härtester Gegner Napoleons, dessen **Kontinentalsperre** (1806 – 1813) den englischen Export auf den Kontinent traf. In der Schlacht von Waterloo 1815 schlugen die vereinigten britischen, holländischen und preußischen Armeen unter Wellington und Blücher endgültig Napoleons Truppen.

Dynastie Sachsen–Coburg–Gotha (1840–1917)

1899 – 1902	Burenkrieg in Südafrika
1911	Entmachtung des Oberhauses

Viktorianisches Zeitalter

Im Viktorianischen Zeitalter unter Queen Victoria (1837 – 1901) – seit **Heirat Victorias mit Albert von Sachsen-Coburg-Gotha** 1840 trug das englische Königshaus dessen Namen – war Großbritannien politisch und wirtschaftlich die erste Macht der Erde. Im Lauf des 19. Jh.s erlangte das Land, das seit 1801 eine Realunion mit Irland bildete, die Herrschaft auch über Hongkong, Burma, Zypern, Ägypten, Sudan, Ostafrika, Südafrika und Rhodesien. 1877 nahm Queen Victoria den Titel »Kaiserin von Indien« an. Im Burenkrieg (1899 – 1902) in Südafrika ging Großbritannien rücksichtslos gegen die aufständischen Buren vor und löste nach deren Niederlage auch ihre Freistaaten auf.

Britisches Weltreich um 1900

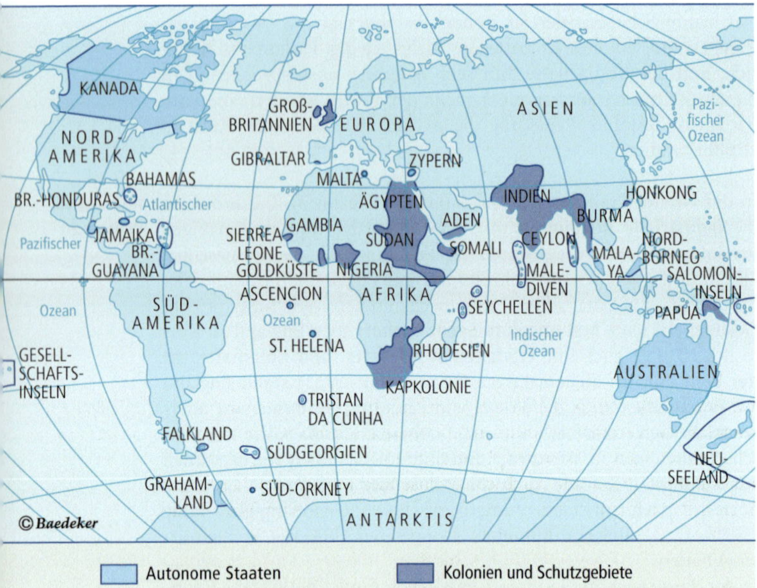

Außenpolitik Großbritannien war nicht auf Allianzen mit anderen Staaten angewiesen. Zum einen war das Land durch seine Insellage auf natürliche Art geschützt, zum anderen hatte es im Lauf der Zeit eine starke eigene Flotte aufgebaut. Als jedoch das Deutsche Kaiserreich Ende des 19. Jahrhunderts mit dem Aufbau einer großen Kriegsflotte begann, musste sich London dann doch nach Bündnispartnern umsehen. 1902 schloss es ein Bündnis mit Japan, 1904 mit Frankreich und 1907 mit Russland.

Innenpolitik Innenpolitisch entwickelte Großbritannien sich in dieser Zeit zu einem modernen demokratischen Staat. Die alte Aristokratie, die lange Zeit unter Ausschluss der breiten Masse der Bevölkerung das Land regiert hatte, erlaubte im Lauf des 19. Jahrhunderts nun die schrittweise politische Einbindung des wirtschaftlich aufstrebenden Bürgertums. Und so wurden aus den »Tories« und den »Whigs« – Interessenverbände der Oberschicht, die während der »Glorious Revolution« entstanden waren – jetzt **Massenparteien: die Konservativen und die Liberalen**. Die 1906 gegründete sozialistische Labour Party sollte erst nach dem Ersten Weltkrieg eine bedeutenden Rolle spielen. 1911 schließlich entmachtete eine Verfassungsreform das Oberhaus und machte das frei gewählte Unterhaus zur wichtigsten politischen Entscheidungsinstanz im Land.

Dynastie Windsor (seit 1917)

1917	Umbenennung des Königshauses in Windsor während des Ersten Weltkrieges
1921	Irland erlangt die Autonomie
1939–1945	Im Zweiten Weltkrieg bekämpft Großbritannien Nazi-Deutschland
1947	Unabhängigkeit Indiens
1969	Offener Ausbruch des Nordirland-Konflikts
1982	Falkland-Krieg
1997	Hongkong wird an China zurückgegeben
2003	Teilnahme Großbritanniens am Irak-Krieg

Zeit der Weltkriege

Im **Ersten Weltkrieg** (1914–1918) nahm Großbritannien auf Seiten seiner Verbündeten Frankreich und Russland gegen die Mittelmächte Deutschland und Österreich/Ungarn teil. Dabei zeigte die traditionell führende Seemacht auch ein wachsendes Engagement im Landkrieg; 1917 setzte erstmals in der Geschichte das britische Heer Tanks (Panzer) ein, die sich als kriegsentscheidende Waffe erwiesen.
Im selben Jahr wurde das **Königshaus** mit seinem mittlerweile verhassten deutschen Namen Sachsen-Coburg-Gotha **in Windsor umbenannt** – nach Windsor Castle, der Sommerresidenz der königlichen Familie.
Dem **Weltkriegssieger Großbritannien** gelang es zwar, sein Weltreich äußerlich unerschüttert zu behaupten, ja sein **Empire sogar zu vergrößern**: Ein Teil der deutschen Kolonien gelangte nun in britischen Besitz, außerdem übernahm London die Verwaltung in einigen Teilen des zerfallenen Osmanischen Reiches, das ein weiterer Kriegsgegner gewesen war, unter anderem setzte Großbritannien eine Verwaltung im Nahen Osten ein. Doch schon wenige Jahre nach dem Krieg strebten viele Kolonien nach Unabhängigkeit. 1921 erhielt Irland nach jahrhundertelanger englischer Herrschaft seine Autonomie; nur die sechs Grafschaften von Ulster verblieben als Nordirland bei Großbritannien. Londons Reaktion auf die weiteren Unabhängigkeitsbestrebungen war das Westminster-Statut von 1931, das die spätere Entkolonialisierung und die Umwandlung des Britischen Empire zum Commonwealth vorsah.
Gegen den deutschen Nationalsozialismus, den London als Gefahr unterschätzte, verfolgte Premierminister Neville Chamberlain (1939–1940) eine Politik der Beschwichtigung (Appeasement), die jedoch an den territorialen Forderungen Hitlerdeutschlands scheiterte. Im **Zweiten Weltkrieg** (1939–1945) gelang es Großbritannien, das nun von **Winston Churchill** regiert wurde, gemeinsam mit Frankreich, den USA und der Sowjetunion die Achsenmächte Deutschland, Italien und Japan zu besiegen. Obwohl Großbritannien

schließlich auf der Siegerseite stand, verlor das Land am Ende des Krieges seine Weltgeltung. Von nun an bestimmten die USA und die UdSSR das weltpolitische Geschehen.

Nachkriegszeit Die abermaligen Erschütterungen durch den Zweiten Weltkrieg, vor allem die desolate Wirtschaftslage, führten zur ersten Labour-Regierung mit parlamentarischer Mehrheit (1945 – 1951). Diese Regierung leitete die **Auflösung des Kolonialreiches** – zunächst mit der Unabhängigkeit Indiens (1947) – zur Vermeidung eines sonst drohenden, im kriegsmüden England äußerst unpopulären Kolonialkriegs ein. Ab 1957 begann eine bis Mitte der 1960er-Jahre anhaltende zweite große Entkolonialisierungswelle, die vor allem Länder in Afrika betraf. Die Entkolonialisierung dauerte noch bis in die jüngste Vergangenheit: Hongkong, das seit 1843 britische Kolonie war, wurde 1997 als Sonderverwaltungszone an China zurückgegeben. London konnte zwar die meisten seiner ehemaligen Kolonien insgesamt ohne größere Kolonial- und Befreiungskriege in die nationale Unabhängigkeit entlassen, doch verlor Großbritannien in der Nachkriegszeit weiter

Eröffnung des schottischen Parlaments am 1. Juli 1999 durch Queen Elizabeth II.

an industrieller Bedeutung in der Welt und sank, da mit dem Verlust der Kolonien auch Rohstoffquellen und Absatzmärkte fehlten, zu einer industriellen Mittelmacht ab.

Gegenwart

Zu einem der größten innenpolitischen Probleme des Landes wurde der **Nordirland-Konflikt**, der in Nordirland 1969 offen ausgebrochene Bürgerkrieg zwischen den Anschluss an Irland suchenden Katholiken und den zu Großbritannien neigenden Protestanten, wobei in beiden Lagern Extremisten (katholische IRA und protestantische UDA) nicht vor Terrorakten zurückschreckten. 1999 erhielt Nordirland – wie auch Schottland und Wales – ein eigenes Länderparlament. Der nordirischen Regierung wurde die Kompetenz allerdings bereits im Februar 2000 entzogen. 2001 wurde sie wieder eingesetzt, nachdem die IRA mit einer Entwaffnung begonnen hatte, ein Jahr später nochmals suspendiert, als IRA-Spionage innerhalb der Verwaltung bekannt geworden war. Im Juli 2005 verkündete die IRA das Ende des bewaffneten Kampfes und erklärte, künftig alle Ziele friedlich und mit demokratischen Mitteln erreichen zu wollen. Am 17. Juli 2007 begann die britische Armee mit dem Abzug ihrer Truppen aus Nordirland.

Seit 1931 lösen Labour Party und Konservative einander in der Regierungsverantwortung ab. Von 1979 bis 1990 war **Margaret Thatcher** von der Konservativen Partei erste britische Premierministerin. Unter ihrer Regierung wurden zahlreiche staatliche Unternehmen privatisiert, Sozialleistungen wurden drastisch reduziert und die gewerkschaftlichen Rechte beschnitten. Wegen ihrer reservierten Haltung gegenüber dem europäischen Einigungsprozess sowie ihrer harten Linie gegenüber den Gewerkschaften und im **Falkland-Krieg** – 1982 besetzten argentinische Truppen die britischen Falkland-Inseln im Atlantik, nach zehnwöchigen Kämpfen wurden die Invasoren von der britischen Armee geschlagen – erhielt die Premierministerin den Beinamen »Eiserne Lady«.

Nach langer Regierungszeit der Konservativen gelang es der Labour Party, die Parlamentswahlen 1997 zu gewinnen. Die mittlerweile in die politische Mitte gerückten Sozialisten erzielten sogar den größten Wahlsieg ihrer Geschichte. Neuer Premierminister wurde der 43-jährige Anwalt **Tony Blair**. 2003 stellte sich die Regierung Tony Blairs auf die Seite der USA und schickte Truppeneinheiten in den fragwürdigen Krieg Washingtons gegen den irakischen Diktator Saddam Hussein – obwohl mehrere hunderttausend Menschen gegen den Feldzug protestierten. Bei den Kommunal- und Regionalwahlen im Mai 2003, den ersten nach dem Start des Irak-Kriegs, musste Tony Blairs Labour Party erhebliche Stimmverluste hinnehmen. Im Mai 2005 gewann Blair zum dritten Mal die Parlamentswahlen, allerdings wiederum mit Stimmverlusten, die ebenfalls auf sein Engagement im Irak zurückgeführt wurden. 2007 trat Blair als Premierminister zurück. Sein Nachfolger, der bisherige Schatzkanzler **Gordon Brown**, wurde am 27. Juni 2007 in sein neues Amt eingesetzt.

Kunst und Kultur

Von der filigranen Buchmalerei des Mittelalters bis zur grellen Pop-Art des 20. Jahrhunderts, von den sinnenfrohen römischen Bädern bis zum natürlich eleganten Landschaftsgarten, von den rätselhaften Megalithbauten der Steinzeit bis zur mythischen Land-Art unserer Tage – der Kulturbogen ist weit gespannt auf den britischen Inseln.

Frühzeit

Erste Zeugnisse

Die britischen Inseln waren bereits in der Altsteinzeit von westeuropäischen Einwanderern – Jägern und Sammlern – besiedelt. Geräte bei Clacton-on-Sea zeigen Feuerstein-Abschlag-Techniken. In der Pavilandhöhle in Südwales wurde Elfenbein- und Muschelschmuck gefunden. Während der Jungsteinzeit im 4. Jt. v.Chr. drang vom westeuropäischen Festland die Bauernkultur ein und hinterließ zahlreiche Steingeräte und Tonwaren, die in Töpferzentren produziert und im Tauschhandel vertrieben wurden. In Südengland entstanden etwa ab 3000 v. Chr. »Causeway Camps«, ringförmige Sammellager mit Wall und Graben, die auf Anhöhen errichtet wurden (u.a. Henbury, Devon) und, wie die Anlage von Windmill Hill bei Avebury (Wiltshire), als Viehkrale interpretiert worden sind. In der Nähe der Camps finden sich häufig zwischen 30 und 100 m lange und etwa 3 m hohe »Long Barrows« (Langhügel), Kollektivgräber für eine Sippe oder Herrenschicht.

! *Baedeker* TIPP

Burgen reparieren

Wer sich in seinem Urlaub betätigen möchte, sollte im Internet unter www.btcv.org gucken: Der British Trust for Conservation Volunteers bietet Aktivferien an, in denen man alte Wehrmauern flicken, archäologische Grabungen machen oder nicht mehr komplett erhaltene Gebäude rekonstruieren kann (s. S. 107).

Megalithkultur

Ungefähr ab 3000 v.Chr. entwickelte sich auf den Orkney Inseln eine erste Megalithkultur, wie sich anhand umfangreicher Ausgrabungen gut nachvollziehen lässt: Freigelegt wurden **Grabanlagen**, u.a. das Kuppelgrab von Maes Howe und jungsteinzeitliche Wohnstätten von Skara Brae. In Südwestengland entstanden die ersten Großsteingräber einige Jahrhunderte später bei Severn Cotswolds. In Südwestschottland wurden »Horned Cairns« angelegt, benannt nach dem eingebauten halbrunden Vorhof, der in einen Korridor mit Grabkammern einmündet. Besonders eindrucksvoll ist das Megalithgrab von West Kennet (ca. 2500 v.Chr.) bei Avebury, eine vielräumige Anlage mit einer 13 m langen und 2,5 m hohen Steingalerie. Neben Gräbern hatten auch **Menhire**, vereinzelt gesetzte Steinsäulen, und **Cromlechs**, Steinkreise, kultische Bedeutung.

Bronze- und Eisenzeit

In mehreren Wellen erreichten ab etwa 2200 v. Chr. Vertreter der Becherkultur von den heutigen Niederlanden aus die britischen Inseln und leiteten zur Bronzezeit über. Die jungsteinzeitliche Tradition mit imposanten Megalithbauten blieb bestehen. Dazu zählen die Henge-Monumente in Südengland, kreisförmige kultische Großsteinanlagen, umgeben von Gräben und Erdwällen, deren Bedeutung bis heute ungeklärt ist. Das eindrucksvollste Beispiel ist **Stonehenge**, das in

← Die Kuppeln des Royal Pavilion in Brighton – erbaut im Regency Style

mehreren Bauphasen zwischen 2000 und 1500 v. Chr. errichtet wurde. Ein weit verzweigter Fernhandel mit Zinn und Gold führte zu vielseitigen Kulturkontakten bis nach Osteuropa und Mykene und prägte in Südengland die hoch entwickelte Wessexkultur. Im 8. und 7. Jh. v. Chr. sind vermehrte Kontakte zum nordeuropäisch-skandinavischen Kulturkreis nachweisbar. Um 600 v. Chr. brach die Eisenzeit auf den britischen Inseln an. Wallburgen und Waffenfunde lassen kriegerische Auseinandersetzungen vermuten. Die **Kultur der keltischen Einwanderer** vom Kontinent breitete sich in der Zeit vom 4. bis 1. Jh. v. Chr. aus. Neben frühem keltischen Kunsthandwerk mit Flechtwerkmotiven gibt es aus späterer Zeit Schwertscheiden und Bronzespiegel mit stilisierter Kreisornamentik sowie aufwändige Hals- und Armreifen aus tordiertem Gold; viele Funde sind im British Museum in London zu sehen.

Römerzeit

Trotz der Eroberungsversuche unter Caesar 54 v. Chr. gelang den Römern erst zwischen 43 und 57 n. Chr. die dauerhafte Besetzung Britanniens mit Ausnahme Schottlands. Dank der Zinnvorkommen flo-

Stonehenge – vor knapp 4000 Jahren in mehreren Phasen errichtet

rierte die römische Provinz Britannia. Im 3. Jh. n. Chr. gab es eine Blütezeit mit verschiedenen Kulturzentren, so in Camulodunum (Colchester), Londinium (London), Eburacum (York), Glevum (Gloucester), Lindum Colonia (Lincoln), **Aquae Sulis (Bath)** und Verulamium (St. Albans). Auch verweisen viele Ortsnamen mit »chester« auf eine römische Vergangenheit als »castrum«. Zahlreiche römische Landsitze entstanden im klimatisch günstigen Südengland, u.a. der Roman Palace mit bedeutenden Mosaiken in Fishbourne (Sussex). Beeindruckend sind auch die römischen Befestigungsanlagen. Ausgesprochen imposant nimmt sich der Grenzwall gegen die Pikten aus, den Kaiser Hadrian 122–128 zwischen Newcastle und Carlisle errichten ließ. Entlang des **Hadrian's Wall** existieren noch Überreste mehrerer Kastelle, die Einblick ins römische Soldatenleben geben. Alltagsgegenstände, Glaswaren, Gold- und Silberschmiedearbeiten aus spätrömischer Zeit (4. Jh.) sind im British Museum in London ausgestellt.

Frühmittelalter

Mit den Angeln und den Sachsen verbreitete sich germanische Kultur in zwei Phasen: die Frühzeit vom 6. bis 9. Jh. und die Spätzeit nach Abklingen der verheerenden Wikingerüberfälle vom frühen 10. Jh. bis zur normannischen Eroberung 1066. Angelsächsische Siedlungen lassen sich noch heute an den Endungen von Ortsnamen erkennen: »-ham« deutet auf eine flache Weidensiedlung hin, »-ton« auf eine Flusssiedlung, »-ley« auf eine Rodung und »-wick« auf ein Bauerndorf mit Tierbestand. In Schottland florierte im 7. und 8. Jh. die Kunst der Pikten, bis sich Mitte des 9. Jh.s die Herrschaftskultur der irischen Scoten durchsetzte.

Architektur

In der Architektur der Angelsachsen verbanden sich **keltische und römische Bauweisen**. Von den vielfach reinen Holzbauten sind fast keine mehr vorhanden. Allerdings basieren die ersten steinernen Kirchenbauten Ende des 6. Jh.s mit einfachem, lang- oder rechteckigem Kirchenschiff, das in einen kurzen rechteckigen Altarraum einmündete, auf dieser Bauweise. Aus dem 7. Jh. sind u.a. erhalten: die Kirchen von Escomb (Durham), Wing (Buckinghamshire), Brixworth (Northamptonshire) sowie St. Lawrence in Bradford-on-Avon (Wiltshire). Aus dem 10./11. Jh. stammen einige Sakralbauten mit eindrucksvollen Westtürmen: Worth (Sussex), Monkwearmouth (Durham), Sompting (Sussex), Earls Barton (Northamptonshire) und Barton-upon-Humber (Humberside); die zwei Letzten mit reicher Steindekoration der Türme und teilweise Nachahmungen der Holzständerbauweise in Stein.

Skulptur

Ab dem späten 7. Jh. entwickelte sich auf den britischen Inseln eine Sonderform der frühmittelalterlichen Plastik: bis zu 5 m hohe **Steinkreuze**, die als Erinnerungsmale, zu Votivzwecken und – seltener –

an Weiheplätzen errichtet wurden. Trotz vieler regionaler Varianten lassen sich in Nordengland vor allem Hochkreuze mit Weinrankendekoration und figürlichen, meist biblischen Darstellungen in romanisch-byzantinischem Stil nachweisen; besonders eindrucksvoll sind die Kreuze von Ruthwell, Bewcastle und Hexham. Die um 800 aufgestellten Kreuze von Iona zeigen oft Pflanzenornamente und die typische durchbrochene Ringform im oberen Teil. Die jüngeren Steinkreuze aus der Zeit von 800 bis 1050 stehen unter dem Einfluss der Wikingerkunst (Collingham, Ilkley, Walton, Middleton). Die schottischen Hochkreuze (Hilon of Cadboll, Thornhill, Abercorn) tragen stilisierte Weinranken, die Kreuze der Isle of Man Flechtbandmuster. Nachwirkungen keltischer Ornamentik finden sich auf den Kreuzen in Wales, z.B. am Nevern Celtic Cross (11. Jh.).
Bemerkenswerte **bauplastische Arbeiten** sieht man vereinzelt in angelsächsischen Kirchen: Engelsreliefs in Bradford-on-Avon, Teile einer Kreuzigung in Romsey und Breamore, ein vorzüglicher Fries mit Menschen- und Tierdarstellungen in Breedon-on-the-Hill. Hervorragend war auch das Gold- und Silberschmiedehandwerk. Das berühmte Schiffsgrab von Sutton Hoo (um 625; British Museum, London) barg aufwändig verarbeitete Grabbeigaben aus Gold und Silber. Die piktische Kunst in Schottland brachte vor allem Steinplastik hervor, anfänglich in Stein geschnittene Tiermotive (Stierrelief von Burghhead, Morayshire, 7. Jh.), später Steinreliefs auf Grabplatten mit Kreuzdarstellungen und Rankenwerk (Kreuzstein auf dem Friedhof von Nigg, Ross and Cromarty, spätes 8. Jh.). Piktische Metallkunst von hoher Qualität zeigt der Schatz von St. Ninian's Isle (National Museum of Antiquities, Edinburgh).

Buchmalerei Beeinflusst durch die hohe Kunst der irischen Mönche und Buchillustratoren entwickelte sich die Buchmalerei zu wahrer Blüte, die über irische Wandermönche auch das europäische Festland bis ins 10. Jh. hinein künstlerisch befruchtete. Als frühestes Werk gilt das um 680 entstandene **Book of Durrow** (Trinity College, Dublin) mit reicher Ornamentik bei der Gestaltung der Initialen und den Evangelistensymbolen, die an Gold- und Silberschmiedekunst erinnert. Das **Book of Lindisfarne** (um 700; British Museum, London) verbindet Flechtbandornamente, angelsächsische Tier- und Spiralmotive mit naturalistischen, von Italien beeinflussten Evangelistenporträts. In Canterbury wurden im 8. Jh. u.a. der Vespasian Psalter (British Museum, London) und der Codex Aureus (Königliche Bibliothek, Stockholm) geschrieben und ausgeschmückt. Eine erneute Hochzeit erlebte die Buchmalerei ab der 2. Hälfte des 10. Jh.s in der Abtei Glastonbury, z.B. mit Dunstan's Classbook (um 950, Bodleian Library, Oxford), und mit der **School of Illumination in Winchester**. Zu den wertvollsten Handschriften Englands gehört die reich verzierte Aethelwold-Benedictionale (um 975; British Museum, London) mit Akanthusmustern und feinen Gewanddrapierungen der Personen, die karolingische Einflüsse verraten.

Romanik

Kirchen

Nach der normannischen Eroberung von 1066 wurden die Diözesen neu geordnet und die Bischofssitze in die großen Städte verlegt. Um 1080 setzte eine rege Bautätigkeit ein; zahlreiche Kathedralen und Abteikirchen wurden im **Norman Style**, der **anglonormannischen Variante der Romanik**, verändert oder neu errichtet. Die räumlich großzügig bemessene Domfreiheit (Cathedral Close) hatte zur Folge, dass die meisten Kathedralen frei stehen, von Rasengrün eingefasst, und die Bauten sich anstatt in der Höhe in der Länge ausdehnten.
Im Kirchenbau jener Zeit dominierte der dreischiffige, basilikale Baukörper, der auf lateinischem Kreuzgrundriss hochgezogen wurde. Markante Querhäuser, rechteckige Chöre und mächtige Vierungstürme entstanden, die Westfassade erhielt in der Regel einen doppeltürmigen Abschluss. Charakteristisch ist die **extreme Längsausrichtung** der Kirchenschiffe. Aus den damals üblichen romanischen Tonnengewölben entwickelten sich über Quertonnen die Kreuzgratgewölbe, vielfach gab es aber auch noch hölzerne Flachdecken. Im südlichen Chorschiff der Kathedrale von Durham ist Englands frühestes Kreuzrippengewölbe (ab 1096) und damit der Übergang zur Frühgotik sichtbar. Bauliche Akzente setzen die Abteikirchen von St. Albans (1077–1088), Ely (ab 1083), Gloucester (ab 1089), Peterborough (ab 1118), die Kathedralen von Canterbury (ab 1067), Winchester (ab 1079), Chichester (ab 1091), Durham (ab 1093) und Norwich (ab 1096). In den meisten Kirchen zeigen nur noch die Langhäuser anglonormannischen Stil. Norwich bietet, abgesehen vom gotischen Gewölbe, das einheitlichste Bild einer normannischen Kathedrale, Durham beeindruckt durch Größe, Peterborough durch die bemalte Decke von 1220.

Castles

Im späten 11. Jh. entstanden die normannischen Militäranlagen Malling Castle in Kent, der White Tower in London und die Burg von Colchester, im 12. Jh. der Wehr- und Wohnturm (Tower keep) von Rochester und die Festungsbauten von Richmond, Scarborough, Dover und Chester. Normannische Bürgerhäuser aus Stein (12. Jh.) sind u.a. noch in der Altstadt von Lincoln zu sehen.

Skulptur

Mit Portalskulpturen, Friesen und Kapitellen entstand im 12. Jh. wunderbare Baudekoration. Besonders eindrucksvoll sind die zwei expressiven Reliefs der Lazarusgeschichte (1120) in der Kathedrale von Chichester, das Portal des Priors an der Kathedrale von Ely (um 1135), der Steinfries mit alttestamentarischen Darstellungen und Höllenrachen an der Westfassade von Lincoln (um 1150) und das Westportal der Kathedrale von Rochester (um 1160). Von den vielen normannischen Taufsteinen sei derjenige von Winchester erwähnt, quadratisch mit einem Nikolausrelief, allerdings eine belgische Importware aus schwarzem Tournai-Marmor.

Buchmalerei Die irisch-angelsächsische Buchmalerei mit ihrem linearen Stil entwickelte sich unter französisch-normannischem Einfluss im 12. Jh. weiter und erreichte einen spannungsvoll-expressiven Stil. Byzantinische Einflüsse wurden in der **Schreibstube von Canterbury** (Lambeth-Bible, Mitte 12. Jh.) und in Winchester aufgenommen. Überragende mittlelalterliche Buchmalerei ist in der **Winchester Bible** erhalten: Farbigkeit und Detailfülle der Initialen macht sie zu einem wahren Prachtexemplar.

Prachtexemplar: die Winchester Bible

Von den großartigen romanischen **Wandmalereien** sind nur wenige Überreste erhalten, wie die Darstellungen in der Krypta der Kathedrale von Canterbury sowie in der Heiliggrabkapelle (spätes 12. Jh.) der Kathedrale von Winchester.

Als Besonderheit früher Historienmalerei gilt der gestickte **Teppich von Bayeux** – ausgestellt im Museum von Bayeux, Nordfrankreich – der um 1080 angeblich von Königin Mathilde gefertigt wurde und die Einnahme Englands durch die Normannen unter Wilhelm dem Eroberer schildert (►Abb. S. 47).

Gotik

Die Gotik wird in der britischen Kunstgeschichte in **drei Phasen** unterteilt, die ungefähr mit unseren Begriffen Frühgotik (= **Early English Style**, 1180 bis 1250), Hochgotik (= Decorated Style, 1250–1350) und Spätgotik (= Perpendicular Style, 1350–1530) korrespondieren.

Nach einem Brand wurde der Chor der Kathedrale von Canterbury ab 1175 neu errichtet. Dieser Bau bildete den Auftakt zur Gotik in England. Wie in anderen Ländern auch, war die **französische Kathedralgotik Vorbild**. Auch in England übernahm man das gotische Gliederbauprinzip, doch kam es hier bei der Errichtung der Kirchenschiffe niemals zu den extremen Höhen wie in Frankreich. Auch die polygonalen Chorabschlüsse Frankreichs gab es in England nie. Man blieb bei der **anglo-normannischen Raumaufteilung**: breit angelegte Westfassade, gestrecktes Langhaus, ausladendes westliches Hauptquerschiff, Langchor, kürzeres östliches Chorquerschiff, Retrochor mit Lady Chapel (Marienkapelle) als gerader rechteckiger Chorabschluss.

Vierteilige Kreuzrippengewölbe wurden mit Stern-, Netz- und Fächergewölben kombiniert und so die einzelnen Joche in eine übergreifende ornamentale Deckenstruktur eingebunden. **Charakteristisch** für die englische Gotik waren **quadratische Kreuzgänge** und **das oktogonale Kapitelhaus mit einem einzigen Mittelpfeiler**. In der Kathedrale von Salisbury (1220–1266) findet der Early English Style seine höchste Vollendung. Daneben sind die frühgotischen Kathedralbauten von Ripon, Chichester, Lincoln, Wells, Peterborough und Worcester bemerkenswert.

◄ Decorated Style

Wie die Bezeichnung schon vermuten lässt, zeichnet sich der Decorated Style des 13./14. Jh.s durch **Decorated Style größere Schmuckfreudigkeit** aus, reiches Maßwerk überzieht und verdeckt die Grundstrukturen und ihre Funktion im Bauwerk. Schöne Beispiele aus dieser Zeit sind der **Chor der Westminster Abbey in London**, der Engelschor der Kathedrale von Lincoln, Langhaus und Lady Chapel sowie Westfassade und Kapitelhaus der Kathedrale von Lichfield, Langhaus und Kapitelhaus der Kathedrale von York, die Fassade und der Chorneubau der Kathedrale von Wells, der Chor der Kathedrale von Bristol und der Chor der Kathedrale von Gloucester.

◄ Perpendicular Style

Als Gegenreaktion zum Decorated Style bildet sich im 15. Jh. die strengere senkrechte Linie des Perpendicular Style heraus. Das **senkrechte Stabwerk** (perpendicular = senkrecht) besonders bei der Fenstergestaltung ist **namengebend** für die Epoche. Die drei Hauptwerke des Perpendicular Style sind das Langhausgewölbe der Kathedrale von Winchester, die Kings's College Chapel in Cambridge und die Henry VII. Chapel in Westminster Abbey.

◄ Schottland und Wales

In Schottland und Wales sind keine Bauten entstanden, die mit denen in England vergleichbar wären. Zahlreiche gotische Kirchen wurden im 19. Jh. stark restauriert. Baulich interessant sind in Schottland die Kathedrale St. Machar von Aberdeen, die Kathedrale St. Giles in Edinburgh und die Kathedrale von Glasgow, in Wales die romanisch-gotische Kathedrale St. David's und die spätgotische Kathedrale St. Deiniol von Bangor.

Castles, Landsitze, städtische Architektur

Zwischen 1270 und 1295 wurden zur **Grenzsicherung in Wales** zahlreiche imposante **Burgen** gebaut: Conwy, Caernarfon, Harlech und Caerphilly. Stokesay Castle, Penshurst Place, Bodiam Castle und Tattershall Castle stellen eine bauliche Verbindung von Wehranlage und Herrensitz dar. Einer der schönsten spätgotischen **Landsitze** in Fachwerkbauweise ist Ockwells.

In den **Städten** entstanden öffentliche Versammlungshallen wie Westminster Hall und Guildhall in London, viele weitere Rathausgebäude und Bürgerhäuser in Stein und **Fachwerk** – beispielsweise in **Chester** – sowie die **Collegebauten in Oxford und Cambridge**.

Bauplastik

Die herausragenden Arbeiten findet man in den Kathedralen – beeindruckendstes Beispiel ist sicher die **Westfassade der Kathedrale von Wells** mit ihren mehr als 300 Figuren, ähnlich sehenswert die

Perpendicular Style in Vollendung: St. George's Chapel in Windsor Castle

Gewandfiguren der Kathedrale von Salisbury. In Stein gehauene Apostel, Engel, Propheten und Richter schmücken die üppige Westfassade der Kathedrale von Exeter. Chantries, Kapellenstiftungen im Chor, in denen Messen für die Seelen Verstorbener gesungen wurden (= to chant messes), wie die von Heinrich V. in Westminster Abbey, sind von besonderer bildhauerischer Bedeutung. Ein hervorragendes Beispiel gotischer Grabplastik ist das Grab Heinrichs III., ebenfalls in der Londoner Westminster Abbey.

Holzschnitzkunst ▶

Meisterwerke der Holzschnitzkunst findet man in den **Chorgestühlen**; in der Kathedrale von Exeter beispielsweise gibt es skurrile Miserikordien und einen imposanten eichengeschnitzten Bischofsthron; reich gestaltet ist auch das Chorgestühl von Lincoln, Winchester und Wells. Die Grabfigur des Normannenherzogs Robert in der Kathedrale von Gloucester ist ein bedeutendes Holzbildwerk aus dem späten 12. Jahrhundert.

Schottland und Wales ▶

In Schottland gibt es nur wenige bemerkenswerte Werke mittelalterlicher Skulptur, die Madonnenstatue von Melrose und die Steinbildfriese in Roslin Chapel zeigen französische Einflüsse bzw. das Nachwirken archaicher Figuration. In Wales sind nur wenige mittelalterliche Bildhauerarbeiten erhalten. Schöne Grabskulpturen des 13./14. Jh.s sind in Abergavenny, Betws-y-coed und St. Asaph zu sehen.

Malerei

Bis zum Ende des 15. Jh.s wurde die **Tradition der Buchmalerei fortgesetzt**. Zu den hervorragenden Illuminationen zählen jene der berühmten Schule von St. Albans unter Leitung des Mönchs Mathew Paris (1236–1259). Die gotische Wand- und Tafelmalerei entwickelte sich in England dagegen nur langsam. Bedeutende Leistungen sind auszumachen anhand der **Freskenreste** (13./14. Jh.) an den Langhauspfeilern von St. Albans Cathedral. Die Darstellung der Apokalypse (um 1400) im Kapitelhaus von Westminster Abbey in London entsprach dem internationalen gotischen Stil. Die Grisaillemalereien mit Marienwundern (1470–1480) in Eton College zeigen bereits den Übergang zur Renaissancekunst. Die **Tafelmalerei** erreichte mit dem Westminster Retabel (um 1280, Westminster Abbey) mit seinen Christus- und Aposteldarstellungen einen ersten Höhepunkt, gefolgt von einer neuen Blüte während der Herrschaft des kunstsinnigen Königs Richard II., dessen Porträt (Ende 14. Jh.) in Westminster Abbey zu den **frühesten Bildnissen** überhaupt in England zählt. In der Kathedrale von Norwich wird mit dem Norwich Retabel (um 1390) mit seinen Szenen aus der Passion Christi ein weiteres Meisterwerk aufbewahrt.

Glasmalerei

Einen hohen Standard zeigen auch die Glasmalereien. Vor allem in den **Kathedralen von Coventry und York** haben sich bedeutende Zyklen mittelalterlicher Glasmalerei erhalten.

Stickerei

Hoch entwickelt war im Übrigen die englische Stickerei, als »opus anglicanum« wurde sie im 13./14. Jh. europaweit geschätzt. Das Clare Chasuble, das Syon-Pluviale oder das Butler-Bowden-Pluviale sind alle im Victoria and Albert Museum in London zu sehen.

Tudor-, Elisabethanischer und Jakobianischer Stil

Die Übergangszeit von der Spätgotik um 1500 bis zum Beginn des Klassizismus um 1620 brachte in England eine Vielfalt von Stilen hervor, die vom Geschmack der Könige aus der jungen Tudor-Dynastie und von Elizabeth I. und Jakob I. geprägt war. Dabei vermischten sich Formen des spätgotischen Perpendicular Style mit Elementen der italienischen, deutschen und flämischen Renaissance.

Architektur

Während der Reformationszeit kam der Kirchenbau fast völlig zum Erliegen. Stattdessen sorgte der Reichtum des neugebildeten Hofadels im 16. Jh. für eine **Blüte im Schloss- und Landsitzbau**. Nach dem **Vorbild französischer Herrensitze** (Loire-Schlösser) entstanden viele Dreiflügelanlagen um einen Hof oder auf E-förmigem Grundriss. Fensterreiche, klar gegliederte Fassaden, markante Torhäuser und Flachdächer mit dekorativen Schornsteinen gehören zu den charakteristischen Merkmalen. Hampton Court Palace, Longleat House, Montacute House, Hardwick Hall oder Hatfield House sind Beispiele schöner Landsitze. Die wohlhabenden Kaufleute engagierten sich im bürgerlichen Fachwerkbau. Eindrucksvoll ist das prächtige Tudor House in Southampton. Komplette **Fachwerkensembles** gibt es noch in zahlreichen Städten, u.a. **in Chester und in Stratford-upon-Avon**.

Skulptur Vor allem durch zugewanderte Bildhauer aus Italien, die z.T. in Frankreich geschult waren, kam das Formenvokabular der Renaissance-Bildhauerkunst nach England. Hervorragende Beispiele sind die Grabskulpturen (1512–1518) von Heinrich VII. und seiner Gemahlin in Westminster Abbey von Pietro Torrigiani (1472–1528). Die Abbildfeindlichkeit während der Reformation führte dann aber zu einem Niedergang der Bildhauerkunst um 1550.

Sir Walter Raleigh: Miniaturporträt von Nicholas Hilliard

Die **Malerei** erhielt ebenfalls Impulse vom Kontinent: **Hans Holbein d.J.** (1497–1543) arbeitete von 1526 bis 1528 und von 1532 bis zu seinem Tod am Hof Heinrichs VIII. Die Gesichter in seinen Porträts sind in ausgeprägtem Naturalismus gemalt, mit dem er insbesondere den Porträtmaler **Nicholas Hilliard** (1574 – 1619) beeinflusste. In elisabethanischer Zeit verkümmerte das Bildnis zum Kostümstück, mit Ausnahme der wenigen exquisiten Miniaturporträts eben dieses Nicholas Hilliard und seines Nachfolgers Isaac Oliver, der Bildnisse mit geradezu psychologischer Einfühlung schuf.

Vom Klassizismus zur Neogotik

Die auf dem Kontinent aufeinander folgenden Stilepochen des Manierismus, Barock und Rokoko in der Architektur des 17. und 18. Jh.s gab es in England nicht. Stattdessen wurde zwischen 1620 und etwa 1750 im **klassizistischen Stil** gebaut, **Vorbild** war der oberitalienische Renaissance-Baumeister **Andrea Palladio** (1500–1580), dessen Villen-und Palastbauten mit den klassischen Säulen- und Pilasterordnungen in England rege Nachahmung fanden. Die Spätphase des englischen Klassizismus im 18. Jh. wird nach den regierenden Herrschern als **Georgian Style** bezeichnet. Bereits um 1760 zeichnete sich ein Rückfall in Historismen ab. Der **Gothic Revival Style** führte zur Wiederbelebung der Gotik, die im 19. Jh. zur vollen Ausprägung kam. Der **Regency Style**, so genannt nach der Regentschaft von George IV., der seinen erkrankten Vater vertrat, war ein für die Zeit zwischen 1811 und 1820 typischer Stil (► Brighton); gute Beispiele des Regency Style sind in Brighton und Clifton und in der Anlage des Regent's Park und seiner Umbauung in London zu sehen.

Palladianischer Klassizismus

1616 beginnt mit **Inigo Jones** (1573 bis 1652) und seinem Entwurf für die Residenz der Königin in Greenwich, Queen's House, die Epoche des palladianisch geprägten Klassizismus. Von Inigo Jones stammt auch das Banqueting House in Whitehall (London), das als eines der Meisterwerke der englischen Renaissance gilt. Ein Juwel der Schlossarchitektur ist Wilton House bei Salisbury; das strenge klassische Äußere birgt prunkvolle Innenräume, den barocken Interieurs französischer Schlösser ähnlich. **John Webb** (1611–1672), ein Schüler von Jones, gestaltete den ersten klassischen Tempelportikus an einem Landsitz (The Vyne, 1654, Hamptonshire) und den Haupttrakt des Palastes von Greenwich (1664–1669), heute das Royal Naval College.

Christopher Wren

Nach dem **Großbrand von London im Jahr 1666** gab es mit dem Wiederaufbau ein großes städtebauliches Betätigungsfeld für Christopher Wren (1632–1723). Als Architekt von mehr als 50 Kirchen und zahlreichen Profangebäuden wurde er zudem als der bedeutendste Baumeister des Klassizismus bekannt. Herausragend ist **St. Paul's Cathedral** (1675–1711) in London, eine Kombination von Zentral- und Langhausbau nach dem Vorbild der Peterskirche in Rom.

Wrens Zeitgenossen: Barock bis Neogotik

Während Wren fast ausschließlich für das Königshaus arbeitete, schufen seine Zeitgenossen für private Auftraggeber eher **barocke Landsitze** wie Chatsworth House und Dayton House (William Talman; 1650–1719) oder **monumentale Barockresidenzen** wie Blenheim Palace und Castle Howard (John Vanbrugh; 1664–1726). Thomas Archer näherte sich in seinem Baustil ebenfalls dem westeuropäischen Barock (Nordfront von Chatsworth House, 1704). **James Gibbs** (1682–1754) vertrat dagegen einen strengen, schwerfälligen **Klassizismus** mit häufig verwendeter Säulenordnung; er entwarf zum Beispiel St.-Martin-in-the-Fields (1720–1726). **John Wood d. Ä.** (1704–1754) und sein Sohn John (1728–1781) prägten die Architektur im Kurort **Bath** mit den ungewöhnlichen Platzanlagen wie dem als Rondell angelegten **The Circus** oder dem **Royal Crescent**, wo erstmals separate Bürgerhäuser im Halbrund in eine palastartige Gesamtfassade einbezogen wurden. **Robert Adam** (1728–1792) widmete sich vornehmlich der Innenarchitektur und schuf opulente Raumausstattungen. In der zweiten Hälfte des 18. Jh.s setzte die Neogotik mit ihren schlanken, zierlichen Formen neue Akzente, sie hatte in Horace Walpole (1717–1797) mit der berühmten Villa von Strawberry Hill (1750–1790) und **James Wyatt** (1746–1813) mit dem nie vollendeten Herrensitz Fonthill Abbey ihre engagiertesten Vertreter.

Skulptur

Zu Beginn des 17. Jh.s gab es eine Renaissance der Bildhauerei, für die die Namen Epiphanius Evesham (1570–1633) und Nicholas

Stone (1583–1647) stehen. Die Rokoko-Skulptur kam mit dem Franzosen Louis Francois Roubiliac (1702/1705–1762) nach England, so erhalten mit dem Nightingale-Monument (1761) in Westminster Abbey. Auch Henry Cheere (1703–1781) arbeitete im Rokoko-Stil, sein Sausmarez Monument ist ebenfalls in Westminster Abbey zu sehen. John Flaxman (1755–1826) machte neoklassizistische Entwürfe für Wedgwood-Steinzeug und für Lord Nelson's Grabmal in St. Paul's Cathedral.

Landschaftsgärten

William Chambers, der Architekt der Kew Gardens in London, **Lancelot »Capability« Brown**, Schöpfer zahlloser Parkanlagen, und **William Kent** gehören zu den Begründern des englischen Landschaftsgartens (► S. 70)

Kunsthandwerk

Wohnen mit ansprechendem Interieur wurde zu einem zentralen Interesse der Bürgerschichten des 18. Jahrhunderts. Qualitätsmöbel von **Thomas Chippendale** – wie die berühmten Mahagoni-Stühle aus seinem Workshop in der St. Martin's Lane in London –, **George Hepplewhite** und **Thomas Sheraton** mit hervorragender Inlay-Technik kamen in Mode.

Was Chippendale für Möbel, war **Josiah Wedgwood** für Porzellan und Keramik. Er entwickelte eigene Pigmentierungen für seine gelbliche »Queensware« und die berühmte »Jasperware« – weiß auf blauem Grund – , die vornehmlich zur Keramikherstellung von Reliefs,

Malerei im 18. Jh.: Robert Andrews mit Frau, gemalt von Thomas Gainsborough

Medaillons und Vasen diente. Berühmt für feines Porzellan wurden die Manufakturen von Derby, Worcester und Chelsea.

Malerei

In der ersten Hälfte des 17. Jh.s waren **Peter Paul Rubens** und **Anthony van Dyck** in England tätig und gaben der englischen Malerei neue Impulse. Rubens arbeitete zwischen 1629 und 1630 am Hof Karls I. und bemalte in dieser Zeit die Decke der Banqueting Hall in London. Van Dyck wurde 1632 Hofmaler und brachte die Porträtmalerei zu neuer Blüte. Das **Miniaturporträt** wurde von Samuel Cooper (1608–1672) weiter gepflegt. Andere Porträtmaler waren William Dobson, Peter Lely aus Holland und Godfrey Kneller aus Lübeck. Durch diese Maler etablierte sich die **Porträtmalerei** als eine spezifisch englische Kunstform; in der zweiten Hälfte des 18. Jh.s erlebte sie durch Thomas Hudson, Joshua Reynolds, George Romney und den Schotten Sir Henry Raeburn eine weitere Blüte. Einer der bekanntesten Porträtisten war **Thomas Gainsborough**, mit vorimpressionistischer Pinselführung schuf er zudem lichtdurchflutete Landschaftsbilder. Ländliches Leben hielten George Morland und George Stubbs fest, der als hervorragender Pferdemaler galt.
William Hogarth begann als Kupferstecher und war mit seinen satirischen, oft bissigen Darstellungen der damaligen Sitten einer der bedeutendsten Künstler des 18. Jahrhunderts. Ähnlich arbeitete der gebürtige Schotte Gawen Hamilton. In der Nachfolge von Hogarth entfaltete sich die politische Karikatur durch James Gillray und George Cruikshank. **James Gillray** zeichnete zwischen 1779 und 1811 über 1500 »Cartoons«, die vor allem die Franzosen, George III. und die Politiker dieser Zeit aufs Korn nahmen. **George Cruishank** lebte von seinen Illustrationen zu den Werken von Charles Dickens (»Oliver Twist«) und Daniel Defoe (»Robinson Crusoe«). Der Dichter, Maler und Grafiker **William Blake** mit seinen fantastisch-mystischen Illustrationen eigener und fremder Dichtungen (Buch Hiob, Vergil, Dante, Chaucer; »The Songs of Innocence«) kam vom Klassiszismus her.

19. Jahrhundert

Architektur

Die Architektur des 19. Jh.s ist immer noch gekennzeichnet durch das **Nebeneinander von Klassizismus, Gothic Revival Style und verschiedenen historisierenden Baustilen** in der viktorianischen Epoche. Als bestes Beispiel neogotischer Kirchenbaukunst gilt Truro Cathedral in Cornwall, ab 1880 im anglofranzösischen Gotikstil des 13. Jh.s von J. L. Pearson errichtet. William Butterfield führte in neogotischem Stil All Saints (Margaret Street, London) aus, A. W. N Pugin war ein bedeutender Architekturtheoretiker der Neogotik und schuf mit St. Augustine in Ramsgate (Kent) seine schönsten neugotischen Kirchen. Im italobyzantinischen Stil erbaute John Francis Bentley die monumentale katholische Kathedrale von Westminster (1903).

Profanarchitektur

Klassizistische Profanarchitektur entstand mit der Bank of England in London, gebaut von John Soane, mit dem British Museum in

Im 18. Jahrhundert out: das barocke Zurechtstutzen der Natur

ENGLISCHE PARKS

»Die Liebe zur kunstvoll ungezähmten Natur«, so könnte man das Motto der englischen Gärten des 18. Jahrhunderts bezeichnen. Der berühmte englische Park hat seinen Ursprung in einem Protest: Die künstliche Strenge französischer Prunkgärten passte nicht mehr zum englischen Freiheitsdenken des 18. Jahrhunderts. Stattdessen kam scheinbar natürlich gewachsene Natur in Mode: freie Landschaften für aufgeklärte Bürger.

Während man im 17. Jahrhundert den Barockgarten von Versailles noch in ganz Europa kopierte, wurden die streng symmetrischen Parkanlagen 100 Jahre später als Abbild des kontinentalen Absolutismus verdammt. Der Dichter Alexander Pope mahnte 1711, sich in ästhetischen wie in moralischen Fragen an der Natur zu orientieren – eine klare **Absage an den Lebenswandel und an die Gartenkultur des Adels**. Die neu entstehenden englischen Parks spiegelten denn auch ein ganz **anderes Weltbild** wider. Hatte man zuvor die noch als bedrohlich empfundene Natur mit hohen Mauern und strengen Grenzen aus den Gärten gesperrt, so wurde nun eine unverfälschte Landschaft das Ziel der Bemühungen. Künstlich angelegte Seen, wirkungsvoll platzierte Baumgruppen und der Gesamteindruck von ruhiger

Eine gelungene Kombination: Griechische Tempel, kurzgeschnittene Rasenflächen, künstliche Wasserläufe und natürliche Vögel.

und natürlicher Eleganz charakterisieren den **»landscape garden«**, der von England aus bald einen Siegeszug um die Welt antrat. Keine Mühe scheuten die Landschaftsgärtner, Parks und Gärten kunstvoll zu einer vermeintlich überschäumenden Natur zu stilisieren.

Kunstvoll ungezähmte Natur

Blumenbeete wurden als augenfälliges Indiz für den menschlichen Eingriff in die Natur gewertet und deshalb zunächst aus den Gärten verbannt. In anderer Hinsicht hatte man dagegen weniger Probleme, sich zur Gestaltung durch Menschenhand zu bekennen: Zur »Ausstattung« des Landschaftsparks gehörten nämlich auch griechische Tempel, ägyptische Pyramiden, italienische Grotten und römische Triumphbögen. Aus allen Kulturen »klauten« die Gartenarchitekten **architektonische Zitate**, um die Fantasie der Spaziergänger anzuregen.

Der geistige Kopf der neuen Landschaftsgestaltung war **William Kent**, ihr Superstar wurde **Lancelot Brown**, der im Lauf seines Lebens mehr als 140 Parks anlegte und bald schon mit dem Beinamen »Capability« geadelt wurde, da er für jede Anlage immer noch eine Verbesserungsmöglichkeit fand. Modetrends relativieren sich meist nach kurzer Zeit, und so erlebte der Blumengarten im 19. Jahrhundert sein Comeback. Trotzdem: Die von Kent und Brown geforderten und geschaffenen **»natürlichen« Parklandschaften** mit ihren raspelkurzen, teppichgleichen Rasenflächen sind bis heute ein Merkmal des typischen englischen Gartens geblieben.

Gärten als Spiegel der Geschichte

Der englische Park hat im Lauf der Jahrhunderte sein Gesicht immer wieder verändert – durch den wechselnden Zeitgeschmack und vor allem

Blumenbeet: überschäumende Natur – durch menschlichen Eingriff erzeugt

durch neue Vordenker in der Landschaftsarchitektur. Neben der Persönlichkeit des Gärtners spiegeln sich aber auch die **Geschicke Englands und des Empires** in den Parks wider. **Kolonialismus**, aber auch die britische **Steuerpolitik** und die **Entwicklung des Transportwesens** wirkten sich auf den Gartenbau aus. Viele der heute in England kultivierten Pflanzen stammen aus anderen Kontinenten – Forschungsreisende, Kaufleute und Kolonialbeamte brachten sie aus den entlegensten Winkeln des Weltreichs mit nach Hause. Das milde südenglische Klima, ohnehin um Klassen besser als sein Ruf, lässt auch Exoten gedeihen. Die gartenbegeisterten Viktorianer konnten so auf Pflanzen aus allen Teilen des Empires zurückgreifen. Die Eisenbahn machte es Gärtnern leichter, schnell in den Besitz neuer Setzlinge und Zwiebeln zu gelangen. Als Mitte des 19. Jahrhunderts die Besteuerung von Glas wegfiel, wurden gläserne Gewächshäuser Mode. Außer exotischen Blumen und Sträuchern schätzte man jetzt auch **schmückendes Beiwerk**. Die Gärten wurden ähnlich schwelgerisch ausgestattet wie die überladenen Salons jener Zeit – mit Sonnenuhren, Lauben, schmiedeeisernen Gittern und Unmengen verzierter Töpfe und Vasen. Erst William Robinson setzte sich wieder mehr für die Natur im Garten ein und forderte 1870 mehr Einfachheit in Sachen Zierrat. Durch »Verschönerungen« sind die heutigen Parks nicht mehr die ursprünglichen Anlagen eines »Capability« oder Kent. Gleichwohl präsentieren sie nach wie vor eine elegante, heitere Harmonie mit einer überwältigenden Pflanzenwelt, zu der auch der berühmte Rasenteppich gehört. Wer einmal die Faszination dieser »Gärten Edens« auf sich hat wirken lassen, kann sicherlich den wohl typischen Hang vieler Engländer zur Gärtnerei verstehen.

London, gebaut von Robert Smirke, mit dem Fitzwilliam Museum in Cambridge, gebaut von George Basevi, mit der St. George's Hall in Liverpool, gebaut von Harvey Lonsdale Elmes und mit der Town Hall in Leeds, gebaut von Cuthbert Brodrick. Im Gothic Revival Style entstanden die Bauten von Charles Barry, der die **Houses of Parliament** mit dem Uhrturm **Big Ben** in London entworfen hat. Von Alfred Waterhouse stammt die ebenfalls neogotische Town Hall in Manchester, von William Burges Cardiff Castle (Wales) mit reich verzierten Innenräumen. Einflüsse aus Fernost zeigt der verschwenderisch-dekorative **Royal Pavilion** in Brighton, gebaut von John Nash, der in London auch die klassizistische Regent Street schuf.
Einen Vorgeschmack auf die Architektur des 20. Jh.s lieferten die **Ingenieurbauten der Industriellen Revolution**. – Brücken, Schleusen, Fabriken, Glashäuser, Bahnhöfe. Herausragend war der Architekt und Ingenieur Isambard Kingdom Brunel, der mit der Bristol Old Railway Station und der Clifton Suspension Bridge bei Bristol ein-

Rückkehr zur Gotik: Houses of Parliament

Schlafzimmer im Hill House, Helensburgh/Glasgow, gestaltet von Ch.R. Mackintosh

drucksvolle Denkmäler gesetzt hat. Joseph Paxton baute zur Weltausstellung in London den Crystal Palace mit Glas und Gusseisen. Bedeutender Architekt der Viktorianischen Epoche war neben Barry und Paxton insbesondere **George Gilbert Scott**, der zwar auch klassizistische Bauten entwarf, in erster Linie aber zahlreiche neogotische Kirchen und Landsitze baute. Die Museumsbauten in South Kensington (London) sind ein weiterer Höhepunkt der historischen Stilmischungen in viktorianischer Zeit, darunter das Victoria and Albert Museum sowie das Natural History Museum. Philipp S. Webb entwarf Landsitze, während Richard Norman Shaw sich im Siedlungsbau mit Stadt- und Landhäusern engagierte (z.B. Einzelwohnhaus-Siedlung Bedford Park, 1875, London). **Charles Rennie Mackintosh** baute die Glasgow School of Art, eine Kombination aus Jugendstil und Funktionalismus, und hinterließ in Glasgow und Umgebung eindrucksvolle Jugendstilvillen wie Hill House in Helensburgh.

Kunstgewerbe

Im Rahmen des Arts and Crafts Movement versuchte **William Morris** eine Erneuerung des Kunsthandwerks gegen die zunehmend maschinell-industrielle Fertigung durchzusetzen. Der Designer C. Dresser schuf fabrikations- und praxisgerechte Formen aus Metall und Keramik, A. H. Mackmurdo (1851–1942) entwarf Textilien, und **Charles Rennie Mackintosh** kreierte Möbel und Innenausstattungen im Jugendstil. William Morris und **Edward Burne-Jones** fertigten hervorragende Glasmalereien im präraffaelitischen Stil.

Malerei

Einer der größten Landschaftsmaler des 19. Jh.s war **John Constable**, ein Meister von Gemälden, die durch unmittelbare Naturbeobachtung entstanden und auch die französische Malerei, allen voran Delacroix, stark beeinflussten. Landschaftsimpressionen waren das Markenzeichen der **Bristol School** unter Francis Danby. **William Turner** führte die Landschaftsmalerei fast zur Abstraktion. Von Claude Lorrain beeinflusst, schuf er anfangs teils naturnahe, teils mythologisch-romantische Landschaften, bis sich das Gegenständliche schließlich völlig in Farb- und Lichtfantasien auflöste. Pastorale Landschaften waren das besondere Anliegen von Samuel Palmer, der zur Gruppe der **Shoreham Painter** (Malergruppe in Kent, um 1820–1830) zählt. Der Schotte Horatio McCulloch malte überwiegend Szenerien aus dem schottischen Hochland. Die Porträtkunst erlebte mit den locker und feinfühlig gemalten Werken von **Thomas Lawrence** eine Bereicherung. In der Nachfolge der imaginären Bildkunst von Blake und Fuseli schuf **William Dyce** religiös gestimmte Werke.

Präraffaeliten

Zu den Gründern und wichtigsten Vertretern der **Pre-Raphaelite Brotherhood** (1848 – 1853), die Inspiration in den einfachen, ernsten Bildern des Spätmittelalters suchten, gehörten Dante Gabriel Rossetti, John Everett Millais, William Holman Hunt, Ford Madox Brown und Edward Burne-Jones. Symbolträchtige, abstrahierende, teilweise auch sehr humorvolle Bilder schufen die »Glasgow Boys«, zu denen Joseph Crawhall, George Henry und Edward A. Hornel gehörten.
Mit seinen von japanischer Druckkunst und vom französischen Rokoko inspirierten Schwarz-Weiß-Zeichnungen, die er mit der Linienführung des Jugendstils verband, war **Aubrey Beardsley** führend im Ästhetizismus. Seine dekadent-dekorativen, fantastisch-bewegten Illustrationen z.B. zur »Salomé« von Oscar Wilde wurden exemplarisch für die viktorianische Kunst des verruchten Fin de Siècle. Der gebürtige Amerikaner **James McNeill Whistler** schuf unter dem Einfluss orientalischer und japanischer Kunst eine dekorativ-farbexpressive Malerei, die in England auf fruchtbaren Boden fiel.

20. Jahrhundert

Architektur

In den ersten Jahrzehnten des 20. Jh.s wurde nach wie vor in historisierender Manier gebaut. Das Britannica House und die Midland Bank von Edwin Luytens entstanden. In den 1920er- und 1930er-Jahren machten sich Einflüsse des französischen Art déco, des deutschen Expressionismus und Bauhausstils und des niederländischen Funktionalismus (De Stijl) bemerkbar. Nach dem Zweiten Weltkrieg fand der »Brutalismus« Eingang in die englische Architektur, ein von Le Corbusier geprägter Begriff für Bauten aus Sichtbeton, französisch »béton brut«. Das Economist Building und die Robin Hood Gardens in London sind Beispiele dafür. In der Sakralarchitektur sind vor allem die römisch-katholische Kathedrale von Liverpool und Coventry Cathedral als ungewöhnliche Schöpfungen moderner Zentral- und Langhausbauten zu nennen.

In den 1960er-Jahren trat die Gruppe **Archigram** mit futuristisch-technischen Projekten in Erscheinung. Ihre Formensprache beeinflusste später Richard Rogers bei seinem Lloyd's Building in London (1977) und Norman Foster bei den Sackler Galleries (1992), ebenfalls in London. Von **Norman Foster** stammt der Entwurf für das Clyde Auditorium in Glasgow. Andere markante Leistungen der modernen Architektur sind das Fakultätsgebäude für Geschichte in Cambridge von **James Stirling**, nach dessen Plänen auch 1982–1987 der Erweiterungsbau der Tate Gallery in London und 1988 deren Dependance im Albert Dock von Liverpool entstand, ferner das Gonville and Gaius College in Cambridge (1959–1961) von L. Martin und C. Saint John Wilson und das Imperial War Museum von **Daniel Libeskind** in Manchester. Die Bauten in den **Londoner Docklands** sind unterschiedlich bewertet worden. Der Büroblock One Canada Square von Cesar Pelli oder der postmoderne Wohnsilo The Cascades von Piers Gough gelten als Sinnbild der Thatcher-Ära. Nicht unumstritten ist der **Millennium Dome** (1999) in Greenwich, ein auf etwa 1,2 Milliarden Euro veranschlagtes Prestigeprojekt zum Jahrtausendwechsel, das mit seiner Zeltkuppelform eigentlich eher konventionell erscheint. Ein scharfer Kritiker moderner Architektur ist **Prinz Charles**, der in den 1980er-Jahren eine heftige Diskussion auslöste, als er behauptete, die deutsche Luftwaffe sei mit Londons architektonischem Erbe sorgsamer umgegangen als die heutige Architektenzunft. In den 1990er-Jahren machte er sich an einen Gegenentwurf: Als Vorort von Dorchester entstand nach einer teilweise von ihm ausgearbeiteten Konzeption das Modelldorf **Poundbury** im lokalen Stil mit traditionellen Baumaterialien. Poundbury wird mittlerweile mehrfach imitiert, u.a. bei Shepton Mallet in Somerset.

Skulptur

Einer der herausragenden englischen Bildhauer des 20. Jh.s war **Henry Moore**, dessen Markenzeichen abstrakt-archaische Figuren und Figurengruppen sind. Der 1898 in Castleford bei Leeds Geborene griff Anregungen aus der Kunst Süd- und Mittelamerikas auf, außerdem erhielt er Impulse durch Picassos Werk. Seine Liegenden und Mutter-und-Kind-Gruppen sind oft in die Landschaft integriert und haben viel dazu beigetragen, radikale moderne Kunst in England populär zu machen. Der in London lebende Amerikaner **Jacob Epstein** war ein Vertreter der futuristischen Plastik mit maschinenhaften Figurationen, die sich später in expressiv-gegenständliche Figuren verwandelten. **Barbara Hepworth** fertigte geschmeidige Steinstelen und abstrakte aufgebrochene Hohlformen. **Eduardo Paolozzi** entwickelte im Rahmen der frühen englischen Pop-Art, die schließlich zur Kunstform der Sixties wurde, zunächst Collagen und dann technoide Figuren, die auf die Relation von Technik und Mensch aufmerksam machen. **Barry Flanagan** (geb. 1941) widmet sich der Prozesskunst, die kreative Prozesse veranschaulichen will, wobei er in den Grenzbereich zur Konzeptkunst und Land Art vorstößt. International bekannt wurde der 1945 in Bristol geborene **Richard Long**, Land-Art-

»Armadillo«, Gürteltier, nennen die Glasgower das von Norman Foster entworfene Clyde Auditorium.

Künstler, der mit Steinkreisen Bezüge zu mythisch-archaischen Kulturen herstellt und mit Wegmarkierungen in und Materialsammlungen aus der Natur arbeitet. Als Performance Künstler in Verbindung mit Body Art hat sich **Stuart Brisley** einen Namen gemacht.

Malerei

Die großen Neuerungen der Malerei zu Beginn des 20. Jh.s – Fauvismus, Expressionismus, Kubismus, Futurismus, Dadaismus, Surrealismus – fanden ohne direkte britische Beteiligung statt. In England war dagegen der Postimpressionismus verbreitet. **Augustus John**, der u.a. Porträts von G. B. Shaw, Thomas Hardy und Dylan Thomas malte, gehörte zu den Postimpressionisten. **Roger Eliot Fry**, ebenfalls Postimpressionist und stark von Cezanne beeinflusst, gründete die Omega Workshops, die den Rahmen für Design und handwerkliche Kunst darstellten und deren Mitglieder großenteils aus der Bloomsbury Group kamen: **Vanessa Bell**, **Duncan Grant** und **Wyndham Lewis**. Der in Dublin geborene **Francis Bacon** zog 1925 nach London. Deformierte, geschundene Kreaturen und Menschen und alptraumhafte Visionen von existenzieller Angst, die an Hieronymus Bosch erinnern, machen sein Werk aus. **David Hockney**, in den 1960er-Jahren einer der Hauptvertreter der Pop-Art, widmete sich Oberflächenstrukturen und Lichteinfall; berühmt wurden seine Pool-Bilder und Fotocollagen. In den 1980er-Jahren sorgten **Gilbert and George**, ein Performance-Künstlerpaar, mit großflächigen Porträtfotos für Aufsehen. Die jährliche Vergabe des Turner-Preises in der Tate-Gallery führt immer wieder zu Kontroversen; wie im Fall von **Damien Hirst**, der die Kunstwelt mit Objekten wie einem in Formaldehyd konservierten Hai schockierte oder Tracey Ermin, deren Installation »My Bed« 1999 zu einer Kissenschlacht in derTate Gallery führte. 2003 wurde Grayson Perry ausgezeichnet, subversive Motive in traditioneller Keramik umsetzt.

Berühmte Persönlichkeiten

Ein König, der mit dem Papst nichts im Sinn hatte, eine unglückliche Prinzessin, ein Pop-Musiker, der seine Pressekonferenzen im Bett abhielt, eine Krimiautorin, die ihren Stoff im Orient holte, ein Filmregisseur, dessen Filme man nie vergisst – das alles können nur Briten gewesen sein!

Alexander Graham Bell (1847 – 1922)

Erfinder des Telefons

Geboren wurde der »Vater des Telefons«, der britisch-amerikanische Physiologe Alexander Graham Bell, in Edinburgh. Bevor er 1870 nach Kanada auswanderte, war er hier als Lehrer für taubstumme Schüler tätig. 1873 erhielt er eine Professur an der Universität von Boston. Dort widmete Bell seine Forschung vor allem der Umwandlung von Schallschwingungen in elektrische Strom- oder Spannungsschwankungen, die bei der anschließenden Übertragung mit Hilfe elektrischer Leitungen wieder in Schallschwingungen zurückverwandelt werden können. Der für diesen Zweck von ihm entwickelte Apparat war das erste verwendbare Telefon. Sein 1876 patentiertes Gerät wurde zwar später von T. A. Edison verbessert, stellt aber im Prinzip das noch heute verwendete Telefon dar.

Robert Burns (1759 – 1796)

Schottischer Dichter

Einer der wichtigsten Dichter Schottlands ist der in Alloway (Ayrshire) geborene Robert Burns, Sohn eines Kleinbauern, der sich weitgehend autodidaktisch die Kunst des Schreibens aneignete. Mit nur 37 Jahren starb Burns an einer Herzklappenentzündung. Dass er in seinem kurzen Dasein den Freuden des Lebens und den Reizen des weiblichen Geschlechts nicht abhold war, ist bekannt und in Briefen und Versen vielfach festgehalten. Seine frühesten Liebesgedichte galten wohl seiner Schulliebe Peggy. Als »My Jean« besang er seine langjährige Geliebte, spätere Frau und Mutter seines ersten Kindes Jean Armour. »Highland Mary« war der Kosename für die Kapitänstochter Mary Campbell, »Clarinda« für Mrs. Agnes MacLehose in Edinburgh, mit der ihn eine kurze, leidenschaftliche, aber unerfüllt gebliebene Liebe verband. Nach mehreren beruflichen und privaten Fehlschlägen wollte der 27-Jährige schon fast nach Jamaica emigrieren, als ihn 1786 sein erster veröffentlichter Gedichtband der »Poems chiefly in the Scottish dialect« über Nacht berühmt machte. Es folgten Einladungen nach Edinburgh, wo er von der Geistesaristokratie wohlwollend aufgenommen wurde. Zwei Jahre später heiratete er seine frühere Geliebte Jean Armour. Eine angebotene Dozentenstelle in Edinburgh lehnte er ab und zog nach Dumfries, wo seine »Melodies of Scotland« entstanden. Inspiriert durch alte schottische Volkslieder und Legenden, verwandte Burns für seine in der heimischen Mundart geschriebenen Verse vor allem volkstümliche Themen. Seine Sympathie für die Ideen der Französischen Revolution und seine scharfen Satiren gegen die Geistlichkeit, in denen er sich gegen den puritanischen Despotismus wandte, führten zur kritischen Haltung seiner Gönner. Große Anerkennung fand er indessen aber auch im Ausland. Goethe schätzte ihn ebenso wie Herder, der einige seiner Werke ins Deutsche übersetzte.

← *Wohl Großbritanniens berühmteste Persönlichkeit: William Shakespeare*

Richard Burton (1925 – 1984)

Schauspieler

Richard Burton, eigentlich Richard Walter Jenkins, wurde als zwölftes von dreizehn Kindern eines Bergarbeiters im walisischen Pontrhydyfen geboren. Sein Lehrer Philip Burton verschaffte ihm ein Stipendium für Oxford, woraufhin er aus Dankbarkeit dessen Namen annahm. Seinen ersten Bühnenauftritt hatte Burton 1943, die erste Filmrolle kam 1948 und der erste große Bühnenerfolg 1949. Als Mitglied der Old Vic Company reüssierte er als charakterstarker Shakespeare-Mime. Hollywood rief ihn 1952 für »Meine Cousine Rachel«, mit dem Monumentalfilm »Kleopatra« (1963) wurde er zum internationalen Superstar. Bei den Dreharbeiten lernte er Elizabeth Taylor kennen, mit der er später zweimal verheiratet war. Diese Ehe mit Krächen, alkoholischen Exzessen und theatralischen Versöhnungen beschäftigte die Regenbogenpresse weltweit, brachte aber auch unvergessliche gemeinsame Auftritte in Filmen wie »Wer hat Angst vor Virginia Woolf?« (1966). Nach «Kleopatra« war Burton einer der teuersten Schauspieler der Welt, der Gagen von einer Million Dollar und mehr verlangen konnte. Seine letzte Rolle spielte er in der Orwell-Verfilmung »1984«. Kurz nach den Dreharbeiten starb er in Genf.

Richard Burton 1967 in »Die Stunde der Komödianten«

Charlie Chaplin (1889 – 1977)

Schauspieler

Übergroße Schuhe, eine ebensolche Hose, eine zu enge Jacke, Schnurrbart, Melone und Spazierstöckchen: mit dem »Tramp«, der mit seinen Mitmenschen fühlt und trotz aller Unbill für die gerechte Sache eintritt, schuf Charles Spencer »Charlie« Chaplin eine unsterbliche Figur der Filmgeschichte. Seine Eltern waren Varietékünstler, er selbst stand schon als Kind auf der Bühne. 1913 wurde er während einer USA-Tournee von der Filmgesellschaft Keystone engagiert. In dem Film »Der Tramp« trat er 1915 zum ersten Mal in der Rolle in Erscheinung, die ihm in den 1920er-Jahren Weltruhm einbrachte. Chaplin setzte seine Karriere mit dem Aufkommen des Tonfilms fort, es entstanden Filme wie »Moderne Zeiten« und sein umstrittenstes Werk »Der große Diktator«. Nach dem Zweiten Weltkrieg brachte ihm sein politisches Engagement in der McCarthy-Ära eine Anklage vor dem Ausschuss für unamerikanische Umtriebe ein; nach einer Reise nach Großbritannien wurde ihm die Wiedereinreise in die USA verweigert. Chaplin siedelte daraufhin in die Schweiz über. In seinen späteren Filmen zeigte er sich noch einmal von einer anderen Seite, etwa in »Monsieur Verdoux«, in dem er einen Heiratsschwindler und Frauenmörder spielte. Charlie Chaplin starb in Vevey am Genfer See.

Agatha Christie (1890 – 1976)

Kriminalautorin

Die Kriminalliteratur verdankt der in Torquay geborenen Agatha Mary Clarissa Christie gleich zwei ihrer berühmtesten Gestalten: den verschrobenen belgischen Meisterdetektiv Hercule Poirot und die ältliche Amateurkriminalistin Miss Jane Marple. Hercule Poirot tauchte erstmals 1920 in dem Roman »Das geheimnisvolle Verbrechen in Styles« auf, seine berühmtesten Fälle waren »Mord im Orientexpress« (1934) und »Tod auf dem Nil« (1937), in denen Agatha Christie auch die Erfahrungen von zahlreichen Orientreisen verarbeitete, auf denen sie ihren Mann, einen Archäologen, begleitete. Beliebter wurde aber Miss Marple, die ihren ersten Fall 1930 in »Mord im Pfarrhaus« zu lösen hatte, dem unter anderem »Zehn kleine Negerlein« und »16.50 Uhr ab Paddington« folgten. Viele Romane von Agatha Christie wurden mit großem Erfolg verfilmt, wobei Peter Ustinov als Hercule Poirot und Margaret Rutherford (1892–1972) als Miss Marple das Erscheinungsbild der beiden Detektive nachhaltig prägten. Agatha Christie schrieb auch fürs Theater; so stammt aus ihrer Feder unter anderem auch das Kriminalstück »Die Mausefalle«, das seit 1952 ununterbrochen im Londoner St. Martin's Theatre aufgeführt wird.

Die Erfinderin von Miss Marple

Sir Winston Churchill (1874 – 1965)

Politiker Winston Leonard Spencer Churchill ist zweifellos die beherrschende Figur der britischen Politik in der ersten Hälfte des 20. Jh.s. Seit 1900 war er Mitglied im Unterhaus, von 1911 bis 1915 trieb er als Erster Lord der Admiralität die Aufrüstung der britischen Flotte voran. 1918 bis 1921 war er Kriegsminister und zuletzt Schatzkanzler. In den 1930er-Jahren schien sein Stern schon zu sinken, doch bei Ausbruch des Zweiten Weltkrieges begann man sich seiner erneut zu besinnen und machte ihn wiederum zum Ersten Lord der Admiralität. 1940 schließlich zog Churchill als Premierminister einer Allparteienregierung in Downing Street No. 10 ein. Mit Präsident Roosevelt schloss er 1941 die Atlantikcharta, und bei den Konferenzen der Großen Drei (USA, UdSSR, Großbritannien) gab er entscheidende Richtlinien für die Nachkriegsordnung Europas. Obwohl er sein Land siegreich durch den Krieg führte, verlor seine Regierung 1945 die Unterhauswahlen wegen der mangelhaften Wirtschafts- und Finanzpolitik. Doch noch einmal kehrte er von 1951 bis 1955 auf den Sessel des Premierministers zurück. Der auch als Maler geschätzte Churchill erhielt 1953 für seine Darstellung des Zweiten Weltkrieges den Literaturnobelpreis. Mit seinem Ausspruch, ein »Eiserner Vorhang« durchzöge Europa von Nord nach Süd, prägte er die Zeit des Kalten Krieges.

Zog 1940 als Premierminister in Downing Street No. 10 ein.

James Cook (1728 – 1779)

Seefahrer Der Seefahrer James Cook, der aus Marton bei Middlesborough stammte, lieferte mit seinen drei Weltumsegelungen bahnbrechende Erkenntnisse für die Erforschung des pazifischen und subantarktischen Raumes. Auf seiner ersten großen Forschungsreise (1768 bis 1771) beobachtete Cook auf Tahiti einen Venusdurchgang vor der

Sonne, nahm eine erste vollständige Küstenkartierung der Insel vor und entdeckte bei der Umsegelung Neuseelands die Meerenge zwischen den Küstengebirgen der Nord- und Südinsel, die nach ihm benannt wurde. Cook erkundete die Ostküste Australiens und lieferte im August 1770 den endgültigen Beweis dafür, dass Australien und Neuguinea keine zusammenhängende Landmasse ist, als er den südlichen Teil der Torresstraße passierte. Auf seiner zweiten Expedition (1772 bis 1775) segelte Cook erstmals in östlicher Richtung und gegen die Passate um den Erdball. Wenngleich durch Eismassen wiederholt zur Umkehr gezwungen, entdeckte er mehrere Eilande der Tuamotu-Inseln, erforschte und benannte die Neuen Hebriden, die Norfolkinsel und Neukaledonien. Von Neuseeland segelte er ostwärts nach Feuerland, umrundete Kap Horn, entdeckte Südgeorgien und die Falkland-Inseln. Als er nach England zurückkehrte, wurde er vom König zum Kapitän zur See und zum Mitglied der Royal Society erhoben. Ziel der dritten Reise war, die Nordwestpassage vom Atlantik zum Pazifischen Ozean zu finden. Dabei entdeckte er Christmas Island und die »Sandwichinseln« (Hawaii), wo er nach anfänglich friedlichem Zusammenleben mit den Inselbewohnern wegen eines Streits um ein ihm entwendetes Boot beim Kampf erschlagen wurde.

Charles Robert Darwin (1809 – 1882)

Wissenschaftler

Der Begründer der modernen Evolutionstheorie kam in The Mount bei Shrewsbury zur Welt. Auf Wunsch seines Vaters begann er ein zunächst Medizinstudium in Edinburgh, wechselte aber bald zur Theologie. Schon während dieses Studiums in Cambridge begann er sich für geologische und biologische Forschung zu interessieren. 1831 erhielt er einen Platz an Bord des Forschungsschiffes »Beagle«. Die fünfjährige Reise führte ihn über die Kapverden an die Ost- und Westküste Südamerikas, über die Galapagos-Inseln und Tahiti nach Neuseeland und weiter über Mauritius und Kapstadt schließlich zurück nach England, wo er zunächst in Cambridge und später in London wohnte, bevor er 1842 in dem Dorf Downe in Kent seinen Landsitz bezog, in dem 1998 ein Museum eröffnet wurde. Angeregt von seiner Reise, insbesondere durch die bizarre Tierwelt der Galapagos-Inseln, widmete er sich nun intensiv dem Studium über den Ursprung der Arten. Er beschrieb eine Fülle bis dahin unbekannter Vögel, Pflanzen und Insekten. Seine bedeutendste Arbeit lieferte der Naturforscher indessen mit der etwa zeitgleich mit A. R. Wallace aufgestellten Selektionstheorie über die Entstehung der Arten. Die von Darwin begründete Evolutionstheorie, nach der in der Regel im Laufe der Erdgeschichte durch natürliche Auslese nur die geeignetsten Lebewesen im Existenzkampf erhalten bleiben, steht bis heute im Mittelpunkt biologischer Forschung und hat vor allem in der modernen Genetik eine endgültige Grundlage erhalten. Darüber hinaus übten Darwins Erkenntnisse einen starken Einfluss auf politische und geistesgeschichtliche Entwicklungen aus.

Diana Princess of Wales (1961 – 1997)

Für das, was sich am 6. September 1997 zwischen Kensington Palace und Westminster Abbey abspielte, reichen rationale Erklärungsversuche nicht aus. Über 1,5 Millionen Menschen säumten den letzten Weg von Diana und nahmen Abschied von der berühmtesten Frau der Welt. Diana war schon zu Lebzeiten zum Mythos ihrer selbst geworden. Zudem war sie die öffentlichste Person der 1990er-Jahre. 1981 hatte sie in St. Paul's Cathedral Charles, den künftigen König Großbritanniens, geheiratet – eine eheliche Verbindung, aus der ein Thronfolger und ein zweiter Sohn hervorgingen, die ansonsten aber nur für Negativschlagzeilen sorgte: öffentlich demonstrierte Eiseskälte, Magersucht, Charles und Camilla Parker Bowles, Diana und der königliche Rittmeister. Im Dezember 1992 trennte sich das Paar, 1996 wurde die Ehe geschieden. 1992 hatte Diana sich einem Journalisten anvertraut, der »Her True Story« publizierte. Spätestens ab diesem Zeitpunkt war sie von den Medien zunehmend begehrt, wurde von den Paparazzi gejagt. Am 30.8.1997 kam sie auf der Flucht vor Paparazzi in Paris bei einem Autounfall ums Leben. Elizabeth II. ordnete unerwartet und gegen jedes Protokoll an, den Union Jack zum Zeichen der Trauer über Buckingham Palace zu hissen, am Vorabend der Trauerfeier sprach sie sogar via TV zu den Briten – Diana schaffte es, dass sogar die ansonsten gefühlskalte Königsfamilie Anflüge von Menschlichkeit zeigte, wenn auch erst nach ihrem Tod. Mitgefühl, Wärme und Zuneigung wurden Diana, die sich für Aidskranke, Minenopfer und kranke Kinder eingesetzt hatte, in großem Stil von der Öffentlichkeit entgegengebracht; ihr Grab auf dem Landsitz Althorp 125 km nördlich von London ist zur Wallfahrtsstätte geworden.

Charles Dickens (1812 – 1870)

Schriftsteller

Das schriftstellerische Werk des aus Landport stammenden Charles Dickens gibt hervorragende Schilderungen der unteren Gesellschaftsschichten Englands. Er hatte in seiner Jugend im Hafenviertel von London dieses Leben selbst kennen gelernt, als sein Vater im Gefängnis saß. Dickens konnte zunächst nur eine mittelmäßige Schule besuchen. Später gelang es ihm aber, sich vom Rechtsanwaltsgehilfen zum Parlamentsstenografen, Journalisten und schließlich zum erfolgreichsten Schriftsteller seiner Zeit hochzuarbeiten. Zudem machte er sich einen Namen als Herausgeber der »Daily News«. Bekannt wurde er 1837 mit seinen »Pickwick Papers«; in den folgenden Romanen wie »Oliver Twist«, »Nicholas Nickleby« oder »David Copperfield« schuf er mit den Titelhelden Figuren der Weltliteratur. Immer wieder ist London Ort der Handlung; thematisch geht es zumeist um die Nöte der Armen und um die Ungerechtigkeiten, die ihnen zugefügt werden. Bei allem sozialen Engagement vernachlässigte Dickens jedoch nie den Humor in seinen Werken. Sein Grab befindet sich in der Londoner Westminster Abbey.

Sir Francis Drake (ca. 1540 – 1596)

Seefahrer

Der berühmteste Seeheld des Elisabethanischen Zeitalters ist der englische Admiral Sir Francis Drake, der in Crowndals bei Plymouth geboren wurde. Als Freibeuter unternahm er mit mehreren ihm anvertrauten Fregatten diverse Angriffe gegen spanisch-amerikanische Handelsplätze. Mit einem Geschwader von fünf Schiffen stach er im Dezember 1577 in See, umrundete als Erster Kap Horn und folgte der Küste an Chile und Peru vorbei bis hinauf zum Nordende Kaliforniens, wo die Drake Bay nördlich von San Francisco heute seinen Namen trägt. Von dort segelte er nach Westen durch den Großen Ozean und erreichte über Java und das Kap der Guten Hoffnung nach fast dreijähriger Abwesenheit wieder englischen Boden. Hier wurde er 1581 von Elizabeth I. zum Ritter geschlagen. Als der offene Seekrieg gegen Spanien ausbrach, erhielt Sir Francis Drake 1585 den Oberbefehl über eine Flotte von 20 Schiffen, mit denen er zunächst auf den Kapverdischen Inseln und dann in Westindien erfolgreiche Kaperfahrten durchführte. 1587 fügte seine Flotte den Spaniern vor Cádiz erhebliche Verluste zu, 1588 trug Sir Francis Drake als Vizeadmiral maßgeblich zur entscheidenden Vernichtung der spanischen Armada im Ärmelkanal bei. Bei einer 1595 begonnenen Fahrt erlag er vor Portobelo einem schleichenden Fieber.

Elizabeth I. (1533 – 1603)

Englische Königin

Die Tochter von Heinrich VIII. und dessen zweiter Frau Anne Boleyn hat durch ihre lange Regentschaft eine ganze Epoche, das »Elisabethanische Zeitalter«, geprägt. In dieser Ära etablierte sich England als protestantische Weltmacht, der Handel florierte, und die Künste, symbolisiert durch den Namen Shakespeare, erlebten eine Blütezeit. Elizabeth wurde 1558 nach dem Tod ihrer Schwester Mary Königin. Ein Jahr später erklärte die Suprematsakte die anglikanische Kirche mit der Königin als Oberhaupt wieder zur Staatsreligion. Als die schottische Königin Maria Stuart Ansprüche auf den Thron erhob, brach der Konflikt zwischen Katholiken und Protestanten erneut auf; er hatte seinen Höhepunkt in der Exkommunizierung Elizabeths durch Papst Pius V. im Jahr 1570; für Katholiken brachen daraufhin schwierige Zeiten an. Außenpolitisch war der Konflikt mit Spanien bestimmend. England unterstützte den niederländischen Freiheitskampf und führte einen Freibeuterkrieg gegen die spanischen Silbergaleonen. Die Entscheidung fiel 1588 mit dem Untergang der spanischen Armada im Ärmelkanal. Danach war Spanien als Rivale auf den Weltmeeren erledigt, und der Aufstieg Englands zur Kolonialmacht begann. Zu Ehren von Elizabeth I. nannte Sir Walter Raleigh seine Erwerbungen in Nordamerika »Virginia« – die zeitlebens unverheiratete Königin wurde auch »The Virgin Queen« (Die jungfräuliche Königin) genannt. Auf ihrem Totenbett bestimmte sie Jakob VI. von Schottland, Sohn ihrer Rivalin Maria Stuart, zum Nachfolger.

Heinrich VIII. (1491 – 1547)

Englischer König

Heinrich VIII. aus dem Hause Tudor regierte England von 1509 bis 1547. Als Begründer der anglikanischen Kirche, wegen seines ausschweifenden Lebens und wegen seiner sechs Ehefrauen ging er in die Geschichte ein. Heinrich kam in Greenwich zur Welt, ab 1502 wurde er auf die Übernahme der Krone vorbereitet. Die ersten Jahre seiner Herrschaft schienen die in ihn gesetzten Erwartungen – dank seines Kanzlers Wolsey – zu bestätigen. In Anerkennung einer von Heinrich, in den Hauptzügen jedoch von Thomas More, verfassten Streitschrift gegen Luther verlieh ihm Papst Leo X. den Titel eines »Verteidigers des Glaubens«. Als die Ehe mit Katharina von Aragón ihm nicht den erwünschten männlichen Erben brachte, wollte Heinrich sich scheiden lassen, was der Papst jedoch ablehnte. Der darüber ausgebrochene Streit endete 1533 mit der Ablösung der englischen Kirche von Rom und der Gründung der anglikanischen Kirche mit dem König als Oberhaupt. Heinrich heiratete nun Anne Boleyn, die er 1536 hinrichten ließ, danach Jane Seymour (gest. 1537), Anna von Cleve, von der er sich bald scheiden ließ, Catherine Howard (1542 hingerichtet) und schließlich Catherine Parr, die ihn überlebte. In seinen letzten Lebensjahren war Heinrich VIII., nachdem er die Kanzler Thomas More und Thomas Cromwell hatte hinrichten lassen, ein von Misstrauen erfüllter Alleinherrscher, der alle ihm nicht genehmen Personen und Richtungen aufs Härteste verfolgen ließ.

Alfred Hitchcock (1889 – 1980)

Filmregisseur

Der zentrale Begriff im filmischen Schaffen des am 13.8.1889 in London geborenen Alfred Hitchcock ist »suspense«, eine im Zuschauer erzeugte Anspannung, die davon herrührt, dass die auf der Leinwand agierenden Helden – meist ganz normale Menschen – in völlig irrationale und bedrohliche Situationen geraten, die den Zuschauer genauso ahnungslos lassen (z.B. in »Der unsichtbare Dritte« oder »Das Fenster zum Hof«) oder ganz im Gegenteil den Zuschauer mehr wissen lassen als die Schauspieler (z.B. in »Psycho«). Verstärkt wird der Effekt durch exzellente Montagetechnik und Kameraführung. Hitchcock, an einem Jesuitenseminar erzogen, Student der Kunstwissenschaften und des Ingenieurwesens, gilt heute als einer der Größten seines

Der Meister des Grusels

Fachs. Seine beiden ersten Filme drehte er 1926 in München; in den 1930er-Jahren arbeitete er in England (»39 Stufen«; »Eine Dame verschwindet«) und ab den vierziger Jahren in den USA. In seinen bekannten Filmen wie »Rebecca«, »Bei Anruf–Mord!«, »Die Vögel« oder »Familiengrab« wirkten die bedeutendsten Hollywood-Stars mit.

John Lennon (1940 – 1980)

Musiker

John Lennon war gemeinsam mit Paul McCartney der führende musikalische Kopf der »Beatles«. Der Sohn eines Liverpooler Schiffsstewards gründete 1955 die Schulband »Quarrymen«, zu der bald McCartney und später George Harrison stießen. Aus dieser Band gingen nach mehreren Zwischenstationen und nachdem Ringo Starr dazugekommen war 1962 die »Beatles« hervor. Lennons Texte zeichneten sich durch ihre Schärfe und Doppeldeutigkeit aus. Songs wie »Strawberry Fields Forever«, »Lucy in the Sky with Diamonds« und »Yellow Submarine« lassen sich trotz aller Dementis ihres Schöpfers als mehr oder weniger unverhohlene Hymnen an den Drogenkonsum deuten. Seine Liverpooler Welt verarbeitete Lennon in Stücken wie »Penny Lane« oder »Happiness is a Warm Gun«. Nachdem er 1969 die Happening-Künstlerin Yoko Ono geheiratet hatte, entfernte er sich immer mehr von den »Beatles«. Nach der Auflösung der Band 1970 zog er nach New York. Zusammen mit seiner Frau gab er sich der Esoterik, Drogen und dem Dasein eines Weltverbesserers hin und versuchte, den Weltfrieden durch seine Musik (»Give Peace a Chance«) und durch Versenden von Baumsamen an sämtliche Staatschefs voranzubringen. Von 1975 an zog Lennon sich aus dem Musikgeschäft zurück, während Yoko Ono die Geschäfte führte; für viele eingefleischte Fans war sie sein Unglücksstern und der der »Beatles« überhaupt. Ein Comeback verhinderte ein psychopathischer Fan, der John Lennon am 8.12.1980 vor seinem Apartmenthaus am New Yorker Central Park erschoss.

Pressekonferenz im Bett. John Lennon und Yoko Ono 1965 nach ihrer Hochzeit

Maria Stuart (1542 – 1587)

Schottische Königin

Maria Stuart war die Tochter des schottischen Königs Jakob V. und dessen französischer Frau Maria von Guise und die Urenkelin Heinrichs VII. von England. Mit fünf Jahren wurde sie an den französischen Königshof geschickt und dort erzogen. Mit 16 heiratete sie Franz II. von Frankreich, der zwei Jahre später starb. Daraufhin kehrte sie 1561 ins protestantische Schottland zurück, wo sie als katholische französische Königswitwe von vielen als Fremdling empfunden wurde. Ihre Cousine, die englische Königin Elizabeth I., sah in ihr die schärfste Rivalin um den englischen Thron, war sie doch die Nächste in der Thronfolge und die Hoffnung derjenigen Engländer, die Elizabeth für einen illegitimen Spross Heinrichs VIII. hielten. Weitere Schwierigkeiten erwuchsen ihr aus der Heirat mit Henry Stuart, Earl of Darnley, einem völligen Taugenichts. Die anfängliche Leidenschaft schlug um in Hass, als Darnley 1566 ihren Berater David Rizzio ermordete. Nach der Geburt ihres Sohnes James versuchte sie, ihren Ehemann loszuwerden und fand einen Verbündeten im Earl of Bothwell. Im Februar 1567 flog das Haus, in dem sich Darnley aufhielt, in die Luft. Nur drei Monate später heiratete Maria den Hauptverdächtigen Bothwell und wurde damit untragbar für den schottischen Adel. Maria wurde auf eine Insel im Loch Leven verbannt. 1569 konnte sie nach England fliehen. Dort wurde sie, unter dem Vorwand, an der Ermordung Darnleys beteiligt gewesen zu sein, tatsächlich aber, weil sie eine Gefahr für Elizabeths Thron war, in Gefangenschaft genommen. 18 Jahre lang war sie Gefangene und Spielball im Streit zwischen Katholiken und Protestanten um den englischen Thron. Die Aufdeckung eines Attentatsplans gegen Elizabeth im Jahr 1586 lieferte den Anlass, sie des Hochverrats anzuklagen und zum Tode zu verurteilen. Auf Fotheringhay Castle in Mittelengland wurde sie enthauptet.

Ein Leben in Extremen: Maria Stuart

Thomas More (1477 – 1535)

Philosoph und Lordkanzler

1516 erschien der Roman »Utopia« von Thomas More (Thomas Morus), in dem der Reisende Raphael Hythloday die Gesellschaftsordnung des fiktiven Staates Utopia beschreibt. Das Werk wurde bald in mehrere Sprachen übersetzt und gilt heute als der erste utopische Roman. Utopia ist, ganz im Gegensatz zum damaligen England oder Frankreich, ein Staat, in dem die Vernunft über allem steht, Gleichheit herrscht und Ausbeutung und Neid keinen Platz haben. Neben seiner Tätigkeit als humanistischer Schriftsteller machte More auch Karriere am Hofe Heinrichs VIII., dessen Vertrauter er wurde. Er schrieb Reden und Abhandlungen für den König und vermittelte zwischen Heinrich und Lordkanzler Wolsey. 1523 wählte man ihn zum Speaker des Unterhauses, 1529 wurde er Nachfolger von Wolsey. Als sich Heinrich VIII. von Katharina von Aragón scheiden lassen wollte, überwarf sich More als gläubiger Katholik mit ihm. Nach der Abspaltung Englands von der katholischen Kirche weigerte sich Thomas More, der Vermählung Heinrichs mit Anne Boleyn beizuwohnen. Schließlich verweigerte er auch den Suprematseid, mit dem er Heinrich als Oberhaupt der anglikanischen Kirche anerkennen sollte. 1535 wurde er zum Tode verurteilt. Man gab ihm fünf Tage Bedenkzeit, doch er verweigerte weiterhin den Eid und wurde nach Ablauf der Frist enthauptet. Papst Pius XI. sprach ihn 1935 heilig.

Lord Nelson (1758 – 1805)

Oberbefehlshaber der britischen Flotte

Horatio Nelson, Sohn eines Dorfpfarrers in Norfolk, wurde nach dem Tod seiner Mutter von seinem Onkel mit auf See genommen. Bereits mit 20 Jahren erhielt er das Kapitänspatent und das Kommando über eine Fregatte im amerikanischen Unabhängigkeitskrieg. Im Kampf gegen das revolutionäre Frankreich zeichnete er sich bei der Beschießung von Toulon und in der Seeschlacht von Kap St. Vincent aus. 1798 erhielt er den Oberbefehl über die britische Flotte im Mittelmeer und schlug die Franzosen vernichtend in der Seeschlacht von Abukir. Damit war er zum britischen Kriegshelden geworden. Wegen einer Befehlsverweigerung wurde er abberufen, in der Heimat aber mit Jubel empfangen. Als 1803 der Krieg erneut ausbrach, wurde Nelson wieder Oberbefehlshaber der Mittelmeerflotte. 1805 stellte Nelson vor der andalusischen Küste eine französisch-spanische Flotte, die sich zur Invasion in England zusammenzog. Vor der Schlacht richtete er an seine Mannschaft die berühmt gewordenen Worte: »England expects every man will do his duty« (»England erwartet von jedem Mann, dass er seine Pflicht tue«). Die Franzosen wurden geschlagen, doch Nelson erlitt auf seinem Flaggschiff »Victory« eine tödliche Verwundung.

Horatio Nelson steht in der britischen Marine für die Abkehr von starren taktischen Doktrinen hin zum eigenständig handelnden Kommandeur. Ebenso wie seine militärischen Taten sorgte auch sein Liebesleben für Furore. Die leidenschaftliche Liebesbeziehung zu Lady Emma Hamilton, der Frau des britischen Gesandten in Neapel, lebte er – ebenfalls verheiratet – in aller Öffentlichkeit aus. Noch im Sterben diktierte er einen Abschiedsbrief an die Geliebte, der heute im Handschriftensaal der British Library in London ausgestellt ist.

Florence Nightingale (1820 – 1910)

Gesundheitsexpertin

Schon als junge Frau galt die in Florenz geborene Florence Nightingale als Expertin für das öffentliche Gesundheitswesen. Während des Krimkriegs leitete sie ab 1854 in der Türkei das Lazarett von Scutari. Etwas später begann sie, ihr Hauptinteresse weniger auf die direkte Krankenpflege als auf übergeordnete Organisation zu legen: So übernahm sie die Organisation der medizinischen Versorgung der britischen Armee und wurde Generalinspektorin für das Krankenschwesternwesen in den Militärhospitälern. Auf ihre Initiative geht die Gründung der Army Medical School im Jahr 1857 zurück. 1860 rief sie die Nightingale School for Nurses in London ins Leben, die damals die erste Schwesternschule der Welt war. Auf diese Weise begründete sie die berufliche Ausbildung von jungnr Frauen zu Krankenschwestern. Florence Nightingale war selbst jahrzehntelang bettlägerig, obwohl keine wirklich körperliche Erkrankung festzustellen war; heute weiß man, dass sie an einer Art von CFS (Chronisches Erschöpfungssyndrom) litt.

Sir Laurence Olivier (1907 – 1989)

Schauspieler

Laurence Olivier galt als der Shakespeare-Mime schlechthin. In London absolvierte er die Schauspielschule, und hier hatte er auch seine größten Theatererfolge. Von 1944 bis 1949 war er Direktor des Old Vic Theatre, Vorgänger des National Theatre, das er wiederum von 1965 bis 1973 leitete. Auch als Filmschauspieler und -regisseur reüssierte Olivier, so in »Henry V.« (1945), »Hamlet« (1948; Oscar als bester Schauspieler) oder »Marathon Man« (1976). 1970 erhob ihn die Queen als ersten britischen Schauspieler in den Peers-Stand.

Robert I. the Bruce (1274 – 1329)

Schottischer Nationalheld

Robert I. the Bruce (auch Robert VIII.) gilt als Schottlands Nationalheld. Er begründete die Unabhängigkeit des schottischen Königreichs, indem er die Engländer am 24. Juni 1314 in der Schlacht von Bannockburn besiegte. Sein Großvater, Robert VI., hatte den schottischen Thron für sich beansprucht, doch der englische König Edward I. machte 1290 den ihm ergebenen John de Balliol zum Herrscher, um das Land weiterhin zu kontrollieren. Am 10. Februar 1306 ermordeten Bruce und seine Gefolgsleute den Neffen Balliols und möglichen Rivalen um die Thronfolge in der Kirche von Dumfries. Kurz darauf wurde Bruce in Scone zum schottischen König gekrönt. Die folgenden Jahre brachten ständige Kämpfe mit den englischen Garnisonen bis zur entscheidenden Schlacht von Bannockburn, die die Position von Bruce festigte. Die restliche Regierungszeit verbrachte er mit der inneren Konsolidierung und der Ausschaltung der Parteigänger Englands. Der Vertrag von Northampton im Jahr 1328 garantierte die schottische Unabhängigkeit.

Sir Walter Scott (1771 – 1832)

Schottischer Schriftsteller

Der in Edinburgh geborene Walter Scott stammte aus einer alten schottischen Clanfamilie. Wie sein Vater wurde er Rechtsanwalt, später Sheriff der Grafschaft Selkirk und schließlich Richter in seiner Heimatstadt. Schon während seines Studiums befasste sich Scott mit deutscher Literatur, übersetzte Bürgers »Leonore« und Goethes »Götz von Berlichingen«. Als junger Advokat gab er mit den »Minstrelsy of the Scottish Border« (1802–1803) eine Sammlung alter englisch-schottischer Grenzballaden heraus, die er mit eigenen Ergänzungen versehen hatte. Es folgte eine Reihe epischer Versromanzen, in denen Scott die Szenerie der schottischen Volksballaden mit mittelalterlicher Ritterromantik vereinte. Danach wandte er sich der Prosa zu und schrieb, zunächst anonym, in rascher Folge 27 Romane, die »Waverley novels«, die er mit großem Erfolg veröffentlichte und die so namhafte Schriftsteller wie A. Dumas, Hugo, Balzac, Hauff und Manzoni nachhaltig beeinflussten. Seine Einkünfte erlaubten es Scott, sich am Ufer des Tweed Schloss Abbotsford bauen zu lassen, in dem er seine historischen Romane niederschrieb. Diese Romane spiegeln 500 Jahre englisch-schottische Geschichte zwischen 1200 und 1700 wider, indem der Handlungshintergrund immer von historischen Persönlichkeiten gebildet wird. Die meisten seiner Romane spielen im Schottland des 17. und 18. Jh.s, einige im England der Kreuzzüge oder im Frankreich Ludwigs XIV. 1820 wurde Scott in den Adelsstand erhoben. Sechs Jahre später geriet er durch den Bankrott seines Verlegers in finanzielle Bedrängnis. Um für die Schulden aufzukommen, arbeitete er unermüdlich bis zum körperlichen Zusammenbruch, von dem er sich nicht mehr erholte. 1832 starb er durch einen Schlaganfall; er wurde in der Dryburgh Abbey beigesetzt.

William Shakespeare (ca. 1564 – 1616)

Englischer Dichter

William Shakespeare, Sohn eines Bürgermeisters und einer Landadeligen aus Stratford-upon-Avon, kam wahrscheinlich mit einer Wandertheatertruppe nach London, wo er sich als Autor, Schauspieler, Regisseur und Dramaturg betätigte. Seit 1597 war er Mitbesitzer des Globe-Theatre, wo volkstümliche Stücke aufgeführt wurden, und im selben Jahr konnte er mit »Falstaff« seinen ersten großen Bühnenerfolg verzeichnen. Zu dieser Zeit hatte er es schon zu ansehnlichem Wohlstand gebracht. König Jakob I. erklärte sich 1603 zum Schutzherrn seiner Theatertruppe, die seither als »The King's Men« auftrat. Um 1610 verkaufte Shakespeare seine Anteile am Theater und zog sich in seinen Geburtsort zurück. Als Dramatiker war er schon zu Lebzeiten von überragender Bedeutung und wirkt bis in die heutige Zeit. Seine Stücke lassen sich unterteilen in die Historienstücke (u.a. »Richard II.«, »Henry V.«), die heiteren Komödien (»The Taming of the Shrew«) und die dunklen Komödien (»Troilus and Cressida«), die späten märchenhaften Romanzen (»The Tempest«) sowie schließlich die Tragödien (Römerdramen, »Macbeth«, »Hamlet« etc.). Die Urheberschaft seiner Stücke wurde lange in Zweifel gezogen; erst im 18. Jh. wurde der Grund für eine fundierte Shakespeare-Forschung gelegt. Größte Wirkung hatte er auf das deutsche Theater, wo ihn schon zu seinen Lebzeiten die »Englischen Komödianten« spielten. Die Übersetzungen Wielands bedeuteten den Beginn der großen Shakespeare-Rezeption im 18. Jh.; die Romantiker des 19. Jh.s, allen voran Schlegel und Tieck, machten seine Stücke vollends zum festen Bestandteil des deutschen Bühnen-Repertoires.

James Stirling (1926 – 1992)

Architekt

Mit seinen Entwürfen entfachte der in Glasgow geborene Architekt James Stirling immer wieder Diskussionen – den einen waren sie zu brutal, den anderen zu monumental oder einfach zu postmodern-kitschig. Stirling liebte es, in seinen Bauten Epochen und namhafte Architekten wie Le Corbusier oder Aalto zu zitieren. Einer seiner frühen Bauten in Großbritannien ist die Technische Fakultät in Leicester, andere bedeutende Arbeiten Stirlings sind die Fakultät für Geschichte in Cambridge, wesentliche Gebäudekomplexe im Stadtzentrum von Derby, das Olivetti-Trainingszentrum in Haslemere, die zur Londoner Tate Gallery gehörende Clore Gallery und, eine seiner letzten Arbeiten, die 1988 eröffnete Tate Gallery im umfunktionierten Albert Dock von Liverpool.

Victoria (1819 – 1901)

Wie Elizabeth I. gab auch Victoria einer ganzen Epoche ihren Namen. Die einzige Tochter des Herzogs Edward von Kent wurde am 24.5.1819 geboren und 1837 zur Königin gekrönt. 1840 heiratete sie Albert von Sachsen-Coburg-Gotha, mit dem sie in sehr glücklicher Ehe bis zu seinem Tod im Jahr 1861 lebte. Victoria zog sich daraufhin mehr und mehr aus dem öffentlichen Leben zurück. Während ihrer Regentschaft stieg Großbritannien endgültig zur bedeutendsten politischen und wirtschaftlichen Weltmacht auf. Sie starb am 22.1.1901 in Osborne House auf der Isle of Wight.

Wilhelm I. der Eroberer (um 1028 – 1087)

Englischer König

Wilhelm war der Sohn des normannischen Herzogs Robert I. und dessen bürgerlicher Geliebten Arlette. Da er sich als Vetter des englischen Königs Edward der Bekenner und somit als dessen Erben betrachtete, machte er sich Hoffnungen auf den englischen Thron. Dies soll ihm angeblich auch dessen Schwager, Harold von Wessex, bestätigt haben. Doch als Edward im Januar 1066 starb, wurde eben dieser Harold neuer König. Wilhelm rüstete daraufhin eine Armee und landete Ende September 1066 an der englischen Südostküste bei Hastings. Dort traf er am 13. Oktober auf das Heer Harolds, der zuvor andere Konkurrenten um den Thron, nämlich seinen Bruder Tostig und dessen Verbündeten Harald III. von Norwegen, geschlagen hatte. Aus der Schlacht bei Hastings ging Wilhelm siegreich hervor und beendete damit die Herrschaft der Angelsachsen. Am Weihnachtstag 1066 wurde er in der Westminster Abbey zum König gekrönt. In den folgenden Jahren besetzte er alle wichtigen Posten mit seinen normannischen Gefolgsleuten. Von 1073 an war er kaum mehr in England anzutreffen, er war mit der Sicherung der Grenzen der Normandie beschäftigt und überließ die Regierung seinem Vertrauten Lanfranc, Erzbischof von Canterbury. In dieser Zeit wurde um 1086 das »Domesday Book« (»Liber iuducarius Angliae«) angefertigt, ein Überblick über Einkünfte und Besitz der englischen Krone und heute eine der wichtigsten Quellen der englischen Sozial- und Wirtschaftsgeschichte des Mittelalters.

Virginia Woolf (1882 – 1941)

Schriftstellerin

Virginia Woolf wurde in die intellektuellen Kreise des spätviktorianischen Zeitalters hineingeboren. Sie wuchs im elterlichen Haus am Hyde Park Gate in London auf, verbrachte aber die glücklichsten Stunden ihrer Kindheit in St. Ives in Cornwall. Mit Freunden und Geschwistern bildete sie den Kern der so genannten »Bloomsbury Group«, die sich in ihrem Haus im Londoner Stadtteil Bloomsbury traf und der sich auch der Schriftsteller und Verleger Leonard Woolf anschloss. 1912 heirateten die beiden und gründeten die Hogarth Press, nicht zuletzt aus therapeutischen Gründen, denn Virginia hatte nach familiären Rückschlägen und sexuellem Missbrauch durch ihren Halbbruder schon früh mit mentalen Problemen zu kämpfen. Sie arbeitete als Literaturkritikerin für die Times und wurde als Essayistin, Tagebuchschreiberin und Romanautorin in den 1920er-Jahren bekannt. Nach dem Tod ihrer Freundin Katherine Mansfield erschienen ihre Romane »Jacob's Room«, »Mrs. Dalloway«, »Orlando«. Ihr Essay "A Room of One's Own« gilt als eines der bedeutendsten Manifeste des 20. Jahrhunderts. In den zwanziger Jahren war sie Mittelpunkt des literarischen Lebens in London. Auf ihrem Landsitz in Rodmell in Sussex beging Virginia Woolf Selbstmord – offensichtlich aus Furcht vor dem Wahnsinn ertränkte sie sich in der Ouse.

Prominentestes Mitglied der »Bloomsbury Group«

HSB
GB

Praktische Informationen

BASISWISSEN FÜR DIE REISE: WIE ÜBERNACHTET ES SICH AM SCHÖNSTEN, WO KANN MAN GOLF SPIELEN, WER BIETET GARTENREISEN AN – UND »LAST BUT NOT LEAST«: WIE KOMME ICH AN MEIN BIER, OHNE MICH ZU BLAMIEREN?

Anreise • Reiseplanung

Anreisemöglichkeiten

Mit dem Flugzeug Am schnellsten und preislich günstigsten ist ein Flug. Linien-Rückflugtickets gibt es je nach Abflugort schon unter 100 €. Nonstop-Verbindungen gibt es von allen größeren deutschen Flughäfen; von Österreich aus Salzburg und Wien sowie von den Schweizer Flughäfen Basel, Genf und Zürich. Wichtige Zielflughäfen in Großbritannien sind neben den vier Londoner Flughäfen Belfast, Birmingham, Manchester, Glasgow und Edinburgh. Billig-Airlines starten mitunter von relativ abgelegenen Flugplätzen und fliegen neben London eher kleinere Städte wie Coventry in Großbritannien an.

INFORMATIONEN FLUGVERKEHR

FLUGHÄFEN

▶ London Heathrow
Lage: 24 km westlich der City
Tel. 08 70 – 0000 123
Terminal 1: Inlandsflüge und britische Airlines nach Europa
Terminal 2: nichtbritische Airlines nach Europa
Terminal 3: Flüge nach Afrika, Asien, Amerika
Terminal 4: British Airways
U-Bahn: Piccadilly Line alle 5 – 10 Min.; Fahrtzeit ca. 45 Min. (die günstigste Art der Weiterfahrt; Achtung: es gibt zwei U-Bahn-Stationen für die Terminals 1, 2, 3 und in Terminal 4).
Bahn: Heathrow Express nach Paddington alle 15 Min.; Fahrtzeit 15 Min. (von Terminals 1, 2, 3) bzw. 22 Min. (von Terminal 4)
Bus: Der Airbus A 2 fährt via Marble Arch nach King's Cross Station (alle 30 Min., Fahrtzeit ca. 1 Std. 40 Min.)
Taxi: Eine Taxifahrt ins Zentrum ist einerseits teuer (ca. 45 – 50 £) und andererseits sehr staugefährdet. Beides gilt auch für Taxifahrten von und zu den anderen Flughäfen.

▶ London Gatwick
Lage: 40 km südlich
Tel. 08 70 – 0000 2468
Bahn: Gatwick Express (30 Min. bis Victoria Station), Connex South Central (bis Victoria Station; alle 15 bzw. 30 Min., nachts stündlich).
Thameslink (ca. 35 Min. bis King's Cross mit Stopps in der City)
Bus: National Express 025 (ca. 65 Min. bis Victoria Station)

▶ London Luton
Lage: 51 km westlich
Tel. 015 82 – 40 51 00
Bahn: Thameslink (ca. 30 Min. bis King's Cross Station; alle 10 Min.; Zubringerbus vom Terminal zum Bahnhof)
Bus: Green Line 757 (ca. 75 Min. bis Victoria Station)

▶ London Stansted
Lage: 55 km nordöstlich
Tel. 08 45 – 600 7245
Bahn: Stansted Express (45 Min. bis Liverpool Street Station; alle 15 / 30 Min.)
Bus: A 6 (ca. 1 Std. 40 Min. bis Victoria Station; alle 15 – 20 Min.)

▸ **London City Airport**
Lage: 10 km östlich der City in den Docklands, Tel. 7 646 0088
Bus: Blauer Bus bis Liverpool Street Station mit Stopp an DLR-Station Canary Wharf (ca. 25 Minuten); grüner Bus bis Canning Town Station (U-Bahn- und DLR-Anschluss)

▸ **Belfast International Airport**
Lage: 24 km westlich
Busverkehr ins Stadtzentrum
www.bial.co.uk

▸ **Birmingham**
Lage: 14 km östlich
Tel. 0 87 0 – 733 55 11
Airport-Shuttle zum Bahnhof Birmingham International (90 sec.)
Bahn: 10 Min., Bus: 35 Min.
www.bhx.co.uk

▸ **Edinburgh**
Lage: 13 km westlich
Tel. 08 70 – 040 00 07
Busverkehr ins Stadtzentrum (25 Min.)
www.baa.co.uk

▸ **Glasgow**
Lage: 16 km westlich
Tel. 08 70 – 040 00 08
Busverkehr ins Stadtzentrum (25 Min.)
www.baa.co.uk

▸ **Glasgow Prestwick**
Lage: 50 km außerhalb
Expressbus ins Zentrum (50 Min.), Bahn (45 Min.)
www.gpia.com

▸ **Leeds / Bradford Airport**
Lage: 23 km nördlich
Tel. 01 13 – 250 96 96
Bahn- und Busverkehr ins Stadtzentrum (ca. 30 Min.)
www.lbia.co.uk

▸ **Liverpool**
Lage: 9 km südöstlich
Tel. 0870 – 750 8484
Bahn- und Busverkehr ins Stadtzentrum
www.liverpooljohnlennonairport.com

▸ **Manchester**
Lage: 16 km südlich
Tel. 01 61 – 4896412
Bus: 55 Min. ins Stadtzentrum
Bahn: 15 – 25 Min.
www.manchesterairport.co.uk

FLUGGESELLSCHAFTEN

▸ **Austrian Airlines**
10 Wardour Street, W 1
Tel. 7 434 73 69
Fax 7 434 73 63
Heathrow, Terminal 2
Tel. 8750 33 00

▸ **British Airways**
Reservierungsservice
Tel. 03 45 – 22 21 11
Büros: u. a. 156 Regent Street, in den Kaufhäusern Harrods und Selfridges
Heathrow, U-Bahn-Station Terminal 4, Tel. 08 70 – 850 98 50
Gatwick, Abflugterminal
Tel. 08 70 – 850 98 50

▸ **Lufthansa**
Reservierungsservice
Tel. 08 45 – 773 7747
Büro: 7 / 8 Conduit Street, W 1
Heathrow, Terminal 2
Tel. 08 45 – 773 77 47
City Airport, Tel. 08 45 – 773 77 47

▸ **Swiss**
Reservierungsservice
Tel. 03 45 – 32 03 21
Büro: Swiss Centre, 1 Swiss Court, W 1
Heathrow, Terminal 2
Tel. 08 70 – 850 98 50

Mit der Bahn Mit der Bahn fährt man über Holland, Belgien oder Frankreich. An der Kanalküste muss man auf Fähren umsteigen, wenn man nicht den Eurostar (s.u.) nimmt. Die meisten Züge benutzen die Fähre Hoek van Holland – Harwich, die Fahrt durch Frankreich führt über Calais – Dover. Vom Zielhafen in Großbritannien fahren die meisten Züge weiter in Richtung London. Ankunft in London ist in der Victoria Station (von Dover) oder in der Liverpool Street Station (von Harwich). Die sicher spektakulärste Bahnreise bietet der Eurostar, der in 35 Minuten den Kanal im Eurotunnel zwischen Calais und Folkestone unterquert. Abfahrt ist in Brüssel (über Lille) bzw. in Paris (über Frethun), in London kommt man in der Waterloo Station an. Ab Köln besteht eine Verbindung mit dem Hochgeschwindigkeitszug Thalys nach Brüssel, wo man in den Eurostar umsteigt (Fahrtzeit Köln – London: 5 Std. 40 Min.).Von Londons Bahnhöfen sind acht für Touristen als Abfahrtsbahnhof ins übrige Großbritannien und als Ankunftsbahnhof vom europäischen Festland wichtig.

Mit dem Bus Die Europabusse der Deutschen Touringgesellschaft (Am Römerhof 17, D-60486 Frankfurt / M.; Service-Center Tel. 0 18 05 – 25 02 54; www.deutsche-touring.com) fahren in Zusammenarbeit mit National Express/Eurolines von allen großen Städten Deutschlands nach Victoria Coach Station.

INFORMATIONEN BAHNVERKEHR

BAHNHÖFE IN LONDON

- **Euston**
  Euston Road
  (Züge nach Norden)
- **King's Cross**
  Euston Road
  (nach Norden)
- **St. Pancras**
  Euston Road
  (nach Norden)
- **Liverpool Street**
  Liverpool Street
  (nach Osten)
  Endstation der Züge vom Fährhafen Harwich
- **Charing Cross**
  Strand
  (nach Süden)
- **Victoria**
  Victoria Street (nach Süden)
  Endstation der Züge vom Fährhafen Dover
- **Waterloo**
  York Road (nach Süden)
  Endstation der Eurostar-Züge durch den Kanaltunnel
- **Paddington**
  Praed Street (nach Westen)

AUSKUNFT

- **In Großbritannien**
  Tel. 08 45 – 748 4950
- **Europäisches Festland**
  Tel. 08 705 – 84 88 48
  Eurostar: Tel. 08 702 – 18 81 86
  Eurotunnelzug:
  Tel. 08 705 – 35 35 35

INFORMATIONEN AUTOFÄHREN

FÄHRGESELLSCHAFTEN

▸ **DFDS Seaways**
Tel. 0 18 05 – 30 43 50
www.dfdsseaways.de

▸ **Stena Line**
Tel. 04 31 - 90 99,
Tel. 0 18 05 – 91 66 66
www.StenaLine.de

▸ **P&O Ferries**
Tel.: 0 18 05 – 00 94 37
www.POferries.com

▸ **Superfast Ferries**
Tel. 04 51 – 88 00 61 66
www.superfast.com

▸ **Hoverspeed/Seacat**
Tel. 0 08 00 – 12 11 12 11
www.hoverspeed.com

▸ **Seafrance**
Tel. 069 – 22 22 22 81
www.seafrance.com

▸ **Norfolkline**
Tel. 00 44 – 8 70 – 8 70 10 20
www.norfolkline.com

▸ **Transmanche Ferries**
Tel. 00 44 – 871 – 222 3312
www.transmancheferries.com

▸ **Brittany Ferries**
Tel. 061 96 – 94 09 11
www.brittanyferries.de

▸ **Condor Ferries**
Tel. 0721 – 9 67 04 45
www.condorferries.de

▸ **Emeraude Lines**
Tel. 00 33 – 825 – 135 180
www.emeraude.co.uk

▸ **Norse Merchant Ferries**
Tel. 00 44 – 870 – 600 43 21
www.norsemerchant.com

▸ **P&O Irish Sea**
Tel. 00 44 – 870 – 242 47 77
www.poirishsea.com

▸ **Northlink Orkney and Shetland Ferries Ltd.**
Tel. 00 44 – 845 – 6000 449
www.northlinkferries.co.uk

FÄHRVERBINDUNGEN

▸ **nach Südengland**
Calais – Dover (P&O Ferries, Hoverspeed, Seafrance)
Dünkirchen – Dover (Norfolkline)
Dieppe – Newhaven (Hoverspeed, Transmanche Ferries)
Le Havre – Portsmouth (P&O Ferries)
Caen – Portsmouth (Brittany Ferries)
Cherbourg – Portsmouth (P&O Ferries, Condor Ferries, Brittany Ferries)
St. Malo – Portsmouth (Brittany Ferries)
Cherbourg – Poole (Brittany Ferries, Condor Ferries)
St. Malo – Poole (Condor Ferries)
St. Malo – Weymouth (über Jersey und Guernsey, Condor Ferries)
Roscoff – Plymouth (Britanny Ferries)

▸ **zu den Kanalinseln**
St. Malo – Guernsey (Emeraude Lines)
St. Malo – Jersey (Emeraude Lines, Condor Ferries)

Der schönste Start in den Urlaub: an Bord einer Fähre über den Kanal anzureisen

nach Ostengland
Hook van Holland – Harwich
(Stena Line)
Cuxhaven – Harwich
(DFDS Seaways)
Esbjerg – Harwich
(DFDS Seaways)

nach Nordengland
Zeebrugge – Hull
(P&O Ferries)
Rotterdam – Hull (P&O Ferries)
IJmuiden/Amsterdam –
Newcastle upon Tyne
(DFDS Seaways)

nach Schottland
Zeebrugge – Rosyth/Edinburgh
(Superfast Ferries)

nach Nordirland
Liverpool – Belfast
(Norse Merchant Ferries)
Stranraer – Belfast
(Stena Line)
Cairnryan – Larne
(P&O Irish Sea)

zu den Shetland Islands und Orkney Islands
► dort

Mit dem Auto

Wer mit dem eigenen Auto nach Großbritannien fahren will, muss entweder Fähren oder den Eurotunnel benutzen.Durch den Eurotunnel fahren alle 15 Min. Autozüge. Man bleibt im Auto sitzen bzw. kann sich nur im Transportwaggon bewegen. Die Verladeterminals sind direkt mit der Autobahn verbunden; in Frankreich erreicht man sie über Abfahrt 13 von der A 16, in Großbritannien über Abfahrt 11a von der M 20. Die Weiterfahrt nach London führt über die A 12 (Harwich – Colchester – Chelmsford – London: 113 km), über die A 2 (Dover – Canterbury – Rochester – London: 113 km) oder über die A 23 / M 23 (Newhaven – Brighton – London: 70 km).
Wer nicht muss, sollte in London aufs Autofahren verzichten. Es ist immer voll, stressfrei den richtigen Weg zu finden ist schwierig, Parkplätze sind nur mit Mühe zu finden und teuer. Für Fahrten in der Innenstadt von London muss man werktags zwischen 7.00 und 18.30 Uhr eine Gebühr (»Congestion Charge«) von 5 £ pro Tag zahlen (u. a. an Tankstellen).

◀ Gebühren für London

Reservierung

Für die Kanalüberquerung – ob per Fähre oder im Tunnel – empfiehlt sich eine Reservierung. Buchen kann man in jedem Reisebüro.

Ein- und Ausreisebestimmungen

Reisedokumente

Zur Einreise nach Großbritannien genügt für Bürger der Bundesrepublik Deutschland und der Republik Österreich ein gültiger Personalausweis. Schweizer Staatsangehörige benötigen bis zu einer Aufenthaltsdauer von sechs Monaten zusätzlich eine Besucherkarte, bei längerem Aufenthalt einen gültigen Reisepass. Autofahrer müssen Führerschein, Kraftfahrzeugschein und internationale Grüne Versicherungskarte dabei haben. Kraftfahrzeuge ohne Euro-Nummernschild müssen das ovale Nationalitätskennzeichen tragen.

Tiere

Tiere dürfen unter folgenden Bedingungen mitgeführt werden: eingepflanzter Mikrochip zur Identifikation, Tollwuttest und -impfung in einem autorisierten Labor mindestens sechs Monate vor der Einreise, Zecken- und Bandwurmimpfung ein bis zwei Tage vor der Einreise. Informationen bei VisitBritain (▶Auskunft).

Zollbestimmungen

Im EU-Binnenmarkt, wozu auch Großbritannien, Deutschland und Österreich gehören, ist der private Warenverkehr weitgehend zollfrei. Innerhalb der EU-Länder gelten lediglich noch gewisse obere Richtmengen (z.B. für Reisende über 17 Jahren 800 Zigaretten, 10 l Spirituosen und 90 l Wein).
Für Reisende aus Nicht-EU-Ländern wie der Schweiz gelten folgende Freimengengrenzen: 250 g Kaffee, 100 g Tee, 200 Zigaretten oder 50 Zigarren oder 250 g Tabak, 2 l Wein oder andere Getränke bis 22% Alkoholgehalt sowie 1 l Spirituosen mit mehr als 22% Alkoholgehalt. Souvenirs dürfen in die Schweiz bis zu einem Wert von 100 sfr zollfrei eingeführt werden.

Auskunft

WICHTIGE ADRESSEN

IN DEUTSCHLAND

▶ **VisitBritain + Britian Visitor Centre**
Hackescher Markt 1
D-10178 Berlin
Tel. 0 18 01 – 46 86 42
Fax 0 30 – 31 57 19 10
E-Mail: gb-info@visitbritain.org
www.visitbritain.com/de
(für England, Wales und Schottland)

▶ **Irland Information Tourism Ireland**
Gutleutstr. 32
60329 Frankfurt/Main
Tel. 069 – 92 31 85 50
Fax 069 – 92 31 85 88
www.tourismireland.de
(für Irland inkl. Nordirland)

▶ **Britain Direct GmbH**
Ruhbergstr. 8
D 69242 Mühlhausen
Tel. 0 62 22 – 67 80 50
Fax 0 62 22 – 678 05 19
www.britaindirect.com

IN DER SCHWEIZ

▶ **Visit Britain**
(Geschäftsstelle geschlossen)
Kontakt:
Tel. 08 44 – 007 007
Fax 00 49 – 30 – 31 57 19 10
E-Mail: ch-info@visitbritain.org
www.visitbritain.com/chde

IN ÖSTERREICH

▶ **Britain Visitor Centre**
c/o British Council
Siebensterngasse 21
A-1070 Wien
Tel. 08 00 – 150 170
Fax 01 – 5 33 26 16 85
E-Mail: a-info@visitbritain.org
www.visitbritain.com/de

IN LONDON

▶ **Britain & London Visitor Centre**
1 Regent Street, Piccadilly Circus
London SW1 4XT
www.visitbritain.com

IN WALES

▶ **Wales Tourist Board**
The Old Library, The Hayes
Cardiff CF10 1NE
Tel. 0 87 01 – 21 12 51
www.visitwales.com

IN SCHOTTLAND

▶ **VisitScotland**
Ocean Point One
94 Ocean Drive, Leith
Edinburgh EH6 6JH
Tel. 01 31 – 3 72 22 22
www.visitscotland.com

IN NORDIRLAND

▶ **Causeway Coast and Glens**
11 Lodge Road, Coleraine
Derry BT521LU
Tel. 0 28 – 70 32 77 20
Fax 0 28 – 70 32 77 19
www.causewaycoastandglens.com

▶ **Northern Ireland Tourist Board**
59 North Street
Belfast BT1 1NB
Tel. 0 28 – 90 23 12 21
Fax 0 28 – 90 24 09 60,
0 28 – 90 44 16 26
www.nitb.com

- **Derry Visitor and Convention Bureau**
  44 Foyle Street
  Derry BT48 6AT
  Tel. 0 28 – 71 26 72 84
  Fax 0 28 – 71 37 79 92
  www.derryvisitor.com

BRITISCHE BOTSCHAFTEN

- **Deutschland**
  Wilhelmstr. 70–71
  D-10117 Berlin
  Tel. 030 – 20 45 70, Fax 20 45 75 79

- **Schweiz**
  Thunstrasse 50, CH-3005 Bern 15
  Tel. 031 – 359 77 41

- **Österreich**
  Jaurèsgasse 12, A-1030 Wien
  Tel. 01 – 71 61 30

BOTSCHAFTEN IN GROSSBRITANNIEN

- **Deutschland**
  23 Belgrave Square
  London SW1X 8PZ
  Tel. 7 824 1300, Fax 7 824 1449

- **Schweiz**
  16–18 Montagu Place
  London W1H 2BQ
  Tel. 7 616 6000, Fax 7 724 7001

- **Österreich**
  18 Belgrave Mews West
  London SW1X 8HU
  Tel. 72 35 37 31, Fax 7 344 0292

NATIONAL TRUST

- **National Trust for Places of Historic Interest or Natural Beauty**
  36 Queen Ann's Gate
  London SW1H 9AS, England
  Tel. 020 – 74 47 66 20
  www.nationaltrust.org.uk

- **National Trust for Scotland**
  28 Charlotte Square
  Edinburgh EH2 4ET
  Tel. 01 31 – 2 43 93 00
  Fax 2 43 93 01
  www.nts.org.uk

ENGLISH HERITAGE

- **English Heritage Customer Service Dep.**
  P.O. Box 25132
  London SW1E5EX
  Tel. 020 – 79 73 34 34

INTERNETADRESSEN

- **www.britishcouncil.de**
  Der British Council entspricht in etwa den deutschen Goethe-Instituten; in den Instituten vor Ort bekommt man vor allem Informationen über Kulturelles, über Sprachschulen etc.

- **www.historic-scotland.gov.uk**
  Historic Scotland ist eine staatliche Organisation, die dem Umweltministerium untersteht und in erster Linie Schlösser, Klöster und prähistorische Stätten betreut.

Mit Behinderung unterwegs

Immer mehr Hotels und Gaststätten in Großbritannien haben spezielle Einrichtungen für Schwerbehinderte und Gäste in Rollstühlen; insgesamt sind es aber noch wenige. Bei der genauen Reiseplanung hilft VisitBritain (► Auskunft). Hier erhält man auch die kostenlose Broschüre »Großbritannien für behinderte Besucher«. Im Internet findet man Informationen über behindertengerechte Unterkünfte unter www.visitbritain.com/de/resources/nataccess.htm

BEHINDERTENORGANISATIONEN

- **Holiday Care/Tourism for All Holidays Ltd.**
  7th Floor, Sunley House,
  4 Bedford Park, Croydon
  CR0 2AP, England
  Tel. 08 45 – 1 24 99 74 72
  www.holidaycare.org.uk
  E-Mail: holcare.res@virgin.net
  Buchungen und detaillierte Informationen

- **RADAR**
  12 City Forum, 250 City Rd., EC 1
  Tel. 020 – 72 50 32 22
  www.radar.org.uk

- **Artsline**
  Tel. 020 – 73 88 22 27
  www.artsline.org.uk
  Artsline Informiert über behindertengerechte Veranstaltungsorte.

- **Tripscope**
  The Vassall Centre, Gill Avenue, Bristol BS16 2QQ
  Tel. 08 45 – 7 58 56 41
  www.tripscope.org.uk
  Informiert über behindertengerechte Aufenthaltsprogramme und Transportmöglichkeiten.

- **National Express**
  www.nationalexpress.com
  Tel. 01 21 – 423 84 79
  Auskünfte der National Express-Busse speziell für Fahrgäste mit körperlichen Beeinträchtigungen.

Elektrizität

Die Netzspannung beträgt 240 Volt Wechselstrom bei 50 Hz. In vielen Hotels gibt es Euro-Stecker, doch ist die Mitnahme eines Adapters trotzdem anzuraten. Die meisten britischen Dreipol-Steckdosen haben einen Extra-Schalter zum Einschalten!

Erleben • Urlaub aktiv

Aktiv in Großbritannien

Sprachkurse 370 akkreditierte Privatschulen, staatliche Ausbildungsstätten, Universitäten und verschiedene öffentlich finanzierte Einrichtungen bieten Englischkurse in ganz England, Schottland, Wales und Nordir-

Wer eine Gartenreise bucht, kommt in England in wahre kleine Paradiese.

land an. Viele Sprachschulen arrangieren eine Unterbringung in Familien, ansonsten helfen sie dabei, eine Ferienwohnung zu finden; in Universitätsstädten kann man in den Semesterferien auch in Studentenwohnheimen wohnen.

Gartenreisen

Ein Klassiker unter den Themenreisen in Großbritannien sind Gartenreisen. Mittlerweile gibt es sehr viele Anbieter, die Studienreisen in kleinen Gruppen durchführen. Im Rahmen organisierter Gruppenreisen kommt man auch in Gärten, zu denen man als Einzelreisender keinen Zutritt hat.

Landschaften und Denkmäler schützen

Wer sich in seinem Urlaub in Projekten betätigen möchte, hat in Großbritannien zahllose Möglichkeiten. Schier endlos ist das Angebot: alte Burgmauern reparieren, verschwundene Gärten rekonstruieren, Veranstaltungen organisieren, Biotope restaurieren, Umweltuntersuchungen durchführen, Trockenmauern in englischen Landschaften bauen, archäologische Grabungen machen. Dazu gehört manchmal auch anschließendes Wandern, Kanu fahren oder Klettern. Wer auf Suche nach einer solchen Urlaubsart ist, findet für alle Interessen, in unterschiedlichen Preislagen und mit verschiedensten Wohnmöglichkeiten etwas.

Bootstourismus

Die vielen Seen, Flüsse und Kanäle Großbritanniens sind ein beliebtes Revier für Bootsfahrer. Neben dem weit verzweigten mittelenglischen Kanalsystem sind der nordirische Lough Erne, der schottische

Mit dem Hausboot durch England – die geruhsame Ferienvariante

Caledonian Canal und die Norfolk Broads in Ostengland als Reviere für Hausbootfahrer sehr beliebt. Auf der Themse und ihren Nebenflüssen kann man bis in die Metropole London schippern. Die schottischen Küstengewässer erfordern allerdings eine gewisse Erfahrung.

An vielen Orten können Hausboote gemietet werden, deren relativ einfache Handhabung man auch ohne Erfahrung schnell erlernen kann. Ein Bootsführerschein ist nicht erforderlich. Vor allem während der Hauptsaison ist eine frühzeitige Buchung (mindestens 6 Wochen

ADRESSEN FÜR BESONDERE URLAUBE

SPRACHREISEN

- **Alfa Sprachreisen GmbH**
  Rotebühlplatz 15
  70178 Stuttgart
  Tel. 07 11 – 61 55 30 0
  Fax 61 55 30 10
  www.alfa-sprachreisen.de

- **Informationen im Internet**
  www.englishinbritain.co.uk
  www.educationuk.org
  www.arels.org.uk
  www.britishcouncil.org/english/u-kstudies.htm

GARTENREISEN

- **Ravenala Touristik**
  Tel. 04 51 – 7 10 25
  www.Ravenala-touristik.de

- **Laade Gartenreisen**
  Tel. 0 25 61 – 97 16 13
  Fax 0 25 61 – 97 16 15
  www.Gartenreisen-Laade.de

- **Arcatour**
  Tel. 00 41 – 41 – 729 14 20
  Fax 00 41 – 41 – 729 14 21
  www.arcatour.ch

▸ **Seethaler Gartenimpulse**
Tel. 0 83 82 – 27 48 00
Fax 0 83 82 – 27 48 04
www.gartenimpulse.de

LANDSCHAFTSSCHUTZ UND DENKMALPFLEGE

▸ **British Trust for Conservation Volunteers**
www.btcv.org
Gut organisierte Arbeitsferien

▸ **National Trust**
www.nationaltrust.org.uk/volunteering/workinghols.asp
Angebote des National Trust

▸ **Field Studies Council**
www.field-studies-council.org
Gute Programme zum Erhalt der Umwelt

▸ **Centre for Alternative Technology**
www.cat.org.uk
Im Centre for Alternative Technology in Wales kann man für kürzere Zeiträume mitarbeiten.

BOOTSURLAUBE

▸ **Alvechurch Waterway Holiday**
Scarfield Wharf, Alvechurch, Worcestershire B48 7SQ
Tel. 01 – 21 – 445 29 09
www.alvechurch.com
Vermietung von Hausbooten

▸ **Rose Narrowboats**
Fosse Way, Stretton-under-Fosse, Rugby, Warwickshire CV23 0PU
Tel. 0 17 88 – 83 24 49
www.rose-narrowboats.co.uk
Vermietung von Hausbooten

▸ **Inland Waterway Cruises**
Greenham Lock Cottage, London Road, Newbury, Berkshire RG14 5SN
Tel. 0 78 31 – 11 08 11
www.bargeholidayuk.com
Kreuzfahrten durch Großbritanniens Wasserwege

▸ **GB&I Travel**
Bürgerweide 71
20535 Hamburg
Tel. 040 – 25 19 80 86
www.GBI-Travel.de
Kreuzfahrten und Segeltouren auf traditionellen Schiffen

HOCHZEITSREISEN

▸ **British Travel Company**
E-Mail: service@btco.de

▸ **Honeymoon Highlights**
Tel. 0 26 81 – 98 95 27
www.honeymoon-highlights.com

im Voraus) ratsam. Prospekte sind in Reisebüros erhältlich. Angeboten werden auch Kreuzfahrten über Wasserwege im Landesinnern.

Hochzeitsreisen

Einige Veranstalter organisieren Hochzeiten und Hochzeitsreisen: Ort und Formalitäten für die Trauung, den geeigneten Rahmen für das Diner zu zweit oder ein rauschendes Fest mit allen Freunden und Familienangehörigen, hochzeitsgerechte Unterkünfte und vieles mehr. Meistens finden die Feierlichkeiten in alten Landsitzen, Herrenhäusern oder kleinen Schlösschen statt.

Sportliche Aktivitäten

Radreisen, Wanderreisen, Golfreisen etc. ▸Sport & Fun

Sportevents und traditionelle Sportarten

Großbritannien, und in erster Linie England, gilt als Mutterland vieler Sportarten, und, wie jeder weiß, ist der britische Sportsgeist sprichwörtlich. Wer eines der großen Sportereignisse mitbekommt, erlebt Großbritannien hautnah. Vor allem sollte man, wo immer sich die Gelegenheit bietet, eine der typisch britischen Traditionssportarten anschauen. Wann und wo Sportveranstaltungen stattfinden, kann man der Tagespresse entnehmen.

Fußball Großbritannien ist die Heimat des Fußballs. Einmalig ist bis heute die Stellung des britischen Fußballs in der Welt-Fußballgemeinde: England, Schottland, Wales und Nordirland schicken eigene Nationalteams zu Welt- und Europameisterschaften und tragen landeseigene Meisterschaften aus. Die englischen Fußballer Stanley Matthews und Bobby Charlton haben es sogar zum Adelstitel gebracht. Während die schottischen, walisischen und nordirischen Fans friedlich sind, hat das Ansehen des englischen Fußballs in den letzten Jahren durch die berüchtigten Hooligans gelitten. Die großen Klubs der englischen Liga sind FC Arsenal, FC Chelsea, Tottenham Hotspur, FC Liverpool, FC Everton, Newcastle United und Manchester United, die Großen der schottischen Liga sind Traditionsvereine wie Celtic Glasgow (katholisch), Glasgow Rangers (protestantisch) oder Hibernian Edinburgh. Spiele der ersten Ligen werden samstags um 15.00 Uhr oder mittwochs um 19.00 Uhr angepfiffen. Höhepunkt und Abschluss der englischen Saison ist das Cup Final, das im Mai im Londoner Wembley-Stadion ausgetragen wird und dessen Gewinn höher eingeschätzt wird als die Meisterschaft.

Cricket Gleichsam der Nationalsport des Commonwealth ist das noble Cricket, das entfernte Ähnlichkeit mit Baseball hat und bisweilen mehrere Tage dauern kann. Das Ganze ist zugleich aber auch ein gesellschaftliches Ereignis: Man sitzt am Spielfeldrand bei Tee und Sandwiches und macht Konversation, an der sich auch Spieler beteiligen. Besondere Höhepunkte sind die Länderspiele der Commonwealth-Nationen. Das Mekka aller Cricketfans ist der Lord's Cricket Ground in London, wo es auch ein Cricket Museum gibt.

? WUSSTEN SIE SCHON ...?

- Kurios ist die Entstehungsgeschichte des Wimbledonturniers: Als es dem All England Lawn Cricket Club 1877 an Geld für eine Rasenwalze mangelte, schrieb man ein Turnier in der gerade in Mode gekommenen Sportart Tennis aus und kaufte von den Startgeldern die Walze. Diese hat heute einen Ehrenplatz auf dem Klubgelände.

Tennis Was der Lord's Cricket Ground für Cricketfans, ist Wimbledon für Tennisanhänger. Hier wird in den ersten beiden Juli-Wochen das berühmteste Tennisturnier der Welt ausgetragen. Wer Karten für den Centre Court haben will, sollte ein Jahr vorher an den All England

In England wurde Rugby erfunden, in Wales ist der zähe Kampf um das Leder-Ei Nationalsport.

Lawn Tennis Club (Adresse s.u.) schreiben – wer Glück hat, bekommt die Berechtigung zum Erwerb einer Karte zugelost(!). Man kann sich auch jeden Morgen so früh wie möglich in die Warteschlange einreihen und auf eine der täglich frei verkauften Karten hoffen.

Rugby

Wesentlich beliebter als auf dem europäischen Kontinent – mit Ausnahme Frankreichs – ist Rugby. In der Saison von September bis Mai strömen zu den Spielen und insbesondere zu Ländermatches oft mehr Zuschauer als zum Fußball.

Quoits

Quoits wird vor allem in Wales gespielt, wo es sogar zwei Ligen gibt. Bei dem Spiel versucht man, den Quoit, einen 1,5–7 kg schweren Eisenring, um den 18 Yards entfernten eisernen Zielpflock zu werfen.

Curling

Bei diesem Spiel, das in den schottischen Highlands erfunden wurde, muss ein über 20 kg schwerer polierter Granitstein über eine Eisfläche ins 42 m entfernte Ziel geschoben werden.

Highland Games

Etwas Außergewöhnliches sind die Highland Games, die von Mai bis September in verschiedenen Orten Schottlands veranstaltet werden. Die berühmtesten finden in Braemar statt. Alle Wettkämpfer treten im Kilt zu verschiedenen Disziplinen an, deren spektakulärste das »Tossing the Caber« ist. Dabei muss ein 6 m langer Fichtenstamm mit Anlauf so nach oben geworfen werden, dass er auf der Spitze

Polo: nicht gerade ein preiswertes Freizeitvergnügen

landet und in möglichst perfekter 12-Uhr-Stellung auf den Boden schlägt – also kein Weitwurf. Andere Disziplinen sind Hammerwerfen (25 kg), Gewichtwerfen (25 kg) nach oben, Dudelsackspielen und die verschiedenen Tanzwettbewerbe – am berühmtesten der Schwerttanz »Gille Calum«.

Hunderennen Sehr beliebt sind Hunderennen mit den rassigen Greyhounds, die auch als »Pferderennen des kleinen Mannes« bezeichnet werden.

Pferderennen Ascot, Epsom und Derby sind weltweit Synonyme für exklusive Pferderennen, bei denen sich der britische Hochadel ein Stelldichein gibt. In Großbritannien beliebt, im Ausland umstritten, weil schon Pferde zu Tode gekommen sind, sind die »Steeplechases«, bei denen die Pferde in vollem Galopp zusätzlich Hindernisse überwinden müssen.

Polo Polo ist ebenfalls ein exklusiver Pferdesport. Neben Argentinien ist Großbritannien eine der führenden Polo-Nationen. Auch Thronfolger Prinz Charles frönt dieser Leidenschaft.

SPORTLICHE EVENTS

▶ Wimbledon
Das berühmteste Tennisturnier der Welt, die All England Lawn Tennis Championships in Wimbledon (1. Julihälfte). Berechtigung zum Kartenerwerb bei:
All England Lawn Tennis Club,
Church Road,
GB-Wimbledon SW19

▶ Royal Ascot Race Meeting
DAS Pferderennen in Großbritannien. Der Hochadel ist anwesend (Mitte Juni).

▶ Admiral's Cup and Cowes Week
Große Segelregatta und Jachtfestival nach Vorbild der Kieler Woche auf der Isle of Wight vor der Küste Südenglands (Juli – August).

▶ Highland Games
Hochlandspiele an mehr als 100 Orten in Schottland: Tanzwettbewerbe, Dudelsackspielen und Ausgefallenes wie »Tossing the Caber« – alles im Schottenrock (Juni – September).

Traditionelle Disziplin bei den schottischen Highland Games: »Tossing the Caber« – ein 6 m langer Fichtenstamm muss in 12-Uhr-Position geworfen werden.

Darts Darts ist ein typisches Kneipenspiel. Dabei wirft man nicht nur einfach Pfeile auf eine Scheibe, sondern muss, je nach Spielweise, bestimmte Sektoren der Scheibe treffen. Darts wird von Profis gespielt und im Fernsehen direkt übertragen; Amateure spielen im Pub.

Snooker Snooker ist dem Pool-Billard verwandt, jedoch komplizierter. Wie Darts ist es ein Kneipenspiel für jedermann, es gibt aber auch Profi-Snooker, das im Fernsehen übertragen wird.

Essen und Trinken

Gerade hatte sich herumgesprochen, dass die vielfach geschmähte britische Küche viel besser ist als ihr Ruf, da sorgte der furchtbare »BSE-Skandal« für neue Bedenken. Vegetarisches und »rindfleischfreies« Essen findet man indes auf allen Speisekarten von Pubs und Restaurants. Und wer nicht ständig mit kontinentaleuropäischer Küche vergleicht, wird in vielen und nicht unbedingt teuren Restaurants – auch außerhalb der Großstädte – feststellen, wie selbstbewusst die britische Koch- und Esskultur während der letzten Jahre geworden ist und sich insbesondere auf lokale Spezialitäten besonnen hat. Zudem reichen viele Lokale heute frisches Obst und Gemüse. Sollte man sich derweil nicht mit Gerichten wie Yorkshire Pudding, Steak and Kidney Pie oder Haggis anfreunden können, kann man auch eines der vielen indischen, chinesischen, karibischen und arabischen Restaurants aufsuchen, die eine preislich recht günstige Alternative darstellen.

Mahlzeiten

Early Morning Tea In vielen Hotels wird noch immer gegen einen geringen Aufschlag die erste Tasse Tee, der »early morning tea«, beim Wecken auf das Zimmer gebracht – ein starker Tee mit einigen Keksen oder Toast. Wer einfacher wohnt, hat oft im Zimmer alle Utensilien, um sich selbst die erste Tasse zuzubereiten.

Frühstück (breakfast) Das berühmte englische Frühstück besteht traditionsgemäß aus Haferbrei (porridge) mit Milch oder Sahne und Zucker oder Salz, Eiern mit Speck oder Schinken (bacon and eggs, ham and eggs), Würstchen (sausages), weißen Bohnen (baked beans), Bratfisch (fried fish) oder Bückling (kippers) und Toast mit Butter und Marmelade (jam) oder der typischen, bitteren Orangenkonfitüre (orange marmalade). Dazu wird Tee oder Kaffee getrunken. Vielfach ist dieses gehaltvolle Frühstück durch das übliche kontinentale Frühstück ersetzt worden. Zwischen Breakfast und Lunch trinkt man den Morning Tea (»elevenses«).

»Bacon and eggs« zum Frühstück – wer in diesen Genuss kommt, braucht kein Mittagessen.

Mittagessen (lunch)

Das Mittagessen wird gegen 13.00 Uhr eingenommen und ist meist bescheidener als das Abendessen, besonders wenn man auf englische Art gefrühstückt hat. In besseren Restaurants besteht es aber doch aus Suppe oder kalter Vorspeise, Hauptgericht und Süßspeise oder Käse.

Nachmittagstee (afternoon tea)
High Tea

Der Nachmittagstee (afternoon tea oder five o'clock tea) wird zwischen 16.00 und 17.00 Uhr serviert. Dazu gibt es Sandwiches, Kuchen und Gebäck. In den einfacheren Haushalten, in den Midlands, Nordengland und Schottland aber ganz allgemein, werden Nachmittagstee und Abendessen durch den sogenannten High Tea ersetzt, der den Nachmittagstee mit einem Fleisch- oder Eiergericht, Salaten etc. ergänzt.

Abendessen (dinner; supper)

Das Abendessen (dinner), etwa ab 19.00 oder 19.30 Uhr, ist die Hauptmahlzeit in Hotels, guten Restaurants und gutbürgerlichen Haushalten, besteht aus vier und mehr Gängen und erfordert auch bei der Kleidung einen gepflegten Rahmen. In Restaurants mit britischer Küche wird nach 21.30 Uhr häufig keine Bestellung mehr angenommen. Auch hier bieten sich die Restaurants mit ausländischer Küche als Alternative an.

Landestypische Gerichte

Sandwiches Heutzutage sind Sandwiches längst mehr als ein einfaches belegtes Brot; es gibt sogar einen Sandwich-Verband, der die vielen Sandwich Bars überwacht. Von diesen bieten diejenigen, die etwas auf sich halten, eine Unzahl von köstlichen Variationen aus verschiedenen Brotsorten mit feinsten Zutaten wie Lachs, Meeresfrüchten und verschiedenen Dressings an und bereiten sie oft vor den Augen des Kunden zu. Auch die großen Kaufhausketten haben z.T. spezielle Sandwich-Ecken eingerichtet. Klassische »Tea-time Sandwiches«, d.h. dünne, mit Butter bestrichene und mit Gurken belegte Weißbrotscheiben, werden in Tea Rooms serviert.

? WUSSTEN SIE SCHON ...?

- John Montague, der vierte Earl of Sandwich, frönte der Spielleidenschaft. Als er eines Abends im Jahr 1792 am Spieltisch saß und partout keine Pause einlegen wollte, ihn aber der Hunger überkam, ließ er sich kurzerhand ein Stück Fleisch zwischen zwei Weißbrotscheiben legen – das Sandwich war erfunden, eine englische Institution wie der Five o'Clock Tea oder der Pub.

Als **Vorspeisen** (starters, appetizers) werden serviert: gekühlte Frucht- und Gemüsesäfte (chilled juices); Früchte wie eisgekühlte Melone (honey dew carmel, iced melon), Grapefruit-Cocktail oder »Indian Pineapple Salad« aus Ananas, Äpfeln und Sellerie; Pasteten (pâté), Ochsenmaulsalat (pickled ox head salad), Pökelzunge (pickled tongue) und Sülze (z.B. als »potted hough« nach schottischem Rezept); ferner Fisch, insbesondere geräucherter Lachs, Forelle und Aal (smoked salmon, smoked trout, smoked eel), Krustentiere wie Flusskrebse (crayfish) und Taschenkrebse (crabs) sowie Meeresfrüchte, z.B. Krabben (shrimps), Garnelen (prawns), Jakobsmuscheln (scallops), Herzmuscheln (cockles) und Austern (oysters; die besten aus Colchester), die auch als »Angels on horseback« in Speckscheiben gewickelt, gegrillt und auf Toast serviert werden.

Suppen (soups) An Suppen gibt es eine reiche Auswahl: einfache Gemüsesuppen (spring soup), Suppen aus Tomaten, Pilzen oder Huhn (cream of tomato, of mushrooms, of chicken) sowie nach ausgefallenen Rezepten, wie die irische »Crubeen pea soup« aus Schweinsfüßen mit Hülsenfrüchten und Wurst oder die schottische »Powsowdie« von einem Schafskopf mit Rollgerste und getrockneten Erbsen; ferner an den Küsten hervorragende Suppen von Fischen und Schalentieren.

Fisch (fish) Natürlich hat Großbritannien mit seinen langen Küsten ausgezeichneten Fisch. Vielfältige Zubereitungsarten gibt es für einfache Seefische wie Kabeljau (cod), Schellfisch (haddock), Heilbutt (halibut) und Makrele (mackerel), aber auch für die feineren wie die echte Seezunge (Dover sole), Lachs (salmon) und den Seebarsch (bass, white salmon), der häufig wie frischer Lachs zubereitet wird, oder Süßwasserfische wie Forelle (trout), Karpfen (carp, oft in Pilzsoße),

Pasta gibt es nun auch in Great Britain

DIE ENGLISCHE KÜCHE: GESCHICHTE EINES VORURTEILS

In London ist es immer neblig, und wer nach England reist, muss sich auf eine kulinarische Diaspora gefasst machen – diese Vorurteile halten sich mit eindrucksvoller Hartnäckigkeit, auch wenn der Londoner Smog seit den sechziger Jahren Geschichte ist und englische Küchenchefs sich längst nicht mehr geschlossen hinter den Kollegen vom Kontinent verstecken müssen.

»Die beste Art, in England gut zu essen, ist die, dreimal am Tag zu frühstücken«, soll der Schriftsteller William Somerset Maugham einmal geäußert haben. Diese Einschätzung - im Kern nicht weniger als ein Kompliment an das sündige **englische Frühstück** aus Spiegeleiern, Speck, gegrillter Tomate, gebackenen Bohnen in Tomatensoße, gebratenen Nierchen, Würstchen, Champignons und Toast mit Orangenmarmelade - gehört noch zu den milderen Urteilen über die insulare Küche. Heute können die Briten sogar mit Fug und Recht für sich in Anspruch nehmen, umfassende kulinarische und önologische Interessen zu pflegen. Davon zeugen etwa die achtzig Stunden, die englische Fernsehprogramme in jeder Woche dem Thema Kochen widmen. Und niemand würde wohl ernsthaft behaupten wollen, man könne in London weniger gut essen als in New York oder Paris. Feinschmecker zählen die englische Hauptstadt vielmehr zu den kulinarischen Hotspots der westlichen Welt. Hier haben eben nicht nur Trends aus Mode und Musik ihren Ursprung. **Klassiker** wie **Lammkeule mit Minzsoße**, **Räucherlachs** oder **Old English Roast Beef** mit **Yorkshire Pudding** sind dabei in den international geprägten Hauptstadt-Restaurants fast **zu Randerscheinungen geworden**, obwohl sich namhafte Köche mittlerweile tätig der Rezepte der traditionellen englischen Küche erinnern. Die einstmals sprichwörtlichen Fish-and-Chips-Buden findet man dagegen kaum noch.

Heute: geradezu exotisch

Im kulinarischen Universum findet man heute **Feinschmeckertempel**, Pizza- und Pasta-Restaurants, American Diners, griechische Tavernen, Sushi- und Sandwich-Bars. Dabei ist auch die einheimische Küche durchaus vielseitig, denn die **koloniale Vergangenheit** Großbritanniens hat sie um die exotischen Aromen anderer Kulturen bereichert. Manches wurde glatt vereinnahmt. So freut sich schon Miss Sophie in ihrem legendären **TV-»Dinner for One«** auf die Mulligatawny Soup – eine Erinnerung an Indien aus Geflügelsuppe mit Curry. Scharfes **Chicken Tikka Masala** (mariniertes Hähnchenfleisch in Joghurtsoße) hat Fish and Chips in Zeitungspapier mittlerweile als **britisches Nationalgericht** abgelöst. Allein in London soll es mehr als 1200 indische Restaurants geben.

»Die beste Art, in England gut zu essen, ist die, dreimal am Tag zu frühstücken« *(William Somerset Maugham)*

Geschichte der faden Küche

Wie in vielen Vorurteilen steckt allerdings auch in den beliebten Gruselgeschichten von fadem Gemüse an halbrohem Fleisch mit Minzsoße ein Körnchen Wahrheit. Denn nicht immer zählte das Essen für die Briten zu den unverzichtbaren irdischen Genüssen. **Zu Zeiten Königin Victorias** galten üppige Menüs als Ausschweifungen und moralisch durchaus nicht erstrebenswert. Alle Formen des **Würzens und Verfeinerns von Speisen** betrachtete man als **überflüssigen Luxus**. Diese Einstellung hat insbesondere in Internatsküchen Victorias Regentschaft noch lange überdauert – dort erhob man es zum Grundsatz, vor allem Knaben unter möglichst kargen Bedingungen zur künftigen Elite des Landes zu erziehen. Aber auch in der englischen Volksseele schlug diese Haltung Wurzeln. Nachdem in der ersten Hälfte des 20. Jahrhunderts das britische Klassensystem aufbrach, erreichte die englische Kochkunst trotz eigentlich viel versprechender Grundlagen aus frischem Fisch, Meeresfrüchten, Wild und ausgezeichnetem Geflügel einen Tiefpunkt. Denn jetzt konnten sich nur noch die wirklich Reichen geschultes Personal leisten, und so machte sich eine Generation junger Menschen am Herd zu schaffen, die das Kochen niemals erlernt hatte und ihrerseits keine einschlägigen Fertigkeiten an die nächste weitergeben konnte. Zudem waren Lebensmittel in Großbritannien nach dem Zweiten Weltkrieg noch bis Mitte der fünfziger Jahre rationiert. So wuchs eine weitere Generation heran, die das Kapital der englischen Küche, ihre frischen und hochwertigen Produkte, kaum kennen lernte. Damit begann die große **Ära der Fertiggerichte** und dessen, was in ländlichen Gegenden noch heute mit-

Zum Afternoon Tea: Scones mit Konfitüre

unter als »uninspired English cooking« zu erfahren ist – und was die englische Küche bis in die achtziger Jahre gegenüber anderen Nationen zurückwarf.

1995: drei Michelin-Sterne!

Als Meilenstein war es da zu begreifen, als mit **Marco Pierre White** anno 1995 der erste britische Küchenchef gleich drei Sterne im Guide Michelin erbeutete. Da war die **Feinschmeckerwelle** längst losgetreten und mit ihr ein neues Bewusstsein für möglichst naturbelassene Zutaten, in den Küchen der Restaurants ebenso wie in privaten Haushalten. Der naturverbundene Thronfolger **Prinz Charles** lag ganz im Trend, als er 1990 mit **»Duchy Originals«** eine Lebensmittelmarke begründete, die sich auf unverfälschte Qualität besinnt. Mit Plätzchen aus Weizen und Hafer von seiner organisch arbeitenden Farm in Highgrove fing es an, heute gehört die Marke zu den führenden im Bereich organischer Lebensmittel. Der **BSE-Skandal** tat unterdessen ein Übriges, um die Briten ihr Verhältnis zu Nahrungsmitteln überdenken zu lassen.

Ein wahrer Urlaubsgenuss

Reisende können die **britische Küche** heute als **Teil ihres Urlaubserlebnisses** genießen – vom üppigen Frühstück, das nur einen leichten Lunch erfordert, bis zum nächsten Highlight, dem Tea. Wer in einem Tea Room oder in einem komfortablen Country Hotel irgendwo auf dem Land bei einer Tasse Earl Grey und Blick in den Rosengarten frische Scones mit clotted cream und Erdbeermarmelade isst, wird leicht einsehen, dass es viel schlimmer kommen kann im Leben. In den gediegensten Londoner Hotels, im Ritz oder im Savoy, darf es zum **Afternoon Tea** ruhig ein bisschen mehr sein: zu dezenter Klavierbegleitung werden dort **Fruit Cake**, **Shortbread** und **Schokoladentorte** neben **Sandwiches mit Lachs, Krabben und Gurken** gereicht. Im Pub gibt es nicht nur eine erstaunliche Vielzahl von Bieren und die Gelegenheit, sich der Wissenschaft des Whisky-Trinkens anzunähern, sondern auch **Bar Food** – bodenständige Gerichte wie gefüllte Pies oder den »Ploughman's Lunch« aus Brot, Käse und Salat, die ebenso typisch wie durchaus genießbar sind. Tatsächlich gibt es in der Hauptstadt und auch auf dem Land Pubs, in denen ambitionierte junge Köche am Herd stehen, die traditionelle Rezepte zu verfeinern und modern zu interpretieren wissen. Und sitzt man abends in einem Landgasthof vor prasselndem Kaminfeuer beim Aperitif, muss man eines ganz bestimmt nicht: sich vorm Dinner fürchten.

Hecht (pike), Brasse (bream) und Flussbarsch (perch). Hinzu kommen die als »shellfish« bezeichneten Schalentiere, wie Miesmuscheln (mussels), Venusmuscheln (clams), Jakobsmuscheln (scallops) und Austern (oysters); Langusten (crawfish) und Hummer (lobster) sind, wie überall, teuer. Besonders guten und frischen Fisch (Lachs, Forellen), Muscheln und Schalentiere bekommt man an den Küsten der schottischen North West Highlands.

Fleisch (meat)

Trotz BSE findet das berühmte Roastbeef nach wie vor seine Anhänger. Auch im übrigen Europa schätzt man diese spezielle Zubereitungsart von Rinderbraten, wenngleich nur selten in Verbindung mit Meerettichsoße und Yorkshire Pudding. Gepökeltes Rindfleisch aus der Keule heißt in Großbritannien »Silverside« und wird gekocht, als Beilage gibt es meist Klöße. Ausgezeichnet sind die Lammkoteletts (lamb chops), die man mit Minzsoße oder Johannisbeergelee anrichtet. Schweinefleisch wird gebraten mit Apfelsoße serviert oder mit Backpflaumen gespickt und im Rohr gebacken (loin of pork with prunes). Steak and Kidney Pie ist eine Art Auflauf aus Rindfleischstücken und Nieren, der im Wasser gegart wird.

Kidney Pie mit knuspriger Teigdecke

Für das bekannte **Irish Stew** werden Hammelfleischwürfel mit Kartoffeln, Gemüse und Zwiebelscheiben im Ofen gedünstet. Für das schottische Nationalgericht **Haggis** werden gehackte Innereien vom Schaf, Rinderfett, Zwiebeln, Haferflocken und Gewürze in einen Schafsmagen gestopft und dieser gekocht, als Beilage ißt man dazu »Clapshot« aus gekochten weißen Rüben und Kartoffeln. **»Welsh Rarebits«** schließlich sind Weißbrotscheiben, die mit einer Masse aus Eiern, Käse, Sahne und Paprika bestrichen im Ofen überbacken werden.

Geflügel / Wild (poultry) / (game)

Geflügel gibt es reichlich, Wild ist wegen der strengen Jagdgesetze seltener geworden. Huhn wird oft mit Curry zubereitet, gebratene Gans (roast goose) meist mit Backpflaumen und Äpfeln oder mit Zwiebeln und Salbei gefüllt. Rebhuhn wird mit einer Speckscheibe umwickelt gebraten und mit gekochtem Weißkraut umlegt (partridge with cabbage). Beliebt ist gebratene Ente in einer Honigsoße (duck in honey sauce). Sehr delikat sind die schottischen Waldhühner (red grouse), in Butter gebacken und mit Pilzen serviert. Hase wird oft als Hasenpfeffer (jugged hare) zubereitet.

Als Beilagen gibt es neben Kartoffeln, Teigwaren und dem leider meist sehr weich gekochten Gemüse die kloßartigen Dumplings, aus einem Sauerteig mit Eiern und Nierenfett, sowie den berühmten Yorkshire Pudding, eine (salzige) Teigspeise, die im Rohr unter einem Braten gebacken und oft mit Bratensaft beträufelt wird. **Beilagen (side dishes)**

Sehr vielfältig ist die Auswahl an Süßspeisen (sweets). Neben belegten Kuchen (pies, tarts) und trockenen Kuchen (cakes) sind die englischen Puddings charakteristisch. Meist aus einem schweren, fetten und süßen Teig, der stundenlang in heißem Dampf oder im Wasserbad gekocht wird, haben sie die verschiedensten Beimengungen, wie frische oder getrocknete Früchte und Nüsse, kandierte Früchte, Rosinen, Zitronat u.v.a.; sie können warm oder kalt serviert werden. Der berühmte Christmas Pudding oder Plumpudding enthält neben Semmelbröseln, Rindertalg, Milch und Eiern geriebene Karotten, Ingwer, Muskat, Mandeln, Nelken, Zimt und Sherry oder dunkles Bier und kann, nachdem er ausgiebig im Wasserbad gekocht wurde, monatelang aufbewahrt werden. Vor dem Verzehr wird er aufgewärmt und mit Weinbrand flambiert. **Süßspeisen (sweets)**

Die besten Käsesorten sind Stilton, Cheddar, Cheshire, Gloucester, Wensleydale und Caerphilly aus Wales. **Käsesorten (cheese)**

Getränke

In einem sind sich Engländer, Waliser, Schotten und Iren einig: Alle trinken gerne Bier, und zwar meistens ein Pint (=0,568 l), weshalb man im Pub nicht »ein Bier«, sondern z.B. »a pint of bitter« (oder »half pint«) bestellt. Und wie der Linksverkehr typisch britisch ist, hat auch das Bier im Vergleich zum restlichen Europa seine Eigenart, denn die britischen Brauer haben als einzige die traditionelle obergärige Brauweise beibehalten, als Mitte des 19. Jh.s andernorts auf untergärige Brauweise umgestellt wurde. Die britischen »Ales« haben daher allesamt den typischen spritzig-fruchtigen, manchmal leicht süßen Geschmack obergäriger Biere, wie man es vom Altbier oder Kölsch kennt. Dennoch sind diese Biere gewöhnungsbedürftig, denn sie werden meist ohne Schaum und nicht eisgekühlt serviert, um die Geschmacksnuancen zu betonen. Klassische Sorten sind das leichte Pale Ale aus der Flasche, das Bitter vom Fass (das typischste aller Ales, das im Fass ein zweites Mal reift; man sollte daher in Pubs darauf achten, ein »real ale«, also ein fassvergorenes, mit der Handpumpe gezapftes Bräu zu bekommen), das dunkle Mild vom Fass und das ebenfalls dunkle Brown Ale aus der Flasche. Strong Ales sind etwas stärker; im kühlen Schottland trinkt man gerne das kräftig-malzige, dunkle Scotch Ale. Die stärksten Biere sind die schweren Barley Wines, die wegen ihres hohen Alkoholgehalts in »nips« (ca. 0,2 l) ausgeschenkt werden. **Bier / Ale**

Pubs sind echte Institutionen. »The Nutshell« in Bury St. Edmunds in East Anglia wird als kleinster Pub Englands gefeiert.

Stout Stouts kommen aus Irland und werden ebenfalls auf obergärige Art gebraut. Es sind kräftige, dunkle, malzstarke, aber bittere Biere mit meist sahnigem Schaum. Am weitesten verbreitet ist das berühmte Guinness.

Lager Zunehmend beliebter werden die untergärigen Lagerbiere, die deutschem Exportbier am nächsten kommen.

Wein (wine) Wider Erwarten wächst in England ein recht annehmbarer Wein. Die Römer brachten die Kunst des Weinbaus nach Britannien; im Mittelalter bauten vor allem Mönche Wein an und lernten dabei viel von den Winzern aus Bordeaux, das 300 Jahre lang zu England gehörte. Mit der Säkularisierung des Kirchenbesitzes unter Heinrich VIII. ging der Weinbau jedoch zugrunde. Heute wieder liegen die Anbaugebiete in den klimatisch günstigen Landschaften Sussex, Hampshire, Somerset, Kent, Devon und Südwales, wo mittlerweile über 400 Weingüter bestehen, die meistens Weißweine (Müller-Thurgau, Huxelrebe, Riesling, Schönburger, Seyval Blanc) ausbauen.

Sherry, Portwein Traditioneller Aperitif ist ein Sherry (Wein aus dem andalusischen Jerez), der in Großbritannien in ausgezeichneter Qualität angeboten wird. Nach der Mahlzeit und zu Gebäck trinkt man oft ein Glas Portwein; britische Firmen importieren den größten und besten Teil der portugiesischen Produktion.

Andere Getränke Lokale Bedeutung haben Apfelwein (cider), Birnenwein (perry) und Honigwein (mead). Wichtig ist natürlich auch Whisky ►S. 388 f.

Restaurants und was noch?

Restaurants

Neben Restaurants, die englische Küche anbieten, gibt es natürlich auch viele Lokale mit internationaler Küche. Empfehlenswerte Restaurants sind im Reiseteil aufgeführt. Sie sind in drei Preiskategorien eingeteilt; die angegebenen Durchschnittspreise gelten für ein Hauptgericht.

▶ **Preiskategorien**

Fein & teuer	über 30 £
Erschwinglich	10 – 30 £
Preiswert	bis 10 £

Restaurants
►Reiseziele von A bis Z

Coffee Shops
Tea Rooms
Sandwich Bars

Neben den normalen Restaurants sind auf den Britischen Inseln Coffee Houses (»Caffs«), Tea Rooms (Teestuben) und Sandwich Bars weit verbreitet. In Tea Rooms werden mehrere Sorten Tee serviert, außerdem – wie auch in den Sandwich Bars und Cafés – Sandwiches, Gebäck, Kuchen und meist auch ein einfacher Mittagsimbiss; am späten Nachmittag wird meist geschlossen.

Einfache, preiswerte Mahlzeiten bieten **Snackbars**, meist Filialen von Kettenrestaurants. Exotische und interessante Gerichte haben die vielen Imbissstände mit asiatischen und orientalischen Speisen.

Typisch britisch ist der **Fried Fish Shop (Chippies)**, in dem man »fish and chips« (Bratfisch mit gebackenen Kartoffelstücken) stilecht mit etwas Essig gewürzt aus der Zeitungspapiertüte bekommt.

i Top Ten Fish & Chips Shops

- 1. The Fish and Chip Shop, 226 High Street, Aldeburgh
- 2. Sandy's Fish & Chips, 28 Market Square, Stonehaven
- 3. Wackers, 1 Vernon Road, Scarborough
- 4. Leo Burdock's, 2 Werburgh Street, Dublin 8
- 5. The Blue Dolphin, 61 High Street, Hastings
- 6. Rock & Sole Plaice, 47 Endell Street, London WC2
- 7. Bardsley's, 22/23/23A Baker Street, Brighton
- 8. Allport's, Y Maes, Pwllheli, Gwynnedd, Wales
- 9. Raffo's, 174 Andersontown Road, Belfast
- 10. Brady's, 513 Old York Road, London SW18
- Quelle: The Observer

Pubs sind eine englische Institution: gemütlich, heimelig und geeignet, dem oft zitierten englischen Regenwetter zu entrinnen. Hier trifft man sich zum Bier, zum Reden oder zu Snooker oder Darts. Der Name »Pub« ist die Abkürzung für »PublicHouse«, doch genau das waren viele Gasthäuser früher nicht, sondern sie unterschieden streng nach sozialer Herkunft. Bezeichnungen wie Public Bar (für Arbeiter), Saloon Bar (für Besserverdienende) oder Private Bar (für Gentlemen und Damen ohne Begleitung) stammen noch aus jener Zeit. Auch in vielen Pubs werden Speisen angeboten, von einfachen Snacks wie Sandwiches

Fish and Chips – kultig und lecker

und Würstchen bis hin zu typisch britischen Gerichten wie Shepherd's Pie oder Steak & Kidney Pie. Zu vielen Pubs gehört ein Raum mit Restaurantplätzen, der erst abends öffnet und wo man bedient wird. Traditionsbewusste Wirte halten sich an die alten Schankzeiten und schließen daher nachmittags zwischen 15.00 und 17.00 Uhr. Wichtig: Mit Ausnahme von Schottland sind in Pubs keine Kinder unter 14 Jahren zugelassen! Seit 2007 darf in Restaurants und Pubs **nicht mehr geraucht** werden.

GESETZLICHE FEIERTAGE

in England und Wales
1. Januar: New Year's Day
Karfreitag: Good Friday
Ostermontag: Easter Monday
25. Dezember: Christmas
26. Dezember: Boxing Day

in Nordirland
zusätzliche Feiertage zu denen in England und Wales:
17. März: St. Patrick's Day (Festtag des Nationalheiligen)
Osterdienstag
12. Juli: Orangeman's Day

Bank Holidays in England, Wales und Nordirland
Jeweils der erste Montag im Mai: May Day Bank Holiday
Letzter Montag im Mai: Spring Bank Holiday
Letzter Montag im August: Late Summer Bank Holiday

in Schottland
1. Januar: New Year's Day
2. Januar
25. Januar: Burns's Supper (Geburtstag von Robert Burns)
31. Oktober: Halloween
30. November: St. Andrew's Day (Festtag des Nationalheiligen)
25. Dezember: Christmas
26. Dezember: Boxing Day
(dazu kommen Spring Holidays und Autumn Holidays)

Feiertage, Feste und Events

Bank Holidays

Die in England, Wales und Nordirland üblichen Bankfeiertage gelten in Schottland normalerweise tatsächlich nur für Banken und einige andere Institutionen. Die Städte und Gemeinden genehmigen sich dafür zu unterschiedlichen Terminen mehrere »Spring Holidays« im Frühling und einen »Autumn Holiday« im Herbst.

Veranstaltungskalender

Da sich die Termine von Festen und Festivals verschieben können, sollte man sicherheitshalber bei den örtlichen Tourismusinformationen nachfragen.

FESTE UND FESTIVALS

JANUAR

► **London Parade**
zur Verabschiedung des alten Jahres (1. Januar).

► **Chinesisches Neujahrsfest**
in Chinatown und Soho, London (Ende Januar).

► **Celtic Connections**
Festival keltischer Musik, Glasgow; www.grch.com (Mitte – Ende Januar).

► **Burns Night**
Überall in Schottland Geburtstagsfeiern zu Ehren des Nationaldichters (25. Januar).

► **Up Hella Aa**
Wikinger-Feuerfestival, Shetland Islands; www.visitshetland.de

FEBRUAR

► **Great Spitalfields Pancake Day Race**
Hindernisrennen mit Pfannkuchen und Pfanne in der Hand, London (Fastnachtsdienstag).

► **Cruft' Dog Show**
riesige Rassehundeausstellung, London, Earl' Court.

MÄRZ

► **Belfast Music Festival**
Nachwuchs präsentiert freie Rede, Schauspiel und Musical, Belfast (erste Märzhälfte).

► **St. Andrews**
Poetry Festival – Dichterfest in Schottland; www.st-and.ac.uk/standrews/stanza (Mitte März).

► **Head of the River Race**
400 Rudermannschaften liefern sich ein Rennen auf der Themse zwischen Mortlake und Putney.

► **Oxford and Cambridge Boat Race**
Die berühmteste Ruderregatta der Welt: eine Mannschaft aus Oxford gegen eine aus Cambridge auf der Themse zwischen Mortlake und Putney (Ende März/Anfang April).

OSTERN

► **London Harness Horse Parade**
Malerische Parade alter Pferdekutschen, Battersea Park, London (Ostermontag).

► **Easter Parade**
Große Osterparade durch Edinburgh mit bis zu 4000 Teilnehmern.

APRIL

- **London Marathon**
  Einer der weltweit größten Marathonläufe (Anfang April, evt. auch Mai).

- **Queen's Birthday**
  Salutschießen zum Geburtstag der Queen (21. April).

- **Pilkington Cup**
  Endspiel um den Liga-Pokal im Rugby (Ende April).

- **Scottish Grand National**
  Schottlands wichtigstes Pferderennen, Ayr (Mitte April).

- **Burns and a' that**
  Festival zu Ehren von Robert Burns, Alloway und Culzean Castle; www.burnsfestival.com (Ende April).

MAI

- **Royal Windsor Horse Show**
  Pferdeschau, London (2. Maiwoche).

- **Chelsea Flower Show**
  Blumenschau (Ende Mai).

- **Jazz-Festival**
  Bekanntes Jazz-Festival auf der Isle of Bute, Schottland (Anfang Mai).

- **Spirit of Speyside Whisky Festival**
  Mit Scotchproben, Events und Besuchen in Brennereien, Malt Whisky Trail, Schottland; www.spiritofspeyside.com (Anfang Mai).

- **Folk Festival**
  Auf den Orkney Islands www.orkneyfolkfestival.com (Ende Mai).

- **May Market**
  Meeresfrüchte und regionale Erzeugnisse an der Westküste, Loch Fyne (Ende Mai).

- **Brighton International Festival**
  Über 450 Kunst-Events in 24 Tagen, Straßentheater, Feuerwerk etc., Brighton.

- **Internationales Musik- und Kunstfestival**
  In Bath (Mai – Juni).

- **English Riviera Dance Festival**
  Tanzfestival in Torquay, Devon (Mai – Juni).

JUNI

- **Coronation Day**
  Salutschießen zum Krönungstag der Queen, London (2. Juni).

- **Epsom**
  Eines der bekannten britischen Pferderennen.

- **Beating the Retreat**
  Farbenprächtiger Zapfenstreich der Household Cavalry auf Horse Guards Parade, London.

- **Trooping the Colour**
  Offizielle Geburtstagsparade für die Queen auf Horse Guards Parade, London. Die Royals fahren auf der Mall vom Buckingham Palace zum Paradeplatz (Mitte Juni).

- **Royal Ascot Race Meeting**
  Das Pferderennen, bei dem alles zusammenkommt, was Rang und Namen hat (Mitte Juni).

- **City of London Festival**
  Musik und Theater stehen auf dem Programm (bis Juli); Beginn des Straßenfestivals in Covent Garden (bis Juli).

- **Jazz and Blues Festival**
  In Hollywood bei Belfast.

- **Royal Highland Show**
  Highland Cattle, Schafe, Pferde und landwirtschaftliche Erzeugnisse, Edinburgh (Ende Juni).

- **St. Magnus Festival**
  Mittsommerfest der Künste, Orkney Islands (21. Juni).

- **Tourist Trophy**
  Motorradrennen auf der Isle of Man in Douglas.

- **Shetland Race**
  400-mi-Segelregatta von Bergen nach Lerwick, Shetland Islands (Ende Juni).

- **Highland Games**
  Hochlandspiele an mehr als 100 Orten in Schottland mit diversen sportlichen Disziplinen und Folklore (Juni – September).

- **Common Ridings**
  Spektakuläre Reiterfeste in den schottischen Borders (Juni – August).

- **Dickens Festival**
  Festival zu Ehren von Charles Dickens, Broadstairs.

- **Glastonbury Festival**
  Rock in Glastonbury.

JULI

- **All England Lawn Tennis Championships**
  Das berühmteste Tennisturnier der Welt, Wimbledon (1. Julihälfte).

- **Doggett's Coat and Badge Race**
  Bootsrennen stromaufwärts zwischen London Bridge und Chelsea Bridge. Der Brauch wurde im 18. Jh. von dem irischen Komödianten Thomas Doggett begründet,

Tauziehen, eine der Disziplinen bei den Highland Games in Schottland

als er nach durchzechter Nacht niemanden finden konnte, der ihn nach Hause brachte. Schließlich fand er einen jungen Mann, der ihn flussaufwärts und gegen die Gezeitenströmung ruderte.

- **Swan Upping**
  Schiffsprozession auf der Themse, bei der die Schwäne gezählt und die Jungtiere markiert werden.

- **Henry Wood Promenade Concerts**
  »Proms«: Konzertreihe von Jazz bis Symphonie in der Royal Albert Hall, London (Ende Juli bis Mitte September).

- **Internationales Jazzfestival**
  In Glasgow; www.jazzfest.co.uk (Anfang Juli).

- **Hebridean Celtic Festival**
  Keltische Musik und Künste auf den Hebriden, Isle of Lewis, Stornoway (Mitte Juli).

- **Admiral's Cup and Cowes Week**
  Berühmte Segelregatta und Jachtfestival nach Vorbild der Kieler Woche (Juli – August).

- **Surf-Meisterschaften Channel Islands**
  Treffen der besten Surfer, Jersey.

- **Eisteddfod**
  Internationales Tanz- und Musikfestival in Wales.

AUGUST

- **Notting Hill Carnival**
  Karneval der aus Westindien stammenden Londoner – nach Rio de Janeiro die größte Veranstaltung dieser Art auf der Welt (Bank-Holiday-Wochenende).

- **International Youth Festival**
  Jugendfestival in Aberdeen (Anfang August).

- **Maritimes Festival**
  Auf den Hebriden, Western Isles (Anfang August).

- **World Pipe Band Championship**
  Weltmeisterschaft der Dudelsackspieler, Glasgow (Anfang August).

- **International Festival**
  Mit dem Military Tattoo auf der Burg von Edinburgh.

- **Fringe Festival**
  Jazz, Blues, Book and Film Festival zeitgleich und alternativ zum International Festival in Edinburgh.

- **Walisisches Folklore-Festival**
  Für Fans walisischer Musik in Llangollen (Clywd).

- **Internationales Kulturfestival der walisischen Sprache**
  Wer sich für walisische Kultur interessiert, sollte nach Aberystwyth (Dyfed) kommen.

- **Arundel Festival**
  Oper, Tanz und Shakespeare-Freilichtaufführungen in Arundel (August – September).

SEPTEMBER

- **London Open House Annual Weekend**
  Ca. 500 bis 600 historische oder architektonisch bedeutsame Gebäude öffnen ihre Pforten (Mitte September).

- **Great River Race**
  Themseregatta von Ham House in die Londoner Docklands mit allen möglichen Vehikeln.

Das Fringe Festival in Edinburgh entstand als Alternativveranstaltung zum etablierten International Festival.

- **Last Night of the Proms**
  Schlusskonzert der Henry Wood Promenade Concerts in der Royal Albert Hall, London (Ende Sept.).

- **Festival of Jazz and Blues**
  In den schottischen Borders; www.bfjab.co.uk (Mitte Sept.).

- **Western Meeting**
  Höhepunkt des schottischen Pferderennsports, Ayr (Mitte Sept.).

- **Book Festival**
  In Wigton, Schottland (Ende Sept.).

- **Skye & Lochalsh Food and Drink Festival**
  Auf der Isle of Skye (Mitte Sept.).

- **Festival of the Arts**
  Kunstfest in Salisbury, Wiltshire.

OKTOBER

- **Royal National Mod**
  Bedeutendstes Festival gälischer Künste und Kultur, Oban (Mitte Okt.).

- **Costermonger's Harvest Festival**
  Gottesdienst der »Pearly Kings and Queens« in der Kirche der Cockneys, St. Martin-in-the-Fields, London (1. Sonntag im Monat, 15.30 Uhr).

- **Quit Rent Ceremony**
  Diese öffentliche Zeremonie betrifft die Pachtzahlung für zwei Grundstücke – die »Moors« in Shropshire und eine Schmiede in St. Clement Danes. Für die Moors zahlt die Corporation of London einen Knüpferhaken und ein Handbeil, für die Forge bietet sie sechs Hufeisen und 61 Nägel. Die Pacht wird vom Geldeinzieher der Königin entgegengenommen; in den Law Courts, London (Ende Oktober).

NOVEMBER

- **State Opening of the Parliament**
  Die Queen fährt in der »Irischen Staatskarosse« vom Buckingham Palace zum Parlament, um im Oberhaus die Parlamentseröff-

nung vorzunehmen. Im Hyde Park und am Tower wird Salut geschossen (Anfang November).

▶ **London to Brighton Veteran Car Run**
Oldtimer-Rennen, Start an Hyde Park Corner (Anfang November).

▶ **Guy Fawkes Day**
Mit Feuerwerk wird der »Gun Powder Plot« vom 5. November 1605 überall im Land gefeiert. Damals wollten Guy Fawkes und seine Anhänger das Parlament in die Luft sprengen.

▶ **Admission of the Lord Mayor Elect**
Übergabe der Insignien durch den alten Lord Mayor an den neuen Amtsinhaber in der Guildhall am Freitag vor der Lord Mayor's Show; London.

▶ **Lord Mayor's Show**
Der neue Lord Mayor fährt in seiner Staatskarosse von der Guildhall zu den Law Courts, um vom Lord Chief Justice vereidigt zu werden, London (2. Samstag).

▶ **St. Andrew's Week**
Eine Woche lang feiert die Stadt St. Andrews in Schottland (Ende Nov.).

▶ **St. Andrew's Day**
Feiern zu Ehren des schottischen Schutzheiligen, überall in Schottland (30. Nov.).

▶ **Belfast Festival at Queen's**
Das Kulturfestival, das drei Wochen lang dauert, gilt als das zweitgrößte in GB nach dem Festival von Edinburgh.

DEZEMBER

▶ **Carol Services**
Lesung aus Dickens' »A Christmas Carol« in Kirchen (ab Mitte Dezember).

▶ **The Ba'**
Historisches Straßenballspiel in Kirkwall mit bis zu 400 Spielern, Orkney Islands (25. Dez. – 1. Jan.).

Geld

Währung

Das EU-Mitglied Großbritannien gehört nicht der EU-Währungsunion an. Noch bleibt den Briten und all ihren Besuchern also das britische Pfund (Pound Sterling; £) zu je 100 Pence (p, Einzahl Penny) als Währungseinheit. Es gibt Banknoten zu 5, 10, 20 und 50 £ sowie Münzen zu 1 Penny, 2, 5, 10, 20, 50 Pence und zu 1 £.

Devisenbestimmungen

Die **Ein- und Ausfuhr** von in- und ausländischen Zahlungsmitteln unterliegt keinerlei Beschränkungen.

Banken

Banken sind in der Regel Mo.–Fr. 9.30–15.30, in Hauptgeschäftsstraßen bis 17.30 Uhr geöffnet; manche Banken haben auch samstagvormittags geöffnet. Auf den Flughäfen Heathrow und Gatwick sind die Bankfilialen rund um die Uhr offen.

Kreditkarten, Traveller- oder andere Reiseschecks werden von den meisten Hotels, Restaurants und Geschäften akzeptiert.

An vielen **Geldautomaten** kann man mit Bank-Karten oder Kreditkarten Bargeld abheben.

Geldwechselstellen gibt es außer in Banken auch in großen Hotels; in größeren Städten kann man teilweise auch in Kaufhäusern, an U-Bahn-Stationen und Bahnhöfen wechseln. Meist tauscht man hier aber zu einem schlechteren als dem offiziellen Kurs und zahlt z.T. hohe Gebühren.

i Karte verloren?

- Tel. 0049 – 116 116 (zentraler Notfall-Service) Unter dieser Nummer erreicht man täglich 24 Stunden lang den zentralen Service, über den man Konten, Kredit- und ec-Karten sowie Mobilfunkkarten sperren lassen kann. Weitere aktuelle Informationen erhält man im Internet unter: www.sperr-notruf.de

WECHSELKURSE

- ▸ **1 £ = 1,42 €**
- ▸ **1 € = 0,64 £**
- ▸ **1 £ = 2,26 sfr**
- ▸ **1 sfr = 0,37 £**

Gesundheit

Apotheken

Apotheken (chemist, pharmacy) sind sehr oft nur Abteilungen einer Drogerie. Für Medikamente auf Rezept (prescription) wird eine Gebühr erhoben.

Ärztliche Hilfe

Staatsbürger aus EU-Ländern sind beim Staatlichen Gesundheitsdienst (National Health Service) krankenversichert und erhalten

Notfallbehandlungen kostenlos; eine europäische Krankenversicherungskarte sollte man dabei haben. Nicht-EU-Bürger sollten eine Reisekrankenversicherung abschließen.

Notfall Tel. 999

Mit Kindern unterwegs

Freizeitparks Die meisten Kinder sind eingefleischte Freizeitparkbesucher und kommen in Großbritannien voll auf ihre Kosten. Zum Beispiel in Legoland bei Windsor, wo Kinder sich eine eigene Welt aus Lego bauen können und weltberühmte Sehenswürdigkeiten – natürlich aus Lego im Miniaturformat nachgebaut – angucken können. Außerdem kann man hier diverse Fahrattraktionen ausprobieren. Legoland ist bestens für Familien mit Kindern in verschiedenem Alter geeignet, es gibt alle möglichen Angebote für kleine Kinder und für größere. Ein anderer Freizeitpark ist Alton Towers in Staffordshire weiter nördlich u.a. mit einer guten Achterbahn. Freizeitparks sind leider ein teures Vergnügen, die Ausgaben lassen sich mitunter etwas reduzieren, wenn man vorbucht, außerdem, wenn man außerhalb der Hauptzeiten kommt und ein Familienticket kauft.

i Was finden Kinder gut?

- Legoland bei Windsor: Paradies zum Bauen und Anschauen.
- Museum of Welsh Life: Kostümierte Führer erzählen alles, was Kinder wissen wollen.
- Deep Sea World: Tiefseeaquarium mit dem weltweit längsten Unterseetunnel und den meisten Sandtigerhaien in ganz Europa!

Am Strand wird's so schnell nicht langweilig.

Strände

An der Südküste, auf der Isle of Wight, in Cornwall und Devon oder auch in Pembrokeshire im Westen von Wales gibt es Sandstrände, die gut für Kinder geeignet sind. Ein Vorteil ist beispielsweise auf der Isle of Wight der hohe Tidenhub: Am Ryde Beach zieht sich das Wasser bei Ebbe extrem weit zurück und hinterlässt überall am Strand Salzwassertümpel, in denen zum Teil kleine Fische auf die nächste Flut warten und die man getrost mit einem Netz herausfischen und genauer ansehen kann. An der Nordküste von Cornwall und Devon liegen etwas geschütztere Strände. An vielen Stränden gibt es spezielle Kinderprogramme.

Museen

Einige Museen sind auch für Kinder interessant, wie beispielsweise das Techniquest in Cardiff in Wales, eine Art Erlebnispark, wo man selbst verschiedene technische Phänomene ausprobieren kann. Der Eintritt für viele Museen, in London für fast alle, ist kostenlos, so dass man einen Museumsbesuch mit Kindern gut ausprobieren kann, ohne Gefahr zu laufen, das ganze Geld für Tickets umsonst ausgegeben zu haben. Auch kann man sich nur gezielt ein paar Sachen ansehen.

Techniquest: Ärmel hochkrempeln und ausprobieren

Wenn man zum richtigen Zeitpunkt vor Ort ist und eines der vielen Feste und **Festivals** mitbekommt, ist das fast ein Garant für einen gelungenen Urlaubstag mit Kindern. Viele Feste nehmen Bezug auf alte Traditionen und Bräuche: alte Kostüme, Umzüge, Straßenkünstler, besondere Spektakel und Vorführungen, besondere Gerichte und Getränke gehören dann eigentlich immer dazu.

Burgen

Alte Castles und Burgruinen gibt es zuhauf auf der britischen Insel. Für Kinder ist Warwick Castle schön mit begehbaren Mauern, interessant eingerichteten Räumen und Wachsfiguren.

Tiere/Tierparks

Wer Pferde liebt, muss durch den New Forest bei Salisbury fahren; dort laufen kleine Wildpferde am Straßenrand frei herum, auch das eine oder andere ungewöhnliche Tier läuft im New Forest wild durch die Gegend, u.a. Hängebauchschweine und Gänse. Ponies findet man auf den Shetlandinseln oder etwas zentraler im Dartmoor. In vielen größeren Städten gibt es einen Zoo.

Radfahren Zum Radfahren mit Kindern eignet sich das flache Ostengland am besten. Mit größeren Kindern, die eine gute Kondition für längere Strecken haben, kann man auch gut eine der National Routes fahren (►Erleben • Urlaub aktiv).

Essen gehen mit Kindern Viele Restaurants und Pubs sind auf Kinder eingestellt. Manche haben sogar eine Spielecke für Kinder. Auf der Speisekarte ist immer etwas für Kinder zu finden, manchmal gibt es auch eine spezielle Kinderkarte. In viele Pubs darf man bis 21 Uhr Kinder mitnehmen.

Vergünstigungen Für Familien mit Kindern gibt es für Urlaube in Großbritannien verschiedene Vergünstigungen (►Preise • Vergünstigungen).

Knigge für Großbritannien

Briten sind keine Kontinental-Europäer. Und: Nicht alle Briten sind Engländer »Nebel im Kanal – Kontinent abgeschnitten« – diese legendäre Schlagzeile kombiniert treffend die geografische Lage Großbritanniens mit dem individualistischen Selbstverständnis der Briten hinsichtlich ihrer europäischen Nachbarn. Winston Churchill setzte noch einen drauf: »Der Kanal ist keine Wasserstraße, sondern eine Weltanschauung«, konstatierte er. Trotz Eurotunnel ist das ambivalente Selbstverständnis der Briten im Hinblick auf die kontinentalen Nachbarn aktueller denn je. Seien Sie bei einem Besuch auf den Britischen Inseln stets auf die Frage gefasst, ob Sie denn vom Kontinent bzw. aus Europa angereist seien! Schnelle Anerkennung können Reisende übrigens finden, wenn sie sich in den Territorien der doch so unterschiedlichen Inselbewohner auskennen: Engländer, Schotten und Waliser sind zwar unter einer Queen vereint, doch wünscht weder ein Highlander noch ein Gebürtiger aus Aberystwyth mit einem Engländer verwechselt zu werden, ganz zu schweigen von dem Nord-Süd-Geplänkel dieser einzelnen Nationen! Sicherlich ist es am einfachsten, alles und alle im Zuge politischer Korrektheit als britisch zu bezeichnen.

Britische Höflichkeit Freundlich sind sie, die Briten und, entgegen landläufiger Meinung, auch recht unkonventionell. Bringen Sie etwas Zeit, Geduld und Humor beim Schlangestehen an Bushaltestellen, Fahrkartenschaltern und Geschäften mit (oder üben Sie sich nach gutem britischen Vorbild darin), und schnell kann ein freundlicher Smalltalk übers Wetter, Warten und andere Widrigkeiten entstehen. Nach einem »How do you do« oder »How are you«, auf das kein wirklicher Tatsachenbericht erwartet wird, spricht man sich beim ersten Kennenlernen meist auch gleich mit Vornamen an. Eifriges Händeschütteln und ausschweifende Gebärdensprache gehen den eher auf physische Distanz bedachten Briten dann aber zu weit. Auch Titel und

Dienstbezeichnungen spielen eine eher untergeordnete Rolle, wird doch in allen Lebenslagen das Understatement groß geschrieben: Selbst herausragende Talente, wie beispielsweise das Beherrschen von Fremdsprachen, werden nur zögernd und dann in aller Bescheidenheit zur Schau gestellt. Eine fundamentale Höflichkeit bestimmt den alltäglichen Umgangston, und schon die kleinsten britischen Pimpfe haben mit beschämender Schlagfertigkeit ein »Please« und »Thank you« in ihren Sprachgebrauch eingebaut. Es ist wirklich ratsam, immer ein »Sorry« oder »Excuse me« auf den Lippen zu tragen. Was nämlich so mancher Gast als übertriebene Höflichkeit definiert, ist für den Einheimischen gerade gut genug, und wer erst einmal in die »not very friendly«-Kiste gesteckt wurde, kommt da so schnell nicht wieder heraus. Wundern Sie sich bitte auch nicht, wenn die Person, der Sie auf den Fuß treten, sich zuerst bei Ihnen entschuldigt und sich dann auch noch bedankt, nachdem Sie Ihren Fauxpas korrigiert haben!

Pub-Etikette

Wird Ihre Bestellung in einem Pub nicht aufgenommen, dann liegt das nicht an fehlender Etikette, sondern an dem Selbstbedienungssystem dieser urigen Institutionen. Getränke werden direkt an der Theke bestellt und sofort bezahlt, das Gleiche gilt manchmal auch fürs Essen. Große Tafeln rund um den Barbereich dienen häufig als Speisekarten, von denen dann ausgewählt werden kann. Kinder werden mittlerweile in den meisten Pubs willkommen geheißen, sollten sich aber nicht direkt an der Theke tummeln. Auch die Briten rühmen sich ihrer zahlreichen Biersorten, die regional stark variieren. Gefüllt werden die Gläser bis zum Rand und wenn Sie ein warmes, dunkles Bier ohne Schaumkrone serviert bekommen, dann haben Sie sich für ein landestypisches Bitter entschieden. Ist man mit Engländern unterwegs, dann sollte man sich schnell an die »rounds«, das Rundenzahlen gewöhnen.

◂ Rauchverbot

Seit 2007 herrscht übrigens in Pubs wie auch in Restaurants striktes Rauchverbot!

Britischer Humor

Besonders stolz sind die Briten aber auf ihren Humor. Sie sind sich vollkommen sicher, dass ihnen keine andere Nation darin den Rang ablaufen kann. Gute und schlechte Situationen werden ironisch oder mit schlichtem Witz gewürzt, der kollektiv belacht und verstanden wird.

Literaturempfehlungen

Landeskundliches

Hans-Dieter Gelfert: Typisch englisch. Wie die Briten wurden, was sie sind, München 1996
Umfassende Darstellung von Mentalitäts- und Kulturgeschichte der Briten.

Tagebücher und Reiseberichte

Heinrich Heine: Englische Fragmente. Goldmann, München 1994
Vierter Teil der 1828 erstmals erschienenen Reisebilder.

Samuel Pepys: Tagebuch. Reclam, Stuttgart 1980
Das pralle Leben im London des 17. Jh.s – Pepys' Aufzeichnungen sind nicht nur ein Zeitzeugnis allererster Güte, sondern auch ein großer Lesespaß.

Romane und Erzählungen

Sir Arthur Conan Doyle: Sherlock Holmes, Romane und Erzählungen. Haffmans, Zürich 1999
Die Fälle des Detektivs spielen im viktorianischen England.

Charlotte Brontë: Jane Eyre, München 2003
Klassiker der englischen Literatur, verfasst von einer der drei schreibenden Brontë-Schwestern. Die Originalausgabe erschien 1847 in London.

i Großbritannien im Film

- Emma. Die 4. Verfilmung des gleichnamigen Jane-Austen-Romans mit Emma Thompson – England in schönen Bildern.
- Trainspotting. Dargestellt mit einer Mixtur aus Humor und Horror: Heroinabhängige in Edinburgh.
- Lang lebe Ned Devine. Anrührende und schrullige Geschichte über die Verwechslung eines Lottogewinns auf der Isle of Man.
- Notting Hill: Julia Roberts und Hugh Grant beim Turteln. Den Reisebuchladen gibt es wirklich: No. 13-15, Blenheim Crescent.

Joseph Conrad: Der Geheimagent. Diogenes, Zürich 1975.
Spionagegeschichte im anarchistischen Milieu.

Charles Dickens: Oliver Twist.
Ders.: Eine Geschichte aus zwei Städten.
Niemand hat das literarische Bild des viktorianischen London so geprägt wie Charles Dickens.

Nick Hornby: High Fidelity. Droemer Knaur, München 1999.
Zeitgeistporträt eines Londoner Mitdreißigers und Arsenal-Fans.

Colin MacInnes: Absolute Beginners. Kiepenh. & Witsch, Köln 1986.
Kultbuch über die Fünfziger und Sechziger in Notting Hill.

George Orwell: Erledigt in Paris und London. Diogenes, Zürich 1978.
Roman über die Armut eines Mannes im London der 30er-Jahre.

Textsammlungen

Harald Raykowski: Reisetextbuch London. dtv, München 1986

Geschichte

Karl-Heinz Wocker: Königin Viktoria. Heyne, München 1980.
Geschichte einer Frau und ihrer Epoche.

Donald Rumbelow: The Complete Jack the Ripper. Penguin Books.
Das Beste, was bisher über den berühmtesten Verbrechensfall in London geschrieben wurde.

Maße • Gewichte

Am 1. Oktober 1995 ist auch in Großbritannien das metrische System für Maße und Gewichte eingeführt worden. Zwei Ausnahmen allerdings werden aus Tradition beibehalten: das Pint für Bier und Milch und die Meilenangaben auf Verkehrszeichen. Auch die Konfektionsgrößen sind andere.

Metrisches System mit Ausnahmen

ENGLISCHE MASSE

1 inch = 2,54 cm
1 foot = 30,48 cm
1 yard = 91,44 cm
1 mile (mi; Meile) = 1,61 km
1 pint (pt) = 0,568 l
1 pound = 453,59 g

KONFEKTIONSGRÖSSEN

D:	36	38	40	42	44
GB:	8	10	12	14	16

SCHUHGRÖSSEN

D:	38	39	40	42	43	44
GB:	5	6	7	8	9	10

Medien

Allgemeines

Laut Statistik sind die Briten das zeitungsfreudigste Volk der Welt: Drei Viertel aller Briten lesen regelmäßig eine oder mehrere Zeitungen. Sie können dabei zwischen 160 Tages- und Sonntagszeitungen, 2000 Wochenblättern und 6700 Periodika wählen. Die meisten dieser Blätter sind im Besitz großer Medienkonzerne, doch können sich noch über 350 kleine Verleger halten. Manche der britischen Zeitungen gehören zu den traditionsreichsten der Welt, allen voran die 1785 gegründete Times oder der 1791 erstmals erschienene Observer. Älteste englischsprachige Zeitung der Erde ist jedoch der in Belfast seit 1737 herausgegebene News Letter.

Landesweite Zeitungen

Zu den seriösen »Quality Papers« zählt die konservative Times (Auflage 425 000) mit ihrer Sonntagsausgabe Sunday Times (1,1 Mio.), Auflagenkönig an Wochentagen ist der Daily Telegraph (1,1 Mio.) mit dem Sunday Telegraph (588 000). Leib- und Magenblatt der Geschäftswelt ist die Financial Times. Dazu kommen The Guardian, The Independent mit Independent on Sunday und der nur sonntags erscheinende Observer.

Yellow Press

Ganz andere Auflagen erreichen die Blätter der Yellow Press. Sie erfreuen ihr Publikum mit Intimitäten über die Reichen und den Adel, – bevorzugtes Objekt der Begierde ist die Royal Family. Jede Zeitung hält sich eine eigene Truppe von Journalisten, die sog. »Royal Watchers«, die Schlösser und Wohnungen der Royals belagern und regel-

Das tägliche Lesevergnügen – und das auch noch im Liegestuhl

recht ausspionieren. Dabei legen manche von ihnen eine solche Schamlosigkeit an den Tag, dass es selbst in dieser Beziehung hartgesottenen Briten zu viel ist. Die auflagenstärksten Blätter sind The Sun (3,9 Mio) mit der Sonntagsausgabe News of the World (4,8 Mio.), Daily Mirror (3,2 Mio.) mit Sunday Mirror (2,9 Mio.), Daily Mail (1,7 Mio.) mit Mail on Sunday (1,9 Mio.) und Daily Express (1,6 Mio.) mit Sunday Express (1,7 Mio.). Nur am Sonntag ist The People (2,6 Mio.) zu haben.

Regionale Zeitungen

Zu den großen Regionalzeitungen in England gehören der Londoner Evening Standard, Manchester Evening News, Birmingham Evening Mail, Express and Star (Wolverhampton) und Liverpool Echo. In Schottland erscheinen sechs Morgen-, sechs Abend- und vier Sonntagszeitungen, darunter The Scotsman (Edinburgh) und der Glasgow Herald. Wales besitzt nur eine tägliche Morgenzeitung, die Western Mail aus Cardiff; daneben gibt es auch zweisprachige und rein walisische Blätter. Die wichtigen Zeitungen Nordirlands erscheinen alle in Belfast, so der unionistische News Letter und die katholisch-nationalistischen Irish News.

Zeitungen der Minderheiten

Die ethnischen Minderheiten Großbritanniens haben ihre eigenen Zeitungen, teils englischsprachig, teils fremdsprachig, die allerdings nur wöchentlich oder vierteljährlich erscheinen. Zu den englischsprachigen gehören u.a. Asian Times, Indiamail, Sikh Courier oder Jamaican Gleaner. An fremdsprachigen gibt es chinesische, arabische und Blätter in indischen Sprachen (Hindi, Punjabi, Urdu und Gujarati).

Museen

Öffnungszeiten

Die Öffnungszeiten von Museen, vor allem von kleineren Museen, sind sehr unterschiedlich und ändern sich auch relativ häufig. Natürlich werden viele Museen auch immer wieder einmal umgestaltet und sind dann mitunter über längere Zeiträume ganz geschlossen. Wer genau planen möchte und wer sich ein ganz bestimmtes Museum ansehen möchte, sollte sich am besten schon im Voraus bei den jeweiligen Touristeninformationen vor Ort erkundigen. Die normalen Öffnungszeiten für Museen liegen zwischen 9.30 und 17.00 Uhr oder 18.00 Uhr, letzter Einlass ist oft eine halbe Stunde vor der Schließzeit. Viele Museen sind täglich geöffnet, manche haben an Wochenenden oder zumindest Sonnabend oder Sonntag geschlossen. Viele kleinere Museen kann man nur nach Vereinbarung besuchen, die Touristeninformationen erteilen Auskunft und helfen weiter.

Notrufe • Notdienste

Pannenhilfe

An allen Autobahnen und an den größeren Landstraßen stehen Notrufsäulen. Die Automobilklubs AA und RAC unterhalten Pannendienste mit Straßenwachten, die man rund um die Uhr telefonisch erreichen kann. Im Notfall führen AA und RAC Reparaturen vor Ort durch oder schleppen den Wagen zur nächsten Tankstelle. Ein Abschleppdienst wird allerdings nur bei Vorlage des gültigen Mitgliedsausweises eines Partner-Automobilklubs aus dem Herkunftsland des Autobesitzers geleistet.

WICHTIGE RUFNUMMERN

- **Allgemeiner Notruf**
  999 für Polizei (police), Feuerwehr (fire brigade), Krankenwagen (ambulance) landesweiter und kostenloser Service
- **Pannenhilfe des AA**
  Tel. 08 00 0 28 90 18
- **Pannenhilfe des RAC**
  Tel. 08 00 82 82 82
- **ADAC Pannenhilfe und Notruf**
  Tel. 02 66 15 91
- **ACE-Notrufzentrale Stuttgart**
  Kranken- und Fahrzeugrückholdienst
  Tel. 00 49 – 18 02 – 34 35 36
- **ADAC-Ambulanzdienst München**
  Tel. 00 49 – 89 – 76 76 76
- **DRK-Flugdienst Bonn**
  Tel. 00 49 – 228 – 23 00 23
- **Deutsche Rettungsflugwacht Stuttgart**
  Tel. 00 49 – 711 – 70 10 70

Post • Telekommunikation

Postämter sind normalerweise von Montag bis Freitag von 9.00 bis 17.30 Uhr und Samstag von 9.00 bis 12.30 Uhr geöffnet. Postkarten und Briefe bis 20 g nach Kontinentaleuropa müssen mit 38 pence frankiert werden. Briefmarken (stamps) erhält man in Postämtern und – meistens mit weniger Wartezeit – in vielen Kiosken und Souvenirläden. Die meisten öffentlichen Fernsprecher von British Telecom (BT) funktionieren sowohl mit Münzen (10, 20, 50 Pence, 1 £) als auch mit einer Telefonkarte (»Phonecard«), die man ebenfalls in Postämtern und Kiosken kaufen kann. 10 Einheiten kosten 1 £. Von Telefonzellen anderer Anbieter kann man mit Kreditkarten oder Telefonkarten der betreffenden Firma telefonieren. Wer von einer BT-Telefonzelle ins Ausland telefonieren will, muss mindestens 1 £ einwerfen, damit eine Verbindung zustande kommt. Ermäßigte Tarife gelten wochentags zwischen 18.00 und 8.00 Uhr und das ganze Wochenende über. Wer als Mobiltelefon die gängigen Dualband-Handys benutzt: Diese schalten sich automatisch in das britische Partnernetz des heimatlichen Netzbetreibers ein.

INFORMATIONEN TELEFON

VORWAHLEN UND SERVICENUMMERN

- **Von Deutschland, Österreich und der Schweiz**
  nach Großbritannien
  Tel. 00 44

- **Aus Großbritannien**
  nach Deutschland: Tel. 00 49
  nach Österreich: Tel. 00 43
  in die Schweiz: Tel. 00 41

- **Vermittlung (»Operator«)**
  Tel. 100

- **Zeitansage**
  Tel. 123

- **Auskunft (directory inquiries)**
  für London Tel. 142
  außerhalb Londons Tel. 192
  international
  Tel. 153

Preise • Vergünstigungen

Teures Reiseland

Großbritannien ist als Reiseland sehr teuer. London gilt als die teuerste Stadt in Europa, anderswo im Vereinigten Königreich ist Übernachten und Essengehen zwar günstiger, aber auch nicht wirklich preiswert. Es werden einige Vergünstigungen angeboten, mit deren Hilfe man die Reisekasse etwas entlasten kann.

Vergünstigungen

Unterkunft

Überall in Großbritannien gibt es Hotelketten wie Travel Inn, Holiday Inn Express oder Travelodge mit einfachen, sauberen Zimmern zum Einheitspreis. Eine gute Alternative sind Bed-&-Breakfast-Unterkünfte, ab ca. 20 £ gibt es Übernachtung und ein reichhaltiges

WAS KOSTET WIEVIEL?

PREISE IM VERGLEICH

3-Gänge-Menü
ab 25 £

Einfache Mahlzeit
ab 7 £

Eine Tasse Kaffee
2 £

Einfaches Doppelzimmer
ab 30 £

Ein Pint Bitter
2,30 £

Benzin (1 l Super)
ca. 0,91 £

TRINKGELD

- **Restaurants**
  10–15% der Rechnung
- **Pubs**
  10–15% bei Tischbedienung
- **Taxi**
  10–15% vom Fahrpreis
- **Garderobe**
  20 pence

Frühstück. Sehr preiswerte Unterkünfte sind Jugendherbergen und außerhalb der Semester Studentenwohnheime. In vielen Hotels, Lodges und Jugendherbergen gibt es Zimmer für Familien, so genannte »Family Rooms« mit drei bis fünf Betten, für die ein Zimmerpreis und nicht pro Person berechnet wird. Der Preis für einen »Family Room« liegt deutlich unter dem für zwei Doppelzimmer. Mit einer Familie oder einer Gruppe kann es auch günstig sein, eine Ferienwohnung oder ein Ferienhaus zu mieten.

Essen gehen

Viele Restaurants bieten mittags und abends günstige Menüs zu Festpreisen an. In manchen erhält man mit speziellen Pässen (► Eintrittsgelder) Vergünstigungen in Restaurants. Manchmal werden zu bestimmten Zeiten Büffets aufgebaut. In einigen Kettenrestaurants wie J D Wetherspoons oder Wagamama gibt es ein Getränk umsonst zur Mahlzeit. Auch in Pubs zu essen ist meist recht preiswert, hausgemachte Gerichte kosten weniger als £ 10. Lokale mit der »Les-Routiers«-Plakette gehören zu einem Netz von unabhängigen Pubs und Restaurants, die gute Küche, angenehme Atmosphäre und faire Preise bieten. Indisch essen zu gehen ist in der Regel sehr preiswert; indische Restaurants findet man in den Großstädten zuhauf. Auch chinesische, thailändische, vietnamesische, koreanische, indonesische Restaurants und das japanische Wagamama sind normalerweise recht günstig. In Einkaufszentren findet man oft preiswerte Lokale, auch die Museumsrestaurants sind mitunter nicht sehr teuer. Gute Adressen für Pizzaesser sind Pizza Express und Ask. Eine echte Alternative sind »Fish and Chips« zum Mitnehmen für etwa 4 £. Ansonsten bleibt das Picknick mit Sandwiches für 2 – 3 £ aus einer Sandwichbar oder abgepackt von Marks & Spencer, Boots oder Sainsburys.

Reisen im Land

Die Bahn bietet **BritRail- und Flexipässe** an, mit denen man in einem bestimmten Zeitraum unbegrenzt im ganzen Land mit der Bahn fahren kann. Die Busgesellschaften National Express und Scottish Citylink verkaufen u.a. den **Tourist Trail Pass** für England und Wales und den **Explorer Pass** für Schottland, in manchen Städten gibt es Ermäßigungen im Nahverkehr (►Verkehr).

Eintrittsgelder

Viele hervorragende britische Nationalmuseen und Nationalgalerien kosten keinen Eintritt, z.B. die meisten großen Londoner Museen, das Museum of Welsh Life in Cardiff und die Burrell Collection in Glasgow. Ansonsten sollte man nach Familientickets fragen oder sich spezielle Pässe besorgen – wie den **London Pass**, das **Scottish Explorer Ticket**, den **CADW Explorer Pass** in Wales –, mit denen man über verschiedene Laufzeiten einen günstigeren oder kostenlosen Eintritt zu zahllosen Sehenswürdigkeiten erhält. Mit einigen dieser Pässe bekommt man auch Vergünstigungen für Theaterkarten und bestimmte Ausstellungen oder auch in Restaurants. Der **Great British Heritage Pass** und der **National Trust Touring Pass** bieten freien Eintritt für Burgen, Schlösser, Landsitze, Gärten.

Stadtbesichtigungen in kleinen organisierten Stadtrundgängen sind oft gut und günstiger als touristische Stadtrundfahrten. Manche Linienbusse haben auch interessante Streckenführungen, so dass man auf eigene Faust mit dem Reiseführer in der Hand diverse Sehenswürdigkeiten abfahren kann. Wenn es solche Möglichkeiten gibt, geben die Touristenbüros vor Ort genaue Informationen. **Stadtbesichtigungen**

Tickets für Konzerte, Theater etc. sind normalerweise sehr teuer. Mit den oben genannten Pässen gibt es mitunter Ermäßigungen. Ansonsten sind viele Festivitäten, Open-air-Spektakel und Großereignisse ohnehin gratis, wie das Cardiff Festival, der Henley Notting Hill Carnival in London oder die viel gepriesene Straßenparty zu Silvester in Edinburgh. **Veranstaltungen**

VERGÜNSTIGUNGEN

DISCOUNTPÄSSE

Alle oben genannten Pässe kann man bei Britain Direct (►Auskunft) oder bei VisitBritain (►Auskunft) kaufen.

INFORMATIONEN IM INTERNET

- **www.britaindirect.com www.visitbritain.com/heritagepass**
  Laufzeiten und aktuelle Gebühren für den Great British Heritage Pass
- **www.nationaltrust.org.uk/touringpass**
  Informationen zum National Trust Touring Pass
- **www.visitbritain.com/youth**
  Großbritannien günstig für junge Leute
- **www.venuemasters.co.uk**
  Campusunterbringung
- **www.farmstay.co.uk**
  Urlaub auf dem Bauernhof

Reisezeit

Während London das ganze Jahr über Saison hat, wird das übrige Großbritannien vor allem in den Monaten Mai bis September besucht. Im Frühjahr und Herbst drängen sich nicht so viele Touristen vor den Sehenswürdigkeiten, der Verkehr ist entspannter, die Menschen haben mehr Zeit und die Preise sind günstiger. Im Winterhalbjahr ist das Angebot an kulturellen Veranstaltungen, wie Theater, Ballett und Konzerte, besonders groß. **Wann ist Saison?**

Großbritannien ist berüchtigt für sein schlechtes Wetter. Das Himmelsbild wechselt so häufig, dass das Wetter bei den Inselbewohnern **Das Wetter**

Großbritannien *Fünf regionaltypische Klimastationen*

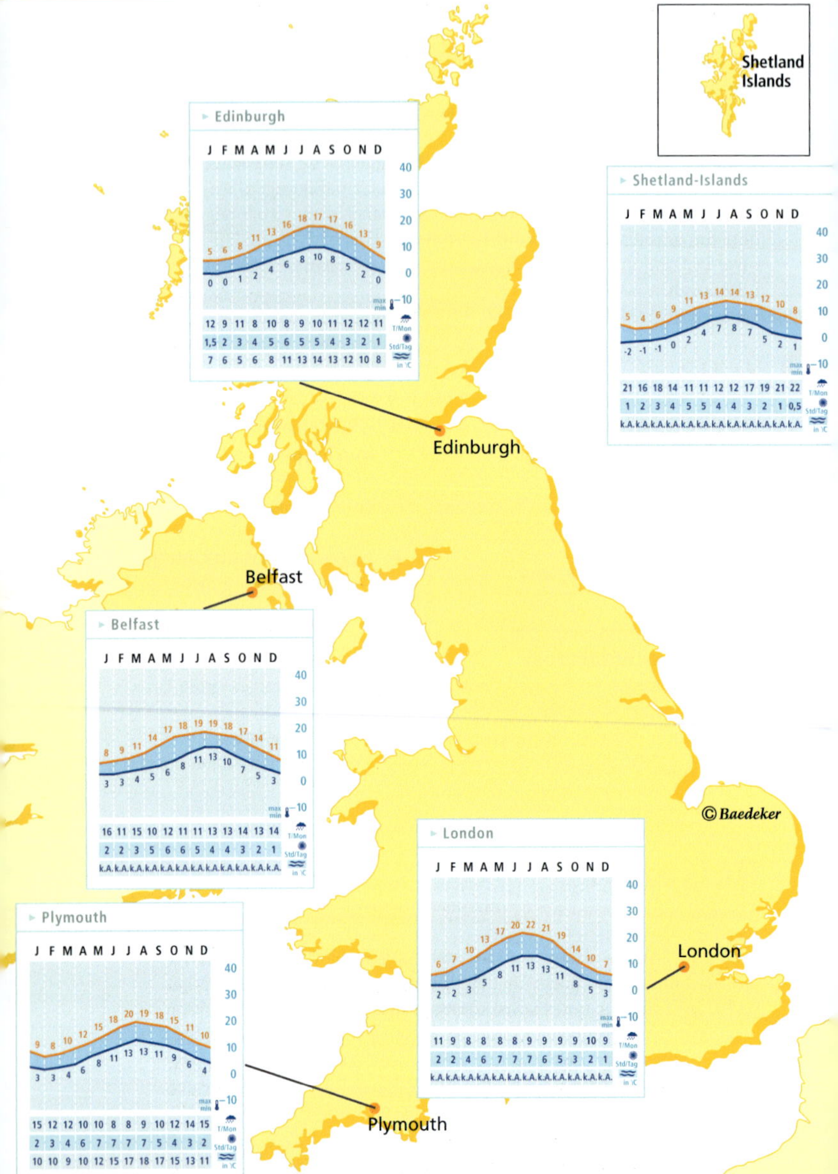

Tageshöchsttemperatur — nächtliche Tiefsttemperatur
Regentage — Sonnenstunden / Tag — Wassertemperatur in °C

mit Recht Thema Nummer eins ist. Tatsache ist aber auch, dass viele Regionen ebenso trocken und sonnig sind wie weite Teile Mitteleuropas. Etwa seit Beginn der 1980er-Jahre macht sich die globale Klimaerwärmung zunehmend auch in Großbritannien bemerkbar: Die Winter werden milder, niederschlagsreicher und stürmischer, die Sommer trockener und wärmer.
Die beste Reisezeit sind Frühjahr und Frühsommer. Dann sind die Chancen auf schönes Wetter am größten und die Regenwahrscheinlichkeit am geringsten. Mai und Juni bringen oft strahlenden Sonnenschein und ab dem letzten Maidrittel nahezu überall angenehme Temperaturen. Dies ist auch die beste Zeit für einen London-Aufenthalt. Aber auch der Herbst mit dem Altweibersommer – ab 20. September bis Mitte Oktober – hat seine schönen Tage. Auf Regenschirmwetter und deutlich niedrigere Temperaturen als im Süden sollte man sich bei einer Sommerreise ins schottische Hochland, auf die Hebriden, Orkney- und Shetland-Inseln einstellen. Mai und Juni sind aber auch hier bekannt für längere Schönwetterperioden. Badefreunde kommen im Juli und August in den südlichen Seebädern voll auf ihre Kosten. Anfang August ist das Wasser mit durchschnittlich 18 °C am wärmsten.

Shopping

Öffnungszeiten

Banken sind in der Regel Mo.–Fr. 9.30–15.30 Uhr geöffnet; große Banken haben z.T. auch an Samstagen geöffnet. In Schottland sind die Banken meist über Mittag geschlossen, Do. zusätzlich jedoch 16.30–18.00 Uhr geöffnet. Banken in Nordirland öffnen erst um 10.00 Uhr und schließen gleichfalls über die Mittagszeit.
Für **Einzelhandelsgeschäfte** gilt: Nach Abschaffung des Ladenschlussgesetzes können Ladenbesitzer ihre Geschäfte rund um die Uhr geöffnet haben.
Die Öffnungszeiten für Postämter sind: Mo.–Fr. 9.00–17.00, Sa. 9.00–12.30 Uhr.
Der **»Early Closing Day«**, ein Wochentag, an dem alle Geschäfte und teilweise auch Banken schon um 13.00 Uhr schließen, wird regional sehr unterschiedlich gehandhabt.

Souvenirs und Mitbringsel

Teetrinker können unter vielen feinen Sorten wählen. Dazu passen englisches Teegebäck (shortbread), Süßigkeiten und die köstlichen Marmeladen (jam). Für Whiskyfreunde ist Schottland ein Paradies – vor allem der ausgezeichneten Single Malt Whiskies wegen. Berühmt ist auch der englische Gin. Pfeifenraucher finden allerfeinste Tabake und die passenden Pfeifen dazu.
Keramik erhält man im mittelenglischen Potteries Land um Stoke-on-Trent besonders günstig. Wer etwas Besonderes aus Schottland mitbringen möchte, kauft einen Dudelsack. Liebhaber von Antiquitä-

Das wäre wohl das ausgefallenste Mitbringsel aus Schottland.

ten (Möbel, Silber u.a.) haben reichlich Auswahl, und nicht vergessen sollte man das große Angebot an Spazierstöcken und Regenschirmen. Normalerweise findet man auch in den Museumsshops schöne Mitbringsel.

Textilien und Leder

Gern gekauft werden auch Textilprodukte: Paisley-Tücher, Kaschmir- und Shetland-Pullover oder Twin-Sets, mitunter auch Schaffelle und Bärenfellmützen. Wer sich richtig gut einkleiden möchte, kauft einen Trenchcoat von Burberry oder einen Anzug aus Tweed. Schottische Tweeds besitzen meist kleinrapportige Dessins (am berühmtesten ist der Harris-Tweed), während irische Tweeds großflächig gemustert und farbintensiver sind. Beliebt sind auch Anzüge aus strapazierfähigem Shetland, ein Stoff aus gröberer Wolle in Melangeoptik. Hemden und Mäntel, Schottenröcke (Kilts), Wolldecken im bekannten Karomuster sind ebenfalls typisch schottische Erzeugnisse. Schön sind auch Produkte aus irischem Leinen. An Lederwaren findet man Jacken, Gürtel und besonders schön: handgefertigte, exklusive Schuhe.

Mehrwertsteuer

Auf die meisten Waren und Dienstleistungen – auch in Hotels und Restaurants – wird eine Mehrwertsteuer (Value Added Tax = VAT) in Höhe von 17,5% berechnet. Nicht-EU-Bürger können sich die VAT bei der Ausreise erstatten lassen, wenn sie sich in Geschäften, die am Programm zur Exportförderung teilnehmen (zu erkennen am »Tax Free«-Schild) eine Bescheinigung ausstellen lassen.

Sport & Fun

Angeln

Mit seinen vielen Seen, Flüssen und Meeresküsten bietet Großbritannien, insbesondere Schottland und Nordirland, ausgezeichnete Angelmöglichkeiten. Man unterscheidet Forellen- und Lachsfang (Game Fishing), Angeln anderer Süßwasserfische (Coarse Fishing) und Hochseeangeln (Deep Sea Angling). Angelgerät wird in den örtlichen Angelzentren vermietet. Informationen über Hotels mit guten Angelstrecken gibt VisitBritain(►Auskunft).

Golf

Erste Erwähnung findet das Golfspiel bereits 1457, als James II. von Schottland die Sportart als zu verlockende Ablenkung vom Kirchgang verbot, die frühesten Aufzeichnungen über Spieltechniken stammen von 1687 aus dem Tagebuch des Medizinstudenten Thomas Kincaid. Mitte des 18. Jh.s wurden die ersten Golfgesellschaften ins Leben gerufen und Golfregeln festgelegt, 1834 erhob William IV. die Society of St. Andrews Golfers zum Royal and Ancient Golf Club. Fast 2000 Plätze stehen passionierten Golfern in Großbritannien zur Verfügung – St. Andrews gilt natürlich als Mekka (►dort). Golf ist fast ein Breitensport, die Gebühren sind in der Regel erschwinglich, und die meisten Plätze können von Urlaubern benutzt werden.

Steigungen gibt es umsonst: Rad fahren durch Wales

Großbritannien **per Fahrrad** zu erobern, ist sicher eine der schönsten Möglichkeiten, das Land kennen zu lernen. Fahrräder kann man in vielen Orten mieten und auch günstig mit der Bahn transportieren. Die normalen Straßen sind jedoch nicht immer geeignet für Rad- fahrer. Gut geeignet sind dagegen die nummerierten **National Cycle Routes**, die es in vielen Regionen gibt. Wer zum Radeln Flachland bevorzugt, sollte sich Ostengland vornehmen, wer Steigungen fahren will, kann den **C2C** (von Küste zu Küste) fahren. Die **West Midlands Route** zwischen Oxford und Derby bietet zusätzlich mit der Shakespeare-Stadt Stratford-upon-Avon ein Kulturprogramm. Die **Thames Cycle Route** führt durch die britische Hauptstadt. Wales lernt man am besten auf dem **Celtic Trail** kennen.

Wandern an der Küste entlang – im britischen Klima optimal

Reiten Außer Reitstunden werden von verschiedenen Veranstaltern und Reiterhöfen auch mehrtägige Überlandritte (Pony Trekking) und Unterricht in Spezialdisziplinen wie Querfeldein- und Springreiten erteilt.

Wandern und Bergsteigen Viele landschaftlich reizvolle Gebiete liegen abseits der Straße und sind nur zu Fuß zu erreichen. Besonders in den National Parks, Areas of Outstanding Natural Beauty und an den Heritage Coasts kann man herrliche Wanderungen unternehmen. Schöne Klettergebiete findet man in Schottland um den Ben Nevis und in Wales um den Snowdon, wo der Schwierigkeitsgrad zwar nicht allzu hoch ist, die Wetterunbilden aber nicht unterschätzt werden dürfen!

Fernwanderwege ► Die mit dem Eichelsymbol markierten Fernwanderwege sind für erfahrene Wanderer angelegt. Als anstrengendste Route gilt der 402 km lange **Pennine Way**, der von Edale in nördlicher Richtung durch einsame Landstriche und wildromantische Hochmoore nach Kirk Yetholm an der schottischen Grenze verläuft. **Offa's Dyke Path** folgt der vom Sachsenkönig Offa im 8. Jh. angelegten Grenzbefestigung zwischen England und Wales über 270 km von Chepstow im Süden nach Prestatyn im Norden. Der Küstenwanderweg **Pembrokeshire Coast Path** durch Südwales zieht sich entlang atemberaubender Klippen durch ein Vogelparadies mit reicher Pflanzenwelt und phantastischen Ausblicken. Der **Tarka Trail** führt über 290 km durch die Moore von Nord-Devon, der **South Downs Way** erschließt Teile der englischen Südostküste. Eine Karte der Fernwanderwege ist bei VisitBritain (► Auskunft) erhältlich. Geführte und organisierte Wanderungen mit Unterkunft und getrennter Gepäckbeförderung werden von verschiedenen Veranstaltern angeboten.

Wassersport

Rafting-Touren werden unter anderem von der British Travel Company (s.u.) veranstaltet. Motorboote, Kabinenkreuzer und Segeljachten kann man an verschiedenen Küstenorten mieten, an der südenglischen Küste zum Beispiel bei Dartmouth Yacht Charters (s.u.).

ADRESSEN FÜR SPORTLER

ALLGEMEINE AUSKÜNFTE

▶ **Sports Council,**
16 Upper Woburn Place
GB-London WC1HOQP
Tel. 020 – 73 88 12 77

ACTION AND FUN

▶ **British Travel Company**
Hedderichstr. 120
60596 Frankfurt
Tel. 0 69 – 66 37 99 60
Fax 0 69 – 66 37 99 62
Internet: www.btco.de
Auch für Ungeübte: Rafting, Canyoning, Bergsteigen, Mountainbike-Touren

GOLFREISEN

▶ **Bader Golfreisen**
Günterstr. 29
47226 Duisburg
Tel. 0 20 65 – 3 10 29
Fax 0 20 65 – 3 10 30
E-Mail: Bader-Golfreisen@t-online.de

RAD FAHREN

▶ **Radreisen**
Amphitrek Radreisen
Tel. 04 61 – 637 90
www.amphitrek.de

▶ **GB-Rad im Internet**
www.sustrans.org.uk
(alles rund ums Radfahren in Großbritannien)
www.ctc.org.uk (Website des Cyclists Touring Club)
www.forestry.gov.uk (Informationen zu Mountainbiking in den Wäldern Großbritanniens)

REITEN

▶ **Das Urlaubspferd Internationale Reiterreisen**
Wiesenstr. 25
64331 Weiterstadt
Tel. 0 61 51 – 89 56 38
Fax: 0 61 51 – 89 38 91
E-Mail: info@urlaubspferd.de
Internet: www.urlaubspferd.de

WANDERREISEN

▶ **Wikinger Reisen**
Kölner Str. 20
58135 Hagen
Tel. 0 23 31 – 90 47 00
Fax 0 23 31 – 90 47 04
E-Mail: mail@wikinger.de

WASSERSPORT

▶ **Dartmouth Yacht Charters**
Raddicombe Heights, Kingswear Road
Hillhead, Brixham, Devon, TQ5 0EX
Tel./Fax: 018 03 – 88 37 18
E-Mail: suel@dartmouthyachtcharters.co.uk
www.dartmouthyachtcharters.co.uk
Vermietung von Jachten

Sprache

SPRACHFÜHRER ENGLISCH

Auf einen Blick

Ja / Nein	Yes / No
Vielleicht.	Perhaps. / Maybe.
Bitte	Please.
Danke. / Vielen Dank!	Thank you. / Thank you very much.
Gern geschehen.	You're welcome.
Entschuldigung!	I'm sorry!
Wie bitte?	Pardon?
Ich verstehe Sie / dich nicht.	I don't understand.
Ich spreche nur wenig ...	I only speak a bit of ...
Können Sie mir bitte helfen?	Can you help me, please?
Ich möchte ...	I'd like ...
Das gefällt mir (nicht).	I (don't) like this.
Haben Sie ...?	Have you got ...?
Wieviel kostet es?	How much is this?
Wieviel Uhr ist es?	What time is it?

Kennen lernen

Guten Morgen!	Good morning!
Guten Tag!	Good afternoon!
Guten Abend!	Good evening!
Hallo! Grüß dich!	Hello! / Hi!
Mein Name ist ...	My name's ...
Wie ist Ihr / Dein Name?	What's your name?
Wie geht es Ihnen / dir?	How are you?
Danke. Und Ihnen / dir?	Fine thanks. And you?
Auf Wiedersehen!	Goodbye! / Bye-bye!
Tschüs!	See you! / Bye!
Bis bald!	See you later!

Auskunft unterwegs

links / rechts	left / right
geradeaus	straight on
nah / weit	near / far
Bitte, wo ist ...?	Excuse me, where's ..., please?
... die Bushaltestelle	... the bus stop
... der Hafen	... the harbour
... der Flughafen	... the airport

Wie weit ist das?	How far is it?
Ich möchte ... mieten.	I'd like to hire ...
... ein Auto	... a car
... ein Fahrrad	... a bike

Panne

Ich habe eine Panne.	My car's broken down.
Würden Sie mir bitte einen Abschleppwagen schicken?	Would you send a breakdown truck, please?
Gibt es hier in der Nähe eine Werkstatt?	Is there a service garage nearby?

Tankstelle

Wo ist die nächste Tankstelle?	Where's the nearest petrol station?
Ich brauche...	I need...
... Liter...	... liters of ...
... Normalbenzin.	... three-star.
... Super.	... four-star.
... Diesel.	... diesel.
Volltanken, bitte	Full, please.

Unfall

Hilfe!	Help!
Achtung!	Attention!
Vorsicht!	Look out!
Rufen Sie bitte ...	Please call ...
einen Krankenwagen.	... an ambulance.
... die Polizei.	... the police.
Es war meine Schuld.	It was my fault.
Es war Ihre Schuld.	It was your fault.
Geben Sie mir bitte Ihren Namen und Ihre Anschrift.	Please give me your name and address.

Essen

Wo gibt es hier ...	Is there ... here?
... ein gutes Restaurant?	... a good restaurant
... ein typisches Restaurant?	... a restaurant with local specialities?
Gibt es hier eine gemütliche Kneipe?	Is there a nice pub here?
Reservieren Sie uns bitte für heute Abend einen Tisch.	Would you reserve us a table for this evening, please?
Auf Ihr Wohl!	Cheers!
Bezahlen, bitte.	Could I have the check, please?

Einkaufen

Wo finde ich ... eine / ein ..?	Where can I find a ...?
Apotheke	chemist's
Bäckerei	bakers's
Fotogeschäft	photographic materials
Kaufhaus	department store
Lebensmittelgeschäft	food store
Markt	market

Übernachtung

Können Sie mir ... empfehlen?	Could you recommend ... ?
... ein Hotel / Motel	... a hotel / motel
... eine Pension.	... a guest-house
Ich habe ein Zimmer reserviert.	I've reserved a room.
Haben Sie noch ...?	Have you got ...?
... ein Einzelzimmer	.. .a single room
... ein Doppelzimmer	... a double room
... mit Dusche / Bad	... with a shower / bath
... für eine Nacht	... for one night
... für eine Woche	... for a week
Was kostet das Zimmer	How much is the room
... mit Frühstück?	... with breakfast?
... mit Halbpension?	... with half board?

Arzt

Können Sie mir einen guten Arzt empfehlen?	Can you recommend a good doctor?
Ich brauche einen Zahnarzt.	I need a dentist.
Ich habe hier Schmerzen.	I've got pain here.

Bank / Post

Wo ist hier bitte eine Bank?	Where's the nearest bank?
Ich möchte ... Euro (Franken) wechseln.	I'd like to change ...Euro (Swiss Francs).
Was kostet ...	How much is ...
... ein Brief ...	... a letter ...
... eine Postkarte ...	... a postcard ...
nach Deutschland?	to Germany?

Speisekarte

Breakfast	**Frühstück**
coffee (with cream / milk)	Kaffee (mit Sahne / Milch)
hot chocolate	heiße Schokolade

tea (with milk / lemon)	Tee (mit Milch / Zitrone)
scrambled eggs	Rühreier
poached eggs	pochierte Eier
bacon and eggs	Eier mit Speck
fried eggs	Spiegeleier
hard-boiled / soft-boiled eggs	harte / weiche Eier
(cheese / mushroom) omelette	(Käse- / Champignon-) Omelett
bread / rolls / toast	Brot / Brötchen / Toast
butter	Butter
honey	Honig
jam / marmalade	Marmelade / Orangenmarmelade
yoghurt	Joghurt
fruit	Obst

Starters and Soups	**Vorspeisen und Suppen**
clear soup / consommé	Fleischbrühe
cream of chicken soup	Hühnercremesuppe
cram of tomato soup	Tomatensuppe
mixed / green salad	gemischter / grüner Salat
onion rings	frittierte Zwiebelringe
seafood salad	Meeresfrüchtesalat
shrimp / prawn cocktail	Garnelen- / Krabbencocktail
smoked salmon	Räucherlachs
vegetable soup	Gemüsesuppe

Fish and Seafood	**Fisch und Meeresfrüchte**
cod	Kabeljau
crab	Krebs
eel	Aal
haddock	Schellfisch
herring	Hering
lobster	Hummer
mussels	Muscheln
oysters	Austern
perch	Barsch
plaice	Scholle
salmon	Lachs
scallops	Jakobsmuscheln
sole	Seezunge
squid	Tintenfisch
trout	Forelle
tuna	Thunfisch

Meat and Poultry	**Fleisch und Geflügel**
barbequed spare ribs	gegrillte Schweinerippchen
beef	Rindfleisch
chicken	Hähnchen
chop / cutlet	Kotelett
fillet	Filetsteak
duck(ling)	(junge) Ente
gammon	Schinkensteak
gravy	Fleischsoße
ground beef	Hackfleisch vom Rind
ham	gekochter Schinken
kidneys	Nieren
lamb (with mint sauce)	Lamm (mit einer sauren Minzsoße)
liver (and onions)	Leber (mit Zwiebeln)
minced beef	Hackfleisch vom Rind
mutton	Hammelfleisch
pork	Schweinefleisch
rabbit	Kaninchen
sausages	Würstchen
sirloin steak	Lendenstück vom Rind, Steak
turkey	Truthahn
veal	Kalbfleisch
venison	Reh oder Hirsch

Dessert and Cheese	**Nachspeisen und Käse**
apple pie	gedeckter Apfelkuchen
brownie	Schokoladenplätzchen

Cheddar	kräftiger Käse
cottage cheese	Hüttenkäse
cream	Sahne
custard	Vanillesoße
fruit salad	Obstsalat
goat's cheese	Ziegenkäse
ice-cream	Eis
pastries	Gebäck

Vegetables and Salad	**Gemüse und Salat**
baked beans	gebackene Bohnen in Tomatensoße
baked potatoes	gebackene Kartoffeln in Schale
cabbage	Kohl
carrots	Karotten
cauliflower	Blumenkohl
chips / french fries	Pommes frites
corn-on-the-cob	Maiskolben
cucumber	Gurke
fritters / hash browns	Bratkartoffeln
garlic	Knoblauch
leek	Lauch
lettuce	Kopfsalat
mashed potatoes	Kartoffelpüree
mushrooms	Pilze
onions	Zwiebeln

peas	Erbsen
peppers	Paprika
pumpkin	Kürbis
spinach	Spinat
sweetcorn	Mais
tomatoes	Tomaten

Fruit	**Obst**
apples	Äpfel
apricots	Aprikosen
blackberries	Brombeeren
cherries	Kirschen
grapes	Weintrauben
lemon	Zitrone
oranges	Orangen
peaches	Pfirsiche
pears	Birnen
pineapple	Ananas
plums	Pflaumen
raspberries	Himbeeren
strawberries	Erdbeeren

Beverages	**Getränke**
beer on tap	Bier vom Fass
cider	Apfelwein
red / white wine	Rot- / Weißwein
dry / sweet	trocken / lieblich
sparkling wine	Sekt
soft drinks	alkoholfreie Getränke
fruit juice	Fruchtsaft
lemonade	gesüßter Zitronensaft
milk	Milch
mineral water	Mineralwasser

Zahlen

1	one
2	two
3	three
4	four
5	five
6	six
7	seven
8	eight
9	nine
10	ten
11	eleven

12	twelve
13	thirteen
14	fourteen
15	fifteen
16	sixteen
17	seventeen
18	eighteen
19	nineteen
20	twenty
21	twenty-one
30	thirty
40	forty
50	fifty
60	sixty
70	seventy
80	eighty
90	nintey
100	hundred
1000	(a) one thousand
1/2	a half
1/3	a third
1/4	a quarter

Straßenverkehr

Linksverkehr

Auf den Britischen Inseln herrscht Linksverkehr, überholt wird rechts. Vor allem am Anfang sollte man erstmal vorsichtig fahren, andererseits ist Linksfahren auch nicht so schwer, wie man sich möglicherweise vorstellt.

Vorfahrt

Trotz des Linksverkehrs hat nicht automatisch der von links kommende Verkehr Vorfahrt. »Vorfahrt gewähren« wird durch die Schilder »Stop« oder »Give Way« angezeigt. An Straßenmündungen mit doppelter Linie muss man anhalten; an doppelte unterbrochene Linien muss man langsam heranfahren. Im Kreisverkehr (roundabouts) haben Fahrzeuge im Kreis Vorfahrt.

Höchstgeschwindigkeit

Höchstgeschwindigkeiten in Großbritannien und Nordirland: auf Autobahnen und Straßen mit zwei Fahrspuren in jeder Richtung 70 mph (112 km/h), mit Anhänger 60 mph (96 km/h); auf anderen Straßen 60 mph (96 km/h), mit Anhänger 50 mph (80 km/h); innerhalb geschlossener Ortschaften 30 mph (48 km/h). Fahrzeuge mit Anhänger dürfen auf dreispurigen Autobahnen nicht die äußere Überholspur benutzen – für Festlandeuropäer bedeutet dies also innen!

Anschnall- und Helmpflicht Es besteht Anschnallpflicht, auch auf den Rücksitzen. Für Motorrad- und Mopedfahrer besteht Helmpflicht.

Promille-Grenze Die Höchstgrenze für den Blutalkoholgehalt beträgt 0,8 Promille.

Parken Im Zentrum der meisten Städte ist Parken nur an Parkuhren möglich. Gelbe Doppellinien bedeuten Parkverbot. Auf einer einfachen gelben Linie darf zu bestimmten Zeiten, die auf einem Schild angegeben sind, nicht geparkt werden.

Benzin Benzin (petrol) wird in Litern, an älteren Tankstellen manchmal noch in Gallonen (1 Gallone =4,54 l) abgegeben. Es gibt bleifreies (unleaded) Super plus mit 98 Oktan, bleifreies Eurosuper mit 95 Oktan und verbleites Super. Dieselkraftstoff (Derv) und Flüssiggas (LPG = Liquid Petroleum Gas) sind fast überall erhältlich.

Reifendruck Der Reifendruck wird in lb/in^2 gemessen (pounds per square inch; psi). Die Umstellung auf das metrische System ($1\ lb/in^2 = 0{,}07\ kp/cm^2$; $1 kp/cm^2 = 14{,}2\ lb/in^2$) ist im Gange.

Fahrzeug-versicherung In Großbritannien ist lediglich eine Haftpflichtversicherung für Personenschäden vorgeschrieben. Es ist daher ausgesprochen ratsam, für die Dauer der Reise für sein eigenes Fahrzeug eine Kaskoversicherung abzuschließen.

Verkehrsunfall: Was tun? Trotz aller Vorsicht am Steuer kann einmal etwas passieren. Auch wenn der Ärger groß ist: Ruhe bewahren und höflich bleiben! Nacheinander sollte man folgende Maßnahmen treffen: Absichern der Unfallstelle, Bergung von Verletzten, wenn nötig Krankenwagen anfordern und Polizei benachrichtigen (▶ Notdienste), Unfallhergang, Fahrzeugkennzeichen, Versicherungsnummern, Namen und Anschrift anderer Unfallbeteiligter und evtl. Zeugen in einem Unfallbericht aufnehmen und vom Unfallgegner unterzeichnen lassen (möglichst Europäischen Unfallbericht vor Reiseantritt beim Versicherungsfachmann anfordern), Beweismittel sichern (Skizze und Fotos vom Unfallort). Unterschreiben Sie kein Schuldanerkenntnis und kein Schriftstück, das Sie nicht verstehen.

AUTOMOBILKLUBS

▶ **Automobile Association (AA)**
Norfolk House, Priestley Road,
Basingstoke / Hampsh., RG 24
Tel. 12 56 – 2 01 23

▶ **Royal Automobile Club (RAC)**
RAC House, 89 – 91 Pall Mall,
London SW 1
Tel. 79 30 23 45

PANNENHILFE

▶ **Pannenhilfe des AA**
Tel. 08 00 0 28 90 18

▶ **Pannenhilfe des RAC**
Tel. 08 00 82 82 82

▶ **ADAC Pannenhilfe und Notruf**
Tel. 02 66 15 91

Übernachten

Großbritannien bietet ein breit gefächertes Angebot an Übernachtungsmöglichkeiten, seien es komfortable Zimmer in modernen Hotelkomplexen, Zimmer mit viel Flair in mittelalterlichen Fachwerkhäusern oder in einer gemütlichen Pension, in einem Privathaus oder auf einem Bauernhof – für jeden Geschmack und für die unterschiedlich gefüllten Reisekassen ist etwas dabei.

► Preiskategorien

Luxus	über 90 £
Komfortabel	ab 30 £
Günstig	unter 30 £

Hotels, Pensionen und B&B
► Reiseziele von A bis Z

Reservierungen

Man hat verschiedene Möglichkeiten, Unterkünfte vorab zu buchen. Am Ende dieses Kapitels sind einige Adressen zum Reservieren aufgelistet. Ansonsten hilft auch VisitBritain (► Auskunft) weiter. Wer aufs Geratewohl losfahren möchte, kann sich in den Touristenbüros vor Ort informieren oder direkt in Hotels, Pensionen oder Bed-&-Breakfast-Unterkünften fragen. Etwas länger suchen muss man meist in der Hauptreisezeit im Juli und August.

Absteigen im Grand Hotel mit adäquatem Empfang.

Kategorien und Preise Seit 1999 werden britische Hotels nach und nach mit einem bis fünf Sternen ausgezeichnet. Die Zahl der Sterne bewertet die Ausstattung und ist nur bedingt Anhaltspunkt für den Preis. Andere Unterkünfte, wie Bed & Breakfast oder Pensionen, werden mit einem bis fünf Diamanten ausgezeichnet. Die nachstehend aufgeführten Preise sind Durchschnittspreise für ein Doppelzimmer mit Frühstück – für ein English Breakfast muss mitunter ein Aufpreis bezahlt werden. Die Hotelpreise in London liegen insgesamt höher, und generell wird in der Luxusklasse für ein Zimmer oft bedeutend mehr verlangt als in dieser Zusammenstellung angegeben. Auf die Preise werden normalerweise 17% Mehrwertsteuer (VAT) aufgeschlagen.

Hotels Es gibt viele gute Hotels – herrlich eingerichtet in schönen Häusern. Im Hotel zu übernachten ist in Großbritannien allerdings ein ziemlich teures Vergnügen. Manche Hotels bieten aber spezielle Wochenendtarife oder Vergünstigungen für »Short Breaks« (für drei oder vier Tage) an.

Budget Hotels Immer mehr Verbreitung finden »Budget Hotels«, die ordentliche Unterkünfte zu annehmbaren Preisen bieten. Zu ihnen gehören u.a. die Ketten Forte Travel Lodges, Campanile Lodges und Travel Inns.

Schloss- und Landhotels Wer ein paar Tage in einem Manor House oder Castle, die zu Nobelherbergen umgewandelt worden sind, ausspannen und vorzüglich tafeln möchte, dem wird Genuss par excellence zuteil. Geld darf dabei keine Rolle spielen – der Preis für ein Doppelzimmer mit Frühstück ist zwischen 95 und 465 £ anzusetzen –, Qualität und Service sind in der Regel aber ihr Geld wert. Die geschichtsträchtigen Räume dieser Spitzenklassehotels sind aufwändig mit Antiquitäten möbliert. Man achtet auf eine angenehm familiäre Atmosphäre, bietet erlesene Kochkunst und bestsortierte Weinkeller, ganz zu schweigen von den überwältigenden Parklandschaften, durch die Gäste spazieren können.

Bed & Breakfast Bed and Breakfast (B&B) ist eine preiswerte Alternative zum Hotel. Man wohnt bei einer britischen Familie, wobei man im Allgemeinen ein gemütlich eingerichtetes Zimmer und am Morgen das berühmte »English Breakfast« erhält. Die Unterkunft kann in einem ganz normalen Privathaus, in einem Farmhaus, einem Landgasthof oder in einem luxuriösen Landhaus sein – je nachdem, wer B&B anbietet. Außer in London sind die Häuser durch Schilder mit »Bed and Breakfast«, »B&B« oder »Vacancies« gekennzeichnet. Man muss nicht vorher reservieren, kann es aber. Vorab buchen kann man bei einer Agentur, Informationen erteilt auch VisitBritain (►Auskunft). Bei VisitBritain erhält man auch die Broschüre »Bed and Breakfast« des jeweiligen Jahres und eine »Bed and Breakfast Touring Map«. Einen ausführlichen B&B-Führer für Schottland erhält man bei Britain Direct (► Auskunft). Eine B&B-Übernachtung kostet pro Person und je nach Saison zwischen 17 und 40 £ bzw. zwischen 20 und 50 £ in London.

Manchmal empfangen die Bed-and-Breakfast-Gastgeber ihre Übernachtungsgäste schon vor der Tür.

Inns

Sehr verbreitet sind die Inns (Gasthöfe), die in der Zeit des Reisens zu Pferd und mit Kutschen entstanden. Viele der meist kleinen Inns sind daher von beträchtlichem Alter und meist sehr regionstypisch. Im Süden und Osten finden sich oft von Kletterpflanzen bedeckte Fassaden und Strohdächer, in Wales bestimmen die getünchten Steinwände und Schieferdächer das Bild. In Schottland zeigen viele Inns natursteinfarbene Steinmauern und Treppengiebel, in Nord- und Westengland vorwiegend Fachwerk und Ziegeldächer. Ein Inn ist bequem ausgestattet, ohne luxuriös zu sein, und preislich relativ günstig. Die meisten haben nur wenige Fremdenzimmer; die teilweise hervorragende Küche bietet regionale Speisen. Die Broschüre »Stay at an Inn« ist bei VisitBritain (►Auskunft) erhältlich.

Lodges

Lodges (Motels) liegen meist direkt an der Autobahn, sind also eigentlich nur für Durchreisende geeignet und haben Zimmer mit Einheitspreisen für ein bis vier Personen.

Self-Catering

Wer ein Ferienhaus oder ein Apartment mieten möchte, hat die Auswahl zwischen einfachen Cottages auf dem Land oder an der Küste bis hin zu Stadt-Apartments. Von VisitBritain (►Auskunft) wird das Verzeichnis »Self-Catering Holiday Homes« mit Ferienwohnungen, Landhäusern etc. in ganz Großbritannien herausgegeben. Auskünfte speziell über Häuser in Großbritanniens Wäldern erteilt die Forestry Commission. Der Landmark Trust wurde 1965 von einem Londoner Bankier zum Schutz historischer Stätten gegründet. Die angebotenen Feriendomizile – von der Mietwohnung bis zum Castle – sind häufig sehr originell und relativ preiswert. Ferienwohnungen offerieren zudem der National Trust for England und der National Trust for Scotland.

Farm Holidays Zahlreiche Bauernhöfe bieten Urlaub auf dem Bauernhof an. Normalerweise wird Übernachtung mit Frühstück angeboten, meist ist auch Halbpension möglich. Oft sind Reitzentren und Angelreviere in der Nähe. Bei VisitBritain kann man die kostenlose Broschüre »Stay on a Farm« bestellen.

Youth Hostels In Großbritannien gibt es mehr als 300 Jugendherbergen, die mittlerweile mehr als ein preiswertes Bett bieten. Viele Youth Hostels liegen sehr idyllisch, viele sind in den letzten Jahren modernisiert worden. Nicht nur Jugendliche, auch Erwachsene und Familien können hier preiswert übernachten. Je nach Ausstattung zahlen Erwachsene pro Nacht zwischen 10 und 17 £, Jugendliche unter 18 Jahren etwas weniger. In den meisten Jugendherbergen muss man einen internationalen Jugendherbergsausweis dabeihaben. Die Aufenthaltsdauer ist auf drei Tage (in London insgesamt vier Tage, auch wenn die Jugendherberge gewechselt wird) begrenzt. Voranmeldung ist grundsätzlich ratsam. Öffnungszeiten sind meistens 7.00–10.00 Uhr und 17.00–23.00 Uhr, viele Häuser haben auch länger offen; in London sind alle Jugendherbergen rund um die Uhr geöffnet. In der Nebensaison haben einige Jugendherbergen wöchentlich 1–2 Ruhetage. Während der Wintermonate bleiben viele Jugendherbergen länger geschlossen.

Studentenwohnheime In mehr als 20 Städten kann man während der Semesterferien günstig in Wohnheimen von Universitäten oder Colleges übernachten.

Camping / Caravaning Wildes Campen ist nicht erlaubt, man kann aber auf Privatgelände zelten, wenn es mit den Besitzern abgesprochen ist. Campingplätze sind meist für Zelte, Wohnwagen und Wohnmobile eingerichtet. Auf einigen Plätzen werden auch Wohnwagen vermietet. Auf den Kanalinseln sind Wohnmobile und Wohnwagen nicht erlaubt, auf der Isle of Man sind Wohnanhänger nicht erlaubt. Bei VisitBritain erhält man die kostenlose Broschüre »Camping & Caravan Parks in Britain«.

Wohnungs- und Haustausch Bei einem Wohnungs- und Haustausch verbringt man den Urlaub im Haus oder in der Wohnung einer britischen Familie, während diese ihre Ferien bei Ihnen verlebt. Man zahlt keine Miete, lediglich eine Gebühr an eine Vermittlungsagentur. Anschriften von »Home Exchange Agencies« sind bei VisitBritain erhältlich.

Ungewöhnliches Der National Trust, der Landmark Trust und Distinctly Different bieten so ungewöhnliche Unterkünfte wie Mühlen, Leuchttürme, Kirchen oder Doppeldeckerbusse an.

ÜBERNACHTEN

BED & BREAKFAST

▶ **Bed & Breakfast**
U. Neukirchen GmbH
Tel. 0 25 33 – 9 32 40
Fax 93 24 25
E-Mail: info@goto-britain.de

▶ **British Link Tours**
Tel. 061 30 – 94 68 93
Fax 94 68 96
www.british-link-tours.de

SELF-CATERING

▶ **British Cottages**
Mülheimer Straße 87 a
D-51375 Leverkusen
Tel. 02 14 – 500 65 79
Fax: 02 14 – 500 65 78
www.british-cottages.com

▶ **Britain.de**
Ferienhäuser in Großbritannien
Tel. 0 61 04 – 78 96 80
Fax 0 61 04 – 78 96 80
E-mail: runaways@britain.de
www.britain.de

▶ **Landmark Trust**
Shottesbrooke, Maidenhead
Berkshire, SL6 3SW
www.landmarktrust.org.uk
(Urlaub in historischen Häusern)

▶ **Forestry Commission**
Forest Holidays
231 Corstorphine Road
Edinburgh EH12 7AT, Schottland
Tel.: 00 44 – 131 – 334 03 03
www.forestry.gov.uk
(Urlaub in Wald-Cottages)

JUGENDHERBERGEN

▶ **Youth Hostel Association**
Für England und Wales:
Trevelyan House, Matlock
Derbyshire DE4 3YH, England
Tel. 00 44 – 16 29 –59 27 00
Fax 00 44 – 16 29 – 59 27 02
E-mail: reservations@yha.org.uk
www.yha.org.uk

Für Schottland:
The Scottish Youth Hostel Association
7 Glebe Crescent
Stirling FK8 2JA
Schottland
Tel. 00 44 – 871 – 330 85 60
Fax 00 44 – 871 – 330 86 61
E-mail: info@syha.org.uk
www.syha.org.uk

▶ **Unabhängige Jugendherbergen**
www.backpackers.co.uk

STUDENTENWOHNHEIME/ COLLEGEZIMMER

▶ **Venuemasters**
The Workstation, Paternoster Row
Sheffield S1 2 BX, England
Tel.: 00 44 – 114 – 249 30 90
Fax 00 44 – 114 – 249 30 91
www.venuemasters.co.uk

CAMPING/CARAVANING

▶ **Nützliche Websites:**
www.campingandcaravaningclub.-co.uk
www.caravanclub.co.uk
www.motorcaravanners.org.uk

UNGEWÖHNLICHE UNTERKÜNFTE

▶ **National Trust**
www.nationaltrustcottages.co.uk

▶ **Landmark Trust**
www.landmarktrust.org.uk

▶ **Distinctly Different**
www.distinctlydifferent.co.uk

Verkehr

Bus

Großbritannien besitzt ein dichtes Netz von überregionalen Fernbuslinien, das von **National Express** in England und Wales und von **Scottish Citylink** in Schottland betrieben wird. Daneben gibt es einen gut funktionierenden Regionalbusverkehr, der von kommunalen und privaten Gesellschaften unterhalten wird. Eine Besonderheit stellen die **Postbusse der Royal Mail** dar, die in ländlichen Regionen auf ihren Postzustellungsfahrten auch Personen mitnehmen. Eine zweite Besonderheit sind die **Backpacker-Busse**, die vor allem von Touristen benutzt werden: Sie fahren von einer Herberge zur anderen und bieten dabei flexible Routenplanung und Reiseleitung an.

Ermäßigungen Wer viel mit Bussen fahren will, kann den **Tourist Trail Pass** kaufen, mit dem man in England und Wales unbegrenzt mit allen National Express Bussen zwischen 2 und 15 Tagen fahren kann. In Schottland gibt es ein entsprechendes Angebot der Scottish Citylink, das auch für die Northlink-Fähren nach Orkney und Shetland benutzt werden kann. Der **Scottish Explorer Pass** bietet übrigens auch noch Rabatte in Jugendherbergen. In England, Wales und Schottland gibt es zudem Discount Coachcards, auf die Reisende im Alter von 16 bis 25 Jahren, Studenten, Senioren und Familien eine Ermäßigung von 30% bekommen.

Bahn

Es gibt ein weit verzweigtes Bahnnetz, Bahnreisen in Großbritannien sind bequem und schnell. Auf den Hauptstrecken fahren Hochgeschwindigkeitszüge mit mehr als 200 Stundenkilometern. Von London nach Schottland und nach Südengland gibt es eine Schlafwagenverbindung. Einzelfahrscheine und Rückfahrkarten kann man schon zu Hause kaufen, was den Vorteil hat, dass man die Fahrt beliebig unterbrechen kann, bei den in Großbritannien verkauften Tickets sind dagegen Tage und Fahrzeiten festgelegt.

Ermäßigungen Stark ermäßigt sind so genannte Point-to-Point-Tickets für die 2. Klasse. Gruppen von sechs Erwachsenen erhalten 30% Ermäßigung und zudem Ermäßigung, wenn sie Point-to-Point-Tickets kaufen. Außerdem gibt es einige **BritRail-Pässe** mit unterschiedlichen Laufzeiten zwischen 4 und 22 Tagen, die in unterschiedlichen Regionen in England, Schottland und Wales gelten. Eingeschlossen sind auch der Heathrow Express, der Gatwick Express und der Stansted Express. Der **Freedom of Scotland Travelpass** ist ein Kombiticket für alle Bahnstrecken in Schottland, die meisten Fährstrecken zu den Inseln an der Westküste, einige Fernbusstrecken, die U-Bahn in Glasgow;

außerdem erhält man Ermäßigung für die Überfahrt zu den Shetland- und Orkneyinseln. Mit dem **Freedom of Wales Flexi Pass** kann man alle Bahnstrecken in Wales und viele Busstrecken benutzen. Außerdem erhält man Ermäßigungen bei Fahrten mit historischen Eisenbahnen, bei einigen Sehenswürdigkeiten und Attraktionen und bei einigen Bustouren. Die **London Visitor Travelcard** gibt es für den Innenstadtbereich oder das gesamte Groß-Londoner Stadtgebiet; die Gültigkeitsdauer kann gewählt werden, außerdem erhält man ein Gutscheinheft mit Ermäßigungen für diverse Sehenswürdigkeiten, Restaurants und Geschäfte.

◄ Verkauf von Tickets und Pässen

In Deutschland erhält man Bahntickets und die genannten Pässe für alle Strecken in Großbritannien bei Britain Direct (►Auskunft), beim Britain Visitor Centre (►Auskunft), in Reisebüros mit Bahnagentur und an den Verkaufsstellen in allen größeren Bahnhöfen der Deutschen Bahn. In der Schweiz erhält man Tickets und Pässe bei Falcon Travel in Zürich, in Österreich beim Bahn & Fähren Center in Wien.

Fähren, wichtiges Verkehrsmittel zu den vielen Inseln vor der 7500 km langen britischen Küste.

WICHTIGE ADRESSEN

ÖFFENTLICHE VERKEHRSMITTEL

▸ Informationen im Internet
www.pti.org.uk
www.traveline.org.uk

BUSFAHRTEN

▸ Reisebüro Winkelmann
Schulstr. 2
D-29308 Winsen/Aller
Tel. 0 51 43 – 9 34 34
Fax 0 51 43 – 23 37
Auskünfte, Fahrkartenvorverkauf und Discount-Pässe

▸ Royal Mail Postbusse
www.royalmail.com/postbus/home.htm

▸ Backpacker-Busse
Radical Travel,
www.radicaltravel.com
Stray Travel Network,
www.straytravel.com
MacBackpacker's Tours,
www.scotlands-top-hostels.com

▸ National Express
4 Vicarage Road, Edgbaston
GB-Birmingham B15 3ES
Tel. 0 87 05 – 80 80 80
www.nationalexpress.com
u.a. Fahrpläne

BAHNFAHRTEN

▸ Britain Direct GmbH
Ruhbergstr. 8
D-69242 Mühlhausen
Tel. 0 62 22 – 67 80 50
Fax 0 62 22 – 678 05 19
www.britaindirect.com

▸ Falcon Travel
Zürich
Tel. 01 – 295 55 44
Fax 01 – 295 55 85
www.falcontravel.ch

▸ Bahn & Fähren Center
Wien
Tel. 01 – 58 80 05 45
Fax 01 – 58 80 05 70
www.bahnkarten.at

▸ National Rail Call Centre
Tel. 00 44 – 84 57 – 48 49 50
www.nationalrail.co.uk
Auskünfte zu Bahnverbindungen

HISTORISCHER DAMPFLUXUSZUG

▸ Royal Scotsman
The Royal Scotsman
46a Constitution Street
EdinburghEH6 6RS
ScotlandUK
Tel. 00 44 – 131 555 13 44
Tel. 00 44 – 131 555 10 21
(Reservierungen)
E-mail: enquiries@royalscotsman.co.uk (Anfragen)
E-mail: bookings@royalscotsman.co.uk (Reservierungen)
www.royalscotsman.co.uk

AUTOFAHREN/MIETWAGEN

▸ Hertz
Tel. 0 18 05 – 33 35 35
www.hertz.de

▸ Avis
Tel. 0 18 05 – 55 77 55
www.avis.de

▸ Europcar
Tel. 0 18 05 – 80 00
www.europcar.de

▸ Sixt
Tel. 0 18 05 – 23 22 22
www.sixt.de

▸ Reiseroutenplanung
www.reiseplanung.de
www.web.de (Routenplanung)

Der »Royal Scotsman« ist ein historischer Dampfluxuszug, mit dem u.a. fünftägige Fahrten ab und bis Edinburgh durch das schottische Hochland einschließlich Besichtigungen von Schlössern, Burgen und Landsitzen sowie Whiskydestillen gebucht werden können.

Royal Scotsman

Inlandsflüge

Den Inlandsflugverkehr bestreiten British Airways und eine Anzahl regionaler Fluggesellschaften. Sie bedienen neben den größeren Flughäfen (► Anreise) auch die kleineren Flugplätze Aberdeen, Cardiff und Inverness, die Kanalinseln Guernsey und Jersey, die Isle of Man und die Isle of Wight, die Hebriden-Inseln Benbecula und Lewis, die Orkneys und die Shetlands. Die regionalen Fluggesellschaften wie Aurigny Air Service, British Midland, Brymon Airways, GB Airways, LKM uk, Loganair, Maersk Air, Manx Airlines, Suckling Airways und Virgin Atlantic haben im Allgemeinen ihre eigenen Schalter an den Flughäfen.

Fähren

Die Kanalinseln, die Isle of Man, die Isle of Wight, die Hebriden, die Orkneys, die Shetlands und viele kleinere vorgelagerte Inseln sind mit Auto- oder Personenfähren zu erreichen. Angaben dazu sind unter den jeweiligen Punkten im Teil Reiseziele von A bis Z zu finden.

Mietwagen (Car hire)

Der Mieter eines Wagens muss mindestens 12 Monate im Besitz eines Führerscheins sein und ein Mindestalter von 21, bei manchen Vermietern von 23 Jahren haben.

Taxi

Taxistände gibt es u.a. an Flughäfen und Bahnhöfen. In den Großstädten kann man ein freies Taxi – erkennbar an dem erleuchteten Schild »taxi« oder »for hire« auf dem Wagendach – heranwinken.

Zeit

In Großbritannien gilt Greenwich Mean Time (GMT) = MEZ – 1 Std., d.h. die Uhren müssen bei der Einreise eine Stunde zurückgestellt werden. Von Ende März bis Mitte Oktober gilt die europaweit übliche Sommerzeit (Daylight Saving Time: GMT + 1 Std.). Die Stunden vor Mittag werden mit a.m. (ante meridiem), die nach Mittag mit p.m. (post meridiem) bezeichnet (z.B. 6 a.m. = 6.00 Uhr morgens; 6 p.m. = 18.00 Uhr).

Touren

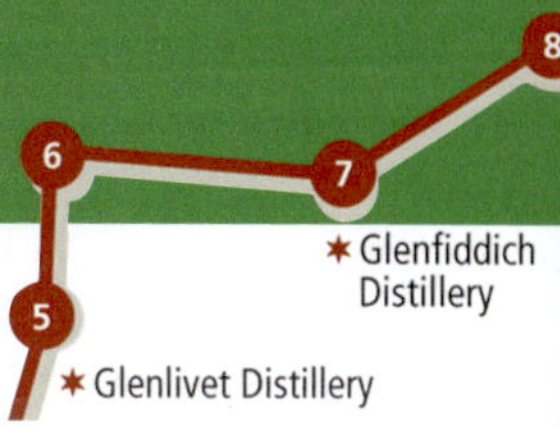

... DIE IN DEN GEBURTSORT VON AGATHA CHRISTIE FÜHREN ODER ZU DEN STÄTTEN, WO DER WELTBERÜHMTE WHISKY PRODUZIERT WIRD UND PROBIERT WERDEN KANN. DAZU TIPPS, WIE MAN DIE BRITISCHE NATUR UND KULTUR AM BESTEN ERLEBT UND GENIESST.

TOUREN DURCH GROSSBRITANNIEN

Sechs Touren in sechs schöne und sehr unterschiedliche Regionen Großbritanniens: Süden, Norden, die Mitte Englands, Schottland, Nordirland und Wales.

Aberdeen
Es grüßt das schottische Einhorn.

Rievaulx Abbey
Klosterruinen inmitten der Landschaft

Belfast
Ein Besuch in der Oper

Llandudno
Klassisches Badeleben in North Wales

Oxford
Modernes Studentenleben und »altes England«

Clovelly
Den frühen Morgen genießen

Zur Einstimmung auf die Reise

Badeurlaub? Manches sollte man am besten vorab klären. Zum Beispiel die Frage nach dem Badeurlaub. Wer nämlich seine Ferientage bei molligen Temperaturen am Strand verbringen möchte und zwischendurch Abkühlung im Meer sucht, könnte in Großbritannien eine große Enttäuschung erleben. Selbst bei einer Reise im Hochsommer in das vom Klima verwöhnte Südengland ist wohltuendes Strandwetter nicht garantiert. Es kann wunderbar warm sein, muss aber nicht. Darüber können auch die Palmen nicht hinwegtäuschen, die hier wachsen. Wer also für eine Reise im Juli oder August optimistisch seine Badesachen einpackt, wird sie sicher nicht unbenutzt wieder mit zurücknehmen, aber ein dicker Strandpullover sollte auch dabei sein. Südengland ist zum Baden jedenfalls noch am besten geeignet.

Natur erleben: Wandern Was also tun, wenn es zum Baden eigentlich zu ungemütlich ist? Natur erleben – Natur ist wahrlich ein Pfund, mit dem das britische Inselreich wuchern kann! Wer viel an der frischen Luft sein möchte und das durchaus milde atlantische Klima mag, der kann sich Großbritannien erwandern. An der Südküste zum Beispiel gibt es fast überall einen »cliffpath«, einen ausgetretenen, von Blumen und Gräsern gesäumten Pfad, der direkt an der meist steil abfallenden Küste entlangführt und von dem man ohne Schwierigkeiten in die flachen Sandbuchten hinuntergehen kann. Das ist die einfachste und sicher eine der schönsten Arten, sich in der satten britischen Natur zu bewegen. Es gibt aber auch fernab der Küste ausgeschilderte Wanderwege, denen man über mehrere Tage folgen kann – wie zum Beispiel den South Downs Way zwischen Eastbourne und Winchester in Südengland (► Brighton). Zum Wandern bieten sich natürlich auch die nördlicheren Gefilde an. Nicht umsonst gibt es zahlreiche Nationalparks, in denen man gut wandern kann.

> **!** *Baedeker* TIPP
>
> **Wandern auf dem Tarka Trail**
>
> Auf den Spuren eines Otters wandern... Tarka wurde 1927 von Henry Williamson erfunden, der anhand der fiktiven Wanderungen von Tarka die Flora und Fauna Nord-Devons beschrieb. Die 288 km lange Route ist mit Pfoten markiert und führt teilweise durch den Exmoor-Nationalpark.

Rad fahren Wer es etwas schneller mag, fährt Rad. In den letzten Jahren wurde das britische Fahrradwegnetz intensiv ausgebaut. Und so nimmt man am besten die National Cycle Routes, auf denen man das Land quasi von einer Küste zur anderen durchqueren kann. Abzuraten ist dagegen von normalen Landstraßen, die in der Regel keine Radwege haben. Es sei denn, man fährt auf den ganz kleinen Straßen, die nicht stark befahren sind. Ein gutes Rad ist vonnöten – in Großbritannien gibt es wesentlich mehr Steigungen, als man von Ferne denken würde – und die Regenausrüstung darf man auch nicht verges-

Glendurgan Gardens, ein grünes Labyrinth im Süden Englands

sen. Einkehren kann man zwischendurch in einem gemütlichen Pubs und für's Übernachten bieten sich die B&Bs an, die Bed-and-Breakfast-Unterkünfte, die sehr unterschiedlich sind – je nach Gastgeber, durch den man auf jeden Fall ein Stückchen Großbritannien privat kennen lernt. Meist ergibt sich in den kleinen Häusern auch die Gelegenheit, mit anderen Gästen ins Gespräch zu kommen.

Bootsurlaub

Geruhsames, fast schon meditatives Naturerleben bietet eine Bootsfahrt durch Großbritannien. Zwar ist die Auswahl an Routen nicht ganz so groß wie mit dem Fahrrad, aber die Perspektive vom Wasser aus ist sicher ungewöhnlich schön. Man kann Hausboote mieten, das satte Grün durchschippern und die Tage ins Land ziehen lassen.

Organisierte Reisen

Natur lässt sich im Übrigen auch organisiert erleben. Wander- oder Radreisen werden angeboten, und Gartenfreunde wissen es längst: Gartenreisen nach England gehören zum Schönsten, was sie sich vorstellen können. Auch hier bietet sich Südengland mit dem milden und feuchten Klima an, es wächst, grünt und blüht, und die Gärtner und Gartenarchitekten verschiedener Jahrhunderte haben hier wahre Kunstwerke zustande gebracht.

Natururlab in Schottland

Wer weniger liebliche Natur sucht, ist in Schottland richtig – in der Bergwelt der Grampian Mountains oder in den Highlands. Und natürlich an den Küsten, die rau sind und durchzogen von tief eingeschnittenen Fjorden, den Lochs. Extrem wird es auf den vorgelagerten Inselgruppen, den Hebriden im Nordosten, den Orkneys im Nordwesten und den Shetlands weitab in der Nordsee. Man muss überhaupt erstmal hinkommen: Fähren bringen einen in diese anderen Welten oder kleine Flugzeuge, mit denen man auch von einer Insel zur nächsten weiterfliegen kann. Diese Gefilde haben nichts mehr von den grünen Schönheiten Cornwalls im englischen Südwesten, hier oben gibt es eine karge und dramatische Natur, eine sehr eigene Gesellschaft, eine andere Geschichte.

Kultur erleben: Großbritanniens Städte

Und zur Kultur: Ganz obenan steht natürlich London. Eine Städtereise in die britische Hauptstadt bietet eigentlich alles. Aber London ist nicht die einzige Stadt. Zunehmend interessant sind nämlich auch die kleineren Nordmetropolen wie Liverpool, Manchester oder Birmingham. Viele Londoner Museen haben dort Außenstellen, wie die Tate in Liverpool, die das volle Programm des 20. Jh.s zeigt. Hafenstädte wie Cardiff in Wales haben ihre Häfen umfunktioniert, überall entstehen interessante Areale – interessant in städtebaulicher, kultureller und gastronomischer Hinsicht. Eher traditionell zeigen sich natürlich Oxford oder Cambridge mit ihren herrlichen alten Colleges. Und Edinburgh ist die wichtige Kulturmetropole Schottlands.

Festivalzeit

Und nicht zu vergessen die diversen Festivals, die schon genug Anlass für eine Reise sind: hochrangige Musikfestivals – Jazz, Pop, Folklore oder Klassik –, das International Festival oder die Alternative dazu, das Fringe Festival, beide in Edinburgh, Kulturfestwochen wie das Eisteddfod in Wales oder die Highland Games in Schottland, bei denen die für Auswärtige sonderbarsten Disziplinen vorgeführt werden.

Auf den Spuren von...

Möchte man sich thematisch konzentrieren, dann bleibt eine »Spuren-Reise«. Auf Skakespeares Spuren wandelt man unter Garantie in Stratford-upon-Avon. Die Brontë-Schwestern versteht man sicher am besten, wenn man direkt nach Haworth in Yorkshire fährt, wo sie lebten und schrieben; hier gibt es zum Beispiel einen Wanderweg durch die oft beschriebene Moorlandschaft. Jane Austens Spuren findet man in Südengland. Robert Burns kann man im Südwesten Schottlands kaum entgehen, Theodor Fontanes Spuren muss man hier oben schon eher suchen, aber er war da und hat sich inspirieren lassen. Und die Beatles sind bis heute in Liverpool anwesend. Und schließlich der Film: »Lang lebe Ned Devine« wurde auf der Isle of Man gedreht, »Trainspotting« in Edinburgh und die schönsten Landschaften Südenglands waren Kulisse für Jane-Austen-Verfilmungen.

Auto, Bus oder Bahn?

Wer sich viel ansehen möchte, braucht ein Auto oder fährt mit Bahn und Bus. Autofahrer müssen sich ans Linksfahren gewöhnen, was normalerweise aber schnell geht. Kleine Nebenstraßen – mitunter von Hecken oder bewachsenen Mauern gesäumt – sind manchmal derart schmal, dass man bei Gegenverkehr Ausweichstellen benutzen muss. Mietwagen haben das Steuer rechts und die Schaltung wird mit der linken Hand »verkehrt herum« geschaltet, auch das eine Frage der Gewohnheit. Wer öffentliche Verkehrsmittel nimmt, muss sich um solche Fragen nicht kümmern. Man kommt etwas langsamer voran, hat aber ein ausreichendes Verkehrsnetz zur Verfügung und kann mit verschiedenen Discountpässen auch einiges Geld sparen.

Tour 1 Englands Südwesten – Cornwall und Devon

Start H 9

Länge der Tour: ca. 500 km **Tourdauer:** 3 Tage

Viele Englandreisende kommen auf die britische Insel, um sich ausschließlich im Süden umzusehen – sehr zu Recht, denn Südengland ist ausgesprochen abwechslungsreich: grüne, hügelige Landschaften, bizarre Felsenszenerien und grandiose Klippenküsten. Besonders eindrucksvoll ist die Halbinsel ganz im Südwesten von England, Cornwall und Devon. Hier lässt das milde Golfstromklima eine mitunter fast südliche Atmosphäre entstehen. Viele kleine Urlaubs- und Fischerdörfer locken mit Sandstränden und üppiger Vegetation und im Landesinnern lohnen zwei landschaftlich sehr eindrucksvolle Nationalparks.

Ausgangspunkt für die Tour durch Englands Südwesten ist am Rand des Exmoor Nationalparks die Kleinstadt 1 **Dunster** mit der hübschen High Street und einer imposanten Burg. Die A 396 und die B 3224 führen von Dunster aus zum Dunkery Beacon, der höchsten Erhebung im ✶ ✶ **Exmoor National Park** mit einer guten Aussicht. Von hier geht es zurück auf die A 39 und – mit einem Abstecher über Ilfracomb, dem größten und ältesten Badeort an der Küste von Devon, und die alte Hafenstadt Barnstaple – nach 2 ✶ ✶ **Clovelly**, ein Fischerdörfchen, das für seine einzigartige Hanglage und sein harmonisches Häuserensemble bekannt ist.

Die A 39 führt nun nach Cornwall hinein, wo die B 3263 zum natürlichen Hafen von Boscastle abzweigt, der geschützt in einer engen Schlucht vor der stürmischen Nordküste Cornwalls liegt. Von hier ist es auf der B 3263 nicht weit bis nach 3 ✶ **Tintagel** und den Ruinen der sagenhaften Artusburg. Weiter geht es dann auf der A 39 in das malerisch in der Camel-Mündung gelegene Padstow mit einem lebhaften Hafen. Weiter westlich trifft man auf die A 30, über die man nach 4 ✶ ✶ **St. Ives** kommt, ein bekanntes Künstlerrefugium und Fischerdorf, wo man einen Besuch der Tate Gallery nicht versäumen sollte. Von St. Ives ist es dann nicht mehr weit bis zum westlichsten Zipfel der britischen Hauptinsel, 5 ✶ ✶ **Land's End**.

Von nun an geht es zwangsläufig in Richtung Osten. In **Penzance** kann man in den Morrab Gardens mit ihrer mediterranen Pflanzenpracht verweilen oder sich die fremdartige Fassade des Ägyptischen Hauses ansehen. Auf der Weiterfahrt bietet sich ein Abstecher über die Halbinsel **The Lizard** an, an deren südlichstem Punkt die ältesten Leuchttürme von Cornwall stehen. Von den zahlreichen Gärten

Cornwalls seien die 6 ✶ **Glendurgan Gardens** mit ihrem Heckenlabyrinth besonders empfohlen. Über Truro – und vielleicht nach einem Abstecher in den hübschen Fischer- und Ferienort Mevagissy – kommt man nach 7 ✶ ✶ **Fowey**, der Heimatstadt von Daphne du Maurier, mit einem bezaubernden Yacht- und Fischerhafen und zahlreichen Wandermöglichkeiten.

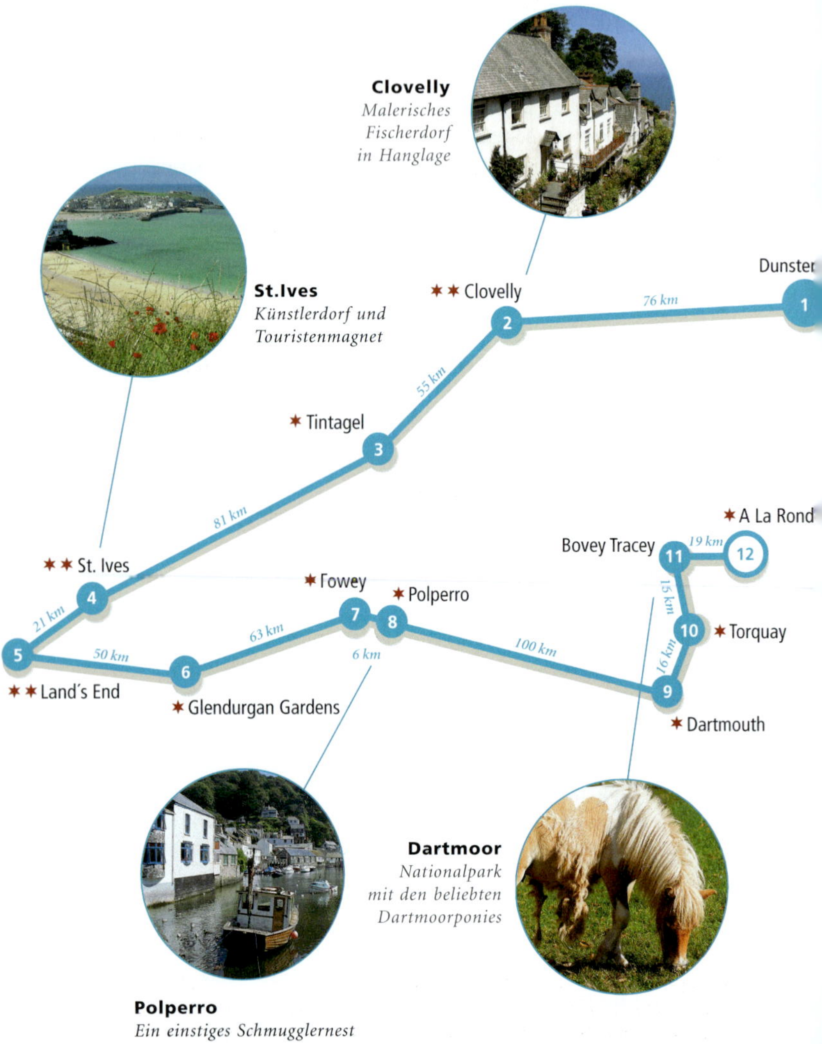

Eine Autofähre verkehrt zwischen Fowey und Bodinnik, so dass es nur 12 km bis in das Fischerdorf 8 ✶ **Polperro** mit seinen engen Gassen sind; im Museum of Smuggling kann man sich über das einstige Schmugglerwesen in Cornwall informieren. Familien schätzen den umtriebigen Fischer- und Ferienort Looe mit einem sicheren Sandstrand, der von Polperro aus schnell über die A 387 zu erreichen ist. Eine landschaftlich sehr schöne Strecke führt von Looe nach Torpoint. Dort geht es auf die Autofähre, man überquert den Tamar, der Cornwall von Devon trennt, und landet in **Plymouth**, der Stadt des Sir Francis Drake. Durch die grünen Hügel Devons führt die A 379 weiter nach Kingsbridge, wird bei Torcross zu einer faszinierenden Küstenstraße und führt schließlich nach 9 ✶ **Dartmouth**, eine Kleinstadt, deren verwinkelte Gassen am Mündungstrichter des Dart von einer Wehranlage aus dem 15. Jh. bewacht werden. Wieder nimmt man eine Autofähre und setzt an das östliche Ufer des Dart über, um weiter nach 10 ✶ **Torquay** zu fahren. Torquay ist die Geburtsstadt von Agatha Christie und wegen des milden Klimas beliebtes Urlauber- und Segelzentrum.

Von Torquay aus geht es in Richtung Norden auf der A 382, die in den ✶✶ **Dartmoor National Park** führt. In 11 **Bovey Tracey** gibt es ein Visitor Centre, hier erhält man alle nötigen Informationen über den Nationalpark. Lohnende Ziele im Dartmoor National Park sind u.a. das kleine Dorf Widecombe in the Moor mit einer »Moorkathedrale«, die mittelalterliche »Clapper Bridge« bei Postbridge und Castle Drogo, ein pompöser Landsitz aus den ersten Jahren des 20. Jahrhunderts. Südlich der Grafschaftshauptstadt Exeter mit einer gotischen Kathedrale lohnt zum Schluss dieser Tour der skurrile Landsitz zweier englischer Ladies, 12 ✶ **A La Ronde**, der wunderschön am Ostufer des Exe gelegen ist.

Tour 2 Kultur-Tour durch Mittelengland

Start L 9

Länge der Tour: ca. 200 km **Tourdauer:** 2–3 Tage

Bei dieser Tour für ausgesprochene Kulturreisende werden mehrere Highlights – in erster Linie Zweisterne-Sehenswürdigkeiten – westlich und nordwestlich von London angefahren. Damit das Landschaftserlebnis nicht zu kurz kommt, werden einige Umwege in Kauf genommen, die durch besonders schöne Gegenden führen.

Ausgangspunkt für diesen schönen Kulturtrip ist 1 ✶✶ **London**. Großbritanniens Hauptstadt bietet bekanntlich »Kultur satt«, und wer nach einem Besuch der Metropole noch Kapazitäten hat, sollte als Erstes Windsor vor den Toren der Kapitale ansteuern. ❷ ✶ ✶ **Windsor** liegt direkt im Westen von London ebenfalls an der Themse und ist am schnellsten über die Autobahn E 30 zu erreichen. Das Städtchen ist seit nahezu einem Jahrtausend Sitz der Königsfamilie, und Windsor Castle zählt zu den schönsten Residenzen der Welt. Wenn die Queen gerade in Windsor Castle ist, kann man das Schloss nicht besichtigen, dann ist auf dem Round Tower geflaggt. Andernfalls kommt man in die Residenz hinein. Auch der Ort Windsor selbst lohnt, und schließlich gibt es noch Eton auf dem anderen Themseufer mit dem traditionsreichen Eton-College, zu dessen Schülern nicht weniger als 20 englische Premierminister gehörten.

Nächstes Ziel ist ❸ ✶ ✶ **Oxford**. Wer keine Zeit hat, kommt über die Schnellstraße und die Autobahn E 05 dorthin, wer aber den Weg genießen möchte, fährt schöner über die Autobahn E 30 bis Höhe Reading und nimmt dann die A 329, die direkt am Themseufer entlangführt. Für die weltberühmte Universitätsstadt mit ihren malerischen alten Colleges, die man zumeist außerhalb der Vorlesungszeiten besichtigen kann, sollte man mehr als einen Tag einplanen – neben den Colleges und der Kathedrale lohnt sich auch das Ashmolean Museum mit einer hervorragenden Kunst- und Altertumssammlung. Zudem ist es schön, die Atmosphäre in der Stadt, die natürlich vom Studentenleben geprägt ist, intensiv mitzuerleben.

Diesmal führt die weitere Strecke ohne Umwege durch herrliche Landschaft ans Ziel: ❹ ✶ ✶ **Stratford-upon-Avon**. Von Oxford nimmt man die A 44 in Richtung Norden. Wer möchte, sieht sich Blenheim Palace 3 km nördlich in Woodstock an, Geburtsort von Winston Churchill und UNESCO-Weltkulturerbe. Kurz nachdem man bei Chipping Norton von der A 44 abgezweigt ist, sollte man noch einen Zwischenstopp bei den Rollright Stones machen, prähistorische Steinkreise in eine wunderschöne Landschaft eingebettet. Dann landet man schließlich in Stratford-upon-Avon, der Shakespeare-Stadt, die ihren Sohn an jeder Straßenecke zu feiern scheint. Und nicht versäumen sollte man Anne Hathaway's Cottage westlich außerhalb des Zentrums, in dem Shakespeare um die Hand seiner Frau Anne anhielt.

Nur wenige Kilometer sind es von Stratford-upon-Avon bis nach ❺ ✶ ✶ **Warwick** am Ufer des River Avon, über dem das mächtige Castle thront, das auf eine erste Festung aus der Zeit vor 1000 v. Chr. zurückgeht und heute mit hübschen Gartenanlagen, Rosengarten und Pfauengehege ein wahrer Besuchermagnet ist. Zu allerletzt soll noch eine Stätte der Automobilkultur besucht werden: das Heritage Motor Museum ist ein vom Rover-Konzern getragenes Oldtimermuseum; es zeigt britische Automobilgeschichte vom Feinsten: Austin-Healey, Morris Minor und Mini, Triumph-Roadster etc.

5 ✶✶ Warwick

15 km

4 ✶✶ Stratford-upon-Avon

Warwick
Sitz der Grafen von Warwick

Stratford-upon-Avon
Auf den Spuren von Shakespeare

64 km

Oxford
Universitätsstadt mit Tradition

3 ✶✶ Oxford

80 km

London
Immer eine Reise wert!

2 ✶✶ Windsor

40 km

✶✶ London

1

Windsor
Residenz der Königsfamilie

Tour 3 Durch Nordwales

Start H 7

Länge der Tour: ca. 150 km **Tourdauer:** 1 Tag

Llandudno ist der beliebteste Badeort in Wales. Von hier aus kann man eine schöne Fahrt durch Nordwales unternehmen, die an der Küste entlang-, zugleich aber auch über weite Strecken durch den Snowdonia National Park führt. Wer zwischendurch Pausen einlegen möchte, hat dazu in mehreren Badeorten Gelegenheit, Bergfreunde können dagegen im Landesinnern Zwischenstopps machen und das einmalige Panorama der Snowdonia-Bergwelt genießen.

Von 1 **Llandudno** aus führt die Straße nach 2 ✶ **Conwy** an der Mündung des gleichnamigen Flusses. Das Städtchen ist eines der malerischsten in ganz Nordwales, die Stadtmauern mit den Stadttoren, die den alten Ortskern umziehen, sind noch nahezu vollständig erhalten. Das Castle ist eine Perle mittelalterlicher Architektur, Plas Mawr eines der schönsten erhaltenen Stadthäuser aus elisabethanischer Zeit.

Etwas weiter westlich liegt 3 **Bangor** mit Kathedrale und Castle und einem Museum, in dem man sich über die Kulturgeschichte von Wales informieren kann. Über die Menai-Bridge kommt man bei Bangor nach Anglesey hinüber.

Die A 487 führt nach 4 ✶ **Caernarfon**, Badeort und malerisches Städtchen an der Menai Strait. Das wuchtige Castle gilt als eine der eindrucksvollsten Festungen in Europa.

Von Caernarfon nimmt man dann die kleinere A 4086 und fährt in den **Snowdonia National Park** hinein. Schon nach wenigen Kilometern umrundet die Straße den mehrgipfeligen Snowdon, der an dem höchsten Gipfel, dem Y Wyddfa, bis auf 1085 m ansteigt. Über die A 496, die A 4085 und die A 496 fährt man weiter durch den National Park und kommt schließlich nach 5 ✶ **Harlech** an der Küste – auch hier eine schöne Burg, Harlech Castle, von der man einen grandiosen Blick hat: auf die Snowdonia-Berge und zur anderen Seite auf die Halbinsel Lleyn.

Durch eine herrliche Küstenlandschaft geht es auf der A 496 weiter in Richtung Süden, vorbei an dem beliebten Badeort Barmouth, bis zum Mündungsdelta des Mawddach. Hier liegt 6 **Dolgellau** wunderschön im Tal des Wnion – ein guter Ausgangspunkt für Fahrten in die Bergwelt. Beherrschender Berg ist der Cader Idris, der es, wenn auch nicht an Höhe, so doch an Schönheit mit dem Snowdon aufnehmen kann.

Llandudno
Beliebtester Badeort in Nordwales

1 Llandudno

6 km

2 ✶ Conwy

12 km

3 Bangor

10 km

4 ✶ Caernarfon

44km

5 ✶ Harlech

22 km

6 Dolgellau

21 km

7 ✶ Tywyn

33 km

8 Aberystwyth

Conwy
Malerisches Städtchen

Caernarfon
Castle mit Tradition

Dolgellau
Ausgangspunkt für Fahrten in die Berge

Harlech
Herrliche Sandstrände

Aberystwyth
Küstenort in Midwales

Die A 493 führt wiederum an der Küste entlang nach 7 ✶ **Tywyn**, ein Seebad mit einem 5 km langen Sand- und Kieselstrand. Etwas südlich von Tywyn biegt die Straße in Richtung Osten und verläuft an der breiten Mündung des Dovey bis nach Machynlleth, von wo die schnellere A 487 zum Endpunkt der Tour nach **Aberystwyth** führt, der inoffiziellen Hauptstadt von Mid Wales, die beliebtes Seebad, Universitäts- und Einkaufsstadt ist.

Tour 4 »Grande Tour« durch die Nationalparks

Start L 6

Länge der Tour: 295 km **Tourdauer:** 1 Tag

Außergewöhnliche Landschaften und herrliche Natur bieten drei Nationalparks in Nordengland, die sich über weit ausgedehnte Areale erstrecken und in unmittelbarer Nähe zueinander liegen, so dass man eine Fahrt von der Ostküste an die Westküste machen kann und dabei größtenteils durch Nationalparkgebiet fährt. Neben teilweise spektakulären Naturschönheiten sind auch ein paar kulturelle Höhepunkte am Wegesrand zu finden.

Die Tour startet in 1 ✶ **Whitby**, das an der North East Coast am östlichen Rand des **North York Moors National Parks** liegt. Von hier nimmt man von Whitby zunächst die A 171 nach Guisborough, hält sich dort in Richtung Stokesley und biegt dort auf eine schmalere Straße ein, die durch herrliche Landschaft quer durch die North York Moors bis nach Helmsley führt. Kurz vor Helmsley gibt es einen ersten kulturellen Höhepunkt: die 2 ✶ ✶ **Rievaulx Abbey**, eine der eindrucksvollsten Klosterruinen Englands. Etwa 500 Mönche lebten hier einst in der Einsamkeit von North Yorkshire.

Bei Thirsk durchquert man das Vale of York und kommt bei 3 ✶ **Ripon** wieder in ruhigere Gefilde. Ripon ist ein guter Ausgangspunkt für Touren durch den **Yorkshire Dales National Park**, wobei der Ort selbst noch allerdings noch eine Stück außerhalb des Nationalparks liegt. 6,5 km südwestlich von Ripon wartet dann schon ein nächstes Highlight: Die 4 ✶ ✶ **Fountains Abbey**, der seinerzeit die Klostergründer wegen der vielen Quellen in der Nähe ihren Namen gaben, ist UNESCO-Weltkulturerbe und eine der größten und am besten erhaltenen Ruinen Großbritanniens. Die A 6108 führt von Ripon aus in Richtung Nordwesten – und wieder eine Klosterruine: 5 ✶ **Jervaulx Abbey**, malerisch in einem Wiesental gelegen. Bei Leyburn zweigt die A 684 ab, die von Osten nach Westen einmal durch das breite Wensleydale mit wunderbaren Wiesen- und Heidelandschaften führt.

Lake Poets
William Wordsworth's Geburtshaus

Whitby
Überreste der Abbey

Lake District
Wandern durch Herbstwälder

Fountains Abbey
Steht unter UNESCO-Schutz

Rievaulx Abbey
Eine der eindrucksvollsten Klosterruinen Englands

Bei ❻ ✶ **Kendal** hat man die Yorkshire Dales gerade verlassen und steht schon vor den Toren des nächsten Nationalparks, des **Lake District National Park**. In Kendal lohnt die Abbot Hall mit einer bemerkenswerten Gemäldesammlung. Naturliebhaber wird es allerdings schnell weiterziehen in den Lake District mit seinen 16 großen Seen und zahlreichen kleineren Stauseen. Kein Wunder, dass viele englische Dichter, die Lake Poets, sich durch diese wasserreiche Gegend inspirieren ließen und sie in Versen gepriesen haben. Einen landschaftlichen Höhepunkt bildet ❼ ✶ **Lake Windermere**, Englands größter See mit waldreichen Ufern und mehreren kleinen Inseln. Ein hübsches Dorf ist Hawkshead, wo William Wordsworth, bedeutendster der Lake Poets, die Grammar School besuchte. Schließlich sollte man ❽ ✶ ✶ **Derwent Water**, einen See vor grandioser Bergkulisse, anfahren, er gilt als der schönste der Seen. In unmittelbarer Nähe liegt Keswick, viel besuchtes Zentrum des Lake District. Wer zur Küste weiterfahren möchte, kommt über die A 66 nach Workington.

Tour 5 Schottische Burgen, schottischer Whisky

Start J 3

Länge der Tour: 300 km **Tourdauer:** 3 Tage

Wer mehr über Schottlands Nationalgetränk und das großartige Erbe prachtvoller Burgen und Schlösser erfahren möchte, kann ab Aberdeen den ausgeschilderten Malt Whisky Trail mit dem Castle Trail und Highlights im Dee Valley verbinden.

Rund 25 km westlich von ❶ * **Aberdeen** steht das erste Schloss: das ❷ * * **Crathes Castle** im * **Dee Valley** aus dem 16. Jahrhundert. Auch das Märchenschloss ❸ * * **Craigievar** 27 km weiter nordwestlich am Castle Trail stammt aus dieser Zeit.

Überall im Land werden die schottlischen Highland Games veranstaltet, die berühmtesten aber gibt es in ❹ * **Braemar** – bärenstarke Männer im obligatorischen Kilt schleudern Steine und werfen sperrige Kiefernstämme in 12-Uhr-Position. Selbst Queen Elisabeth kommt aus dem nahen Balmor Castle herüber und tritt als Schirmherrin für das traditionelle Fest auf.

Durch die wunderschönen Grampian Mountains führt die A 939 nach Norden, und hier kommt man zu dem beliebten **Malt Whisky Trail** mit seinen Traditions-Brennereien. Die frühviktorianische ❺ * **Glenlivet Distillery** abseits der Straße erzeugt einen charaktervollen Malt. Elisabeth Cumming, eine der großen Persönlichkeiten der Whiskyindustrie, verlegte 1872 die ❻ * **Cardhu Brennerei** ihres Vaters in den Ort Knockando. Kostenlose Führungen bietet die ❼ * **Glenfiddich Distillery** 16 km weiter östlich bei Duffton. Hier wurde am Weihnachtstag 1887 der erste Malt für die markanten Dreiecksflaschen von William Grant produziert. Eine der ältesten und schönsten Brennereien ist die ❽ * **Strathisla Distillery** in Keith, die den Chivas Brothers gehört.

❾ * **Huntly** 20 km südöstlich ist nicht nur für die stattliche Burgruine, sondern auch für sein Shortbread bekannt. In einem großen Bogen in Richtung Nordosten verläuft eine stille Straße bis zum ❿ * **Fyvie Castle**, dessen Geschichte von fünf Familien geschrieben wurde. Sir Alexander Seton ließ Ende des 16. Jh.s die dekorativen Ecktürmchen und Kegeldächer aufsetzen.

Seton legte auch den Grundstein für die ⓫ * **Pitmedden Gardens** ca. 20 km weiter südöstlich. Von hier ist man in kurzer Zeit wieder zurück in * **Aberdeen**, der Ölmetropole an der Mündung von Dee und Don in die Nordsee.

Malt Whisky Trail
Alte Whisky-Häuser wie die Cardhu Brennerei

Strathisla Distillery
Eine der ältesten Brennereien der Welt

Craigievar Castle
Ein Märchenschloss auf dem Castle Trail

Tour 6 Nordirland – Belfast, Derry und Küste

Start E 6

Länge der Tour: ca. 190 km **Tourdauer:** 2 Tage

Auf dieser Tour lernt man die beiden großen Städte Nordirlands, Belfast und Derry, kennen. Die Strecke dazwischen führt an einem grandiosen Küstenabschnitt entlang, die Straße gehört zu den schönsten in ganz Irland. Der Giant's Causeway an der Causeway Coast ist eine der ganz großen Naturattraktionen Nordirlands.

Von 1 **Newry** in unmittelbarer Nähe zur Grenze zwischen Nord- und Südirland führt die A 28 nach 2 **Armagh**. Armagh, die Stadt mit zwei Kathedralen, liegt inmitten des Garden of Ulster, einer für seine Apfelbäume berühmten Region, die natürlich zur Apfelblüte im Mai besonders hübsch ist.

Von Armagh geht es zügig über die A 3 weiter nach 3 ✶ **Belfast**, der Hauptstadt von Nordirland. Lange wurde die Stadt von der Gewalt des Nordirlandkonflikts erschüttert, und noch immer wird genau dies mit dem Namen Belfast assoziiert, doch hat schon vor mehr als zehn Jahren der »peace process« eingesetzt; hier und da sind noch Zeugnisse der Auseinandersetzungen zu sehen. Belfast bietet einige interessante Sehenswürdigkeiten und ist längst wieder einen ausführlichen Besuch wert.

Von Belfast aus führt die A 2 zunächst am Belfast Lough und dann über lange Zeit direkt an der Küste entlang – eine Strecke durch die traumhafte Landschaft der ✶ ✶ **Antrim Coast**: Im Westen steigen die Antrim Mountains auf Höhen über 500 m an, im Osten bieten sich immer wieder Ausblicke auf das Meer. Etwa bei 4 **Ballycastle** beginnt der Abschnitt der Causeway Coast. Von der malerischen kleinen Hafenstadt aus starten Bootstouren zur Insel Rathlin. Hier muss man am 5 ✶ ✶ **Giant's Causeway** eine Pause einlegen, einer absolut ungewöhnlichen Felsenformation aus rund 40 000 vulkanischen Basaltsäulen. Der Legende nach ist der »Fußweg des Riesen« ein Werk des Riesen Finn, der sich in eine auf den Hebriden lebende Riesin verliebt hatte, die er auf diesem Weg nach Irland holen wollte.

Kurz hinter Giant's Causeway verlässt die A 2 die Küste, um bei Coleraine den River Bann, Nordirlands größten Fluss, zu überqueren. Man kann nun der A 2 weiter der Küste entlang folgen, und schließlich führt die Straße am Lough Foyle vorbei bis 6 ✶ **Derry**, dem Ziel der Tour. Nordirlands zweitgrößte Stadt, in der – wie auch in Belfast – die jüngste Vergangenheit noch sichtbar ist, rühmt sich, die besterhaltene Stadtmauer des Vereinigten Königreichs zu haben.

Giant's Causeway
Der Liebespfad des Riesen

Derry
Nordirlands zweitgrößte Stadt

6 Derry – 36 km – 5 ★★ Giant's Causeway – 19 km – 4 Ballycastle

Antrim Mountains
Traumhafte Landschaft an der Antrim Coast

Antrim Coast
Im Osten das weite Meer

76 km

Ulster Museum
Kunstgewerbe vom Feinsten in Belfast

3 ★ Belfast – 32 km – 2 Armagh – 19 km – 1 Newry

Belfast
Die Kuppel der City-Hall

Reiseziele von A bis Z

... AUSFÜHRLICH BESCHRIEBEN UND ÜBERSICHTLICH ANGEORDNET, DAMIT MAN NICHT ACHTLOS AN GROSSBRITANNIENS SCHÖNSTEN SEHENSWÜRDIGKEITEN VORBEIFÄHRT.

★ Aberdeen

06

Landesteil: Schottland
Council Area: West Midlands
Höhe: 869 ft/265 m ü.d.M.
Einwohnerzahl: 212 000

»Flower City« ist ein Beiname von Aberdeen, denn mit ihren herrlichen Blumenanlagen hat die Stadt wiederholt den Wettbewerb »Britain in Bloom« gewonnen. Typisch für das Stadtbild ist aber auch der silbergraue Granit, der bei Sonnenschein zu glitzern beginnt, weshalb Aberdeen gerne »Silver City« genannt wird.

Ihren offiziellen Namen schließlich verdankt Schottlands drittgrößte Stadt der Lage an der Mündung (aber) von Dee und Don in die Nordsee. Die Stadtgründung geht auf das 6. Jh. zurück, im 12. Jh. war Aberdeen Königsresidenz und Hansestadt. Textilfabriken und Papiermühlen prägten die Stadt zur Zeit der Industriellen Revolution, im 19. Jh. entwickelte sich Aberdeen mehr und mehr zu einer bedeutenden Hafenmetropole. Seit Anfang der 1970er-Jahre die ersten Ölfelder in der Nordsee erschlossen wurden, wurde die Stadt zum Hauptversorgungsort für die Offshore-Bohrinseln.

Sehenswertes in Aberdeen

Union Street

Aberdeen lässt sich gut zu Fuß erkunden. Geschäftige Hauptstraße ist die Union Street mit Pubs, Einkaufspassagen und verschiedenen

ABERDEEN ERLEBEN

AUSKUNFT

Exchange House
23 Union Street
Aberdeen, Scotland, AB11 5BP
Tel. 0 12 24 – 28 88 28
Fax 0 12 24 – 25 22 19
E-mail: info@agtb.org
www.aberdeen-grampian.com

AN- UND ABREISEN

Der Flughafen liegt 11 km nordwestlich von Aberdeen, Tel. 0 12 24 – 72 23 31, www.baa.co.uk/aberdeen; Busverbindungen ins Zentrum. Vom Jamieson Quay fahren regelmäßig Fähren zu den Orkney- und Shetland-Inseln.

ESSEN

► Erschwinglich

① ***The Restaurant on the Terrace***
10-14 Union Terrace
Tel. 0 12 24 – 64 02 33
Traditionell und lecker zubereitete Speisen.

ÜBERNACHTEN

► Luxus

① ***Thistle Aberdeen Caledonian***
10-14 Union Terrace
Tel. 0 12 24 – 64 02 33
Fax 0 12 24 – 64 16 27
www.thistlehotels.com
Gepflegtes, zentral gelegenes Hotel oberhalb der Union Terrace Gardens. Geräumige Zimmer.

Das schottische Einhorn oben auf dem Mercat Cross

stattlichen Granitgebäuden. Im Osten der Union Street liegt die platzartige **Castle Street**, Aberdeens traditioneller Mittelpunkt, an dem man einen Rundgang gut beginnen kann. Hier steht das Mercat Cross, ein Stadtkreuz, das 1686 von der Kaufmannszunft Aberdeens errichtet wurde und ein schottisches Einhorn und Porträts der Stuarts zeigt. Das Castle selbst existiert nicht mehr. Ältestes Gebäude ist der Turm des **Tolbooth**, einst Rathaus und Stadtgefängnis; heute ist darin ein Museum eingerichtet, das über Hexen und Diebe berichtet. Öffnungszeiten: April – Okt. Di. – Sa. 10.00–17.00, Do. bis 20.00, So. 12.30–15.30 Uhr.

Das 1593 gegründete protestantische **Marischal College** ist ein vierflügeliges Granitgebäude von immenser Größe mit einem 72 m hohen Turm, das zwischen 1837 und 1906 errichtet wurde. Das Museum informiert über Schottlands Nordosten und hat eine anthropologische Abteilung mit Sammlungen aus Ägypten, Nigeria, Papua-Neuguinea, Hawaii und Tibet. Öffnungszeiten: Mo. – Sa. 10.00–17.30, So. 12.00–16.00 Uhr.

Provost Skene's House

Gegenüber steht das älteste Wohnhaus Aberdeens, Provost Skene's House von 1545, benannt nach dem wohlhabenden Kaufmann Sir George Skene, der 1676–1685 Bürgermeister von Aberdeen war. Das städtische Museum zeigt Lokalgeschichte von Cromwell bis zur viktorianischen Ära. Öffnungszeiten: Mo. – Sa. 10.00–17.00 Uhr.

St. Nicholas

St. Nicholas, die einst größte Kirche Schottlands, wurde während der Reformation in zwei Kirchen geteilt und ist heute besser bekannt unter dem Namen East and West Churches. In der St. Mary's Chapel in der Ostkirche wurden im 17. Jh. vermeintliche Hexen eingekerkert.

✶ Art Gallery and Museum

Das Art Gallery and Museum am Schoolhill präsentiert Kunst des 17.–20. Jh.s, darunter viele Arbeiten moderner schottischer Künstler. Zu sehen sind u.a. Werke von Raeburn, Turner, Daniells, Nicholson, Monet, Renoir, Sisley, Pissaro, William Dyce, Thomas Faed, John Philip, Allan Ramsay, Charles Rennie Mackintosh, Barbara Hepworth, Jacob Epstein. Öffnungszeiten: Mo.– Sa. 10.00–17.00, So. 14.00–17.00 Uhr.

Aberdeen *Orientierung*

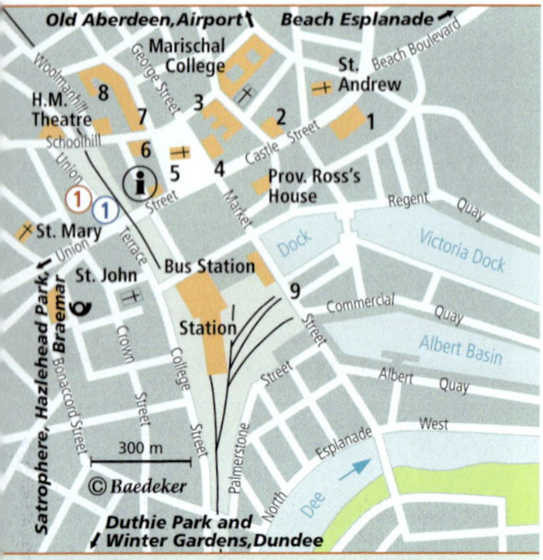

1 Mercat Cross
2 Town House
3 St. Nicholas House
4 Provost Skene's House (Städt. Museum)
5 St. Nicholas
6 James Dun's House (Mus.)
7 Art Gallery and Museum
8 Gordon's Institut of Technology
9 Fishmarket

Essen

1 The Restaurant On the Terrace

Übernachten

1 Thistle Aberdeen Caledonian

Die Market Street führt hinunter zum **Hafen** von Aberdeen, wo werktags um 7.30 Uhr in den Hallen zwischen Waterloo Quay und Albert Bassin die **Fischauktion** stattfindet. In Schottlands größtem Fischereihafen werden täglich Hunderte von Tonnen Fisch umgeschlagen. Hübsche Cottages stehen in dem alten Fischerviertel Footdee.

Der Riverside Drive folgt südlich des Hafens dem Dee-Ufer zum **Duthie Park** mit einem der größten Wintergärten Europas und herrlichen Blumenanlagen, u.a. einem Rosenhügel und einem Garten für Blinde. Öffnungszeiten: tgl. ab 10.00 Uhr bis Sonnenuntergang.

Das unter Denkmalschutz gestellte Altstadtviertel am Don ist Treffpunkt von Studenten, die die gemütlichen Pubs rund um die Universität bevölkern. Das katholische **Old Aberdeen King's College**, eine Gründung von 1494/1495, wurde 1860 mit dem protestantischen Marischal College vereinigt. Erhalten ist die von einer Steinkuppel gekrönte Kapelle mit Chorgestühl und Holzdecke von 1505.

★ **St. Machar's Cathedral**

Die im 12. Jh. errichtete St. Machar's Cathedral soll an der Stelle einer im 6. Jh. von St. Machar erbauten Kirche angelegt worden sein. Beachtenswert sind die Westtürme mit Sandsteinspitzen (1518–1530) und die wappengeschmückte Decke aus dem 16. Jahrhundert.

Umgebung von Aberdeen

★ **Dunnottar Castle**

2,5 km südlich von Aberdeen thronen auf einem Felsen über der See die Ruinen von Dunnottar Castle, an drei Seiten vom Wasser, an der Landseite durch eine Kluft geschützt. Der Bergfried ist noch gut erhalten. Überreste des Palastes und der Kapellen geben einen guten Eindruck von der einstigen Größe. Die königlichen Insignien Schottlands wurden 1652 während der englischen Belagerung von der Frau des Priesters von Kinneff hinausgeschmuggelt, wie man auf einem ihr zu Ehren errichteten Monument lesen kann.

16 km westlich von Aberdeen steht das drittälteste Turmhaus Schottlands, das Drum Castle, das um 1286 errichtet worden ist. Der ursprüngliche Wehrturm ist fast original erhalten, das Herrenhaus ist im Renaissancestil angebaut. Öffnungszeiten: April, Mai, Sept., Okt. tgl. 12.30–17.30, Juni – Aug. tgl. 10.00–17.30 Uhr.

★ **Drum Castle**

Paradebeispiel für den schottischen Baronial-Stil ist Crathes Castle bei Banchory knapp 16 km weiter westlich, das die Familie Burnett im 15. Jh. bauen ließ und mit kostbarer Inneneinrichtung ausstattete. Besonders die mit Helden der Antike und Figuren aus dem Alten Testament bemalten Holzdecken sind sehenswert, des Weiteren die Gärten mit kunstvoll gestutzten Eibenhecken, Magnolien-, Oleander- und Rosengärten. Öffnungszeiten: April – Sept. tgl. 10.00–17.30, Okt. tgl. 10.00–16.30 Uhr.

★★ **Crathes Castle**

Ein echtes Märchenschloss: das fünfstöckige Craigievar Castle

✶✶ **Castle Trail**

Der 240 km lange Castle Trail westlich von Aberdeen erschließt zehn der schönsten Schlösser in den Grampian Mountains, die in einem Zeitraum von 700 Jahren gebaut wurden.

Castle Fraser entstand im 16./17. Jh., als ein mittelalterlicher Bergfried um einen siebenstöckigen Rundturm und einen fünfstöckigen Flügel mit vielen hübschen Ecktürmchen und zierlichen Kegeldächern erweitert wurde. Öffnungszeiten: April – Juni, Sept., Okt. Fr. bis Di. 12.00–17.00, Juli, Aug. tgl. 10.00–17.00 Uhr.

Ein wahres Märchenschloss ist **Craigievar Castle**, ein fünfstöckiger Wohnturm, den sich William Forbes Anfang des 17. Jh.s bauen ließ. Öffnungszeiten: April – Okt. Mi. – Mo. 12.00–17.00 Uhr.

Leith Hall ist seit 1650 Stammsitz der Leiths. Der Z-förmige Wohnturm aus dem 17. Jh. umschließt mit den Seitenflügeln einen schönen Innenhof. Öffnungszeiten: Apr. – Okt. Mi. – So. 12.00–17.00 Uhr.

Fünf Familien haben zwischen dem 12. und 19. Jh. die Geschichte des prachtvollen **Fyvie Castle** geschrieben. Der letzte Besitzer, der amerikanische Stahlmagnat Alexander Leith, stattete das Schloss mit Gemälden von Raeburn und Brüsseler Tapisserien aus.

Der damalige Star-Architekt William Adam lieferte 1731 die Entwürfe für **Haddo House**. Zur Gemäldesammlung gehören Porträts von Lord Haddo und Werke van Dycks. Öffnungszeiten: Juli, Aug. tgl. 10.00–17.00 Uhr.

Als Meisterwerk barocker Gartenkunst gilt der 1675 von Sir Alexander Seton angelegte **Pitmedden Garden**. Öffnungszeiten: Mai – Aug. tgl. 10.00–17.00 Uhr.

✶ Anglesey (Insel)

J/K 14

Landesteil: Wales **Grafschaft:** Gwynedd
Einwohnerzahl: 64 800

»Mam Cymru«, Mutter von Wales, wurde die Isle of Anglesey im Mittelalter genannt, weil ihre fruchtbaren Felder und Weiden den gesamten Norden von Wales versorgten.

Vom Festland führt die Menai Suspension Bridge auf die Insel. Die 176 m lange Hängebrücke wurde 1818–1826 gebaut, sie galt damals als längste Eisenbrücke der Welt. Britannia Tubular Bridge heißt die parallel verlaufende doppelstöckige Straßen- und Eisenbahnbrücke: 1850 wurde sie konstruiert, 1970 bei einem Brand beschädigt und unter Verwendung der alten Pfeiler neu gebaut. Angleseys Küste, zwischen deren schroff abfallenden Klippen malerische Sandbuchten liegen, ist vom milden Klima der Irischen See begünstigt. Die früheren Fischerdörfer sind heute kleine Badeorte. Im Inselinnern, das für seine prähistorischen Zeugnisse bekannt ist, gibt es außer fünf kleineren Orten nur durch schmale Straßen verbundene Weiler.

Inselrundfahrt

★ Beaumaris Castle

Nach Überquerung der Menai Suspension Bridge geht es auf der A 545 in den Badeort Beaumaris. Hier empfiehlt sich ein Besuch des von Wallanlagen und Wassergräben umzogenen Beaumaris Castle; 1295 ließ Edward I. diese letzte und größte Festung in Wales bauen. Im Kapellenturm dokumentiert eine Ausstellung die Entstehungsgeschichte der Burgen Edwards I. in Wales (Öffnungszeiten: April bis Okt. 9.30 –18 Uhr; Nov. – März 9.30 – 16 Uhr). Lohnend ist ein Spaziergang zur Kirche St. Mary and St. Nicholas und zu dem 1614 erbauten Gerichtsgebäude Beaumaris Courthouse mit dem viktorianischen Gefängnis Beaumaris Gaol.

Penmon Priory

Rund 8 km entfernt liegt die mittelalterliche Penmon Priory. Hinter der gut erhaltenen Kirche aus dem 12. Jh. führt ein Pfad zur Quelle von St. Seiriol, die im 6. Jh. Anlass für eine Klostergründung war.

Die Menai Suspension Bridge verbindet Anglesey mit dem Festland.

Beaumaris Castle, von Wallanlagen und Gräben umgeben

Puffin Island Penmon Point ist bei Anglern sehr beliebt. Von hier bietet sich eine schöne Aussicht auf Puffin Island, eine kleine vorgelagerte Insel, in deren Klosterruinen unzählige Seevögel ihre Brutplätze haben.

Red Wharf Bay/ Moelfre Über 25 km breit ist bei Ebbe der Sandstrand an der Red Wharf Bay, um die sich die Ferienorte Llandona, Pentreath und Benllech gruppieren. Etwas weiter nördlich liegen außerhalb von Moelfre eine neolithische Grabkammer aus dem 3. Jt. v. Chr., eine im 4. Jh. n. Chr. befestigte Hüttensiedlung sowie die malerischen Ruinen der Old Lligwy Chapel aus dem 12. – 14. Jahrhundert.

Amlwch Amlwch spielte Anfang des 19. Jh.s eine wichtige Rolle für die Verschiffung des Kupfers von den seit Römerzeiten bekannten Parys-Minen, die man heute auf einem ausgeschilderten Rundweg besichtigen kann; eine kleine Ausstellung dazu ist am Hafen im Watch House untergebracht. Bei Amlwch bieten die Badebuchten Bull Bay und die westlichere Cemaes Bay schöne Kliffwanderwege.

Holyhead auf Holy Island Holyhead liegt auf der westlich vorgelagerten Insel Holy Island, die mit Anglesey durch zwei Straßenbrücken verbunden ist. Von Holyhead fahren die Fähren hinüber nach Dublin. Beeindruckend ist der 2,4 km lange Wellenbrecher, von dem sich herrliche Ausblicke auf die zerklüftete Küste bieten. Im Holyhead Museum sind alte Schiffsmodelle ausgestellt. Einen guten Rundblick hat man vom Holyhead Mountain, auf dessen Spitze prähistorische Steinkreise (Cytiau'r Gwyddelod) und römische Festungsreste liegen. Das Ellin's Tower Seabird Centre bietet die Möglichkeit, Nest- und Brutgewohnheiten einheimischer Vogelarten zu beobachten.

ANGLESEY ERLEBEN

AUSKUNFT

Station Site
Llanfairpwllgwyngyll
Isle of Anglesey, Wales
LL61 5UJ
Tel. 0 12 48 – 71 31 77
Fax 0 12 48 – 71 57 11
E-mail:
llanfairpwll@nwtic.com

ÜBERNACHTEN

▶ **Komfortabel**

Ye Olde Bulls Head
Castle Street, Beaumarais, LL58 8AP
Tel. 0 12 48 – 81 03 29, Fax 81 12 94
www.bullsheadinn.co.uk
Schon Dickens und Samuel Johnson waren zu Gast in diesem traditionellen Inn.

Aberffraw/ Llangadwaladr

Bei Aberffraw kommt man bei Ebbe zu Fuß zu der Kirche Llangwyfan (13. Jh.). In der Cable Bay kann eine prähistorische Grabkammer aus dem 3. Jt. v.Chr. besichtigt werden. In der mittelalterlichen Pfarrkirche im benachbarten Llangadwaladr ist eine lateinische Inschrift aus dem 7. Jh. erhalten, die den walisischen König Cadfan preist.

Newborough Warren

Newborough Warren ist ein interessantes Naturschutzgebiet mit ausgedehnten Sanddünen und Pinienaufforstungen, das auf drei markierten Wanderwegen durchwandert werden kann.

Llangefni

In Llangefni, der Hauptstadt von Anglesey, hat das Oriel Ynys Môn Museum seinen Sitz, in dem die Entstehungsgeschichte der Insel sowie das Werk des Naturmalers Charles Tunnicliffe hervorragend präsentiert werden. Öffnungszeiten: Di. – So. 10.30 – 17.00 Uhr.

Llanfair pwllgwyn gyllgoger ychwyrnd robwllllan tysiliogogo goch

Auf Anglesey befindet sich der Ort mit dem kuriosen Namen: Llanfairpwllgwyngyllgogerychwyrndrobwllllantysiliogogogoch, was auf deutsch so viel heißt wie »Die Kirche Mariens in der Senke des weißen Haselnussstrauchs, nahe dem reißenden Strudel und der Kirche Tysilios unweit der roten Höhle«. Kein authentischer Zungenbrecher

Ein Zungenbrecher sondergleichen: Llanfairpwllgwyngyllgogerychwyrndrobwllllantysiliogogogoch

übrigens, sondern ein walisischer Schabernack des 19. Jh.s, mit dem englische Touristen angelockt werden sollten!

✶ Plas Newydd

3 km südwestlich liegt in einer weiten Parkanlage Plas Newydd, ein Herrenhaus aus dem 15. Jh., das seit 1976 vom National Trust verwaltet wird. Ende des 18. Jh.s wurde das Gebäude von James Wyatt umgestaltet; er versah u.a. den Musiksalon und die Halle mit kunstvollen Fächergewölben. Zu den Exponaten gehören Wandgemälde des englischen Künstlers Rex Whistler und das patentierte »Anglesey-Bein«, ein Holzbein, das für den 1. Marquis of Anglesey nach der Schlacht von Waterloo als eine der ersten Prothesen angefertigt wurde. Öffnungszeiten: April – Okt. Sa. – Mi. 12.00 – 17.00 Uhr.

✶ Antonine Wall

K/L 8/9

Landesteil: Schottland **Regionen:** Strathclyde und Central

142 n. Chr. bauten die Römer eine 62 km lange Befestigung vom Firth of Forth bis zum Firth of Clyde – der Antonine Wall sollte Schutz gegen Angriffe von Norden bieten.

Anders als England war Schottland nie fest in römischer Hand, die Römer besetzten es nur zeitweise, um die Provinz Britannien zu schützen. Um 80 n.Chr. drang Agricola in den Süden Schottlands ein und baute erste Befestigungen, anschließend wurde der nach dem regierenden Kaiser Titus Aurelius Antonius benannte Wall angelegt. Nördlich des 2 m hohen und 4,5 m breiten Walls verlief ein Graben; an der Südseite ein gepflasterter Weg. Die Grenzfeste war mit 19 Ka-

Antonine Wall Orientierung

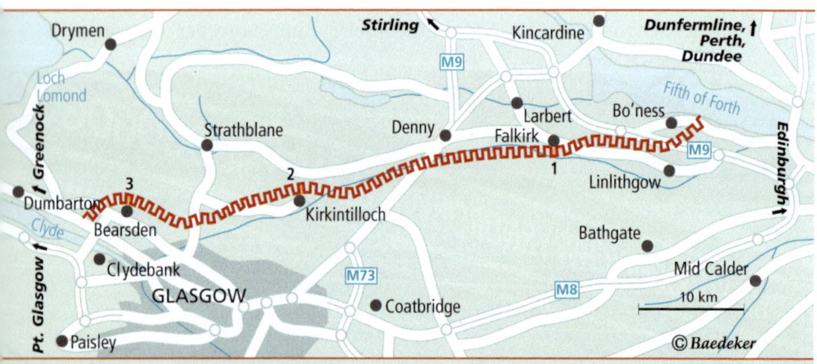

Vallum Antonini
Römisches Fort

1 Rough Castle
2 Kirkintilloch
3 Bearsden

stellen bewehrt, ihre Besatzung bestand wahrscheinlich aus Galliern, Belgiern, Syrern und Thraziern. Rund 40 Jahre nach der Errichtung wurde die Grenzbefestigung wieder aufgegeben. Im Hunterian Museum in ► Glasgow sind ein Modell und Funde aus den Kastellen ausgestellt.

◄ Besichtigung

Erhalten sind noch Teile des Grabens, außerdem wurden sechs Kastelle freigelegt. Die besterhaltenen befinden sich bei Kirkintilloch und bei Falkirk (Rough Castle). Reste des Antonine Wall sind beim Callendar House östlich von Falkirk gut zu sehen und im Nordwesten von Glasgow nordöstlich von Bearsden.

★★ Falkirk Wheel

►3 D S. 198

2002 wurde bei Falkirk der weltweit einzige Rotationshebekran eingeweiht, der den im gleichen Jahr wiedereröffneten Forth & Clyde-Canal mit dem Union Canal verbindet. Bis zu acht Boote können vom Falkirk Wheel gleichzeitig gehoben werden. Im Rahmen der Falkirk Wheel Experience kann man an einem Bootstrip teilnehmen.

★ Arran (Insel)

H 9/10

Landesteil: Schottland **Regionen:** Strathclyde

Arran ist eine landschaftlich höchst abwechslungsreiche Insel im Firth of Clyde östlich von Glasgow. Den Inselnorden prägen steile Gebirge, Moor- und Heideflächen und tiefe Täler, der Süden ist fruchtbares Tiefland.

ARRAN ERLEBEN

AUSKUNFT

The Pier, Brodick, Isle of Arran, Scotland, KA27 8AU
Tel. 08 45 – 22 55 121
E-Mail: info@ayrshire-arran.com
www.ayrshire-arran.com

AN- UND ABREISEN

Von Ardrossan verkehren Autofähren nach Brodick (Fahrzeit 1 Std.), im Sommer außerdem Fähren zwischen Claonaig (Kintyre) und Lochranza.

ESSEN

► Erschwinglich

Creelers Seafood
Home Farm, Brodick, Tel. 30 27 97
Tim und Fran James führen hier ein populäres Fischrestaurant mit beliebtem Seafood Shop und echtem Räucherhaus.

ÜBERNACHTEN

► Komfortabel

Glenisle Hotel
Shore Road, Lamlash
Isle of Arran, KA27 8LY
Tel. 0 17 70 – 60 05 59, Fax: 60 09 66
E-mail: enquiries@glenislehotel.com
www.glensilehotel.com
Komfortabel und liebevoll eingerichtete Räume. Herzstück ist das ausgezeichnete Restaurant mit lokalen Spezialitäten.

FALKIRK WHEEL

★★ Falkirk Wheel ist die erste und bislang einzige sich drehende Schiffshebeanlage der Welt. Es verbindet den Forth & Clyde Canal mit dem 35 m höher verlaufenden Union Canal. Das Hebewerk ist in einem natürlichen Seebecken am Rough Castle nahe der Ortschaft Falkirk errichtet worden und bewältigt einen Höhenunterschied, der zuvor nur durch die Passage einer Treppe von elf Schleusen möglich war. Durch eine geniale Konstruktion wird mit einem Minimum an Energie ein Maximum an Gewicht gehoben. Falkirk Wheel hebt bzw. senkt Boote nicht über ein traditionelles Kammersystem auf ein anderes Niveau, sondern in Wasserbecken, die sich wie Gondeln eines Riesenrades bewegen und sich stets im Gleichgewicht befinden.

Öffnungszeiten:
April – Oktober tgl. 9.00 – 18.00 Uhr
November – März bis 17.00 Uhr
Bootstouren: April bis Oktober 9.30 bis 17.00 Uhr jede halbe Stunde, November bis März 10.00 bis 15.00 Uhr jede volle Stunde

1 Achse
Die Achse des Wasserrades, an dem die beiden Arme befestigt sind, wird von hydraulischen Motoren angetrieben.

2 Hauptzahnrad
Das zentrale Hauptzahnrad ist am Stützpfeiler des Aquädukts angebracht und dreht sich langsam im Uhrzeigersinn.

3 Zahnräder
Auf beiden Seiten des Hauptzahnrades sitzen kleinere Zahnräder. Sie drehen sich gegen den Uhrzeigersinn und bewegen damit die Zahnräder der Wasserbecken.

4 Wasserbecken
In diesen »Gondeln« werden die Schiffe nach oben gehoben. Die Gondeln sind wassergefüllte Stahlkammern, die auf Rolllagern ruhen und in ringförmigen Armen hängen, die jeweils 300 Tonnen Last tragen können. In jede Gondel passen bis zu vier Boote. Dank der Rolllager bleiben die Kammern immer in der Waagerechten.

5 Wasserbecken
Abwärts fahrende Gondel. Etwa eine Viertelstunde braucht ein Boot, bis es unten ist. Vor dem Bau von Falkirk Wheel brauchten Kapitäne einen halben Tag, um von einem Kanal in den anderen zu gelangen.

6 Aquädukt
Der 100 m lange Aquädukt am oberen Ende des Falkirk Wheel stellt die Verbindung zwischen dem Wasserrad und dem oberen Kanal, dem Union Canal, dar.

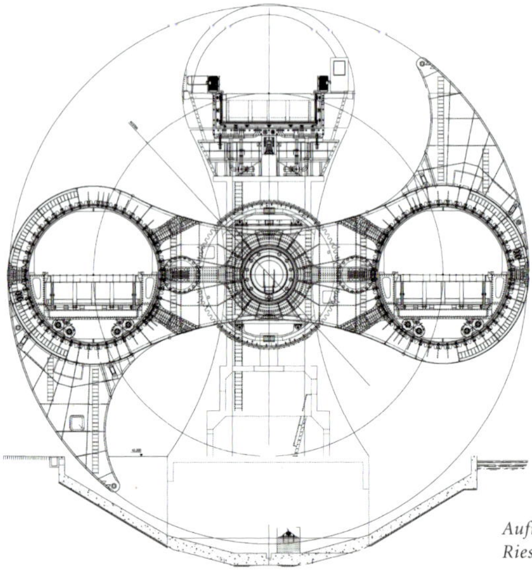

Aufrisszeichnung des Riesen-Wasserrades

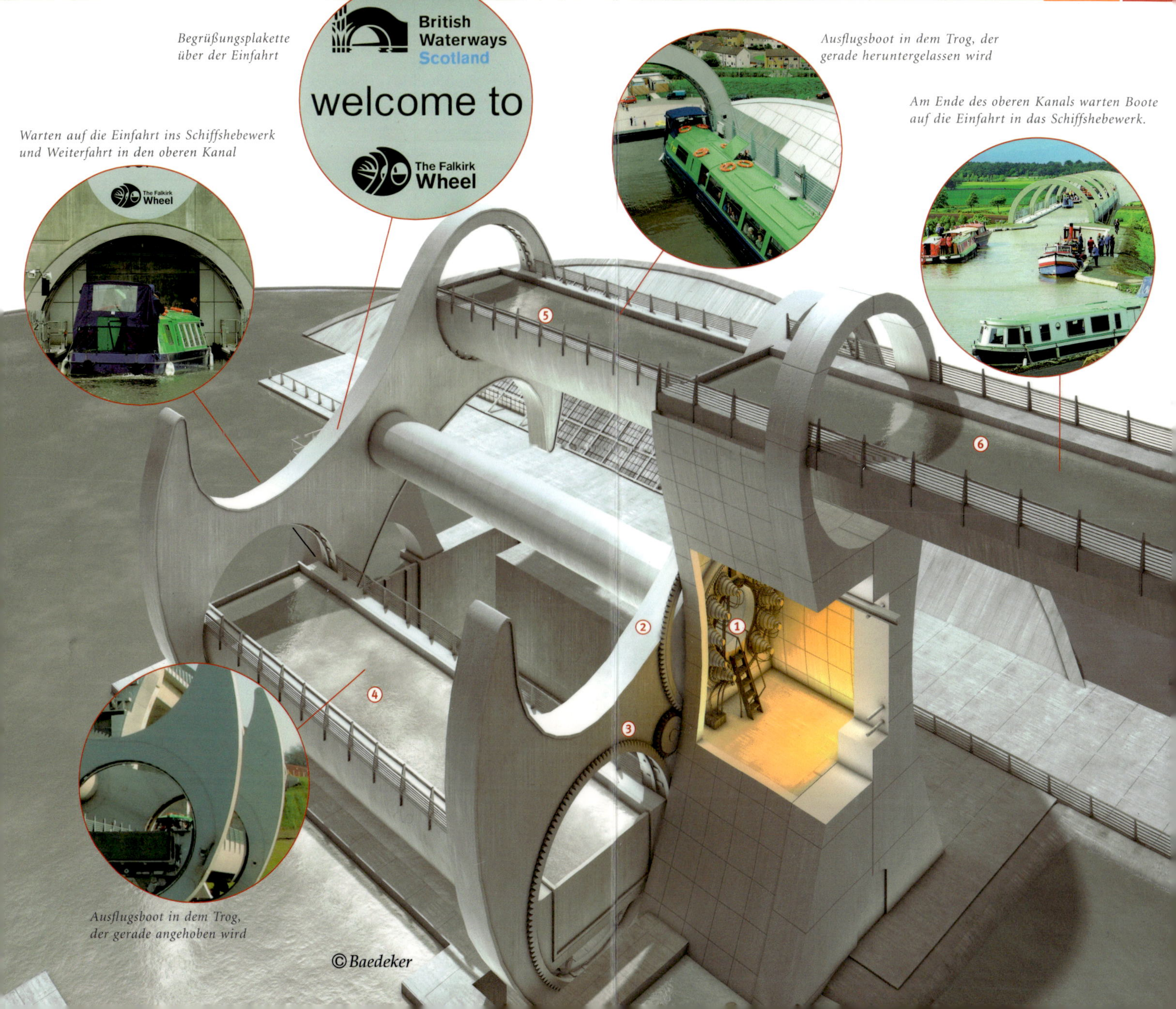

Begrüßungsplakette über der Einfahrt

Warten auf die Einfahrt ins Schiffshebewerk und Weiterfahrt in den oberen Kanal

Ausflugsboot in dem Trog, der gerade heruntergelassen wird

Am Ende des oberen Kanals warten Boote auf die Einfahrt in das Schiffshebewerk.

Ausflugsboot in dem Trog, der gerade angehoben wird

Inselrundfahrt

✶ Brodick Castle 3 km nördlich von Brodick, dem Haupthafen der Ostküste, steht Brodick Castle. Sehenswert sind u.a. Gemälde von Watteau, Gainsborough und Turner, Silber und Porzellan.

Brodick Castle ist von einer Parkanlage mit alten Rhododendronbüschen und Magnolien umgeben (Öffnungszeiten: April bis Okt. tgl. 11.00–16.30 Uhr, Park: ab 9.30 Uhr). Lohnend ist ein Aufstieg zum höchsten Berg der Insel, dem 874 m hohen **Goatfell**.

> **!** *Baedeker* TIPP
>
> **Arran Taste Trail**
>
> Frische Austern, Hummer, Wild, Lamm, Forelle oder Lachs, Ziegenkäse, Bier und Whisky von Arran stehen auf der Speisekarte von gut drei Dutzend Restaurants, die sich zum Arran Taste Trail zusammengeschlossen haben.

Holy Island Holy Island, eine ca. 1,6 km lange, landschaftlich sehr abwechslungsreiche Insel südlich von Brodick, erhielt ihren Namen nach St. Molaise, Schüler des St. Columba, der angeblich dort lebte. Die Höhle des Heiligen mit Inschriften aus verschiedenen Epochen und großen Runenzeichen kann man besichtigen.

Lamlash Lamlash ist der zweitgrößte Ort an der Ostküste, ein beliebtes Seebad mit Segelschule und schöner Badebucht.

Kildonan Castle Die verfallene Burg war einst königliches Jagdschloss, als Arran zum Besitz der Krone gehörte und die schottischen Könige zur

Bennan Head Jagd auf das damals eingeführte Rotwild hierher kamen. Eine Klippenwanderung führt zum südlichsten Punkt der Insel, Bennan Head. Einen Blick sollte man in die 25 m tiefe Black Cave werfen.

Blackwaterfoot Am Kilbrennan Sound im Südwesten liegt der Badeort Blackwaterfoot mit Golfplatz und guten Wassersportmöglichkeiten. Bei King's Hill liegen mehrere Höhlen, in denen sich Robert the Bruce, der schottische Nationalheld, mit seinen Männern versteckt haben soll.

Machrie Moor Standing Stones Auf der Hochebene von Machrie Moor 5 km nördlich von Blackwaterfoot gibt es sechs bronzezeitliche Steinsetzungen von ca. 1600 v. Chr. mit bis zu 5 m hohen Monolithen. Interessant ist auch der Auchagallon Steinkreis 4 km nördlich mit 15 roten Steinblöcken.

Lochranza Über dem Fährhafen im Norden ragen die Ruinen eines Castle aus dem 13. Jh. auf. In Lochranza gibt es seit 1995 die jüngste Brennerei Schottlands (Führungen: März – Okt. tgl. 10.00–17.00 Uhr).

Glen Sannox Durch den Glen Chalmadale geht es zurück zur Ostküste, wo der Glen Sannox ins Landesinnere abzweigt, der wildeste der Glens auf Arran. Über Corrie fährt man weiter nach Brodick.

Die schönen Gärten von Brodick Castle auf der Insel Arran.

★ Avebury

P 18

Landesteil: Südengland
Grafschaft: Wiltshire
Höhe: 500 ft/152 m ü. d. M.
Einwohnerzahl: 540

Avebury liegt auf uraltem Kultareal: Ende des 3. vorchristlichen Jahrtausends hat es hier in der Hügellandschaft Northwessex Downs eine bedeutende Kultanlage gegeben.

Im Ort informiert das Alexander Keiller Museum mit Modellen, Schautafeln und Funden über eine der größten megalithischen Kultstätten Europas. Eine Brauchtumsausstellung zeigt das Museum of Wiltshire Folk, das in einer alten Scheune untergebracht ist. Avebury Manor ist ein Herrenhaus aus elisabethanischer Zeit.

★★ Sehenswerte Megalith-Kultstätten

★ **Avebury Circle**

Die neolithische Steinkreisanlage ist in ihrer ursprünglichen Form nur noch schwer zu erkennen. Die Kultstätte war früher von einem etwa 15 m hohen Wall mit Graben umgeben, der vier Durchlässe entsprechend den Himmelsrichtungen aufwies. Im Inneren waren

AVEBURY ERLEBEN

AUSKUNFT

Avebury Chapel Centre, Green Street,
Avebury, Wiltshire, SN8 1RE
Tel. 0 16 72 – 53 94 25
Fax 0 16 72 – 53 92 96
E-mail: all.atic@kennet.gov.uk
www.visitkennet.co.uk

ESSEN

► **Preiswert**

The Circle Restaurant
Tel. 0 16 72 – 53 95 14
Gutes Selbstbedienungsrestaurant mit Vollwert-Gerichten in unmittelbarer Nachbarschaft zum Steinkreis.

entlang der Umwallung 100 gewaltige Steinblöcke von bis zu 50 t Gewicht aufgestellt, die aus den 9 km entfernten Marlborough Downs hierher gebracht wurden. Im Zentrum gab es zwei weitere Steinringe von über 100 m Durchmesser. Im nördlichen Ring befand sich eine U-förmige, im südlichen ein Z-förmige Steinsetzung. Forscher schätzen, dass am Bau dieser gigantischen Anlage etwa 200 Männer 60 Stunden die Woche über drei Jahre lang gearbeitet haben.
Die genannten Anlagen im Umkreis von 2 bis 3 km der Stadt sind ausgeschildert, teilweise aber nur zu Fuß zu erreichen.

Kennet Avenue / Overton Hill

Eine 2,5 km lange und 15 m breite Steinallee mit knapp 100 paarweise angeordneten Sandsteinmonolithen verbindet den Südausgang des Avebury Circle mit dem Rundheiligtum von Overton Hill. Dieses bestand ursprünglich aus sechs Ringen mit Pfosten, auf denen wahrscheinlich ein Holzdach ruhte. Keramikfunde belegen eine lange Nutzungsdauer der Kultanlage bis in die Bronzezeit.

Windmill Hill

Die Anlage aus drei konzentrischen Wällen und Gräben war ein jungsteinzeitliches Sammellager, in dem das Vieh für die jährliche Schlachtung im Herbst zusammengetrieben wurde. Aufgrund der überaus zahlreichen Funde spricht man deshalb auch von der Windmill Hill-Kultur als früher Stufe des Neolithikums in England.

Silbury Hill

Mit Hilfe von Spitzhacken aus Rentiergeweihen und Schaufeln aus Schulterblattknochen von Ochsen haben Menschen um 2500 v. Chr. in mehreren Bauphasen etwa 35 000 m² Schotter und Erde bewegt und dieses kegelförmige Hügelmal von fast 40 m Höhe und 180 m Durchmesser geschaffen. Da bei Grabungen nichts gefunden wurde, was auf eine Begräbnisstätte hinweist, vermuten Archäologen, dass es sich hier um eine Kultstätte oder einen Kalenderbau handelt.

★ West Kennett Long Barrow

Das Long Barrow von West Kennett gehört zu den imposantesten Megalithgräbern in England aus dem 3. Jt. v.Chr.; das vielräumige Gangkammergrab, in dem etwa 40 Skelette gefunden wurden, beeindruckt durch die Steinsetztechnik, in der es errichtet wurde.

Avebury Circle, die neolithische Steinkreisanlage, ist nur noch in Resten erhalten.

Umgebung von Avebury

Marlborough

Marlborough, 11 km östlich am River Kennet gelegen, hat hübsche Bürgerhäuser (17./18. Jh.) entlang der High Street. Reste einer Normannenburg wurden im 16. Jh. in ein Herrenhaus verwandelt, das seit 1843 als Schule dient. Marlborough College gehört heute mit über 900 Schülern zu den führenden Public Schools im Lande.

Bowood House

Der Landsitz des Marquess of Landsdowne 13 km westlich lohnt einen Besuch wegen des großen Parks mit altem Baumbestand, Gartenterrassen und Rabatten, angelegt nach Plänen von Capability Brown.

Swindon

◄ Railway Museums

Eisenbahnfreunden sei in Swindon 20 km nordöstlich – einst Drehscheibe des Zugverkehrs der Great Western Railway – der Besuch des Great Western Railway Museum und des Railway Village Museum (beide in der Faringdon Road) empfohlen. Ausgestellt sind Modelle und Originale von Eisenbahnen aus der Zeit von 1831 bis 1948, und man erhält Einblick in die Wohn- und Arbeitsbedingungen der Eisenbahner.

Savernake Forest

Dieser Wald 13 km südöstlich war Jagdgrund der englischen Könige von der Normannen- bis zur Tudorzeit mit viel Schwarz- und Rotwild. Im 18. Jh. wurde das Gebiet mit Laubbäumen vom Landschaftsarchitekten Capability Brown (►S. 70 ff.) aufgeforstet, heute laden hier Spazierwege und Picknickplätze ein.

Devizes In der alten Tuchhändlerstadt Devizes südwestlich von Avebury – genauer: im Wirtshaus The Bear – begann der Gastwirtssohn Thomas Lawrence (1769–1830) seine Karriere als Porträtmaler, indem er Zeichnungen von Gästen anfertigte. Im Ortszentrum gibt es einen sichelförmigen Marktplatz, der von Bürgerhäusern des 18. Jh.s gesäumt ist. Beachtenswert ist auch die Kirche St. John's mit normannischem Vierungsturm. Im Wiltshire Heritage Museum (Long Street) ist die archäologische Abteilung interessant mit Funden und Entwicklungsmodellen von Avebury und ►Stonehenge.

Öffnungszeiten: Mo. – Sa. 10.00 – 17.00, So. 12.00 bis 16.00 Uhr.

Ridgeway Path Empfehlenswert ist eine Wanderung auf Abschnitten des 136 km langen, schon in der Steinzeit benutzten Landschaftswegs Ridgeway Path (mit einer Eichel markiert), der von Overton Hill/Avebury via Uffington White Horse zum Ivinghoe Beacon nahe Tring führt.

✶ White Horse Einen Umweg lohnt das berühmte White Horse, eine weiße Kreidezeichnung in Form eines Pferdes auf einem Hügel bei Uffington an der Straße 4507 zwischen Swindon und Wantage. Die Figur ist 114 m lang, die Zeit ihrer Entstehung ungewiss. Möglicherweise handelt es sich um ein Stammeszeichen aus dem 1. oder 2. Jh. v.Chr. Das Bild des Pferdes ähnelt dem auf einigen Münzen aus der späteren Eisenzeit. Die anderen populären Pferdefiguren in Wiltshire stammen dagegen aus dem 18. und 19. Jahrhundert.

✶✶ Bath

O 19

Landesteil: Südengland
Grafschaft: Avon
Höhe: 98 ft/30 m ü.d.M.
Einwohnerzahl: 85 000

Das berühmteste Heilbad Englands, das einzige Mineralbad mit heißen Quellen, ist Bath. Die ausgesprochen elegante Stadt mit goldgelben georgianischen Häusern und Fassaden, anheimelnden Plätzen und bezaubernden Parkanlagen gilt als architektonisches Juwel und steht seit 1988 als Weltkulturerbe auf der UNESCO-Liste.

Gut geschützt im Tal des Avon erstreckt sich der Kurort zwischen den Hügelketten der Cotswolds und Mendip Hills. Rund 500 Gebäude, vorwiegend aus dem 18. Jh., sind unter Denkmalschutz gestellt worden, und an unzähligen Häusern finden sich Hinweise auf Berühmtheiten, die seit dem Boom des Badewesens im 18. Jh. hier zu Gast waren oder sich niederließen.

Die römischen Bäder von Bath

Geschichte

Die Römer bauten ab 60 n. Chr. ausgedehnte Badeanlagen und machten Aquae Sulis zum Badezentrum, das nach ihrem Abzug verfiel. Die Sachsen errichteten im 7. Jh. innerhalb der römischen Mauern einen kleinen Ort mit einer Abtei. Im 12. Jh. begann der normannische Bischof John de Villula mit dem Neubau einer großen bischöflichen Prioratskirche, die nie vollendet wurde. Im Spätmittelalter war Bath Zentrum der Wolltuchherstellung. Als Bad gewann der Ort erst wieder ab 1702 an Bedeutung, als Königin Anna hier logierte und der Adel es ihr alsbald gleichtat. Auch der reiche Richard Nash, »The Beau« genannt, der wohl größte Dandy des 18. Jh.s, ließ sich in Bath nieder und bestimmte wesentlich Geschmack und Regeln der feinen Gesellschaft. Ab 1738 schuf der Architekt John Wood Gebäude von passender Eleganz im Palladio-Stil und nach römischen Vorbildern. Resultat war die Stadt, wie sie heute im Wesentlichen noch aussieht. Um die Badetradition weiterzuführen, werden im Rahmen des Bath Spa Projects mehrere Bäder restauriert. Hinzu kommt die kulturelle Bedeutung – mit dem Bath International Festival ist die Stadt bei Musikinteressierten bekannt.

Bath Orientierung

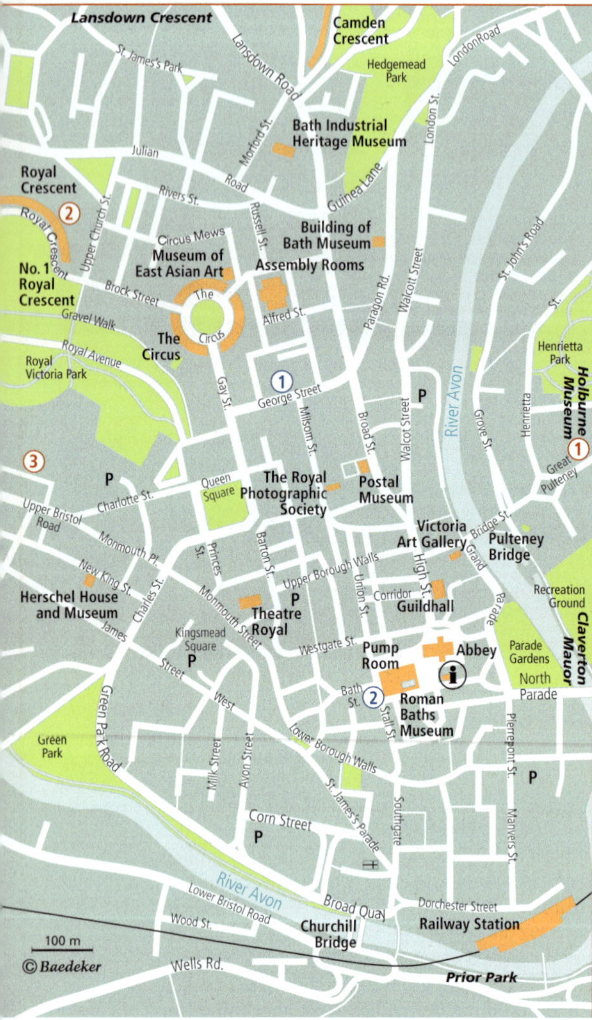

Essen

1 The Hole In the Wall
2 The Pump Room

Übernachten

1 Dukes
2 The Royal Crescent
3 Old Red House

Sehenswertes

★★ **Roman Baths**

Sehr eindrucksvoll sind die Ruinen der römischen Bäder und des Tempels der Sulis Minerva, die um die größte der drei Thermalquellen um 75 n.Chr. gebaut wurden. Die Römer benannten das Heiligtum nach Sulis, der keltischen Gottheit der Quelle, und vereinten sie

BATH ERLEBEN

AUSKUNFT

Abbey Chambers, Abbey Church Yard, Bath, England, BA1 1LY
Tel. 09 06 – 711 20 00
Fax 0 12 25 – 47 77 87
E-mail: tourism@bathnes.gov.uk
www.visitbath.co.uk

ESSEN

► Erschwinglich

① ***The Hole in the Wall***
16 George Street
Tel. 0 12 25 – 42 52 42
Moderne britische Küche wird hier in stilvoller Atmosphäre serviert.

② ***The Pump Room***
Stall Street, Tel. 0 12 55 – 44 44 77
Klassische Musik erfüllt den großen, diskret beleuchteten Raum aus dem 18. Jahrhundert direkt bei den Römischen Bädern.

ÜBERNACHTEN

► Komfortabel

① ***Dukes Hotel***
Great Pulteney Street, BA2 4DN
Tel. 0 12 25 – 78 79 60, Fax 78 79 61,
www.dukesbath.co.uk
Neu eröffnetes Hotel in einem palladianischen Stadthaus mit 18 Zimmern, Restaurant mit Gartenterasse.

③ ***Old Red House***
37 Newbridge Road, BA1 3HE
Tel. 0 12 25 – 33 04 64
Fax 33 16 61
Hübsch eingerichtetes B&B in einem Häuschen aus der Zeit um 1900; 1,5 km vom Stadtzentrum entfernt.

Baedeker-Empfehlung

► Luxus

② ***The Royal Crescent***
16 Royal Crescent, BA2 6FJ
Tel. 0 12 25 – 82 33 33
www.royalcrescent.co.uk, 45 Z.
Diskretes Luxushotel mit geschmackvollem Dekor. Die Zimmer verteilen sich auf unterschiedliche Gebäude rund um einen bezaubernden Garten. Das Restaurant „Pimpernel's" sorgt fürs leibliche Wohl.

mit ihrer eigenen Göttin Minerva. Das Quellwasser enthält 43 verschiedene Mineralien und kommt aus etwa 3000 m Tiefe bei einer gleich bleibenden Temperatur von 46,5° C. Täglich sprudeln hier rund 1 250 000 Liter hervor. Die Quellanlage diente sowohl der Götterverehrung – viele Brunnenopfer wurden gefunden – als auch der Versorgung der Bäder mit Heilwasser. Ausgrabungsfunde aus den Bädern, den Tempeln und der Heiligen Quelle sind im Museum ausgestellt. Sehenswert ist das Große Bad (Great Bath) mit einem Ausmaß von 12 x 24 m und 1,60 m Wassertiefe. In römischer Zeit entstanden das Tonnengewölbe und die seitlichen Dampfdurchlässe; Statuen und Balustraden stammen aus späterer Zeit. Beachtenswert sind auch das Gorgonenhaupt am Tempelgiebel, Altarsteine, Mosaike, Votivgaben – u.a. Verfluchungstäfelchen – und Skulpturenfragmente wie zum Beispiel die vergoldete Bronzebüste der Minerva. Öffnungszeiten: März bis Juni, Sept. u. Okt. 9.00 – 18.00, Juli u. Aug. 9.00 bis 22.00, Nov. bis Febr. 9.30 – 17.30 Uhr.

Im Pump Room, einer georgianischen Brunnenhalle, stehen eine Statue von »Beau« Nash und eine Tompion-Uhr. Von der Terrasse sieht man King's Bath, eine mittelalterliche Badeanlage, deren Messingringe von dankbaren Patienten gestiftet wurden.

Pump Room

100 m vom Pump Room entfernt ist im Rahmen des Bath Spa Project ein luxuriöser Thermaltempel mit Schwimm- und Dampfbädern und Dachpool entstanden.

Bath Spa Project

Die spätgotische Kathedrale des Bischofs von Bath und Wells wird in Erinnerung an ihre lange Tradition als Abteikirche einfach als Abbey bezeichnet. Der Neubau aus dem 16. Jh. ist Bischof Oliver King zu verdanken, der einen Traum hatte, als er 1495 die Bischofswürde empfing. Darin sah er Engel eine Leiter auf- und absteigen, und eine Stimme verkündete: »Lass einen Olivenbaum die Krone errichten und einen König die Kirche erneuern.« Bischof King verstand dies als Aufforderung zu einem eigenen Kirchenbau; an der Westfassade ließ er ihn dekorieren mit Olivenbäumen, Kronen, mit leiterwandelnden Engeln, Aposteln und Christus im Giebelfeld. Damals reichten die Mittel nicht, sie einzuwölben. Erst Ende des 19. Jh.s erhielt das Kirchenschiff das eindrucksvolle Fächergewölbe.

Abbey

Die georgianische Architektur des 18. Jh.s, für die Bath berühmt ist, findet man hauptsächlich im Nordwesten der Stadt. Der in Anlehnung an römische Vorbilder kreisrunde Circus, Queen Square, ein rechtwinkliger Promenadenplatz mit einheitlichen Fassaden, und Gay Street wurden von John Wood d. Ä. (1704–1754) gebaut.

★★ Circus

Das Meisterstück seines Sohnes John Wood (1728–1781) stellt indessen der weitläufige Royal Crescent dar, eine 184 m lange, halbmondförmige Wohnanlage, deren 30 Bürgerhäuser eine einheitlich monumentale, fast palastartige Fassade tragen. Zum ersten Mal wurde hier die geschlossene Platzform zur Einbeziehung der Natur in den städtischen Wohnungsbau aufgebrochen. Im Royal Crescent Nr. 1 ist ein georgianisches Wohnhaus als Museum eingerichtet.

★★ Royal Crescent

Auch die eleganten Assembly Rooms (1769–1771), die der Abendunterhaltung der Badegäste dienten, sind das Werk des jüngeren Wood. Heute ist hier eine gute Kostümsammlung untergebracht.

Assembly Rooms

Das Jane Austen Centre in der Gay Street Nr. 40 dokumentiert sämtliche Stätten in Bath, die mit der Schriftstellerin und ihren Romanen in Zusammenhang stehen.

Jane Austen Centre

Über den River Avon führt die außergewöhnliche Pulteney Bridge, die Robert Adam um 1770 im Auftrag von Sir William Pulteney zur

Pulteney Bridge

← *Königsbrunnen im Pump Room von Bath: Heilwasser direkt ins Glas.*

ROYAL CRESCENT

★★ Halbmondförmig – so wie die Sichel des zunehmenden (crescent) Mondes – wurde der Royal Crescent im 18. Jh. von John Wood d. J. angelegt. Die »terraced houses«, die Reihenhäuser, dieses Straßenzuges wurden im klassizistischen Stil gebaut. Durch das Aneinanderreihen einzelner Häuser mit nahezu identischer Fassade entstand der Eindruck einer lang gestreckten Schlossfront. Der Royal Crescent war von der oberen Mittelschicht bewohnt. Haus Nr. 1 ist Museum und zeigt georgianische Wohnkultur.

Öffnungszeiten:
Februar – Oktober Di.–So. 10.30 – 17.00 Uhr
November – März Di.–So. 10.30 – 16.00 Uhr

1 The Circus
Eine Wohnanlage, die John Wood d. Ä. nach römischem Vorbild kreisrund angelegt hat mit 33 dreistöckigen Wohnhäusern mit dorischen, ionischen und korinthischen Säulen. Hier wohnten u.a. Thomas Gainsborough und David Livingstone. Nach dem Tod seines Vaters führte John Wood d. J. den Bau des Wohnkreises zu Ende.

2 Brock Street
Die Brock Street legte Wood als Verbindungsachse zwischen den beiden städteplanerischen Highlights von Bath an. Wer die Brock Street entlang geht, ahnt nichts von der architektonischen Besonderheit, die ihn am Ende erwartet – man wird nicht frontal auf die Platzanlage geführt.

3 Royal Crescent
Wer von der Brock Street in den Royal Crescent einbiegt, ist überrascht von der Weite, die sich auftut: Der Platz scheint aus einem einzigen Gebäude zu bestehen. Etwa 180 m lang ist diese Aneinanderreihung von dreistöckigen Reihenhäusern. Der Halbkreis öffnet sich zur Grünfläche in der Mitte des Platzes und zum sich anschließenden Royal Victoria Park – aus den Häusern hat man Blick über Wiesen und Bäume, die »kunstvoll ungezähmte« englische Natur.

4 No. 1 Royal Crescent
Das Haus ist heute öffentlich zugänglich und zeigt gehobene Wohnkultur des 18. Jahrhunderts.

5 Hotel The Royal Crescent
In diesem Hotel kann man das Wohngefühl der oberen Mittelschicht nachempfinden – sofern man sich das Vergnügen leisten kann.

Über 100 Säulen mit ionischen Kapitellen an der langen Front – Wohnen wie hinter einer Schlossfassade

Querschnitt durch ein Reihenhaus im Royal Crescent

Wedgwood-Porzellan – absolut »in«, als der Royal Crescent ein Neubau war.

Porträts der Ahnen schmücken die Wände, später kommen Fotografien dazu.

Manch einer unter den ersten Bewohnern des Royal Crescent wird einen modischen Chippendale-Stuhl besessen haben.

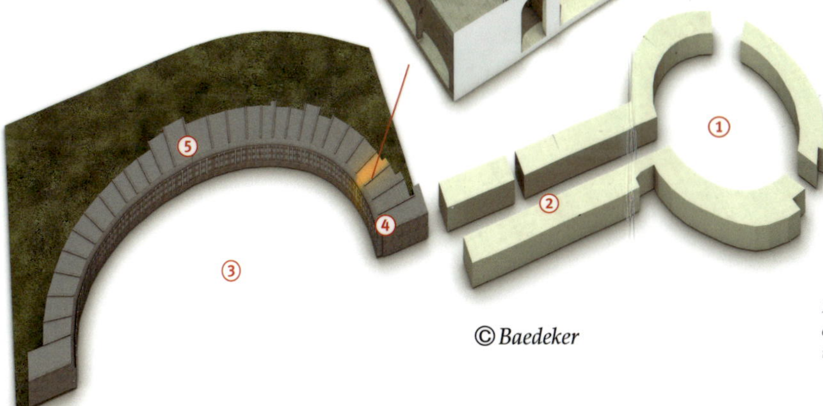

Englische Möbel aus Nussbaum und Mahagoni

Entwicklung eines neuen Stadtteils baute. Die Brücke mit Läden zu beiden Seiten führt auf die stilvollen klassizistischen Gebäudefluchten der Great Pulteney Street zu.

Holburne Museum Das Museum zeigt die Sammlung von Sir Thomas William Holburne (1874) mit Gemälden von Gainsborough, Reynolds und Stubbs, weiterhin Miniaturen, Silber, Porzellan, Bronzen und Medaillen der Renaissance sowie edle Möbel. Öffnungszeiten: Ostern bis Okt. Mo. – Sa. 11.00–17.00, So. 14.30–17.30, Nov. – Ostern Di. bis Sa. 11.00–17.00, So. 14.30–17.30 Uhr.

Crescents Im Norden der Stadt wurde der Royal Crescent im 18. Jh. gleich mehrere Male kopiert: Die Häuserreihen von Camden Crescent, Landsdown Crescent, Somerset Place und Cavendish Crescent entstanden im ausgehenden 18. Jh. und sprechen die Formensprache von John Wood d. J. John Eveleigh baute Camden Crescent, das aufgrund von Statikproblemen nie vollendet wurde. John Palmer schuf mit Landsdown Crescent eine mehrere hundert Meter lange Wohnzeile, die sich in barocken Kurven dem Gelände anpasst und damals eine Neuerung im Städtebau darstellte.

> **! *Baedeker* TIPP**
>
> **Sally Lunn's**
>
> Das älteste Gebäude von Bath ist heute Museum und Teestube, in der die leckeren Sally Lunn's Buns nach alten Rezepten hergestellt werden. In den Kellerräumen ist eine alte Küche zu sehen.

Claverton Manor Claverton Manor 4 km südöstlich beherbergt das American Museum mit Nachbildungen amerikanischer Wohnräume des 17.–19.Jhs. sowie Spezialsammlungen zu Themen des amerikanischen Westens und zur indianischen Geschichte.

Prior Park Prior Park 3 km südöstlich, 1735–1750 nach Plänen von John Wood im Palladio-Stil mit monumentaler Säulenvorhalle gebaut, ist nicht zu besichtigen. Lohnend ist aber der Landschaftspark mit Aussicht auf die Stadt.

Umgebung von Bath

✶ Bradford-on-Avon Steile Gässchen und malerische Häuser prägen das Bild der alten Tuchhändlerstadt Bradford-on-Avon 13 km östlich von Bath. Eine Steinbrücke aus dem 13. Jh. überspannt den Avon, ein Spaziergang am Flussufer führt zur Tithe Barn, einem Meisterstück der Zimmermannskunst aus dem 14. Jh., in der sich heute ein Bauernmuseum befindet. Ein Kleinod angelsächsischer Architektur ist die um 700 gebaute St. Lawrence, die später als Stall und Wohnung genutzt wurde. Im 19. Jh. wurden die Anbauten beseitigt, und heute besticht die Kirche durch ihre kraftvolle Schlichtheit.

★ Lacock

◂ Lacock Abbey

Das kleine Lacock 20 km östlich von Bath ist ein hübscher, denkmalgeschützter Ort mit zahlreichen spätmittelalterlichen Bürger- und Wirtshäusern. Lacock Abbey, 1229 als Augustinerinnenabtei gegründet, wurde 1539 in ein Herrenhaus umgewandelt und von der Familie Talbot bewohnt. Die 1755 von S. Miller gestaltete neogotische Halle gilt als frühes Beispiel des Gothic Revival Style. Dem Fotografie-Pionier und Erfinder des Negativs, William Henry Fox-Talbot (1800–1877), ist ein sehenswertes Museum gewidmet.

★ Castle Combe

Das denkmalgeschützte Castle Combe ist ein Bilderbuchdorf 12 km nordwestlich von Lacock. Die Hauptstraße diente in den 1960er-Jahren als Filmkulisse für »Dr. Doolittle«.

★ Corsham Court

Mitte des 18. Jh.s kaufte Paul Methuen den elisabethanischen Landsitz Corsham Court 13 km nördöstlich von Bath und stattete ihn großzügig aus. Namhafte Architekten – John Nash, Thomas Bellamy, Capability Brown – verfeinerten Haus und Garten. Kostbare Möbel von Chippendale, Thomas Johnson und Adam, Statuen und Bronzen sind zu bewundern, außerdem eine hochrangige Gemäldesammlung, darunter Werke von Caravaggio, Tintoretto, Rubens, van Dyck, Reynolds, Romney (Öffnungszeiten: April – Okt. Di. – So. 11.00–17.30, Nov. – März Sa., So. 14.00–16.30 Uhr).

Mitten im Grünen: die Kirche in Stourhead Garden

★★ **Longleat House**

Das elisabethanische Landschloss Longleat House 40 km südlich ist ein Schmuckstück der englischen Frührenaissance und seit über 400 Jahren in Familienbesitz. Als der sechste Marquis 1946 das Anwesen erbte, waren Erbschaftssteuern und Reparaturkosten so hoch, dass er 1948 als erster adliger Hausbesitzer Englands einen Teil der 118 Räume seines Schlosses der Öffentlichkeit zugänglich machte. Seither sind die Schätze des Herrenhauses, der im 18. Jh. von Capability Brown angelegte Landschaftsgarten mit dem größten Heckenlabyrinth der Welt, ein 1966 eröffneter Safaripark und ein riesiger Abenteuerpark für Kinder erfolgreiche Publikumsmagneten. Derzeit verwaltet der siebte Marquis, erfolgreicher Businessmann, Hippie und Künstler in einem, das mittlerweile ertragreiche Erbe. Im Untergeschoss befindet sich die größte Privatbibliothek Großbritanniens mit über 40 000 Exemplaren. Öffnngszeiten: Ostern – September: tgl. 10.00 – 17.30 Uhr; Okt. – Ostern: 11.00 – 15.00 Uhr.

★★ **Stourhead House and Garden**

Südlich von Longleat liegt Stourhead, wo man einen der schönsten englischen Landschaftsgärten des 18. Jh.s besichtigen kann – eine harmonische Verbindung aus gestalteter Landschaft und freier Natur. Mit Ausnahme der im 19. Jh. angepflanzten Rhododendren und Magnolien ist hier alles unverändert geblieben. Baumbestandene Hügel mit kleinen klassizistischen Tempeln ziehen sich um einen künstlichen See. Der Park und das noble palladianische Landhaus wurden 1721/1722 für die Londoner Bankiersfamilie Hoare von dem klassizistischen Designer Colen Campbell entworfen. Für die Bibliothek des Hauses lieferte Thomas Chippendale kostbare Stilmöbel, die Gemäldegalerie zieren Arbeiten von Canaletto, Raphael, Nicolas Poussin und Angelika Kauffmann. Öffnungszeiten: Garten tgl. 9.00 bis Sonnenuntergang; Haus Apr. – Nov. Sa.–Mi. 12.00–17.30 Uhr.

! *Baedeker* TIPP

Die Fète Champètre

... ist die Hauptattraktion der Sommersaison in Stourhead Garden: ein großes Konzert unter freiem Himmel mit Picknick und Feuerwerk – jedes Jahr an einem Wochenende im Juli.

★ Belfast

G 11

Landesteil: Nordirland
Grafschaft: Antrim
Einwohnerzahl: 292 000
Höhe: 59 ft/18 m ü.d.M.
Distrikt: Belfast

Belfast ist seit 1920 Hauptstadt von Nordirland. Bis heute assoziiert man mit Belfast den Nordirlandkonflikt und Gewalt. Dabei hat sich seit 1994, seit Beginn des »peace process« also, die Situation in Belfast mehr und mehr entspannt.

Die City Hall am Donegall Square

Belfast (Beal feirste = Sandfurt) liegt an der Mündung des River Lagan in den Belfast Lough. Die Stadt, in der fast ein Drittel aller Nordiren leben, ist bedeutende Industrie- und Hafenstadt. Zur industriellen Großstadt entwickelte sich Belfast nach dem offiziellen Anschluss an England (1800). Aus dem 19. Jh. stammen große Prunkbauten, die der Stadt den Beinamen »Athen des Nordens« eintrugen. Leinenweberei, Seilherstellung, Schiffsbau und Tabakindustrie bewirkten eine wirtschaftliche Blüte. Zwischen den Weltkriegen kam es zu einer Wirtschaftskrise, von der sich Belfast nie ganz erholt hat, die Arbeitslosenrate ist auch heute noch sehr hoch.

Nordirland-Konflikt

Seit den Unruhen von 1968/1969, die die Entsendung britischer Truppen durch die Londoner Regierung zur Folge hatten, war Belfast immer wieder Schauplatz von Gewalt im Nordirlandkonflikt. Die »troubles«, wie die blutigen Auseinandersetzungen über den weiteren Verbleib Nordirlands bei Großbritannien verharmlosend genannt werden, bestimmten den Alltag und die Entwicklung der Stadt maßgeblich. Die Grenzlinien zwischen den außerhalb des Zentrums liegenden katholischen und protestantischen Stadtvierteln verliefen nicht überall so eindeutig wie im katholischen West-Belfast. Drahtzäune und Mauern trennten hier die Wohngebiete der verfeindeten Bevölkerungsgruppen, gepanzerte Patrouillenfahrzeuge gehörten

Belfast Orientierung

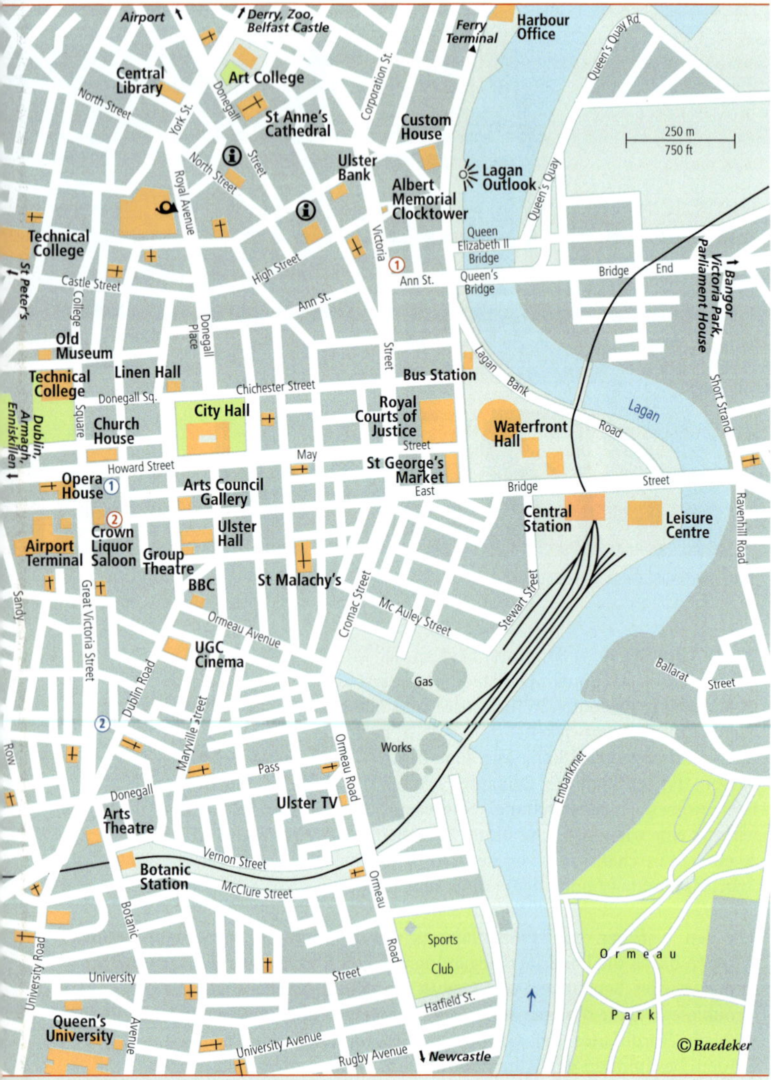

Übernachten
1 Mc Causland Hotel
2 Travelodge

Essen
1 Michael Deane
2 The Wok

zum Straßenbild, und eine hohe Arbeitslosigkeit verschärfte die problematische Situation. Die räumliche Spaltung der Bevölkerung setzte sich in gesellschaftlichen Bereichen wie Schulen und Pubs fort. 1994 wurde ein »peace process« eingeleitet. Nach jahrelangem Stillstand kam mit dem Regierungswechsel in London seit 1997 Bewegung in den nordirischen Friedensprozess. Am Karfreitag 1998 verständigten sich die verfeindeten Parteien auf das Belfaster Friedensabkommen; schließlich – nach einigen Rückschlägen – bildeten die einstigen Erzfeinde Ian Paisley von den Unionisten und Martin McGuiness von Sinn Féin im Mai 2007 eine gemeinsame Regierung.

BELFAST ERLEBEN

AUSKUNFT

Belfast & Northern Ireland Welcome Centre, 47 Donegall Place
Belfast, Co Antrim
Northern Ireland, BT1 5AD
Tel. 0 28 – 90 24 66 09
Fax 0 28 – 90 31 24 24
belfastwelcomecentre@nitic.net
www.gotobelfast.com

AN- UND ABREISEN

Belfast International Airport (www.bial.co.uk) liegt 24 km westlich von Belfast; es gibt Busverbindungen ins Stadtzentrum. Auf dem City Airport 6,5 km nördlich vom Zentrum (www.belfastcityairport.com) starten und landen Flüge innerhalb Großbritanniens. Fährverbindungen bestehen zur Isle of Man (Douglas), nach England (Liverpool, Heysham) und nach Schottland (Stranraer, Troon). Gute Zugverbindungen von der Central Station; Züge nach Larne von der York Road Station.

ESSEN

► Fein & teuer

① ***Michael Dean***
36-40 Howard St
Tel. 0 28 – 90 33 11 34
Eines der besten Restaurants in Belfast, gepflegtes Ambiente.

► Erschwinglich

② ***The Wok***
126 Great Victoria St
Tel. 90 23 38 28
Modernes, recht elegantes China-Restaurant mit ausgesprochen wohlschmeckender traditioneller chinesischer Küche.

ÜBERNACHTEN

► Luxus

① ***McCausland Hotel***
34-38 Victoria St., Belfast BT1 3GH
Tel. 0 28 – 90 22 02 00
Fax: 0 28 – 90 22 02 20
E-Mail: info@mccauslandhotel.com
www.mccauslandhotel.com
Sehr gepflegtes Hotel in einem beinahe italienisch anmutenden Gebäude. Zum Hotel gehören die Merchants Brasserie, in der man irische Küche probieren kann, und das Café Marco Polo.

► Komfortabel

② ***Travelodge***
15 Brunswick St.,
Belfast BT2 7GE
Tel. 0 87 00 – 85 09 50
Fax 0 28 – 90 23 29 99
Modernes, relativ nüchternes Hotel mit sehr großen und gepflegten Zimmern.

Die Backsteinfassade des Opernhauses von Belfast

Sehenswertes In der Innenstadt von Belfast gibt es um den Donegall Square und die Royal Avenue ein geschäftiges Einkaufsviertel. Schmale, stille Straßen mit alten Bäumen, viktorianischen Häusern, kleinen Läden und Galerien bestimmen das Bild im hübschen Universitätsviertel. In Nord-Belfast lohnen das Belfast Castle und der Zoo, und wer sich für die jüngere Geschichte der Stadt und den Nordirlandkonflikt interessiert, sollte eine Tour durch West-Belfast unternehmen.

Innenstadt

*** City Hall** Mittelpunkt der Innenstadt ist die City Hall, ein 1898–1906 im Neo-Renaissancestil nach Plänen von Sir Brumwell Thomas erbauter Palast mit vier Türmen, einer gewaltigen Kuppel und prächtigem Bankettsaal. Vor der City Hall stehen Statuen von Queen Victoria und bedeutenden Bürgern.

? WUSSTEN SIE SCHON ...?

- ... dass die Titanic in Belfast gebaut wurde? Eine Skulpturengruppe nahe der City Hall erinnert an den Untergang des Luxusdampfers, der am 31. Mai 1912 auf der Belfaster Werft Harland and Wolff vom Stapel lief. Die Jungfernfahrt startete ab Southampton.

Die **Linen Hall Library** (1788) ist die älteste Bibliothek von Belfast. Katalog, Lesesaal und ein Café sind öffentlich zugänglich.

An der Great Victoria Street westlich der City Hall sieht man das **Opera House** mit seiner harmonsichen Backsteinfassade. Oper, Schauspiel, Musical und Ballett stehen auf dem Spielplan.

Der Crown Liquor Saloon schräg gegenüber ist der wohl bekannteste Pub in Belfast. Außen ist er mit schönen Fliesen verkleidet, innen mit Gaslampen, einer Marmortheke und viel Mahagoni ausgestattet.

✶ **Crown Liquor Saloon**

Im Osten der Innenstadt erstreckt sich das Ufer des Lagan mit mehreren eindrucksvollen Bauten wie Custom House und Clifton House. Im Lagan Lookout erfährt man Wissenswertes zu Belfasts Hafengeschichte und zum Laganside Development Project, das zum Schutz der Stadt vor Überflutungen initiiert wurde. Die Waterfront Hall und das Odyssey Zentrum sind neue Veranstaltungshallen, die die Skyline am Flussufer deutlich verändert haben.

Lagan-Ufer

Am Queen's Square wurde 1869 zur Erinnerung an Prince Albert das Albert Memorial erbaut. Der Glockenturm wird wegen seiner Ähnlichkeit zum Londoner Big Ben auch »Big Ben of Belfast« genannt.

Albert Memorial Clockhouse

St. Anne's Cathedral, Hauptkirche der anglikanischen Church of Ireland, wurde ab 1898 im neo-romanischen Basilika-Stil gebaut. Aus Hunderttausenden von Glassteinchen besteht das Mosaikdach in der Taufkapelle. Lord Edward Carson, Führer der Nordirischen Union (1935), liegt dort begraben.

St. Anne's Cathedral

South Belfast

Zentrum des Universitätsviertels ist die im 19. Jh. im Tudorstil gebaute Queen's University. In den umliegenden Straßen gibt es mehrere Studentencafés. Wunderschön ist auch die Gegend um die Crescent Church – Lower Crescent, Crescent Gardens und Upper Crescent –, in der man sich ins 19. Jh. zurückversetzt fühlt.

University Area

Sehr empfehlenswert ist ein entspannender Spaziergang durch den schönen Botanischen Garten. Dessen Hauptattraktion ist ein elegantes Palmenhaus, in dem man Pflanzen bewundern kann, die teilweise bereits mehr als 100 Jahre alt sind.

✶ **Botanic Garden**

An der Westseite der Parkanlage steht das sehenswerte Ulster Museum. Hier sind Fundstücke aus der keltischen und frühchristlichen Epoche ausgestellt sowie Gold-und Silberschätze aus der »Girona«, dem Flagschiff der spanischen Armada, das 1588 vor dem Giant's Causeway an der Nordostküste Irlands gesunken war. Ein ausgesprochen hübscher Fund unter den Schätzen der »Girona« war ein **rubinverzierter Salamander**. Die angeschlossene Art Gallery stellt hauptsächlich Werke europäischer Maler des 17./18. Jh.s aus, unter anderem Brueghel, Turner und Gainsborough, sowie irische Künstler der Moderne. Wie viele Emigranten in der Vergangenheit von Irland in die USA auswanderten, verdeutlicht die Porträt-Schau prominenter Persönlichkeiten – wie man sehen kann, stammten nicht weniger als zehn amerikanische Präsidenten aus Nordirland.

✶ **Ulster Museum**

North, East and West Belfast

Zoologischer Garten Der Zoologische Garten, in traumhafter Lage mit schönem Blick auf die City, ist zusammen mit mehreren anderen Grünanlagen und Golfplätzen im Norden der Stadt angesiedelt. Dort steht **Belfast Castle** außerdem Belfast Castle (1870), ehemaliger Herrensitz des Earl of Shaftesbury, in dem heute das Cave Hill Heritage Centre untergebracht ist, das sich mit der Geschichte der Region befasst. Von hier sollte man auf den **Cave Hill** steigen, einen Hügel vulkanischen Ursprungs, wegen einer gewissen Ähnlichkeit auch »Napoleon's Profile« genannt. Oben angekommen, hat man bei klarem Wetter einen grandiosen Blick auf die Stadt, den westlich gelegenen Lough Neagh und – im Osten – bis zur Küste und zur Isle of Man.

Parliament House of Northern Ireland Im östlichen Vorort Stormont steht das ehemalige irische Parlamentsgebäude, ein nach klassischem Vorbild 1928–1932 errichteter Bau. Vor dem Haus erinnert ein Denkmal an Lord Edward Carson.

West Belfast Wandbilder Als 1968 die Unruhen in Nordirland begannen, entstanden zahlreiche Wandbilder in der katholischen Falls Road und in der protestantischen Shankill Road, mit denen die Zugehörigkeit zu den politischen Gruppen dokumentiert wurde. Bordsteine, Pfähle, Schranken wurden in den Farben Irlands (Grün, Weiß, Orange) oder des britischen Union Jack (Rot, Weiß, Blau) gestrichen. Wandbilder der Loyalisten, die Nordirland als Teil des britischen Königreichs behalten wollten, befinden sich in der Shankill Road und umliegenden Straßen; sie zeigen den britischen Union Jack, die Rote Hand Ulsters, maskierte Mitglieder der Ulster Volunteer Force in schwarzen Kampfanzügen und mit Maschinengewehren. Wandbilder der Republikaner, die für ein vereintes Irland eintreten, zeigen Darstellungen aus der Geschichte Irlands, der keltischen Vergangenheit, Darstellungen vom Hungerstreik 1981, vom bewaffneten Kampf und militärische Themen. Bekannt wurde das Bildnis von Bobby Sands in der Nähe des Sinn-Féin-Büros; Bobby Sands war der Erste, der bei dem Hungerstreik 1981 starb. Die Peace Wall wurde 1969 errichtet, um katholische und protestantische Nachbarn voneinander zu trennen. Heute sind die Tore zumindest tagsüber offen, aber die Vergangenheit ist noch an vielen Orten sichtbar: gut gesicherte Schulen und Jugendzentren, Pubs mit Überwachungskameras, Plakate und schwarze Flaggen, die an brutale Anschläge erinnern. Auf dem Mill-

Erinnerung an Bobby Sands

town Cementery befinden sich die Gräber vieler bekannter Republikaner, die während der Unruhen umgekommen sind.

! *Baedeker* TIPP

Black Cab Tours

Heute, in Zeiten des »peace process«, werden Touren durch die einst unversöhnlichen Arbeiterviertel im Westen Belfasts angeboten. Fahrer der schwarzen Taxis (black cabs) erläutern den Besuchern die historischen Zusammenhänge und zeigen die Gegend, ihre politischen Wandbilder, die Peace Line und vieles mehr. Black Cab Tours können über das Hotel gebucht werden.

Umgebung von Belfast

Lohnend ist der Besuch des **Ulster Folk and Transport Museum** in einem weitläufigen Park bei Cultra rund 12 km östlich des Stadtzentrums. Die wiederaufgebauten Cottages, Höfe und Handwerksstätten dieses bäuerlichen Freilichtmuseums stammen aus dem frühen 18. Jh. Angeschlossen ist ein Transportmuseum, das jenseits der A2 liegt. Öffnungszeiten: Mo. – Sa. 9.30–18.00, So. 12.00–18.00; im Winter bis 16.00 Uhr.

Lough Neagh

Lough Neagh ist der größte See in Nordirland. In das sehr fischreiche Gewässer münden zehn Flüsse. Den besten Blick auf den See hat man von Glenavy, wo man im Sommer Boote mieten kann.

Antrim

An der Mündung des Sixmilewater in den See liegt Antrim. Antrim Castle, mit einem Torhaus im Tudorstil (1622), ist in der Vergangenheit mehrfach abgebrannt, wurde aber immer wieder aufgebaut. Den Entwurf für den Schlossgarten lieferte Le Nôtre, der berühmte Schöpfer der Versailler Gärten. Einer der besterhaltenen Rundtürme Irlands liegt 1,2 km nordöstlich der Stadt, auf dem Steeple; er ist fast 30 m hoch und stammt aus dem 10. Jahrhundert.

* ◄ Round Tower

Nördlich des Belfast Lough

Nördlich und südlich der Bucht von Belfast reihen sich mehrere beliebte Badeorte aneinander. Von besonderer Schönheit ist die angrenzende nördliche Küste.

* **Carrickfergus Castle**

Noch am Belfast Lough liegt Carrickfergus, früher ein bedeutender Seehafen, bevor Belfast ihm den Rang ablief. Berühmt ist der Ort wegen der hervorragend erhaltenen Normannenburg, die um 1200 zur Überwachung der Bucht gebaut wurde.

* **Whitehead, Island Magee**

Von Carrickfergus aus führt ein besonders schöner Abschnitt der Küstenstraße über Whitehead, einem beliebten Seebad an der Mündung des Lough Neagh, zu der Landzunge Island Magee. Interessant sind die Gobbins, hohe Basaltklippen mit Höhlen, um die sich bis heute viele alte Legenden und Sagen ranken.

Waterfoot

Der Ort Waterfoot am Beginn der Red Bay liegt zauberhaft an der Antrimküste. Seine Sandsteinklippen erinnern fast ein wenig an ein Amphitheater. Von dort aus erstreckt sich eine der schönsten

Familienausflug zum Carrickfergus Castle

Schluchten von Antrim, die **Glenariff-Schlucht**. An Waterfoot schließen sich der kleine Badeort Cushendall und das etwas bekanntere Cushendun an.

Südlich des Belfast Lough

Fährt man von Belfast weiter am südlichen Ufer des Belfast Lough, erschließen sich ebenfalls hübsche Landschaften und einige liebenswerte Orte. Bangor ist das wohl meistbesuchte Seebad Nordirlands mit vielen Freizeit- und Sportmöglichkeiten. Hier gibt es weite Sandstrände und schöne Promenaden. Einen Besuch lohnen das Castle und der Castle Park. Auf der **Halbinsel Ards** folgt die Straße dem Küstenverlauf an der Irischen See; am südlichsten Punkt stellt eine Fähre die Verbindung zum gegenüberliegenden Strangford her. Alternativ kann man auch auf der A 20 am Strangford Lough entlang nach Greyabbey fahren, wo sich Ruinen einer Zisterzienser-Abtei befinden. Das 1193 gegründete Kloster gehört zu den am besten erhaltenen in Irland.

Strangford

Strangford, eine alte Wikingersiedlung, liegt landschaftlich reizvoll am Südende des Lough Strangford. Aufgrund der strategischen Bedeutung stehen hier und in der näheren Umgebung vier anglo-normannische Castles aus dem 16. Jh., die einen Besuch lohnen.

Killyleagh

Unmittelbar am Lough liegt der Ferienort Killyleagh mit dem Hilltop Castle, das die Stadt überragt. Die Umgebung ist traumhaft, in der Ferne sieht man die blau schimmernden Mourne Mountains.

*** Gardens of Rowallane**

Wer eine besondere Vorliebe für Gärten hat, sollte die im Besitz des National Trust befindlichen Gardens of Rowallane mit einer Fülle seltener Blumen und Pflanzen bei Saintfield besuchen.

*** Panoramastraße von St. John's Point nach Newry**

Bei St. John's Point südlich der Halbinsel Ards beginnt eine herrliche Panoramastraße, die wohl schönste Küstenstrecke in Nordirland, die bis Newry führt (62,5 km). Über die weite Bucht von Dundrum, die bei Ebbe teilweise trocken liegt, geht es in Richtung Newcastle. **Dundrum** ist ein malerischer Fischerort mit guten Sandbuchten zum Baden. Newcastle bietet alle Annehmlichkeiten eines Badeortes, dazu einen hervorragenden Golfplatz. Der Ort liegt am westlichen Ende der Dundrum Bay und am Fuß des Slieve Donard, dem mit 857 m zweithöchsten Berg Irlands. Die Küstenstraße führt von hier aus bergan, links die See, rechts die ständig wechselnde Kulisse der **Mourne Mountains**, die Heimat vieler seltener Pflanzen sind. Auf der Strecke liegen einige verschlafene Fischer- und Bauerndörfer. Kilkeel erfreut sich bei den Anglern und Fischern besonderer Beliebtheit, weil sowohl die See als auch der Fluss Kilkeel und das nahe Carlingford Lough gute Fangmöglichkeiten bieten.

Die Straße von Kilkeel nach **Hilltown** führt mit starken Steigungen und Gefällen durch die Mourne Mountains. Hilltown ist ein gutes Standquartier für Bergbesteigungen und Wanderungen durch das farbenprächtige Hügelgebiet, wo sich Granit und Schiefer in verschiedensten Farbtönungen zeigen.

Die Straße am Carlingford Lough entlang führt über **Rostrevor**, einen hübschen, ruhigen Ferienort mit waldreicher Umgebung, der ideal für Bootsfahrten, Ponytrekking, Fischen und Wandern ist.- Schließlich kommt man nach **Newry**, einer Hafen- und Industriestadt, in deren Südosten die Mourne Mountains und in deren Westen die Camlough Mountains liegen.

Armagh

Die Kathedralenstadt Armagh, Sitz des Primas der katholischen und anglikanischen Kirche von Irland, liegt inmitten des Garden of Ulster, einer Region, die für ihre Apfelbäume bekannt ist. Armagh gehört zu den sehenswerten Städten Nordirlands. Sie gilt als religiöses Zentrum Irlands, daher verwundert es nicht, dass es in der Stadt gleich zwei Kathedralen gibt: Die protestantische St. Patrick's Cathedral steht an der Stelle, an der der heilige Patrick um 445 eine Kirche gebaut hatte. Ebenfalls St. Patrick geweiht ist die katholische neugotische Kathedrale (1840–1873). Die protestantische Kirche birgt einige bemerkenswerte Grabmonumente (17./18. Jh.), während die katholische Kathedrale interessante Mosaiken besitzt. In der Nähe liegen die Residenz des Erzbischofs und das Diözesan-College. Eine Besichtigung lohnen ferner die 1608 von James I. gegründete Royal School, das 1791 angelegte Observatorium und die schönen georgianischen Häuser an der Straße The Mall.

★ Birmingham

O/P 15/16

Landesteil: Mittelengland
Grafschaft: West Midlands
Höhe: 250-750 ft/76-229 m
Einwohnerzahl: 1 Mio.

Großbritanniens zweitgrößte Stadt ist die Heimat von Cadbury-Schokolade, Austin Mini Cooper und Jaguar-Limousinen. Einheimische nennen ihre Stadt einfach »Brum«.

Birmingham Orientierung

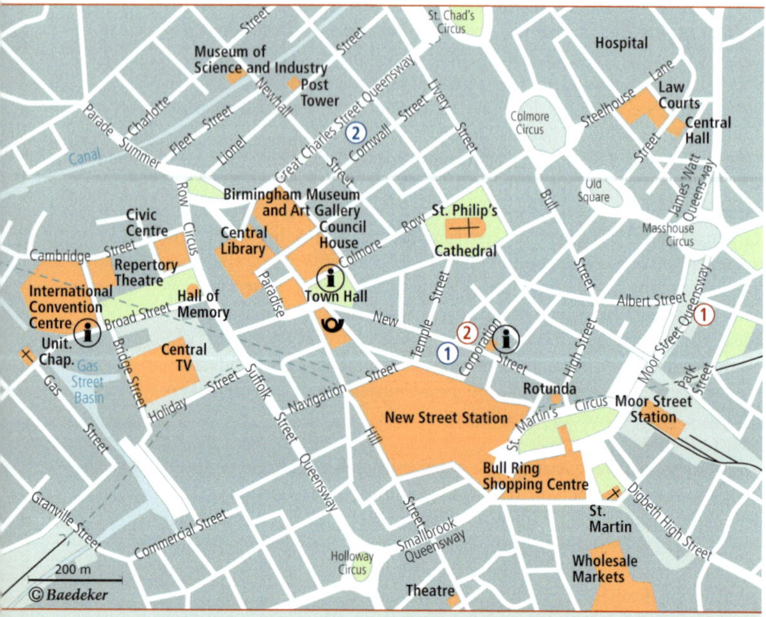

Essen
1 Berlioz
2 Metro Bar and Grill

Übernachten
1 City Inn
2 The Burlington

BIRMINGHAM ERLEBEN

AUSKUNFT

The Rotunda
Tourism Centre & Ticketshop
150 New Street
Birmingham, West Midlands, England, B2 4PA
Tel. 01 21 – 202 50 99, Fax 616 10 38
E-mail: ticketshop@marketingbirmingham.com
www.beinbirmingham.co

AN- UND ABREISEN

Der Birmingham International Airport (www.bhx.co.uk) liegt 14 km außerhalb; Bus- und Bahnanschluss ins Zentrum, Airport-Shuttle zum Bahnhof Birmingham International. Hauptbahnhof ist die New Street Station.

ESSEN

► Erschwinglich

① *Berlioz*
Burlington Arcade
126 New Street
Tel.01 21 – 643 91 91
Mediterrane Küche, man speist in elegantem Ambiente.

② *Metro Bar and Grill*
73 Cornwall St
Tel. 01 21 – 200 19 11
Modernes Interieur, es gibt gute Grillspezialitäten.

ÜBERNACHTEN

► Komfortabel/Luxus

① *City Inn*
1 Brunswick Sq, Brindley PlGB - Birmingham 2HW B1
Tel. 01 21 – 643 10 03, Fax 643 10 05
E-mail: birmingham.reservations@cityinn.com
www.cityinn.com
Großes Stadthotel mit angenehm und gepflegt eingerichteten Zimmern.

② *Burlington*
Burlington Arcade
126 New Street
Birmingham 4JQ B2
Tel. 01 21 – 643 91 91
Fax 01 21 – 643 50 75
E-Mail: mail@burlingtonhotel.com
www.burlingtonhotel.com
Früheres Bahnhofshotel, im Original-Stil renoviert.

SHOPPING

In der Stadt gibt es viele Shopping-Centres. Beliebte Einkaufsstraßen sind die Corporation Street mit »The New Bull Ring« und »Martineau Place« und die Gegend um St. Martin's Circus, den alten Marktplatz und die benachbarten Wholesale Markets. Fast schon ein neues Wahrzeichen ist das Selfridges, ein architektonischer Kaufhaus-»Blob« ohne jeglichen rechten Winkel.

VERANSTALTUNGSTIPP

Big Artsfest: Das größte Künstlerfestival Großbritanniens mit über 300 Veranstaltungen, 18 Bühnen und 1500 Künstlern findet jedes Jahr im September statt.

Der Stadtname leitet sich wahrscheinlich von der Familie de Bermingham ab, die seit 1150 im Manor of Birmingham herrschte. Schon 1538 wird Birmingham als Fabrikationsstätte von Messern, Werkzeugen und Nägeln erwähnt. In der ersten Hälfte des 17. Jh.s begann die Herstellung von Waffen, mit denen man u.a. die Parlamentarier im englischen Bürgerkrieg im 17. Jh. belieferte. Durch die Entwicklung der Dampfmaschine durch Matthew Boulton und

Einkaufsparadies Selfridges, Wahrzeichen des neuen Birmingham

James Watt im 18. Jh. und durch die leicht zugänglichen benachbarten Kohle- und Eisenerzvorkommen kam die Stadt früh zu wirtschaftlicher Bedeutung. Ende des 18. Jh.s erlebte Birmingham einen gewaltigen Aufschwung und wurde zur Zeit der Industriellen Revolution Englands größtes Industrie- und Handelszentrum.

Birmingham heute

Die jüngste Vergangenheit der legendären »Schmiede Englands« war wiederholt von Wirtschaftskrisen gekennzeichnet. Markantes Symbol des intensiven Bemühens um neue, wachstumsstarke Branchen insbesondere im Dienstleistungssektor ist das 1991 eröffnete International Convention Centre. Zur Jahrtausendwende hat Birmingham sich kostspielige Projekte geleistet: mehrere Kinocenter und die schicke Shopping Mall »The Mailbox«. Neu entstanden sind auch die Restaurants und Geschäfte an Birminghams zahlreichen Kanälen, die einst für den Gütertransport angelegt wurden – mehr als in Venedig sollen es sein! Heute sind sie beliebter Treffpunkt von Wassersportlern und neue Flanierzonen. Neues Wahrzeichen der Stadt ist das Selfridges-Kaufhaus – von den Birminghamern »Zyklopenauge« genannt.

Sehenswertes

Victoria Square
Town Hall

Die älteren öffentlichen Gebäude befinden sich am Victoria Square. Die Town Hall (1832–1850), ein Meisterwerk viktorianischer Baukunst, hat die Form eines römischen Tempels mit 40 korinthischen Säulen aus Anglesey-Marmor. Sie ist musikalisches Zentrum der Stadt seit der Uraufführung von Mendelssohns Oratorium »Elias« (1847) und hat eine der besten Orgeln des Landes. Auf dem Vorplatz stehen Denkmäler für Queen Victoria und James Watt.

Council House

Das gegenüberliegende Council House wurde 1874–1879 im Renaissance-Stil errichtet. Der dazugehörige Glockenturm mit dem Stadtwappen wird landläufig »Big Brum« genannt.

Chamberlain Square

Am Chamberlain Square nördlich der Town Hall erinnert ein Brunnen an den Politiker Joseph Chamberlain, 1873–1875 Bürgermeister von Birmingham.

✶ Central Library

Die Central Library besitzt eine Shakespeare-Sammlung, die rund 50 000 Bände in 90 Sprachen umfasst; außerhalb der USA ist sie vermutlich die größte ihrer Art.

✶✶ Birmingham Museum and Art Gallery

Birmingham Museum and Art Gallery ist eines der bedeutendsten Museen außerhalb von London. Zu seinen Kunstschätzen gehören eine hervorragende Sammlung der Prä-Raffaeliten, Ausstellungsstücke zur Stadtgeschichte von mittelalterlichen Münzen über historische Gemälde bis zu Cadbury-Schokoladeprodukten und Verkehrsmitteln der Jahrhundertwende, archäologische Exponate, kostbare Silberarbeiten (17.–19. Jh.), in der Pinto Collection über 6000 aus

Birmingham Museum Orientierung

1 Münzen und Medaillen
2 Keramik, Glas, Glasmalerei
3 Mode
4 Edwardian Tea Room
5 Keramik
6 Schmuck
7 Metallkunst
8 Handwerk
9 Museumsladen
10-11 Orientalische Kust
12 Britische Malerei des frühen 19. Jh.s
13 Prä-Raffaeliten
14 Britische Kunst des späten 19. Jh.s
15 Silber
16 Druckerei
17-19 Wechselausstellungen
20 Kunst der Nachkriegszeit
21 Britische Kunst des späten 19. und des frühen 20. Jh.s
22 Kunst des 18. Jh.s
23-25 Kunst des 17. Jh.s
26-27 Kunst des Mittelalters und der Renaissance
28 Wechselausstellungen
29-30 Stadtgeschichte von Birmingham
31 Wechselausstellungen
32 Vor- und Frühgeschichte
33 Galerie 33
34 Ägypten
35 Archäologie in Birmingham
36 Vögel
37 Tropische Vögel, Schmetterlinge und Muscheln
38 Säugetiere
39 Dinosaurier
40 Mineralien
41 Holzschnittarbeiten (Sammlung Pinto)
42-43 Botanik

Holz gefertigte Spielzeuge und Gebrauchsgegenstände (u.a. »love spoons«), Gemälde des 17.–20. Jh.s, darunter Canalettos Darstellung von Warwick Castle (1748), Lelys 1654 entstandenes Porträt von Oliver Cromwell, Werke der viktorianischen Epoche und Arbeiten der Moderne, u.a. Bilder von Wendy Ramshaw, Skulpturen von Henry Moore, Rodin und James Tower.

Thinktank Museum of Science and Discovery

Das Museum wurde 2001 am Millennium Point an der Curzon Street eröffnet. Historische Maschinen, Transportmittel, medizinische Geräte sind zu sehen, und es geht um die verschiedensten Erfindungen aus unterschiedlichen Zeiten, die Erforschung der Zukunft und Erfahrungen der Vergangenheit (Fr. geschl.).

✶ **Jewellery Quarter**

Im Norden der Newhall Street liegt das traditionsreiche Juwelierviertel, dessen über 200 Werkstätten und Silberschmieden sich um den Clock Tower an der Ecke Vyse Street und Frederick Street und um die georgianische Kirche St. Paul's konzentrieren.

✶ **ICC**

In der für ihre hervorragende Akustik bekannten Konzerthalle des 1991 eröffneten International Convention Centre finden die Konzerte des renommierten Birmingham Symphony Orchestra statt.

✶ **Brindleyplace**

Die in den 1990er-Jahren zu einem modernen Freizeitkomplex umgestalteten historischen Kanäle von Brindleyplace im Südwesten haben sich mittlerweile zu einem pulsierenden Stadtteil entwickelt.

St. Philip's

Die im palladianischen Stil gehaltene Kathedrale, 1711–1715 von Thomas Archer erbaut, war bis 1905 die St.-Philip's-Pfarrkirche. Die von Edward Burne-Jones entworfenen Buntglasfenster wurden 1884/1885 bei William Morris hergestellt.

St. Martin's

Die Kirche St. Martin's, wenige Schritte östlich der New Street Station, wurde im 13. Jh. geweiht, 1872–1875 aber im Decorated-Stil erneuert. Bunte Glasfenster von Burne-Jones und Morris sind auch hier zu sehen, zudem Grabmäler der Familie de Bermingham.

St. Chad

In nördlicher Richtung lohnt St. Chad's einen Besuch, die erste römisch-katholische Kirche, die nach der Reformation in Großbritannien errichtet wurde (1839–1841) und heute Sitz des Erzbischofs ist. Sie birgt eine Eichenkanzel aus dem 16. Jh., Chorgestühl und Lesepult (15. Jh.) stammen aus Köln.

University

Gegründet wurde die Universität von Birmingham im Jahre 1900. Die University of Aston entstand 1966 aus der technischen Hochschule. Östlich der Universität befindet sich die bereits 1552 gegründete King Edward's School.

✶ **Barber Institute of Fine Arts**

Das aus der Privatsammlung von Lady Barber hervorgegangene Barber Institute of Fine Arts in der Nähe der Universität besitzt die umfangreiche Kunstsammlung der Universität mit Werken von der Renaissance bis zum frühen 20. Jh., darunter Arbeiten von Botticelli, Bellini, Tintoretto, Rubens, Rembrandt, Watteau, Degas, Manet, Monet, Picasso, Matisse, Magritte, Schiele, Gainsborough, Constable und Degas. Außerdem ist eine Sammlung von seltenen Münzen, Siegeln und Gewichten zu sehen.

Cadbury-Schweppes Bourneville ist Sitz der berühmten 1831 gegründeten Cadbury-Schokoladenfabrik, heute Unternehmensgruppe Cadbury-Schweppes. Bereits 1895 wurde hier eine musterhafte Werkssiedlung, eine Gartenstadt für die Fabrikangestellten, geschaffen. Das Museum »The Cadbury World« stellt die Geschichte und Verbreitung von Schokolade um die ganze Welt dar und berücksichtigt auch die Historie der Quäker-Familie Cadbury. Neben vielen anderen Spielereien ist eine Nachbildung der aus dem englischen Fernsehen berühmten »Coronation Street« zu sehen. Besucher müssen sich per e-mail anmelden (www.cadburyworld.co.uk).

Sarehole Mill Die 200 Jahre alte Kornmühle Sarehole Mill in Hole Green, die J.R.R. Tolkien zu seinem Buch »The Hobbit« inspiriert haben soll, wurde um die Jahrhundertwende zur Messerfabrik umfunktioniert.

Umgebung von Birmingham

✶ Dudley Black Country Museum In Dudley ca. 14 km westlich dokumentiert das Black Country Museum (Tipton Road) die Geschichte des Kohlebergbaus. Besichtigt werden können ein alter Kohleschacht und eine Werkssiedlung der Jahrhundertwende; interessant ist auch eine Fahrt mit den typischen Kohletransportbooten auf den weit verzweigten Kanälen.

✶ Walsall Türschlossmuseum In Walsall 19 km nordwestlich befindet sich das einzige Türschlossmuseum Englands mit Exponaten aus aller Welt ab dem 16. Jahrhundert. Ebenfalls interessant ist das »Jerome K. Jerome Birthplace Museum«, das Leben und Werk des Autors der berühmten Posse »Drei Männer in einem Boot« dokumentiert (Anmeldung Tel. 01922/653116 oder per e-mail: museum@walsall.gov.uk).

✶ Brighton

S 19

Landesteil: Südengland **Grafschaft:** East Sussex
Einwohnerzahl: 192 000

Brighton ist das größte und bekannteste Seebad an der englischen Kanalküste. Aus dem früheren Fischerdorf entwickelte sich ab 1750 ein vornehmer Kurort, in dem sich Englands Adel und die feine bürgerliche Gesellschaft traf.

Im 16. Jh. lebten in dem Fischerdorf Brighthelmstone etwa 1500 Einwohner in kleinen Häuschen, wie sie heute noch immer in den engen »Lanes« zu sehen sind. Als Dr. Richard Russel 1750 seine Abhandlung über den »Nutzen von Seewasser bei Drüsenkrankheiten« veröffentlichte, veränderte das Dorf sich schlagartig und zog Scharen von Badegästen an. 1766 wurde der erste Ballsaal eingeweiht, und in

BRIGHTON ERLEBEN

AUSKUNFT

10 Bartholomew Square, Brighton, East Sussex, England, BN1 1JS
Tel. 09 06 – 711 22 55
Fax 0 12 73 – 29 25 94
E-mail: brighton-tourism@brighton-hove.gov.uk
www.visitbrighton.com

ESSEN

► Preiswert

① ***Terre-à-Terre***
71 East Street
Tel. 0 12 73 – 729051
Gute vegetarische Küche.

► Erschwinglich

② ***New Steine Bistro***
New Steine 12a
Tel. 0 12 73 – 68 15 46
Im New Steine Bistro kann man sich bei allabendlichem Kabarett von einem französischen Chef einfallsreich bekochen lassen.

③ ***English Oyster Bar & Seafood***
East Street 29/31
Tel. 0 12 73 – 32 79 80
In drei ehemaligen Fischerhütten ist die auf Fischspezialitäten ausgerichtete English Oyster Bar & Seafood untergebracht.

④ ***Le Gastronome***
Hampton Place 3
Tel. 0 12 73 – 77 73 99
Gute Küche, freundlicher Service, interessante Weinkarte.

ÜBERNACHTEN

► Komfortabel

① ***The Dove Waldorf***
18 Regency Square, BN1 2FG
Tel. 0 12 73 – 77 92 22, Fax 74 69 12
Stadtnahes B&B mit 9 Zimmern gegenüber dem West Pier mit gutem Preis-Leistungs-Verhältnis.

② ***Imperial***
First Avenue, BN3 2GU
Tel. 0 12 73 – 77 73 20, Fax 77 73 10
In Küstennähe fügt sich das Imperial mit 76 Zimmern in eine Reihe viktorianischer Häuser ein. Im Sommer speist man auf der Terrasse.

den folgenden Jahren erschienen auch Mitglieder der königlichen Familie zur Badekur. Erholung versprachen nicht nur das wohltuende Seeklima sondern auch die sprudelnden Heilquellen, man flanierte auf den breiten Prachtboulevards und Piers, genoss die Feste in den Ballsälen der mondänen Hotels. Die hübschen Häuserzeilen im Regency Style, der Palace Pier und der exotische Royal Pavilion – eine »folly« des exzentrischen Prince of Wales – erinnern an diese Zeit. Der junge Prince of Wales, der spätere George IV., kam 1783 nach Brighton. Da er zwischen 1811 und 1820 für seinen erkrankten Vater die Regentschaft übernahm, wird diese Epoche als Regency Period

Brighton *Orientierung*

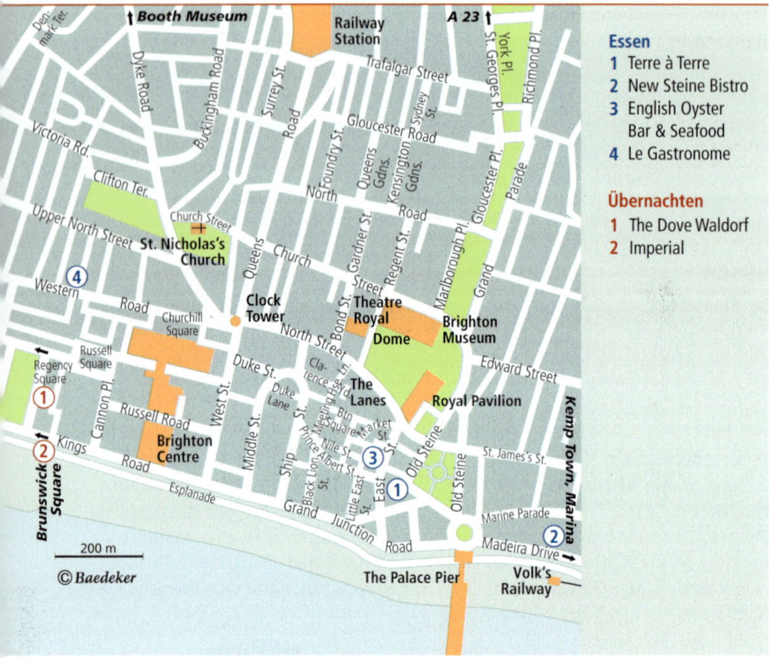

bezeichnet, die durch einen eigenen Baustil, den Regency Style, nach dem Geschmack des Prinzen geprägt wurde. Damals entstanden die meisten der strandnahen Gebäude mit ihren strahlend weißen Fassaden, Bogenfenstern (»bay windows«) und schmiedeeisernen Balkonen. Brighton zählte auch viele illustre Dichter und Denker zu seinen Gästen wie Samuel Johnson, Jane Austen und Thackeray oder Fürst Pückler. Mittlerweile hat auch in Brighton längst der Massentourismus Einzug gehalten. Die 5 km lange Strandpromenade ist von Souvenirläden übersät, und Zweckbauten haben Teile Brightons entstellt. Zusammen mit dem benachbarten Hove bildet es heute ein urbanes Ballungszentrum mit insgesamt 192 000 Einwohnern. Das Seebad ist Schauplatz von Graham Greenes Roman »Brighton Rock« (1938) und Attenboroughs Filmsatire »Oh, what a lovely Lady« (1968).

Sehenswertes

★★ Royal Pavilion

Der Royal Pavilion wurde 1815–1823 von dem Architekten John Nash und den Innenausstattern Frederick Crace und Robert Jones für den Prince of Wales im indischen Mogulstil als Sommerresidenz errichtet und gilt heute als eines der Wahrzeichen der Stadt. Der

Prinz hatte sich in die schöne Maria Anne Fitzherbert verliebt, heiratete sie 1785 heimlich und lebte mit ihr im Marine Pavilion an der Old Steine Street. Seinem Sinn für schöne Künste und seiner Exzentrik ließ er bei der Umgestaltung der Villa in einen mondänen Palast freien Lauf, als er, inzwischen aus dynastischen Gründen mit Karoline von Braunschweig verheiratet, den Royal Pavilion errichten ließ. Man betritt den Palast durch die Oktogon-Halle und kommt durch die Vorhalle in einen langen Korridor mit chinesischen Dekorationen, u.a. Bambus imitierenden eisernen Treppengeländern. Rechts vom Korridor liegt der Bankettsaal mit fantastischem fernöstlichem Innendekor, darunter ein silberner Drache, der – aus einer Bananenstaude herausspähend – einen Lüster trägt, dessen Blütenlampen aus den Mäulern von sechs Fabelwesen wachsen. In dem zeltartigen Musiksaal bilden riesige Schlangen und fliegende Drachen den dekorativen Rahmen; die Raumbeleuchtung mit Gaslampen war damals eine viel bestaunte technische Neuheit. Die übrigen Räume sind ebenfalls exzentrisch-exotisch gestaltet, nur die Privatgemächer des Prinzregenten sind weitgehend schlicht gehalten. Gegen soviel Prunksucht gab es seinerzeit in der Bevölkerung heftige Proteste, und die Karikaturisten verspotteten »Prinny« wegen seines aufwändigen Lebensstils und seiner »Geschmacklosigkeit«. Queen Victoria verkaufte schließlich den sündhaft teuren Palast für 50 000 £ an die Stadt Brighton, die ihn seitdem unterhält.

Royal Pavilion, eine »folly« des exzentrischen Prince of Wales, des späteren George IV.

BRIGHTON PIER
BRIGHTON PIER

Zum Palastareal gehören die Stallungen und die Reitschule im indischen Stil, die jetzt die Konzerthalle **»The Dome«** und das Brighton Museum and Art Gallery beherbergen mit einer hervorragenden Sammlung von Art-déco-Objekten, einer Modegalerie mit Kleidung ab dem 18. Jh., Ausstellungen alter Musikinstrumente und der ausgezeichneten Willet-Sammlung von Porzellan und Steingut. **★ Brighton Museum and Art Gallery**

In der Nähe des Museums steht das klassizistische Royal Theatre. Hier traten namhafte Schauspieler wie die Kembles, Grimaldi und Sarah Siddons auf, und auch heute noch spielen gute Ensembles. **Royal Theatre**

In der Kirche St. Nicholas weiter westlich in der Church Road wird ein schönes normannisches Taufbecken verwahrt, das mit Darstellungen des Abendmahls, der Taufe Christi und des hl. Nikolaus als Schutzpatron der Seefahrer verziert ist. **St. Nicholas**

Im alten Kern des Fischerdorfes Brighthelmstone gibt es noch die schmalen Lanes, Gässchen mit hübschen Häusern aus dem 17. Jh., in denen sich heute Antiquitätenläden, Boutiquen und Cafés angesiedelt haben; an den Fassaden sind teilweise noch die bunten »Weatherboardings« zu sehen, die man als Windschutz installierte. **★ The Lanes**

Östlich der Lanes liegt der alte Dorfanger Old Steine, heute ein gepflegter Platz, an den sich nördlich der baum- und blumenbestandene Prachtboulevard Grand Parade und südlich die Strandpromenade anschließen. Aus der Zeit um 1800, der Zeit städtebaulicher Veränderungen, stammen das stattliche Marlborough House (1786) und das Maria Fitzherbert's House (1804). **Old Steine**

In der Kirche St. John the Baptist in Carlton Hill weiter nördlich ist Maria Fitzherbert, die Geliebte von George IV., begraben, die nach der Trennung bis zu ihrem Tod zurückgezogen in Brighton lebte. **St. John the Baptist**

An der Seepromenade gab es einst mehrere große Piers: Der Kettenpier (1823), in einem Gemälde von Constable 1827 überliefert, wurde 1869 von einem Sturm zerstört, der noch existierende West Pier (1866) ist abbruchreif. Nur der 521 m lange Palace Pier (1891 bis 1899) mit seinen Aufbauten ragt noch ins Meer hinaus. **★ Palace Pier**

In der Nähe des Palace Pier lädt Magnus Volk's elektrische Strandeisenbahn, die 1883 in Betrieb genommen wurde, zu einer Fahrt ein, die bis zum Jachthafen von Brighton führt. **Railway**

Nach umfangreicher Renovierung erstrahlt das 1935 im Art-déco-Stil erbaute Strandbad von Brighton wieder in altem Glanz. Auch Restaurant und Teestube warten wieder auf Gäste. **★ Saltdean Lido**

← *Der Palace Pier in Brighton – abendlich beleuchtet*

✶ Regency Wohnanlagen Lohnend ist ein Spaziergang durch die Wohnviertel mit Häuserreihen und Platzanlagen im Regency Style: z.B. der Regency Square mit runden Erkern und gusseisernen Balustraden in Richtung des westlichen Ortsteils Hove, die Brunswick Terrace und der sich zum Meer hin öffnende Brunswick Square (1825) sowie der hufeisenförmige Aidelaide Crescent und weiter östlich der Sussex Square, der geschwungene Lewes Crescent (1824) und Arundel Terrace.

Preston Manor Der im 18. Jh. entstandene Landsitz der Familie Stanford an der Preston Road zeigt den Lebensstil der Zeit um 1900.

Umgebung von Brighton

✶ South Downs Das Hinterland von Brighton bilden die South Downs, eine lange Kette aus Kreidehügeln, die sich von Eastbourne bis nach Winchester fast parallel zur ►South Coast zieht. Die Region wurde aufgrund ihres landschaftlichen Reizes zur Area of Outstanding Natural Beauty (Gebiet von hervorragender Naturschönheit) erklärt. Auf den Kreidetriften der Downs grasen seit jeher unzählige Schafe, inzwischen wird hier aber auch Getreide angebaut. Berühmt-berüchtigt waren

! *Baedeker* TIPP

South Downs Way

Bei Wanderern ist der South Downs Way besonders beliebt, der auf 130 km von Eastbourne bis nach Winchester führt und bei Brighton mit dem Devil's Dyke und dem Ditchling Beacon hervorragende Aussichtspunkte bietet.

die Kreidefelsen mit ihren Höhlen im 18. Jh. zur Blütezeit des Schmuggels, als rund ein Drittel des englischen Seehandels auf den so genannten »Free-Trade« entfiel, die Hälfte des Gins und fast ein Drittel des Tees wurde vermutlich von Schmugglerbanden in Kent und Sussex umgeschlagen. Weder harte Strafen noch die Verstärkung der Küstenwache konnten den gut organisierten Schmugglern Einhalt gebieten, bis die Regierung schließlich 1840 ihre stärkste Waffe einsetzte: die drastische Senkung der Steuern.

Lewes 16 km nordöstlich von Brighton ist Grafschaftshauptstadt von East Sussex. Die Stadt liegt an der Stelle, an der sich der River Ouse sein Bett durch die Hügel gebahnt hat. Zur Verteidigung dieses Durchgangs wurde 1088 ein Castle gebaut. Um die Burg zieht sich die Altstadt mit steilen Straßen, alten Fachwerkbauten und georgianischen Häusern. Das im Tudorstil gebaute Anna von Cleve House in der Southover Street – heute als Museum eingerichtet – erhielt die vierte Frau von Heinrich VIII. 1541 als Scheidungsabfindung.

◄ Glyndebourne

Östlich von Lewes führt bei Beddingham eine Abzweigung zum berühmten Glyndebourne Opera House, das 1934 von John Christie mit Mozarts »Hochzeit des Figaro« eröffnet wurde. Damit begann eine Tradition anspruchsvoller Opernfestspiele, die zwischen Mai und August Musikliebhaber und Künstler aus aller Welt anziehen (Kartenvorverkauf: 01273/813813).

★ **Charleston Farmhouse**

Die A 27 in Richtung Eastbourne führt an Charleston Farmhouse vorbei, das ab 1916 der Malerin Vanessa Bell als Künstlerrefugium diente. Regelmäßig traf sich hier die Bloomsbury Group, und noch heute vermittelt die gesamte Inneneinrichtung deren Kreativität und Experimentierfreudigkeit, Öffnungszeiten: März – Juni, Sept. – Okt.: Mi. u. Sa. 14.00 – 18.00, Juli u. Aug. 11.00 – 18.00 Uhr. Virginia Woolf, die Schwester von Vanessa Bell, ließ sich 1939 weiter westlich in Bodmell nieder und lebte dort in Monk's House bis zu ihrem Freitod 1941. Das schlichte Cottage gibt einen intimen Einblick in das Alltagsleben der berühmten Schriftstellerin. Öffnungszeiten: April – Okt. Mi. u. Sa. 14.00 – 17.30 Uhr.

★ ◄ Monk's House

★ **Long Man of Wilmington**

Eine wahrlich imposante Erscheinung ist der »Long Man of Wilmington«, ein in die Kreidefelsen gemeißeltes Abbild einer menschlichen Gestalt, das bei Wilmington an der A 27 markant aus dem Grün der Hügel hervorscheint. Die Kreidezeichnung ist der von Cerne Abbas bei ► Dorchester ähnlich, aber gut 10 m größer. Als stütze sie sich links und rechts auf einen Stab, so steht die Figur da und gibt Rätsel auf. Alter und Herkunft sind unklar, möglicherweise stammt sie aus sächsischer Zeit, etwa aus dem 7. Jahrhundert, und stellt den Heidengott Wotan dar. Dagegen spräche allerdings die Tatsache, dass die Mönche der Abtei von Wilmington den Kreidemann so lange tolerierten – vielleicht haben sie die Figur auch selbst in den Hang gekerbt. Schriftlich erwähnt wird die riesige Kalkfigur jedenfalls erst im Jahr 1764.

Vom Long Man of Wilmington bietet sich ein Abstecher in das Bilderbuchdorf **Alfriston** mit malerischen Fachwerkbauten, einem Pfarrhaus aus dem 14. Jh. (heute Museum) und dem um 1520 erbauten Pub Star Inn an.

The Long Man of Wilmington – 1400 Jahre alt?

★ Bristol

N/O 17/18

Landesteil: Südengland
Grafschaft: Avon
Höhe: 355 ft/108 m ü. d. M.
Einwohnerzahl: 400 000

Bristol ist eine Stadt der Gegensätze und gerade deshalb so interessant: einst Hafenstadt, von der aus John Cabot 1497 startete, um Neufundland zu entdecken, heute Industriestadt mit Bürgerhäusern und Arbeitersiedlungen, eine junge Stadt mit Universität und starker Pop- und Kunstszene.

Bristol ist eine Gründung des 10. Jh.s, und schon im 12. Jh. war es bedeutende Handelsstadt. Der frühe Reichtum der Stadt beruhte auf dem »Dreieckshandel«: Die Schiffe fuhren mit Metallwaren, Glas und Perlen von England nach Westafrika, von dort brachten sie Sklaven nach Westindien – Ende des 18. Jh.s waren es mehr als 70 000 pro Jahr –, auf den Westindischen Inseln luden sie Zuckerrohr, Rum,

Bristol Orientierung

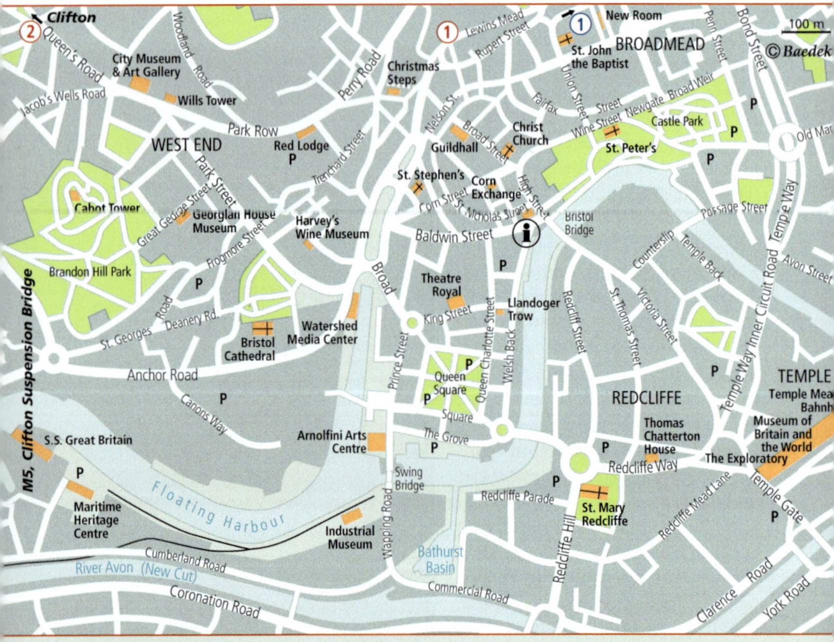

Essen
1 Bell's Dinner

Übernachten
1 Hotel du Vin
2 Clifton

BRISTOL ERLEBEN

AUSKUNFT

The Annexe, Wildscreen Walk
Harbourside, Bristol, BS1 5DB
Tel. 09 06 – 711 21 91
Fax 01 17 – 915 73 40
ticharbourside@bristol-city.gov.uk
www.visitbristol.co.uk

AN- UND ABREISEN

Über die A 38 erreicht man den Flughafen 13 km südwestlich (www.bristolairport.co.uk, Tel. 08 70 – 12 12 747); vom Flughafen Bus- und Zugverbindung ins Zentrum. Gute Zugverbindungen in alle Landesteile.

ESSEN

► Erschwinglich

① ***Bell's Dinner***
1 York Road
Tel. 01 17 – 924 03 57
Gemütliches Bistro mit abwechslungsreichem Menü bei gutem Preis-Leistungs-Verhältnis.

ÜBERNACHTEN

► Luxus

① ***Hotel du Vin***
Narrow Lewins Mead,
BS1 2NU
Tel. 01 17 – 925 55 77
Fax 925 11 99
Ruhiges Hotel im Stadtzentrum. 40 Zimmer mit geschmackvoller Einrichtung und empfehlenswertes Restaurant.

► Komfortabel

② ***Clifton***
St. Paul's Road, Clifton,
BS8 1LX
Tel. 01 17 – 973 68 82
Fax 974 10 82
Das Hotel mit insgesamt 60 Zimmern liegt in dem ruhigen Vorort Clifton. Im Sommer kann man sich auf der schönen Hotelterrasse gemütlich niederlassen.

Kaffee, Kakao und Tabak für die heimischen Märkte. Nach Abschaffung der Sklaverei entwickelten sich der Schiffbau und später die Flugzeugfabrikation zu den Hauptindustriezweigen. 1838 baute Isambard Kingdom Brunel (1806–1859) in Bristol die Great Britain, das erste Dampfschiff, das regelmäßig den Atlantik kreuzte, außerdem die Great Western Railway zwischen London und Bristol und die Hängebrücke über die Avon-Schlucht. Als die großen Überseedampfer aufgrund ihres Tiefgangs den gezeitenabhängigen schmalen River Avon nicht mehr nach Bristol hinauffahren konnten, entstand im Bereich von Avonmouth und Royal Portbury der neue Hafen mit modernen Dockanlagen, Erdölraffinerien und Industrieparks. Die Elektronik-Industrie hielt in den 1980er-Jahren ihren Einzug mit Firmen wie Hewlett Packard und IBM.

Floating Harbour / St. Mary Redcliff

Old Station

Neben dem heutigen Bahnhof Temple Meads Station steht Bristol Old Station, ein Meisterwerk viktorianischer Ingenieursbaukunst,

1835 von Isambard Kingdom Brunel als Endstation der Great Western Railway gebaut und heute Sitz eines Wissenschaftsmuseums und des Museum of Britain and the World.

★ **Floating Harbour**

Während im modernen Großhafen von Avonmouth und Portbury am Severn die Fracht- und Passagierschiffe abgefertigt werden, wurden die alten Hafenanlagen in Bristol selbst (Floating Harbour) z.T. restauriert und umfunktioniert. Die alten Stapelhäuser von The Watershed beherbergen heute kleine Läden, Cafés und Restaurants, gegenüber zeigt in einem ehemaligen Teehandelshaus (1832) das Arnolfini Centre zeitgenössische Kunst. Am neu angelegten New World Square gibt es den Unterhaltungskomplex »at-Bristol« mit einem Naturwissenschaftsmuseum, dem multimedialen Tropenmuseum »wildwalk-at-Bristol« und einem Kino.

Industrial Museum

Über eine Drehscheibenbrücke gelangt man von hier aus zum Prince's Landungssteg mit dem Industriemuseum von Bristol. Zu seinen Exponaten gehören u.a. eine Rolls Royce Flugzeugmotorensammlung und das Modell einer Pilotenkanzel aus einer Concorde.

★ **SS Great Britain/ Maritime Heritage Centre**

Am Great Western Dock in einem Hafenbecken nahe der Gasferry Road liegt Brunels Dampfschiff SS Great Britain, das 1843 als erstes Dampfschiff aus Eisen in Bristol vom Stapel lief. Das Seefahrtsmuseum zeigt die Entwicklung von Schiffbau und Seehandel der Stadt.

★★ **St. Mary Redcliffe**

Auf dem Südufer des Floating Harbour sollte man St. Mary Redcliffe besichtigen, nach dem Urteil von Elizabeth I. die schönste Pfarrkirche Englands. Ihren Namen erhielt die Kirche von den roten Klippen, auf denen sie im 13. Jh. von reichen Kaufleuten errichtet wurde. Im vorwiegend im Perpendicular Style des 15. Jh.s gehaltenen Innenraum sind hohe Arkaden, schlanke Pfeilerbündel und Netzgewölbe von großer Eleganz zu sehen. Pracht und Reichtum dieser Kirche verdankt die Stadt einem der wohlhabendsten Handelsherren der damaligen Zeit, William Canynge, dessen Grabmal im südlichen Querschiff zu finden ist. Außerdem befinden sich noch Gedenktafel und Grab von Admiral Sir William Penn, dem Vater des Gründers von Pennsylvania in den USA, in der Kirche.

Unterstadt

★ **St. Nicholas**

In der High Street, die von der Bristol Bridge zum Cross führt, sollte man die ehemalige Kirche St. Nicholas besichtigen, die heute Museum ist. Ausgestellt sind u.a. drei von William Hogarth für St. Mary Redcliffe gemalte großformatige Altartafeln. Die Markthallen an der High Street stammen aus der Mitte des 18. Jahrhunderts.

★ Kornbörse ►

Von den Markthallen bis zur Corn Street zieht sich die 1740–1743 von John Wood d.Ä. im palladianischen Stil errichtete Kornbörse. Vor dem Gebäude sieht man vier Messingtische, die »Brass Nails«,

auf denen früher die Geschäfte in klingender Münze »on the nail« abgewickelt wurden. Rund 200 m weiter westlich steht die große, aus der Mitte des 16. Jh.s stammende Kirche St. Stephen. An der Ecke Corn/Broad Street wurde 1827 der klassizistische Bau des Old Council House errichtet, gegenüber steht die Christ Church aus dem 18. Jh. mit schöner Turmuhr. Die Broad Street führt vorbei an der Guildhall zur alten Stadtmauer. Die Kirche St. John stammt aus dem 14. Jh., sie ist über einer eindrucksvollen Krypta erbaut.
Durch einen Bogen, der die Figuren von Brennus und Belinus, den legendären Gründern von Bristol, zeigt, geht es weiter durch die Christmas Street zu den von Antiquitätengeschäften und Souvenirläden gesäumten **Christmas Steps**. Am oberen Ende der Treppen zeigen die 1861 fertig gestellten **Fosters Armenhäuser** eine gelungene Mischung aus Tudorelementen und französischer Spätgotik.

! *Baedeker* TIPP

Llandoger Trow

Die legendärste Hafenkneipe der Stadt ist Llandoger Trow in der King Street. Hier soll Daniel Defoe von dem Seefahrer Selkirk die abenteuerliche Geschichte des Robinson Crusoe erfahren und der schottische Schriftsteller Robert Louis Stevenson 1883 das Vorbild für den »Admiral Benbow«, die Stammkneipe des Long John Silver in seinem berühmte Roman »Die Schatzinsel«, gefunden haben. Die Taverne ist unterirdisch mit dem 1764 eröffneten Royal Theatre verbunden, der ältesten durchgehend bespielten Theaterbühne Englands, jetzt Sitz der Bristol »Old Vic«-Company.

Wesley's New Room

In östlicher Richtung stellt die Nelson Street die Verbindung zu den Einkaufsstraßen von Broadmead her. Hier befindet sich auch die älteste Methodistenkirche der Welt, Wesley's New Room (1739).

Oberstadt

★ **Kathedrale**

Die Kathedrale, ursprünglich die Kirche eines Augustinerklosters, erhielt 1542 durch die Gründung des Bistums Kathedralenrang. Vom normannischen Kirchenbau hat sich bis auf das Kapitelhaus nichts erhalten. Die Bauzeit lässt sich in drei Phasen einteilen: Der östliche Chor ist 1298–1330 erneuert worden, Vierungsturm und Querhäuser wurden 1500 vollendet, erst im 19. Jh. wurden das hallenartige Schiff und die Westturmfassade fertig gestellt. Der Chor, im Jahre 1298 erbaut und Glanzstück der Kirche, ist eine Konstruktion von genialer Leichtigkeit und völlig neuem Raumgefühl. Das Chorgestühl ist modern, hat aber Miserikordien von etwa 1520. Es gibt zwei Marien-

★★ ◄ Chor

Die Kathedrale von Bristol

kapellen: anschließend an das nördliche Querschiff die ältere im Early English Style (1210–1220); die Marienkapelle am Ostende wurde 1298–1330 errichtet und besitzt noch das ursprüngliche Altarblatt und Fenster aus dem 14. Jahrhundert. Im Südschiff befinden sich die sternförmigen Grabnischen der Äbte. Bemerkenswert ist auch das rechteckige **Kapitelhaus** (12. Jh.) mit Zacken-Dekor, Kreuzbogenverzierungen und Fischschuppenmustern an den Wänden. Vor der Westfassade der Kathedrale hat sich noch ein Torhaus mit normannischen Bogengängen der alten Abtei erhalten.

Die 1909 gegründete **Universität** liegt in Clifton, einer bevorzugten Wohngegend mit sehenswerten georgianischen Häusern. Markantes Wahrzeichen der Universität ist ein über 60 m hoher neogotischer Turm, Stiftung der Tabakbarone Sir G.A. und H.H. Wills von 1925.

City Museum & Art Gallery Die viktorianischen Bauten daneben beherbergen das Stadtmuseum und die Gemäldegalerie. Interessant sind die orientalische Kollektion, die Sammlung alter Meister und die Exponate von und über Brunel und seine zahlreichen technischen Leistungen.

Georgian House In der Great George Street ist die stilvolle Einrichtung des Georgian House sehenswert, das im 18. Jh. für den Zuckerhändler John Pinney gebaut wurde und elegantes Stadtleben jener Zeit widerspiegelt.

★ **Clifton Suspension Bridge** Die Kalkstein-Plateaus Clifton Down und Durdham Down sollte man wegen der berühmten Hängebrücke besuchen, die in 80 m Höhe die Schlucht des Avon überspannt. Sie ist zwischen den beiden Pylonen 243 m lang und wurde 1864 nach Plänen von Isambard Kingdom Brunel gebaut.

Umgebung von Bristol

★ **Blaise Hamlet** Im 8 km nordwestlich gelegenen Henbury wurde 1811 die Siedlung Blaise Hamlet mit neun Cottages für pensionierte Arbeiter des benachbarten Blaise Castle gebaut. Die romantischen Häuschen, die in ihrer Individualität und Rustikalität ganz einzigartig sind, können nur von außen besichtigt werden.

Clevedon ist ein verhältnismäßig ruhiger Badeort an einer kleinen Bucht. Häufiger Gast in Clevedon Court, dem Herrenhaus der Eltons, war William Thackeray, der hier u.a. einen Teil seines Romans »Vanity Fair« (1848) verfasste. Ausgestellt sind von Sir William Elton geschaffene Töpferwaren (Öffnungszeiten: April – Sept. Mi., Do., So. 14.00–17.00 Uhr). Von Bristol aus gibt es eine Schiffsverbindung nach Clevedon.

★ Clevedon Court

Ein weiterer nahe gelegener Badeort am Bristol Channel ist Weston-super-Mare, heute eines der größten englischen Seebäder, das man ebenfalls mit dem Schiff erreichen kann. Die charakteristischen Crescents und Terraces stammen aus dem 19. Jahrhundert. Bei klarem Wetter kann man von der Strandpromenade aus die Vogelinseln Steep Holm und Flat Holm erkennen.

Weston-super-Mare

★★ Cambridge

T 16

Landesteil: Südengland
Grafschaft: Cambridgeshire
Höhe: 334 ft/101 m ü. d. M.
Einwohnerzahl: 109 000

Nicht weniger als 31 altehrwürdige Colleges prägen die traditionsreiche und zugleich moderne Universitätsstadt Cambridge am River Cam. Auf den Backs, dem Westufer des Flusses, führt ein herrlicher Spazierweg an den schönen Collegegärten vorbei.

Zu Zeiten der Römer gab es am Cam, der jenseits der Silver Street Bridge den Namen Granta hat, schon eine kleine Siedlung. Nach dem Fluss Granta hieß Cambridge in sächsischer Zeit Grantebrycg, später Cantebruge. Schon vor der Gründung der Universität 1318 war Cambridge bekannt für seine alljährliche Wollmesse an der wichtigen Handelsstraße von Ost- nach Zentralengland, was früh zu städtischem Wohlstand führte. Die »Stourbridge Fair« galt im 17. Jh. als die größte Messe des Landes.

Die ersten Lehranstalten sind wahrscheinlich im 12. Jh. von aus Paris zugewanderten Gelehrten in Klöstern eingerichtet worden. Peterhouse, das erste College in Cambridge, wurde 1284 gegründet. Derzeit plant Cambridge einen immensen Ausbau, um die weltweite Spitzenposition im Universitätsbereich erhalten zu können: Bis 2025 sollen drei neue Colleges entstehen, das Lehrpersonal verdoppelt und die Zahl der Studenten um ein Viertel erhöht werden.

! *Baedeker* TIPP

Kahnpartie auf dem River Cam

Wer vom vielen Besichtigen müde geworden ist, lässt sich entweder von einem Studenten durch Cambridge rudern oder mietet selbst einen flachen Kahn, einen »punt«, und bewegt sich mittels Staken durch das Wasser. Bis hinunter an den Fluss ziehen sich die Collegegärten.

CAMBRIDGE ERLEBEN

AUSKUNFT

Wheeler Street, Cambridge,
Cambridgeshire, England, CB2 3QB
Tel. 09 06 – 586 25 26
Fax 0 12 23 – 45 75 49
E-mail: tourism@cambridge.gov.uk
www.tourismcambridge.com

ESSEN

► Erschwinglich

① ***Twenty-Two***
22 Chesterton Road
Tel. 0 12 23 – 35 18 80
Stimmungsvolles Restaurant, in dem bei Kerzenlicht getafelt wird.

ÜBERNACHTEN

► Komfortabel

① ***Arundel House***
53 Chesterton Road, CB4 3AN
Tel. 0 12 23 – 36 77 01
Fax 36 77 21
www.arundelhousehotels.co.uk
In Flussnähe gelegenes Hotel mit schönem Bick über einen Park, 83 Zi.

② ***Netley Lodge***
112 Chesterton Road, CB4 3AN
Tel. 0 12 23 – 36 38 45
Kleines gemütliches B&B, ca. 1 Meile vom Stadtzentrum entfernt.

Sehenswertes

✶✶ Colleges

Die mit weitem Abstand bekanntesten englischen Universitäten sind ►Oxford und Cambridge, beide sind im 13. Jahrhundert entstanden. Im Mittelalter kamen Studenten mit 14 oder 15 Jahren nach Oxford oder Cambridge, wo sie nach drei Jahren (Trivium mit lateinischer Grammatik, Rhetorik und Logik) den »Master of Grammar« und nach weiteren vier Jahren (Quadrivium mit Arithmetik, Geometrie, Astronomie und Musik) den Titel eines »Master of Art« erwerben konnten. Heute sind an beiden Universitäten jeweils ca. 16 000 Studenten immatrikuliert.
Die Anlage der Colleges geht auf die Klosterarchitektur zurück mit kreuzgangähnlichen Höfen (Courts), großem Speisesaal (Hall) und Kapelle (Chapel). Den Eingang zum College bildet meist ein Torhaus. Während der Examenszeiten und bei sonstigen wichtigen Anlässen können die Colleges nicht besucht werden.

Peterhouse College

Das älteste College in Cambridge, Peterhouse, wurde 1284 von Hugh de Balsam, Bischof von Ely, gegründet und gehört zu den kleinsten. Saal und Vorratsraum an der Südseite des Old Court sind die ältesten Gebäude aus dem 13. Jahrhundert. Neben Kardinal Beaufort, dem Chemiker Henry Cavendish und dem Physiker Lord Kelvin war der Dichter Thomas Gray (1716–1771) hier Student.

Little St. Mary

Little St. Mary (13./14.Jh.) diente über 300 Jahre dem College als Kapelle. Eine Gedenktafel für Godfrey Washington, Priester der Kirche und Mitglied von Peterhouse, trägt das Familienwappen, das zur Grundlage für das Sternenbanner der USA wurde.

Cambridge Orientierung

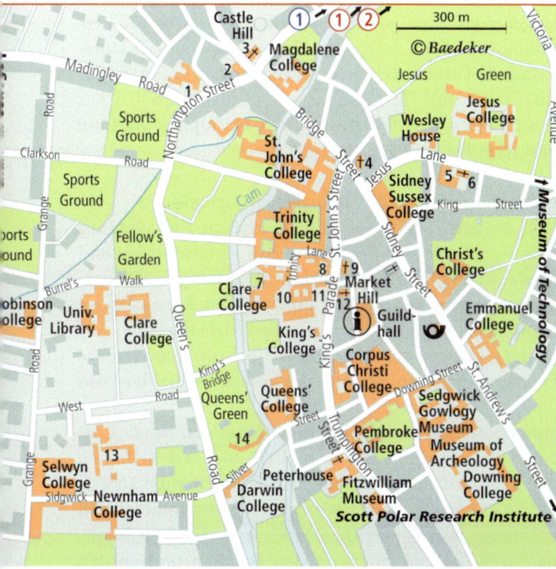

1 Westminster College
2 Folk Museum
3 St. Giles
4 Round Church
5 Westscott House
6 All Saints
7 Trinity Hall
8 Gonville and Caius College
9 St. Michael
10 Old Schools
11 Senate House
12 St. Mary the Great
13 University Arts Buildings, Museum of Classical Archaeology
14 Fisher Court

Essen

1 Twenty-Two

Übernachten

1 Arundel House
2 Netley Lodge

Pembroke College

Pembroke College wurde 1347 von der Gräfin Pembroke gegründet, in späteren Jahrhunderten aber mehrfach umgebaut, so dass vom Ursprungsbau heute eigentlich nichts mehr erhalten ist. Die Kapelle (1663–1665) ist das erste Werk von Christopher Wren; 1881 wurde sie verlängert nach Plänen von Gilbert Scott. Pembroke College hat viele Bischöfe und Dichter hervorgebracht. Der in Oxford auf dem Scheiterhaufen verbrannte Reformator Nicholas Ridley zählte ebenfalls zu den Absolventen.

★ Queens' College

Die mittelalterlichen Gebäude des im 15. Jh. gegründeten Queens' College sind noch fast vollständig erhalten. Ein schöner Torweg mit Zinnenbekrönung führt zum Old Court aus rotem Backstein, von dort sind die Halle mit Dekorationen von William Morris, die Bücherei und die ehemalige Kapelle zugänglich. Beim Cloister Court (um 1460) befindet sich die President's Lodge (1490–1495), eine schöne Fachwerk-Bogenhalle. Südlich liegt der Pump Court (Brunnenhof) mit dem Erasmus Tower. Der kleine Turm grenzt an die Zimmer, die Erasmus von Rotterdam als Professor für Griechisch 1511–1514 in Cambridge bewohnte. Nördlich liegen der Walnut Tree Court von 1618 und der Friar's Court mit dem Erasmus Building von 1961 sowie die Kapelle aus viktorianischer Zeit. Vom Klosterhof führt die 1902 rekonstruierte Mathematische Holzbrücke über den Cam zu den Collegegärten: »Mathematisch« weil sie 1749 – anders als heute – ohne Nägel zusammengesetzt wurde.

Corpus Christi College

Vom Corpus Christi College in der Trumpington Street, 1352 von Bürgern für Bürger gegründet, ist noch der Old Court von 1377 erhalten. Die Bibliothek besitzt wertvolle Manuskripte und Inkunabeln, die von Mathew Parker, Rektor des College und später Erzbischof von Canterbury, um 1550 gesammelt wurden. Am Corpus Christi College studierten u.a. die Dramatiker Christopher Marlowe (1564–1593) und John Fletcher (1579–1625).

✶ King's College

King's College wurde als erste der königlichen Gründungen 1441 von Heinrich VI. initiiert. Die 1446–1515 in weißem Kalkstein aus Yorkshire erbaute Kapelle ist der prächtigste Bau in Cambridge und ein Musterexemplar spätgotischer Architektur. Die übrigen Collegegebäude stammen aus dem 18.–20. Jahrhundert. Von King's Bridge hat man einen guten Blick auf die Backs. Zu den bedeutendsten Absolventen des King's College gehören u.a. der Schriftsteller Horace Walpole, der Dichter Rupert Brooke und der Volkswirtschaftler Lord Keynes. Erst 1969 wurde die erste Studentin zugelassen.

✶✶ Kapelle ►

Eine architekonische Berühmtheit ist der Innenraum von King's College Chapel, einer 88 m langen, 13,6 m breiten und 24,4 m hohen Saalkirche aus 12 Teilräumen im Perpendicular Style. Atemberaubende Fächergewölbe von John Wastell (1512–1515) und schönes Stabwerk in den Fenstern und an den Wänden sind ausgesprochene Meisterleistungen. Bemerkenswert sind Königswappen der Tudorzeit und die Glasfenster (1515–1531; Westfenster 19. Jh.). Das Altargemälde stammt von Rubens: »Die Anbetung der Weisen«.

> **! *Baedeker* TIPP**
>
> **Evensong**
>
> Berühmt ist der Evensong: Der Chor von King's College ist einer der besten Männerchöre in England. Ein Muss für Freunde von sakraler Chormusik.

Senate House

Das Senate House, ein palladianisches Gebäude von James Gibbs (1722–1730), wird für Feiern, wie z.B. die Verleihung akademischer Grade, benutzt. Verschiedene andere Gebäude an diesem Platz, so die Old Schools (14./15. und 18./19. Jh.), sind Verwaltungsgebäude.

Great St. Mary

Great St. Mary's aus dem 15. Jh. ist Pfarr- und Universitätskirche mit prächtiger Innenausstattung. Die Galerien wurden 1739 eingebaut für die Zuhörermengen der Universitätspredigten berühmter Gelehrter. Vom 1608 errichteten Turm hat man einen guten Blick.

✶ Trinity Hall

Trinity Hall an der Trinity Lane, 1350 gegründet, birgt eine im Originalzustand erhaltene Bibliothek aus elisabethanischer Zeit. Auch die Ankettung der Bücher ist original.

✶ Clare College

Das benachbarte Clare College wurde 1326 als University Hall und nach Misswirtschaft 1338 erneut von Lady Elizabeth de Clare gegründet. Nach einem Feuer begann man 1638 mit dem Wiederaufbau der Gebäude im Renaissancestil – besonders gut zu sehen im First Court. Die schöne Clare Bridge (1640) führt über den Cam zu Fellow's Garden. Der in Oxford auf dem Scheiterhaufen verbrannte Reformator Hugh Latimer und der elisabethanische Dramatiker Robert Greene waren Mitglieder des Clare College.

✶ Gonville and Caius College

Gonville and Caius College in der Trinity Street wurde 1348 gegründet. Nach 1558 wurde es von Dr. John Caius, dem Leibarzt von Edward VI. und Queen Mary, vergrößert. Drei Tore symbolisieren die Laufbahn des Collegestudenten. Das Gate of Humility (Tor der Demut) führt von Trinity Street in den Tree Court. Von dort stellt das Gate of Virtue (Tor der Tugend, 1567) die Verbindung zum Caius Court her. Das Gate of Honour (Tor der Ehre, 1575) führt zum Senatsgebäude, wo die Diplome verliehen werden.

✶ Trinity College

Trinity College ist aus zwei unter Edward III. erbauten Colleges hervorgegangen: Michaelhouse (1324) und King's Hall (1337). Thomas Nevile, Rektor von 1593 bis 1615, ersetzte das Standbild Edwards III.

Die Bibliothek des Trinity College – ein Werk von Christopher Wren

durch das Heinrichs VIII., der die Vereinigung der beiden Colleges vollzog. Edwards Statue ist jetzt auf dem Uhrenturm neben der Kapelle zu sehen. Eine Statue von Queen Elizabeth I. steht über dem Queen's Gate an der Südseite des Court. Geht man durch das King Edward-Tor (1418), sieht man noch einen Teil der alten King's Hall-Anlage. Der Great Court (102 m lang, 70 m breit) ist der größte Schulhof in Cambridge (um 1600); der Brunnen versorgte das College früher mit Trinkwasser. Eine Passage führt zum 1614 gebauten Nevile's Court. Die Bibliothek wurde 1676–1690 nach Plänen von Christopher Wren erbaut. An den alten, eichenen Bücherborden ist die Lindenholz-Schnitzerei bemerkenswert.
Zahlreiche ehemalige Studenten von Trinity College erlangten später Berühmtheit, wie die Staatsmänner Balfour, Sir Austen Chamberlain, Stanley Baldwin und Nehru, die Dichter George Herbert, Lord Byron, Cowles, Edward Fitzgerald und der Historiker G. M. Trevelyan, der Philosoph Bertrand Russel, die Naturwissenschaftler Galton, Clerk-Maxwell, Thomson, Gowland Hopkins, Rayleigh, Eddington, Ernest Rutherford und Isaac Newton. Edward VII. und George VI. waren ebenfalls im Trinity College eingeschrieben.
Vom New oder King's Court (1823–1825) führt eine Brücke über den Cam mit schöner Aussicht auf die Backs. Eine herrliche Lindenallee verläuft zum College-Garten.

✶ St. John's College

Das St. John's College, ein ehemaliges Klosterspital in der St. John's Street, wurde 1511 von Lady Margaret Beaufort, der Mutter von Heinrich VII., gegründet. Ein schönes Beispiel der Tudor-Baukunst ist der First Court. Die Kapelle wurde 1836–1839 neu errichtet, Kirchengestühl und Denkmäler stammen von einem Vorgängerbau. Der Speisesaal (Hall) von 1519 mit schönem Gebälk und Wandtäfelungen mit zahlreichen Porträts wurde 1826 erweitert. Im Versammlungsraum ist die hervorragende Stuckdecke mit Weinlaubmuster sehenswert. Der zweite Court mit seinen Ziegelsteingebäuden wurde 1598–1602 erbaut, der dritte Court datiert von 1669–1671. Nördlich schließt sich die Bibliothek (1623–1624) an. Von dort führt die Bridge of Sighs (Seufzerbrücke; 1831) über den Cam zu den College-Gärten, die eine »Wilderness«, eine als Labyrinth angelegte Wildnis, einschließen. Berühmte Mitglieder des St. John's College waren der Dramatiker Ben Jonson (1573–1637) und der Lakeland-Dichter William Wordsworth (1770–1850), der seine Studierräume in klangvollen »Preludes« beschrieben hat.

✶ Holy Sepulchre Church

Die Heiliggrabkirche in der Bridge Street, Round Church genannt, setzt sich aus einem sehr seltenen normannischen Rundschiff und einem aus dem 15. Jh. stammenden viereckigen Chor zusammen.

Magdalene College

Magdalene College ist das einzige alte College auf der Westseite des Flusses. Es existierte schon ab 1428 als Klosterschule und wurde 1542 nach der Reformation neu gegründet. Der First Court stellt

Die Bridge of Sigh, die Seufzerbrücke, führt von St. John's College über den Cam.

noch eine schöne Anlage aus dem 15. Jh. dar. Das Pepys-Gebäude im zweiten Court beherbergt die Bibliothek, die der hohe Beamte und Schriftsteller Samuel Pepys (1633–1703) seinem College vermacht hat. Zu ihrem Bestand gehören mehr als 3000 Bände und wertvolle Handschriften.

✶ Jesus College

Der Grundstein zum Jesus College an der Jesus Lane wurde 1496 – damals außerhalb der Stadtmauern – gelegt. Teile stammen von dem alten Nonnenkloster St. Radegund, das im frühen 12. Jh. für Benediktinerinnen gegründet worden war. Die Kapelle, früher Klosterkirche, ist größtenteils im Early English Style gehalten. Die Glasfenster (19. Jh.) stammen teilweise von Burne-Jones. Berühmte Absolventen des Jesus College waren u.a. Erzbischof Cranmer, Laurence Sterne, der Nationalökonom Thomas Robert Malthus und der Dichter Samuel Taylor Coleridge.

Christ's College

Gründerin des Christ's College in der St. Andrew Street war Lady Margaret Beaufort (1505). Mit der Bestimmung, dass auch externe Studenten zu den Vorlesungen kommen konnten, machte sie einen wichtigen Schritt auf dem Weg zur modernen Universität. Berühmte Mitglieder waren John Milton, der Physiker Charles Galton Darwin und der Naturforscher Charles Robert Darwin.

Emmanuel College Das 1584 gegründete Emmanuel College befindet sich in einem früheren Dominikanerkloster. Ein Fenster in der Kapelle erinnert an John Harvard, Mitglied des College und Gründer der Harvard-Universität im US-Bundesstaat Massachusetts.

✶ Fitzwilliam Museum Das bedeutendste Museum von Cambridge ist das Fitzwilliam Museum. Die ursprüngliche Kollektion wurde der Universität vom 7. Viscount Fitzwilliam (1816) vermacht. In dem Museum sind umfangreiche ägyptische, griechische und römische Sammlungen zu sehen, außerdem illustrierte Handschriften, englisches Steingut und Porzellan. Hervorragend ist die Gemäldegalerie mit Werken von Hogarth, Gainsborough, Turner, vielen Impressionisten und niederländischen Barockmeistern (Rembrandt, van Dyck, Rubens, Hals).

University Library Besichtigen kann man auch die University Library, ein moderner Bau von Sir Giles Scott, 1934 fertig gestellt mit einem Bestand von mehr als 1,5 Millionen Büchern.

Scott Polar Research Institute Im Scott Polar Research Institute sind zahlreiche Andenken von Expeditionen, Briefe, Tagebücher und Fotos von Kapitän Scotts Fahrt zum Südpol aufbewahrt.

Umgebung von Cambridge

Grantchester Am Ufer der Granta führt ein 4 km langer Weg nach Grantchester, einem Lieblingsplatz von Lord Byron und Ziel vieler Bootsausflüge.

Impington In Impington 5 km nördlich von Cambridge liegt Impington Hall, einst Wohnsitz der Familie Pepys. Das heutige College wurde zwischen 1936 und 1939 von Walter Gropius und Maxwell Fry gebaut.

> **!** *Baedeker* TIPP
>
> **National Horseracing Museum**
>
> Für Freunde des Pferdesports empfiehlt sich Newmarket 16 km nordöstlich von Cambridge. Das National Horseracing Museum in der High Street zeigt Exponate zur Geschichte des Pferderennens, darunter Gemälde berühmter Pferde und Jockeys, altes Sattelzeug und Trophäen; lohnend ist auch eine Besichtigung der umliegenden Stallungen.

Die **Abtei in Bury St. Edmunds** 43 km nordöstlich lieferte im Mittelalter berühmte illustrierte Handschriften, u.a. die »Bury Bible«, die heute im Corpus Christi College in Cambridge aufbewahrt wird. Die im 12. Jh. von einem jüdischen Kaufmann gebaute **Moyses Hall** gilt als das älteste Wohnhaus East Anglias. Die Church of St. Mary birgt das Grab von Mary Tudor, der Schwester Heinrichs VIII.

Knapp 6 km südwestlich vom Stadtzentrum ist im **Ickworth House** (1794/1830) eine gute Kunstsammlung mit Stilmöbeln und einer kostbaren Silberkollektion zu sehen. Die herrlichen Parkanlagen hat Capability Brown entworfen.

In Huntingdon, einer gemütlichen alten Stadt an der Ouse ca. 30 km nordwestlich, wurde Oliver Cromwell 1599 geboren. In der Kirche All Saints wird das Geburtsregister aufbewahrt, in dem Geburt und Taufe von Cromwell vermerkt sind. Er wie auch Samuel Pepys wurden im alten Schulhaus erzogen, dessen normannische Front noch erhalten ist. Heute ist es als **Cromwell Museum** eingerichtet, Porträts und Erinnerungsstücke der Familie Cromwell sind ausgestellt. **Huntingdon**

Ein aus dem 11. Jh. stammendes Benediktinerkloster in **Hunchingbrooke House** etwa 1,6 km entfernt fiel nach der Enteignung an die Cromwell-Familie, die es unter Einbeziehung von Teilen der Kirche und des Kapitelhauses 1560 zu einem großartigen Landhaus umbaute. 1644 wurde es an die Familie Montagu verkauft. Edward Montagu legte dort herrliche Terrassengärten an.

★★ Duxford Imperial War Museum

Eines der weltgrößten Luftfahrt-Museen liegt ca. 16 km südlich von Cambridge. Der Flugplatz von Duxford spielte während der beiden Weltkriege eine wichtige Rolle für die Einsätze der englischen und der US-amerikanischen Luftwaffe. Neben zahlreichen Kampfflugzeugen kann man hier auch auch eine »Concorde« besichtigen. Im Hangar 1 zeigt die ganz neue Ausstellung »AirSpace« die Entwicklung der Luftfahrt. Öffnungszeiten: Mitte März – Okt. tgl. 10.00 18.00, Nov. Mitte März tgl. 10.00 16.00 Uhr.

Audley End

Wenige Kilometer südlich von Duxford lädt das zu Beginn des 17. Jh.s erbaute hochherrschaftliche Audley End House zum Besuch ein.

★★ Canterbury

U 18

Landesteil: Südengland
Grafschaft: Kent
Höhe: 59 ft/18 m ü. d. M.
Einwohnerzahl: 135 000

Die malerisch am River Stour gelegene Stadt wird in erster Linie wegen ihrer Kathedrale besucht. Canterbury gilt als Wiege des Christentums in England, weil hier die Christianisierung Englands im 6. Jh. ihren Ausgang nahm.

Canterbury das geistliche Zentrum der anglikanischen Kirche. Über Jahrhunderte war es Wallfahrtsort von Pilgern, die das Grab von Thomas Becket (s.u.) aufsuchten, der 1170 im Dom von Canterbury ermordet und wenig später heilig gesprochen wurde. Das Pilgerwesen brachte einen enormen, lang anhaltenden kulturellen und wirtschaftlichen Aufschwung für Canterbury mit sich.

Geschichte

Die Sachsen nannten die Stadt Cantwaraburg – die Stadt des Volks von Kent. Mit der Bekehrung der Sachsen durch den heiligen Augustinus begann die Kirchengeschichte auch die Geschichte der Stadt

CANTERBURY ERLEBEN

AUSKUNFT

12/13 Sun Street, Buttermarket,
Canterbury, Kent, England, CT1 2HX
Tel. 0 12 27 – 37 81 00
Fax 37 81 01
E-mail: canterburyinformation@canterbury.gov.uk
www.canterbury.co.uk

ESSEN

► Erschwinglich

Alberry's
St Margaret's Street
Tel. 0 12 27 – 45 23 78
Lebendige und sehr angenehme Weinstube, in der man große und kleine Speisen bekommt.

Ristorante Tuo e Mio
16 The Borough
Tel. 0 12 27 – 76 14 71
Traditionelle Trattoria; es gibt leckere Gerichte vom Carpaccio bis zur Brasse.

ÜBERNACHTEN

► Komfortabel

Ebury Hotel
65-67 New Dover Road, CT1 3DX
Tel. 0 12 27 – 76 84 33
Fax 45 91 87
www.ebury-hotel.co.uk
Das kinderfreundliche Hotel mit einem kleinen Schwimmbad liegt in einer hübschen Gartenanlage in der Nähe der Altstadt. Es gibt einen geräumigen Aufenthaltsraum, 15 schöne Zimmer; zum Hotel gehört ein Restaurant mit internationaler Küche.

The White House
6 St Peter's Lane, CT1 2BP
Tel. 0 12 27 – 761836
In einer ruhigen Straße zentral innerhalb der Stadtmauern liegt diese empfehlenswerte B&B-Adresse mit insgesamt neun modern ausgestatteten Zimmern.

Canterbury zu prägen. Als Heinrich II. (1154–1189) seinem Jugendfreund **Thomas Becket** 1162 das frei gewordene Amt des Erzbischofs von Canterbury aufdrängte, machte Becket sich die Interessen der Kirche gegen den König zu Eigen. Nach der Rückkehr aus französischem Asyl wurde er 1170 von Rittern des Königs in seiner Kirche im nordwestlichen Querschiff erschlagen.

Dem Märtyrerblut wurde wundertätige Kraft zugesprochen, und über Jahrhunderte zogen von nun an Scharen von Pilgern nach Canterbury. Inspiriert von den Pilgerströmen schrieb Geoffrey Chaucer im 14. Jahrhundert seine »Canterbury-Tales«, die von Pilgern und Wallfahrten nach Canterbury erzählen und als Höhepunkt der frühenglischen Literatur gelten. Die Reformation setzte der Becket–Verehrung dann ein jähes Ende. Auf Befehl Heinrichs VIII. wurde Thomas Becket posthum der Prozess gemacht. Er wurde des Hochverrats für schuldig befunden, sein Schrein zerstört, seine sterbliche Hülle in den Fluss geworfen und jede Erinnerung an ihn ausgelöscht. Dennoch blieb das Interesse an dem widerspenstigen Kirchenmann bis heute ungebrochen.

✶✶ Kathedrale

Baugeschichte

Man sollte die Kathedrale einmal der Länge nach abschreiten, um eine Vorstellung von ihrer Ausdehnung zu erhalten, die im labyrinthischen Inneren leicht verloren geht. Dabei erkennt man verschiedene Bauphasen und ihre stilistischen Eigenheiten wie normannische Apsiden und Kreuzbögen oder reiches Maß- und Strebewerk der Spätgotik am Langhaus und am Vierungsturm. Die heutige Kathedrale spiegelt die architektonische Entwicklung von vier Jahrhunderten wider. Auf den Ruinen der 1067 abgebrannten angelsächsischen Bischofskirche ließ der erste normannische Erzbischof Lanfranc (1070–1077) eine Kathedrale nach dem Vorbild seiner heimatlichen Abtei St. Etienne in Caen errichten. Schon wenig später begann man mit der Vergrößerung des Chors. 1130 wurde der Chor geweiht, ging aber 1174 in Flammen auf. Der Wiederaufbau erfolgte unter Federführung des Baumeisters William of Sens, der in der dreiteiligen, hochstrebenden Wandgliederung mit Spitzbögen den frühgotischen Baustil aus Frankreich zum ersten Mal in England einführte und zugleich mit der doppelten Querschiffanlage ein Charakteristikum der englischen Kathedralgotik schuf. Nach einem Unfall des französischen William übernahm 1178 William the Englishman die Bauleitung, unter dem der heutige Chor 1184 fertig gestellt werden konnte. Ende des 14. Jahrhunderts wurde das normannische Langhaus abgebrochen und bis 1405 im hochgotischen Stil neu errichtet. Die Westfassade erhielt 1434 ihren Südturm, der Lanfrancsche Nordturm wurde indessen erst 1832 durch eine Kopie des Südturms ersetzt. Um 1502 wurde schließlich der spätgotische Vierungsturm quasi als eine Höhendominante in die lang gestreckten Baumassen der Christuskathedrale eingefügt.

✶ Christ Church Gate

Man betritt den Kathedralbezirk durch das Christ Church Gate, ein herrlich ornamentiertes Torhaus mit königlichen Wappen und barockem Eichenportal, und steht vor der zweitürmigen Fassade an dem hochgotischen Langhaus.

✶✶ Innenraum

Das Innere der Kathedrale ist ein hohes lichtes Langhaus mit Bündelpfeilern, gotischen Maßwerkfenstern und kunstvoll verzierten Rippengewölben. In der Westwand ist das Maßwerkfenster mit zusammengefügten Glasmalereien des 15. Jh.s beachtenswert. Am Taufbecken (1639) vorbei geht es zum **Lettner** (1411–1430) mit hervorragenden Steinmetzarbeiten, u.a. sechs Herrscherfiguren (v.l.n.r. Heinrich V., Richard II., Ethelbert von Kent, Edward der Bekenner, Heinrich IV., Heinrich VI.).

Links vom Lettner, im nordwestlichen Querschiff, befindet sich das **Martyrdom**, wo Thomas Becket am 29. Dezember 1170 ermordet wurde. Ein Altar erinnert an das Geschehen. Bemerkenswert sind die Glasfenster (1482) an der Querhauswand, die Edward IV. und seine Familie im Gebet zeigen.

CANTERBURY CATHEDRAL

★★ **Am 29. Dezember 1170 wurde der Erzbischof von Canterbury, Thomas Becket, auf Anordnung von Heinrich II. von königlichen Rittern in der Kathedrale erschlagen. Dem Märtyrerblut wurden Wunderkräfte zugesprochen und der Schrein Thomas Beckets wurde zum Ziel von Abertausenden von Pilgern.**

Öffnungszeiten:
Mo. – Sa. 9.00 – 18.30 Uhr (Okt.–März bis 17.00)
So. 9.00 – 14.30 Uhr (Okt.–März: 10.00 – 14.00)
Letzter Einlass jeweils eine halbe Stunde vor Schließzeit.

1 Südwestportal
Das Südwestportal ist heute das Eingangsportal in den Innenraum von Canterbury Cathedral.

2 Langhaus
Das Hauptschiff der Kathedrale ist mit 100 m eines der längsten unter den mittelalterlichen Kirchenschiffen in Europa.

3 Lettner
Am Lettner sind die Könige Englands in Stein verewigt. Von links nach rechts: Heinrich V., Richard II., Ethelbert von Kent, Edward der Bekenner, Heinrich IV., Heinrich VI.

4 Bell Harry Tower
Lohnend ist ein Blick hinauf zum Vierungsturm: Das Fächergewölbe ist in reinstem Perpendicularstil gebaut.

5 Martyrdom
An dieser Stelle wurde Thomas Becket ermordet. Ein Altar erinnert an das Geschehen.

6 Früherer Standort des Schreins von Thomas Becket
Die Trinity Chapel wurde eigens für das Grab des Märtyrers gebaut. Der Schrein, der von 1220 bis zu seiner Zerstörung im Jahr 1538 hier stand, war Ziel ungezählter Pilger, die ihn ein- oder zweimal am Tag in Augenschein nehmen konnten.

7 Grabmal des Schwarzen Prinzen
Prinz Edward, der älteste Sohn von Edward III., war ein zäher Kämpfer im Hundertjährigen Krieg; sein Grab zeigt ihn in voller Ritterrüstung.

Canterbury Cathedral *Orientierung*

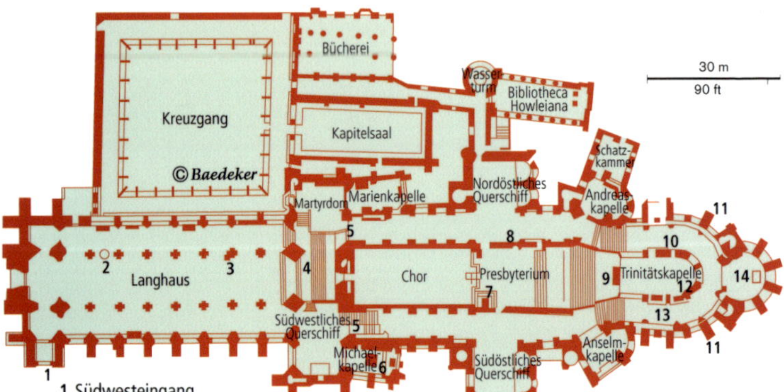

1 Südwesteingang
2 Taufbecken
3 Kanzel
4 Lettner
5 Zugang zur Krypta
6 Grabmal von Lady Margaret Holland, Earl of Somerset, Duke of Clarence
7 Erzbischofsthron
8 Grabmal des Erzbischofs
9 Chichele
10 Inthronisierungsstuhl
Grabmal von Heinrich IV.
11 Wunderfenster
Standort des Becket-Schreins
12 von 1220 bis 1538
13 Grabmal des Schwarzen Prinzen
14 Corona (Thomas Beckets Krone)

Am Vierungsturm und am Langhaus sind kunstvolles Maß- und Strebewerk der Spätgotik zu erkennen.

Beiderseits der Corona schildern die hervorragend erhaltenen »Wunderfenster« aus dem 12./13. Jahrhundert das Schicksal von Thomas Becket.

Die Figuren am Lettner sind hervorragende Steinmetzarbeiten aus dem frühen 15. Jahrhundert. Dargestellt sind sechs englische Könige – hier ganz rechts Heinrich IV. und Heinrich VI.

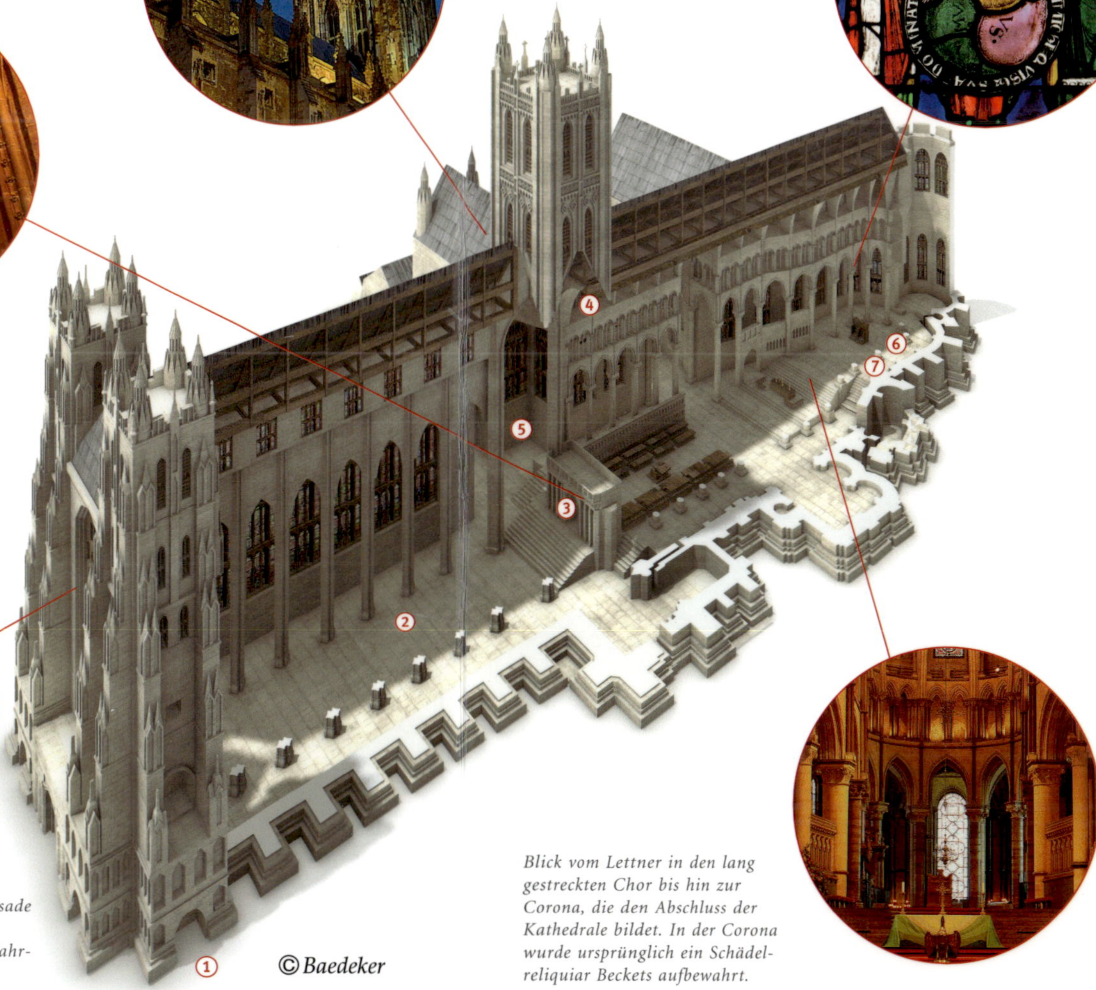

Die beiden Türme, die über der Westfassade in die Höhe ragen, entstanden zu völlig verschiedenen Zeiten: der linke im 15. Jahrhundert, der rechte als Kopie erst 1832.

Blick vom Lettner in den lang gestreckten Chor bis hin zur Corona, die den Abschluss der Kathedrale bildet. In der Corona wurde ursprünglich ein Schädelreliquiar Beckets aufbewahrt.

Der **Chor** von 1184 ist einer der längsten Kathedralchöre in ganz England. Er zeigt die vornehme Nüchternheit des frühgotischen Stils, der hier erstmals in England seinen Niederschlag fand. Der Inthronisierungstuhl ist aus dem frühen 13. Jh. erhalten.
Im **Chorumgang** sind noch romanische Wandpartien erhalten, aus verschiedenen Teilen zusammengesetzte mittelalterliche Glasfenster sowie ein verblichenes Fresko mit der Legende des hl. Eustachius (15. Jh.), der spärliche Rest von einst zahlreichen Wandmalereien. Gegenüber dem nordöstlichen Querschiff sieht man das prächtige Grabmal (1425) des Erzbischofs Henry Chichele, der in Amtstracht dargestellt ist; darunter symbolisiert ein unbekleideter Leichnam die Vergänglichkeit alles Irdischen.
Die **Trinitätskapelle** wurde für das Grab von Thomas Becket gebaut, mehr als 300 Jahre lang war sie Ziel zahlloser Wallfahrer. Von 1220 bis zu seiner Zerstörung 1538 stand der Goldschrein unter einer Schutzhaube, die ein- oder zweimal am Tag mittels Flaschenzug hochgehievt wurde, um die edelsteinfunkelnde Hülle mit den sterblichen Überresten Beckets den Blicken der Pilger preiszugeben. Im nördlichen Kapellenumgang befindet sich das Alabaster-Grabmal Heinrichs IV. und seiner Frau Johanna von Navarra.
In der **Corona**, dem krönenden Abschluss der Kathedrale, befand sich ursprünglich ein Schädelreliquiar von Thomas Becket.
Die **Chorfenster** rechts und links der Corona sind mit herrlichen Glasmalereien des späten 12. und 13. Jh.s geschmückt, die als »Wunderfenster« vom Leben und Werk des hl. Becket erzählen.
Im südlichen Umgang der Trinitätskapelle befindet sich das **Grab von Edward, dem Schwarzen Prinzen**. Dieser älteste Sohn Edwards III. war ein fanatischer Kämpfer im Hundertjährigen Krieg. 1376 starb er im Alter von 46 Jahren nach einem wahrhaft ritterlichen Leben, das in seinem Messingabbild und in seinen Insignien (Schild und Panzerhandschuhe) der Nachwelt überliefert ist.
Von Pilgerknien abgenutzte Stufen führen in die **Anselmkapelle**, die dem einstigen Erzbischof Anselm von Canterbury (1033–1109) geweiht wurde. Das Fresko an der Apsiswand mit Paulus und der Schlange ist ein bedeutendes Zeugnis romanischer Wandmalerei.
Die große normannische **Krypta** ist der älteste Teil der Kathedrale. Neben Spuren romanischer Wandmalereien beeindrucken insbesondere die vielfältigen Darstellungen von Tieren, Pflanzenornamenten und Dämonen an den romanischen Kapitellen (vor 1130). Sie zeigen Einflüsse aus der Lombardei, aus Byzanz und dem islamischen Osten, entsprechende Einflüsse lassen sich auch in den reichen Dekorationen der Säulenschäfte finden.
In dem 1397–1411 gebauten **Kreuzgang** sind vor allem die schönen bemalten Schlusssteine im Gewölbe sehenswert – Wappen und Köpfe sind zu erkennen.
Im **Kapitelsaal** wurden 1935 T. S. Eliots »Mord im Dom« uraufgeführt und 1986 der Vertrag zum Bau des ►Eurotunnels von Margaret Thatcher und François Mitterand unterzeichnet.

Wunderschöne Fachwerkbauten sind in Canterbury noch erhalten.

Die King's School nördlich der Kathedrale wurde von Heinrich VIII. gegründet, fußt aber auf Lehrstätten aus viel früherer Zeit, denn schon um 600 war Canterbury ein Bildungszentrum der angelsächsischen Kultur. Zu den Schülern zählten der in Canterbury geborene Dramatiker Christopher Marlowe (1564–1593), William Harvey (1578–1657), der als Erster den Blutkreislauf erforschte, und William Somerset Maugham (1874–1965), der in seinem Roman »Of Human Bondage« eine Schilderung des Schullebens gibt.

King's School

Das St. Augustine's College in der Nähe der Kathedrale außerhalb der Stadtmauern birgt Überreste der Abtei, die der hl. Augustinus 604 gründete. Die Grundmauer der Abbey Church sowie die Gräber des hl. Augustinus, des Königs Ethelbert und seiner Gemahlin Bertha wurden freigelegt, ebenso die Überreste der frühen sächsischen Kirche St. Pancras, die mit römischen Ziegeln gebaut wurde.

St. Augustine's Abbey and College

✶ Altstadt

Von der Kathedrale aus kommt man durch das Christ Church Gate in die enge, betriebsame Mercery Lane, in der noch ein geschlossenes Ensemble von Fachwerkbauten erhalten ist. Von der Mercery Lane zweigt rechts die High Street ab, in der Queen Elizabeth's Guest

✶ Fachwerkbauten

Chamber mit hübschen Stuckarbeiten beachtenswert ist, gegenüber liegt das Gasthaus Chequers of Hope, das Chaucer in den »Canterbury Tales« erwähnt. In Richtung West Gate passiert man das im 12. Jh. gegründete Eastbridge Hospital und dann die Brücke über den Stour. Von der Brücke aus hat man Blick auf die malerischen Weberhäuser, **The Weavers**, die eingewanderte Hugenotten in der zweiten Hälfte des 16. Jahrhunderts bewohnt haben. Schließlich kommt man zum West Gate mit seinen Ecktürmen, Fallgatter und Zugbrücke. In dem imposanten Stadttor ist heute ein Geschichtsmuseum untergebracht.

> ! *Baedeker* TIPP
>
> **Für Literaturfans: Canterbury Tales**
>
> Im Canterbury Pilgrims' Way Centre in der St. Margaret Street werden Chaucer's Canterbury Tales in Auszügen nacherzählt.

Castle Von der normannischen Burg (11. Jh.) am Altstadtrand sind nur Ruinen erhalten. Reste der alten Stadtmauer gehören heute zu einem Park.

*** St. Martin** St. Martin, außerhalb des Stadtzentrums gelegen, gilt als eine der ältesten Kirchengründungen in England, wahrscheinlich wurde die Kirche unter Königin Bertha erbaut. Im Inneren befindet sich noch ein normannisches Taufbecken.

Umgebung von Canterbury

Wickhambreux Inmitten von Obstplantagen liegt das hübsche Dorf Wickhambreux 6,5 km östlich mit der Kirche St. Mary (spätes 14. Jh.), in der schöne Jugendstil-Glasmalereien zu sehen sind. Im Howletts Wild Animal Park 4 km weiter südlich leben Wölfe, Tiger und Elefanten.

Barfreston St. Nicholas in Barfreston 11 km südöstlich ist ein Kleinod normannischer Kirchenbaukunst. Das Südportal zeigt im Tympanon Christus in der Mandorla, umgeben von Rankenwerk mit Engels-, Menschen- und Tierfiguren. Die Archivolten sind geschmückt mit Medaillons, die musizierende Tiere und Menschen bei jahreszeitlichen Arbeiten zeigen. Eindrucksvoll ist auch das Radfenster am Ostgiebel mit Tierköpfen sowie das umlaufende Dachgesims mit Gesichtern von Dämonen, die böse Geister abwehren sollen.

Chilham In dem hübschen Dorf Chilham 9 km südwestlich von Canterbury gibt es einen malerischen, von Fachwerkhäusern gesäumten Dorfplatz. Der Landschaftsgarten von Chilham Castle wurde von Capability Brown angelegt.

Margate Auf der Halbinsel Isle of Thanet östlich von Canterbury liegt Margate, ein vor allem von Londonern besuchtes Seebad mit meilenweitem

Strand. Sehenswert sind die großen Crescents aus dem 19. Jh. und eine Reihe von Herrenhäusern in der King Street und in der Hawley Street. Für 2007 ist die Eröffnung eines Turner Centre geplant – J.M.W. Turner verbrachte einige Zeit in Margate.

★ Broadstairs Dickens-Museum

Im Bleak House in Broadstairs 30 km östlich verfasste Charles Dickens einen Teil seiner Werke, u.a. 1850 auch den Roman »David Copperfield«. Das Haus ist heute als Museum eingerichtet, zudem gibt es alljährlich im Juni ein Dickens-Festival.

Whitstable

Whitstable (29 000 Einw.) hat bei Feinschmeckern einen guten Ruf, weil von dort hervorragende Austern kommen. Nachweislich gibt es die Austernbänke schon seit 2000 Jahren. Die Eisenbahnlinie von hier nach Canterbury war die erste, die Personen beförderte.

! *Baedeker* TIPP

Frischer Fisch

Sehr beliebt bei Londoner Trendsettern ist das Fischrestaurant »Whitstable Oyster Fishery« mit lebendigem Ambiente und feinen Fischgerichten (Tel. 01277 – 77 08 29).

Isle of Sheppey

Die Isle of Sheppey ist durch eine Brücke mit dem Festland verbunden. In Sheerness lebte der deutsche Schriftsteller Uwe Johnson von 1974 bis zu seinem Tod 1984. In Minster birgt die 673 gegründete Abteikirche St. Mary and St. Sexburga (13.–15. Jh.) sehenswerte Grabdenkmäler.

★ Cardiff · Caerdydd

M 17/18

Landesteil: Wales/Cymru
Grafschaft: South Glamorgan
Höhe: 49 ft/15 m ü. d. M.
Einwohnerzahl: 327 500

Vor 1956 hatte Wales keine eigene Hauptstadt, dann ernannte man Cardiff/Caerdydd zur Kapitale. Die moderne Großstadt, die 2008 Kulturhauptstadt werden will, liegt in Südwales am weiten Mündungstrichter des Severn.

Geschichte

Die wirtschaftliche Blüte begann 1794 mit dem Bau eines Kanals zum Kohlerevier von Myrthyr Tydfil. Ab 1839 wurde der Hafen für das Verschiffen der Waliser Kohle ausgebaut, und Cardiff entwickelte sich zum weltweit größten Exporthafen für Kohle und Eisen. Noch im Jahr 1801 zählte die Stadt nur rund 1000 Einwohner, 1901 waren es bereits über 160 000. Entsprechend hatte der Niedergang der Kohle- und Stahlindustrie verheerende Auswirkungen für die Stadt. Inzwischen haben sich neue Branchen, vor allem aus dem Dienstleistungsbereich, angesiedelt. Umfangreiche Regenerierungsarbeiten der brachliegenden Docks wurden vorgenommen – das Ergebnis ist eine völlig transformierte Bucht mit innovativen Gebäuden.

Sehenswertes

Civic Centre Das eindrucksvolle Civic Centre war das erste seiner Art in Großbritannien. Zu ihm gehört der neobarocke Bau der City Hall (1904) mit Glockenturm und einer Kuppel, die vom walisischen Drachen gekrönt wird.

*** National Museum of Wales** 1907 wurde das Walisische Nationalmuseum gegründet, um »die Welt über Wales zu informieren und die Waliser über ihr Vaterland«. Zu sehen sind archäologische Sammlungen, frühchristliche Monumente, Exponate zur Entwicklung von Handwerk und Industrie. Die Gemäldegalerie gibt einen guten Überblick über die Werke walisischer (Richard Wilson, Thomas Jones, Augustus John) und englischer Künstler (John Constable, J.M.W. Turner, Thomas Gainsborough), zeigt aber auch Meisterwerke anderer Nationen. Besonders umfangreich und schön ist die Sammlung französischer Impressionisten, die zu Beginn des 20. Jahrhunderts von den Davies-Schwestern, Töchtern einer reichen Industriellenfamilie, angelegt wurde. Öffnungszeiten: Di. bis So. 10.00–17.00 Uhr.

Impressionistenausstellung im National Museum of Wales

CARDIFF ERLEBEN

AUSKUNFT

Cardiff Visitor Centre
The Old Library, The Hayes, Cardiff, Wales, CF10 1WE
Tel. 0 29 – 20 22 72 81, Fax 20 23 91 62
visitor@thecardiffinitiative.co.uk
www.visitcardiff.info

AN- UND ABREISEN

Der Flughafen (www.cardiffairport-online.com) liegt 19 km südwestlich vom Stadtzentrum; Bustransfer ins Zentrum. Zugverbindungen von der Central Station nach London und Birmingham via Bristol.

ESSEN

► Erschwinglich

Wood's Brasserie
Stuart Street
Tel. 0 29 – 20 49 24 00
Modernes Restaurant in der Cardiff-Bay, das immer gut besucht ist.

Tang's
15-23 Westgate Street
Tel. 0 29 – 20 22 77 71
Etabliertes chinesisches Restaurant im Stadtzentrum

ÜBERNACHTEN

► Komfortabel

The Big Sleep
Bute Terrace, CF10 2FE
Tel./Fax 0 29 – 20 63 63 63/63 64
www.thebigsleephotel.com
Zentral gelegenes Designerhotel mit freundlichem Service, gutem Frühstück und dazu auch noch kostenlosen Parkplätzen.

Riverbank Hotel
53-59 Despenser Street
Tel. 0 29 – 20 37 88 66
riverhotel@aol.com
Ein kleines, angenehmes Guesthouse in guter Lage gegenüber dem Millennium Stadium und nahe dem Stadtzentrum.

EINKAUFEN

Cardiff bietet sehr gute Einkaufsmöglichkeiten. Die Queen Street ist die wohl belebteste Fußgängerzone in ganz Wales. In den Straßen Mill Lane und The Hayes reihen sich zahlreiche Geschäfte aneinander, dazwischen gibt es viele kleinere Cafés, Pubs und Restaurants.

! Baedeker TIPP

The Coal Exchange

Tel. 0 29 – 20 49 49 17
Vielgepriesenes Veranstaltungszentrum. 2001 erhielt The Coal Exchange eine Auszeichnung für das hervorragende Live-Music-Programm, das hier gemacht wird. Auch gute Ausstellungen und andere Ver-anstaltungen finden in den Räumen statt.

Castle

Die Burg steht ungefähr dort, wo sich einst ein römisches Kastell befand, von dem noch Teile der Mauern, die Bastionen (4. Jh.) und das nördliche Tor erhalten sind. Eigentlich handelt es sich um drei Kastelle in einem, da 1090 ein neues Castle auf einem aufgeschichteten Hügel errichtet wurde. 1868 wurde dann eine weitere Burg für den 3. Marquis von Bute im historisierenden Stil errichtet. Die Räume dienen heute als Bibliothek, als militärgeschichtliches Museum und zu Repräsentationszwecken. Öffnungszeiten: März – Okt. 9.30 bis 17.00, Nov. – Feb. 9.30 – 15.30 Uhr.

Llandaff Cathedral Die außerhalb des Stadtzentrums gelegene Llandaff Cathedral geht auf eine Gründung im 12. Jh. zurück. Der heutige Bau ist ein Wiederaufbau aus der Zeit nach dem Zweiten Weltkrieg. Beachtenswert sind ein keltisches Kreuz beim Kapitelhaus, das Rosetti-Triptychon in der Illyd-Kapelle und zwei Glasfenster von William Morris im nördlichen Seitenschiff.

✶ Cardiff Bay Nahezu 1100 ha nicht mehr benötigte Hafenfläche erfahren seit Anfang der 1990er-Jahre mit dem Bau von neuen Wohnhäusern, Büros, Restaurants, Sport- und Grünanlagen einen Funktionswandel. Durch einen neuen 800 m langen Staudamm wird der innere Tidenhub von 14 m ausgeglichen. Das Cardiff Bay Visitor Centre informiert mit Plänen und Modellen über sämtliche Projekte; Öffnungszeiten: Mo. bis Fr. 9.30–17.00, Sa. u. So. 10.30–17.00 Uhr. Die Geschichte der alten Docks ist im Butetown History and Arts Centre in der Bute Street dokumentiert. Für das walisische Parlament (Welsh Assembly) konzipierte Richard Rogers einen neuen Glaspalast. Die Aufgaben

Cardiff Bay Waterfront: Mermaid Quay mit Restaurants, Bars und Cafés.

! *Baedeker* TIPP

Für Kinder: Techniquest

Techniquest heißt ein Museum in der Cardiff Bay, in dem man Naturwissenschaft und Technik hautnah erkunden kann (Öffnungszeiten: Mo. – Fr. 9.30–16.30, Sa. u. So. 10.30–17.00 Uhr).

der Welsh Assembly werden in dem 1896 erbauten Ziegelsteingebäude Pierhead Building in einer multimedialen Ausstellung erläutert. In dem neuen Millenium Centre ist u.a. die walisische Nationaloper untergebracht.

★★ Museum of Welsh Life

Das Museum of Welsh Life liegt 6,5 km westlich in St. Fagans inmitten schöner Parkanlagen. Verschiedene Beispiele regionaltypischer Architektur wurden hier zusammengetragen und unter freiem Himmel wieder errichtet. Das Museum gibt mit Werkstätten, Hauseinrichtungen, Gartenanlagen, Mode und vielem mehr Einblicke in vergangene Zeiten. Öffnungszeiten: tgl. 10.00–17.00 Uhr.

Umgebung von Cardiff

In der kleinen Industriestadt Caerphilly 12 km nördlich von Cardiff lohnt sich eine Besichtigung der Burg. **Caerphilly Castle** wurde im 13. Jahrhundert errichtet, um die englische Königsherrschaft gegen die Gefahr, die vom Prince of Wales drohte, zu verteidigen. Die Burganlage weist das raffinierteste Verteidigungssystem aller britischen Burganlagen auf. Es wurde mehrfach erweitert und bietet heute mit seinen zwei Zugbrücken, den Ecktürmen, gewaltigen Mauern, mehreren Rundtürmen und Gräben ein ausgesprochen imposantes Bild. Von außen also immer noch recht stattlich, hat Caerphilly Castle heute aber so gut wie keine Innenausstattung mehr. Öffnungszeiten: Ende März bis Ende Mai 9.30–17.00, 1.6. bis Ende Sept. 9.30–18.00, Okt. 9.30 bis 17.00, Ende Okt. – Ende März 9.30–16.00 Uhr.

Caerphilly Castle Orientierung

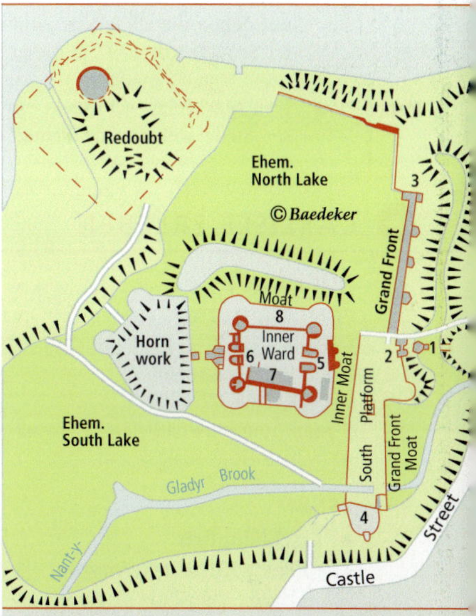

1 Draw Bridge (Zugbrücke)
2 Gateway To Grand Front
3 North Postern
4 South Postern
5 Gateway to Outer Ward
6 Gateway to Inner Ward
7 Great Hall and Kitchen
8 Outer Ward

Carlisle

N 10

Landesteil: Nordengland
Grafschaft: Cumbria
Höhe: 66 ft/20 m ü.d.M.
Einwohnerzahl: 72 200

Im Norden Englands – fast schon an der schottischen Grenze – liegt Carlisle, das lange Zeit Grenzfestung und Vorposten des Hadrianswalls war. Heute ist Carlisle Grafschaftshauptstadt von Cumbria.

Die Stadt am River Eden ist Industriestadt und wichtiger Verkehrsknotenpunkt und bietet gute Einkaufsmöglichkeiten. Durch ihre Lage war die Stadt immer wieder umkämpft, mal gehörte sie zu England, dann wieder zu Schottland. Der ►Hadrian's Wall verlief nördlich von Carlisle etwa beim heutigen Vorort Stanwix.

Sehenswertes

★ Kathedrale Die Kathedrale war ursprünglich die Kirche eines um 1100 gegründeten Augustinerklosters, das 1133 zum Bischofssitz erhoben wurde. Aus dieser Zeit stammen noch das südliche Querschiff und zwei Nischen im Langschiff. Besondere Beachtung verdient das Ostfenster im Chor aus dem 14. Jh. mit einer Darstellung des Jüngsten Gerichts. Die Pfeiler im Langschiff zieren fein ausgearbeitete Kapitelle, auf denen die alltägliche Arbeit im Jahreslauf dargestellt ist. Sir Walter Scott wurde 1797 in dieser Kirche getraut.

Market Place Den Marktplatz schmückt ein altes Market Cross von 1682. An dieser Stelle soll Bonnie Prince Charlie (► S. 396) 1745 seinen Vater

CARLISLE ERLEBEN

AUSKUNFT

Old Town Hall, Greenmarket,
Carlisle, Cumbria, England, CA3 8JE
Tel. 0 12 28 – 62 56 00
Fax 0 12 28 – 62 56 04
E-mail: tourism@carlisle-city.gov.uk
www.historic-carlisle.org.uk

ESSEN

► Erschwinglich

The Prior's Kitchen Restaurant
Tel. 0 12 28 – 54 32 51
Mittags kann man sich im Kloster neben der Kathedrale in schöner Atmosphäre stärken.

Magenta's
18 Fisher Street
Tel. 0 12 28 – 54 63 63
Moderne britische Küche.

ÜBERNACHTEN

► Komfortabel

Aldingham House
1 Eden Mount, Stanwix, Carlisle, Cumbria CA3 9LZ
Tel. 0 12 28 – 52 25 54, Fax 52 70 89
enquiries@aldinghamhouse.co.uk
Luxuriös-kuschelige Zimmer in einem eleganten Haus aus dem 19. Jahrhundert.

Die Jugend von Carlisle schlendert durch das Städtchen.

zum König ausgerufen haben. Gegenüber steht die 1717 fertig gestellte Town Hall. Die Guildhall war jahrhundertelang Versammlungsort der acht Händlergilden von Carlisle.

Auf dem Weg zum Castle passiert man in der Castle Street eine Reihe schöner georgianischer Häuser. Besonders bemerkenswert ist das Tullie House, 1689 im Jacobean-Renaissancestil von einer deutschstämmigen Familie erbaut, die nach England eingewandert war. Heute ist in dem Gebäude das Stadtmuseum eingerichtet mit einer umfangreichen Sammlung zur Stadtgeschichte. In der angeschlossenen Art Gallery sind Werke des 17.–20. Jh.s zu sehen, darunter Gemälde von Paul Nash, Sam Bough und Peter Blake.

✶ **Castle Street Tullie House Museum**

Die normannische Burg wurde von William II. Rufus im 11. Jh. gegen die ständig andrängenden Schotten errichtet. Ein Museum dokumentiert die lange Geschichte der hiesigen Grenztruppen. 1568 wurde die schottische Königin Maria Stuart zwei Monate lang hier gefangen gehalten. Die Burgverliese, in denen 1745 mehr als 300 schottische Gefangene eingekerkert waren, kann man besichtigen. Die Irish Gate Bridge wurde als Millenniumsprojekt an der Stelle des mittelalterlichen Irischen Torsals Fußgängerbrücke zwischen Burg und Stadtkern errichtet.

✶ **Castle**

Umgebung von Carlisle

★ **Southern Uplands** Jenseits der nur 13 km entfernten schottischen Grenze liegt die berühmte Hochzeitsschmiede in Gretna Green. Außerdem bieten sich von Carlisle aus Ausflüge in die Southern Uplands an.

★ **Lanercost Priory** Die Ruinen der Lanercost Priory, einer 1166 gebauten Augustiner-Abtei, liegen knapp 20 km nordöstlich. Chor und Querschiffe haben kein Dach mehr, aber das Langschiff aus dem ersten Drittel des 13. Jh.s wird noch als Pfarrkirche benutzt. Der Jupiter-Altar wurde aus Steinen des ► Hadrian's Wall erbaut. Beachtenswert ist ein Fenster aus der Werkstatt von Edward Burne-Jones.

Silloth An der Küste westlich von Carlisle liegt Englands nördlichster Badeort. Silloth wurde 1855 wegen guter Bedingungen zum Ankern als Hafen für Carlisle gegründet. Heute ist Silloth nur noch Seebad.

★★ Channel Islands

N – P 21/22

Lage: Im Kanal vor der Bretagne **Einwohnerzahl:** 147 000

Die Kanalinseln oder auch Normannischen Inseln liegen vor der französischen Normandieküste. Sie sind der englischen Krone direkt unterstellt, sind Lieblings-Urlaubsziel vieler Engländer und Steueroase für Reiche aus aller Welt.

Mit der berühmten Schlacht von Hastings, in der der normannische Herzog Wilhelm der Eroberer 1066 die Engländer besiegte und sich zum König von England krönte, kamen auch die normannischen Kanalinseln zur englischen Krone. Der englische König ist seitdem – in seiner Eigenschaft als Herzog der Normandie – im Besitz der Kanalinseln. Immer haben die Inseln ihre Autonomie gegenüber England bewahrt, Selbstverwaltung und verschiedene andere Rechte, wie eigene Münzprägung, teilweise sogar eigene Banknoten und Briefmarken, blieben erhalten. Lehnherrin ist die Königin, die durch einen Lieutenant-Governor vertreten wird. Die Parlamente der Inseln Jersey und Guernsey werden als »States« bezeichnet, Sark besitzt – ein absolutes Kuriosum – noch sein mittelalterliches »Chief Pleas«, dessen Vorsitzender der Seigneur of Sark, der durch Erbrecht ernannte Parlamentspräsident, ist. Die Inseln haben eine Art Mittelstellung zwischen England und Frankreich, die englische Sprache ist mit französischen Ausdrücken durchsetzt, zudem hört man noch vielerorts ein normannisches Patois. Im Zweiten Weltkrieg waren die Inseln von Juni 1940 bis Mai 1945 von deutschen Truppen besetzt; Erinnerungen an die Besatzungszeit sind auf allen Inseln präsent.
Die größte Insel ist Jersey, es folgen Guernsey, Alderney, die auto-

freien Inseln Sark und Herm, das Eiland Jethou und einige winzige, unbewohnte Felsgruppen im Meer. Gemeinsam ist allen Inseln ein mildes Golfstromklima; Jersey ist berühmt für seine Frühkartoffeln und Tomaten, Guernsey für Weintrauben, Tomaten und Blumen.

✶ Jersey

Auf Jersey leben 85 000 Menschen, die Insel erstreckt sich 18 km in Ost-West-Richtung und 11 km in Nord-Süd-Richtung. Die **Hauptstadt St. Helier** mit 30 000 Einwohnern, eine Stadt voller Charme

Channel Islands Orientierung

CHANNEL ISLANDS ERLEBEN

AUSKUNFT

► TICs auf den Hauptinseln

Guernsey, Alderney, Sark, Herm
PO Box 23, North Plantation,
St Peter Port, Guernsey,
Channel Islands, GY1 3AN
Tel. 0 14 81 – 72 35 52, Fax 72 12 46
enquiries@guernseytouristboard.com
www.guernseytouristboard.com

Jersey
Visitor Services Centre, Liberation Square, St Helier, Jersey, Channel Islands, JE1 1BB
Tel. 0 15 34 – 50 07 00, Fax 50 08 08
www.jersey.com

AN- UND ABREISEN

Flugverbindungen gibt es von London und anderen englischen Städten nach Guernsey und Jersey. Autofähren fahren im Sommer täglich von Poole, Weymouth (Südengland) und St. Malo (Bretgane) nach Guernsey und Jersey. Eine Schiffslinie verbindet Alderney, Diélette und Guernsey (keine Autofähre). Die Kanalinseln sind untereinander durch Fähr- und Fluglinien verbunden.

ESSEN

► Luxus

Longueville Manor
Longueville Road, St. Saviour, Jersey
Tel. 72 55 01
Eines von Jerseys Spitzenrestaurants.

► Erschwinglich

Café du Moulin
Rue de Quanteraine,
St. Peter-in-the-Wood, Guernsey
Tel. 26 59 44
Landrestaurant in einem hübschen alten Cottage. Das erste Restaurant auf den Kanalinseln, das einen Michelin-Stern bekommen hat.

La Sablonnerie
Little Sark, Tel. 83 20 61
Gepflegtes Hotelrestaurant. Gemütliches altes Landhaus – serviert wird tadellose Küche mit französischen Anklängen.

► Preiswert

Mermaid Tavern
Herm, Tel. 71 01 70
Uriger Pub mit angenehmer Atmosphäre, mittags und abends gibt es günstige und leckere Kleinigkeiten.

ÜBERNACHTEN

► Günstig/Komfortabel

The Panorama
La Rue de Croquet, Jersey
Tel. 0 15 34 – 74 24 29, Fax 74 59 40
Sehr angenehmes Hotel oberhalb der Bucht von St. Aubin. Einige Zimmer mit Meerblick. Netter kleiner Garten mit einem Pool. Hoteleigenes Restaurant.

Farm Court Guest House
Les Moriaux, Alderney
Tel. 0 14 81 – 82 20 75
Elegante B&B-Pension, auch für Selbstversorger.

► Komfortabel

Saints Bay Hotel
Icart Point, Guernsey
Tel. 0 14 81 – 23 88 88, Fax 23 55 58
Sehr schön gelegenes Hotel in Küstennähe. Hübsche Zimmer, Garten mit Pool, Hotelrestaurant.

Dixcart Bay Hotel
Dixcart Bay, Sark
Tel. 0 14 81 – 83 20 15, Fax 83 21 64
Das älteste Hotel auf Sark, hier hat schon Victor Hugo übernachtet. Freundlich eingerichtete Zimmer.

Küstenlandschaft auf Jersey – Blumen überall.

und Leben, die ihren viktorianischen Charakter weitgehend bewahrt hat, liegt wunderbar an der weiten St. Aubin's Bay. Auf einer kleinen, felsigen Insel vor dem Eingang des Hafens steht Elizabeth Castle. Auf der Landseite bot das Fort Regent, heute ein moderner Freizeitkomplex mit Sportanlagen und Konferenzsälen, den Verteidigungsschutz. Im Mittelpunkt der Stadt, am Royal Square, stehen die Town Church, das Royal Court House, State Chambers und ein für George II. aufgestelltes, vergoldetes Standbild. Einen Besuch lohnt das Jersey-Museum in der Pier Street mit einer interessanten archäologischen und kunstgeschichtlichen Sammlung; die angeschlossene Kunstgalerie zeigt heimische Künstler.

✶ **Mont Orgueil Castle**

In der Grouville Bay an der Ostküste liegt Gorey mit einer Reihe malerischer Häuser am Hafen. Er wird beherrscht von Mont Orgueil Castle, das ein prächtiges Beispiel mittelalterlicher Festungskunst darstellt. Die größte Sehenswürdigkeit der Insel liegt in der Nähe von Gorey: **La Hougue Bie**, ein großer Erdwall, auf dem zwei kleine Kapellen stehen, die normannische Notre Dame de la Clarté (12. Jh.) und die 1520 im Auftrag von Dean Mabon angefügte Jerusalem Chapel; in der Krypta befindet sich eine Nachbildung vom Grabe Christi

Corbière-Lighthouse markiert die Südwestspitze von Jersey

aus der Heiligen Grabkirche in Jerusalem. Bei Ausgrabungen entdeckte man hier 1924 eines der größten Ganggräber Westeuropas, das wahrscheinlich aus der Zeit zwischen der späten Eiszeit und dem Bronzezeitalter – 2000 v. Chr. oder früher – stammt. In Trinity empfiehlt sich ein Besuch des **Zoos von Jersey**, Heimat zahlreicher bedrohter Tierarten.

Küsten Die zerklüftete **Nordküste** ist sehr romantisch, mit wunderschönen Sandbuchten zwischen hohen Felsen. Ein herrlicher Klippenweg führt an der Nordküste entlang. Die gesamte **Westküste** wird von der **St. Queen's Bay** eingenommen, die wegen ihrer Brandung bei geübten Surfern einen Namen hat. Die Südwestspitze markiert **Corbière Lighthouse**, ein Leuchtturm, zu dem man nur bei Ebbe zu Fuß gehen kann. St. Brelade's Bay mit dem kleinen Ort **St. Brelade** schließt sich an. Hier sollte man eine der ältesten Kirchen der Insel, die teilweise noch von 1042 stammt, aufsuchen. An der **Südwestküste** liegt **St. Aubin** in der 5 km langen, gleichnamigen Sandbucht, ein Urlaubsort mit einem Hafen und einer Burg auf einem Felsen.

Jersey War Tunnels Landeinwärts bei Tesson Mill sind in den Jersey War Tunnels, einem Lazarettbunker aus dem Zweiten Weltkrieg, die bitteren Jahre während der deutschen Besetzung dokumentiert.

✶ Guernsey

Guernsey ist etwa halb so groß wie Jersey, ist aber mit 58 900 Einwohnern dichter besiedelt. Die Klippen an der Südküste steigen bis über 80 m an, nach Norden flacht das Land allmählich ab. Die vielen Lokale mit einer traditionsreichen Mischung europäischer Esskultur haben Guernsey den Beinamen »Feinschmeckerinsel« eingetragen. In der **Hauptstadt St. Peter Port** mit 17 000 Einwohnern winden sich enge Straßen und Gässchen vom Meer aus den Hügel hinauf zum höchsten Punkt der Stadt, mit herrlichem Rundblick. Eine ganze Anzahl der Granithäuser sind im Regency-Stil gebaut, so dass der Ort sympathisch altmodisch wirkt. Auf einer kleinen vorgelagerten Insel steht – durch eine Mole mit dem Festland verbunden – Castle Cornet, 1150 gegründet, aber weitgehend elisabethanisch geprägt. Im Hauteville House lebte der französische Dichter Victor Hugo (1802–1885) zwischen 1859 und 1870 im Exil. Das Haus besitzt Erinnerungsstücke an den Dichter und Möbel aus der damaligen Zeit. Entlang der reizvollen, klippenreichen Südküste verläuft ein wunderschöner Klippenweg. In der Rocquaine Bay an der Westküste führt ein Damm zur unbewohnten **Insel Lihou**, wo die Überreste eines Klosters aus dem 12. Jh. erhalten sind.

★ ◄ Südküste

Guernsey: Villa mit Aussicht

★★ Herm

Die zauberhafte kleine Insel Herm 5 km nordöstlich von St. Peter Port hat nur knapp 60 Einwohner, an Sommertagen aber bis zu 3000 Besucher. Von St. Peter Port fahren täglich Schiffe zum Hafen unterhalb des Inseldorfs. Für Übernachtungsgäste bietet Herm ein Hotel, kleine Ferienhäuser und -wohnungen und einen Campingplatz. Durch das gemäßigte Klima gedeihen hier zahlreiche seltene Pflanzen und Blumen. Die unterschiedlichsten Arten von Muscheln kann man am Shell Beach der Nordküste finden. Das Eiland Jethou vor der Südwestküste von Herm befindet sich in Privatbesitz und kann nicht besucht werden.

Wohnen auf dem Eiland Herm: Cottage mitten in der Landschaft

★★ Sark

Sark gilt als landschaftliches Juwel unter den Kanalinseln. Es wird von rund 560 Menschen bewohnt, und das mittelalterliche Feudalsystem, das früher alle Channel Islands hatten, hat auf Sark noch volle Gültigkeit. Die Insel wird von Europas letztem Feudalherrn, dessen Vorfahren die Feudalrechte erworben hatten, nach alten normannischen Gesetzen und Bräuchen regiert. Die Sarkees, wie sich die Insulaner nennen, leben in großem Stil von der Finanzwirtschaft und so genannten Direktorengeschäften, vom Tourismus und in Maßen von der Landwirtschaft. Boote von Guernsey und etwas seltener von Jersey landen an der Ostseite der Insel. Der hübsche Hauptort **The Village** besitzt alles Notwendige: Geschäfte, Schule, Kirche, Gefängnis, ein altes Herrenhaus und eine Windmühle an der höchsten Stelle sowie natürlich ein paar Inns. Mehrere kleine Pensionen sind hier und weiter über die Insel verstreut. Das Herrenhaus **La Seigneurie** ist Sitz des Seigneur, des Feudalherrn von Sark. Das alte Haus kann nicht besichtigt werden, wohl aber der schöne Garten.

> ! *Baedeker* TIPP
>
> **Höhlen**
>
> An den Küsten von Sark gibt es sehr viele Höhlen, die man am besten mit ortskundiger Führung besucht, da sie wegen der starken Gezeitenunterschiede nicht ungefährlich sind. Auskunft gibt die Touristeninformation.

Die **Küsten** sind geprägt von bizarren Klippenlandschaften. In den Gouliot Caves, die bei Ebbe, aber nur an bestimmten Tagen zugänglich sind, leben seltene Hohltiere. Gegenüber der Höhle liegt die in Privatbesitz befindliche Insel Brecqhou. Die schönsten Buchten sind die Derrible Bay und die malerische Dixcart Bay, in deren Nähe sich die meisten Unterkunftsmöglichkeiten befinden.

Ein lohnender Ausflug führt nach **Little Sark**, das durch einen scharfen Felsgrat, den Coupée, mit der Hauptinsel verbunden ist. Er führt nach Port Gorey mit dem Venus Pool und dem Adonis Pool, die bei Ebbe gute Bademöglichkeiten bieten.

★ Alderney

Die nördlichste Kanalinsel ist Alderney, die aufgrund ihrer Lage am wenigsten besucht wird. Die Insel ist 6,5 km lang und nur 1,5 km breit. Ca. 2300 Menschen leben hier, Erwerbszweige sind – vom Tourismus abgesehen – Gemüse- und Blumenanbau. Die fast baumlose Insel hat zerklüftete Klippenküsten mit mehreren schönen Sandbuchten dazwischen.

Die hübsche kleine Hauptstadt **St. Anne** geht auf das 15. Jh. zurück. Hier lohnt ein Bummel durch die Kopfsteinpflasterstraßen mit Inns, gemütlichen Pubs und Geschäften.

Die vorgelagerte unbewohnte **Insel Burhou** ist Vogelschutzgebiet, man kann sie außerhalb der Brutzeit mit Genehmigung besuchen.

✶✶ Chester

N 14

Landesteil: Westengland
Grafschaft: Cheshire
Höhe: 69 ft/21 m ü. d. M.
Einwohnerzahl: 70 200

Chester gilt als Kleinod unter den englischen Städten: Die Stadt hat einen wunderschönen alten Kern mit Fachwerkhäusern, zweistöckigen mittelalterlichen Ladenpassagen, hübschen Parks und Promenadenwegen auf den »Walls«.

Die Grafschaftshauptstadt von Cheshire liegt nahe Liverpool am Ufer des River Dee. Schon die Römer richteten hier ein Legionslager ein, um das fruchtbare Land zu verteidigen. Vom 12. bis 14. Jh. war der Flusshafen wichtiger Umschlagplatz für den Seehandel mit Irland, Schottland, Spanien und Frankreich. Auch kulturell blühte die Kaufmannsstadt auf, denn seit dem Ende des 14. Jh.s führten die Zünfte

Spaziergang auf den Walls von Chester

regelmäßig Mysterienspiele, eine Frühform des englischen Dramas, öffentlich auf. Die Versandung des Hafens bewirkte Ende des 15. Jh.s die Verarmung der Stadt. Als Liverpool 1715 den ersten Schleusenhafen öffnete, schwanden die letzten Hoffnungen für Chester, die einstige Hafenfunktion wiederzuerlangen. Stattdessen konzentrierte man sich ab dem 18. Jh. auf Agrarprodukte – u.a. kommt aus Chester der berühmte Chesterkäse.

! *Baedeker* TIPP

Bootsfahrt auf dem River Dee

Vom Wasser aus ist Chester besonders schön. Bootstouren auf dem Dee gibt es in der Saison täglich. Bootsstation Souters Lane, Tel. 32 53 94

✶✶ Altstadt

✶ **Rundgang auf den Walls**

Einen ersten Eindruck von der Altstadt erhält man bei einem Spaziergang auf den Walls, den Stadtmauern, die entsprechend den römischen Ringmauern verlaufen. Im Süden und Westen wurden sie abweichend von der römischen Führung bis zum Flussufer gezogen und umfassen auch das Castle. Den Rundweg von gut 3 km startet man am besten am East Gate, dem Eingang zur Altstadt mit einer Uhr von 1897, und geht in nördlicher Richtung an der Kathedrale vorbei. Am King Charles Tower biegt die Mauer nach Westen ab und verläuft parallel zu dem Kanal, der den alten Burggraben ersetzte. Man passiert das North Gate, den halbrunden Pemberton's Parlour, von dem aus der Seiler Pemberton seine Arbeiter beaufsichtigte, und den Bonewaldesthorne's Tower. Hier geht es in südlicher Richtung weiter, am Water Gate vorbei und an der Rennbahn Roodee entlang, die jenseits der Mauern auf dem ehemaligen Hafenareal liegt. An der Südwestecke steht das Castle, heute Gericht und Gefängnis. Das Bridge Gate führt zu der im 13. Jh. gebauten Dee Bridge. An der Stelle, an der die Mauer in Richtung Norden biegt, liegen die Wishing Steps, die Wunschtreppen: Wer hier zweimal hinauf- und hinunterläuft, ohne Luft zu holen, kann mit der Erfüllung eines Wunsches rechnen. Am New Gate von 1938 hat man Blick auf römische Ausgrabungsfunde.

✶✶ **Rows**

Nächste Attraktion sind die Rows, Ladenpassagen in Stein- und Fachwerkbauweise aus dem frühen 14. Jahrhundert. Oft wurden die Häuser und Läden über römischen Bauruinen errichtet und auf zwei Ebenen durch Laubengänge miteinander verbunden. Man findet die Rows in den vier Hauptstraßen, die sich nach römischer Tradition am Marktkreuz im rechten Winkel treffen. In Eastgate Street, Bridge Street und Watergate Street verlaufen die Rows als Galerien oder Arkaden in Höhe des 1. Stockwerks, so dass man Läden und Lokale, Werkstätten und Wohnhäuser selbst bei Regen trockenen Fußes erreichen und auf beiden Ebenen bummeln und einkaufen kann. Einen zusätzlichen Reiz gewinnen sie noch – besonders ausgeprägt in der Eastgate Street – durch schmale Gänge und Winkel.

★★ Watergate Street In der Watergate Street gibt es zahlreiche schöne Fachwerkhäuser aus dem 16. und 17. Jh. wie das God's Providence House, dessen Bewohner von der Pest verschont blieben, oder das Bishop Lloyd's House mit herrlichen Schnitzereien. Kunstvolles Fachwerk hat auch Leche House in der Nähe, ebenso der reich dekorierte Stanley Palace. Die Guildhall mit Museum birgt eine interessante Sammlung zur Geschichte des Zunftwesens in Chester.

★★ Lower Bridge Street Ebenso hübsch sind die Fachwerkhäuser in der Lower Bridge Street: Falcon House, Tudor House – angeblich das älteste Wohnhaus der Stadt –, das Hotel The Old King's Head und das Bear and Billet Inn neben dem Bridge Gate. Im Haus Nr. 13 a ist ein **Spielzeugmuseum** untergebracht mit einer hübschen Puppensammlung (1860–1950) und der weltgrößten Kollektion von Matchbox-Spielzeugautos.

Bridge Street Abbey Square In Bridge Street Nr. 39 fand man Reste eines römischen Bades. Das Abbey Gate in der Nähe des Rathauses führt zum Abbey Square, einer Platzanlage mit Häusern aus der Zeit um 1760.

Chester Orientierung

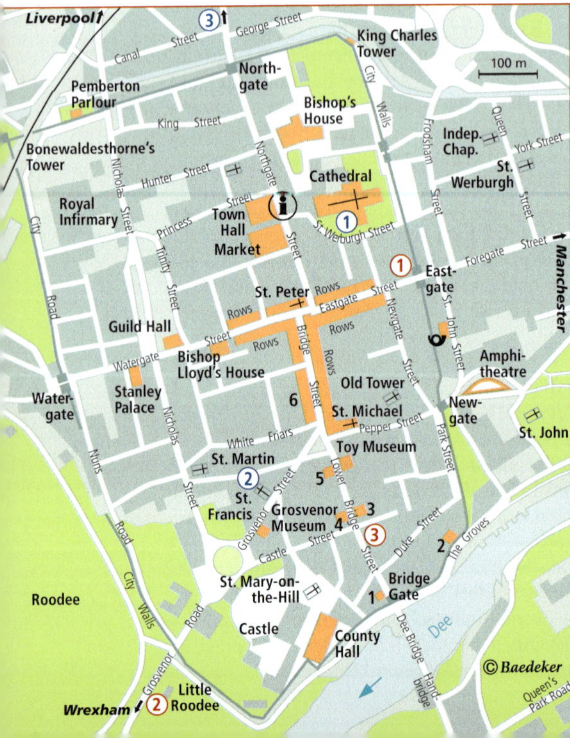

1 Bear and Billet Inn
2 Wishing Steps
3 Tudor House
4 The Old King's Head
5 Falcon House
6 Dewa Roman Experience

Essen

1 Refektorium/Kathedrale
2 Francs
3 Alexanders Jazz Bar

Übernachten

1 Chester Grosvenor
2 Latymer
3 Romano

Mittelalterliche Stadtmauer

CHESTER ERLEBEN

AUSKUNFT

Chester Visitor Centre, Vicars Lane, Chester, Cheshire, England, CH1 1QX
Tel. 0 12 44 – 40 21 11, Fax 40 31 88
E-mail: tis@chestercc.gov.uk
www.chestertourism.com

ESSEN

▶ Erschwinglich

① ***Refektorium/Kathedrale***
Eine schöne Adresse fürs Mittagessen ist das Refektorium der Kathedrale.

② ***Francs***
14 Cuppin Street, Tel. 31 79 52
Gute, französisch geprägte Küche.

③ ***Alexanders Jazz Bar***
2 Rufus Court, Tel. 34 00 05
Abends gibt es Live-Musik.

ÜBERNACHTEN

▶ Luxus

① ***Chester Grosvenor Hotel***
Eastgate Street, Chester CH1 1LT
Tel. 0 12 44 – 32 40 24
Fax 0 12 44 – 31 32 46
chesgrov@chestergrosvenor.co.uk
Das Chester Grosvenor, das Gerald Grosvenor, dem Herzog von Westminster, gehört, ist eine der Top-Adressen des Landes. Auch in der Nebensaison ist das Doppelzimmer nicht unter 200 Pfund zu haben.

▶ Komfortabel

② ***Latymer***
82 Hough Green, Chester CH4 8JW
Tel. 0 12 44 – 67 50 74
E-mail: info@latymerhotel.com
Angenehmes Hotel mit einem hübschen Garten.

③ ***Romano***
51 Lower Bridge Street, Chester CH1 1RS
Tel. 0 12 44 – 32 50 91
E-mail hotelromano@aol.co.uk
Zentral gelegen; angeschlossen ist ein italienisches Restaurant.

✶ **Kathedrale**

Die Kathedrale geht auf eine Benediktinerabtei zurück, die der rauflustige normannische Hugh Lupus, Earl of Chester, für sein Seelenheil auf den Resten einer älteren Kirche errichten ließ, die für den Schrein der hl. Werburga (um 700) erbaut worden war. Normannische Reste findet man noch im nördlichen Querhaus. Die Marienkapelle und das Kapitelhaus sind frühgotisch, alles Weitere ist im hoch- bzw. spätgotischen Stil errichtet. Im Innern ist die normannische Taufkapelle mit einem im 19. Jh. nach Chester gelangten venezianischen Taufstein aus dem 6. Jh. von Interesse, außerdem der **Chor**, der schönste Teil der Kathedrale, im frühen Decorated Style erbaut. In der Lady Chapel steht ein Teil des Schreins der hl. Werburga.
Die **Klostergebäude** sind unüblich an der Nordseite der Kirche angelegt. Das Kapitelhaus und die Vorhalle sind im Early English Style gebaut. Vom Kreuzgang aus erreicht man das Refektorium, wo unter dem Hammerbalkendach eine steinerne Lesekanzel im Early English Style in die Wand eingelassen wurde, sowie die schlichte normannische Krypta.

Kunstvoll gestaltete Fachwerkfassade in Chester

Amphitheater Vom New Gate kommt man durch die Amphitheatre Gardens, wo das wohl größte römische Amphitheater auf englischem Boden stand; es bot Platz für 7000 Zuschauer.

St. John Neben dem Kirchenschiff von St. John stehen die malerischen Ruinen einer normannischen Kirche: Chor und Marienkapelle wurden beim Einsturz des Zentralturms zerstört. Teile der Kirche wurden Ende des 19. Jh.s rekonstruiert.

Grosvenor Museum Das Grosvenor Museum birgt eine hervorragende Sammlung von römischen Altertümern mit Sonderausstellungen, die das Leben der Legionäre und die Verteidigung Britanniens schildern.

Zoo Tierfreunden sei Englands größter Zoo in Upton 2,5 km nördlich der Altstadt empfohlen.

Dewa Roman Experience An der Pierport Lane erfährt man auf dem Grund des einstigen römischen Legionslagers visuell, akustisch und sogar mittels Gerüchen, wie sich das Leben hier vor etwa 2000 Jahren abspielte.

✶ Chichester

R 19

Landesteil: Südengland
Grafschaft: West Sussex
Höhe: 43 ft/13 m ü. d. M.
Einwohnerzahl: 26 600

Chichester mit einer hübschen Altstadt rund um die alte Kathedrale ist römischen Ursprungs. Heute ist die Stadt in den Ausläufern der South Downs in der Nähe der Südküste die Hauptstadt von West-Sussex.

Seine Glanzzeit hatte Chichester im 14./15. Jh. als bedeutender Ausfuhrhafen für Wollprodukte. Heute ist Chichester Harbour, ein verzweigtes Gewässernetz mit vielen hübschen Buchten, das im Schutz der vorgelagerten Hayling-Insel liegt, ideales Segelrevier.

Sehenswertes

✶ Kathedrale

Unter den Normannen wurde Chichester 1075 Bischofssitz und bekam eine Kathedrale. Aufgrund der langen Bauzeit vom 12. bis 15. Jahrhundert sind verschiedene Stile in den Bau eingegangen. Auch im Innern sind Kunstwerke aus unterschiedlichen Epochen zu sehen. Die ältesten Arbeiten sind zwei kostbare romanische Steinreliefs mit Darstellungen der Ankunft Christi in Bethanien und der Erweckung des Lazarus und der spätgotische Lettner. Unter den modernen Werken fällt im nördlichen Chorumgang das leuchtend rote **Fenster von Marc Chagall** auf; inspiriert wurde Chagall durch den 150. Psalm, der Lobpreisung Gottes.
Vom unregelmäßig gebauten **Kreuzgang** hat man einen guten Blick auf den Vierungsturm und das Langhaus. Auf der Rasenfläche davor steht eine Plastik von Henry Moore.

CHICHESTER ERLEBEN

AUSKUNFT

29a South Street, Chichester, West Sussex, England, PO19 1AH
Tel. 0 12 43 – 77 58 88
Fax 0 12 43 –53 94 49
E-mail: chitic@chichester.gov.uk
www.chichester.gov.uk

ESSEN

► Erschwinglich

The Medieval Crypt
12a South Street
Tel. 0 12 43 – 53 70 33
In einem herrlichen mittelalterlichen Gewölbe kann man die Qualität der englischen Küche testen.

ÜBERNACHTEN

► Luxus/Komfortabel

Suffolk House
3 East Row, PO19 1PD
Tel. 0 12 43 – 77 88 99, Fax 78 72 82
In dem heimeligen georgianischen Hotel residierte schon der Herzog von Richmond. Zentral gelegen, 11 modern eingerichete Zimmer, Restaurant.

Stadtzentrum

Im **Bischofspalast** ist eine mittelalterliche Küche zu sehen; in der privaten Kapelle ein schönes Wandbild aus der Schule von ► Winchester (12. Jh.), das Maria mit Kind und Engeln zeigt. Wo sich die vier Hauptstraßen South, West, North und East Street nach römischem Stadtplan kreuzen, steht ein spätgotisches **Marktkreuz** in Form einer offenen Markthalle im Flamboyant-Stil. Eine Reihe sehenswerter Bürgerhäuser gibt es im North und South Pallant. Im **Pallant House** (North Pallant) ist eine ausgezeichnete Sammlung moderner Kunst untergebracht, u.a. mit Werken von Sutherland, Moore, Nicholson, Severini, Leger und Klee. **St. Mary's Hospital** am St. Martin's Square ist ein aus dem 13. Jh. stammendes Armenhaus, zu sehen sind Schlaf- und Wohnräume sowie die Kapelle. Im Priory Park lohnt das **Guildhall-Museum** mit überwiegend römischen Ausgrabungen.

Umgebung von Chichester

✶ Fishbourne Roman Palace

In Fishbourne 2 km westlich von Chichester empfiehlt sich der Besuch des römischen Palastes, der um 75 n.Chr. gebaut worden war. Seine Fundamente wurden 1960–1968 ausgegraben. Die ausgedehnte Anlage lag ursprünglich am Wasser. Die rund 100 Räume waren alle mit Mosaikfußböden in verschiedener Technik und Qualität ausgestattet. Ein angeschlossenes Museum informiert über britisch-römische Lebensweise.

Chichester Harbour

Das weitläufige Gebiet von Chichester Harbour prägen Wasserwege und Marschland – eine ungewöhnliche Landschaft mit einer Vielfalt von Wasservögeln, reetgedeckten Häusern, kleinen Sandbuchten und schilfbestandenen Ufern. Hier liegt auch der alte Weiler Bosham, dessen mittelalterliche Kirche aus sächsischer Zeit stammt; sie ist auf dem berühmten Teppich von Bayeux (► Abb. S. 47) abgebildet.

Römisches Mosaik in Fishbourne

Das um 1800 erbaute **Goodwood House** 8 km nordöstlich ist Sitz der Herzöge von Richmond. Die Räume sind mit wertvollen Regency-Möbeln und Gemälden von Canaletto, van Dyck, Reynolds, Stubbs u.a. ausgestattet. Unter dem Namen »Sculpture at Goodwood« werden im Park Wechselausstellungen mit zeitgenössischen Skulpturen gezeigt. Jedes Jahr Ende Juli finden hier hochrangige Pferderennen statt.

Arundel Castle – Schlossbibliothek mit wertvollen Schätzen

Arundel Castle

Arundel – malerisch am River Arun und am Fuße der South Downs gelegen – ist eines der südenglischen Bilderbuchstädtchen. Arundel Castle, eine zinnengekrönte Burg, die das Stadtpanorama beherrscht, ist Sitz der Herzöge von Norfolk. Verwinkelte Gassen mit schönen alten Häuserzeilen führen den Hang hinauf zu der gewaltigen Festung. Von der ursprünglichen Anlage steht heute nur noch das Torhaus und der Bergfried der Normannen. Sehenswerte Kirchen sind die neogotische Kathedrale und St. Nicholas aus dem 14. Jahrhundert

! *Baedeker* TIPP

Weald & Downland Freilichtmuseum

Faszinierend sind die über vierzig bis zu 600 Jahre alten Gebäude in diesem Freilichtmuseum. Ein Fachwerkhaus im kentischen Stil neben einer Markthalle, ein mittelalterlicher Laden und eine Klempnerwerkstatt, Scheunen, Kornspeicher und Kräutergärten vermitteln einen guten Einblick in die südenglische Vergangenheit (Öffnungszeiten: März – Okt. tgl. 10.30 – 18.00 Uhr; Nov. – Febr. Sa. u. So. 10.30 – 16.00 Uhr).

Etwa 12 km nördlich von Arundel liegt **Bignor**, dort gibt es einen wunderschönen, mit Reet gedeckten Fachwerkcottage aus dem 15. Jahrhundert, den so genannten Old Shop. Östlich vom Ort steht eine **römische Villa** mit kunstvollen Fußbodenmosaiken; die Villa wurde 1811 entdeckt und ausgegraben.

★★ Petworth House 10 km nördlich von Bignor liegt Petworth. Bekannt wurde das bezaubernde Marktstädtchen am Nordrand der Downs mit seinen hübschen Cottages vor allem durch das Petworth House, Sitz der Earls of Egremont. Der herrliche Landsitz mit seiner 100 m langen Gartenfront erhielt zwischen 1688 und 1696 sein heutiges Aussehen. Der weitläufige Landschaftsgarten, von Capability Brown (►S. 70 ff.) angelegt, zeigt englische Gartenkunst in höchster Vollendung. Zu den Kunstschätzen des Hauses gehört eine der bedeutendsten Gemäldesammlungen Englands. William Turner hatte hier 1830–1837 ein Atelier, er liebte diese Landschaft und hat sie oft gemalt. Viele seiner Ölbilder und Aquarelle kann man im Turner-Raum bewundern, aber auch Tizian und Rogier van der Weyden, van Dyck, Reynolds und Gainsborough sind vertreten, während großartige Schnitzereien aus Lindenholz (1692) von Grinling Gibbons den Carved Room zieren. Nicht minder eindrucksvoll ist die ausgezeichnete Kollektion antiker Skulpturen in der North Gallery.

★ Chiltern Hills

Q/R 17

Landesteil: Südengland

Grafschaft: Oxfordshire, Buckinghamshire und Hertfordshire

Viele wohlhabende Londoner haben sich in den lieblichen Chiltern Hills niedergelassen, die eine erholsame Oase in erreichbarer Nähe der Metropole sind. Teile der Chiltern Hills noch relativ unberührt, einige Siedlungen haben ihr typisches Ortsbild bewahrt. Wanderer schätzen die herrlichen ausgedehnten Buchenwälder.

Waddesdon Manor Waddesdon Manor liegt 8 km nordwestlich von Aylesbury, der hübschen Grafschaftshauptstadt von Buckinghamshire. Ende des 19. Jahrhunderts ließ sich der Baron Ferdinand de Rothschild hier ein Landschloss im französischen Stil errichten. Über 35 Jahre hinweg trug dieser frankophile Sammler eine bemerkenswerte Kollektion von französischen Möbeln und Gobelins, Sèvres-Porzellan, wertvollen Gemälden zusammen. Darunter befinden sich Werke von Rubens, Reynolds und Gainsborough. Außerdem erwarb Ferdinand de Rothschild kostbare Manuskripte für die Bibliothek. Der von Elie Lainé formal angelegte viktorianische Garten mit herrlichen Panoramablicken gilt ebenfalls als ein Meisterwerk. Seit 1957 ist Waddesdon Manor im Besitz des National Trust.

! *Baedeker* TIPP

Rothschild-Weine

In den Kellern unter dem Westflügel lagern 15 000 Flaschen der weltbesten Rothschild-Weine. Regelmäßig finden Veranstaltungen rund um den Wein statt, eine Auswahl ist auch käuflich (Infos: www.waddesdon.org.uk).

Coombe Hill 5 km nordöstlich von Princes Risborough ist mit 260 m die höchste Erhebung in den Chiltern Hills. Von dort hat man einen hervorragenden Blick auf die Themse, auf Aylesbury und auf die weiten Wälder. **Chequers Court**, ein schönes Herrenhaus mitten in einem großen Landschaftspark, ist der Landsitz des jeweils amtierenden Premierministers.

CHILTERN HILLS

AUSKUNFT

Paul's Row, High Wycombe,
Buckinghamshire,
England, HP11 2HQ.
Tel. 0 14 94 – 42 18 92
Fax 0 14 94 – 42 18 93
tourism_enquiries@wycombe.gov.uk
www.wycombe.gov.uk

Stowe Gardens 5 km nordwestlich des Dorfes Buckingham zählt zu den herausragenden Landschaftsgärten Englands. 1733 verlieh William Kent der zuvor streng formalen Anlage einen aufgelockerten, von der Natur inspirierten Charakter, der in den darauf folgenden Jahrhunderten die gesamte englische Gartenarchitektur nachhaltig prägen sollte. Ab 1741 übernahm Capability Brown die künstlerische Anlage des Landschaftsgartens, der heute vom National Trust verwaltet wird. Für einen Rundgang sollte man mindestens zwei Stunden einplanen. Das Herrenhaus ist nur teilweise zu besichtigen, da es seit 1923 eine renommierte Privatschule beherbergt.

✶ West Wycombe Village and Hill

West Wycombe Village liegt 3 km westlich der Stadt High Wycombe. Das gesamte Dorf ist im Besitz des National Trust, der dafür garantiert, dass der reiche Baumbestand aus dem 16.–18. Jahrhundert in seiner Ursprünglichkeit erhalten bleibt. Auf dem schon in der Eisenzeit bewohnten Hügel über dem Dorf erhebt sich das sechseckige Dashwood Mausoleum (1763), das an den Exzentriker Sir Francis Dashwood erinnert, den Gründer des Hell-Fire-Clubs. Zu dem weitläufigen West Wycombe Park, den Humphrey Repton für Francis Dashwood entwarf, gehören wunderschöne Gartenanlagen mit einem See, einem Pavillon und kleinen Tempeln sowie ein Herrenhaus im palladianischen Stil.

Hughenden Manor

Hughenden Manor etwa 2,5 km weiter nördlich war der Wohnsitz von Benjamin Disraeli, der von 1848–1881 Premierminister und zugleich ein glänzender Schriftsteller war. Benjamin Disraeli starb in Hughenden Manor und wurde auf dem örtlichen Kirchhof beigesetzt. In dem Haus sind Möbel, Bücher und sonstige Erinnerungsstücke Disraelis zu sehen.

✶ Whipsnade Park Zoo

Der dem Londoner Zoo angegliederte Whipsnade Park Zoo wurde 1927–1931 inmitten einer schönen Landschaft eingerichtet und weist einen hervorragenden Tierbestand auf. In die Hügelflanke am nördlichen Rand des Parks wurde als Signal für Flugzeuge die Silhouette eines Löwen eingraviert.

Ein lohnender Abstecher führt nach **Dunstable** 6 km von Whipsnade entfernt am Fuß der Dunstable Downs. Die Kirche St. Peter and St. Paul mit einem normannischen Langschiff ging aus einer 1131 gegründeten Augustinerabtei hervor; das kunstvoll verzierte Nordwestportal stammt aus dem 13. Jh.T

? WUSSTEN SIE SCHON ...?

- 1533 wurde in Dunstable von Erzbischof Cramer die Scheidung zwischen Heinrich VIII. und Katharina von Aragon ausgesprochen, die die Grundlage für die Suprematsakte von 1534 lieferte, nach der Heinrich VIII. zum Oberhaupt der anglikanischen Kirche wurde.

Woburn Abbey 14,5 km nordwestlich zieht alljährlich Scharen von Besuchern an. Die meisten kommen wegen des vielfältigen Freizeitangebots: Tierpark, Aquarium, Spielplätze, Ruderboote, Lokale und Antiquitätenmarkt. Die eigentliche Woburn Abbey ist Sitz des Herzogs von Bedford, ein gewaltiges Gebäude, das 1746–1747 an der Stelle einer Zisterzienserabtei gebaut wurde. Das Innere der Galaräume ist 1802 von Henry Holland entworfen worden. Das Haus birgt eine Fülle von Kunstschätzen, darunter französische Möbel, Silber und Porzellan des 18. Jh.s, sowie eine reichhaltige Gemäldegalerie mit Werken von George Gower, Cuyp, van Dyck, Reynolds, Canaletto, Poussin, Lorrain und Gainsborough.

Colchester

U 17

Landesteil: Ostengland
Grafschaft: Essex
Höhe: 107 ft/33 m ü.d.M.
Einwohnerzahl: 87 500

Colchester 80 km nordöstlich von London ist Großbritanniens älteste Stadt – noch bevor die Römer kamen, war sie Hauptstadt der Kelten. Hübsche Straßen und viele alte Gebäude aus verschiedenen Epochen prägen das Stadtbild.

Schon in der Bronzezeit gab es hier einen Siedlungsplatz. Wegen der strategisch günstigen Lage ließ Cunoberlin – Shakespeares Dramenheld Cymbeline – um 40 n. Chr. seine Hauptstadt aus dem heutigen ►St. Albans hierher verlegen. Vier Jahre später eroberten die Römer die Stadt. Als die Normannen einfielen, zählte sie etwa 2000 Einwohner, besaß mehrere Kirchen und noch einen Teil der römischen Mauern. Im 16. Jh. kamen flämische Weber, im 18. Jh. hugenottische Glaubensflüchtlinge, die mit der Seidenweberei zum wirtschaftlichen Aufschwung der Stadt beitrugen und ihre wichtige Rolle im Woll- und Tuchhandel begründeten. Die Hugenotten führten auch die bis heute wichtige Blumenzucht ein. Durch Ausgrabungen wurden die britische Stadt, das römische Lager und die römische »Colonia« freigelegt. Römisches Baumaterial ist noch in den Kirche Holy Trinity und in den Ruinen von St. Martin und St. Botolph's Priory erhalten.

Sehenswertes

Stadtmauer Die unter Vespasian begonnenen, über 6 m hohen römischen Wälle umschließen ein Gebiet von rund 915 x 457 m. Von den ehemals sechs Stadttoren ist die eindrucksvolle Ruine des **Balkerne Gate** erhalten, das Westtor der einstigen Römerstadt.

Rathaus In der High Street steht das um 1900 gebaute Rathaus. Der Rathausturm trägt eine Bronzefigur der St. Helena, die der Sage nach die Tochter des »Old King Cole« von Colchester war. Er selbst, möglicherweise der Namensgeber der Stadt, soll in einem Hügel am Stadtrand im Gebiet des Dykes begraben sein.

Dutch Quarter Nördlich der High Street liegt das »Holländerviertel« mit hübschen spitzgiebligen Häuschen. Hier siedelten sich die Ende des 16. Jh.s eingewanderten flämischen Glaubensflüchtlinge an.

✶ Castle Das Castle wurde um 1080 von Wilhelm dem Eroberer mit römischen Ziegeln erbaut. Der normannische Bergfried mit 35 x 50 m soll der größte in England sein. In dem hervorragenden Burgmuseum ist ein Großteil der römisch-britischen Funde ausgestellt – Keramik, Münzen, Statuen, Glas. Im Castle Park, durch den der River Colne fließt, ist ein Teil des römischen Mauerwerks zu sehen.

Bourne Mill Die 1,5 km südlich vor den Stadttoren gelegene pittoreske Bourne Mill zieren manieristische Giebelarabesken von 1591, typisch für den Stil der holländischen Immigranten, die hier eine Wassermühle betrieben, die später zur Getreidemühle umfunktioniert wurde.

Umgebung von Colchester

Harwich In Harwich, einer alten Hafenstadt an der Doppelmündung der Flüsse Stour und Orwell, starten und landen die Fähren zum bzw. vom europäischen Kontinent. Dovercourt ist ein viktorianischer Vorort mit hübschen Häuschen und blühenden Gärten.

30 km nordöstlich liegt das charmante **Ipswich** mit alten Gassen und einer Reihe viktorianischer Bauten. Im Christchurch Mansion, einem Tudor-Gebäude von 1548, sind Möbel, Keramik, Uhren und Gemälde des 16.–19. Jh.s – darunter exzellente Werke von Constable – zu sehen. Über Natur und Geschichte der Region informiert das Ipswich Museum in der High Street.

▶ HARWICH

AUSKUNFT

Iconfield Park, Parkeston, Harwich,
Essex, England, CO12 4EN
Tel. 0 12 55 – 50 61 39, Fax 24 05 70
E-mail: harwich@eetb.info
www.realessex.co.uk

Clacton-on-Sea Ein Ausflug von Colchester nach Süden an die Küste führt nach Clacton-on-Sea, das wegen seines sanft abfallenden Strandes für Kinder besonders geeignet ist. In dem Seebad gibt es einen Pier von 1873, einen herrlichen Promenadenweg und schöne Grünanlagen.

Orford Die Hafenstadt Orford nordöstlich von Felixstowe ist ein verträumtes Nest an der Mündung des Ore, der über 19 km parallel zur Küste fließt. Das Castle (12. Jh.) ist von Wassergräben umgeben. Orford Ness ist Naturschutzgebiet und Brutplatz für viele Seevögel.

★ Aldeburgh Aldeburgh war bis ins 17. Jh. ein bedeutender Seehafen. Aus dieser Zeit stammen die Moot Hall (16. Jh.) und eine Reihe malerischer Häuser. Heute ist das viel besuchte Seebad durch sein **Benjamin-Britten-Musikfestival** im Juni weit über die Grenzen bekannt. Benjamin Britten, seit Henry Purcell der bedeutendste Opernkomponist Großbritanniens, lebte und komponierte zehn Jahre lang in Aldeburgh im »Crag House«. 1957 zog er mit seinem Lebensgefährten, dem Tenor Peter Pears, in das »Red House«, ein Anwesen außerhalb der Stadt, in dem heute eine in ihrem Bestand eindrucksvolle Musikbibliothek untergebracht ist (Voranmeldung nötig). Brittens Oper »Peter Grimes« spielt im Fischermilieu in Aldeburgh, wie es im 18. Jh. gewesen sein mag. Zwei Szenen spielen in der Moot Hall. 1948 gründete Britten gemeinsam mit Peter Pears das Musikfestival.

! *Baedeker* TIPP

Die Nummer eins unter den Fish & Chips

In einer Liste der »Top Ten der besten Chips Shops« im Observer wurde The Fish and Chip Shop, 226 High Street in Aldeburgh großbritannienweit als Nummer eins ausgezeichnet. Merkmale: frischer Fisch, saftig und auf der Zunge zergehend; fast immer lange Schlangen.

★★ Cornwall

K 19/20

Landesteil: Südwestengland **Grafschaft:** Cornwall

Mit seinem milden Golfstromklima, Naturschönheiten, subtropischen Parks, herrlichen Sandstränden, romantischen Fischerdörfern und seinen Mythen ist Cornwall im Südwesten Großbritanniens ein beliebtes Feriengebiet.

»Fish, tin and copper«, wie es in einem alten Trinkspruch heißt, lieferten über Jahrhunderte hinweg die Grundlage für den Reichtum des Landes. Fisch, Zinn und Kupfer garantierten einigen Gewinn, vielen aber auch nur einen bescheidenen Lebensunterhalt. Andere

Morgenstimmung an der Küste von Cornwall →

lebten von Wrackplünderungen und Schmuggel. Im späten 18. und 19. Jh. ging man – wie in Maßen auch schon zur Bronzezeit und zur Zeit der Römer – an die industrielle Ausbeutung der Bodenschätze, Cornwall wurde weltführender Zinn- und Kupferproduzent. Ab 1920 nahm die Konkurrenz aus Fernost zu, viele Bergleute mussten auswandern, die Minen verfielen. Schließlich blieben auch die Sardinenschwärme aus, die Fischerei verlor ebenfalls an Bedeutung. Heute sind Tourismus und Gemüse- und Blumenanbau im milden Klima der Südküste wichtige Erwerbsquellen.

Cornish Die Einwohner Cornwalls sind noch heute stolz auf ihre keltische Abstammung. Ihre Sprache, das »Cornish«, dem Bretonischen verwandt, ist seit dem 18. Jh. ausgestorben, wenngleich man sich heute stark um die Wiederbelebung bemüht, doch es fehlen literarische Vorlagen, die Schriftsprache wurde nur bruchstückhaft seit etwa 1400 überliefert. Kornische Schrift trägt ein Grabstein in der Kirche von Mousehole 5 km südlich von Penzance. Die Kirche stammt aus dem 18. Jahrhundert; in Mousehole sprach man bis ins 18. Jahrhundert hinein noch Keltisch. Die Kirchen Cornwalls sind oft Heiligen geweiht, die im übrigen Großbritannien unbekannt sind, eine Folge der Christianisierung durch irisch-walisische Mönche.

? WUSSTEN SIE SCHON ...?

- Viele Ortsnamen in Cornwall, vor allem mit den Vorsilben »tre« (Heimstatt), »lan« (Kirche), »pen« (Ende, Landzunge) und »pol« (Bucht), zeugen noch von der alten Sprachform, die Walter Scott zu dem Merkvers veranlasste: »By Tre-, Pol- and Pen- you shall know the Cornishman«.

✶✶ Rundfahrt

✶ **Antony House** Fährt man westlich von ► Plymouth über den River Tamar nach Cornwall hinein, dann kann man sogleich über St. Germans einen Abstecher zum Mündungsdelta des Tamar machen. Lohnend ist der Besuch des Antony House, Landsitz der Familie Carew aus dem 18. Jh. mit Interieurs der Queen-Anne-Epoche, Gemälden und einem schönen Landschaftspark.

Der kleine Doppelhafen **West and East Looe** 32 km westlich an der Mündung des River Looe hat schöne Sandstrände und ein liebevoll eingerichtetes Cornish Museum.

✶ **Polperro** Polperro 10 km weiter westlich ist ein hübsches kornisches Fischerdorf, das zwischen zwei Felsklippen an der Mündung des Pol liegt. Im Sommer ist der Ort recht überlaufen. Der Maler Oskar Kokoschka verbrachte hier die Jahre seines Exils. Im Museum of Smuggling wird die Geschichte Polperros als Schmugglernest gezeigt.

✶ **Fowey** Fowey 16 km westlich war früher ein bedeutender Seehafen und ist heute ein äußerst malerischer Ort. Die Kapelle St. Goran (7. Jh.) war

ursprünglich St. Nicholas, dem Patron der Seefahrer geweiht. Ihr Inneres birgt einen schönen normannischen Taufstein. In Noah's Ark, einem elisabethanischen Fachwerkhaus, ist ein kleines Heimatmuseum untergebracht.
Ein etwas längerer schöner Fußweg führt an den Ruinen einer Seefestung von Heinrich VIII. vorbei zum **Gribbin Head**.
Tristan Stone 2 km nördlich ist ein Monolith von ca. 550 n.Chr., der der Legende nach Grabstein des Ritters aus dem mittelalterlichen Tristan-Epos gewesen sein soll. Etwas weiter nördlich liegen Reste des eisenzeitlichen **Castle Dore**, in dem der Wall der Burg von König Marke aus der Tristan-Sage enthalten sein soll.

St. Austell

Die alte Marktstadt St. Austell 15 km westlich mit dem markanten, reich geschmückten Turm von Holy Trinity Church (15. Jh.) stieg wirtschaftlich zu nationaler Bedeutung auf, als der Chemiker William Cookworthy Mitte des 18. Jh.s Porzellanerde in der Umgebung entdeckte, die bis heute abgebaut wird und den großen Manufakturen von ►Derby, Minton und ►Worcester als Rohstoff für ihr feines Porzellan dient. Die weißen Abraumhalden, die »kornischen Alpen«, wie man hier sagt, prägen das Umland, denn bei der Gewinnung von

Polperro, einst ein Schmugglernest, ist heute ein autofreies Fischerdorf.

CORNWALL ERLEBEN

AUSKUNFT

Station Road, Penzance, Cornwall, England, TR18 2NF
Tel. 0 17 36 – 36 22 07
Fax 0 17 36 – 36 36 00
www.go-cornwall.com

ESSEN

► Erschwinglich

Bistro de la Mer
Falmouth, 28 Arwenack Street
Tel. 0 13 26 – 31 65 09
In einem stimmungsvollen Kellergewölbe ist dieses Fischrestaurant untergebracht.

Food for Thought
Fowey, The Quay
Tel. 0 17 26 – 83 22 21
Seit zwei Jahrzehnten wird Fisch in allen Variationen in diesem ehemaligen Zollhaus direkt am Hafen zubereitet.

Margot's Bistro
Padstow, 11 Duke Street
Tel. 0 18 41 – 53 34 41
Eine abwechslungsreiche Speisekarte verspricht dieses kleine Restaurant. Nicht verzichten sollte man auf die reichhaltigen Desserts.

Kubler's
Penzance, Alverton Street
Tel. 0 17 36 – 33 07 44
Über einer gemütlichen Bar liegt dieses ausgezeichnete Restaurant im ersten Stock des Hauses.

Saltwater Cafe
St. Ives, Fish Street
Tel. 0 17 36 – 79 49 28
Ein farbenfreudig dekoriertes Fischrestaurant, in dem unter anderen Köstlichkeiten ein leckeres Fischrisotto aufgetischt wird.

Trebea Lodge
Tintagel, Trenale
Tel. 0 18 40 – 77 04 10
In dem ruhig gelegenen Herrenhaus werden köstliche Gerichte serviert.

Oliver's Restaurant
Truro, Castle Street
Tel. 0 18 72 – 27 30 28
Täglich wechselnde Menüs in einem preisgekrönten Restaurant

Baedeker-Empfehlung

► Fein & teuer

Seafood Restaurant
Padstow, Riverside, Tel. 0 18 41 – 53 27 00
Eines der renommiertesten Fischrestaurant im Land. Rick Stein, Chefkoch und Leiter der Padstow Seafood School, sorgt mit Rick Stein's Café und dem Seafood Restaurant für kulinarische Schlagzeilen weit über Cornwall hinaus. Tischreservierung nötig!

ÜBERNACHTEN

► Luxus

Fowey Hall
Fowey, Hanson Drive, PL23 1ET
Tel. 0 17 26 – 83 38 66, Fax 83 41 00
www.foweyhall.com
Familienfreundliches Hotel mit schöner Aussicht auf Stadt und Meer. Geschulte Nannies unterhalten den Nachwuchs, während Eltern die Menüs der beiden Restaurants ausprobieren können; 32 Zimmer.

The Abbey Hotel
Penzance, Abbey Street, TR18 4AR
Tel. 0 17 36 – 36 69 06, Fax 35 11 63
www.abbey-hotel.co.uk
Kleines exzentrisches Hotel (7 Zi.) in einer ruhigen Seitenstraße, die zum Meer hinunter führt.

Chy-an-Mor
Penzance, 15 Regent Terr., TR18 4DW
Tel. 0 17 36 – 36 34 11, Fax 36 34 41
Restauriertes georgianisches B&B mit 10 Zimmern. Speisesaal im Art-déco-Stil und herrlicher Blick von der Lounge auf Mounts Bay.

The Garrak
St. Ives, Burthallan Lane, TR26 3AA
Tel. 0 17 36 – 79 61 99, Fax 79 89 55,
Ruhiges Hotel mit herrlichem Blick auf Porthmeor Beach, 18 Zimmer. Das Restaurant mit Wintergarten serviert leckere Gerichte bei gutem Preis-Leistungs-Verhältnis.

Kynance
St. Ives, The Warren, TR26 2EA
Tel. 0 17 36 – 79 66 36
Charmantes, altes Haus im Stadtkern nahe dem malerischen Hafen.

The Wootons Country Hotel
Tintagel, Fore Street, PL34 0DD
Tel. 0 18 40 – 77 01 70, Fax 77 09 78
Elf schön eingerichtete Zimmer in einem modernisierten Hotel.

▸ **Komfortabel**

Mount Pleasant Moorland Hotel
Bodmin, PL30 4EX
Tel. 0 12 08 – 82 13 42
Gemütliches B&B (7 Zi.) am Rand des Bodmin Moor; Swimmingpool. Von Bodmin auf der A 30 gut 6 km Richtung Launceston, dann rechts Richtung Millpool (weitere 5 km).

1 t Kaolin bleiben 9 t Abfall zurück. Das Wheal Martyn China Heritage Centre nördlich der Stadt zeigt eine Ausstellung zur Porzellanerdegewinnung. Schön ist ein Ausflug an die klippenreiche St. Austell Bay. In St. Dennis 10 km nordwestlich hat man vom Hügel der Pfarrkirche aus einen guten Blick auf die bizarren »kornischen Alpen«. Der Fischerort **Mevagissey** 10 km südlich mit schmalen Gassen und pittoresken Schieferhäusern ist ein wahrer Besuchermagnet. Die **Lost Gardens of Heligan** 3 km nördlich wurden im 18. Jh. angelegt, gerieten lange in Vergessenheit und wurden in den 1990er-Jahren wiederbelebt. Westlich davon ist um den Landsitz **Trewithen House** aus dem 18. Jh. nahe Probus ein wunderschöner Landschaftsgarten mit einem Rhododendron-Arboretum, über 30 Arten von Kamelien und 40 verschiedenen Magnoliensorten entstanden.

Trelissick Garden 7 km südlich von Truro gilt als einer der schönsten subtropischen Gärten Englands, er wurde in den 1930er-Jahren um ein Herrenhaus von 1825 angelegt. ✶ **Trelissick Garden**

! Baedeker TIPP

Eden Project

6,5 km nordöstlich von St. Austell wurde in einer stillgelegten Kaolin-Abraumhalde das weltweit größte Gewächshaus angelegt. In riesigen Kunststoffwaben mit tropischem Klima wachsen Pflanzen aus dem Regenwald, Ozeanien und dem mediterranen Raum. (Öffnungszeiten: tgl. 10.00–18.00 Uhr, www.edenproject.com).

In der Nähe von **St. Just** weiter südlich steht in bezaubernder Lage, umgeben von einem hübschen Garten, die Kirche St. Just-in-Roseland, die auf keltischem Kultareal im 13.–15.Jh. errichtet wurde.

Der beliebte Urlauberort **Falmouth** hat das mildeste Winterklima in ganz England. Gartenfreunde kommen in den herrlichen **Glendurgan Gardens** 8 km südlich von Falmouth auf ihre Kosten. Zahlreiche verschiedene Baumarten, seltene Koniferen, Rhododendren und Wiesenblumen wachsen hier; außerdem gibt es einen Irrgarten.

✶ The Lizard

Der von Steilküsten und sandigen Buchten umzogene südlichste Teil Großbritanniens, die Halbinsel Lizard (Eidechse), hat streckenweise noch einen recht urtümlichen Charakter, dessen Schönheit im Stein begründet liegt. Der grüne Serpentin, gemischt mit Gneis und rotem Granit und teilweise überzogen von Heidekraut und Stechginster, bietet ein herrliches Farbenspiel. Die Bewohner lebten lange vom Fischfang und von der einträglichen Riffpiraterie, denn viele Schiffe zerschellten an der tückischen Felsküste. Erst 1752 wurde ein Leucht-

Hecken in Glendurgan Gardens

turm auf der Südspitze Lizard Point errichtet. Ein kleinerer Turm in Form eines Obelisken bei Mullion erinnert an Guglielmo Marconi (1874–1937), den Erfinder der drahtlosen Telegrafie, der von hier 1901 die erste Funkverbindung nach Amerika herstellte. Lizard ist eine beliebte Sommerfrische. Naturschönheiten sind der 5 km lange Strand Porthleven Sands und der Klippenpfad von Lizard Point über Kynance Cove nach Mullion Point. In Mullion lohnt die Pfarrkirche (15./16.Jh.) mit einem Taufbecken aus dem 13. Jh. und einer »Hundetür« im Südportal – die Schäfer brachten ihre Hunde zum Gottesdienst mit, sie liefen zwischendurch aus der Kirche, um nach der Herde zu sehen.

*** St. Michael's Mount**

Eduard der Bekenner schenkte den Benediktinermönchen von Mont St. Michel in der Normandie im Jahr 1050 ein Tochterkloster: St. Michael's Mount. 1425 ging das Kloster auf dem 70 m hohen Granitfelsen in den Besitz der Krone über und wurde als Seefestung ausgebaut. Nach dem englischen Bürgerkrieg wurde die Familie St. Aubyn Eigentümer, 1954 erwarb der National Trust St. Michael's Mount. Die Lage der Kloster-Festung ist attraktiver als die Gebäude selbst. Erreichbar ist sie bei Ebbe zu Fuß, bei Flut mit kleinen Booten. Zu sehen sind Innenausstattungen des 17./18. Jh.s.

*** Penzance**

Hauptort der »kornischen Riviera« ist Penzance, eine lebhafte Einkaufsstadt und das ganze Jahr über als Urlaubsort beliebt. Einst war Penzance Schmugglernest, im 18. Jh. stellten die Freibeuter sogar

Bei Ebbe zu Fuß zu erreichen: St. Michael's Mount mit der alten Klosterfestung

Men-an-Tol, rätselhafte Kultstätte bei Penzance

den Bürgermeister. Hauptstraße ist die Market Jew Street, die vom Bahnhof bis zum Market House führt. In der Chapel Street steht das Ägyptische Haus (um 1835), mit dem sich ein exotikverliebter Brite ein Denkmal setzte, außerdem das Gasthaus »Admiral Benbow«, ein alter Schmugglertreff. Neben der gepflegten Strandpromenade laden die Morrab Gardens und Penley Park mit subtropischen Pflanzen zu einem Besuch ein. Von Penzance gibt es Schiffs- und Hubschrauberverbindungen zu den ►Isles of Scilly.
Knapp 10 km nordwestlich von Penzance liegen zahlreiche prähistorische Monumente. **Lanyon Quoit**, Teil einer Grabanlage, ist auf 4000 v.Chr. datiert. Eine prähistorische Steinsetzung ist auch **Men-an-Tol**. Die zwei Reihen von je acht Bauernhäusern bei **Chysauster** entstanden zwischen 100 v.Chr. und 250 n.Chr.
In dem im frühen 19. Jh. im Sinne der Naturromantik angelegten **Trengwainton Garden** 3 km nördlich von Penzance wachsen Pflanzen, die in England nur an diesem Ort gedeihen, darunter eine besondere Magnolienart. Verschiedene Rhododendren beleben mit ihrer Farbenpracht im Frühsommer den Garten. Die prähistorischen Steinsetzungen **The Merry Maidens** und **The Piper** in der Nähe von **Lamorna** südlich von Penzance bestehen aus 15 etwa 4 m hohen Megalithen und 9 etwa 1 m hohen kreisförmig angeordneten Steinen. Der Legende nach handelt es sich um versteinerte Musikanten und tanzende Mädchen – versteinert, da sie verbotenerweise am Sonntag ihrem Vergnügen nachgingen.

Land's End 7 km nordwestlich ist der westlichste Punkt Englands, westlicher liegen nur die ►Isles of Scilly, die man von dort bei klarem Wetter sehen kann. Die bizarren Granitfelsen der 60 m hohen Steilküste lassen sich bei einer Klippenwanderung erkunden. Im Sommer ist der Landzipfel allerdings ein wahrer Rummelplatz.

★ **Land's End**

Von St. Just 10 km nördlich führt eine Straße zum Cape Cornwall, wo man herrliche Klippenwanderungen machen kann.

Cape Cornwall

St. Ives und seine Pfarrkirche sind nach dem irischen Missionar St. Ia benannt, der hier im 5. Jh. den christlichen Glauben verbreitete. In St. Ives lebte man bis ins 19. Jh. vom Sardinenfang. 1883 kam der Maler James Whistler hierher, andere Künstler folgten. Ben Nicholson, Architekt und Stilllebenmaler, seine Frau, die Bildhauerin Barbara Hepworth (1903–1975), und der Töpfer Bernard Leach gehören zu den berühmten Künstlern des 20. Jh.s, die in St. Ives lebten. Das Barbara Hepworth Museum zeigt eine gute Sammlung ihrer abstrakten Skulpturen. Die Pfarrkirche St. Ia aus dem 15. Jh. birgt einen modernen Taufstein und eine Madonna mit Kind (1953) von Barbara Hepworth. Die 1993 am Porthmeor Beach eröffnete **Tate of the West** ist dritte **Dependance der Tate Gallery in London**. Das von Eldred Evans und David Shalev entworfene Gebäude mit einer zur See hin offenen Glasrotunde zeigt Werke von Künstlern aus der Region sowie Ausstellungen aus den Beständen der Londoner Zentrale.

★ **St. Ives**

Der einstige Schmuggler- und Sardinenhafen Perranporth weiter nordöstlich ist heute ein beliebtes Seebad mit 5 km langer Sandstrandküste. Ein schöner Wanderweg führt zu St. Piran's Oratory, ein im Dünensand begrabenes Oratorium (7.Jh.) eines irischen Heiligen, ein anderer zum Leuchtturm St. Agnes Beacon.

Perranporth

! *Baedeker* TIPP

Minack Open-Air Theatre

In der Nähe von Porthcurno 5 km südwestlich von Penzance gibt es seit 1932 das in den Fels gehauene Freilichttheater The Minack Theatre (www.minack.com), in dem in schöner Meereslandschaft von Ende Mai bis September Aufführungen stattfinden.

Newquay, wunderschön in der Fistral Bay gelegen, gilt bei Surfern als einer der populärsten Badeorte in Cornwall.

Newquay

Padstow im Mündungsdelta des Camel – einst der einzige sichere Hafen an der nordkornischen Küste – wurde im 6. Jh. von St. Petroc christianisiert. Die Kirche St. Petroc Major stammt aus dem 13. Jh.

★ **Padstow**

Mehrere Monumente im Innern verweisen auf die einheimische Prideaux-Familie, deren hervorragend ausgestattetes Landhaus aus dem 16. Jh. zugänglich ist. Einige Steinhäuser des 16. Jh.s, u.a. Raleigh Court, in dem Sir Walter Raleigh als Kronbeamter Steuern eintrieb, säumen den South und North Quay am Hafen. Reizvoll sind eine Klippenwanderung auf dem **Cornwall Coast Path** nach Trevone mit hübscher Sandbucht und eine Bootsfahrt entlang der Steilküste.

Bodmin Die Stadt Bodmin 16 km südöstlich ist seit 1835 Grafschaftshauptstadt. Die Ortsgründung geht auf ein Kloster des hl. Petroc zurück, der hier um 530 missionierte und 564 starb. Die heutige Pfarrkirche St. Petroc, die größte in Cornwall, wurde 1469 bis 1472 errichtet. Im Innern zeigt sie einen der schönsten normannischen Taufsteine in Cornwall (12. Jh.) mit Engelsköpfen, Lebensbaum und Allegorien von Gut im Osten und Böse im Westen.

★ Lanhydrock House 5 km südlich von Bodmin steht Lanhydrock House, ein ursprünglich jakobianisches Herrenhaus, das nach einem Brand 1881 wiedererrichtet wurde. Der Nordflügel blieb unversehrt und zeigt an einer Stuckdecke von etwa 1642 Szenen aus dem Alten Testament. Im

Porthminster Beach von St. Ives

Drawing Room sind Innenausstattungen des 18. Jh.s zu sehen, im Morning Room Wandteppiche der Mortlake-Manufaktur (17. Jh.). Interessant ist die alte Kücheneinrichtung. In dem schönen Park gibt es eine prächtige Eibenallee.

✶ Lostwithiel

Neben Liskaerd, Helston und Truro war Lostwithiel 10 km südlich eine der vier Wiege- und Stempelstädte für Zinn, »Stannary Town« genannt. In der Pfarrkirche St. Bartholomew befindet sich ein interessantes Taufbecken (14. Jh.) mit Darstellungen einer Falkenjagd und wilden Tieren. Hauptattraktin des Ortes ist Restormel Castle, eine mächtige Burganlage (12./13. Jh.) oberhalb des River Fowey.

✶ Bodmin Moor

Im Innern von Cornwall – nordöstlich von Bodmin – liegt die karge, zerklüftete Moorlandschaft Bodmin Moor. Brown Willy ist mit 460 m der höchste Punkt. Verstreut liegen eine Reihe von Stein-Monumenten aus verschiedenen frühgeschichtlichen Epochen. Die Schriftstellerin Daphne du Maurier (1907–1989), die viel über Cornwall geschrieben hat, machte die Kneipe in dem Dörfchen Bolventor in ihrem Roman »Jamaica Inn« berühmt; heute beherbergt der Gasthof Potter's Kuriositätenmuseum. Am Südrand des Bodmin Moor liegt der kleine Ort **St. Neot** mit einer Kirche (1425), die mit zwölf Fens-tern hervorragende Glasmalereien des 15. und 16. Jh.s besitzt. In **Altarnun** im Norden steht die Kirche St. Nona (15. Jh.), die der Mutter des hl. David von Wales geweiht ist; ein keltisches Kreuz (6. Jh.) auf dem Friedhof erinnert noch an die Missionstätigkeit des Heiligen. Rosettenschmuck und bärtige Gesichter zieren das normannische Taufbecken in der Kirche. Eine Besonderheit sind die Gestühlwangen aus dem 16. Jh. mit christlichen (Passion) und weltlichen (Dudelsackspieler, männliche Sirenen) Motiven.

✶ Tintagel King Arthur's Castle

Tintagel, bekannt durch die Sagen um König Artus und den Gral, ist das wohl berühmteste und im Sommer bestbesuchte Dorf in Cornwall. 1136 erklärte der Chronist Geoffrey of Monmouth in seiner Historia Regum Britanniae die Burg von Tintagel zur Residenz von König Artus; seinem Beispiel folgten über die Jahrhunderte bis heute zahlreiche Schriftsteller, darunter auch die Amerikanerin Marion Zimmer Bradley in ihrem 1982 erschienenen Roman »Die Nebel von Avalon«. Tatsächlich erhalten sind nur dürftige Mauerreste einer Anlage des Grafen Reginald von Cornwall, eines unehelichen Sohns von Heinrich I., die um 1145 auf den sturmumtosten Klippen errichtet wurde, sowie die Ruinen einer Klosteranlage aus dem frühen 6. Jahrhundert – insofern also nur wenige Anhaltspunkte, um den legendären König und seine Tafelrunde zu lokalisieren.
Im Ort selbst ist das **Tintagel Old Post Office** interessant, eine viktorianische Poststube in einem wettergegerbten, schiefergedeckten Steinhaus aus dem 14. Jh. Empfehlenswert ist der **Klippenwanderweg nach Boscastle**. Das Fischerdorf, in dem es ein Hexenmuseum gibt, liegt in einer engen Schlucht, ständig von Wellen umbrandet.

Tudornachbildung der Artus-Tafel in der Great Hall in Winchester

ARTUS UND GUINEVERE

In Cornwall, Devon und Somerset hat der Sagenkreis um König Artus und die Ritter seiner Tafelrunde seinen Ursprung. Tatsächlich sind sich die Historiker einig, dass in der Zeit um 500 n. Chr. ein bretonischer Heerführer lebte, der die Angelsachsen 516 in der Schlacht am Mons Badonicus besiegte.

Damit ist das geschichtlich Gesicherte gesagt und die Legende beginnt, die Artus (oder Arthur) zum ersten König der Christenheit und Inbegriff ritterlicher Tugenden stilisierte. Erstmals erwähnt wurde der sagenhafte Artus als »dux bellorum« in der um 800 entstandenenen »Historia Britonum«, die Erhebung zur Lichtgestalt vollbrachte der Benediktinermönch Geoffrey of Monmouth, der um 1135 die Ereignisse um die historische Artus-Gestalt mit Elementen bretonischer Fabeln und Mythen anreicherte. Geoffrey zufolge ist Artus der Sohn von Bretonenkönig Uther Pendragon und Ygerne, der Frau des Herzogs von Cornwall, wird vom **Zauberer Merlin** erzogen, besteigt mit 15 Jahren den Thron und heiratet die schöne Römerin **Guinevere**. Er unterwirft Britannien, zieht aber aufs europäische Festland, wo sein Ritter **Gawan** den römischen Kaiser Lucius besiegt. Daraufhin bedroht Artus' Heer sogar Rom. Als er erfährt, dass sein Neffe **Mordred** seine Frau entführt und die Herrschaft an sich gerissen hat, kehrt er zurück, stellt Mordred bei Camlann und erschlägt ihn im Zweikampf. Dabei erhält er aber selbst eine tödliche Verwundung. Doch er stirbt nicht, sondern »entrückt« auf die **Insel Avalon**. Sein sagenhaftes Schwert **Excalibur** verschwindet – in eine Felsspalt gehauen – in einem See.

Literatur, Film und Oper

Der Normanne Wace führte in seinem »Roman de Brut« (1155) mehrere neue Elemente ein: Artus wird auf Avalon von der Fee Morgan geheilt und will Britannien befreien. Vor allem aber führte Wace die berühmte **Tafelrunde der 28 Ritter** ein. Von nun an drängten die Abenteuer von Gawan, Galahad, Parzival und Lanzelot, die eigentlich keltisch-irischen Märchenmotiven entspringen, Artus mehr und mehr zurück und entwickelten eine eigene Dynamik. Der König erschien nur noch als Bild des ritterlichen Ideals oder wurde gar zum Gespött, wie im Lanzelot-Stoff, wo er der gehörnte Ehemann der mit Lanzelot turtelnden Guinevere ist. Chrétien de Troyes verschmolz in der »Conte de Graal« (1175) die Artus-

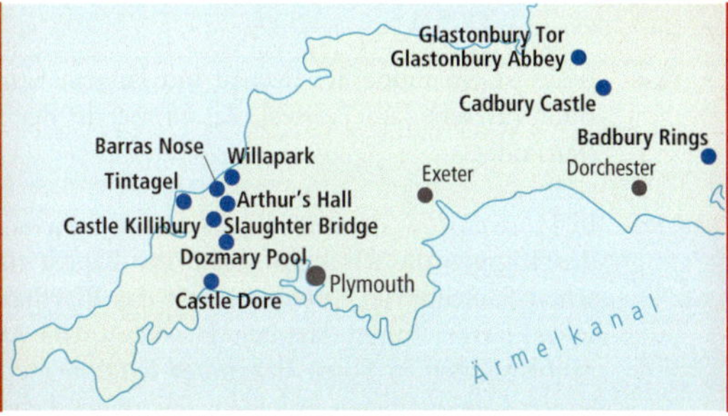

Auf den Spuren von König Artus

sage mit der **Sage vom Heiligen Gral**, in der die Suche nach dem mystischen Gefäß zur heiligsten Pflicht der Artus-Ritter erklärt wurde. Diese Fassung hatte größten Einfluss auf den mittelhochdeutschen Sprachraum. herausragend war Wolfram von Eschenbach (»Parsifal«). Wolfram wandelte den Abenteuerroman zum Erziehungsroman, indem er den Läuterungsweg des Springinsfelds Parzival darstellte. In jüngerer Zeit übte **Mark Twain** in »A Connecticut Yankee in King Arthur's Court« (1889) satirische Kulturkritik, **Richard Wagner** schrieb seine bekannten Opern (»Tristan und Isolde«, »Parsival«), Jean Cocteau machte 1924 ein Theaterstück um die Liebe zwischen Guinevere und Lanzelot und entzauberte den Mythos. Der Amerikaner Hal Foster siedelte sein Comic-Epos um Prinz Eisenherz in der Tafelrunde an. Neueren Datums sind John Boormans Film »Excalibur« und Marion Zimmer Bradleys Roman **»Die Nebel von Avalon«**.

Auf Artus' Spuren

Wer sich heute auf Artus' Spuren begibt, findet etliche geheimnisumwitterte Orte – allerdings ohne Garantie auf Authentizität und oft auch enttäuschend unspektakulär. So soll **Tintagel Castle** sein Geburtsort gewesen sein. Gleich drei Orte werden für das sagenhafte Killiwick angeboten, wo er seine Jugend verlebte: **Castle Killibury**, **Barras Nose** oder **Willapark**. Ganz in der Nähe im Bodmin Moor liegt das Jagdhaus **Arthur's Hall**. Zwei seiner berühmtesten Ritter – Galahad und Tristan – sollen aus Lyonesse stammen, dem **britischen Atlantis**. Man vermutet es als die inzwischen versunkene Landbrücke zwischen den **Scilly-Inseln** und dem Festland – manch einer will hier bei Ebbe noch Mauerreste gesehen haben. In Castle Dore an der Südküste sann König Marke darüber nach, wie er das Glück von Tristan und Isolde verhindern könnte. Drei Meilen entfernt steht der angebliche Grabstein Tristans. Als Standort für Artus' Schloss Camelot einigte man sich auf **Cadbury Castle** in Somerset. Nordwestlich davon soll Joseph von Arimathaia den Heiligen Gral unter dem **Glastonbury Tor** vergraben haben. Er gründete Glastonbury Abbey, wo heute ein steinernes Rechteck Artus' und Guineveres Grab markiert. Seinen großen Sieg über die Angelsachsen lokalisieren die einen bei den **Badbury Rings** in Dorset, die anderen bei Liddington Castle in Wiltshire. Camlann ist Cadbury oder **Slaugther Bridge** bei Camelford; in der Nähe soll er in Arthur's Tomb begraben sein. Auf dem Grund des **Dozmary Pool** im Bodmin Moor wartet Excalibur immer noch auf seinen Besitzer.

Bude Bude ist ein modernes Seebad mit langem Sandstrand. Bekannt ist Bude für sein Jazz Festival, das immer in der letzten Augustwoche stattfindet.

Morwenstow In Morwenstow, dem nördlichsten Ort Cornwalls, thront einsam auf den Klippen die Kirche St. John the Baptist mit einem normannischen Säulenportal. Interessant ist das Pfarrhaus, das der exzentrische Pfarrer Robert Stephen Hawker (1803–1875) mit originellen Schornsteinen in Form bekannter Kirchtürme aus jenen Orten erbauen ließ, in denen er einen Teil seines Lebens verbrachte hatte. Hawker machte sich auch als Retter von Schiffbrüchigen verdient.

Launceston Einst sicherte das mächtige normannische Castle von Launceston 38 km südöstlich die Grenze zwischen Cornwall und Devon. Gegründet wurde die nur noch als Ruine erhaltene Burg im 13. Jh. von Robert de Mortain, dem ersten Grafen von Cornwall und Bruder Wilhelm des Eroberers. Im Schutz der Festung entstand die mittelalterliche Stadt, die bis 1835 Hauptstadtcharakter für Cornwall hatte. Die St. Mary Magdalen Church von 1511 zeigt an der Außenfassade in Granit gearbeitete Reliefs, Wappen, Blumen und Palmenblätter und in einer Nische unter dem Ostfenster die Liegefigur der Kirchenpatronin inmitten musizierender Engel.

✶ Cotehele House Der Tudor-Landsitz Cotehele House 23 km südöstlich (15./16. Jh.) präsentiert im Innern Wandteppiche und eine Möbelsammlung der Stuart-Zeit. Schön ist auch der weite Terrassengarten.

Cotswolds

O/P 17/18

Landesteil: Südengland **Grafschaft:** Oxfordshire

Zu Recht sind die Cotswolds Hills als »Area of Outstanding Natural Beauty« ausgewiesen worden. Sie sind beliebtes Wandergebiet – teils mit herrlichen Buchenwäldern, teils mit sattem Weideland für Tausende von Schafen.

Die bis zu 327 m hohen Berge, die sich von Chipping Campden im Norden bis ►Bath im Süden ziehen, bilden die Wasserscheide zwischen Themse und Severn. Die Schafzucht hat eine lange Tradition, sie ging ursprünglich im 12. Jh. von den Klöstern aus. Wolle machte das Gebiet wohlhabend, was noch heute an den großartigen Kirchen deutlich wird, deren Mäzene reich gewordene Wollhändler waren. Schmucke Dörfer und kleine Städte, deren Häuser aus dem honigfarbenen, wetterfesten Naturstein der Gegend gebaut sind, prägen das Bild der Cotswolds, wie auch die kleinen Trockenmauern, die viele der Felder umsäumen.

Rundfahrt durch die Cotswolds

Cirencester entwickelte sich an einer Kreuzung von fünf römischen Straßen. Ausgrabungen aus der Römerzeit kann man sich im ausgezeichneten Corinium Museum ansehen. In späteren Zeiten war Cirencester größter Wollmarkt des Landes. Daher hat die Stadt eine der reichsten und schönsten Pfarrkirchen, St. John the Baptist. Das Fächergewölbe in der St.-Catherine's-Kapelle und einige der herrlichen alten Fenster lohnen einen Blick. Besuchen sollte man auch den Cirencester Park. **Cirencester**

COTSWOLDS

AUSKUNFT

Corn Hall, Market Place,
Cirencester, Gloucestershire,
England, GL7 2NW
Tel. 0 12 85 – 65 41 80
Fax 0 12 85 – 64 11 82
cirencestervic@cotswold.gov.uk
www.cotswold.gov.uk/tourism

William Morris verbrachte von 1871 bis zu seinem Tod 1896 die Sommermonate in **Kelmscott** 20 km östlich von Cirencester: In dem Tudor-Landhaus sind Möbel- und Tapetenkreationen des Künstlers und seiner präraphaelitischen Freunde zu sehen.

Bibury 11 km nordöstlich von Cirencester war für William Morris das schönste Dorf Englands. Bis heute besitzen die steinernen Weberhäuschen der Arlington Row und die als Museum eingerichtete Arlington Mill aus dem 17. Jh. einen unwiderstehlichen Charme. ✶ **Bibury**

Burford, von Kelmscott über die A 361 zu erreichen, gehört zu den viel besuchten Dörfern dieser Region. Sehenswert ist die normannische Kirche St. John the Baptist, die im 15. Jh. erweitert wurde. **Burford**

Die A 40 führt weiter nach Northleach, einem attraktiven Städtchen auf einem Plateau des Windrush Valley. In der Kirche St. Peter and Paul erinnern Messingplatten reicher Wollhändler an den einstigen Wohlstand. Im Cotswold Heritage Centre ist der Alltag einer von der Schafzucht lebenden Gemeinde nachgestellt. **Northleach**

Ein Abstecher führt zur südwestlich von Northleach gelegenen Chedworth Roman Villa, den Resten einer romano-britischen Anlage, die zwischen 180 und 350 n. Chr. gebaut wurde. Ab 1864 wurden ein Fußboden-Mosaik und zwei Bäder ausgegraben, die restlichen Funde sind im Museum ausgestellt. **Chedworth Roman Villa**

Auf der A 429 geht es durch das hübsche Dorf Bourton-on-the-Water in die Kleinstadt Stow-on-the-Wold. Auf dem weiten Marktplatz werden große Schafmärkte abgehalten. Zahlreiche Antiquitätenläden und Pubs laden Besucher zum Verweilen ein. **Stow-on-the-Wold**

Chastleton House Zu Beginn des 17. Jahrhunderts ließ sich der betuchte Wollhändler Walter Jones Chastleton House 11 km nordöstlich von Stow-on-the-Wold bauen; die originale Inneneinrichtung des 17./18. Jahrhunderts ist heute noch erhalten.

Rollright Stones 8 km nordwestlich der traditionsreichen Wollstadt Chipping Norton liegen die Rollright Stones, prähistorische Steinkreise, die zwar weniger beeindrucken als die größeren bei Stonehenge und Avebury, landschaftlich aber sehr schön gelegen sind. Es handelt sich um etwa 60 Steine, darunter eine Gruppe von elf, »King's Men« genannt, und ein isoliert stehender »King Stone«.

*** Chipping Campden** Chipping Campden war einst das Zentrum des Wollhandels. Viele reiche Wollhändler, die hier im 14. und 15. Jahrhundert wohnten, ließen sich prächtige Häuser bauen. Das wohl schönste gehörte William Grevel, der im 14. Jahrhundert lebte und den eine Gedenktafel in der Kirche als »Flower of the Wool Merchants of all England« feiert. Sehenswert sind die Town Hall von Chipping Campden, außerdem die Woolhall, die Market Hall (1625) und die Hospitalshäuser aus dem 14. Jahrhundert.

Bibury in den Cotswolds: die Arlington Row mit alten Weberhäuserm

✶ Broadway Broadway am Fuß der Cotswolds ist ein guter Ausgangspunkt für ausgedehnte Wanderungen – wegen der hübschen elisabethanischen Häuser, der vielen Antiquitätengeschäfte und nicht zuletzt wegen der anheimelnden Inns gilt Broadway als eine der reizvollsten Ortschaften in den Cotswolds.

Winchcombe Auf der landschaftlich schönen B 4632 geht es nach Winchcombe, einer hübschen alten Cotswold-Stadt mit typischen Sandsteingebäuden. Etwas abseits der Straße liegen die **Ruinen von Hailes Abbey**, einer einst großen Zisterzienserabtei.

Sudeley Castle außerhalb von Winchcombe war Sitz der Königin Catherine Parr, die nach dem Tod Heinrichs VIII. Lord Seymour of Sudeley zum Ehemann nahm. Zu der Gemäldesammlung des Anwesens gehören Werke von Constable und Turner. Der ausgedehnte Queen's Garden lädt zu erholsamen Spaziergängen ein.

Von Sudeley Castle führt ein Wanderweg hinauf zur neolithischen Grabkammer **Belas Knap**, die ca. 3000 v. Chr. entstand und zu den besterhaltenen des Landes gehört.

✶ Painswick Painswick 10 km südöstlich von ►Gloucester ist eine traditionsreiche Kleinstadt mit vielen ansehnlichen Steinhäusern aus der Blütezeit des Wollhandels. Painswick Rococo Garden im Norden der Stadt ist eine im Stil des 18. Jh.s restaurierte Gartenanlage.

Tetbury Südwestlich von Cirencester liegt Tetbury mit einem mehr als 400 Jahre alten Landsitz. Das **Westonbirt Arboretum** 5 km südwestlich von Tetbury ist eine wunderbare Baum- und Buschwelt mit über 14000 verschiedenen Exemplaren.

Malmesbury In der kleinen Tuchhändlerstadt Malmesbury, in der der Philosoph Thomas Hobbes 1588 geboren wurde, sind schöne alte Giebelhäuser aus dem 17. Jh. erhalten.

Chippenham Rund 16 km südlich liegt der Ort Chippenham, wo bis heute einer der größten Viehmärkte des Landes abgehalten wird. Unter den vielen Fachwerkhäusern ist die Old Yelde Hall am Marktplatz – bis 1841 Rathaus und heute interessantes stadtgeschichtliches Museum – besonders eindrucksvoll.

Sheldon Manor 3 km westlich von Chippenham lohnt der Besuch von Sheldon Manor. Das Herrenhaus ist für seine Nailsea-Glassammlung und die herrlichen Rosen im Park bekannt.

✶ Castle Combe Castle Combe 6 km westlich von Chippenham ist ein ausgesprochen hübsches Dorf mit romantischen mittelalterlichen Häuserzeilen. Besonders sehenswert sind die Pfarrkirche St. Andrew, das elegante Manor House aus dem 14./18. Jh. (heute Hotel) mit einem schönen Park und die Water Lane mit alten Weberhütten.

Coventry

P/Q 16

Landesteil: Mittelengland
Grafschaft: West Midlands
Höhe: 295 ft/91 m ü.d.M.
Einwohnerzahl: 320 000

Die Stadt war schon im 14. Jahrhundert wegen ihrer Wolltuchproduktion eine bedeutende Messestadt. Später entwickelte sie sich zu einem Zentrum der Textilherstellung, und kam so zu Wohlstand. Tradition haben inzwischen auch Auto- und Flugzeugindustrie.

1940 wurde die gesamte Altstadt bei einem deutschen Luftangriff zerstört. Beim Wiederaufbau legte man großzügig gestaltete Plätze, Fußgängerzonen und breite Straßen an.

Sehenswertes

Broadgate Das traditionelle Zentrum der Stadt ist Broadgate. In der Platzmitte steht eine Statue der Lady Godiva – die Frau des Grafen Leofric soll die Bürger im 11. Jh. vor hohen Abgaben bewahrt haben, indem sie eine Bedingung des Grafen erfüllte und unbekleidet durch die Straßen ritt. Niemand soll es gesehen haben außer dem heimlich spinksenden Peeping Tom. Am Südwest-Ende des Platzes steht eine Uhr – zur vollen Stunde erscheint dort Lady Godiva, im Fenster darüber Peeping Tom.

Holy Trinity Church Die Holy Trinity Church ist mit ihrem schlanken spitzen Kirchturm eines der Wahrzeichen von Coventry. Sie wurde im Perpendicular Style errichtet, birgt besonders schöne Glasfenster und Teppiche, die für die Krönung von Elizabeth II. gewebt wurden. Hübsch ist die nahe Priory Road mit netten Fachwerkhäusern.

COVENTRY ERLEBEN

AUSKUNFT

4 Priory Row, Coventry, West Midlands, England, CV1 5EX.
Tel. 0 24 – 76 22 72 64
Fax 0 24 – 76 22 72 55
E-mail: tic@cvone.co.uk
www.visitcoventry.co.uk

ESSEN

► Erschwinglich

① ***Moonlight Balti***
196-198 Foleshill Road
Tel. 0 24 – 76 63 34 14

Das Moonlight Balti ist eines von mehreren guten indischen Restaurants.

ÜBERNACHTEN

► Komfortabel

① ***Britannia Hotel***
Fairfax Street, Coventry CV1 5RP
Tel. 0 24 76 – 633733
Fax: 0 24 76 – 22 52 99
Angenehmes Hotel, zentrale Lage in unmittelbarer Nachbarschaft zur Kathedrale.

St. Mary's Hall, Caesar Tower

St. Mary's Hall, Sitz der Kaufmannsgilde seit 1342, überstand die Bombenangriffe. Der angrenzende Caesar Tower ist wieder aufgebaut worden. Im Inneren der großen Halle beeindrucken das Eichengewölbe und Wandteppiche, die u.a. den Besuch Heinrichs VII. im Jahr 1500 in Coventry darstellen sollen.

✶ Ford's Hospital

Das reizvollste der erhaltenen Fachwerkhäuser ist Ford's Hospital in Grey Friar's Lane, 1509 für fünf mittellose Ehepaare gegründet.

✶ Bond's Hospital

Das malerische Bond's Hospital für alte Männer ist ein Fachwerkhaus von 1506. Ein kleiner Teil der **Stadtmauer** von 1356 ist ebenfalls erhalten geblieben; Cook Street Gate und Swanswell Gate sind die beiden letzten von einst zwölf Toren.

Alte Kathedrale

Die 1373–1433 erbaute alte Kathedrale war ursprünglich eine der größten Pfarrkirchen Englands; erst 1918 wurde sie Kathedrale. Nach den Bombenangriffen blieben nur Teile der Außenmauern und der spätgotische hohe Turm stehen. Ein Kreuz aus angekohlten Balken erinnert heute an die Zerstörung.

✶✶ Neue Kathedrale

Die nach dem Krieg gebaute Neue Kathedrale gilt als Meisterwerk moderner Architektur. Eine hohe überdachte Vorhalle an der Nordseite verbindet die Kirchenruine mit der modernen Kathedrale St. Michael, die 1956–1962 nach Plänen von Sir Basil Spence errichtet wurde. Die außen angefügte Bronzegruppe des Erzengels, der den Teufel besiegt, ist ein Werk von Jacob Epstein. Die gläserne Hauptfas-

Coventry Orientierung

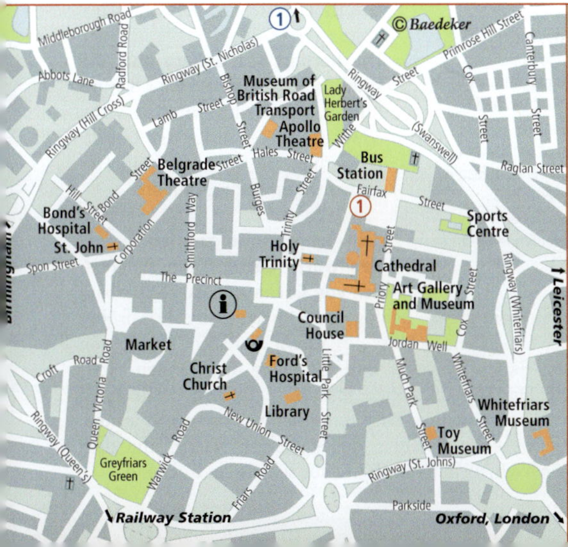

Essen

1 Moonlight Balti

Übernachten

1 Britannia

Coventry Cathedral Orientierung

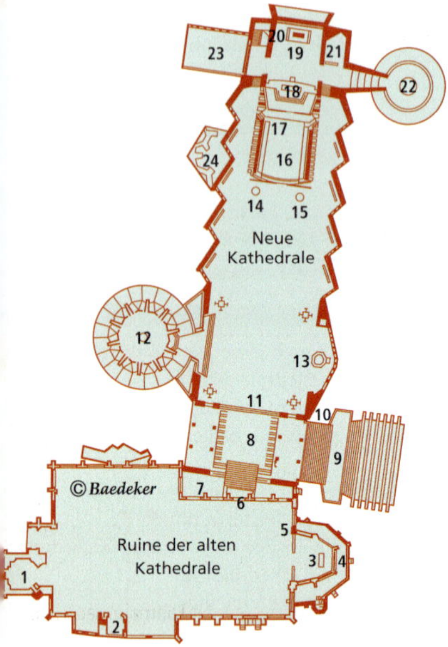

1 Turm
2 Haigh Chapel
3 Kreuz aus verbrannten Balken
4 Internationales Zentrum
5 Christusfigur
6 Treppe der Königin
7 Eingänge zur Krypta
8 Vorhalle
9 Treppe des hl. Michael
10 St. Michael and Lucifer
11 Gravierte Glaswand
12 Chapel of Unity
13 Taufbecken
14 Kanzel
15 Chorpult
16 Chor
17 Bischofsthron
18 Hochaltar
19 Lady Chapel
20 Wandteppich
21 Chapel of Christ in Gethsemane
22 Chapel of Christ the Servant (Chapel of Industry)
23 Refektorium
24 Ruinen des Benediktinerklosters

sade mit Gravuren von Patriarchen, Heiligen und Engeln stellt die Sichtverbindung zur Kathedralruine und den Menschen in der Stadt her. Besondere Beachtung verdienen im Inneren die Taufkapelle mit einem aus Bethlehem stammenden Steinblock als Taufbecken und einem herrlichen Buntglasfenster, Sunburst Window, das in der Mitte die Sonne aufstrahlen lässt, Symbol des Heiligen Geistes. Die zehn farbigen Glaswände im Langhaus sind schräg eingesetzt, so dass sie nur vom Chor der Kirche zu sehen sind. In ihren abgestuften Farben von Gelb über Rot zu Blau und Violett sollen sie das Leben des Menschen von der Geburt über den Tod bis zur Auferstehung symbolisieren. Im Altarraum steht das Cross of Nails mit Nägeln des zerstörten Kathedralbaus als Symbol der Versöhnung. Ein riesiger Wandteppich – 22,8 x 11,6 m groß – schmückt die Nordwand. Der in der Nähe von Aubusson hergestellte weltgrößte Wandteppich zeigt Christus in der Glorie, umgeben von Evangelistensymbolen.

Die **Herbert Art Gallery and Museum** zeigt volkskundliche Sammlungen, Bilder einheimischer Maler sowie frühe Zeugnisse der Industrialiserung aus Coventry und Dokumente zur Stadtgeschichte.

Sehr lohnend ist ein Besuch von **Kenilworth Castle 8 km südwestlich von Coventry**, das 1120 erbaut wurde und heute die größte Schlossruine Englands ist. Das früher von einem See umgebene Schloss aus rotem Sandstein wurde von Robert Dudley, Earl of Leicester und Günstling der Königin Elizabeth, erweitert. Die Königin stattete ihm in Kenilworth Castle einen mehrwöchigen Besuch ab. Die Burg mit ihren Mauern und Türmen, dem alten Fachwerkhaus, in dem die Stallungen waren, und dem normannischen Wehrturm ist nach wie vor sehr beeindruckend.

★★ Dartmoor

K/L 19/20

Landesteil: Südwestengland **Grafschaft:** Devon

Bei Dartmoor denkt man an schaurige Spukgeschichten und uralte Legenden, an eine unwirtliche, von Nebelschwaden umwaberte Moor- und Heidelandschaft.

Tatsächlich haben viele alte Geschichten ihren Ursprung in diesem Landstrich mit seinen wildromantischen Hügeln und Granitfelsen. Stumme Zeugen aus frühgeschichtlicher Zeit, verlassene Bergwerksruinen des Industriezeitalters und das unergründliche Hochmoor mit den häufigen Nebeleinfällen haben das düstere und unheimliche Image von Dartmoor geprägt. In der einsamen, unwirtlichen Moor- und Heidelandschaft fällt mit 2286 mm Jahresniederschlag mehr Regen als in den meisten Teilen Englands. Das 950 km² große, ehemals königliche Jagdgebiet wurde 1949 zum **Nationalpark** erklärt. Die höchsten Erhebungen sind der 622 m hohe High Willhays und der Yes Tor (616 m). Den landschaftlichen Reiz machen die weite Moorlandschaft, anmutige Täler und zahlreiche Flüsschen aus, darunter der East und der West Dart.

i Dartmoor-Info

- Bei Wanderungen – insbesondere im Hochmoor – sollte man auf jeden Fall die Hinweise der Nationalpark-Verwaltung beachten, wie Mitnahme von detaillierter Karte und Kompass, genaue Beachtung der Wegweiser, adäquate Kleidung. Das Wetter kann sich hier sehr schnell ändern. Autofahrer müssen mit Schafen und Ponies auf der Fahrbahn rechnen.

Typisch für die Landschaft sind die »tors«, wuchtige Granitbrocken, die in bizarren Formen aus dem Heideland ragen. Mancherorts wurden die Steine einst zu Hünengräbern, Grabhügeln und Steinkreisen zusammengetragen. Bei einigen ist die Herkunft ungeklärt – irrtümlich für frühgeschichtlich gehaltene haben sich oft als neu erwiesen. Ähnliches vermutet man bei einem Teil der »Clapper Bridges« (vom sächsischen »cleaca« = großer Stein). Die Brücken bestehen aus flachen Granitsteinen, die man zum Überqueren in die Flüsse legte.

Prähistorische Stätten

Dartmoor ist reich an prähistorischen Stätten. Eine der am besten erhaltenen Siedlungen der Bronzezeit ist Grimspound bei Manaton mit 24 Rundhütten innerhalb eines 3 m breiten Walls. Bei Great Tor wurden Reste eines frühen Dorfes entdeckt. Westlich von Chagford liegt Scorhill Circle, ein bronzezeiticher Steinkreis. In Merrivale bei Princetown gibt es Steinkreise und Steinalleen.

Dartmoor-Ponies

Die kleinen struppigen Dartmoor-Ponies gehören verschiedenen Farmern und laufen das ganze Jahr über frei herum. Über Jahrhunderte wurden sie als Arbeitstiere eingesetzt, unter anderem dienten sie als

Packpferde beim Abtransport von Material aus den Blei-, Zinn- und Kupferminen in Dartmoor. Früher waren die Ponies deutlich größer, erst Kreuzungen mit anderen Pferderassen – unter anderem mit Shetlands – brachten die kleineren, widerstandsfähigen Ponies hervor. Das Füttern der Ponies ist nicht erlaubt.

★★ Rundfahrt durch den Nationalpark

Moretonhampstead, Chagford Moretonhampstead und Chagford sind gute Ausgangspunkte für Rundfahrten und Wanderungen. In Moretonhampstead gibt es eine hübsche alte Markthalle, die Almhouses von 1637. Chagford 6,4 km westlich am Teign wird von hohen Granit-»Tors« überragt.

★ Castle Drogo Etwa 4 km östlich von Chagford liegt Castle Drogo, eine der jüngsten Schlossanlagen in Großbritannien, die sich der Teehändler Julius Drewe zwischen 1910 und 1930 errichten ließ. Das 60 m lange, aus Granit erbaute Castle wirkt wie ein mittelalterlicher Bau, in dem moderne Formen auf harmonische Weise mit Tudor-, römischen und normannischen Stilelementen kombiniert worden sind.

Bovey Tracey Südöstlich von Moretonhampstead liegt Bovey Tracey, beliebter Ferienort im Bovey-Tal mit alten Töpfereien und Handwebereien.

Von feuchten Moosen überzogen: Urwaldbäume im Dartmoor

Von Moretonhampstead aus folgt man der B 3212 nach Postbridge 13 km südwestlich mit der berühmtesten »Clapper Bridge« über den East Dart, die auf das 13. Jh. datiert wird. Das Granitkreuz Bennett's Cross kurz vor Postbridge soll über 500 Jahre alt sein.

✶ **Clapper Bridge**

Lohnend ist ein Abstecher nach Widecombe-in-the Moor. Um die Pfarrkirche St. Pancras, auch »Cathedral of the Moor« genannt, stehen eine Reihe hübscher strohgedeckter Cottages. Das Church House (16. Jh.) war zeitweise Brauerei und Dorfschule. Pittoreske Cottages gibt es auch weiter südlich in Buckland-in-the-Moor.

✶ **Widecombe in-the-Moor**

Two Bridges

Von Two Bridges aus kann man eine sehr schöne Wanderung durch Wistman's Wood unternehmen, ein Relikt des ursprünglich weit über das heutige Moorgebiet hinausreichenden Waldes.

Lydford

Eine andere lohnende Wanderung führt ins liebliche Cowsic-Tal und nach Lydford, das im Mittelalter durch seine Zinnbergwerke große Bedeutung erlangte. Die im 12. Jh. angelegte Burg war ein berüchtigtes Gefängnis, das vor dem heutigen in Princetown benutzt wurde.

✶ ◄ Lydford Gorge

Ein fantastisches Naturschauspiel bietet der 2,5 km lange Canyon des River Lyd, der im White-Lady-Wasserfall 27 m tief stürzt und die Umgebung in eine Gischtwolke hüllt.

»Clapper Bridge« über den Dart, hier bei Postbridge

DARTMOOR ERLEBEN

AUSKUNFT

Town Hall, Bedford Square, Tavistock, Devon, England, PL19 0AE
Tel. 0 18 22 – 61 29 38
Fax 0 18 22 – 61 83 89
E-mail: tavistocktic@visit.org.uk

ÜBERNACHTEN

► **Luxus**
Gidleigh Park
Chagford, TQ13 8HH
Tel. 0 16 47 – 43 23 67, Fax 43 25 74
www.gidleigh.com
Mehrfach preisgekröntes Country House mit 12 Zimmern, das auf Wanderer mit einem Hang zum Luxus eingestellt ist. Das Restaurant erhielt zwei Michelin-Sterne und bietet ein Whisky-Porridge zum Frühstück an.

► **Komfortabel**
Bel Alp House
Haytor, TQ13 9XX
Tel. 0 13 64 – 66 12 17, Fax 66 12 92
Familienfreundliches B&B – erhöht am Südostrand von Dartmoor gelegen mit fantastischem Panoramablick. Im Restaurant wird ein einfaches, aber schmackhaftes Menü serviert.

► **Günstig**
Little Meadow
Widecombe in the Moor, TQ13 7TE
Tel. 0 13 64 – 62 12 36
Familiär und urgemütlich ist dieses B&B, das sehr ruhig und reizvoll gelegen ist. Die drei Zimmer sind einfach, aber liebevoll eingerichtet; die schöne Lounge steht den ganzen Tag zur Verfügung.

Princetown Gefängnis Größter Ort in Dartmoor ist Princetown mit Englands bekanntestem Gefängnis, 1806 von französischen Kriegsgefangenen errichtet und seit 1850 Zuchthaus für Lebenslängliche. Im Rathaus von Princetown erhält man Auskunft über die Geschichte der Strafanstalt. Auch die St. Michael Church wurde von Sträflingen gebaut.

Tavistock Das kleine Städtchen Tavistock 8 km nordwestlich war früher eine recht wohlhabende Woll- und Zinnstadt; so sind auch St. Eustace (14./15. Jh.) und die Guildhall (1848) durch Spenden reicher Zinnbarone und Tuchmacher entstanden.

Derby

P/Q 15

Landesteil: Mittelengland
Grafschaft: Derbyshire
Höhe: 200 ft/52 m ü.d.M
Einwohnerzahl: 236 000

Derby ist Industriestadt. 1715 eröffnete John Lombe in Derby Englands erste Seidenspinnerei, 1756 gründete William Duesbury die erste Porzellanmanufaktur. Im 20. Jh. wurde Derby durch die Rolls-Royce-Werke bekannt.

Seide und Porzellan verhalfen der Stadt zu Reichtum und raschem Wachstum. 1877 nahm die Royal Crown Derby Porcelain Company als Nachfolgerin der alten Porzellanfabrik den Betrieb auf. Als Frederick Henry Royce 1906 die Rolls Royce Ltd. gründete, die bald in alle Welt exportierte, begann die Ära der Automobilproduktion.

Sehenswertes

Kathedrale

Die Kirche All Saints wurde 1927 zur Kathedrale erhoben. Die Kirche, 1722–1725 von James Gibbs umgestaltet, birgt die Gräber von Elizabeth of Hardwick, Gräfin Shrewsbury, und von Henry Cavendish.

Derby Museum & Corporation Art Gallery

Das Museum hat interessante Abteilungen zur Stadtgeschichte und zur technischen Entwicklung, auch ein Modell der Midland Railway ist zu sehen. In der angeschlossenen Kunstgalerie sind Gemälde von »Wright of Derby«, wie der Heimatmaler Joseph Wright (1734–1797) genannt wurde, ausgestellt.

Weitere Sehenswürdigkeiten

Georgianische Bürgerhäuser findet man am Market Place, Irongate und Friargate, das von einer viktorianischen Eisenbahnbrücke überspannt wird. Einen Kontrast dazu bildet das moderne Eagle Centre mit Läden, Markt und Theater. Auf dem Gelände der früheren Old Silk Mill Fabrik ist das Industrial Museum eingerichtet worden – u.a. sind Flugmotoren der Firma Rolls Royce zu sehen.

Umgebung von Derby

Peak District

Ein herrliches Naherholungsgebiet ist der ►Peak District.

✶ Kedleston Hall

Kedleston Hall 7,2 km nordwestlich ist seit dem 12. Jh. Stammsitz der Familie Curzon, er gilt als eines der schönsten Robert-Adam-Häuser in England. Um 1760 wurde Kedleston Hall von Robert und James Adam neu erbaut. Glanzlicht ist die Great Hall, ein großer Marmorsaal, dessen Decke von 20 rosafarbenen Alabastersäulen ge-

DERBY ERLEBEN

AUSKUNFT

Assembly Rooms,
Market Place,
Derby, Derbyshire, England,
DE1 3AH
Tel. 0 13 32 – 25 58 02
Fax 0 13 32 – 25 61 37
E-mail: tourism@derby.gov.uk
www.visitderby.co.uk

ÜBERNACHTEN

► Komfortabel

Dannah Farm Country Guest House
Bowmans Lane, Shottle, Nr Belper,
Derbyshire DE56 2DR
Tel. 0 17 73 – 55 02 73, Fax 55 05 90
reservations@dannah.demon.co.uk.
Behagliches georgianisches Bauernhaus mit hauseigenem Restaurant.

tragen wird. Zum Inventar gehören u.a. Chippendale-Möbel. Sehenswert ist auch das »Indische Museum«.

Crich ✶ Tramway Museum ► In Crich 20 km nördlich gibt es ein Straßenbahnmuseum, in dem man selbst mit der Straßenbahn fahren kann: Über 40 Straßenbahnen – von Pferden gezogen, mit Dampf oder elektrisch betrieben – sind aus aller Welt zusammengetragen worden und vermitteln die Geschichte der Straßenbahn zwischen 1873 und 1953.

Melbourne Ein Abstecher nach Melbourne knapp 10 km südlich lohnt sich vor allem im August, wenn das Herrenhaus von Melbourne Hall, Sitz des Marquis von Lothian, zugänglich ist (Mo. geschl.). Es stammt aus dem 16. Jh. und wurde im 18. Jh. erweitert. Eine kostbare Gemäldesammlung und Stilmöbel sind zu sehen; ein wundervoller Park mit seltenen, alten Bäumen umgibt das Haus.

Töpferei in Stoke-on-Trent

Burton-upon-Trent 6,4 km südwestlich hat knapp 60 000 Einwohner und ist eine bekannte Bierstadt. Die Mönche des heute fast völlig zerstörten Klosters Burton Abbey – sie war um 1000 gegründet worden – stellten fest, dass sich das Wasser in Burton besonders gut zum Bierbrauen eignete. So entstanden hier im Lauf der Jahrhunderte etliche Brauereien.

Wer sich für gutes altes Spielzeug interessiert, sollte zum Herrenhaus **Sudbury Hall** 20 km westlich fahren; das »Museum der Kindheit«, das der Sudbury Hall angeschlossen ist, zeigt eine wunderschöne Spielzeugsammlung.

Die 1925 gegründete Conurbation **Stoke-on-Trent** ca. 24 km nordwestlich ist Mittelpunkt des britischen Tonwarenindustriegebietes, des »Potteries Land«. Viele internationale Porzellanmanu-fakturen – u.a. Wedgwood, Royal Doulton, Spode – haben hier ihre Wurzeln. Besucher erhalten bei Fabrikbesichtigungen Einblick in die traditionelle und moderne Porzellanherstellung. Die Potteries brachten dem Empire Ruhm und Geld, bescherten der Gegend aber außer armseligen Arbeitervierteln auch beträchtliche Luftverschmutzung. Erst in den 1980er-Jahren begann man, die aus sechs Gemeinden zusammengezogene Stadt durch Grünflächen, Einkaufs- und Freizeitzentren zu verschönern. Für Besucher ist sie nach wie vor in erster Linie der Porzellanherstellung wegen attraktiv.

★ ◄ City Museum and Art Gallery, Gladstone Pottery Museum

Das Stadtmuseum (Bethesda Street, Hanley) zeigt eine der bedeutendsten Sammlungen englischer Töpferei- und Porzellanwaren, das Gladstone Pottery Museum (Uttoxeter Road, Longton) ist in einer frühviktorianischen Keramikfabrik mit originalen Werkstätten und Flaschenöfen eingerichtet.

★ Derry

D 10/11

Landesteil: Nordirland
Grafschaft u. Distrikt: Derry
Höhe: 14 ft/25 m ü.d. M.
Einwohnerzahl: 70 000

Derry ist die zweitgrößte Stadt in Nordirland. Obwohl durch die Teilung Irlands im Norden und Westen ihres Hinterlandes beraubt, ist sie ein relativ wichtiger Industriestandort. Wegen der schönen Umgebung ist Derry beliebtes Touristenzentrum.

Am Mündungstrichter des River Foyle in der gleichnamigen Meeresbucht gelegen ist Derry ein guter Ausgangspunkt für Ausflüge über die Halbinsel Inishowen und Donegal in der angrenzenden Republik Irland. Die Stadt selbst bietet einige sehenswerte Gebäude und fast vollständig erhaltene mittelalterliche Wallanlagen.

Geschichte

Der Name Derry ist eine Ableitung des irischen Wortes »Daire«, das »Eichenwald« bedeutet. Man nimmt an, dass der hl. Columba 546 auf dem Hügel von Derry ein Kloster gründete. Die im ausgehenden Mittelalter von Augustinern übernommene Klosteranlage wurde im 9. und 10. Jh. mehrfach von den Wikingern angegriffen und zerstört. Das 12. und 13. Jh. brachten Derry unter der MacLochlain- Dynastie eine Blütezeit. Im Zuge der Kolonisierung der irischen Provinz Ulster durch Jakob I., der überwiegend protestantische Siedler unter Führung reicher Handelsgilden aus London nach Derry schickte, wurden Stadt und Grafschaft 1613 zur »Londoner Niederlassung« erklärt und in Londonderry umbenannt. Aus dieser Zeit stammt auch die massive Stadtmauer, die 1688–1689 sogar der 105 Tage dauernden Belagerung durch die Truppen Jakobs II. standhielt; an dieses Ereignis erinnern noch heute die »Orangisten«-Umzüge am 12. August. Mitte des 19. Jh.s erfuhr die Textilindustrie mit ihrer Hemden- und Kragenherstellung einen erheblichen Aufschwung. Durch die Teilung

DERRY ERLEBEN

AUSKUNFT

44 Foyle Street, Derry, Co Derry,
Northern Ireland, BT48 6AT
Tel. 0 28 – 71 26 72 84
Fax 0 28 – 71 37 79 92
E-mail: info@derryvisitor.com
www.derryvisitor.com

ESSEN

► Erschwinglich

Café Nosh
Foyle Street, Tel. 71 30 82 71
Sehr gut isst man im Café Nosh, unter anderem gibt es einfallsreich zubereitete Fischgerichte.

ÜBERNACHTEN

► Komfortabel

White Horse Hotel
68 Clooney Road, Campsie
Derry BT47 3PA
Tel. 0 28 – 71 86 06 06, Fax 71 86 03 71
info@white-horse.demon.co.uk
Am Stadtrand an der Straße zum Giant's Causeway gelegenes, modernes Hotel; 43 Zi.

Irlands 1921 wurde Derry zur Grenzstadt. In jüngerer Vergangenheit erlangte die Stadt traurige Berühmtheit als einer der Brennpunkte in den blutigen Auseinandersetzungen des gärenden Nordirland-Konfliktes zwischen Katholiken und Protestanten (► S. 215).

Sehenswertes

✶ Walls Die Stadtmauer von Derry gilt als die am besten erhaltene im Vereinigten Königreich und blieb mit Ausnahme von drei später hinzugefügten Toren durchweg in ihrem Zustand von 1618. Sie bildet eine schöne Promenade rings um die Altstadt. Vier alte Tore führen in die Stadt hinein: Butcher's Gate, Ferryquay Gate, Shipquay Gate und – als schönstes – Bishop's Gate. In einem der Stadttürme wird anschaulich die Geschichte Derrys von den Anfängen bis heute erzählt.

Tower Museum ►

Diamond Die vier wichtigsten Straßen, von den Toren ausgehend, treffen sich, getreu dem mittelalterlichen Stadtplan, am Diamond, wie das Zentrum seit dem 17. Jh. genannt wird.

Profanbauten der Altstadt In der Altstadt – vor allem in der Shipquay Street, Magazine Street und Bishop Street – gibt es noch eine Reihe sehenswerter georgianischer Häuser. Beispiel für die in den vergangenen Jahren begonnene Sanierung der Altstadt ist Craft Village, eine rekonstruierte Ladengasse aus der Zeit der Jahrhundertwende.

✶ St. Columb's Cathedral Die St. Columb's Cathedral (Church of England) wurde 1629–1636 im späten Perpendicular Style erbaut, der Glockenturm 1802 hinzugefügt. In Erinnerung an die Londoner Bauherren ziert das Kirchenportal die Inschrift »If Stones could speake/Then Londons prayse/Should sounde who/Built this Church and/Cittie from the grounde«

(Wenn Steine sprechen könnten, wäre Londons Lob in aller Munde, das diese Kirche und Stadt von Grund auf erbauen ließ). Die Decke der Kathedrale tragen als Kragsteine die Köpfe von 16 Bischöfen der Stadt. Das Kapitelhaus enthält Erinnerungsstücke an die Stadtgeschichte sowie die Schlüssel der vier Stadttore.

Guildhall

Außerhalb der Stadtmauer steht das neugotische Rathaus, das 1972 durch einen Bombenanschlag schwer beschädigt wurde, so dass ein Großteil des Interieurs rekonstruiert werden musste. Sehenswert sind der Ratssaal mit seinen herrlichen Eichenpaneelen und die Schatzkammer mit Exponaten zur Geschichte Irlands.

Magee University College

Das neugotische Gebäude des Magee University College, das der University of Ulster angegliedert ist, liegt malerisch am Foyle-Ufer.

Craigavon-Brücke, Foyle Bridge

Die 1933 eröffnete doppelstöckige Craigavon-Brücke mit 365 m Länge führt über den Foyle nach Südosten, wo ein modernes Stadtviertel von Derry entstanden ist. Eine zweite Brücke flussabwärts, die Foyle Bridge, wurde 1984 dem Verkehr übergeben.

Umgebung von Derry

St. Columba Stone

Auf dem Weg nach Moville liegt auf dem Gelände der Belmont House School der St. Columba Stone, ein Gneis-Block mit zwei Ein-

Derry: Straßenzug im Katholikenviertel

drücken, die Fußspuren ähneln. Dieser Felsblock soll als Krönungsstein der O'Neills, Könige von Ulster, benutzt worden sein.

Grianan of Aileach

Der königliche Sitz der O'Neills, Grianan of Aileach, liegt westlich der Stadt, jenseits der Grenze zur Republik Irland. Der alte Turm, wohl das älteste Bauwerk Irlands, bietet einen herrlichen Rundblick über die Foyle-Mündung und die gebirgige Küste von Inishowen.

Rundfahrt zur Causeway und Antrim Coast

Die interessantesten Ziele in der Umgebung sind die reizvolle Antrim und die Causeway Coast. Die Fahrt führt zunächst über zwei reizvolle Dörfer, Eglington und Ballykelly, nach Limavady, einem alten Ort im Tal des Roe. Weiter geht es über Coleraine, eine der ältesten englischen Siedlungen in diesem Gebiet, und nach Portstewart mit herrlicher Sandküste und malerischem Freihafen. Gute Bademöglichkeiten bietet auch das benachbarte Portrush. Gegenüber liegen die Skerry Islands. Auf dem Weg zu Giant's Causeway passiert man das aus dem 14. Jh. stammende Dunluce Castle, das auf einem kleinen Felsen thront und durch eine Brücke mit der Küste verbunden ist.

✶ Bushmills Distillery ►

Am Ufer des River Bush liegt die älteste Whiskey-Brennerei der Welt: Bushmills. Schon im 13. Jh. soll hier von irischen Mönchen ein »Lebenswasser« hergestellt worden sein, 1608 erhielt die Brennerei ihre Lizenz. Hergestellt wird ein leicht rauchiger »Whiskey«, den man im Anschluss an eine Besichtigung probieren kann.

✶ ✶ Giant's Causeway ►

Giant's Causeway, der »Fußweg des Riesen«, ist eine der größten Attraktionen Nordirlands. Es handelt sich dabei um eine Felsformation vulkanischen Ursprungs aus etwa 40 000 prismatischen, senkrecht stehenden Basaltsäulen, verschieden in Umfang und Höhe, deren Oberseiten Trittsteine bilden. Einige der Säulen tragen ihrer Form entsprechende Namen: »Lady's Fan« (Damenfächer), »Giant's Organ« (Orgel des Riesen), »Horseshoe« (Hufeisen). Am eindrucksvollsten ist das über einen Steg (Shepherd's Path) erreichbare »Amphitheatre« mit symmetrisch angeordneten Basaltklötzen und Säulen, die bis zu 24,4 m hoch aus dem Meer aufragen. Der Legende nach handelt es sich beim Causeway um ein Werk des Riesen Finn McCool, Ulster-Krieger und Kommandant der Armee des Königs von Irland. Finn hatte sich in eine Riesin auf der Hebrideninsel Staffa verliebt und an dieser Stelle mit dem Bau eines Weges begonnen, um die Geliebte nach Ulster herüberzuholen.

Auf der Küstenstraße geht es durch schöne Heidelandschaft weiter nach **Ballycastle**, einer malerischen Hafenstadt. Von hier aus kann man zu der vorgelagerten Rathlin-Insel (10,4 km) hinüberfahren.

✶ ✶ Antrim Coast ►

Die Strecke nach Cushendall, vorbei an den berühmten Schluchten von Antrim, gilt als die landschaftlich reizvollste Küstenstraße Irlands. Von Cushendall kann man auf der Küstenstraße nach ►Belfast weiterfahren oder über die sehr schöne Glenariff-Strecke landeinwärts und über Kilrea und Dungiven nach Derry zurück.

Giant's Causeway – 40 000 Basaltsäulen stellte der verliebte Riese ins Meer. →

Dorchester

O 19

Landesteil: Südengland
Grafschaft: Dorset
Höhe: 250 ft/76 m ü.d.M
Einwohnerzahl: 15000

Dorchester – ländliche Grafschaftshauptstadt in einem Tal des River Frome gelegen – ist idealer Ausgangspunkt für Besichtigungen und Wanderungen in der herrlichen Landschaft von Dorset.

Thomas Hardy Literarisch bekannt wurde die Stadt durch den Schriftsteller Thomas Hardy (1840–1928). In Novellen, Gedichten und Romanen hat er die Region und das Schicksal der Menschen in Dorset beschrieben. Sein Geburtshaus in Higher Bockhampton 5 km nordöstlich von Dorchester, Hardy's Cottage, ist als Museum eingerichtet.

Geschichte Die Ursprünge von Dorchester gehen zwar auf die prähistorischen Siedlungen von Maiden Castle (s.u.) zurück, die eigentliche Ortsgründung stammt aber aus römischer Zeit. An die im 2. Jh. bedeutende Garnisons- und Marktstadt erinnert heute noch die schachbrettartige Stadtanlage. Um 800 war Dorchester ein wichtiges Handelszentrum im Königreich Wessex. Die Normannen förderten ab dem späten 11. Jh. die Tuchherstellung. Im Bürgerkrieg standen die Bewohner auf Seiten des Parlaments, wenige Jahrzehnte später unterstützten sie den protestantischen Gegenkönig, Duke of Monmouth, wofür viele schwer bezahlen mussten, als der blutrünstige Oberste Richter Jeffreys 1685 über 300 Anhänger zum Tode oder zu langer Kerkerhaft verurteilte. Im 17./18. Jh. stagnierten Handel und Landwirtschaft, so dass einige Bürger nach Amerika emigrierten, wo sie New Dorchester nahe Boston gründeten. Mit dem wirtschaftlichen Aufschwung des 19. Jh.s entstanden hübsche Häuserfronten in historisierendem Stil. Die alten Stadtmauern sind längst geschleift worden und bilden heute baumbestandene Spazierwege.

Sehenswertes

Um die High Street Von der High West Street kommt man zu den römischen Mauerresten an der Albert Road und zu einem römischen Stadthaus weiter nördlich in Northernhay. Zahlreiche Häuser vom 17. bis 19. Jh. säumen die High East und High West Street. Sehenswert sind The King's Arms und Borough Arms (Wirtshäuser aus dem 17. Jh.) in der High East Street und in der South Street das Antelope Inn, wo 1685 das Blutgericht von Lord Chief Justice Jeffreys über die protestantischen Rebellen gegen König Karl II. stattfand.

Old Shire Hall, Old Crown Court Die Old Shire Hall mit dem Old Crown Court ist ein für die britische Gewerkschaftsbewegung historisch wichtiger Ort; hier fand 1834 der spektakuläre Prozess gegen die Tolpuddle-Märtyrer statt.

DORCHESTER ERLEBEN

AUSKUNFT

11 Antelope Walk, Dorchester, Dorset, England, DT1 1BE
Tel. 0 13 05 – 26 79 92
Fax 0 13 05 – 26 60 79
dorchester.tic@westdorset-dc.gov.uk
www.westdorset.com

ESSEN

▸ Erschwinglich

The Mock Turtle
34 High West Street
Tel. 0 13 05 – 26 40 11
In diesem ehemaligen Pfarrhaus sitzt man sehr gemütlich und gepflegt. Bei hübsch angerichteten Fisch- und Fleischgerichten kann man es sich wahrlich gut gehen lassen.

ÜBERNACHTEN

▸ Komfortabel

The Casterbridge Hotel
49 High Street, DT1 1BE
Tel. 0 13 05 – 26 40 43
Fax 26 08 84
www.casterbridgehotel.co.uk
Das zentral gelegene, georgianische Hotel mit 15 Zimmern ist relativ preisgünstig, der Komfort allerdings nur mäßig.

Maumbury Cottage
9 Maumbury Road, DT1 1BE
Tel. 0 13 05 – 26 67 26
Zentral gelegenes kleines und angenehmes B&B mit freundlichem Service.

Die sechs Männer waren Anführer eines illegalen Geheimbundes, der höhere Löhne für die ausgebeuteten Landarbeiter gefordert hatte – damals ein schweres Vergehen, weil die Lohnpolitik allein Sache der Arbeitgeber war. Die Männer wurden zu siebenjähriger Zwangsarbeit in Australien verurteilt, vehemente Proteste in der Öffentlichkeit und eine heftige Parlamentsdebatte bewirkten nach zwei Jahren die Begnadigung der Männer.

Dorset County Museum

Das Dorset County Museum an der High West Street, ein viktorianischer Bau mit einer Ausstellungshalle in Eisenkonstruktion, zeigt Frühgeschichtliches, darunter viele Funde aus Maiden Castle und aus römischer Zeit, außerdem Erinnerungsstücke an Thomas Hardy und eine Nachbildung seines Schreibzimmers.

Maumbury Rings

An der Weymouth Avenue im Südwesten liegt das aus einer kultischen Steinkreisanlage entwickelte römische Amphitheater, dessen Zuschaueroval mit 63 bzw. 50 m Durchmesser etwa 10 000 Besucher fasste. Während des Bürgerkriegs diente die Anlage als Festung, im 18. Jh. standen dort Galgen für öffentliche Hinrichtungen.

Max Gate

Thomas Hardy lebte von 1885 bis zu seinem Tod 1928 in dem von ihm selbst entworfenen Haus Max Gate in der Alington Avenue 2 km östlich vom Stadtzentrum Richtung Wareham (Innenbesichtigung montags, mittwochs und sonntags möglich).

Umgebung von Dorchester

★ **Maiden Castle**

Maiden Castle 3,5 km südwestlich gilt als eine der imposantesten frühgeschichtlichen Siedlungen in England. Auf einem einstündigen Rundgang mit Informationstafeln passiert man die Ausgrabungen aus der Jungsteinzeit, eine fast 550 m lange Grabanlage Long Barrow (ca. 2800 v. Chr.) aus der Eisenzeit, Reste einer palisadenbewehrten Erdwallfestung (ca. 500 v. Chr.) und aus der britisch-römischen Epoche die Grundmauern eines Tempels (ca. 370 n. Chr.)

Cerne Abbas Giant

Ein interessantes frühgeschichtliches Zeugnis befindet sich in Cerne Abbas 13 km nördlich: Cerne Giant, eine in Kalk geritzte, 55 m hohe Zeichnung eines Mannes – vermutlich britisch-römischen Ursprungs und auf Herkules-Darstellungen zurückgehend –, die mit Fruchtbarkeitsriten in Verbindung gebracht wird.

Bere Regis

★ St. John the Baptist ►

In Bere Regis 15 km östlich – einst sächsische Königsresidenz – steht die ursprünglich romanische Kirche St. John the Baptist mit einer wundervollen Stichbalkendecke, deren Enden als kunstvoll geschnitzte Apostel in das Schiff ragen. Die vier Schlusssteine im Mittelschiff zeigen von Osten her das Porträt von John Morton (1420-1500), Erz-

In der Nähe von Dorchester am Ufer des River Frome

bischof von Canterbury und Stifter dieser Decke, dann sein Kardinalswappen, anschließend die Tudorrose zu Ehren Heinrichs VII., dessen Lordkanzler er war; und schließlich eine bandartige Dekoration, die darauf anspielt, dass der Streit zwischen den Häusern Lancaster und York um die Thronfolge geschlichtet wurde, als Heinrich VII. sich mit Elizabeth von York vermählte – die Ehe hatte Morton gestiftet. Hübsch sind auch die normannischen Kapitelle, darunter eines mit einer Kopfschmerz-Darstellung. Im südlichen Seitenschiff befindet sich seit dem 14. Jh. die Kapelle und Grablege der Familie Turbervilles, die Thomas Hardy zu seinem Roman »Tess of the d'Urbervilles« anregte.

Milton Abbas

Milton Abbas 16 km nordöstlich mit hübschen reetgedeckten Häuschen ist eine Mustersiedlung des sozialen Wohnungsbaus aus dem Jahr 1786. Die Gründe für den Bau waren allerdings weniger sozial: Joseph Damer, 1. Earl of Dorchester, fühlte sich in seinem neuen Herrenhaus, einer umgebauten Abtei, von den Bewohnern im nahen Middleton belästigt, so dass er den Ort abreißen ließ und die Bürger zwangsweise nach Milton Abbas umsiedelte.

Athelhampton Hall

Athelhampton Hall ca. 10 km nordöstlich, ein spätmittelalterlicher Landsitz mit französischem Garten, war das Wohnhaus des Londoner Bürgermeisters Sir William Martyn. Sehr eindrucksvoll zeigt sich hier die Entfaltung des Perpendicular Style in der Profanarchitektur. Im Innern sind Möbel, Kunsthandwerk, Porzellan und Glas vom 15. bis 19. Jh. zu sehen.

✶✶ Montacute House

Montacute House 35 km nordwestlich ist ein um 1600 auf E-för!!!migem Grundriss gebautes elisabethanisches Schlösschen mit großen Erkerfenstern, geschweiften Giebeln und überhohen Zierkaminen. Die Innenräume sind opulent ausgestattet, u.a. ist ein volkstümlicher Fries mit der Geschichte eines betrogenen Ehemannes in der Great Hall zu sehen. Die Long Gallery, 60 m lang und einst für gesellige Spiele und Tanz genutzt, zeigt heute Porträts der Tudor- und Stuart-Zeit. Die glanzvolle Gartenanlage ist eines der wenigen noch erhaltenen Beispiele frühjakobianischer Gartenkunst.

✶ Sherborne Abbey

Die Abteikirche von Sherborne 30 km nördlich hat ein herrliches spätnormannisches Südportal, einen normannischen Turmbogen und eine Marienkapelle im Early English Style; ansonsten ist sie im Perpendicular Style gehalten. Das Fächergewölbe zählt zu den schönsten und feingliedrigsten in ganz England. Im Armenhaus von 1437 sind noch die Original-Kapelle (15. Jh.), Saal und Schlafräume erhalten. Die Klosterschule ist heute eine angesehene Public School.

In einem Wildpark liegen die **Reste zweier Burgen**. Vom Castle des Bischofs von Salisbury (11. Jh.) existieren nur noch das normannische Torhaus und ein Hauptturm. In den Jahren 1592–1603 wurde Sherborne Castle von Sir Walter Raleigh für Wohnzwecke errichtet.

Yeovil Die schöne Early Perpendicular-Kirche St. John im benachbarten Yeovil birgt zahlreiche merkwürdige Schlusssteine, u.a. mit afrikanischen Masken aus der Zeit der Kreuzzüge.

✶ Dundee

M/N 6

Landesteil: Schottland
Höhe: 285 ft/87 m ü.d.M.
Council Area: Dundee City
Einwohnerzahl: 153 700

»Jute, Jam and Journalism« – diese drei Begriffe, die für die Entwicklung der viertgrößten Stadt Schottlands von herausragender Bedeutung waren, wurden lange Zeit mit Dundee verbunden.

Die Jutefabriken und -webereien, die den wirtschaftlichen Aufschwung der Stadt am Firth of Tay begründeten, sind heute fast alle verschwunden, ebenso die großen Druckereien. Geblieben ist in bescheidenem Umfang die Herstellung von Marmelade. Führend sind die Dundonians heute in einem anderen Bereich: Die beliebten schottischen Comicfiguren Oor Wullie, Desperate Dan, Beano und Lord Snooky stammen alle aus der Feder dundonischer Zeichner.

Sehenswertes

Tay Bridges Berühmtheit erlangte die erste Eisenbahnbrücke über den Tay, die 1872–1878 für die Bahnlinie zwischen Edinburgh und Dundee erbaut worden war. Mit knapp 3 km Spannweite war sie damals die längste Brücke der Welt. 1879 stürzte sie nach einem Sturm ein und

DUNDEE ERLEBEN

AUSKUNFT

21 Castle Street, Dundee, Tayside, Scotland, DD1 3AA
Tel. 0 13 82 – 527527
Fax 0 13 82 – 52 75 51
enquiries@angusanddundee.co.uk
www.angusanddundee.co.uk

ESSEN

► **Erschwinglich**
Sandford Hotel
Newport Hill
Tel. 0 13 82 – 54 18 02
Superlecker zubereitet: fangfrischer Fisch aus der Region.

ÜBERNACHTEN

► **Komfortabel**
Invermark Hotel
23 Monifieth Road
Broughty Ferry
Tel. 0 13 82 – 73 94 30
Aus der Blütezeit der Jutefabriken stammt die 1856 erbaute Villa mit hübschem Garten; 5 Zi.

EINKAUFEN

Etwas abseits und interessant: Am City Quay am Victoria Dock gibt es mehrere günstige und gute Factory Outlets.

riss einen Zug mit 75 Menschen mit in die Tiefe. Theodor Fontane beschrieb das Unglück in seinem Gedicht »Die Brücke am Tay«. Neun Jahre später wurde die heutige Tay Rail Bridge eingeweiht.
Über die Tay Road Bridge führt ein Fußgängerweg, von dem man einen hervorragenden Blick über die Innenstadt hat, die nach dem Zweiten Weltkrieg weitgehend neu aufgebaut wurde. Einziges mittelalterliches Zeugnis ist der im 15. Jh. errichtete, 47 m hohe Kirchturm von St. Mary an der Nethergate.

✶✶ Discovery

In den 1990er-Jahren wurde die Hafenfront neu gestaltet. Im Riverside Drive liegt das 1901 gebaute Royal Research Ship Discovery, mit dem Robert F. Scott mit 30 Mann Besatzung 1901–1904 eine Südpolarexpedition unternahm – das sorgsam restaurierte Schiff avancierte zum Wahrzeichen der Stadt. Im Dicovery Point wird über die faszinierende Welt der Antarktis und den Verlauf von Scotts Expedition berichtet. Öffnungszeiten: Ostern – Oktober tgl. 10.00–18.00, Nov. bis Ostern bis 17.00, So. ab 11.00 Uhr.

✶ HM Frigate Unicorn

Im Hafenbecken des Victoria Dock nordöstlich der Tay Road Bridge kann man die 1824 vom Stapel gelaufene, mit 46 Kanonen bestückte HM Frigate Unicorn besichtigen, das älteste noch fahrtüchtige (Holz-)Kriegsschiff Großbritanniens. Öffnungszeiten: April – Oktober tgl. 10.00–17.00, Nov. – März bis 16.00 Uhr.

Dundee Contemporary Arts

Am Nethergate lohnt das Zentrum für zeitgenössische Kunst und Film mit großen, lichtdurchfluteten Ausstellungsräumen, Kinosälen, Studios für Fotografie und digitale Technologie; Nethergate 152, Öffnungszeiten: Di. – So. 10.30–17.30, Di., Fr. bis 20.00 Uhr.

McManus Galleries

Den Albert Square beherrscht das viktorianische Gebäude der McManus Galleries. Zur Sammlung gehören europäische Maler des 19. und 20. Jh.s sowie stadtgeschichtliche Exponate.

Verdant Works

Über die Blütezeit von Dundees Textilindustrie im 19. Jh. informiert das Museum in einer alten Jutefabrik westlich der City.

Camperdown Wildlife Centre

In dem 6 km nordwestlich der Innenstadt gelegenen Wildpark sind Rotwild, Braunbären, Wölfe, Luchse, Marder, Affen, Fasane und Steinadler zu sehen.

Umgebung von Dundee

Perth

Die Handelsstadt am Westende des Firth of Tay war bis ins 15. Jh. Schottlands Hauptstadt, die Könige wurden in Scone Abbey ganz in der Nähe gekrönt. Nur wenige historische Gebäude sind in Perth noch erhalten. Das Wohnhaus von Catherine Glover, der »Fair Maid« von Sir Walter Scott, die mutig, aber letztlich ohne Erfolg versuchte, den Mord an James I. zu verhindern, steht in der Curfew Row.

◂ Fair Maid's House

Huntingtower Castle

Huntingtower Castle 3,2 km westlich von Perth hat zwei Türme, die erst im Nachhinein durch ein Gebäude verbunden wurden. Der Legende nach machte Dorothea, Tochter des ersten Earls, einen Dreimeter-Sprung von einem Turm zum anderen – aus Angst, mit ihrem Geliebten ertappt zu werden, daher der Name »Maiden's Leap«. Öffnungszeiten: April – Sept. tgl. 9.30–18.30, Okt. – März Mo. bis Sa. 9.30–16.30, So. 14.00–16.30 Uhr.

✶ Scone Palace

Scone Palace 3,2 km nördlich von Perth liegt in der Nähe der nicht mehr existierenden Scone Abbey, in der einst die schottischen Könige gekrönt wurden. Kenneth MacAlpine brachte im 9. Jh. den berühmten schottischen Krönungsstein (»Stone of Destiny«) hierher, der 1297 von Edward I. geraubt und nach Westminster Abbey in London gebracht wurde – erst 1996 kehrte der »Schicksalsstein« nach Schottland zurück (► Edinburgh). Seinerzeit war er auf dem Mote Hill aufgestellt. Der Legende nach brachten die Clanchiefs bei jedem Treueeid auf einen neuen König einen Stiefel voll Erde mit, um auf eigenem Boden schwören zu können. Der Anfang des 19. Jh.s im viktorianischen Stil umgebaute Palast ist Sitz des Earl of Mansfield, dessen Ahnen auf Porträts in der Long Gallery zu sehen sind. Zu den Kunstschätzen des Palastes gehören eine Porzellansammlung und elegante Chippendale-Möbel. In dem Park war im 19. Jh. David Douglas als Gärtner tätig, nach dem später in Amerika die von ihm entdeckte Douglas-Fichte benannt wurde. Öffnungszeiten: April bis Okt. tgl. 9.30–17.30 Uhr.

✶ Glenturret Distillery

Die 1775 gegründete Glenturret Distillery bei Crieff 27 km westlich von Perth ist eine der ältesten und kleinsten Brennereien Schottlands. Über Whiskyherstellung und schottische Highlights informiert eine Show im Famous Grouse.

In Scone Palace empfingen ab dem 10. Jh. alle schottischen Monarchen die Krone.

★★ Durham

Q 11

Landesteil: Nordengland
Grafschaft: Durham
Höhe: 167 ft/51 m ü.d.M.
Einwohnerzahl: 81 000

Jahrhundertelang war die Stadt Bollwerk gegen die Schotten und die imposante normannische Kathedrale Wallfahrtsziel der Pilger zum Grab des heiligen Cuthbert.

Burg und Kathedrale der Grafschaftshauptstadt hoch über dem River Wear bieten einen unvergesslichen Anblick. Als die Mönche von Lindisfarne (►S. 548) im 10. Jh. durch die Wikinger vertrieben worden waren, fanden sie für die Gebeine des hl. Cuthbert durch einen wundersamen Hinweis hier auf »Dunholm« (Insel mit einem Hügel) eine neue Bleibe und errichteten eine Kirche. Wegen der problematischen Grenzlage zu Schottland erhielten die Bischöfe von Durham ab dem 11. Jh. pfalzgräfliche Rechte, eigene Truppen, weltliche Gerichtsbarkeit, Münz- und Steuerprivileg und ein großzügiges Asylrecht. Die starke Verehrung des hl. Cuthbert, die strategisch wichtige Lage an der Verbindungsstraße nach Schottland und genannte Privilegien brachten früh Wohlstand in die Stadt. Der Adel erwarb bei Durham großen Landbesitz, auf dem prächtige Schlösser entstanden. Durch den Kohlebergbau kam das Industriezeitalter nach Durham, Stahlindustrie und Schiffbau gewannen an Bedeutung. Im 19. Jh. wuchs die

DURHAM ERLEBEN

AUSKUNFT

2 Millennium Place, Durham City,
Co Durham, England, DH1 1WA
Tel. 01 91 – 384 37 20
Fax 01 91 – 386 30 15
E-mail: touristinfo@durhamcity.gov.uk
www.durhamtourism.co.uk

ESSEN

► Erschwinglich

Alms Houses
Palace Green
Tel. 01 91 – 386 10 54
In den »Alms Houses«, einem Gebäude aus dem 17. Jahrhundert, wird moderne britische Küche gepflegt.

ÜBERNACHTEN

► Komfortabel

Cathedral View Guest House
212 Gilesgate, Durham DH1 1QN
Tel. 0 191 – 386 95 66
E-mail: cathedralview@hotmail.com
Guest House in einem hübschen, denkmalgeschützten Stadthaus.

Greenwell Farm
Wolsingham, Tow Law,
County Durham DL13 4PH
Tel. 0 13 88 – 52 72 48, Fax 52 67 35
E-mail: greenwell@farming.co.uk
19 km außerhalb von Durham gelegene umgebaute Scheune mit Blick über die North Pennines.

Stadt, Arbeitersiedlungen entstanden, Industrielle bauten Villen, Gewerkschaften wurden gegründet. Parallel zum Niedergang des Bergbaus haben sich vermehrt Unternehmen aus dem Dienstleistungssektor hier angesiedelt.

Sehenswertes

★★ **Kathedrale**

Ob man von den Altstadtgassen über den Palace Green oder vom Wear-Ufer über die Prebends Bridge auf die Kathedrale zukommt – der Anblick ist gleichermaßen eindrucksvoll. In relativ kurzer Bauzeit entstand im 12./13. Jh. mit nur wenigen nachträglichen Veränderungen eine der bedeutendsten anglonormannischen Kirchen.

Man betritt die Kathedrale durch das **Nordportal** (12. Jh.), das mit einem Türklopfer ausgestattet ist. Auf dessen Betätigung hin wurde Asylsuchenden im Mittelalter Einlass gewährt in die heilige Zufluchtsstätte, die ständig von einem Posten bewacht wurde.

Das romanische **Langhaus** überrascht durch seine Dimensionen: 61 m lang, 12 m breit, 22 m hoch. Kräftige Pfeiler stützen eine der ältesten Gewölbedecken Englands. Revolutionär war damals die Verwendung von Kreuzrippen und Strebewerk – eine Technik, die erst später in gotischen Kirchen systematisch eingesetzt wurde. Zackenbänder an den Bögen und spiralförmige Dekorationen der Säulen beleben den Innenraum. Vorbilder lieferten die gedrehten heiligen Säulen im Tempel von Jerusalem. Bemalungen, die mittlerweile verloren gegangen sind, ließen das Kirchenschiff im Mittelalter als Abglanz des himmlischen Jerusalem erscheinen. Frauen waren darin nicht gern gesehen, ein schwarzes Balkenkreuz im Boden des zweiten Joches markiert den Punkt, bis zu dem sie Zutritt hatten.

Galiläa-Chapel: maurisch geprägt

Die **Galiläa-Chapel** ist ein Meisterwerk normannischer Baukunst. Mit ihren Säulen und Bögen erinnert sie an maurische Architektur, die die Normannen auf ihren Reisen im Mittelmeerraum kennen gelernt hatten. Die Wandgemälde aus dem 12. Jahrhundert stellen vermutlich den heiligen Cuthbert auf der Nordseite und auf der Südseite den heiligen Oswald dar. Beda Venerabilis, ein gelehrter Mönch und Verfasser einer seinerzeit bedeutenden englischen Kirchengeschichte im 8. Jahrhundert, liegt hier begraben. Seine Gebeine waren 1022 gestohlen und hierher überführt worden, um die Reliquiensammlung der Kathedrale aufzuwerten. Im rechten Seitenschiff wurde 1947 ein **Denkmal für die Bergleute** und den wichtigsten Industriezweig der Grafschaft aufgestellt. Am Übergang zur Vierung steht ein **Denkmal für Bischof Barrington** (1734 bis 1826), der die Künste und die Entwicklung der Landwirtschaft förderte und eine Verbrauchergenossenschaft gründete. Die 1242–1280 errichtete Kapelle der Neun Altäre birgt das **Grab des hl. Cuthbert** (gest. 687), ein Teil der Grabbeigaben wird seit der Graböffnung 1827 in der Schatzkammer aufbewahrt.

Die spätnormannische **Prior's door** führt zum Kreuzgang von 1418. Im ehemaligen **Monks' Dormitory** ist eine Sammlung von sächsischen Kreuzen, römischen Altären und Überresten von St. Cuthberts Grab zu sehen.

Die **Schatzkammer** birgt Manuskripte und Textilfragmente, die zu den ältesten Handarbeiten in England zählen. Das **Refektorium** wurde 1648 zur Bibliothek umgebaut. Die eindrucksvolle **Küche** stammt von 1366–1370 und war bis 1940 ununterbrochen in Gebrauch.

Durham Cathedral *Orientierung*

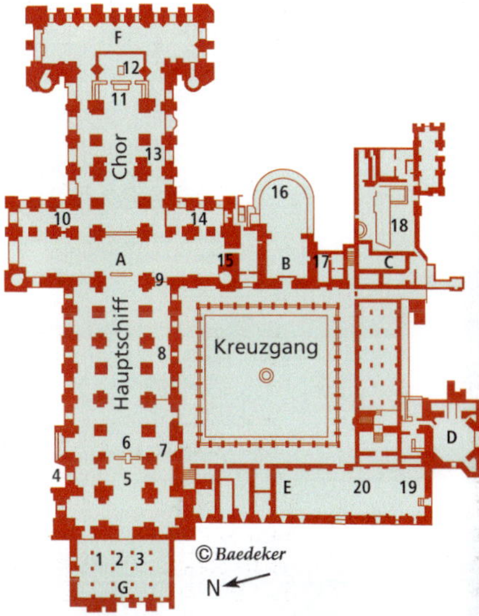

A Vierungsturm
B Kapitelhaus
C Krypta
D Küche
E Dormitorium
F Kapelle der Neun Altäre
G Galiläa Chapel
1 Gemälde (12. Jh.) des hl. Cuthbert und des Königs Oswald
2 Kreuzigungsbild
3 Grab des Beda Venerabilis
4 Nordportal mit Türklopfer
5 Taufbecken
6 Schwarzes Marmorkreuz
7 Miner's Memorial
8 Votivkapelle der Nevilles
9 Barrington Statue
10 St. Gregor's Chapel
11 Hauptaltar
12 Grab des hl. Cuthbert
13 Bischofsthron
14 Light Infantry Memorial Chapel
15 Prior Castells Uhr
16 Prior's Chair
17 Gefängnis
18 Dekanat
19 Restaurant, Buchladen
20 Kirchenschatz

Durham Castle wurde 1072 vom Earl of Northumberland und von Wilhelm dem Eroberer dem Bischof von Durham als Burgherrn übergeben. Die interessantesten Räume der weitläufigen Burganlage sind die normannische Kapelle (1080), der Speisesaal (um 1300) und die Küche mit Feuerplatz und Speisekammer (1499). Die Burg ist seit 1832 Teil des University College Durham.

Oriental Museum

Lohnend ist das Durham University Oriental Museum mit einer ausgezeichneten Sammlung des Nahen und Fernen Ostens.

Beamish Open-Air Museum

Das Museum 13 km nordwestlich der Stadt ist Durhams Bergbauvergangenheit gewidmet. Besucher können unter Tage gehen; ein Dorf von Bergbauern, eine Farm, eine Schule illustrieren das Leben der nordenglischen Bevölkerung im 19. und 20. Jahrhundert.

★ ★ Edinburgh

M 9

Landesteil: Schottland
Council Area: Edinburgh City
Höhe: 197 ft/60 m
Einwohnerzahl: 450 000

Edinburgh, Hauptstadt und Kulturhochburg Schottlands, gilt als eine der schönstgelegenen Städte der Welt, seit 1995 ist sie Weltkulturerbe-Stadt. Wie Rom wurde sie auf sieben Hügeln gebaut, und ihren Titel »Athen des Nordens« verdankt die Festivalstadt einem reichen kulturellen Angebot mit erstklassigen Museen und Kunstgalerien.

Edinburgh besteht eigentlich aus zwei Städten: aus der verwinkelten dicht gedrängten Altstadt, einem Labyrinth von schmalen Gassen, alten Häusern und Hinterhöfen zu Füßen der Burg, dessen Mittelachse die »Royal Mile« bildet, und aus der georgianischen Neustadt, einem Meisterwerk der Stadtplanung des 18. Jh.s mit großzügig angelegten Plätzen, breiten Straßenzügen und eleganten Fassaden.

7. Jh.	Gründung der Burg
1452	Edinburgh wird Residenz der schottischen Könige
1582	Gründung der Universität
1707	Union mit England und Auflösung des schottischen Parlaments
1999	Sitz des schottischen Parlaments erneut in Edinburgh

Geschichte

Der Legende nach bauten die Pikten im 5. Jh. auf dem Burgfelsen eine Festung, die später den gälischen Namen »Dun Eydin« erhielt. Archäologen nehmen aber an, dass der Felsen schon um 800 v. Chr. besiedelt war. Der Stadtname geht vermutlich auf Edwin, den König von Northumbria (617–633), zurück, der die Burg gegründet haben soll. Schon zu der Zeit, als die Angeln aus Northumbria hier Einzug hielten, war Edinburgh ein strategisch wichtiger Siedlungsplatz. 1452 verlegten die schottischen Könige ihre Residenz nach Edinburgh, das an Bedeutung die alte Königsstadt Perth mittlerweile übertroffen hatte. Im 16. Jh. legten ein großer Stadtbrand und die Truppen Heinrichs VIII. die Stadt vorübergehend lahm und sorgten dafür, dass mittelalterliche Bauten – von wenigen Ausnahmen abgesehen – aus dem Stadtbild verschwanden. Während der Regierungszeit von Maria Stuart erlebte Edinburgh ab 1561 aber nochmals eine Blütezeit. Als sich das schottische Parlament im Zuge der Union mit England 1707 auflöste, ging zwar die politische Bedeutung Edinburghs zurück, nicht aber die kulturelle. Die 1582 gegründete Universität entwickelte sich zu einem bedeutenden Zentrum der Forschung, und zahlreiche

← *Edinburgh, Hauptstadt und kulturelles Zentrum von Schottland*

Edinburgh *Orientierung*

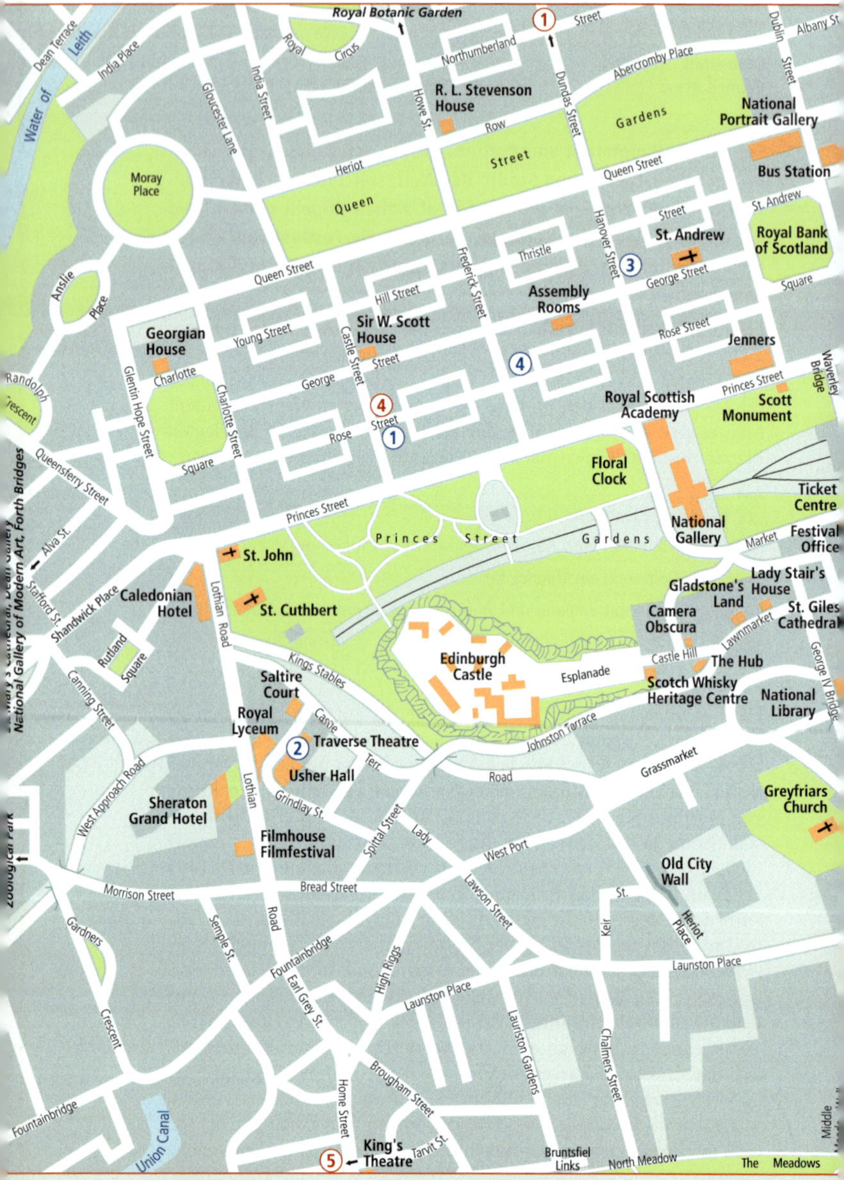

Übernachten

1. The Howard
2. Malmaison
3. Brodies Ernest House
4. Castle Guest House
5. Burns B & B

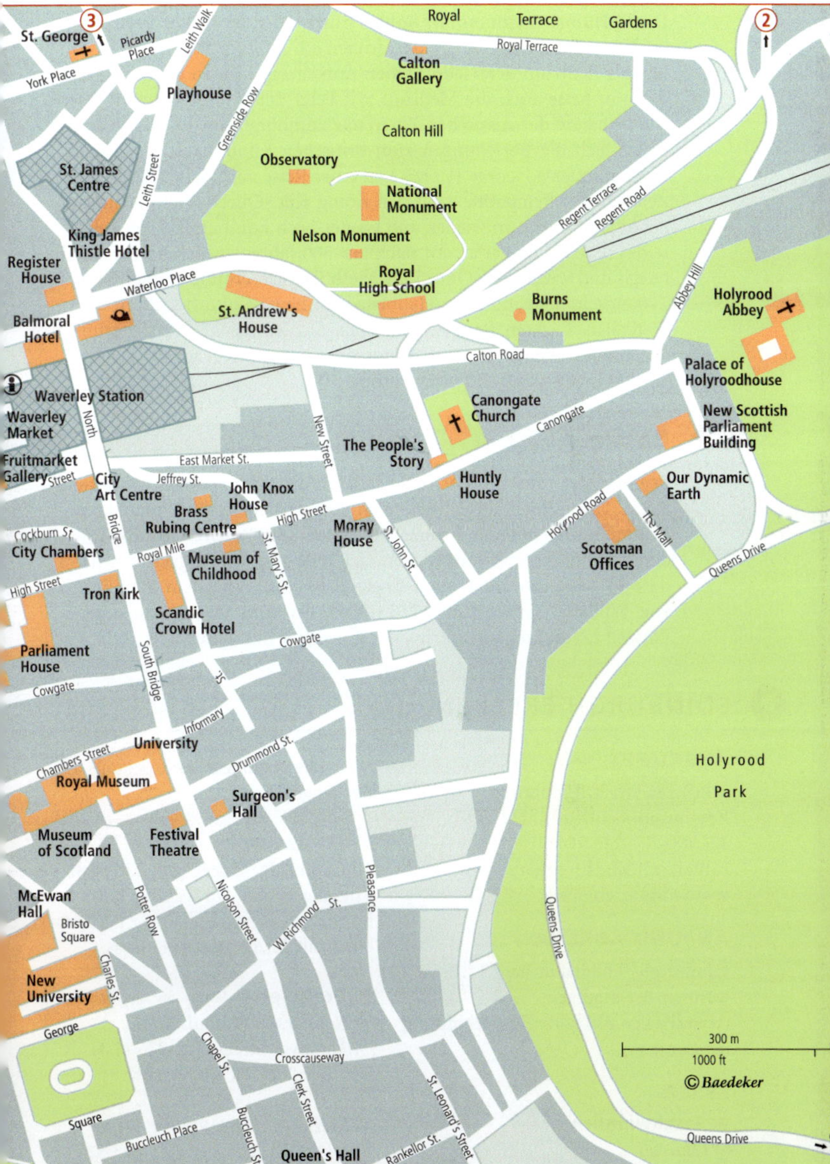

Essen

① Oloroso
② The Atrium
③ Henderson's Salad Table
④ Brecks

Literaten ließen sich hier nieder. Wissenschaftler und Künstler wie David Hume, Adam Smith, Robert Burns oder Sir Walter Scott verschafften Edinburgh im 18. und frühen 19. Jh. in ganz Europa Ansehen als Zentrum der »schottischen Aufklärung«. Einen hervorragenden Ruf hatte auch die Medizin: Seit Peter dem Großen kamen fast alle Leibärzte der russischen Zaren aus Edinburgh. Im 19. Jh. verbesserten sich die Beziehungen zum britischen Königshaus. Sir Walter Scott animierte George IV. 1822 zu einer Reise nach Schottland – als Zeichen der Sympathie trug der König Kilt. Queen Victoria liebte Schottland und kam wieder und wieder nach Edinburgh. 1999 kehrte das schottische Parlament nach fast 300 Jahren zurück nach Edinburgh und wurde von Queen Elizabeth feierlich eröffnet. Schottlands dynamische und moderne Hauptstadt ist heute Kulturhochburg und Festivalstadt ersten Ranges, aber auch Sitz zahlreicher Versicherungen und Banken – das Gebiet um die George Street gehört zu den großen Investmentzentren in Europa.

✶ ✶ Castle

Prominenter Punkt in der Innenstadt ist das Schloss auf dem Castle Rock. Über einen ausgetrockneten Burggraben kommt man zum Haupteingang mit der bronzenen Statue von Robert »the Bruce«, dem schottischen Nationalhelden, der 1306 zum König gekrönt wurde und 1314 Edward II. von England besiegte, und dem Standbild von William Wallace (um 1270–1305), der zum Widerstand gegen Edward I. von England aufrief, der ihn später hinrichten ließ.

EDINBURGH ERLEBEN

AUSKUNFT

3 Princes Street, Edinburgh, City of Edinburgh, Scotland, EH2 2QP
Tel. 08 45 – 225 51 21
E-mail: info@visitscotland.com
www.edinburgh.org

AN- UND ABREISEN

Edinburghs Flughafen liegt 11 km westlich des Stadtzentrums (www.baa.co.uk); gute Busverbindung ins Zentrum.

ESSEN

► Erschwinglich

① ***Oloroso***
33 Castle Street, Tel. 226 76 14
Schickes Penthouse-Restaurant in Weiß und Dunkelgrau; Cocktails an der langen Bar.

② ***The Atrium***
10 Cambridge Street, Tel. 228 88 82
Eine der ersten Adressen in Edinburgh; auf der Speisekarte z.B. Täubchen mit Pilzen und Foie Gras.

► Preiswert

③ ***Henderson's Salad Table***
94 Hanover Street, Tel. 225 21 31
Bunte Salate, leichte Snacks.

④ ***Brecks***
110 – 114 Rose Street, Tel. 225 32 97
Nette Musikkneipe; man bekommt kleine Gerichte.

ÜBERNACHTEN

► Luxus

① ***The Howard Hotel***
34 Great King Street
Tel. 01 31 – 557 35 00
Fax 01 31 – 557 65 15
www.thehoward.com
Drei elegante Stadthäuser im Herzen der Neustadt, die den kultivierten Lebensstil zu Beginn des frühen 19. Jh.s widerspiegeln; 16 liebevoll mit Antiquitäten eingerichteten Zimmer. Ein Erlebnis: ein Dinner im Restaurant The Atholl!

► Komfortabel

② ***Malmaison***
1 Tower Place, Leith
Tel. 01 31 – 468 50 00
Fax 01 31 – 468 50 02
www.malmaison.com
Am Hafen von Leith gelegenes Hotel im Stil der klassischen Moderne mit 25 großzügigen Zimmern.

③ ***Brodies Guest House***
22 East Claremont Street
Tel. 01 31 – 556 40 32
Fax 01 31 – 556 97 39
www.brodiesguesthouse.co.uk
Freundliches viktorianisches Stadthaus.

► Komfortabel / Günstig

④ ***Castle Guest House***
38 Castle Street
Tel. 01 31 – 225 19 75
www.castleguesthouse.com
Günstiges, zentrales B&B mit 5 Zimmern im 3. Stock eines georgianischen Stadthauses.

⑤ ***Burns***
67 Gilmore Place
Tel. 01 31 – 229 16 69
Fax 01 31 – 225 92 25
Heimeliges B&B mit 4 Zimmern; Parkplatz am Haus.

EINKAUFEN

Ein schönes und ungewöhnliches Einkaufserlebnis verspricht das Kaufhaus Jenners in der Princes Street – 1895 eröffnete und das älteste unabhängige Kaufhaus der Welt!

VERANSTALTUNGEN

Im August finden traditionell mehrere hochkarätige Festivals in Edinburgh statt: das Internationale Blues- und Jazz-Festival, das Fringe-Festival mit Theater, Comedy, Performance und Straßenkunst, das International Festival mit Oper, Ballett, Theater, Konzerten und Ausstellungen, das Military Tattoo mit Pipes & Drums, das International Film Festival und das International Book Festival. Und mittlerweile gibt es auch in anderen Monaten Festivals aller Art (www.edinburgh-festivals.com).

EDINBURGH CASTLE

★★ Das Castle ist beherrschender Punkt in der Innenstadt von Edinburgh – weithin sichtbar ragt seine Silhouette über den Häusern auf. Der Legende nach bauten die Pikten schon im 5. Jahrhundert eine Burg auf dem Vulkanfelsen. Heute ist sie Schottlands Touristenmagnet Nummer eins.

Öffnungszeiten:
April – September tgl. 9.30 – 18.00 Uhr
Oktober – März tgl. 9.30 – 17.00 Uhr

1 Esplanade
Jeden Sommer Schauplatz des Military Tattoo

2 Bronzestatuen
Schottlands Nationalhelden: Robert I., the Bruce (links) und William Wallace (rechts)

3 Argyll's-Tower
Mit einem Fallgatter versehen

4 St. Margaret's Chapel
1090 gebaut und das älteste Gebäude Edinburghs

5 Wasserturm
Wasserreservoir für die Burgbesatzung

6 Scottish National War Monument
Denkmal für die im Ersten Weltkrieg umgekommenen Soldaten

7 Palace
Königlicher Palast mit dem Kronsaal

8 Half Moon Battery
Hier wird an Werktagen jeweils um 13.00 Uhr die Ein-Uhr-Kanone abgefeuert.

9 Mons Meg
In den Kasematten unter der Great Hall befindet sich eine 1449 in Mons gegossene Bombarde – geladen mit 50 kg Pulver und einem 250 kg schweren Stein erreichte sie eine Schussweite von bis zu 3 Kilometer!

10 Restaurant
Zum Ausspannen und Energietanken

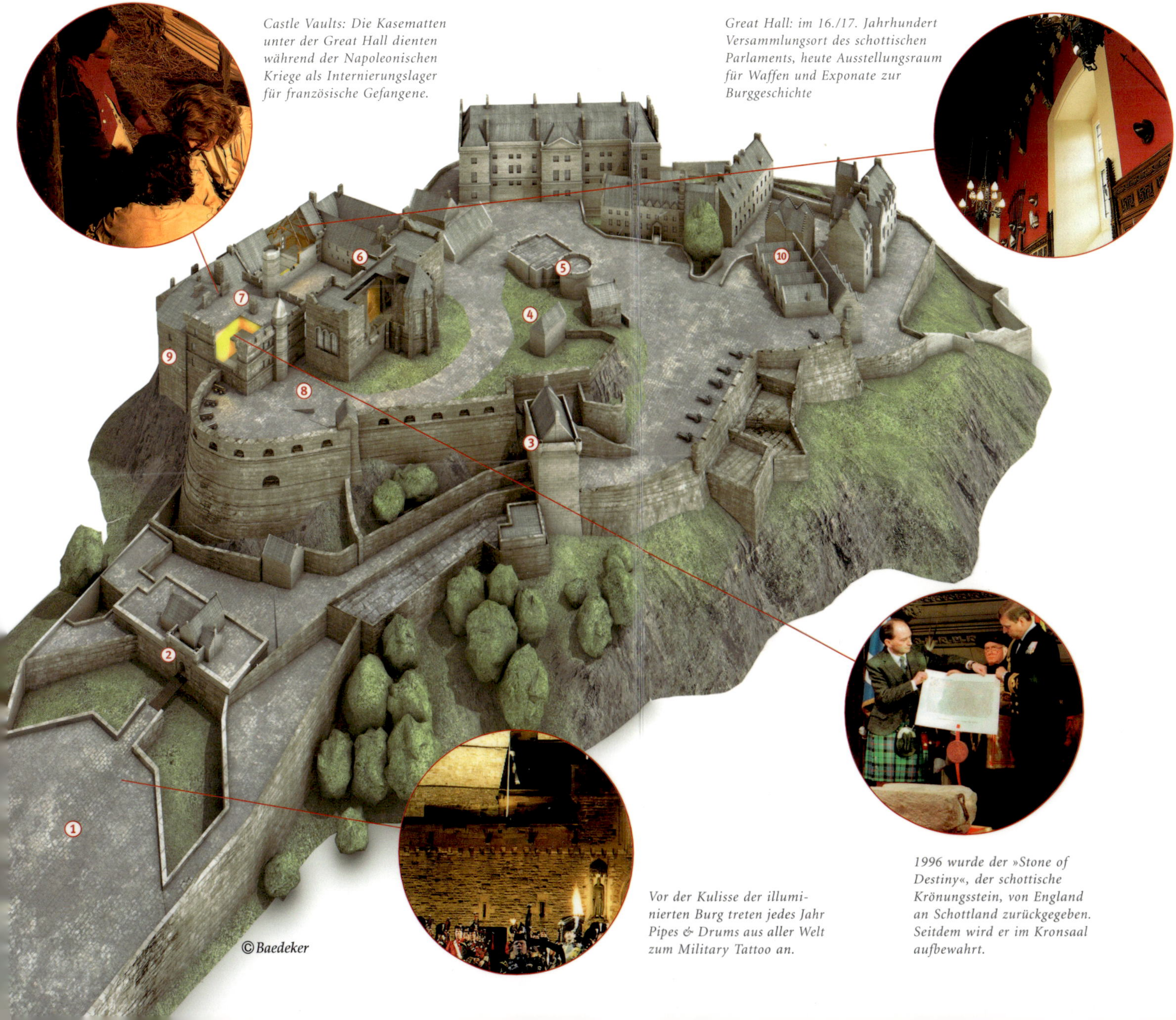

Castle Vaults: Die Kasematten unter der Great Hall dienten während der Napoleonischen Kriege als Internierungslager für französische Gefangene.

Great Hall: im 16./17. Jahrhundert Versammlungsort des schottischen Parlaments, heute Ausstellungsraum für Waffen und Exponate zur Burggeschichte

Vor der Kulisse der illuminierten Burg treten jedes Jahr Pipes & Drums aus aller Welt zum Military Tattoo an.

1996 wurde der »Stone of Destiny«, der schottische Krönungsstein, von England an Schottland zurückgegeben. Seitdem wird er im Kronsaal aufbewahrt.

Argyll-Tower Durch das Argyll-Tower unterhalb des Gefängnisses, in dem die Marquis von Argyll gefangen gehalten wurden, kommt man auf die obere Ebene des Castle Rock, die Zitadelle oder King's Bastion.

St. Margret's Chapel Die um 1090 geweihte St. Margaret's Chapel ist vermutlich das älteste Gebäude in Edinburgh und ein schönes Beispiel frühnormannischer Baukunst. Von der Half Moon Battery wird wochentags um 13.00 Uhr die Ein-Uhr-Kanone abgefeuert. Zeitgleich fällt am Nelson-Denkmal in der Neustadt ein Zeitball herab – Traditionspflege aus der Zeit, als Segelschiffe im Firth of Forth ihre Chronometer durch Einstellen eines Teleskops auf das Schloss kontrollierten.

Scottish National War Memorial 1927 wurde das National War Memorial, ein Ehrensaal für die im ersten Weltkrieg gefallenen Schotten, von namhaften Künstlern gestaltet. Jedes Regiment hat sein eigenes Denkmal, und auch der Tiere wird gedacht, die als Helfer der Soldaten im Einsatz umkamen. Ein Schrein birgt die Rolle mit den Namen von 150 000 Gefallenen.

Palace Zu den Gemächern des königlichen Palastes gehört u.a. das Schlafzimmer von Maria Stuart, in dem sie 1566 James VI., den späteren James I. von England, zur Welt brachte. Im Kronsaal kann man die alten schottischen Krönungsinsignien besichtigen – Zepter, Staatsschwert von 1501 und die 1540 aus dem Gold schottischer Bergwerke neu geformte Krone.

Im Kronsaal befindet sich auch der »Stone of Destiny«, der 208 kg schwere schottische Krönungsstein, den Edward I. 1296 geraubt und nach London gebracht hatte (► Umgebung von Dundee).

Mons-Meg-Kanone In den Kasematten kann man die »Mons Meg«, eine 1449 in Mons hergestellte Kanone mit einer Schussweite bis zu 3 km, bestaunen.

★ ★ Royal Mile

Das Herz der Altstadt bildet die »Royal Mile«. Als Royal Mile wird eine Abfolge von mehreren Straßen – Castle Hill, Lawnmarket, High Street und Canongate – bezeichnet, die vom Castle zum Holyrood House führen. Edinburghs berühmtester Straßenzug wird von frühen »Wolkenkratzern« gesäumt, sechs- bis elfstöckigen, geschichtsträchtigen Adelshäusern und Wohngebäuden, und von zahlreichen Geschäften und Pubs. Von der Royal Mile zweigen Gassen mit malerischen Häusern und idyllischen Hinterhöfen ab, die Closes, Courts und Wynds.

Castle Hill ★ Der Outlook Tower an der oberen Royal Mile, dem **Castle Hill**, birgt eine Camera Obscura aus dem 19. Jh. Im Scotch Whisky Heritage Centre schräg gegenüber erfährt man Wissenswertes über

Whisky Centre ►

den schottischen »uisge beatha« (Öffnungszeiten: Mai bis Sept. tgl. 9.30–18.30, Okt. – April tgl. 10.00–17.00 Uhr; ►S. 388).

Lawnmarket

Im folgenden Abschnitt der Royal Mile, dem Lawnmarket, vermittelt das vom National Trust Scotland restaurierte, sechsstöckige Kaufmannshaus Gladstone's Land aus dem 16. Jh. mit den Originalmöbeln und kunstvollen Deckengemälden einen guten Eindruck vom Leben einer Kaufmannsfamilie jener Zeit. Das kleine Museum im Lady Stair's Close von 1622 ist Sir Walter Scott und Robert Burns und dem Romanschriftsteller Robert Louis Stevenson (1850–1894) gewidmet. Auch der gegenüberliegende Riddle's Court aus dem 16. Jh. und der nach dem Handwerker Francis Brodie benannte Brodie's Close lohnen einen Besuch. Brodies Doppelleben – tagsüber war er ehrenwerter Bürger und Stadtrat, nachts Anführer einer Einbrecherbande – soll Stevenson zu seinem Roman »Dr. Jekyll and Mr. Hyde« inspiriert haben.

✶ ◂ Gladstone's Land

✶ ◂ Lady Stair's Close

High Street

St. Giles Cathedral in der **High Street** ist die Hauptkirche Edinburghs. Obwohl als Kathedrale bezeichnet, diente St. Giles nur im 17. Jh. als solche. Charakteristikum ist der 1495 vollendete Zentralturm mit acht Strebebögen, die eine Krone bilden. Im Innern sind u.a. schöne Glasfenster der Präraffaeliten Burne-Jones und William

✶ ◂ St. Giles Cathedral

Highlights Edinburgh

Castle
Kaleidoskop der Geschichte Edinburghs. Wochentags wird um 13.00 Uhr die Ein-Uhr-Kanone abgefeuert.
▸ Seite 334

Royal Mile
Lebendiges Zentrum in der Altstadt. Die »Königliche Meile« besteht aus insgesamt drei Straßenzügen.
▸ Seite 336

National Gallery of Scotland
Schottlands beste Gemäldesammlung: Raffael, Rembrandt, van Gogh, französische Impressionisten, Gainsborough, Constable und viele andere.
▸ Seite 342

Blick vom Calton Hill
Klassischer Aussichtspunkt. Das Stadtpanorama breitet sich in seiner ganzen Schönheit vor dem Auge aus.
▸ Seite 343

Royal Botanic Garden
Großbritanniens zweitältester botanischer Garten mit Kakteensammlung und Baumriesen.
▸ Seite 343

Morris zu sehen. Die 1911 entworfene neogotische Chapel of the Most Ancient and Most Noble Order of the Thistle ist die Kapelle des Distelordens, eines der ältesten Ritterorden Europas. Westlich davon birgt der Preston Aisle den königlichen Kirchenstuhl.

Im **Parlamentsgebäude** trat das schottische Parlament von 1639 bis zur Union im Jahr 1707 zusammen. Sehenswert ist die 37 m lange Halle mit schöner Stichbalkendecke. Eine der Statuen im Saal stellt Sir Walter Scott dar, der 1806–1830 oberster Gerichtsbeamter war. Heute sind die Räume Teil des Obersten Gerichtshofs. Auch die Signet Library (Siegelbibliothek) befindet sich hier. Auf dem **Parliament Square** wurde 1685 ein Reiterdenkmal Karls II. errichtet, das als eine der ältesten Bleistatuen in Großbritannien gilt. Am **Mercat Cross** wurden im Mittelalter die königlichen Proklamationen verlesen und öffentliche Hinrichtungen vollzogen.

Auf der anderen Seite der High Street steht das **Rathaus von Edinburgh**, seit 1811 Sitz des Stadtrats. In der **Tron Kirk** am Hunter Square ist das Old Town Information Centre untergebracht. Die Tron Kirk ist traditionell der Ort, an dem zum Jahreswechsel um Mitternacht den Glocken gelauscht und das neue Jahr begrüßt wird.

★ Museum of Childhood ►

Das von Patrick Murray gegründete Museum of Childhood zeigt auf fünf Stockwerken altes Spielzeug, darunter Modelleisenbahnen, Automaten, Puppen und Spiele aus aller Welt (Öffnungszeiten: Mo. bis

Hoch lebe Schottland! Straßenszene auf der Royal Mile

Sa. 10.00–17.00, Juli, Aug. auch So. 14.00–17.00 Uhr). Im Chalmers Close gegenüber ist in einem Teil des ehemaligen Trinity College eine Sammlung von **Kopien alter Messingtafeln** zu sehen. Hier kann man auch eigene Messingsouvenirs anfertigen. **John Knox** verbrachte seine letzten Lebensjahre in der High Street. Ein Museum in dem Haus erinnert an den großen Reformator.

Canongate

Die Fortsetzung der Royal Mile bildet die Canongate in dem vornehmen Viertel Canongate. In dem Fachwerkhaus **Huntly House** ist das Stadtmuseum untergebracht; ausgestellt sind schöne Silber-, Glas- und Keramikarbeiten aus Edinburgh.Auf der anderen Straßenseite steht das ehemalige Rathaus, in dem »The People's Story« von Leben und Arbeit einfacher Bürger in Edinburgh erzählt. Außerdem wird die Entwicklung von Industrie, Handel und Gewerbe samt Reform- und Gewerkschaftsbewegung aufgezeigt.

* ◀ The People's Story

Am Ende der Canongate lohnt ein Blick in die typische, verwinkelte Altstadtpassage mit dem über 300 Jahre alten White Horse Inn, einst Postkutschenstation mit Stallungen für rund 100 Pferde.

* ◀ White Horse Close

** **Edin Palace of Holyroodhouse**

Der Palace of Holyroodhouse am Ende der Royal Mile war bedeutender Schauplatz der schottischen Geschichte. James III. und James IV. wurden hier gekrönt, Maria Stuart mit Lord Daidley getraut. Nach den Besuchen von Queen Victoria avancierte Holyroodhouse zur Residenz der britischen Königsfamilie und ist daher in den Sommermonaten nur zeitweise öffentlich zugänglich. Am Beginn der Palastgeschichte steht die **Holyrood Abbey**, eine Kapelle für die 1093 verstorbene Königin Margarethe, die 1251 heilig gesprochen und zur Schutzpatronin Schottlands ernannt worden war. Sie war in Besitz eines geheiligten Kruzifix, des Holy Rood, das angeblich aus einem Stück vom Kreuz Jesu gefertigt war. David I. gründete 1128 eine Augustinerabtei, die nach der Reliquie den Namen Holyrood Abbey trug. Das Gästehaus der Abtei, das sich allmählich zur königlichen Residenz entwickelt hatte, wurde von Jakob IV. zum Palast ausgebaut. 1544 brannte der größte Teil nieder, der jetzige Bau entstand 1670–1679 nach den Plänen von Sir William Bruce of Kinless. In den historischen Räumen, die dem Brand entgingen, gibt es eine Gemäldegalerie mit Werken niederländischer Meister und mit Porträts schottischer Könige. Die **Staatsgemächer** sind mit wertvollen Stilmöbeln und Teppichen eingerichtet. In den 260 ha großen Palastgärten, dem **Holyrood Park**, gibt es eine schöne Sonnenuhr und am Fuß des Abbeyhill ein kleines Gebäude mit pyramidenförmigem Dach, das Queen Mary's Bad, in dem die Königin angeblich in Wein gebadet hat, um ihre Schönheit zu erhalten. Vom 250 m hohen Arthur's Seat hat man einen herrlichen Blick auf Stadt und Firth of Forth.

** **New Scottish Parliament Building**

Mit dem neuen Parlamentsgebäude ist das Symbol einer sich erneuernden Nation entstanden. Das interessante Baudenkmal ist ein Werk des katalanischen Architekten Enric Miralles, das sich hervor-

Ermüdungserscheinungen beim Fringe-Festival im Holyrood Park

ragend in die umgebenden Gärten einfügt, die in den Holyrood Park überleiten. Inspirationen holte der im Jahr 2000 verstorbene Miralles sich offensichtlich von Antoni Gaudis Bauten in Barcelona und von Charles Rennie Mackintoshs Design.

Our Dynamic Earth Our Dynamic Earth an der Holyrood Road zeigt auf höchst spannende Weise die Entwicklung der Erde von ihrer Entstehung bis in die unbekannte Zukunft.

✶ Grassmarket und Greyfriars

✶ Grassmarket Ab dem Mittelalter war der malerische Grassmarket ein bedeutender Handelsplatz. Auf der Nordseite des Wochenmarktes steht das White Hart Inn, zu dessen illustren Gästen einst die Dichter Robert Burns und William Wordsworth gehörten. Daneben haben sich mehrere renommierte Restaurants und Pubs angesiedelt. Die Victoria Street, die vom Grassmarket abgeht, ist wegen ihrer bunten und skurrilen Läden eine der interessantesten Straßen in der Altstadt.

Greyfriars Church An der Greyfriars Church liegt der älteste Friedhof von Edinburgh; viele prominente Schotten sind hier begraben. Davor steht das populäre Hundedenkmal von Greyfriars Bobby. Der treue Skye-Terrier war 1858 dem Sarg seines Herrn, John Gray, bis auf den Friedhof gefolgt. Der Hund weigerte sich standhaft, den Kirchhof zu verlassen, so dass man ihm hier eine Hütte baute; 14 Jahre lang bis zu seinem Tod blieb er hier. Die Geschichte rührte die Baroness Burdett Coutts so sehr, dass sie ihm 1873 ein Denkmal setzen ließ.

Die Chambers Street ist die Museumsmeile von Edinburgh. Das renommierte Royal Museum of Scotland, 1861–1888 im viktorianischen Stil errichtet, wurde Ende der 1990er-Jahre durch den Neubau des Museum of Scotland erheblich erweitert. Umfangreiche archäologische, ethnografische, naturgeschichtliche und technologische Abteilungen erwarten die Besucher, besondere Erwähnung verdient die Sammlung primitiver Kunst.

✶✶ Royal Museum of Scotland

Das Museum of Scotland entstand nach dem Entwurf von Gordon Benson und Alan Forsyth. Man betritt das mit honigfarbenem schottischen Sandstein verkleidete Gebäude durch einen Rundturm. Im Souterrain wird Schottlands Frühgeschichte präsentiert, im Erdgeschoss die Zeit des schottischen Königreichs bis zur Vereinigung mit England. »Schottland im Wandel« und »Industrie und Empire« sind die Themen in der ersten Etage, im Obergeschoss sind Alltagsobjekte aus dem 20. Jh. zu sehen: Nylonstrumpf, Computer, LPs der Beatles, eine E-Gitarre von Tony Blair. Öffnungszeiten beider Museen: Mo. – Sa. 10.00–17.00, Di. bis 20.00, So. 12.00–17.00 Uhr.

✶✶ Museum of Scotland

Die Universität von Edinburgh blickt auf eine lange Tradition zurück, sie gehört zu den größten Hochschulen des Landes. 1583 wurde sie gegründet, die Gebäude stammen durchweg vom Ende des 18. und Anfang des 19. Jahrhunderts. Das Old College wurde von Robert Adam entworfen, die gewaltige Kuppel 1883 von Sir Rowand Anderson ergänzt. Vor dem Gebäude erinnert ein Denkmal an den Erfinder James Watt.

University of Edinburgh

New Town

Um 1800 wurde nördlich des Castle nach Entwürfen des erst 26-jährigen Städteplaners James Graig die Neustadt von Edinburgh gebaut. Es entstand eine Meisterleistung georgianischer Städtearchitektur mit Flanierstraßen, wohlproportionierten klassizistischen Gebäuden, großzügigen Crescents, Squares und Circuses.

Südgrenze der Neustadt ist die geschäftige, etwa 1,5 km lange Princes Street, einstmals eine Prachtstraße mit herrlichen Parkanlagen, etlichen Geschäften, vielen renommierten Hotels und Restaurants. Das 1895 eröffnete Jenners rühmt sich, das älteste unabhängige Kaufhaus der Welt zu sein. Zum Entspannen eignen sich die Princes Street Gardens, in denen u.a. eine jedes Jahr neu bepflanzte Sonnenuhr zu finden ist, die zu den ältesten der Welt gehört.

✶ Princes Street

1844 wurde das neogotische **Sir Walter Scott Monument** eingeweiht, auf dessen Spitze man hinaufsteigen kann. Die Marmorstatue zeigt den Dichter mit seinem Lieblingshund Maida, die 60 Figuren stellen Gestalten aus Scotts Romanen und der schottischen Geschichte dar.

Der Hügel The Mound stellt auf halber Höhe der Princes Street die Verbindung zur Altstadt dar. An seinem Fuß steht das von William

✶✶ Royal Scottish Academy

Gehört zum Kulturprogramm in Edinburgh: die National Gallery of Scotland

Henry Playfair entworfene klassizistische Gebäude der Royal Scottish Academy, die hervorragende Wechselausstellungen zeigt.

★★ National Gallery of Scotland

In der benachbarten Nationalgalerie, ebenfalls von Playfair erbaut, ist Schottlands beste Gemäldesammlung zu sehen mit Werken von Raffael, Rubens, Rembrandt, Goya, van Gogh, Tizian, El Greco, van Dyck, französischen Impressionisten, Constable und Gainsborough sowie Raeburn, McTaggert und Noel Paton. Von Raeburn ist das stimmungsvolle Gemälde »Reverend Robert Walker Skating on Duddingston Loch« zu sehen – Duddingston ist ein gemütliches Dörfchen am Rand von Edinburgh. Ein neu angelegter unterirdischer »Link« verbindet beide Gebäude miteinander. Öffnungszeiten: tgl. 10.00–17.00 Uhr, Do. bis 19.00 Uhr.

★ National Portrait Gallery

In der National Portrait Gallery in der Queens Street sind Berühmtheiten der schottischen Geschichte vom 16. Jh. bis heute zu sehen, darunter Robert Burns, James Watt und Sir Walter Scott. Die Porträts stammen u.a. von Reynolds, Epstein, Kokoschka und Gainsborough. Öffnungszeiten: tgl. 10.00–17.00, Do. bis 19.00 Uhr.

★ Charlotte Square

Die klassizistische Nordfront (1791) des Charlotte Square gilt als Meisterstück von Robert Adam. Das Georgian House gibt Einblick in die Wohnkultur einer Bürgerfamilie des ausgehenden 18. Jh.s (Öffnungszeiten: März – Okt. Mo. – Sa. 10.00–16.30. So. 14.00-16.30, Nov., Dez. Mo. – Sa. 11.00–15.30, So. 14.00–15.30 Uhr.

Dean Gallery

Jüngste der vier schottischen Nationalgalerien in Edinburgh ist die Dean Gallery (Bedford Road), in der u.a. Skulpturen des gebürtigen Edinburghers Sir Eduardo Paolozzi (geb. 1924) zu sehen sind sowie Werke des Surrealismus, u.a. von Dalí, Magritte, Miró und Picasso. Öffnungszeiten: Mo. – Sa. 10.00–17.00, So. 12.00–17.00 Uhr.

★ **National Gallery of Modern Art**

Die Scottish National Gallery of Modern Art gegenüber der Dean Gallery zeigt Künstler des 19. und 20. Jh.s, darunter Matisse, Klee, Braque, Picasso und Henry Moore, die Surrealisten Magritte, Miró, Max Ernst und Giacometti, Skulpturen der britischen Bildhauer Matthew Smith und David Hockney sowie Werke der »scottish colourists« wie Peploe, Cadell, Hunter und Fergusson. Öffnungszeiten: Mo. – Sa. 10.00–17.00, So. 12.00–17.00 Uhr.

★ **Zoological Park**

Schottlands größter Zoo westlich der Princes Street feierte 2003 sein 90-jähriges Bestehen; Löwen, Tiger, Bären, Gorillas, Kamele und Pinguine feierten mit. Öffnungszeiten: April – Sept. tgl. 9.00–18.00, Okt., März bis 17.00, Nov. – Febr. bis 16.30 Uhr.

★★ **Royal Botanic Garden**

Nördlich des Stadtzentrums liegt der Royal Botanic Garden, der zweitälteste botanische Garten Großbritanniens mit Herbarium, Palmenhaus, Tropenhaus, Kakteensammlung, Arboretum mit seltenen alten Baumriesen und der Exhibition Hall, in der regelmäßig Wechselausstellungen gezeigt werden. Öffnungszeiten: April – Sept. 10.00 – 19.00, März – Okt. bis 18.00, Nov. – Febr. bis 16.00 Uhr.

★ **Blick vom Calton Hill**

Nicht versäumen sollte man den herrlichen Panoramablick auf die Stadt vom Calton Hill. Hier oben steht das zur Erinnerung an die Gefallenen der Napoleonischen Kriege errichtete, unvollendete National Monument, das Edinburghs Ruf als »Athen des Nordens« festigen sollte. Entworfen wurde es von William Henry Playfair nach dem Vorbild des Parthenon in Athen. Das **Denkmal für Admiral Nelson**, den Sieger der Schlacht von Trafalgar, wurde 1816 eingeweiht. Hier fällt jeden Tag um 13.00 Uhr der Zeitball gleichzeitig mit dem One O'Clock Gun auf dem Castle.

★ **Leith**

Leith – bis in die 1920er-Jahre eigenständige Stadt – hatte schwer am Niedergang der Werften zu leiden. Der 1994 gedrehte Kultfilm »Trainspotting« spielt im Leith der 1980er-Jahre, das Edinburgh damals den Beinamen »Drogenhauptstadt Europas« eintrug. Mittlerweile ist der Hafen an der Mündung des Water of Leith in den Firth of Forth saniert, entstanden ist ein attraktives Wohnviertel mit guten Restaurants, gemütlichen Hafenkneipen und Galerien.

! *Baedeker* TIPP

Schottenrock nach Maß

Der Kilthersteller Kinloch Anderson in Leith in der Commercial Street 70-74 ist die Top-Adresse, wenn man sich einen Kilt nach Maß anfertigen lassen möchte.

Royal Yacht Britannia Am Ocean Terminal ist die alte Königliche Yacht Britannia zu besichtigen. Im Clan Tartan Centre in der Bangor Road 70–74 kann man per Computer Ahnenforschung betreiben, Whisky, Kilts und Strickwaren einkaufen.

Craigmillar Castle Craigmillar Castle 3,2 km östlich der Innenstadt war ein Lieblingsplatz von Queen Mary. Sehenswert sind außer den Wohnräumen aus dem 17. Jh. die historische Küche und das Verlies.

Umgebung von Edinburgh

Roslin ✶ 8 km südlich von Edinburgh liegt das Dorf Roslin, eine ehemalige Bergarbeitersiedlung. Lohnend ist die im 15. Jh. von William Sinclair gestiftete Kapelle von Roslin. Der Überlieferung nach haben die Templer an diesem Ort den »heiligen Gral« vergessen. Wunderschön sind die kunstvollen Steinmetzarbeiten und allegorischen Skulpturen. Die Prentice Pillar, eine spätgotische, reich verzierte Säule, soll von einem Lehrling hergestellt worden sein, dessen Meister angeblich so neidisch auf das Kunstwerk war, dass er ihn erschlug.

Rosslyn Chapel ►

✶ **Scottish Mining Museum** Das Scottish Mining Museum wurde in der alten Zeche von Prestongrange südöstlich von Edinburgh eingerichtet. In zwei aufgegebenen Kohlegruben wird ein Stück schottische Bergwerksgeschichte präsentiert und Einblick in die Arbeitswelt der Minenarbeiter gegeben. Öffnungszeiten: April – Okt. tgl. 11.00–16.00 Uhr.

✶ **Lady Victoria Colliery** In der Nähe liegt die Lady Victoria Mine, einst Glanzstück des schottischen Kohlereviers. Ihren Namen erhielt die Zeche nach der Frau des früheren Minenbesitzers Lord Lothian. 2000 Bergarbeiter waren hier beschäftigt, die die Kohle aus einer Tiefe von fast 500 m Tiefe zu Tage förderten. Führungen durch das Bergwerk werden von ehemaligen Grubenarbeitern geleitet. Öffnungszeiten: Febr. – Okt. tgl. 10.00–17.00, Nov. – Jan. 10.00–16.00 Uhr.

North Berwick North Berwick, ein kultiviertes Seebad am Südufer des Firth of Forth, gilt als »schottisches Biarritz». Im Hafen lohnt das Scottish Seabird Centre einen Besuch. Bootsausflüge führen zu den vorgelagerten Inseln – besonders eindrucksvoll ist der 107 m hohe Bass Rock, einst Gefängnisinsel, heute Brutplatz für unzählige Seevögel.

✶ Bass Rock ►

Westlich von North Berwick liegt die Aberlady Bay mit Sandstränden, Dünen und einem Vogelschutzgebiet. Im Myreton Motor Museum sind über 50 Oldtimer zu bestaunen, darunter ein Benz von 1897, ein Wolseley von 1902 und ein Rolls Royce von 1927. Öffnungszeiten: Ostern – Sept. tgl. 10.00–18.00, sonst bis 17.00 Uhr.

✶ **Tantallon Castle** Tantallon Castle östlich von North Berwick wurde 1374 mit Wall, Graben, Ecktürmen und einem zentralen Torhaus eindrucksvoll auf einen Felsen gebaut.

Das neue Leith: Blick in die Getränkekarte der Bar Zinc im Ocean Terminal

Scottish Museum of Flight

Südlich von North Berwick ist auf einem ehemaligen RAF-Flugplatz ein Flugzeugmuseum eingerichtet worden. Zu sehen sind u.a. eine »Supermarine Spitfire«, eine »Sea Hawk« und auch eine Concorde. Öffnungszeiten: April – Juni, Sept., Okt. tgl. 10.30–17.00, Juli, Aug. tgl. 10.30–18.00, Nov. – März Mo. – Fr. 11.00–15.00 Uhr.

Haddington

In Haddington, der am Tyne gelegenen Hauptstadt der Grafschaft Eastlothian, sind zahlreiche sorgsam restaurierte Häuser zu sehen, besonders viele in der High Street. St. Mary's Church, idyllisch am Flussufer gelegen, stammt aus dem 14. Jh.; seit der Jahrtausendwende hat sie ein neues Geläut, die »Millenniums Bells«. Knapp 10 km östlich von Haddington liegt malerisch am River Tyne die Preston Mill, eine vom National Trust for Scotland restaurierte Wassermühle, die als einzige in Schottland noch in Betrieb ist. Öffnungszeiten: April – Sept. Mo. – Sa. 11.00–13.00, 14.00–17.00, So. 13.00–17.00, Okt. Sa., So. 13.30–16.00 Uhr.

★ **Lennoxlove House**

Der Sitz der Dukes of Hamilton mit einem Landhaus aus dem 17. Jh. lohnt wegen seines kostbaren Interieurs. Auch interessante Familienporträts von Raeburn und van Dyck sind zu sehen, außerdem ein Piano, auf dem Chopin gespielt haben soll, die Totenmaske von Maria Stuart und ein Schmuckkästchen, das die gefälschten Briefe enthielt, die ihre angebliche Kenntnis vom Mord an Lord Darnley bestätigten und das Ende ihrer Regentschaft bedeuteten.

★ Um den Firth of Forth

★ **Dalmeny Pfarrkiche**

In Dalmeny steht eine der schönsten normannischen Kirchen Schottlands (2. Hälfte des 12. Jhs.). Das Südportal ist reich verziert, im Innern sind kostbare Holzschnitzereien zu sehen.

Queensferry

★★ Forth Bridges ►

In South Queensferry gibt es zwei bekannte Brücken: die gewaltige Stahlkonstruktion der 2529 m langen Forth Railway Bridge aus den 1880er-Jahren und die dagegen fast filigran wirkende, 1964 eingeweihte Street Bridge, eine Hängebrücke mit 1814 m Spannweite.

★★ Deep Sea World ►

Die Deep Sea World in North Queensferry lädt zu einer Unterwassersafari ein, bei der man Haie, Tintenfische, Hummer, Aale und Korallenriffe bestaunen kann; außerdem gibt es hier den weltweit längsten Unterwassertunnel (Öffnungszeiten: tgl. 10.00–18.00 Uhr).

★★ Hopetoun House ►

Das repräsentative Hopetoun House 4,8 km westlich wurde von William Bruce und seinen Söhnen 1696–1754 erbaut. An das barocke Herrenhaus sind beiderseits halbkreisförmige Kolonnaden und Pavillons angegliedert. Die prachtvollen Räume sind mit Stuckdecken und Möbeln des 18. und 19. Jh.s ausgestattet, zur Gemäldesammlung gehören Werke von Canaletto und Gainsborough. Öffnungszeiten: April – Sept. tgl. 10.00–17.30 Uhr.

★ **Linlithgow**

Rund 10 km weiter westlich kommt man in den altertümlichen Ort Linlithgow mit einer Reihe gut erhaltener Häuser aus dem 16. Jahrhundert. Bedeutende Kleinode Schottlands sind die berühmte, malerisch an einem kleinen See gelegene **Ruine eines Palastes** aus dem 15. Jh., in dem **Queen Mary 1542 geboren** wurde, und **St. Michael's**, die größte Gemeindekirche aus der Vorreformationszeit mit einem schönen Fenstermaßwerk im Katharinen-Seitenschiff.

★★ **Culross**

Auf der Halbinsel Fife liegt das Bilderbuchstädtchen Culross mit einem Ensemble von Bürgerhäusern aus der Zeit zwischen 1600 und 1800, das der National Trust of Scotland nach und nach restauriert hat. Besonders schön sind der von Sir George Bruce um 1600 gebaute Palace und der Bischofssitz von 1610 – »Study« genannt.

Dunfermline

★ Abbey ►

Dunfermline war einst Hauptstadt des schottischen Königreichs – Malcolm III. residierte in der zweiten Hälfte des 11. Jh.s hier. Auf diese Zeit gehen die Anfänge der Benediktinerabtei zurück, der normannische Kirchenraum ist ein Werk der Meister von Durham. Die Gräber mehrerer schottischer Könige befinden sich hier, außerdem unter der Kanzel das von Schottlands Nationalheld Robert the Bruce.

★ Carnegie Museum ►

Die Entwicklung der Stadt wurde nachhaltig von dem Stahlmagnaten und Philantropen Andrew Carnegie (1835–1919) geprägt. Das Carnegie Birthplace Museum in der Moodie Street zeigt die Traumkarriere vom mittellosen Weberssohn zu einem der reichsten Industriellen seiner Zeit – die Erfüllung des »American Dream«. Carnegie gab Teile seines Vermögens für Dunfermline, Kunst und Wissenschaft.

Die 2,5 km lange Forth Railway Bridge, gebaut in den 1880er-Jahren

Kinross

Einen Abstecher lohnt Kinross mit dem Loch Leven ca. 15 km nördlich von Dunfermline. Auf einer der beiden Inseln im See steht Lochleven Castle, aus dem Maria Stuart nach fast einem Jahr Gefangenschaft mit Hilfe des jungen Lord George Douglas floh. Öffentlich zugänglich sind die bezaubernden **Kinross House Gardens**.

✶ **Falkland Palace**

Wenige Kilometer östlich steht Falkland Palace, ein Jagdschloss der Stuarts aus dem 15./16. Jh. Häufiger Gast in Falkland Palace war Maria Stuart. Seit 1952 befindet sich das Schloss im Besitz des National Trust. Beachtenswert sind die flämischen Gobelins der Royal Chapel und die Hoffassade im Stil der Frührenaissance; der Tenniscourt im Park wurde bereits 1539 angelegt. Öffnungszeiten: März – Okt. Mo. bis Sa. 10.00–18.00, So. 13.00–17.00 Uhr.

✶ **Ostküste der Halbinsel Fife**

An der Ostküste der Halbinsel Fife entlang führt eine Küstenstraße durch schöne Landschaft. Einige hübsche Fischerdörfer lohnen einen Zwischenstopp. Eines davon ist St. Monance mit den pittoresken »Little Houses« – heute bevorzugter Wohnsitz vieler Künstler –, ein anderes ist Pittenweem, ebenfalls mit ansehnlichen Häuserzeilen rings um den alten Hafen. Die vorgelagerte Isle of May ist Naturschutzgebiet. **Anstruther**, die nächste Station, war bis in die 1940er-Jahre Zentrum der schottischen Heringsfischerei; deren Geschichte ist im Scottish Fisheries Museum dargestellt. Das malerisch an der Küste gelegene **Crail** mit weiß getünchten Giebelhäuschen und windschiefen Fischerkaten ist beliebtes Fotomotiv.

★ Eurotunnel

V 18/19

Landesteil: Südengland **Grafschaft:** Kent

Seit 1994 gibt es durch den Eurotunnel eine Verbindung vom Kontinent nach England. Er unterquert den Ärmelkanal zwischen Coquelles nahe der französischen Hafenstadt Calais und Folkestone in der englischen Grafschaft Kent.

Geschichte Erste Vorschläge für eine feste Verbindung (»fixed link«) zwischen Großbritannien und dem Kontinent gab es bereits 1751. 1880 wurden erstmals Bohrungen für zwei seperate Eisenbahntunnel zwischen dem Shakes-Cliff bei Dover und Sangatte bei Calais durchgeführt. An dieser damals festgelegten Route orientierten sich alle späteren Vorschläge. Anfang der 1980er-Jahre wurden verschiedene Verbindungsvorschläge – Tunnel und Brücken – begutachtet, 1986 entschieden sich die französische und die britische Regierung für das Eurotunnel-Projekt. Ende 1990 erfolgte der Durchstoß des Wartungstunnels, 1991 der der Haupttunnel. Ein Grenzstein in der Tunnelmitte markiert die gemeinsame Grenze beider Staaten. Sensoren und Computer überwachen alle Zugbewegungen im Eurotunnel. Größter Vorteil einer Tunnelfahrt ist der geringe Zeitaufwand. Seit Anschluss an das europäische Hochgeschwindigkeitsnetz braucht man von London nach Paris nur vier Stunden, nach Frankfurt fünf Stunden. In wirtschaftlicher Hinsicht ist der Eurotunnel allerdings enttäuschend. Die Betreibergesellschaft arbeitet gegen Schuldenberge und den drohenden Konkurs an. Obwohl ein Großteil des Transitverkehrs von England nach Frankreich mittlerweile durch Europas längsten Eisenbahntunnel rollt, werden die prognostizierten Erwartungen nicht erfüllt. Andererseits ist der Eurotunnel längst zum festen Bestandteil des europäischen Verkehrsnetzes geworden.

Konstruktion Der 50,5 km lange Tunnel besteht aus zwei parallel verlaufenden Hauptröhren mit einem Durchmesser von je 7,6 m. Zwischen den

Eurotunnel Orientierung

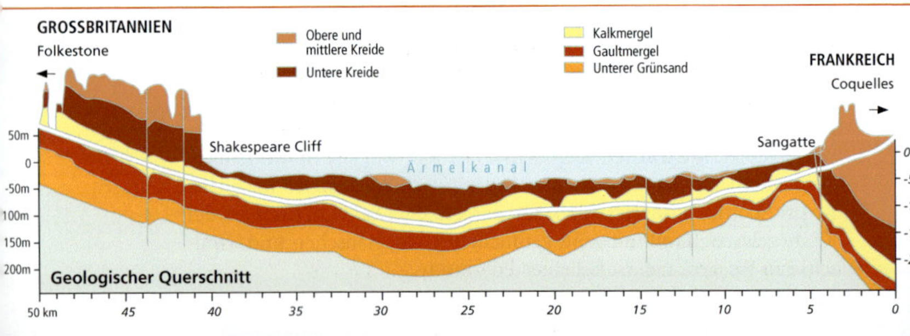

Eurotunnel Querschnitt Orientierung

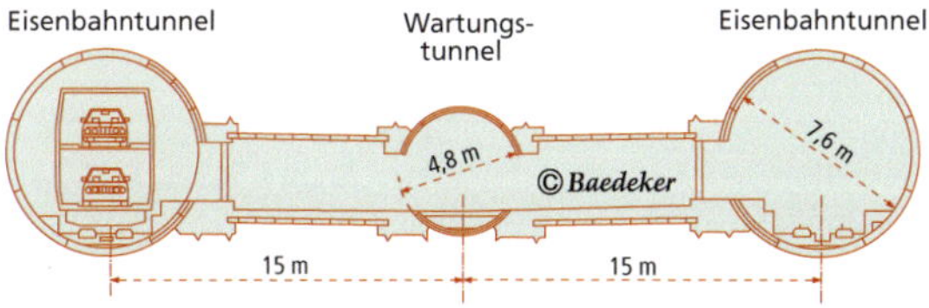

beiden eingleisigen Fahrtunneln mit einseitigem Pendelverkehr verläuft ein Wartungstunnel mit 4,8 m Durchmesser, der in einem Abstand von 375 m Querverbindungen zu den Haupttunneln hat. Die drei separaten Tunnel, die aus insgesamt 720 000 vorgefertigten Stahlbetonsegmenten zusammengesetzt sind, verlaufen in wasserundurchlässigem Kalkmergelschichten in einer Tiefe zwischen 40 m und 75 m unter dem Meeresboden.

Pendelzüge

Mit Pendelzügen werden rund um die Uhr Passagiere und Pkws transportiert; der Güterverkehr erfolgt separat. Die Reisezüge fahren tagsüber alle 15 bis 20 Min., nachts alle 30 bis 60 Min.; die Fahrzeit beträgt 35 Minuten. Die Terminals mit Restaurants und Geschäften haben direkte Autobahnanbindung.

★ Exeter

L/M 19

Landesteil: Südengland
Grafschaft: Devon
Höhe: 165 ft/50 m ü.d.M.
Einwohnerzahl: 96 500

Die alte Grafschaftshauptstadt von Devon hat trotz modernem Großstadtcharakter ihren historischen Charme bewahrt. Römische Stadtmauern, das mittelalterliche Kathedralenviertel, Häuserzeilen aus der Tudor- und Stuart-Zeit und zahlreiche Grünanlagen prägen das Stadtbild.

An der Stelle, an der der schiffbare Teil der Exe endete, wurde schon im 1. Jh. v. Chr. eine Handelsniederlassung gegründet, die die Römer im 1. Jh. n. Chr. ausbauten; sie verlängerten die wichtige Handels- und Nachschubroute von London über Dorchester bis nach Exeter. 1050 wurde das Städtchen zum Bischofssitz erhoben. Ab dem frühen 12. Jh. entwickelte sich Exeter dank der Flussschifffahrt allmählich zu einem blühenden Handelszentrum. Allerdings versandete die Exe im Lauf der Zeit mehr und mehr, so dass man sich schließlich zum Bau des Exeter Ship Canal entschloss. 1564 wurde dieser Kanal eröffnet, und Exeter hatte wieder eine Verbindung zum Meer.

EXETER ERLEBEN

AUSKUNFT

Civic Centre, Paris Street,
Exeter, Devon,
England, EX1 1JJ
Tel. 0 13 92 – 26 57 00
Fax 0 13 92 – 26 52 60
E-mail: tic@exeter.gov.uk
www.exeter.gov.uk

ESSEN

► **Erschwinglich**

Michael Caine's
Tel. 0 13 92 – 31 00 31
Dieses schicke Restaurant gegenüber der Kathedrale bietet europäische Küche.

ÜBERNACHTEN

► **Luxus**

St Olaves
Mary Arches Street, EX4 3AZ
Tel. 0 13 92 – 21 77 36, Fax 41 30 54
Hotel in georgianischem Handelshaus, zentral und ruhig gelegen; 12 individuell eingerichtete Zimmer.

► **Komfortabel**

The Edwardian
30/32 Heavitree Road, EX1 2LQ
Tel. 0 13 92 – 27 61 02
Zentral gelegenes B&B, dessen 13 Zimmer z.T. mit Himmelbetten ausgestattet sind.

Sehenswertes

★ **Kathedrale**

Fassade ► Von dem 1112 begonnenen normannischen Vorgängerbau der Petrus-Kathedrale sind nur die beiden Querschifftürme in den hochgotischen Kirchenbau übernommen worden, der zwischen 1257 und 1369 entstand. Von besonderem Interesse ist die Westfassade im unteren Bereich. Zwischen der Portalzone und dem großen Maßwerk-Rosenfenster stellen drei übereinander liegende, einst farbig gefasste Figurenreihen das himmlische Jerusalem dar: Engel, alttestamentarische Könige in kreuzbeiniger Richterpose als Vorgänger Christi, Apostel und Propheten sind zu erkennen.

Innenraum ► Das Scheitelrippen-Gewölbe mit schönen Schlusssteinen ist angeblich das längste Rippengewölbe der Welt – der ausgeprägte Längsrichtungsbau der englischen Gotik wird in Exeter besonders deutlich. Die Minstrel Gallery (Spielmannsempore, 14. Jh.) an der nördlichen Mittelschiffwand zeigt musizierende Engel unter Baldachinen noch weitgehend in Originalfarben. Ein wunderbares Detail ist der Gaukler am Pfeiler jenseits der Kanzel, der der Gottesmutter am gegenüberliegenden Mittelschiffpfeiler einen Kopfstand darbietet.

Die **Chorschranke** mit Gemälden des 17. Jh.s wurde um 1325 fertig gestellt. Während des Commonwealth (1649–1660) wurde sie zugemauert, damit die Independenten das Hauptschiff und die Presbyterianer den **Chorraum** für ihre Gottesdienste benutzen konnten. Besonders sehenswert im Chor sind die rund 50 in das **Chorgestühl** des 19. Jh.s integrierten Miserikordien aus der Zeit von 1230–1270, u.a. ein Elefant mit Kuhfüßen, Sirenen, ein König im Siedekessel. Das Lesepult in Form eines Messingadlers (Johannes-Evangelisten-

symbol) stammt aus der Zeit um 1500. Der gotische, 17 m hohe **Bischofsthron** zeigt Paneel-Bildnisse mehrerer Bischöfe. Beachtenswert sind zudem das große **Ostfenster** (14. Jh.) mit Darstellungen der Maria und verschiedener Heiliger sowie die astronomische Uhr Uhr im nördlichen Querschiff. Im **Kapitelhaus** von 1412 ist der bemalte Holzdachstuhl sehenswert.
Die **Bibliothek** besitzt den aus dem 10. Jh. stammenden »Exeter Codex« mit Gedichten verschiedener angelsächsischer Verfasser, außerdem eine Kopie der Bibel, die von John Eliot für die Indianer in Massachusetts gedruckt wurde.

Cathedral Close

Innerhalb des Cathedral Close sind eine Reihe alter Häuser erhalten, mittelalterliche Wohnstätten von Geistlichen, das viergeschossige Fachwerkgebäude Mol's Coffee House (1598), die kleine Kirche St. Martin (15. Jh.) und unweit davon in der St. Martin Lane das Ship Inn, ein altes Gasthaus und Treffpunkt von Seefahrern, das Sir Francis Drake lobend erwähnt hat.

Das schöne Ostfenster in der Kathedrale von Exeter mit einer Mariendarstellung

Altstadt Hauptgeschäftsstraße von Exeter ist die High Street, an der die Guildhall, das Rat- oder Zunfthaus, steht. Am nordöstlichen Ende der High Street gibt es Zugänge zum unterirdischen, mittelalterlichen Kanalsystem (underground passages).

Vom **Rougemont Castle**, einer alten normannischen Burg, zeugen nur noch die Gräben, die Wallanlagen, Athelstans Turm (von Shakespeare in »Richard III.« erwähnt) und der Torturm.

Das **Royal Albert Memorial Museum** in der Queen Street zeigt alte Gemälde und Kunsthandwerk aus Devon und in der Devon Gallery eine bedeutende archäologische und geologische Sammlung.

Fore Street und Umgebung Westlich der Fore Street steht die St. Nicholas Priory, die Ruine einer Benediktinerabtei von 1080 mit normannischer Krypta, Küche und Halle aus dem 15. Jahrhundert. Tucker's Hall (1471) in der Nähe mit einem schönen holzgetäfelten Innenraum war im Mittelalter Zunfthaus der Weber und Gerber. In Stepcote Hill südöstlich davon sind ein hübsches spätmittelalterliches Fachwerkhausensemble und die Kirche St. Mary Steps mit interessanter Uhr (Figuren des 18. Jh.s) und normannischem Taufbecken sehenswert. Ein Stück weiter erreicht man die Cricklepit-Brücke zum Quay House Interpretation Centre, das eine umfassende Geschichte der Schifffahrt präsentiert.

! *Baedeker* TIPP

Cream Tea

Das Umland gehört zu den fruchtbarsten Weidegebieten in England und ist berühmt für seinen Rahm und Sahnekäse; den köstlichen »cream tea«, kleine Kuchen mit Sahnehaube und Konfitüre zum Tee, sollte man sich deshalb in Exeter und Umgebung nicht entgehen lassen.

Umgebung von Exeter

Killerton Gardens Besonders im Frühling und Sommer lohnen Killerton Gardens 11,2 km nordöstlich einen Besuch, ein um 1800 angelegter Landschaftspark. Im Herrenhaus wird eine Kostümsammlung gezeigt.

★ Bickleigh Am Exe weiter nördlich liegt Bickleigh mit weiß getünchten Cottages – ein bezauberndes Dorfensemble inmitten saftiger Wiesen.

★ Knightshayes Court Knightshayes Court 3 km nördlich von Tiverton ist das Musterbeispiel eines eleganten viktorianischen Landsitzes mit schönem Park. In der Bibliothek hängt eine hervorragende Gemäldesammlung.

Powderham Castle

Powderham Castle 12,8 km südwestlich von Exeter ist Sitz der Courtenays, Earls of Devon: ein Schloss aus dem 16. Jh. mit Gartenanlagen, die in einen Hirschpark übergehen.

★ **A la Ronde**

A la Ronde ist ein höchst ungewöhnlicher Landsitz 3 km nördlich von Exmouth. Das auf 16-seitigem Grundriss erbaute Haus ließen sich 1796 zwei Frauen bauen, die fast 10 Jahre durch Europa gereist waren und hier mit ihrer Souvenirsammlung einzogen (Öffnungszeiten: April – Okt. So. – Do. 11.00–17.30 Uhr).

A la Ronde, ungewöhnliches Zuhause zweier exzentrischer Frauen

★ Fen District

T – V 15/16

Landesteil: Ostengland

Grafschaften: Cambridgeshire, Norfolk, Lincolnshire

Der Fen District, auch Fenlands oder »The Fens« genannt, ist ein Marsch- und Moorgebiet an der East Coast, das von den Flüssen Ouse, Nene, Welland und Witham gespeist wird. Die küstennahen, aus Schlickablagerungen entstandenen, fruchtbaren Marschen werden als Siltfens bezeichnet, die küstenfernen torfigen Moore als Peatfens.

Marschen und Moore

Zu Hadrians Zeiten gab es in den Fens ausgedehnte römische Siedlungen mit Getreideanbau und Salzgewinnung, und schon damals begann man, Moorgebiete trockenzulegen. Die hauptsächliche Entwässerung wurde jedoch 1622–1656 von dem holländischen Ingenieur Sir Cornelius Vermuyden geleitet, der weite Gebiete für die Landwirtschaft erschloss, so dass es in den Fens heute fruchtbare Anbauflächen für Weizen, Zuckerrüben, Gemüse, Blumen und Kartoffeln gibt. Um das Wasser aus dem Boden zu pumpen, setzte man früher nach holländischem Vorbild Windmühlen ein, von denen noch heute einige zu sehen sind, später Dampfpumpwerke, jetzt werden Elektromotoren verwendet. Für Naturliebhaber ist diese grüne Landschaft mit seltenen Vogelarten, Libellen und Schmetterlingen, Wildblumen, grasendem Vieh, weiten Feldern und stattlichen Farmhäusern ein reizvolles Ausflugsziel. Jenseits vom Deich liegt auf der Meerseite das von Salzpflanzen geprägte Vorland, das heute Naturschutzgebiet ist. Auch die Peatfen-Moore, die teilweise im Urzustand erhalten werden, sind als Naturschutzgebiete ausgewiesen, so das Holme Fen und das Woodwalton Fen, zu dessen Besonderheiten viele seltene Schmetterlingsarten gehören. Südlich von Ely liegt das 1899 als erstes britisches Naturschutzgebiet ausgewiesene Moorland des Wicken Fen, wo die verschiedenen Entstehungsformen und Nutzungsstadien der Fens gezeigt werden.

★ Naturschutzgebiete ►

★ Wicken Fen ►

Ely

Empfehlenswerter Standort zur Erkundung der Fens ist die Stadt Ely in Cambridgeshire. Dadurch dass der Torf in der Umgebung als Brennmaterial zur Salzgewinnung genutzt wurde, kam die Stadt zu frühem Reichtum, der sich in der Architektur der Kathedrale, der drittgrößten in England, widerspiegelt. Aufragend aus dem flachen Fen-Land ist sie ein weithin sichtbares Wahrzeichen.

★★ Kathedrale ►

Vor der Trockenlegung der Fens war Ely eine Insel im sumpfigen Moor. Schon Ende des 7. Jh.s stand hier ein Kloster, das von St. Etheldreda, der Königin von Northumbria, gegründet worden war. Das heutige Gebäude wurde 1083 von Simeon, dem ersten normannischen Abt, begonnen. Als Ely 1109 Bischofssitz wurde, war der östliche Teil der Kirche fertig, der westliche Teil wurde 1180–1190 been-

det. 1322 stürzte der normannische Vierungsturm ein. Im Gegensatz zu anderen Kirchen – der Einsturz von Türmen war keine Seltenheit – erhielt die Kathedrale keine neue Turmspitze, sondern eine achteckige Krone aus Holz, die wiederum eine achteckige Laterne aufgesetzt bekam. Die rund 400 t schwere Holzkonstruktion wurde außen mit Blei verkleidet.
Das Innere des 76 m langen Schiffs ist streng normannisch, aber doch beschwingter und leichter, als man von diesem Stil gewohnt ist. Dieser Eindruck entsteht durch die mehrfache Gliederung der zwölf normannischen Joche und zudem durch die im 19. Jh. bemalte Decke. Das von 16 mächtigen Eichenstämmen getragene Oktogon mit 25 m Durchmesser ist das einzige dieser Art in England. In der St.-Edmund's-Kapelle ist ein restauriertes Fresco von etwa 1200 erhalten. Hinter dem Chor betritt man die von Bischof Alcock, dem Stifter von Peterhouse und Gründer des Jesus College in Cambridge, erbaute Kapelle (15. Jh.). Die Marienkapelle von 1321 ist ein wunderschönes Beispiel des Decorated Style.
Die Klostergebäude sind nur noch teilweise erhalten, sie gehören heute zur King's School, so die schöne Prior-Crauden's-Kapelle und die Queen's Hall. Im Pfarrhaus der St.-Mary-Kapelle hat Oliver Cromwell von 1636 bis 1647 mit seiner Familie gelebt.

ELY

AUSKUNFT

Oliver Cromwell's House, 29 St Mary's Street, Ely, Cambridgeshire, England, CB7 4HF
Tel: 0 13 53 – 66 20 62
Fax 0 13 53 – 66 85 18
E-mail: tic@eastcambs.gov.uk
www.eastcambs.gov.uk

Boston

Eine interessante Stadt ist Boston am Nordrand des ► Fen Districts. Das englische Boston in Lincolnshire gab dem amerikanischen Boston in Massachusetts seinen Namen. Die Stadt, knapp 10 km von der Mündung des River Witham entfernt, war früher zweitwichtigster Seehafen in England. Heute ist Boston Verwaltungszentrum des »Holland« genannten Fen-Bezirks. Die Kirche St. Botolph hat einen weithin sichtbaren Turm mit einem Glockenspiel mit 36 Glocken. Von diesem »Botolph's Town« leitet sich der Ortsname ab.

★ ◄ St. Botolph

Spalding

Weitere hübsche Orte sind das ein wenig an Holland erinnernde Spalding, Zentrum der Blumenzwiebelzucht, und 16 km südlich **Crowland**, das wegen seiner Benediktinerabtei bekannt ist; im 8. Jh. ließ König Ethelbad von Mercian über dem Grab eines Eremiten eine erste Kirche an dieser Stelle errichten. Crowlands zweite Sehenswürdigkeit ist die von einer Christusfigur überragte Trinity Bridge, eine Brücke aus der Zeit, als die Wasserwege als Straßen dienten. Heute liegt die seltsame Brücke trocken. Sie wurde in der Mitte des 14. Jh.s über dem Zusammenfluss von zwei Kanälen gebaut, die inzwischen umgeleitet wurden.

✶ ✶ Glasgow

J/K 9

Landesteil: Schottland
Council Area: Glasgow City
Höhe: 46 ft/14 m ü.d.M.
Einwohnerzahl: 612 000

1999 wurde Glasgow zur »UK City of Architecture and Design« gekürt. Seitdem gilt die einstige Working-Class-Metropole als Trend-City mit einer charmanten Mischung aus multikulturellem Großstadtflair und lässigem Lifestyle.

Trendcity mit eigenem Charme

Glasgow ist Schottlands größte Stadt. Im Vergleich zu der stolzen Erzrivalin Edinburgh war Glasgow immer die unnahbare, graue Industrie- und Handelsmetropole – Theodor Fontane fand für sie in seinem Schottland-Reisebericht 1860 nur missbilligende Worte. In den letzten Jahren ist jedoch der große Wandel eingetreten. Glasgow wurde zur Dienstleistungsmetropole umstrukturiert, was hier besser gelungen ist als in anderen früheren Industrieregionen – Arbeitslosigkeit ist in manchen Vierteln allerdings nach wie vor ein Problem.
Ende der 1980er-Jahre begann man, komplette Straßenzüge und zahlreiche Lagerhallen zu renovieren, mit Sandstrahlern wurden die verrußten Sandsteinfassaden der viktorianischen Gebäude gereinigt, abbruchreife Gebäude am Clyde-Ufer machten Grünanlagen Platz, und die ehemaligen Dockanlagen auf der gegenüberliegenden Flussseite wurden zu Wohnungen umfunktioniert. Wahrzeichen von Glasgow sind heute das wegen seiner unverwechselbaren Form »Armadillo« (Gürteltier) genannte Clyde Auditorium und das futuristisch anmutende Science Centre am Pacific Quay. Neue Museen entstanden: 1996 die Gallery of Modern Art und 1999 das Lighthouse – eine Hommage an den Art-Nouveau-Architekten Charles Rennie Mackintosh. Glasgows avantgardistische Kunst- und Designszene zählt derzeit neben der von London zur innovativsten des UK.

12. Jh.	Bau der Kathedrale und Entwicklung einer Siedlung
18. Jh.	Wirtschaftliche Blütezeit durch Textil- und Tabakhandel
19. Jh.	Bau von großen Industrie- und Werftanlagen, Wirtschaftsboom
20. Jh.	Niedergang der Schwerindustrie und Umstrukturierung

Stadtgeschichte

Im 6. Jh. soll der spätere Schutzpatron von Glasgow, der heilige Mungo, mit einem von zwei Ochsen gezogenen Karren in diese Gegend gekommen sein. Die Ochsen blieben unvermittelt an einem »Glas ghu« (keltisch), einem »geliebten grünen Ort« stehen. An dieser Stelle baute Mungo eine kleine Kirche, die im 12. Jh. durch eine Kathedrale ersetzt wurde. Um die Kathedrale entwickelte sich die

← *Vor der Kathedrale: der Lachs aus dem Stadtwappen von Glasgow*

mittelalterliche Siedlung, nach der Reformation verlagerte sich das Stadtzentrum zum heutigen Glasgow Cross.

Der Union von 1707 folgte eine wirtschaftliche Blütezeit, bedingt durch den Nordamerikahandel. Mitte des 18. Jh.s begann die große Zeit des Textilhandels, 1776 stand Glasgow an erster Stelle im britischen Tabakhandel. 1769 erfand James Watt die Dampfmaschine, deren Einsatz die Produktionsverfahren revolutionierte. 1792 wurden im benachbarten Paisley die ersten mechanischen Webstühle aufgestellt. Watt war auch leitender Ingenieur bei der Schiffbarmachung der flachen Clyde-Mündung: Auf einer Strecke von 30 km wurde der Fluss vertieft, so dass die Schiffe bis nach Glasgow fahren konnten, wo gewaltige Industrie- und Werftanlagen entstanden. Mitte des 19. Jh.s wurden 80 % aller britischen Dampfschiffe in den Werften am Clyde gebaut. Ende des 19. Jh.s erreichte die Schwerindustrie mit Schiffs- und Lokomotivbau ihren Höhepunkt .

Die Kehrseite des Wirtschaftsbooms kam mit dem drastischen Bevölkerungsanstieg auf engstem Raum und einer damit verbundenen Verelendung. Glasgow mit seinen Industriearbeitsplätzen war zur Einwandererstadt geworden, ein Schmelztiegel vieler Nationen mit zunehmend schlechten Wohnverhältnissen. Ein Ventil für wachsende religiöse und soziale Spannungen waren die Fußballspiele zwischen den beiden großen Clubs: Rangers und Celtics.

Mit dem Niedergang der Schwerindustrie in der Clyde-Region ging Glasgows Bevölkerungszahl erheblich zurück, der Verfall städtischer Wohngebiete in Glasgow folgte. Noch in den 1970er-Jahren war das Image der Metropole von rauchenden Fabrikschloten und heruntergekommenen Wohnvierteln gekennzeichnet. Um 1980 begann man mit der umfangreichen Sanierung des Zentrums im Bereich des Clyde. Schließlich trugen verschiedene Imagekampagnen – bis hin zur Deklarierung zur britischen Designstadt 1999 – dazu bei, das lokale Selbstbewusstsein zu stärken und die Bereitschaft, am Standort Glasgow zu investieren, zu fördern.

! *Baedeker* TIPP

Glaubensfrage

Fußball ist in Glasgow kein Zeitvertreib, eher eine Glaubensfrage. Katholische Bürger jubeln für den 1873 gegründeten irisch-katholischen Celtic Club, Protestanten für die 1888 gegründeten schottisch-protestantischen Glasgow Rangers. Infos zu Celtic Park und Ibrox Stadium, Spielen, Eintrittskarten finden Liebhaber des »Beautiful Game« unter http://rangersfansvcelticfans.com.

Charles Rennie Mackintosh

Vier schottische Architekten schufen um die Jahrhundertwende in Glasgow den so genannten Free Style: John A. Campbell, Sir John Burnet, James Salmon II. und – allen voran – Charles Rennie Mackintosh (1868 bis 1928). Mit seiner späteren Frau Margeret Macdonald, deren Schwester Frances und J. H. Macnair bildete Mackintosh die Gruppe »The Four«, den Kern der »Glasgow School of Art«, die eine spezifisch schottische Variante des Jugendstils entwickelte. Die von Mackintosh entworfene Glasgower Kunsthochschule in der Renfrew Street, deren Synthese aus funktionalistischem Kalkül und ornamentaler Fantasie von Walter Gropius als »Anfang eines Durchbruchs« gerühmt wurde, gilt als eines der Schlüsselwerke in der Architekturmoderne um 1900. Der Designer zeichnete sich auch durch die von ihm entworfenen Inneneinrichtungen mit neuartigen Proportionen und einer auf geometrischen Mustern basierenden Formgestaltung aus. »Toshie«, der in Deutschland im Rahmen eines Darmstädter Architektenwettbewerbs durch seinen Entwurf für das »Haus eines Kunstfreundes« (Art Lover's House, 1901) bekannt wurde, avancierte zum Liebling der Glasgower. Überall findet man Kopien seiner meisterhaften Arbeiten, und der von ihm gestaltete, später restaurierte Willow Tearoom in der Sauchiehall Street wurde zum Mekka für Jugendstilanhänger – ebenso wie das Gebäude des Scotland Street School Museum of Education, das Hill House im benachbarten Helensburgh und das erst 1989–1996 nach Mackintoshs Plänen von 1901 erbaute Art Lover's House im Bellahouston Park, in dem Design-Ausstellungen gezeigt werden. Die einzige von ihm entworfene Kirche ist Hauptsitz und Informationszentrum der Charles Rennie Mackintosh Society (870 Garscube Road).

★ ◀ Art Lover's House

Highlights Glasgow

Glasgow School of Art
Von Mackintosh entworfene Kunstakademie. Schon mit 28 Jahren zeichnet er sich als Meister der Fassadengestaltung aus.
▶ Seite 364

Glasgow Museum and Art Gallery
Eine der schönsten städtischen Gemäldesammlungen in Großbritannien: von Bellini und Botticelli bis Pissarro und Picasso.
▶ Seite 366

Burrell Collection
Die Kunstkollektion eines Glasgower Reeders. Burrell sammelte Griechisches, Persisches, Römisches, japanische Holzdrucke, chinesische Jadearbeiten, Aktfiguren von Rodin, Gemälde von Degas ...
▶ Seite 366

Willow Tearoom
Ein Gesamtkunstwerk für Teetrinker: Für den Willow Tearoom entwarf Mackintosh die komplette Innenausstattung und sogar Bestecke und die Speisekarte.
▶ Seite 362

Hill House in Helensburgh
Und noch einmal Mackintosh – Das eigenwillige Hill House (Bild unten) gilt als Meisterwerk des Jugendstilkünstlers.
▶ Seite 369

Glasgow Orientierung

Übernachten
- ① Millenium
- ② Malmaison
- ③ The Merchant Lodge
- ④ Victorian House

Essen
- ① Bouzy Rouge
- ② Rococo
- ③ Gamba
- ④ No. Sixteen

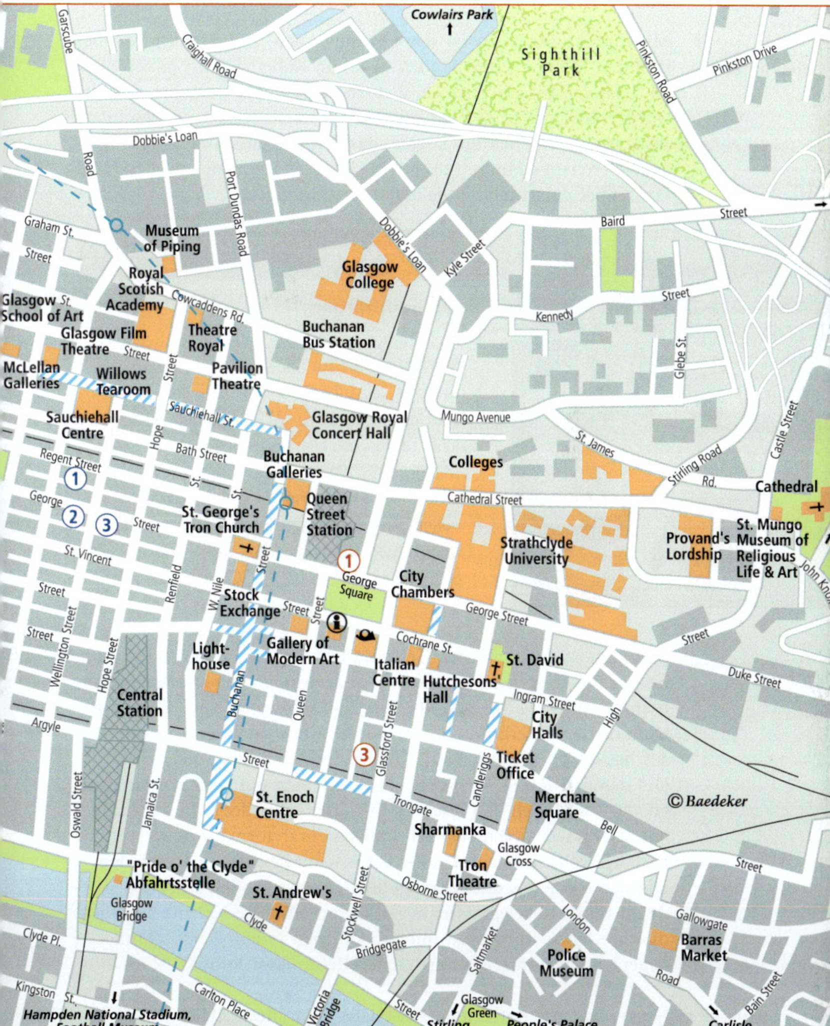

U-Bahn

Fußgängerzone

Sehenswertes

✶ George Square Mittelpunkt der Stadt ist der George Square mit Statuen von berühmten Männern und Frauen, u.a. von Robert Burns, James Watt, Sir Walter Scott und Queen Victoria. Das Rathaus an der Ostseite wurde 1883 im Stil der italienischen Renaissance gebaut. Besondere Beachtung verdienen die Loggia, das Treppenhaus und der Bankettsaal. Merchant's House (1877), die Bank of Scotland und das Head Post Office entstanden Ende des 19. Jahrhunderts.

! *Baedeker* TIPP

Willow Tearoom

Mrs. Catherine Cranston ließ Charles Rennie Mackintosh bis zur Speisekarte hin die gesamte Teestube im ersten Stock des Hauses Sauchiehall Street Nr. 217 gestalten. Nach einer umfangreichen Restaurierung wurde der Betrieb 1983 wieder aufgenommen – es gibt köstliche Teekreationen in wahrhaft kunstvollem Ambiente! Zum Genießen für Gaumen und Augen (Öffnungszeiten: Mo. – Sa. 9.00–16.30, So. 12.00–16.30 Uhr).

✶ Cathedral of St. Mungo Bedeutendstes historisches Gebäude in Glasgow ist die östlich vom George Square gelegene Cathedral of St. Mungo, die zweitgrößte gotische Kathedrale Schottlands. Der Raum ist über zwei Ebenen gebaut, da der Untergrund abschüssig ist. Chor und Langschiff werden auf das 13. Jh. datiert, Lady Chapel und Kirchturm auf das 15. Jh. Der schönste Raum, die Krypta (12. Jh.), birgt das Grab des hl. Mungo, der vermutlich den Bischofssitz in der Mitte des 6. Jh.s gegründet hat. Besonders beachtenswert sind das präreformatorische gotische Fächergewölbe und ein seltener Lettner mit den sieben Todsünden.

Die sich anschließende **Nekropolis**, Glasgows größter Friedhof, wurde im 18. Jh. angelegt. Hier liegen viktorianische Kaufleute begraben, die ihre letzte Ruhestätte mit beachtlichen Grabmälern schmücken ließen; ein Denkmal erinnert an den Reformator John Knox.

Provand's Lordship Gegenüber der Kathedrale steht Glasgows ältestes Haus, Provand's Lordship, das 1471 als Hospital gebaut wurde und jetzt als Museum für Möbel aus der Zeit von 1500 bis 1914 dient.

✶ St. Mungo Museum of Religious Life and Art Das Museum informiert – als bisher einziges seiner Art in Europa – über Weltreligionen, Riten und Formen der Auseinandersetzung mit existenziellen Fragen zu Leben und Tod (2 Castle Street; Öffnungszeiten: Mo. – Do., Sa. 10.00–17.00, Fr., So. 11.00–17.00 Uhr).

GLASGOW ERLEBEN

AUSKUNFT

11 George Square, Glasgow, Scotland, G2 1DY
Tel. 01 41 – 204 44 00, Fax 221 35 24
E-mail: enquiries@seeglasgow.com
www.seeglasgow.com

AN- UND ABREISEN

Der Flughafen liegt 16 km westlich (www.baa.co.uk), Flughafen Glasgow Prestwick 50 km außerhalb (www.-gpia.com); von beiden Bus- bzw. Zugverbindungen ins Zentrum. Ausflugsboote und der Raddampfer Waverley starten an der Kingston Bridge und an der Glasgow Bridge; die Glasgow Ducks am Glasgow Science Center.

MUSEUMSBESUCH GRATIS

Alle städtischen Museen sind kostenlos, darunter auch Glasgow Museum and Art Gallery, Hunterian Museum und Burrell Collection.

ESSEN

► Erschwinglich

① ***Bouzy Rouge***
71 Renfield Street, Tel. 333 97 25
Seafood & Grill mit allerfeinsten Fischgerichten.

② ***Rococo***
202 West George Street, Tel. 221 50 04
Neue schottische Küche mit mediterranen und asiatischen Akzenten.

③ ***Gamba***
225a West George Street,
Tel. 572 08 99
Fischgerichte und Meeresfrüchte – sehr lecker zubereitet.

④ ***No. Sixteen***
16 Byres Road, Tel. 339 25 44
Kleines Lokal mit winziger Küche: Es gibt preiswerte Schlemmergerichte.

ÜBERNACHTEN

► Luxus

① ***Millennium***
George Square
Tel. 01 41 – 332 67 11,
Fax 332 42 64
www.millennium-activhotels.com
Zur Jahrtausendwende neu gestaltete Nobelherberge im Zentrum der Merchant City; 140 Zi.

► Komfortabel/Luxus

② ***Malmaison***
278 West George Street
Tel. 01 41 – 572 10 00,
Fax 572 10 02
www.malmaison-glasgow.activehot-les.com
72 Zimmer in geschmackvollem modernem Design.

► Komfortabel

③ ***The Merchant Lodge***
52 Virginia Street
Tel. 01 41 – 552 24 24, Fax 552 47 47
www.the-merchant-lodge.saganet.-co.uk
Früheres Wohnhaus eines Tabakhändlers, zentral gelegen mit 33 gemütlichen Zimmern.

④ ***Victorian House***
212 Renfrew Street
Tel. 01 41 – 332 01 29, Fax 353 31 55
www.thevictorian.co.uk
33 helle großzügige Zimmer, sehr freundlicher Service.

EINKAUFEN

Einkaufen kann man in der Buchanan Street (Fußgängerzone) mit dem luxuriösen Princes Square, in der Argyll Street, in den Argyle Arcades und im St. Enoch Centre. Nordöstlich des George Square liegt die belebte Sauchiehall Street.

Gallery of Modern Art Die 1996 eröffnete Gallery of Modern Art zeigt auf vier Stockwerken Gegenwartskunst von Margaret Baird, Peter Howson, Ron O'Donnell, Beryl Cook, John McLean, Seean Reid (Öffnungszeiten: Mo. bis Do., Sa. 10.00–17.00, Fr., So. 11.00–17.00 Uhr).

The Lighthouse Das ehemalige Herald Building wurde im Stil des Art-Nouveau-Architekten Mackintosh renoviert und mit einem lichtdurchfluteten Anbau versehen. 1999 ist Glasgows Architektur- und Designmuseum in die Räume gezogen. Präsentiert werden Entwicklungen der nationalen und internationalen Szene. Öffnungszeiten: Mo., Mi. – Sa. 10.30–17.00, Di. 11.00–17.00, So. 12.00–17.00 Uhr.

★★ McLellan Galleries Bis zur Wiedereröffnung der Kelvingrove Museum and Art Gallery (voraussichtlich 2006) werden in den McLellan Galleries, Sauchiehall Street Nr. 270, Ausstellungen moderner britischer Künstler gezeigt. Öffnungszeiten: Mo. – Sa. 10.00–17.00, So. 11.00–17.00 Uhr.

★★ Glasgow School of Art In der steil nach Norden abzweigenden Renfrew Street sollte man sich die 1876 von Mackintosh entworfene Kunstakademie (Nr. 167) ansehen. Der 1909 vollendete Jugendstilbau des damals erst 28-Jährigen bestätigt den Künstler nicht nur als Meister der Fassadengestaltung, sondern auch als hervorragenden Innenarchitekten. Besonders sehenswert: der eigenwillige Bibliothekssaal! (Führungen Mo. – Fr. 11.00 u. 14.00, Sa. 10.30 u. 11.30, Juli, Aug. auch Sa. 13.00, So. 10.30, 11.30, 13.00 Uhr, www.gsa.ac.uk)

Architektur- und Design-Zentrum »The Lighthouse«

Das viktorianische **Tenement House** (145 Buccleuch Street) vermittelt einen Einblick in die Lebensweise der Bewohner im 19. Jahrhundert. Öffnungszeiten: März bis Okt. tgl. 14.00–17.00 Uhr.

An der London Road ein Stück weiter nördlich liegt der bekannte **Barras Market**. An Wochenenden bieten hier mehr als 800 Händler ihre Waren an.

Scotland Street School Museum of Education: In der Scotland Street südlich des Clyde baute Mackintosh 1904 ein Schulgebäude, in dem heute ein Museum für Bildung und Erziehung eingerichtet ist, das mit Möbeln und diversen Lehrmaterialien aus Glasgower Schulen die Geschichte der Schulen von der viktorianischen Epoche bis 1990 zeigt. Öffnungszeiten: Mo. bis Do., Sa. 10.00–17.00, Fr., So. 11.00–17.00 Uhr.

Hunterian Museum: So wohnte Mackintosh.

Die Kelvin Hall im **Kelvingrove Park** im Westen der Stadt ist Standort des **Museum of Transport** mit Schiffsmodellen, Lokomotiven, Straßenbahnen, Oldtimern, Pferdedroschken und dem Nachbau einer Glasgower Straße von 1938. Öffnungszeiten: Mo.–Do., Sa. 10.00–17.00, Fr., So. 11.00–17.00 Uhr.

Hunterian Museum and Art Gallery

Ältestes Museum von Glasgow ist das 1807 eingeweihte Hunterian Museum and Art Gallery mit umfangreichen archäologischen, zoologischen und geologischen Sammlungen. Sehenswert ist insbesondere die gute Gemäldesammlung mit Werken von Rubens, Rembrandt, Whistler, Chardin, Reynolds, Pissarro, Sisley und Mackintosh und das in die Galerie integrierte, rekonstruierte Wohnhaus von Mackintosh mit Originalmöbeln und einer großen Gemäldesammlung des Künstlers. Öffnungszeiten: Mo.–Sa. 9.30–17.00 Uhr.

University of Glasgow

Am Nordrand des Kelvingrove Parks liegen die von George Gilbert Scott 1870 entworfenen Gebäude der renommierten University of Glasgow. Die zweite, 1795 gegründete Strathclyde University befindet sich unweit nordöstlich des George Square.

★★ Glasgow Museum and Art Gallery

Unbedingt zu empfehlen ist die 1901 eingeweihte Museum and Art Gallery mit der wohl schönsten städtischen Sammlung britischer und europäischer Maler in Großbritannien, darunter Turner, Ben Nicholson, Ben Johnson, van Gogh, Bellini, Rubens, Botticelli, Rembrandt. Besonders sehenswert sind die Kollektionen französischer Impressionisten (Degas, Signac, Seurat, Monet, Sisley, Pissarro und Renoir) und schottischer Maler (Horatio McCulloch, Thomas Faed, Robert Herdman, William McTaggart, die Brüder David und William Bell Scott, Edward Burne-Jones, William Dyce, Charles Rennie Mackintosh, William Gear, Bruce McLean). Ausgestellt sind außerdem antike Skulpturen, ägyptische Reliefs und archäologische Funde aus Schottland, flämische Gobelins und Schmuck-, Silber-, Glas- und Keramikarbeiten aus Glasgow. Lohnend ist auch eine Abteilung über die historische Entwicklung von Schiffbau und Seefahrt an der Mündung des River Clyde (bis 2006 wegen Umbau geschlossen).

★★ Burrell Collection

Die mehrfach ausgezeichnete Kunstsammlung wurde der Stadt 1944 von Sir William und Lady Burrell vermacht. Den Entwurf der modernen Galerie ca. 6 km südwestlich des Stadtzentrums im Pollok Country Park lieferten Barr Gasson, John Meunier und Brit Andreson. Unter den mehr als 8000 Objekten sind Kunstwerke vom Neolithikum bis um 1900 ausgestellt, darunter griechische und römische Funde (u.a. die Warwick-Vase aus dem 2. Jh.), Gemälde von Lucas Cranach d.Ä., Hans Memling, Cézanne, Delacroix, Manet, Degas,

Burrell Collection: Wer betrachtet wen? Begegnung der besonderen Art

Burrell Collection Orientierung

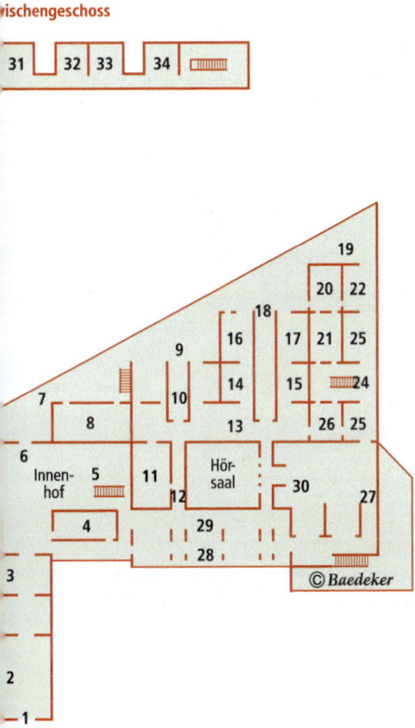

1 Eingang
2 Garderobe
3 Informationsstand
4 Speisesaal aus Hutton Castle
5 Warwick-Vase
6 Portal aus Hornby Castle
7 Antike Hochkulturen (Skulpturen, Vasen und Bronzearbeiten aus Ägypten, Griechenland, Italien, Iran, Irak, Türkei)
8 Salon aus Hutton Castle
9 Chinesische Keramiken, islamische Gebetsteppiche, koptische Textilien
10 Japanische Drucke
11 Saal aus Hutton Castle
12 Chinesische Jade- und Bronzearbeiten
13 Gobelingalerie
14 Europäisches Mittelalter (Buntglasfenster)
15 Europäisches Mittelalter (Stickereien)
16 Europäisches Mittelalter (Schnitzereien, Bronzen)
17 Europäisches Mittelalter (Grabmäler, Altargeräte)
18 Europäisches Mittelalter und Frührenaissance (Keramiken, Skulpturen, Rüstungen, Silber, Glas)
19 Altartafeln und Gemälde (15./16. Jh.; Cranach d. Ä., Memling, Bellini)
20 Elisabethanischer Raum
21 Gemälde des 17./18. Jh.s (Rembrandt, Hals, Hogarth, Raeburn)
22 Französische Gemälde (Géricault, Delacroix, Courbet)
23 Impressionisten (Manet, Degas, Cézanne, Renoir, Sisley)
24 Aquarelle, Zeichnungen (Ingres, Corot, Manet, Millet, Crawhall)
25 Haager Schule (Mauve, Maris)
26 Gotischer Raum
27 Bronzeskulpturen (Rodin, Meunier, Epstein)
28 Europäische Glasmalerei (13.-16. Jh.)
29 Islamische Metall- und Keramikarbeiten (9. bis 17. Jh.); kaukasische, indische, persische Teppiche (16.-19. Jh.)
30 Wechselausstellungen
31 Antike Hochkulturen (Keramik, Votivfiguren)
32 Chinesisches Porzellan
33 Europäisches Mittelalter (englische Trinkgefäße, Messingwaren, Skulpturen)
34 Stickmustertücher, gestickte Bildtafeln, Spitzen

mittelalterliche Kircheneinrichtungen, chinesische Jadearbeiten, indische und persische Teppiche, flämische Gobelins, Skulpturen von Rodin, illuminierte Manuskripte, englische Stickereien (16./17. Jh.), Waffen, Silber und Glas. Öffnungszeiten: Mo. – Do., Sa. 10.00–17.00, Fr., So. 11.00–17.00 Uhr.

★ Glasgow Green People's Palace

Glasgows ältester Park – bereits 1662 wurde Glasgow Green angelegt – liegt am Clyde-Ufer. Ein Museum im People's Palace dokumentiert mit Exponaten die Entwicklung von Handel und Industrie, Gewerkschaften, Frauenbewegung, Unterhaltung und Sport in Glasgow. In dem herrlichen großen Wintergarten wachsen tropische und subtropische Gewächse.

Pollok House

Im Pollok Country Park steht auch das 1752 von William Adam gestaltete Pollok House mit einer wunderbaren Sammlung spanischer Maler (El Greco, Goya und Murillo), Werken von William Blake und Antiquitäten. Öffnungszeiten: tgl. 10.00–17.00 Uhr.

People's Palace im Glasgow Green: Wintergarten für tropische Pflanzen

The Hidden Gardens Hinter der Bahnstation Pollokshields East wurde auf einem alten Industriegelände der »Heilige Garten des Friedens« mit schottischer und asiatischer Pflanzenwelt angelegt. Die kulturelle Vielfalt unterstreichen vier Lichterfeste im Jahr zum muslimischen Eid, zum Diwali der Hindus, zur Mittsommernacht und zu Weihnachten.

Hampden Scottish Football Museum Hampden, Schottlands Nationalstadion, hat nach einem Umbau 52 000 Sitzplätze. Das Fußballmuseum informiert über die Nationalmannschaft und die schottische Liga (Öffnungszeiten: Mo. – Sa. 10.00–17.00, So. 11.00–17.00 Uhr).

Botanic Gardens Im Botanischen Garten an der Great Western Road kann man im Kibble Palace die herrliche Orchideensammlung bewundern und sich bei einem Bummel durch die Grünanlagen erholen.

Umgebung von Glasgow

Von Glasgow aus sind Ausflüge in die Southern Uplands im Süden und in die ► Northwest Highlands im Norden möglich. Von Gourock an der Mündung des Clyde fahren Autofähren auf die Halbinsel

Cowal, von Ardrossan Motorschiffe nach ►Arran. 24 km sind es zur »Königin der Seen«, dem Loch Lomond, und etwas weiter zu den Trossachs (►Grampian Mountains).

**** Helensburgh Hill House**

In Helensburgh nordwestlich von Glasgow lohnt das Hill House, das Mackintosh 1903 für den Verleger Walter Blackie entwarf. Das Haus mit weiter Aussicht über den Firth of Clyde befindet sich heute im Besitz des National Trust of Scotland. Wunderschön ist vor allem die Innenausstattung, die Möbel stammen größtenteils ebenfalls von Mackintosh. Öffnungszeiten: tgl. 13.30–17.30 Uhr.

Renfrew District Paisley

Lohnende Ausflüge führen in den westlich von Glasgow gelegenen Renfrew District, dessen Hauptort Paisley ist. Weltweit bekannt ist das tropfenförmige »Paisley-Muster«, das in Zusammenhang mit der Entwicklung der Textilindustrie in der Paisley Museum and Art Gallery in der High Street vorgestellt wird; besonders sehenswert ist die umfangreiche Schalsammlung mit »Paisley Pattern«. Öffnungszeiten: Di. – Sa. 10.00–17.00, So. 14.00–17.00 Uhr.
In den **Cottages** am George Place Nr. 11 sind **Webstühle** der viktorianischen Ära zu sehen. Öffnungszeiten: April – Sept. Mi., Sa. 12.00–16.00 Uhr.

Kilbarchan Weavers Cottage

Einen Einblick in die Webtechniken des 18. Jh.s bekommt man in dem 1763 erbauten Weavers Cottage in Kilbarchan in der Shuttle Street. Regelmäßige Vorführungen zeigen, wie gesponnen und gewebt wurde. Öffnungszeiten: April – Okt.tgl. 13.00–17.00 Uhr.

Stirling

»Streitplatz«

Stirling ca. 45 km nordöstlich von Glasgow liegt am Eingang zu den Highlands. Der Platz war einstmals strategisch wichtig – nicht weniger als 15 Schlachtfelder finden sich in der Umgebung – und so wäre es nicht verwunderlich, wenn sich der Name tatsächlich von »Place of Striving« (Streitplatz) ableiten würde, wie es heißt.

*****

◄ Stirling Castle

Castle Stirling, hoch über der Stadt auf einem Vulkanfelsen thronend, ist Schottlands größte Festung. Die Geschichte der Burg ist eng mit dem Haus Stuart verknüpft. In der von den Stuarts bevorzugten Residenz wurden 1430 James II., 1451 James III. und 1512 James V. geboren. James II. ermordete 1452 hier den achten Earl of Douglas, und Maria Stuart verbrachte im Castle ihre Kindheit.
Durch das Burgtor mit Türmen aus dem 15. Jh. kommt man auf den Unteren Hof. »Stirling Heads« heißen 35 kunstvoll geschnitzte Eichenmedaillons mit Porträts schottischer Herrscher – einst waren es fast 100. Die mittelalterliche Great Hall wurde mit neuer Stichbalkendecke, Bleifenstern und Galerien originalgetreu restauriert. An der Nordseite des Oberen Hofes steht die 1594 von Jakob VI. für die Taufe seines Sohnes errichtete Royal Chapel. Öffnungszeiten: April bis Sept. tgl. 9.30–18.00, Okt. – März tgl. 9.30–17.00 Uhr.

In der 1270 errichteten **Church of the Holy Rude** südlich der Burg wurde Maria Stuart 1543 im Alter von neun Monaten zur Königin von Schottland gekrönt. 1567 erhielt ihr Sohn Jakob VI. in der Kirche die Königskrone – die Krönungsandacht hielt John Knox.

Das von William Alexander, dem Gründer der Kolonie Nova Scotia im heutigen Kanada, erbaute Stadthaus **Argyll's Lodging** gehört zu den besterhaltenen Renaissancebauten in Schottland. 1656 ging das Haus in den Besitz des Earl of Argyll über. Die Räume sind im Stil von 1680 restauriert. Öffnungszeiten: April – Sept. tgl. 9.30–18.00, Okt. bis März, tgl. 9.30–17.00 Uhr.

Tolbooth, 1703–1706 erbaut, war einst Gericht, Rathaus und Gefängnis. Heute ist es ein Kulturzentrum mit Theater, Bar und Restaurants. Moderne Architektur und historische Bausubstanz wurden hier in gelungener Weise miteinander verknüpft.

✶ Old Bridge Wallace Monument ►

Im Nordosten von Stirling steht das weithin sichtbare Wallace Monument, ein vierkantiger Turm, der 1869 zum Gedenken an den Sieger der Schlacht um die Brücke von Stirling errichtet wurde. In einer Ausstellung kann man den Kampf von William Wallace gegen die englischen Invasoren zwischen 1296 und 1298 nacherleben. Dank dem 1996 mit 5 Oscars ausgezeichneten Zelluloid-Epos »Braveheart« mit Mel Gibson alias William Wallace, der allerdings den Beinamen »Braveheart« im wahren Leben niemals trug, erfreut sich der schottische Freiheitsheld heute großer Beliebtheit.

Leighton Library

In der kleinen Stadt Dunblane 10 km nördlich von Stirling gibt es außer einer Kathedrale an Interessantem vor allem die im 17. Jh. von Robert Leighton eingerichtete Library. Sie ist die älteste private Bibliothek Schottlands mit über 4500 Bücher in 32 Sprachen. Heute ist sie öffentlich zugänglich.

✶ **Doune Motor Museum**

Zur Oldtimersammlung des Grafen von Moray in Doune 13 km nordwestlich von Stirling gehören Jaguar, Aston Martin und Bentley, ein MG von 1930, ein Morgan Plus Four von 1951, Sunbeam-Motorräder der 1920er-Jahre und der zweitälteste Rolls Royce der Welt. Öffnungszeiten: Ostern – Nov. tgl. 10.00–17.00 Uhr.

✶ **Bannockburn**

Knapp 3 km südlich von Stirling liegt zwischen den Flüssen Pelstream und Bannockburn ein Acker- und Wiesengelände, auf dem 1314 die berühmte Schlacht um Schottlands Unabhängigkeit stattfand. Inmitten einer Rotunde markiert der steinerne »Borestone« jene Stelle, an der Robert the Bruce laut Überlieferung am 23. Juni 1314 sein Hauptquartier errichten ließ, bevor er das englische Heer unter Edward II. am nächsten Tag vernichtend schlug.

Die Ausstellung im **Bannockburn Heritage Centre** über »Das Königreich der Schotten« zeichnet den Verlauf der schottischen Geschichte nach von den Unabhängigkeitskriegen bis zur Personalunion von 1603, als James VI. von Schottland nach dem Ableben Elizabeths I. zum König James I. von England erhoben wurde.

★ Glastonbury

N 18

Landesteil: Südengland
Grafschaft: Somerset
Höhe: 180 ft/55 m ü.d.M.
Einwohnerzahl: 7 750

War Glastonbury die legendäre »Isle of Avalon« und wurde bei Glastonbury der Heilige Gral vergraben? Viele Antwortsuchende zieht es an den Ort, der einst eine Insel mitten im unzugänglichen Moor war.

Sagenumwoben

Von einer christlichen Legende zeugt noch die Ruine einer sagenumwobenen Abtei. Der hl. Joseph von Arimathia, der Jesus vom Kreuz genommen und begraben hatte und das Christentum in keltische Gebiete tragen wollte, soll hier seinen Wanderstab in die Erde gestoßen haben; ein Dornbusch wuchs daraus hervor, der bis heute jedes Jahr zu Weihnachten blüht. An dieser Stelle hat der Heilige angeblich den Grundstein zur ersten christlichen Kirche im Land gelegt. Am Fuß des Glastonbury Tor, eines 160 m hohen Hügels, soll Joseph von Arimathia den **Heiligen Gral**, den Kelch des letzten Abendmahls, in dem er wenig später das Blut von Jesus' Wunden gesammelt hatte, vergraben haben; an dieser Stelle entsprang die **Chalice Well** (Kelch-Quelle) mit ihrem rötlich schimmernden Quellwasser.
Nach einer zweiten Legende ist Glastonbury die **»Isle of Avalon«** der Gralssage, auf die der tödlich verwundete König Arthur floh.

Die Hügel von Glastonbury, bei den Kelten Yniswitrin oder Avalon genannt, waren schon sehr früh besiedelt – Funde im Lake Village Museum zeugen von **eisenzeitlichen Moorsiedlungen**. Damals reichte der Bristol Channel noch bis hierher, die Gegend war sumpfig und unzugänglich. Man entdeckte Boote von Siedlern und auf Hügeln errichtete Pfahlbausiedlungen (Lake-Villages), die vermutlich vom 3. Jh. v. Chr. bis zur Ankunft der Römer bestanden. Der Ort behielt seine Insellage, bis das Moor trockengelegt wurde.

Die Chalice Well mit ihrem rötlichen Quellwasser

Sehenswertes

★ **Abbey** Eine erste Klostergründung soll es 601 gegeben haben, eine Neugründung um 700 erfolgte durch Ine, den König der Westsachsen. Der hl. Dunstan (924–988) ließ die erste Kirche aus Stein bauen. Er selbst und die Sachsenkönige Edmund (gest. 975) und Edmund Ironside (gest. 1016) wurden darin begraben. Eine neue Normannenkirche entstand ab 1120, sie wurde bis ins 16. Jh. ausgebaut. 1539 ließ Heinrich VIII. den letzten Abt des Klosters auf dem Glastonbury Tor hängen und das Kloster zerstören.

Von der einst riesigen 177 m langen Klosterkirche haben sich die Marienkapelle im spätnormannischen Stil (1184–1186) und die Galiläakapelle (frühes 13. Jh.) halbwegs erhalten, Reste zweier Vierungspfeiler ragen inmitten schöner Baumwiesen auf. Eine Einfassung im Chor markiert den Standort des **Grabes von König Arthur**; findige Reliquiensammler hatten 1191 die Gebeine auf dem Abteigelände

Glastonbury Tor. War dies das legendäre Avalon?

»entdeckt« und in den Chor überführt, wo sie bis zur Zerstörung des Klosters 1539 ruhten. Von den Wohngebäuden der Abtei ist Abbot's Kitchen, die große kegelförmige Abtsküche (1435–1440) mit vier Feuerstellen, unversehrt geblieben. Ein Museum zeigt ein Modell der Klosteranlage und Architekturfragmente.

In der ehemaligen Abteischeuer (14. Jh.) ist das **Somerset Rural Life Museum** mit einer Brauchtumssammlung untergebracht. Lohnend sind zwei weitere Kirchen: **St. Benignus** aus dem frühen 16. Jh. und **St. John the Baptist** mit einem auffallend schönen Kirchturm. Nach einem Ortsbummel kann man die Chilkwell Street entlang zum legendären **Chalice Well**, der Wasserquelle für die Abtei, gehen und dann auf den sagenumwobenen Glastonbury Tor mit dem Turm von St. Michael, von wo man einen prächtigen Rundblick hat.

★ ◄ Glastonbury Tor

GLASTONBURY

AUSKUNFT

The Tribunal, 9 High Street, Glastonbury, Somerset, England, BA6 9DP
Tel. 0 14 58 – 83 29 54, Fax 83 29 49
glastonbury.tic@ukonline.co.uk
www.glastonburytic.co.uk

ÜBERNACHTEN

► **Komfortabel**
George & Pilgrim's
1 High Street, BA6 0DP
Tel. 0 14 58 – 83 11 46
Fax 83 22 52
Im Herzen der Stadt gelegenes kleines Hotel aus dem 15. Jahrhundert.

In Sharpham Manor 3 km südwestlich von Glastonbury steht das Geburtshaus des Dichters Henry Fielding (1707–1754).

Sharpham Manor

★ Gloucester

O 17

Landesteil: Mittelengland
Grafschaft: Gloucestershire
Höhe: 49 ft/15 m ü.d.M.
Einwohnerzahl: 106 500

Gloucester – sprich: »Glosster« – am Severn ist Grafschaftshauptstadt und wichtiges Industriezentrum. Hauptattraktionen sind die normannisch-gotische Kathedrale und der historische Hafen aus dem 19. Jahrhundert.

Zur Zeit der Römer war Gloucester eine befestigte Stadt, ein »castrum« mit Namen Glevum, das den Militär- und Handelsweg an der Furt des Severn nach Wales sicherte. Die Endung »-cester« leitet sich von diesem römischen »castrum« ab. 1085 verfügte Wilhelm der Eroberer in Gloucester eine Zählung der englischen Besitztümer – eine statistische Erhebung, die als »Domesday Book« in die Geschichte einging. Nach dem Jüngsten Tag wurde das Werk benannt, weil viele Grundbesitzer angesichts ihres Steuerbescheids eben diesen Tag gekommen glaubten. Mit dem Schifffahrtskanal nach Sharpness wurde Gloucester ab 1827 wichtiger Binnenhafen, wovon noch die zahlreichen Lagerhäuser in den historischen Dockanlagen zeugen. Der moderne Hafen liegt heute außerhalb des Zentrums.

Sehenswertes

★ **Kathedrale**

Die Kathedrale geht auf ein 681 gegründetes angelsächsisches Kloster zurück. Anders als das gotische Äußere erscheint der Innenraum mit seinen kräftigen gemauerten Säulen und großen Rundbögen noch im anglonormannischen Stil. Lediglich die Gewölbedecke ist frühgotisch, sie ersetzte 1242 ein älteres Holzdach. Erst ab der Vierung sind filigranere gotische Formen auszumachen – das südliche Querschiff gilt als Wiege des Perpendicular Style in England. Im Chor befinden sich bedeutende Grablegen: der Sarkophag des ältesten Sohns von Wilhelm dem Eroberer, Robert von der Normandie, mit einer eichengeschnitzten Liegefigur des Verstorbenen aus dem frühen 13. Jh.; an der Nordwand das Grab von König Osric (gest. 729), dem Gründer des angelsächsischen Klosters, und das Alabaster-Grabmonument (1330) von Edward II., der nach seiner Abdankung 1427 von seiner Frau und deren Liebhaber in Berkeley Castle ermordet wurde und auf Veranlassung seines Sohns Edward III. in der Abteikirche beigesetzt wurde. Im Mittelalter entwickelte sich eine einträgliche Wallfahrt zum Grab dieses Märtyrerkönigs. Die Glasmalereien im Ostfenster stammen zum Teil noch aus dem 14. Jh., u.a. ist eine Marienkrönung dargestellt.

★ Kreuzgang ► Kapitelhaus

Der Kreuzgang entstand 1351–1412, seine schönen Fächergewölbe sind die frühesten dieser Art in England. Im Kapitelhaus, einem normannischen Saalbau, soll Wilhelm der Eroberer die Erstellung des Domesday Book in Auftrag gegeben haben.

New Inn

Das New Inn in der Northgate Street wurde 1450 als Rasthaus zur Unterbringung von Pilgern gebaut. In dem Haus nächtigte Lady Jane Grey, als sie zur Königin proklamiert wurde – eine Regentschaft, die allerldings nur ganze neun Tage dauern sollte. Ihre Nachfolgerin Mary Tudor ließ sie hinrichten. Und seither – so heißt es – soll der Geist von Lady Jane im New Inn umgehen und des Nachts von Zeit zu Zeit herumspuken.

! *Baedeker* TIPP

Real Ale Bar

Im New Inn, heute Hotel und Restaurant mit diversen Bars, lohnt ein Stopp in der »Real Ale Bar« zum Probieren einer der zehn Ale-Sorten.

Im historischen Hafen liegt das **National Waterways Museum**, das die 200-jährige Geschichte des englischen Kanalwesens und das Leben der Binnenschiffer dokumentiert. In den einstigen Lagerhäusern ist neues Leben entstanden: Hier sind verschiedene Geschäfte, Cafés und Restaurants eingezogen.

GLOUCESTER ERLEBEN

AUSKUNFT

28 Southgate Street, Gloucester,
Gloucestershire, England, GL1 2DP
Tel. 0 14 52 – 39 65 72
Fax 0 14 52 – 50 42 73
E-mail: tourism@gloucester.gov.uk
www.gloucester.gov.uk/tourism

ESSEN

► **Erschwinglich**

Orchids at the Undercroft
Neben der Kathedrale in einem Teil des ehemaligen Klosters; zum Mittagessen oder zur Teestunde.

The Daffodil
Cheltenham, 18-20 Suffolk Parade
Tel. 0 12 42 – 70 00 55
Modeme britische Küche in Jugendstil-Ambiente.

ÜBERNACHTEN

► **Komfortabel / Luxus**

Cardynham House
The Cross, Painswick, Gloucester, GL6 6XX
Tel. 0 14 52 – 81 40 06
Fax 0 14 52 – 81 23 21
Ein Gebäude aus dem 15. Jahrhundert, in dem man in üppigen Himmelbetten schläft.

► **Komfortabel**

Upper Doreys Mill B&B
in Edge, nahe Painswick,
Gloucester GL6 6NF
Tel. 0 14 52 – 81 24 59
E-mail: sylvia@painswick.co.uk
B&B in einer ehemaligen Mühle am Flussufer.

Crossways
Cheltenham, 57 Bath Road, GL5 7LH
Tel. 0 12 42 – 52 76 83
www.cross.ways.btinternet.co.uk.
Komfortables B&B mit 8 stilvoll eingerichteten Zimmern, nur 2 Min. vom Zentrum Cheltenham entfernt.

St. Michael's Guest House
Cheltenham, 4 Montpellier Drive
Tel. 0 12 42 – 51 35 87
Fax 0 12 42 – 51 35 87
Sehr gemütliches kleines Gästehaus in Cheltenham.

Beatrix Potter Museum

Das Beatrix Potter Museum im Gloucester Court zeigt im Haus des »Tailor of Gloucester«, Schauplatz einer Erzählung von Beatrix Potter, Erinnerungsstücke an die Kindergeschichten von Peter Rabbit, Tom Kitten und Jemmima Puddle Duck.

Umgebung von Gloucester

✶ Berkeley Castle

Lohnend ist ein Besuch des schon von Shakespeare gepriesenen Berkeley Castle 21 km südwestlich, einer aus dem 12. Jh. stammenden Festung der Berkeleys, die noch heute in Familienbesitz ist. Die prächtige aus verschiedenfarbigen Steinen erbaute Burg thront – umgeben von schönen Gartenanlagen – über dem Severn. Bei einer Besichtigung sieht man die Zelle, in der Edward II. 1327 wegen vermeintlicher Homosexualität von seiner Frau Isabella von Frankreich und ihrem Liebhaber Mortimer gefangen gehalten und schließlich ermordet wurde. Sehenswert sind der große Saal aus dem 14. Jh., die alten Küchen und die Gemächer mit schönen Wandteppichen, Möbeln, Silber und Gemälden. In der Pfarrkirche befinden sich eindrucksvolle Monumente der Berkeley-Familie. Auf dem Friedhof liegt der Arzt Edward Jenner (1749–1823) begraben, der Initiator der Pockenschutzimpfung.

Slimbridge Wer sich speziell für Wasservögel interessiert, sollte bei Slimbridge den »Wildfowl & Wetlands Trust« besuchen.

Forest of Dean Wanderern und Naturfreunden sei der Forest of Dean, einst königliches Jagdrevier, empfohlen. Das Waldgebiet mit vielen Eichen und Birken erstreckt sich über 100 km² zwischen Severn und Wye.

Deerhurst In Deerhurst 15 km nördlich von Gloucester ist eine Kirche sächsischen Ursprungs (8./9. Jh.) sehenswert. Seitenschiffe, Bogen und Dach sind normannisch - alles andere ist sächsisch: die Kapelle, die untere Hälfte des Turms mit späterer Zackenverzierung, das zylindrische Taufbecken mit Spiralornamenten. **Odda's Chapel**, angebaut an ein Fachwerkhaus, ist die ältest-datierte Kapelle in England: Ein hier gefundener Stein trägt das Datum 1056.

Tewkesbury Ein hübsches Städtchen mit alten Fachwerkhäusern und traditionellen Inns ist Tewkesbury 5 km nördlich. Es liegt in der Nähe des Zusammenflusses von Severn und Avon, auf beiden Flüssen kann man Bootsfahrten unternehmen. Die Abbey Church gehört zu den schönsten normannischen Bauwerken des Landes, ihr Baumaterial wurde teilweise aus Frankreich importiert. Eindrucksvoll sind der massige normannische Turm und die Westfront. Den zylindrischen Pfeilern im Schiff wurde im 14. Jh. ein neues Gewölbe aufgesetzt, ein Lierne-Gewölbe, dessen Rippen Sternmuster bilden.

★ Abbey Church ►

Cheltenham Der hübsche Kurort Cheltenham wurde durch George III. und den Herzog von Wellington als Heilbad berühmt. Weithin bekannt ist das Cheltenham-Musikfestival zeitgenössischer Musik im Juli. Cheltenham College und Cheltenham Ladies College genießen einen ausgezeichneten Ruf. Zum Besuchsprogramm gehört ein Bummel über die schöne Promenade mit Häusern aus der Regency-Periode. In der Museum and Art Gallery (Clarence Street) sind Möbel und die Sammlung holländischer Meister sehenswert. Der Pittville Pump Room, einst das gesellschaftliche Zentrum des Kurbetriebs, ist das wohl schönste Regency-Gebäude der Stadt. Im ehemaligen Ballsaal finden heute Konzerte statt; im Parterre kann man noch immer das Heilwasser probieren.

★★ Grampian Mountains

J–O 6/7

Landesteil: Schottland

Council Areas: Moray, Aberdeenshire, Aberdeen City, Teile von Argyll and Bute und Perth and Kinross

Die fantastischen Grampian Mountains ziehen sich in Ost-West-Richtung einmal quer durch Schottland. Heide- und Moorlandschaften sind hier oben in den Bergen zu finden, Birken und Ebereschen prägen die Landschaft. Die Grampians sind reich an Rotwild und gelten als Vogelparadies.

In den schottischen Grampian Mountains ist Großbritanniens höchster Berg zu finden: der 1343 m hohe Ben Nevis. Kaum weniger Höhe hat der Ben Macdhui mit 1309 m. Außerdem liegen in diesem Gebiet die Cairngorm Mountains, das mit 155 km² Ausdehnung größte geschlossene Hochplateau Großbritanniens mit Höhen über 280 m; mehrere Berge steigen auf über 1220 m an. Die Flüsse der Grampian Region – Dee, Don, Ythan, Ugie, Deveron und Spey – sind ausnahmslos reich an Lachsen und Forellen.

Wirtschaft

Die Landwirtschaft ist bekannt für ihre Angus-Rinder, außerdem werden etwa ein Drittel des gesamten schottischen Hafers und der Gerste hier angebaut. Letztere wird größtenteils zur Destillation von

Loch Awe in den Grampian Mountains. Am Ufer steht Kilchurn Castle.

Whisky verwendet – über die Hälfte der knapp 130 schottischen Brennereien liegen in Grampian. Ölfunde etwa 200 km vor der Ostküste haben zur Industrialisierung und zum Reichtum der Region beigetragen, ohne ihren landschaftlichen Reiz zu zerstören. Der Erdölboom halbierte in Grampian die Arbeitslosenquote, erhöhte allerdings auch das Lohnniveau und die Immobilienpreise, was alteingesessene Unternehmen zum Ortswechsel veranlasste. Große Teile der lokalen Fischfangflotte wurden in den schottischen Nordwesten mit seinen niedrigeren Löhnen verlagert.

✶ ✶ Zwischen Oban und Loch Lomond

✶ **Oban**

Oban an einer geschützten Bucht an der Westküste ist seit Beginn des Schottlandtourismus der beliebteste Ferienort. Von hier kann man einerseits reizvolle Schiffsfahrten zu den vorgelagerten Inseln und zu den ►Hebriden unternehmen, andererseits herrliche Ausflüge in die Bergwelt und das traumhaft schöne Gebiet der Lochs. Gute Bademöglichkeiten gibt es am Gavavan Sands. Geschäftiges Treiben herrscht um den Bahnhof – hier sind die meisten Geschäfte, Hotels und Restaurants. Empfehlenswert ist ein Besuch der Caithness Glasfabrik und der 1794 erbauten Oban Whisky-Brennerei, deren Malt Whisky einen ausgezeichneten Ruf genießt.

✶✶ **Ausflug zu den Inneren Hebriden**

Unbedingt empfehlenswert ist eine Schifffahrt von Oban über Staffa nach Iona, vorbei an der Ostküste der Insel Mull (►Hebriden). Auf der Fahrt hat man großartige Ausblicke, so auf den Ben Nevis, die Peaks von Glencoe und Loch Linnhe, auf den Ben More, den mit 966 m höchsten Berg von Mull, sowie die zahlreichen Inseln.

Castles in der Umgebung

Sehenswerte Burgruinen im Umkreis von Oban sind Dunollie Castle 1,6 km nördlich oberhalb vom Loch Linnhe, Castle Stalker 20 km nördlich auf einer kleinen Insel im lieblichen Loch Creran und Carnassarie Castle, Mitte des 16. Jh.s erbaut und Sitz von John Carswell, dem letzten Bischof der Inseln und Abt von Iona.

✶ Dunstaffnage Castle ►

Dunstaffnage Castle ca. 5 km nördlich sollte man sich auf jeden Fall ansehen; es steht auf einem Felsen, der den Eingang zum Loch Etive bewacht. Dort soll der »Stone of Destiny« (Schicksalsstein) gestanden haben, auf dem jahrhundertelang die schottischen Könige gekrönt wurden (►S. 324, 335, 336). Der Legende nach ist der sagenumwobene Stein über Iona nach Dunstaffnage gebracht worden. Flora MacDonald (►Hebriden, Skye) war in der Festung für kurze Zeit gefangen. In der Kapelle sollen einige frühe schottische Könige begraben sein. Auf dem Wall steht eine alte Kanone von einer in der Tobermory Bay gesunkenen spanischen Galeone.

✶ **Loch Awe**

Einer der größten und schönsten Lochs von Schottland ist Loch Awe mit vielen Inseln und Eilanden und umgeben von waldigen Hügeln. Nahe Ford im Westen steht die Kilneuair Church, in der nach alter

GRAMPIAN MOUNTAINS ERLEBEN

AUSKUNFT

23 Union Street, Aberdeen, Aberdeen, Scotland, AB11 5BP
Tel: 0 12 24 – 28 88 28
Fax 0 12 24 – 25 22 19
E-mail: info@agtb.org
www.aberdeen-grampian.com
www.castlesandwhisky.com

ESSEN

▶ Erschwinglich

The Loft
Golf Course Road, Blair Atholl
Tel. 0 17 96 – 48 13 77
Schickes Restaurant und ungezwungenes Bistro – in beiden ausgezeichnete lokale Spezialitäten.

The Manor House
Oban, Gallanach Road
Tel. 0 16 31 – 56 20 87
Schottische Küche mit französischem Akzent in einem kleinen Landhotel mit Blick über die Oban Bay.

Glenfiddich Restaurant
13 Church Street, Dufftown
Tel. 0 13 40 – 82 03 63
Im Zentrum der Malt-Whisky-Hauptstadt. Natürlich gibt es alle Speyside Malts.

The Cross
Tweed Mill Brae
Ardbroilach Road, Kingussie
Tel. 0 15 40 – 66 11 66
Gourmetrestaurant in einer ehemaligen Tweedweberei; gut sortierter Weinkeller.

ÜBERNACHTEN

▶ Luxus / Komfortabel

Blair Atholl Arms Hotel
Pitlochry
Tel. 0 17 96 – 48 12 05
Fax 0 17 96 – 48 15 50
www.athollarmshotel.co.uk
Das 1832 gebaute Hochlandhotel direkt bei Blair Castle bietet 31 Zimmer, Himmelbetten und exquisite Küche.

Caledonian Hotel
Oban, Station Square
Tel. 0 18 55 – 82 15 82
Fax 0 18 55 – 82 14 63
www.freedomglen.co.uk
Historisches Haus in Oban an der Kaimauer mit Blick über den Hafen. Schönstes Zimmer: der Captain's Room.

▶ Komfortabel / Günstig

Ravenscraig Guest House
Aviemore, Grampian Road
Tel. 0 14 79 – 81 02 10
E-mail: ravenscrg@aol.com
Netter Familienbetrieb an der Hauptstraße von Aviemore; Zimmer mit Blick auf die Cairngorm Mountains.

Gowanbrae Guest House
Dufftown, 19 Church Street
Tel./Fax 0 13 40 – 82 04 61
www.gowanbrae-dufftown.co.uk
Ein viktorianisches Häuschen mit humorvollen Gastgebern im Zentrum der Whiskyhauptstadt des Speyside.

VERANSTALTUNGEN

Wichtig für Whiskyfreunde: das alljährliche Speyside Whisky Festival in Dufftown (www.spiritofspeyside.com). »The Royal Highland Gathering« findet jeweils am 1. Samstag im September in Braemar statt: traditionelle schottische Sportarten und Folklore. Jedes Jahr an einem Augustwochenende gibt es auf Glamis Castle die »Scottish Proms Party« mit Picknick, Musik und Feuerwerk.

Die ruhigen Wasser von Loch Lomond

Überlieferung ein Gespenst hausen soll. Am Südostufer liegen die Ruinen von Castle Fincharn. Jenseits von Portsonachan kommt man an Priest's Isle, einst Sitz einer Priester-Kolonie, und Inishail, einst Sitz eines Zisterzienser-Klosters, vorbei. An der Nordspitze liegt ausgesprochen malerisch die Ruine von Kilchurn Castle.

Inveraray am Loch Fyne

★

Castle ▶

Ein guter Ausgangspunkt für die südlichen und westlichen Highlands ist das Städtchen Inveraray an dem von bewaldeten Hügeln umgebenen Loch Fyne. Der Ort ist Schauplatz mehrerer Romane von Sir Walter Scott, einem Bewunderer von Inveraray Castle. Das klassizistische Castle, Sitz der Herzöge von Argyll, den Führern des Campbell-Clans, entstand Mitte des 18. Jh.s auf den Fundamenten einer mittelalterlichen Burg, die der Duke of Argyll hatte abreißen lassen. Zu den Sehenswürdigkeiten des Castle gehören Gobelins von Robert Mylne sowie Gemälde von Gainsborough, Ramsay und Raeburn. Einen Besuch lohnen auch der Park und das heute als Museum eingerichtete Gefängnis, in dem schottische Kriminalgeschichte originell dokumentiert ist.

★★

Loch Lomond

Loch Lomond, Großbritanniens größter Binnensee, ist laut Sir Walter Scott »The Queen of the Scottish Lakes«. 2002 wurde der »Loch Lomond and the Trossachs National Park« als erster **Nationalpark** in Schottland mit guten Wanderwegen, Naturlehrpfaden und Schutzhütten eröffnet. Hier präsentiert sich Schottland mit einer einmalig schönen Naturkulisse, die allerdings auch jede Menge Wassersportler und Erholungssuchende anlockt. Wer Lust hat, kann mit dem Rad-

dampfer den See erkunden, Wanderfreunde steigen auf den 973 m hohen Ben Lomond, um den Panoramablick auf den See zu genießen. In den Restaurants werden Forellen, Lachse und Felchen aus den Wassern des Loch Lomond angeboten.
Balloch im Süden des Loch Lomond ist idealer Ausgangsort zum Nationalpark. In dem schön gelegenen Loch Lomond Shores Visitor Centre kann man Räder oder Kanus mieten und organisierte Trips buchen. Am Ostufer liegt der weite Park von **Balloch Castle**, der für seine Rhododendren und Azaleen berühmt ist.

✶✶ Trossachs

Nordöstlich des Loch Lomond liegt zwischen Loch Katrine und Loch Achray das wildromantische Tal der Trossachs. Dorothy Wordsworth notierte 1803 nach einem Besuch der Trossachs in ihr Tagebuch: »Hier war es absolut einsam, und alles, was wir erblickten, waren Lieblichkeit und Schönheit in Perfektion.« Und Sir Walter Scott lieferten die bewaldeten Schluchten den Rahmen für seine »Lady of the Lake«. Die Liebesromanze wurde zum Bestseller, der u.a. Theodor Fontane 1858 zu einem Besuch der Trossachs bewog.

✶✶ Loch Katrine

Loch Katrine wurde vermutlich nach dem räuberischen Stamm der »Catterins« benannt, die einst die Gestade des Sees unsicher machten. Die kleine Insel Ellen's Island trägt ihren Namen nach Scotts heldenhafter »Lady of the Lake«. Mit dem Dampfer »Sir Walter Scott« (von 1900) kann man vom Trossachs Pier aus auf den See fahren (April – Okt. tägl. außer Mi.). Da Glasgow sein Trinkwasser aus dem See bezieht, ist Wassersport verboten.

! *Baedeker* TIPP

Rad fahren

Den 19,2 km langen Uferweg vom Trossachs Pier nach Stronachlacher am anderen Ende des Loch Katrine kann man wunderbar mit dem Fahrrad erkunden. Katrinewheelz am Trossachs Pier vermietet Tourenräder, Moutainsbikes, Helme und Kindersitze. Lunchpakete für unterwegs kann man in Captain's Rest Café nebenan vorbestellen (Tel. 0 18 77 – 37 62 84).

✶ Rob Roy and Trossachs Visitor Centre

Mit den Trossachs ist die Gestalt von Rob Roy untrennbar verbunden. Walter Scotts gleichnamiger Roman stilisierte Rob Roy zum schottischen Robin Hood. Detaillierte Informationen über diesen legendären Volkshelden und die Geschichte der Trossachs erhält man in Callander östlich des Loch Venachar im Rob Roy and Trossachs Visitor Centre.

Blair Castle, seit dem 17. Jahrhundert Sitz des Duke of Atholl vom Murray Clan

Umgebung von Pitlochry

Pitlochry Geografischer Mittelpunkt von Schottland soll Pitlochry im Tummel-Tal sein, ein beliebter Ferienort schon zu Queen Victorias Zeiten und heute Schauplatz des alljährlichen Theaterfestivals im »Theatre in the Hills«. ★ Eine besondere Attraktion ist die Unterwasser-Beobachtungsstation der Lachstreppe (Salmon ladder), über die Tausende von Lachsen den Weg flussaufwärts zu ihren Laichgründen nehmen. Dabei überwinden sie eine 20 m hohe Staustufe – der Staudamm war in den 1950er-Jahren zur Stromerzeugung angelegt worden. Am Ortseingang steht die schöne **Blair Athol Distillery**, die auf 1798 zurückgeht. Ein Großteil des leicht fruchtigen Malt wird für die Blends der Firma Bell's verwendet.

Salmon Ladder ▶

★★ **Blair Castle** Schon die Fahrt zum Blair Castle 12 km nordwestlich ist lohnend. Man kann über »Queen's View« fahren, wobei die »Aussicht der Königin« auf Loch Tummel sehr reizvoll ist, und passiert dann den Killiecrankie-Pass. Blair Castle nördlich des kleinen Ortes Blair Atholl ist seit dem 17. Jh. Sitz des Duke of Atholl vom Murray Clan, der von Queen Victoria als Einziger in Großbritannien das Privileg erhielt, eine private Armee, die »Atholl Highlanders«, zu unterhalten. Am letzten Sonntag im Mai halten sie eine farbenfrohe Parade ab, ansonsten spielt ein Dudelsackbläser aus ihren Reihen vor dem Castle Weisen aus den Highlands (Öffnungszeiten: April – Okt. tgl. 9.30–17.00, Nov. – März Di. 9.30–13.00 Uhr).

Aberfeldy

Lohnend ist auch der Höhenluftkurort Aberfeldy 24 km südwestlich. In eine verwilderte Schlucht ergießen sich die drei Wasserfälle von Moness. »Come let us spend the lightsome days in the Birchs of Aberfeldy«, so schwärmte bereits Robert Burns vom Birkenwald am Hügel, wo heute ein Naturlehrpfad die Besucher an den steinernen Treppen des Urlar entlangführt.
Die örtliche **Aberfeldy Distillery**, 1898 von den Söhnen des berühmten Blenders John Dewar eröffnet, erzeugt einen fruchtigen, leicht torfigen Whisky.

✶ **Loch Tay**

Südwestlich von Aberfeldy erstreckt sich Loch Tay, der als einer der schönsten Lochs in Schottland gilt. Einen guten Blick auf den See hat man vom 1214 m hohen Ben Lawers nördlich von Loch Tay.

✶ **Schiehallion**

Am Nordfuß des fast 1100 m hohen Schiehallion liegt Kinloch Rannoch am Ufer des **Loch Rannoch**. Einst scharten sich um den Loch über 30 Clan-Dörfer mit 2500 Mitgliedern der MacDonalds, Mac Gregors, Menzies, Robertsons und Stewarts, heute leben nur noch

Vollkommen zugewachsen: Blair Athol Distillery

knapp 400 Menschen am See. Die westliche Fortsetzung bildet das von Tümpeln durchsetzte **Rannoch Moor**, eine unwirtliche baumlose Landschaft, die einen magischen Zauber ausübt.

Glencoe Nach Südwesten grenzt das Moor an die Black Mountains, am Horizont ragen die Buachaille-Gipfel über 900 m auf. Dort beginnt Glencoe mit dem Skigebiet der White Corries. Über den Glencoe Pass kommt man vor dem gleichnamigen Dorf zum alten Clachaig Hotel, wo der Hinweis »Hausierer und Campbells nicht zugelassen« an ein düstereres Kapitel der Clan-Geschichte erinnert, das Glencoe-Massaker. Am Morgen des 13. Februar 1692 hatten die bei den MacDonalds eingeladenen Campbells ihre Gastgeber ermordet, da diese zögerten, das englische Königshaus zu unterstützen.

Dunkeld Knapp 20 km südöstlich von Pitlochry liegt das idyllische Dunkeld. Als Kenneth Mac Alpin 844 die Reiche der Pikten und Schotten vereinte, erhob er Dunkeld und Scone zu seinen Residenzen. Die wunderschön am Tay gelegene Kathedrale wurde kurz nach ihrer Vollendung 1560 von den Reformatoren zerstört. Das Schiff blieb ohne Dach, der Chor dient heute als Kirche.

Zwischen Perth und Montrose

✶✶ Glamis Castle An der A 94, die von ►Dundee in Richtung Montrose an der Küste führt, liegt eines der schönsten Schlösser des Landes, Glamis Castle. Das Kleinod schottischer Burgenromantik ist von einer herrlichen, um 1770 von Capability Brown angelegten Parklandschaft umgeben. Über eine lange Eichenallee kommt man zur L-förmigen Schlossanlage, die in der zweiten Hälfte des 17. Jh.s gebaut wurde. Bereits 1000 Jahre zuvor stand hier eine Burg, die Sitz der Earls of Strathmore war, Vorfahren der Königinmutter. Nach Shakespeare soll Macbeth, 1040 bis 1057 König von Schottland und Lehnsherr von Glamis Castle, hier König Duncan ermordet haben. Noch im 19. Jh. wurde Besuchern in der Duncan's Hall das Mordbett vorgeführt, das Verbrechen wurde indessen in der Nähe von Elgin verübt. Im Castle sind kostbare Stilmöbel und Tapisserien, chinesisches Porzellan, alte Waffen und Gemälde, darunter Porträts

Prunkvoll: Glamis Castle innen

von Elizabeth I. und der Königinmutter als Duchess von York zu sehen. Auch das Schlafgemach von »Queen Mum« ist zu besichtigen. 1930 wurde Prinzessin Margaret hier geboren; sie war seit über 300 Jahren die erste königliche Prinzessin, die auf schottischem Boden zur Welt kam (Öffnungszeiten: April – Okt. tgl. 10.30–17.30, Juli, Aug. ab 10.00 Uhr).

! *Baedeker* TIPP

Scottish Proms Party

Jedes Jahr wieder ist der Park von Glamis Castle an einem Wochenende im August Schauplatz der Scottish Proms Party mit Konzerten unter freiem Himmel und großem Picknick. Grandioses Finale ist ein spektakuläres Feuerwerk (Informationen: www.glamis-castle.co.uk)

* **House of Dun**

Knapp 6 km westlich von Montrose liegt das 1730–1742 für Lord David Erskine erbaute House of Dun. Entworfen wurde der zweistöckige palladianische Bau von William Adam nach dem Vorbild des Château d'Issy bei Paris. Besonders schön sind der große Salon mit allegorischem Stuckdekor und der neobarocke Speisesaal.

Braemar und Balmoral Castle

** **Braemar Gathering**

Einer der beliebtesten Hochland-Ferienorte der Grampians ist **Braemar** im Tal des Dee. Berühmt sind die schottischen Hochlandfestspiele, **The Royal Highland Gathering**, am ersten Samstag im September, an denen auch Mitglieder der königlichen Familie teilnehmen, deren Sommersitz Balmoral Castle nur wenige Kilometer entfernt liegt. Über 20 000 Zuschauer finden sich jedes Jahr ein, viele in traditioneller schottischer Tracht – die Frauen in Tartanröcken, die Männer mit Kilt und Plaid –, Dudelsackpfeifer spielen zum Tanz, während die geschälten Stämme junger Fichten beim »Tossing of the Caber« in 12-Uhr-Position geworfen werden, eine Sportart, die es nur in Schottland gibt. **Braemar Castle**, ursprünglich von 1628, wurde nach einem Brand Mitte des 18. Jahrhunderts neu erbaut. Bei der Besichtigung hat man auch zu dem unterirdischen Verlies Zugang (Öffnungszeiten: April bis Okt. tgl. 10.00–18.00 Uhr)

Die Queen kommt im Schottenmuster zu den Festspielen.

Die Sommerresidenz der Königin, **Balmoral Castle** 11 km südöstlich von Braemar, wurde zum Inbegriff des schottischen Baronialstils im viktorianischen Zeitalter. Queen Victoria kaufte das Anwesen 1852 und ließ das Castle nach Plänen von Prince Albert erneuern. Besichtigen kann man die weitläufigen Parkanlagen; im Innern den Ballsaal und eine Kutschensammlung, sofern sich die königliche Familie nicht im Schloss aufhält, d.h. in der Regel von April bis Juli 10.00–17.00 Uhr (www.balmoralcastle.com).

Crathie Die Kirche von Crathie wird auch von der königlichen Familie besucht, daher finden sich vor und nach dem Gottesdienst meist zahlreiche Schaulustige vor der Kirche ein.

✶ Royal Lochnagar Distillery Höchster Punkt der Balmoral-Wälder ist der 1154 m hohe, oft schneebedeckte Lochnagar. Nach ihm benannte John Begg 1845 seine Whisky-Brennerei, die Quellwasser aus der Bergregion bezieht. Queen Victoria und Prince Albert waren bei einem Besuch der Distillery von dem Scotch so begeistert, dass sie Begg zum Hoflieferanten ernannten, ein Privileg, das die Brennerei noch heute besitzt.

Cairngorm Mountains

✶✶ Nationalpark, Skigebiet und Wanderparadies Das beliebteste Skigebiet in Schottland sind die als Nationalpark ausgewiesenen Cairngorm Mountains nordwestlich von Braemar. Der höchste Berg ist der 1310 m hohe Ben MacDui. Von der Gipfelregion verläuft einer der großartigsten Höhenwege über den Cairn Gorm nach Glenmore Lodge. Der Cairn Gorm, der dem ganzen Gebirge seinen Namen gab, kommt mit 1245 m Höhe erst an vierter Stelle, nach dem Ben Macdhui, dem 1295 m hohen Braeriach und dem 1293 m hohen Cairn Toul. Zahlreiche Skilifte führen in die Skigebiete, auf den Cairn Gorm fährt die Cairngorm Funicular Railway. Zwischen den roten Granitbergen liegen einige Lochs, so Loch Avon und Loch-an-Eilean.

Bergtouren Auf Wanderfreunde wartet eine Fülle von herrlichen, teilweise recht anspruchsvollen Bergtouren; als schönste Strecke mit fantastischem Panorama gilt die gut 40 km lange Tour von Aviemore über den Larig Ghru-Pass nach Braemar. Ein anderer, ebenso weiter Weg führt von Braemar nach Blair Atholl; ein kürzerer, sehr reizvoller von Aviemore über den Revoan-Pass und über Loch Avon bis in den hübschen Ort Nethy Bridge.

✶✶ Malt Whisky Distilleries

Speyside Für viele Whisky-Enthusiasten ist der schottische Malt Whisky vor allem mit dem Namen Speyside verbunden. Das Gebiet zwischen Grantown-on-Spey, Elgin, Dufftown und Keith weist die weltweit größte Konzentration von Malzwhisky-Brennereien auf, berühmte Brennereien wie Glenfiddich, Glenlivet, Glen Grant und Glenfarclas haben sich in und um das Tal des River Spey angesiedelt.

Livet-Tal

Die von Pagoden gekrönte **Glenlivet-Distillery** im Tal des Livet zeugt von der langen Geschichte des charaktervollen Malt Whisky; »The Ballad of The Glenlivet« ist im Besucherzentrum dokumentiert. Der junge Hochländer Thomas Smith hatte sich 1715 hier niedergelassen und betrieb neben seiner Landwirtschaft eine kleine Schwarzbrennerei. Sein Urenkel George erwarb 1824 als einer der Ersten eine Brennlizenz. Mit Unterstützung des Duke of Gordon baute George Smith eine neue Brennerei, The Glenlivet, die schnell zu einer der führenden schottischen Brennereien avancierte und per Gerichtsbescheid die Einzige ist, die sich THE Glenlivet nennen darf. 1953 fusionierte Glenlivet mit Glen Grant, 2001 übernahm Pernod Ricard den Betrieb.

> **!** *Baedeker* TIPP
>
> **Malt Whisky Trail**
>
> Um wenigstens einige der teilweise noch in Familienbesitz befindlichen Betriebe kennen zu lernen, folgt man am besten dem 110 km langen ausgeschilderten »Malt Whisky Trail« (www.maltwhiskytrail.com). Jede der alten Destillerien liegt, empfängt, riecht und entlässt anders, mindestens aber mit einem »dram«, dem genüsslichen Probegläschen Scotch.

Ebenfalls am Livet-Ufer liegt die **Tamnavulin Distillery**, deren Single Malt ein leicht malziger Kräuterton kennzeichnet. In der alten Wollmühle, der das Unternehmen seinen gälischen Namen für »Mühle auf dem Hügel« verdankt, ist ein Whiskyshop eingerichtet (März bis Oktober geöffnet).

Wo die Flüsse Spey und Avon sich vereinen, ließ John Smith die **Brennerei Cragganmore** bauen. Der tiefgelbe Whisky mit angenehm rauchiger Note und einem Sherryhauch reiht sich in die Reihe der großen »Classic Malts« ein.

Knockando

Elizabeth Cumming, Schwiegertochter des Gründers und eine der großen Persönlichkeiten der Whiskyindustrie, verlegte 1872 die **Cardhu Distillery** an ihren heutigen Standort bei Knockando. Ihr Sohn wurde später Direktor beim Fusionspartner Johnnie Walker, der den malzig-süßen Whisky als Kern seiner Blends verwendet. Für die Herstellung des »schwarzen Felsens«, wie die Übersetzung des gälischen Namens lautet, wird Quellwasser aus den Mannoch Hills verwendet.

Dufftown

Das einst von James Duff zum Textilzentrum ausgebaute Dörfchen Dufftown wurde von der Grant-Familie zur Whisky-Hauptstadt erkoren. Lohnend für Whiskyfreunde: das alljährliche Speyside Whisky Festival (www.spiritofspeyside.com).

Seit 1887 befindet sich die von William Grant gegründete **Glenfiddich Distillery** in Familienbesitz – Grant hatte das Anwesen nebst der Quelle des Robbie Dubh gekauft und mit seinen sieben Söhnen die Destillengebäude gebaut. Am Weihnachtstag dieses Jahres wurde der erste Malt bei Glenfiddich destilliert. Heute produziert die fünfte Generation den prominenten Whisky, der als einziger schottischer Hochland Malt auch direkt in der Brennerei abgefüllt wird – in jene

Das »nosing« gehört zum Whisky-Genuss dazu.

UISGE BEATHA – WASSER DES LEBENS

Wahrscheinlich waren es irische Mönche, die die Destillierkunst nach Schottland brachten. Früheste historische Quelle ist eine Bestellung des Klosterbruders John Cor über »eight bolls of malt« aus dem Jahr 1494. Der ursprüngliche gälische Name »uisge beatha« bzw. »usquebaugh« für das »Wasser des Lebens« wurde im 18. Jh. zu »usky« und später zu »whisk(e)y« verkürzt. Noch 1909 galt die Schreibweise »whiskey« für alle Erzeugnisse des Landes. Die moderne Handelssprache unterscheidet nun zwischen »scotch whisky« und »irish whiskey«.

Wenngleich Chemiker die Herstellung eines Whiskys detailliert beschreiben können, so sind doch die feinen Aromen des Scotch bis heute nicht genau zu erklären, bleibt das »auf Flaschen gezogene Sonnenlicht«, wie George Bernard Shaw es einmal formulierte, ein **wunderbares Geheimnis**. Wichtig sind neben einer qualitativ hochwertigen Gerste die besondere Wasserqualität der entlegenen Quellen in den niederschlagsreichen High- und Lowlands und der auch von Laien zu schnuppernde würzige Geschmack des Torfs, der den Destillaten ihre eigene Note verleiht.

Herstellung

Erster Produktionsschritt in der Herstellung eines **Malt Whisky** ist das Mälzen: Gerste wird in Wasser eingeweicht und dann auf dem »malting floor« zum **Keimen** ausgebreitet. Um Hitzeentwicklungen zu vermeiden, wird die Gerste regelmäßig gewendet. Beim Mälzen entstehen Enzyme, die später beim **Maischen** für die Umsetzung der Stärke in Zucker sorgen. Die gekeimte Gerste kommt auf den Dörrboden der »kiln«, einem Bau mit einer Pagode, der zum Wahrzeichen der Brennereien avancierte. Hier wird der Wassergehalt durch Ausdörren auf etwa 3% reduziert, der Aufschließungsprozess der gemälzten Gerste gestoppt und schließlich das Malz **durch Torffeuer aromatisiert**. Das getrocknete Malz wird grob gemahlen und dann in der »mash tun« mit heißem Wasser vermischt. Unter ständigem Rühren entwickelt sich aus löslicher Stärke die zuckerhaltige Maischwürze, die wiederum abgekühlt und in riesige Bottiche gepumpt wird, wo man sie mit Hefe versetzt, die den Zucker in Rohalkohol umwandelt. Resultat ist eine bierähnliche Flüssigkeit mit 5–7% Alkoholgehalt.

Destillation und Reifung

Jetzt kann mit der Destillation begonnen werden. Auf wundersame Weise beeinflusst dabei Befeuerung und Form der großen Kupferkessel, der »stills«, den besonderen Charakter des einzelnen Malt, und jede Brennerei hält daher exakt an ihren **traditionellen Kesselformen** fest. Bei der Destillation verdampft der Alkohol und gelangt über den Kesselhals in ein meist spiralförmiges Kühlrohr, in dem der Dampf kondensiert. Ergebnis des ersten Brennvorgangs sind die »low wines« mit etwa 20% Alkoholgehalt. Als das Kunststück erfahrener Brennmeister gilt die **zweite Destillation**, da hierbei nur der mittlere Abzug mit ungefähr 68% Alkoholgehalt im Sammler aufgefangen werden darf, während Vor- und Endlauf wieder der nachfolgenden Low-Wines-Füllung zufließen. Der farblose Spiritus wird dann in Eichenfässer abgefüllt, die vorher häufig schon für die Lagerung von Bourbon oder Sherry verwandt worden sind. In den Fässern gewinnt er an **Aroma** und erhält seine charakteristische blassgelbe, sonnengoldene oder kastanienbraune **Farbe**. Gleichzeitig verflüchtigt sich der obligate »angels share« durch die Fasswand. Laut Gesetz muss der Scotch mindestens drei Jahre in einem Zolllager reifen und darf bei der Flaschenabfüllung nur noch mit Wasser und Alkoholkaramell angereichert werden; die meisten Whiskies lagern jedoch nicht weniger als 8, 12 oder 14 Jahre im Holzfass.

Nosing

Blended Whiskies sind eine Mischung aus Scotch-Whisky-Destillaten; ihre Altersangabe richtet sich nach der Reifezeit des jüngsten enthaltenen Einzelalkohols. Durch Riechen an den tulpenförmigen **»nosing glases«** wählt der Verschnittmeister seine spezielle Komposition aus dem Spektrum der vielen Highland und Speyside Malts, der geschmacksstarken Islay und Campbeltown Malts oder der weicheren Lowland Malts. Diese Malzwhiskies werden mit leichteren schottischen Grain Whiskies kombiniert, die aus einer Mischung von gemälzten und ungemälzten Getreiden hergestellt sind. Deluxsorten heißen die Verschnitte aus alten Malzwhiskies mit gereiften Kornwhiskies.

Wie das köstliche Elixier am besten mundet, ist schon fast zu einer Glaubensfrage geworden. Die Zugabe von **Eis und Soda** gilt in jedem Fall als Sakrileg. Ob nach ausgiebigem Nosing einige Tropfen stillen, wenn möglich natürlich **schottischen Wassers** das Aroma erst richtig aufschließen, bleibt derweil persönliche Entscheidung beim genüsslichen Probieren des legendären »uisge beatha«.

markanten Dreiecksflaschen, deren Etikett ein Hirsch ziert, Wahrzeichen für das heimatliche »Valley of the deer«. William Grant & Sons Ltd. haben durch ihre intensive Vermarktung seit 1963 wesentlich zum Comeback des schottischen Single Malt beigetragen. Besuchern wird neben einer kostenlosen Führung ein guter sechssprachiger Film über die Herstellung von Scotch geboten.

✶ **Glenfarclas Distillery**

Auch Glenfarclas 19 km westlich von Dufftown ist im Besitz der Familie Grant. Erster Lizenznehmer war 1836 indessen Robert Hay, von dem John Grant 1865 den Betrieb übernahm. Zur Reifung wird der schwere, vollmundige Whisky bis heute mindestens 10 Jahre in spanischen Sherryfässern gelagert.

✶ **Keith Strathisla Distillery**

Die sorgsam restaurierte »old fashioned« Distillery in Keith wurde 1746 unter dem Namen Milltown gegründet und gehört zu den ältesten Brennereien der Welt. 1950 wurde sie von den Chivas Brothers ersteigert, so dass man hier außer dem kräftigen, eichentönigen Strathisla Single Malt auch den blended Chivas Regal probieren kann.

Die Strathisla Distillery ist eine der ältesten Brennereien der Welt.

Der Malt von **Glen Grant** in Rothes gilt als einer der meistverkauften Einzelwhiskys überhaupt. Die altehrwürdige Brennerei, 1840 von den Gebrüdern James und John Grant errichtet, 1953 mit Glenlivet fusioniert, 1977 vom Chivas-Konzern übernommen und 2001 an Pernod Ricard weiterverkauft, kam Anfang des 20. Jh.s mit ihrem frischen, leicht fruchtigen Single Malt auf den internationalen Markt. **Rothes**

Dass die Grafschaftshauptstadt Elgin im Mittelalter eine wichtige Rolle spielte, belegen die eindrucksvollen Ruinen des ehemaligen Bischofspalastes und der Kathedrale, der einstigen »Laterne des Nordens«, die 1390 von Alexander Stewart, dem »Wolf von Badenoch«, aus Rache für seine Exkommunikation zerstört wurde. Weitere Verwüstungen folgten später durch plündernde Anhänger des Reformators John Knox und die Truppen Oliver Cromwells. **Elgin**
Elgin gilt als Kapitale des Malt, zumal hier große Abfüllanlagen wie die von **Gordon & MacPhail** angesiedelt sind. Fundgrube für Kenner ist der Laden von Gordon & MacPhail in der South Street Nr. 58–60 mit mehr als 700 Whiskys (www.gordonandmacphail.com).
Bei Elgin liegen mehrere Brennereien, darunter die 1899 gegründete malerische **Dallas Dhu Distillery** ca. 3 km südlich von Forres, die heute als lebendiges Whiskymuseum betrieben wird.

Guildford

R 18

Höhe: 173 m ü. d. m:
Einwohnerzahl: 65 998
Grafschaft: Surrey

Guildford ist ein guter Ausgangspunkt für den Besuch des westlichen Teils der North Downs, einem Höhenzug, der sich von hier nach Osten bis zu den Kreideklippen bei Dover erstreckt.

In der Grafschaftshauptstadt südwestlich von London wohnen viele gut betuchte Pendler, die in der Metropole arbeiten. Der einstige Wohlstand von Guildford hatte seinen Grund in der Lage an einer wichtigen Handelsroute zwischen London und Portsmouth.

Sehenswertes

In Guildford gibt es eine der schönsten und steilsten Hauptstraßen ganz Englands, die High Street, an der einige interessante Gebäude stehen: oben auf dem Hügel die von Eduard VI. 1553 gegründete Royal Grammar School, ein sehenswertes Tudorhaus, in dessen »Chaines Library« 90 alte Folianten mit Ketten gegen Diebstahl gesichert sind. Das Abbot's Hospital wurde 1619–1622 von George Abbot, dem Erzbischof von Canterbury, für 12 Männer und 8 Frauen gebaut. Die Guildhall erhielt 1683 ihre berühmte Uhr und eine neue *** High Street**

GUILDFORD

AUSKUNFT

14 Tunsgate, Guildford, Surrey,
England, GU1 3QT
Tel: 0 14 83 – 44 43 33
Fax 0 14 83 – 30 20 46
E-mail: tic@guildford.gov.uk
www.guildfordborough.co.uk

Fassade. Spätnormannisch ist die Kirche St. Mary's weiter unten. Vom einst königlichen Castle ist nur der Bergfried von 1170 recht gut erhalten. Das Guildford Museum am Fuß der Burg widmet sich dem Leben und Werk von Lewis Caroll (s.u.) und der Gärtnerin und Schriftstellerin Gertrude Jekyll.

In dem Haus **»The Chestnuts«** am Castle Hill lebte zeitweise Lewis Carroll (1832–1898), Mathematikprofessor aus Oxford und Autor des weltberühmten Kinderbuchs »Alice in Wonderland« (1865). Der Schriftsteller, der eigentlich Charles Lutwidge Dodgson hieß, ist auf dem Friedhof The Mount jenseits des River Wye begraben.

Cathedral Holy Spirit

Eine der wenigen neuen Kathedralen in England ist Holy Spirit, ihr Grundstein wurde 1936 gelegt. Wegen der Kriegswirren erfolgten Fertigstellung und Weihe der Kirche erst 1961.

Umgebung von Guildford

Clandon Park

Clandon Park 5 km östlich, Landsitz der Familie Onslow aus dem frühen 17. Jh. mit einem 1713–1729 nach Entwürfen von Giacomo Leoni umgestalteten palladianischen Herrenhaus, ist mit reich verzierten Tapeten und Stuckdecken, kostbaren Möbel, Gobelins und einer bemerkenswerten Sammlung chinesischer Porzellanvögel (17./18. Jh.) ausgestattet. In dem um 1770 von Capability Brown angelegten Garten steht das Maori House, das sich ein Onslow, der Gouverneur von Neuseeland war, als Andenken mitgebracht hatte.

✶ Polesden Lacey

Weiter östlich abseits der A 246 steht die ansehnliche Regency-Villa Polesden Lacey. Zu den Schätzen des Anwesens gehört die Grenville-Kunstsammlung mit Gemälden von Reynolds, Lawrence, Raeburn und italienischen Meistern des 14. bis 16. Jh.s, flämischen Gobelins, Porzellan aus Meißen, Chelsea und Zürich sowie Renaissance-möbeln. **Box Hill** 9 km weiter östlich ist ein beliebter Aussichtspunkt in den North Downs. Hierher kommen die Hauptstädter am Wochenende gern zum Picknicken.

✶ Albury Park

Albury 6,5 km südöstlich von Guildford lohnt wegen Albury Park, Sitz der Herzöge von Northumberland, einen Besuch. Das Haus präsentiert eine wertvolle Sammlung von Gemälden und Uhren, außerdem 64 verschiedene Kamine. Die Gartenanlage versah man mit einem römischen Bad und einer Höhle, die der Grotte von Posilippo bei Neapel nachempfunden ist.

★ ★ Hadrian's Wall

M – P 10

Landesteil: Nordengland

Grafschaften: Cumbria und Northumberland

Zwei große Befestigungswälle errichteten die Römer gegen die schottischen »Barbaren«: den Antonine Wall und weiter südlich den Hadrian's Wall, der auf manchen Karten nur als »Roman Wall« bezeichnet wird.

Der Hadrian's Wall zieht sich zwischen Newcastle-upon-Tyne und Carlisle auf einer Länge von 118 km einmal quer durchs Land. Er wurde auf Befehl des Kaisers Hadrian im Jahr 122 n.Chr. begonnen und 132 fertig gestellt. In erster Linie diente er der Verteidigung, wurde jedoch auch mit Toren für den Nord-Süd-Verkehr versehen. Der Hadrian's Wall bestand ursprünglich aus zwei Mauern aus behauenen Steinen, deren Zwischenräume mit Erde, Steinmörtel und Schotter gefüllt wurden. Der Steinwall war bis zu 3 m dick; seine Höhe betrug bis zu 6 m, ist aber heute nirgends mehr höher als 1,8 m. Ein tiefer Fallgraben auf der einen, ein flacherer Graben auf der anderen Seite begleiteten den Wall. Große Militärstützpunkte – 17 bis 19 Kastelle – schützten den Wall. Sie boten jeweils Unterkunft für 500 oder 1000 Mann und waren mit Kasernen und Hauptquartier, Vorratslagern und Werkstätten ausgestattet. Daneben gab es außerdem auch noch kleine Forts und Wachttürme. Eine Heerstraße zog sich an der Mauer entlang, und außerhalb der Forts entstanden Dörfer mit Läden, Gasthäusern und Tempeln. Im Lauf der späteren Jahrhunderte wurde die Mauer häufig als Steinbruch missbraucht – Steine davon finden sich in den Mauern vieler Kirchen und vieler Privathäuser. Hadrian's Wall ist heute ein sehr beliebter Spazierweg. Einige der gut erhaltenen Militärstützpunkte kann man besichtigen.

Hadrian's Wall Orientierung

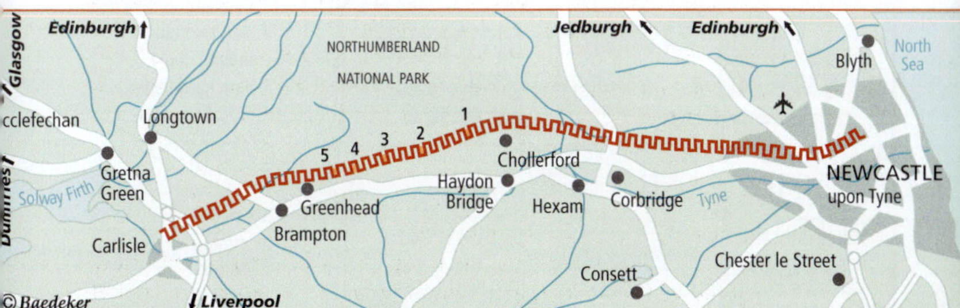

Vallum Hadriani
Römisches Fort

1 Cilurnum
2 Brocolitia
3 Vercovicium
4 Vindolanda
5 Aesica

Chollerford Etwa 1 km westlich von Chollerford befindet sich das am besten erhaltene römische Kastell, **Cilurnum**, das 500 Kavalleristen als Besatzung hatte. Tore sind erhalten, Kasernen, Gebäude des Hauptquartiers, Badehäuser, Ställe und Heizungsanlagen unter dem Fußboden (Hypokausten). In der Eingangshalle des Hauses Chester wird eine hervorragende Sammlung von römischen Funden gezeigt. Am gegenüberliegenden Ufer des North Tyne sind noch Reste einer römischen Brücke erhalten. Die Kirche in Chollerton 4 km östlich von Chollerford zeigt einen Bogengang (ca. 1150) mit monolithischen römischen Säulen und einem römischen Altar, der als Taufstein benutzt wird.

HADRIAN'S WALL

AUSKUNFT

Hadrian's Wall Tourism Partnership
14b Gilesgate, Hexham,
Northumberland, NE46 3NJ
Hadrian's Wall Information Line
Tel. 0 14 34 – 32 20 02
www.hadrians-wall.org

Carrawburgh In Carrawburgh lag der Militärstützpunkt **Brocolitia**, wo ein dem Sonnengott Mithras geweihter Schrein aus dem 3./4. Jh. ausgegraben wurde. Der mystische Mithras-Kult hat sich von etwa 70 v. Chr. durch die römischen Soldaten bis nach Germanien und Britannien ausgebreitet. In ►Newcastle-upon-Tyne befindet sich im Museum of Antiquities eine Nachbildung.

Housesteads Ein Besuchermagnet ist Housesteads, wo die umfangreichsten Ausgrabungsfunde zu sehen sind. Das sehr gut erhaltene Kastell **Vercovicium** hat vier Tore, Hauptquartier, Kornkammern, Kasernen, Badehäuser, Krankenhaus, Ställe, Latrine, Werkstätten, Wassertanks; es konnte 100 Fußsoldaten aufnehmen. Das Gelände gehört dem National Trust, der auch ein kleines Museum unterhält.

Fort Vindolanda *Orientierung*

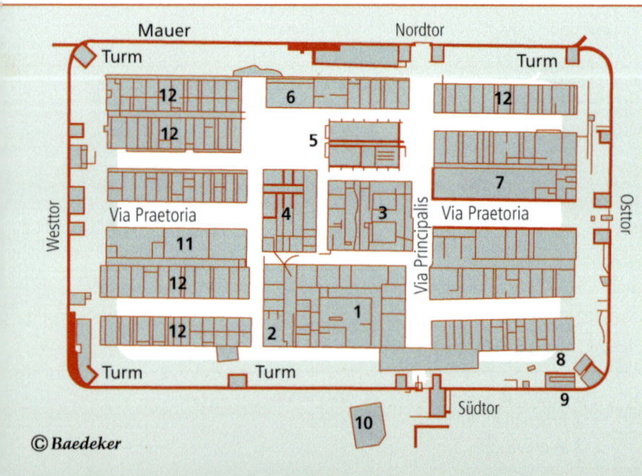

1 Haus des Kommandanten
2 Bad des Kommandanten
3 Hauptquartier
4 Hospital
5 Kornspeicher
6 Ställe (?)
7 Badehaus
8 Zisterne
9 Latrine
10 Zivilistensiedlung
11 Werkstatt
12 Kasernen

Das Haus des Kommandeurs – Reste von Fort Vindolanda am Hadrian's Wall

In Chesterholm 3,2 km südlich liegt das **Fort Vindolanda** mit einem der interessantesten Hauptquartier-Gebäude und einem römischen Meilenstein; im angeschlossenen Museum sind Schreibtafeln, Textilien und Holzgegenstände aus römischer Zeit zu besichtigen. **Chesterholm**

Das Roman Army Museum in der ehemaligen Corvoran-Farm bei Greenhead zeigt Modelle und Rekonstruktionen des Walls. **★ Römermuseum**

Ein weiterer Mauerabschnitt von besonderem Interesse erstreckt sich bei Birdoswald, wo eines der größten Kastelle, Camboglanna, mit Türmen lag. Dort befinden sich besonders sehenswerte Mauerreste. **Birdoswald Camboglanna**

Westlich von Corbridge liegt die Ausgrabungsstätte von Corstopitum, einer römischen Garnisonsstadt südlich des Walls. **Corbridge Roman Museum**

★ Hebrides · Hebriden (Inseln)

C–F 4–8

Landesteil: Schottland

Region: Western Isles Area, Highland Region, Strathclyde Region

Wind- und wettergepeitscht, doch von herber Schönheit – das sind die Hebriden, über 500 Inseln mit ureigenem Charakter vor der Nordwestküste von Schottland. Knapp 90 von ihnen sind bewohnt.

Die wichtigsten und größten Inseln der küstennahen Inneren Hebriden sind Skye, Mull, Islay, Jura, Rhum, Eigg, Coll und Colonsay. Die Äußeren Hebriden – die Outer Hebrides oder Western Isles – sind ein 210 km langer Inselbogen weiter nordwestlich, seine wichtigsten **Die wichtigsten der 500 Inseln**

Inseln sind Lewis mit Harris, North Uist, Benbecula, South Uist, Eriskay und Barra. Die Äußeren Hebriden bilden verwaltungsmäßig als Western Isles eine der drei schottischen Islands Areas mit Verwaltungssitz in Stornoway, die Inneren Hebriden sind Teil der Council Areas Highland und Argyll and Bute.

Landesnatur Bedingt durch das windige, kühl-feuchte Klima überwiegen atlantische Grasheiden und Moore. Neben Viehwirtschaft und klein parzelliertem Ackerbau bilden Wollprodukte (v.a. Tweedherstellung), Fischfang und Fremdenverkehr die wirtschaftliche Grundlage.

Inner Hebrides · Innere Hebriden

✶ Skye

✶ **Traumhafte Inselwelt**

Die größte der Inner Isles hieß bei den Wikingern »Sküyo« (Wolkeninsel), auf Gälisch hatte sie dank ihrer unregelmäßig gezackten Küstenform den Namen »Eilean Sgiathanach« (geflügelte Insel) und wetterbedingt den Zweitnamen »Eilean a Cheo« (Nebelinsel). Die ziemlich gebirgige Insel mit ihren grünen Tälern, Höhlen, verwunschenen Glens, wilden Wasserfällen und einsamen Sandstränden bietet »Natur pur«. Sie ist rund 80 km lang und 6 bis 24 km breit. Zur artenreichen Fauna gehören unter anderem Fischotter und Seehunde, Lachse und Forellen sowie über 200 Vogelarten.

! *Baedeker* TIPP

Übernachten im Leuchtturm

Ungewöhnlicher kann man kaum nächtigen: Neist Point Lighthouse mit drei Ferienwohnungen, DZ ab 290 € in der Woche, Melvaig, Gairloch, Isle of Skye, Tel. 0 14 70 – 52 15 46

Flora MacDonald und Bonnie Prince Charlie Mit Skye ist eine der romantischsten Episoden der schottischen Geschichte verbunden. Sie dreht sich um den Prätendenten Karl Edward Stuart, von den Schotten liebevoll »Bonnie Prince Charlie« genannt, der als Nachfahre von Maria Stuart Anspruch auf die Krone erhob, die sein Großvater Jakob II. verloren hatte. Der in Italien aufgewachsene Prinz mobilisierte die schottischen Clans gegen die Engländer, die am 21.9.1745 eine schwere Niederlage bei Prestonpans erlitten. Wenig später zog Bonnie Prince Charlie, der seinen Vater zum König Jakob VIII. proklamiert hatte, unter dem Jubel der Hochländer in Edinburgh ein, und Schottland war wieder jakobinisch. Am 16.4.1746 wurde sein Heer bei Culloden allerdings vernichtend geschlagen. Der Prinz, auf dessen Kopf eine Prämie von 30 000 £ ausgesetzt worden war, konnte fliehen und wanderte monatelang durch die Highlands. Schließlich kam er nach South Uist auf den Äußeren Hebriden, wo man ihn um ein Haar gefangen genommen hätte, wäre ihm nicht die 24-jährige Bauerntochter Flora aus dem MacDonald-Clan zu Hilfe gekommen und hätte ihn – als Dienstmädchen verkleidet – auf einem französischen Schiff nach Skye gebracht. Ob dies aus

HEBRIDEN ERLEBEN

AUSKUNFT

Portree (Skye, Innere Hebriden)
Bayfield House, Bayfield Road,
Portree, Isle of Skye, Scotland,
IV51 9EL
Tel. 08 45 – 22 55 121
E-mail: info@visitscotland.com
www.visithighlands.com

Stornoway (Lewis, Äußere Hebriden)
26 Cromwell Street, Stornoway,
Isle of Lewis, Western Isles, Scotland,
HS1 2DD
Tel. 0 18 51 – 70 30 88
Fax 0 18 51 – 70 52 44
E-mail: stornoway@visithebrides.com
www.visithebrides.com

AN- UND ABREISEN

Die Flugplätze der Inneren Hebriden befinden sich auf den Inseln Skye, Islay, Coll und Tiree, die Flugplätze der Äußeren Hebriden auf den Inseln Lewis, Benbecula und Barra.
Fähren nach Islay verkehren ab Kennacraig; Fähren nach Colonsay ab Oban und Kennacraig; nach Mull ab Oban und Kilchoan; nach Tiree ab Oban; nach Coll ab Oban; nach Rum, Canna, Muck und Eigg ab Mallaig; nach Skye ab Mallaig und Glenelg; nach Lewis ab Ullapool und Skye; nach Barra ab Oban; nach South Uist ab Oban; nach North Uist ab Skye (www.calmac.co.uk u. www.skyeferry.co.uk).

ESSEN

► Erschwinglich

Harlosh House
Isle of Skye, Harlosh
Tel. 0 14 70 – 52 13 67
Delikate Meerestiere und einmalig schöner Panoramablick über Loch Bracadale; nur abends geöffnet.

Bonaventure
Isle of Lewis, Aird Uig, Timsgarry
Tel. 0 18 51 – 67 24 74
Auf einem ehemalige Luftwaffenstützpunkt 32 km westlich von Stornoway gelegenes kleines Restaurant; schottische Menüs mit französischem Einfluss.

ÜBERNACHTEN

► Komfortabel / Luxus

Highland Cottage
Isle of Mull, Tobermory
Tel. 0 16 88 – 30 20 30, Fax 30 27 27
www.highlandcottage.co.uk
Himmelbetten, Blick auf die Tobermory Bay und dazu ein Feinschmeckerrestaurant; 6 Zimmer.

► Komfortabel

Shorefield House
Isle of Skye, Edinbane, Portree
Tel. 0 14 70 – 58 24 44, Fax 58 24 14
Familienfreundliches Gästehaus mit 5 Zimmern am Loch Grehornish mit fantastischem Frühstück.

Park Guest House
Isle of Lewis, Stornoway
30 James Street
Tel. 0 18 51 – 70 24 85
Fax 70 34 82
Viktorianisches Gästehaus mit 9 Zimmern; gutes Restaurant, in dem Fisch und Wild von der Insel serviert werden.

Leachin House
Isle of Harris, Tarbert
Tel. 0 18 59 – 50 21 57
www.leachin-house.com
Über 100 Jahre altes gemütliches Häuschen mit 3 Zimmern, in dem sich die Gäste abends gemeinsam zu Tisch setzen, um die Kochkunst des Hauses zu genießen.

Blick von Skye auf die kleine Nachbarinsel Rassay

Liebe oder Mitleid geschah, bleibt offen, das Ende der Geschichte verlief jedenfalls wenig spektakulär, da der Prinz – entgegen seinem Versprechen »Nach dem, was geschehen ist, werden wir uns noch einmal im Königspalast St. James wiedersehen« – resigniert nach Italien zurückkehrte und nie wieder von sich hören ließ. Flora wurde indessen wegen Hochverrats in den Londoner Tower geworfen, lebte nach ihrer Begnadigung zunächst auf Skye, wanderte dann mit ihren sieben Kindern nach Amerika aus und kehrte erst fünf Jahre vor ihrem Tod nach Trotternish zurück, wo ihr viel besuchtes Grab liegt. Diese alte Geschichte ist in Schottland – vor allem auf den Hebriden – noch sehr lebendig, lebt in Liedern und Balladen weiter, und die historischen Orte sind großer Beachtung sicher.

✶ **Talisker Whisky**

Einer der besten Single Malt Whiskys des Landes, der Talisker, wird in der einzigen Brennerei der Insel (gegr. 1830) beim Loch Harport hergestellt.

✶ **Loch Scavaig**
Elgol

✶ Loch Coruisk ▶

Ein interessanter Ausflug führt von Broadford, dem zweitgrößten Ort auf der Insel, zum Loch Scavaig (24 km) mit herrlicher Aussicht auf den 927 m hohen Blaven. Man kommt nach Elgol, einer kleinen Siedlung mit einem steilen Abstieg zur Küste; von dort hat man einen der grandiosesten Ausblicke im ganzen Land. Den unvergleichlich schönen Loch Coruisk, inmitten einer traumhaften Felsenlandschaft, muss man per Boot genießen. Er ist durch einen Fluss mit Loch Scavaig verbunden und liegt am Fuß der Cuillins, einem Paradies für geübte Bergsteiger mit Klettertouren aller Schwierigkeitsgrade; der höchste Berg ist der 991 m hohe Sgurr Alasdair.

★ ◄ Cuillins

Portree ist mit 2000 Einwohnern der größte Ort von Skye. »Old Man of Storr« heißt ein 50 m hoher schwarzer Stein, der von kleineren Felsnadeln umgeben ist. Unbedingt ansehen sollte man sich den Quiraing, eine Ansammlung von seltsam geformten Basaltsteinen, mit Nadeln, Zinnen und Treppen.

Portree

★ ◄ Quiraing

Das Dorf Dunvegan am gleichnamigen Loch im Westen der Insel ist vor allem wegen seines Castles bekannt, dem letzten noch ständig bewohnten Stammsitz der MacLeods, eines schottischen Clans, der über Jahrhunderte mit den MacDonalds blutige Kämpfe um die Vorherrschaft auf Skye ausfocht. Die Anlage soll schon im 9. Jh. erbaut worden sein; der Turm stammt aus dem 14. Jahrhundert.

★ Dunvegan Castle

Mull

Mull ist die drittgrößte Insel der Hebriden; 2400 Menschen leben hier. Die Inselhauptstadt mit 650 Einwohnern ist Tobermory – Fischerei- und Fährhafen sowie Touristenzentrum mit hübschen Häusern entlang der Pier. Der Süden und Osten der Insel sind gebirgig mit Erhebungen bis über 915 m; der Norden ist hügelig. Es gibt ein

Drittgrößte Insel der Hebriden

Mull: Häuser am Hafen von Tobermory

Invasion der Öljacken: Schiffsausflug zum unbewohnten Eiland Staffa

gutes Sport- und Freizeitangebot (Golf, Ponytrekking, Wassersport und Wandern). Whiskyfreunde sollten den ausgezeichneten Ledaig Malt der 1798 gegründeten Tobermory Distillery probieren. Eine unbedingt empfehlenswerte Tour geht mit dem Schiff über Staffa nach Iona, vorbei an Ulva und der Ostküste von Mull.

Staffa

★ **Fingal's Cave** Staffa ist eine unbewohnte Insel, auf der man nur bei gutem Wetter mit einem Boot landen kann. Lohnend ist auf Staffa vor allem die große Grotte Fingal's Cave. Die Höhle ist 69 m lang und begeistert mit bizarren Felsformationen in herrlichen Farben. Fingal war ein keltischer Held. Der keltische Name »Uaimh Binn« bedeutet »musikalische Grotte«, weil man das dröhnende Echo der Wellen hört. Der Komponist Felix Mendelssohn soll hier 1829 zum Motiv der Hebriden-Ouvertüre inspiriert worden sein. Westlich von Fingal's Cave liegt Boat Cave, die man nur mit einem Boot besuchen kann.

Iona

Heilige Insel Auf dieser kleinen, etwa 10 km von Staffa entfernten Insel gab es bereits in keltischer Zeit ein Druidenheiligtum Im Jahre 563 landete der später heiliggesprochene irische Abt Columba auf Iona und gründete ein Kloster, von dem aus die Hebriden christianisiert wurden. Dichter, darunter auch Fontane, haben die Insel besungen.

Baile Mor Normalerweise leben rund 100 Menschen auf der Insel, und zwar in Baile-Mor, was »große Stadt« bedeutet. Lohnend ist ein Blick vom Dun-I, einem Hügel hinter der Kathedrale, 101 m hoch, von dem man bei gutem Wetter mehr als 30 Inseln überblicken kann.

Das Kloster, in dem eines der berühmtesten Bücher der Welt, das **Book of Kells**, entstanden ist, wurde mehrfach von Wikingern zerstört, aber immer wieder aufgebaut. Um 1200 stiftete Reginald MacDonald an der Stelle der früheren Klosterkirche ein Benediktinerkloster, von dem noch der Chor und Teile der Kapelle (13. Jh.) in normannischem Stil erhalten sind. Westlich davon verläuft die Straße der Toten. Sie führt zum **St. Oran's Cemetery** führt, Schottlands ältestem christlichen Friedhof. Auf diesem fanden zahlreiche schottische und irische Herrscher ihre letzte Ruhestätte. Auf dem Friedhof befindet sich auch die letzte Ruhestätte von Macbeth und seinem Opfer König Duncan; die Grabmäler wurden allerdings zur Zeit der Reformation ins Meer geworfen. **McLean's Cross** ist ein über drei Meter hohes und reich verziertes Steinkreuz aus dem 15. Jahrhundert. Die **St. Oran Chapel** auf dem Friedhof wurde im 11. Jh. gebaut und ist heute das älteste Gebäude der Insel. ✶ **Abbey**

Dieses Gotteshaus entstand im 12. Jh. und ist überwiegend normannisch geprägt. Es wurde später in anderen Baustilen erweitert. Das nördliche Querschiff ist der älteste Teil der Kirche. Sehenswerte Kapitelle sind im Chor erhalten. **Cathedral**

Das berühmte Steinkreuz vor dem Westportal der Bischofskirche wurde im 12. Jh. errichtet. Sein der Skulpturenschmuck zeigt u.a. die Heilige Familie. ◄ St. Martin's Cross

Weitere Inseln

Islay ist eine noch unberührte Insel mit Felsenriffen, vielen Buchten und Sandstränden. Es gibt hier zwei verfallene Castles und mehrere alte keltische Kreuze. Die Bade- und Angelmöglichkeiten sind sehr gut. Inoffizielle Hauptstadt der Insel ist **Bowmore** mit der 1769 gebauten Killanrow-Kirche, einer für diese Zeit seltenen Rundkirche. **Islay**

Islay besitzt sieben renommierte Brennereien, in denen ein ausgezeichneter Malt Whisky hergestellt wird. Die Bowmore-Brennerei blickt auf eine über 200-jährige Tradition, Bruichladdich, Schottlands westlichste Brennerei, wurde 1881 gegründet und stellt einen leichteren Whisky her, ebenso Bunnahabhain bei Port Askaig an der Nordostspitze der Insel; hier befindet sich auch die 1846 erbaute Caol Ila Brennerei. Rund um Port Ellen an der Südspitze finden sich einige der klingendsten Namen im Whiskygeschäft, darunter die Ardbeg Distillery, die Lagavulin Distillery, Hersteller eines der sechs »Classic Malts«, und die zeitweilig von einer Frau geleitete Laphroig Distillery, die für ihren torfigen Malt bekannt ist. ✶ ◄ Whiskyinsel

Die baumarme Insel Jura mit 420 Bewohnern ist wenig vom Tourismus berührt. Höchstes Gebirge ist der 784 m hohe Zweiergipfel »The Paps«, eine altschottisch-derbe Bezeichnung für Brüste, den man gut von Feolin, wo auch die Fähre landet, besteigen kann. Im Barnhill Farmhouse am Nordende der Insel verfasste Eric Blair alias **Jura**

Die Standing Stones of Callanish, 47 kreis- und strahlenförmig angeordnete Steine

George Orwell seinen 1949 veröffentlichten Roman »1984«. Seit Beginn des 16. Jh.s wird auf Jura Whisky gebrannt. Der Isle of Jura Single Malt ist dank des weichen Inselwassers leicht und mild.

Colonsay, Oronsay

Die nach St. Columba und seinem Mitbruder St. Oran benannten Inseln Colonsay und Oronsay sind nur durch einen schmalen Meeresarm voneinander getrennt. Bei Ebbe kann man in gut zwei Stunden zu Fuß nach Oronsay hinübergehen, wo die Ruinen einer Priorei aus dem 14. Jh. mit einem interessanten Kreuz aus dem 16. Jh. und die Fundstätte eines Wikingergrabes zu sehen sind; der Mann wurde in seinem Schiff beerdigt, sein Pferd neben ihm. Botaniker wird interessieren, dass hier sehr seltene Orchisarten wachsen.

✶ Canna, Eigg, Rum

Von der Inselgruppe Eigg, Muck, Rum und Canna, die jeweils nur von ein paar Dutzend Familien bewohnt werden, ist die Vulkaninsel **Canna** die reizvollste. Berüchtigt ist der Compass Hill im Nordosten, dessen hoher Eisengehalt Schiffskompasse in früherer Zeit so stark beeinflusste, dass die Schiffe vom Kurs abkamen.
Geologisch interessant ist auf **Eigg** der An Sgurr mit schwarzen Pechsteinpfeilern, die fast 400 m aus einem Felsmassiv aufragen.
Zur Fauna der Insel **Rum**, die als »Schützenswerte Biosphäre« ausgewiesen wurde, gehören Rotwild, Sturmvögel und Seeadler.

Outer Hebrides · Äußere Hebriden

Moor und Heide, viele winzige Seen und einfache Häuser prägen das Landschaftsbild. Auf den 12 bewohnten Inseln leben etwa 30 000 Menschen, die überwiegend von Kelten abstammen und noch

Gälisch sprechen. Auffällig ist die strenge Gläubigkeit, die sich vor allem sonntags bemerkbar macht, wenn das öffentliche Leben weitgehend ruht. Die Insulaner leben von Landwirtschaft und Fischerei und vom Tourismus. In Harris ist zudem eine blühende Tweedindustrie beheimatet. Interessant sind die Inseln insbesondere für Sportfischer und für Archäologen, die hier viele Relikte verschiedener historischer Epochen finden.

Lewis

Stornoway

Auf der nördlichsten Insel Lewis gibt es nur eine Stadt, Stornoway mit 8000 Einwohnern, deren Naturhafen für die Fischerei bedeutend ist. Hier werden zudem Bohrinseln für die Ölindustrie montiert. Flugverbindungen bestehen nach Glasgow; mit dem Bus sind fast alle Orte der Insel gut zu erreichen.

★ ★

◄ Standing Stones of Callanish

Sehenswert sind die Standing Stones of Callanish, der wohl schönste Steinkreis in Schottland 24 km westlich von Stornoway. Die 47 kreis- und strahlenförmig angeordneten Steine bilden ein Sonnenkreuz. Die Anlage wurde zwischen 3000 und 1500 v. Chr. vermutlich zur Sonnenverehrung und Zeitberechnung errichtet. Der **Broch of Carloway** ist ein von Pikten erbauter Wehrturm mit 3 m dickem Mauerwerk, er wurde in 50 m Höhe über der Westküste gebaut.

Harris

Harris ist ein Teil der Hauptinsel Lewis. Wichtigste Stadt und Fährhafen ist **Tarbert**. Vom höchsten Berg der Western Isles, dem 800 m hohen Clisham, der von Tarbert aus bequem bestiegen werden kann,

Fast menschenleer: der Südwesten von Harris

hat man bei klarem Wetter eine Fernsicht bis zum schottischen Festland. Ansonsten bietet dieser relativ hügelige Teil der Insel ausgezeichnete Badestrände und schöne Buchten.

Harris-Tweed ▶ ★ Berühmt ist die Insel für den Harris-Tweed, der früher in Handwebereien, heute fast ausschließlich in Fabriken hergestellt wird. Der Name Tweed ist eine schottische Ableitung des französischen Wortes »toile« (Tuch). Um die renommierte »orb mark«, das mit Weltkugel und Malteserkreuz versehene Gütezeichen des Harris Tweed, zu erhalten, darf nach wie vor nur Wolle schottischer Schafe von den Inseln für die Produktion verwendet werden.

Eindeutig: Original Harris-Tweed

North Uist · Benbecula · South Uist

North Uist (2200 Einw.) ist durch einen Damm mit South Uist verbunden. In der zerklüfteten Landschaft gibt es zahlreiche Lochs, teils mit Süß-, teils mit Salzwasser. North Uist hat einen besonders reichen Wildbestand und bietet gute Möglichkeiten zum Fischfang. Die Bewohner sind vorwiegend Kleinbauern, die ihr Einkommen durch Wollprodukte und Ernten von Seetang, den eine Fabrik zu Viehfutter verarbeitet, im Nebenerwerb aufbessern. Hauptstadt ist Lochmaddy. Der Fährhafen ist das wichtigste Zentrum dieser südlichen Inseln. Eine Straße führt quer über die Insel nach Carinish am südlichen Ende und dann weiter über den 1960 gebauten Damm durch den North Ford zur Nachbarinsel **Benbecula**, auf der rund 2000 Menschen leben und auf der es einen Flughafen, den Balivanich Airport, gibt.

South Uist hat ca. 3000 Bewohner und ist die zweitgrößte Insel der Äußeren Hebriden. Wichtigster Ort ist Lochboisdale mit einem Hafen. Von Norden nach Süden verläuft eine gut ausgebaute Straße. Der zweitgrößte Berg, der 606 m hohe Hecla, lohnt einen Aufstieg. Bei Askernish besichtigen Reisende aus Großbritannien gern das **Geburtshaus von Flora MacDonald** (1727–1790), die »Bonnie Prince Charlie« 1746 bei seiner Flucht vor den Engländern half.

Barra

Barra ist die südlichste einigermaßen bedeutende Insel der Äußeren Hebriden mit dem Flugplatz Logonair. Viele Bewohner der 12,8 km langen und 8 km breiten Insel sprechen außer Englisch auch Gälisch.

Tweed-Weberin bei der Herstellung des berühmten Harris-Tweed

In der Hauptstadt Castlebay lebt man vom Hummer- und Krabbenfang. Das aus dem Mittelalter stammende Castle Kisimul thront malerisch auf einer Felseninsel inmitten der Bucht. Seit dem 14. Jh. residierte hier der Clan MacNeil of Barra, dessen Mitglieder als überaus geschickte Seefahrer bekannt waren.

Weitere Inseln

Die kleinen, südlich vorgelagerten Inseln – **Vatersay, Mingulay** und **Bereneray** mit der südlichsten Spitze, dem Barra Head, – haben einen ähnlichen Landschaftscharakter. Hier gibt es menschenleere, von teilweise bizarren Klippen umrahmte Strände.

★ Hereford

N 16

Landesteil: Mittelengland
Grafschaft: Hereford and Worcester
Höhe: 197 ft/60 m ü.d.M.
Einwohnerzahl: 48 300

Hereford ist Mittelpunkt eines großen Agrargebietes. Die Hereford-Rinder sind weltberühmt – zu den Auktionen kommen Landwirte aus ganz Europa. Bekannt ist auch der Cider, mehr als die Hälfte des englischen Apfelweins wird in der Region hergestellt.

Hereford – sprich: Herriford – am River Wye war bereits im 7. Jh. Bischofssitz, im Mittelalter erhielt der Ort eine Festung. Auf Kunstliebhaber wartet in der Kathedrale die Mappa Mundi, eine der ältesten Weltkarten überhaupt.

Sehenswertes

✶ **Kathedrale**

Eine erste Kathedrale aus dem 9. Jh. war die Begräbnisstätte von St. Ethelbert, König der Ostangeln, der 794 von Offa von Mercia enthauptet wurde. Nach der Zerstörung durch die Walliser im Jahr 1056 wurde die heutige Kathedrale im 11. Jh. als Rundkirche neu erbaut – normannisch sind noch die Arkaden, die Pfeiler des Turms, der größte Teil des südlichen Querschiffs, die Arkaden und das Triforium des Chors. Die Westfront wurde nach einem Einsturz 1786 von James Wyatt im neugotischen Stil wiederaufgebaut. Im Innern sind die Gräber von mehreren Bischöfen erhalten, im Chor befinden sich der Bischofsthron und das Chorgestühl aus dem 14. Jahrhundert. Im Chor kann man auch die berühmte Mappa Mundi von Richard of Haldingham bewundern, eine große Bildkarte auf Pergament, die die Welt als Scheibe darstellt; im Mittelpunkt liegt Jerusalem, im äußeren Umkreis sind Tiere, historische und mythologische Personen zu sehen. Angefertigt wurde das Kartenwerk um 1275 in ►Lincoln. Zweite Kostbarkeit ist die Ketten-Bibliothek, eine der größten ihrer Art weltweit, mit mehr als 1440 Bänden, die mit Ketten an den Regalen so festgemacht wurden, dass man sie zwar lesen, aber nicht mitnehmen kann. Rund 266 der Bände sind Manuskripte, über 70 der Bücher wurden bereits vor 1500 gedruckt; zu besichtigen sind ferner Druckstöcke und Druckpressen von 1611. Sie befinden sich teilweise über dem Nordquerschiff, teilweise über den Bishop's Cloisters.

✶ Mappa Mundi ►

✶ Ketten-Bibliothek ►

HEREFORD ERLEBEN

AUSKUNFT

1 King Street, Hereford, Herefordshire, England, HR4 9BW
Tel: 0 14 32 – 26 84 30, Fax 34 26 62
tic-hereford@herefordshire.gov.uk
www.visitherefordshire.co.uk

ESSEN

► **Erschwinglich**

Café @ All Saints
All Saints Church, High Street
Vegetarische Küche in ungewöhnlichem Ambiente. Geöffnet montags bis samstags 8.30 bis 17.30 Uhr.

ÜBERNACHTEN

► **Luxus**

Castle House
Castle Street, Hereford HR1 2NW
Tel. 0 14 32 – 35 63 21
Fax 0 14 32 – 36 59 09
E-mail info@castlehse.co.uk
Stilvolles Hotel in einem georgianischen Stadthaus in der Nähe der Kathedrale. Im Jahr 2002 wurde das Castle House zu einem der Top-Ten-Hotels in England gekürt. Die zehn Suiten und fünf Zimmer sind verschiedenen Epochen und Regenten der englischen Geschichte gewidmet.

! *Baedeker* TIPP

Cider Museum & King Offa Distillery

Geschichte und Herstellung des Ciders dokumentiert das Cider Museum & King Offa Distillery in einer ehemaligen Cider-Fabrik an der A 483 in Richtung Brecon.

Old House

Old House ist ein Fachwerkbau von 1621, der heute ein kleines Museum birgt. Zur Sammlung gehören u.a. Erinnerungsstücke an David Garrick (1717–1779), der 1747–1776 Leiter des Drury-Lane-Theaters in London war und im Angel Inn von Hereford zur Welt kam. Er deutete als Charakterdarsteller die Werke von Shakespeare auf eine neue, menschlichere Art und schrieb selbst zahlreiche Lustspiele. Eine Reihe von Ausstellungsstücken belegen, dass auch andere Theaterleute zu Hereford enge Kontakte pflegten.

Umgebung von Hereford

Abbey Dore

Idyllische Fachwerkdörfer sind typisch für die Gegend um Hereford. Die örtlichen Tourismusbüros haben eine Route entlang der so genannten »Black-and-White Villages« beschildert. Zu den schönsten Orten gehören Eardisland und Pembridge. Attraktiv ist das abgelegene »Golden Valley« am Flüsschen Dore. Einen Besuch lohnt die schöne Pfarrkirche Abbey Dore (1147) am Ende des Golden Valley.

Kilpeck

Eine normannische Kirche mit herrlichen skandinavisch anmutenden Skulpturen und steht in Kilpeck 11,2 km südwestlich.

Ledbury

Auch das kleine romantische Ledbury blickt stolz auf seine vielen schwarz-weißen Fachwerkhäuser, besonders auf das Market House von 1633, das auf 16 Eichenpfeilern ruht. Von dort führt eine hübsche Straße zur großen Pfarrkirche St. Michaels and all Angels, die vor allem Stilarten des späten 13. und frühen 14. Jh.s. aufweist.

Das Old House in Hereford ist Sitz eines interessanten Theatermuseums.

Eastnor Castle Eastnor Castle 2,4 km östlich wurde 1812–1817 von Sir Robert Smirke erbaut. Bei einer Restaurierung wurden erst kürzlich viele ältere Stücke, darunter venezianische Möbel aus dem 17. Jh., wiederentdeckt. Zu den ausgestellten Erinnerungsstücken gehören auch Briefe und Gegenstände einstiger Freunde des Hauses, wie Elizabeth Barrett Browning, die in Ledbury einen Teil ihrer Kindheit verlebte, Lord Alfred Tennyson und Virginia Woolf.

Hexham

I 6

Landesteil: Nordengland
Grafschaft: Northumberland
Höhe: 198 ft/60 m ü.d.M.
Einwohnerzahl: 8 900

Dort wo England am schmalsten ist, liegt am Südufer des Tyne das Städtchen Hexham – ungefähr in der Mitte des Landes und fast gleich weit von der Nordsee und der Irischen See entfernt.

HEXHAM ERLEBEN

AUSKUNFT

Wentworth Car Park, Hexham, Northumberland, England, NE46 1QE
Tel. 0 14 34 – 65 22 20
Fax 0 14 34 – 65 23 93
E-mail: hexham.tic@tynedale.gov.uk
www.hadrianswallcountry.org

ESSEN

► Erschwinglich

Lord Crewe Arms Hotel
► Übernachten

ÜBERNACHTEN

► Luxus

Beaumont Hotel
Beaumont Street, Hexham, Northumberland NE46 3LT
Tel. 0 14 34 – 60 23 31
Fax 0 14 34 – 60 61 84
E-mail: beaumont.hotel@btinternet.com
Gediegenes Hotel mit schönem Blick auf die Abtei.

Lord Crewe Arms Hotel
Blanchland bei Hexham, Durham, DH8 9SP
Tel. 0 14 34 – 67 52 51
Fax 0 14 34 – 67 53 37
E-mail info@lordcrewehotel.com
Die Räume waren ursprünglich Teil der Abtei von Blanchland, sie datieren teilweise aus dem 12. Jahrhundert. Kein Wunder, dass dieses gediegene Hotel über einen eigenen Geist verfügt: Dorothy Foster, Nichte des Bischofs von Durham und Schwester des jakobinischen Rebellen Tom Foster, geht hier um. Die Gäste sitzen derweil unbehelligt am Kamin.

► Komfortabel

Gibbs Hill Farm
Once Brewed, Bardon Mill, Hexham, Northumberland NE47 7AP
Tel./Fax 0 14 34 – 34 40 30
E-mail: val@gibbshillfarm.co.uk
Schöne Unterkünfte in den Cottages eines Bauernhofs.

Die kleine Marktstadt, die bereits im 7. Jh. unter dem Namen Hagulstald zum Bischofssitz erhoben worden war, ist ein guter Ausgangspunkt für die Erkundung des ►Hadrian's Wall.

Hexham Priory Orientierung

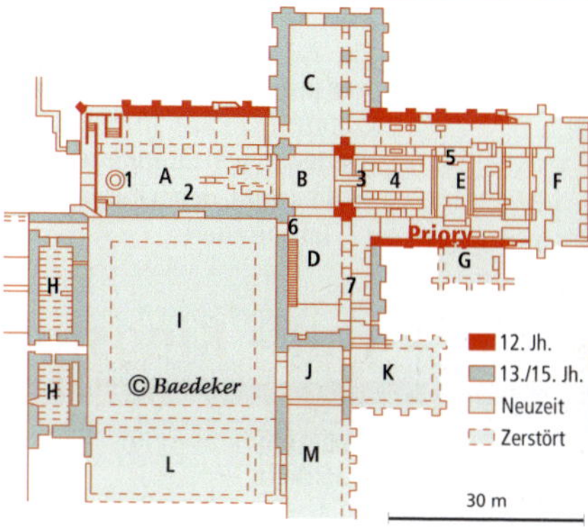

1 Taufstein
2 Zugang zur Krypta
3 St. Wilfrid's Chair
4 Ehem. Apsiden (7. u. 12. Jh.)
5 Kanzel
6 Röm. Monument
7 Röm. Altar

A Hauptschiff
B Vierungsturm
C Nördliches Querschiff
D Südliches Querschiff
E Chor
F Kapelle der fünf Altäre
G Kapelle
H Keller
I Kreuzgang
J Vestibül
K Kapitelhaus
L Refektorium
M Dormitorium

Die Priory von Hexham ist ein klassisches Beispiel der Early-English-Architektur. Wilfrid of York hatte im Jahr 674 an dieser Stelle ein Benediktinerkloster gegründet und zum Bau Steine des Hadrian-Walls benutzt. Die Krypta des ersten Kirchenbaus ist noch erhalten. Darüber wurde zwischen 1180 und 1250 die jetzige Kirche, die einst zu einem Augustiner-Priorat gehörte, errichtet.
Die Schale des Taufsteins im Kircheninnern stammt aus römischer Zeit. Die massive »Night stair« im südlichen Querschiff führte früher zum Schlafsaal der Mönche. Am Fuß dieser Treppe blieben das angelsächsische Acca Cross (um 740) und der antike Grabstein eines Kavalleristen namens Flavinus erhalten. Der aus Stein gehauene sächsische Bischofssessel ist vermutlich Wilfrids Thron aus dem ersten Gotteshaus. Bedeutsamster Teil der Abtei ist die **Krypta**, hier wurden die Reliquien aufbewahrt. Die dazu verwendeten Steine – ebenfalls vom Hadrian-Wall – lassen teilweise noch Inschriften erkennen.
Unter dem Chor liegen die Grundmauern der Apsis der **St. Peter's Chapel**. Vom Kloster sind nur Teile erhalten, so der Waschraum (um 1300), das aus dem 13. Jh. stammende Vestibül des Kapitelhauses und das Priory Gate (um 1160).

Um den Market Place

Die 1766 von Sir Walter Blackett erbaute Markthalle ruht auf einer Seite auf steinernen, auf der anderen auf hölzernen Pfeilern. Die Moot Hall (Bücherei), ein großer Festungsturm von 1400, war einst Sitz der Vögte des Erzbischofs von York. Das benachbarte Manor Office (1330–1332) diente seit dem 14. Jh. als Gefängnis, heute ist hier das Fremdenverkehrsamt untergebracht. Wenige Schritte weiter nördlich steht das 1684 vollendete Gebäude der Old Grammar School, die 1599 von Elizabeth I. (►Berühmte Persönlichkeiten) gegründet wurde.

Umgebung von Hexham

Blanchland Ein reizvoller Flecken mit kaum 200 Einwohnern ist Blanchland 16,8 km südlich. Bei der Fahrt durch Hochmoor- und Heidegebiet kommt man am 357 m hohen Dukesfield Fell vorbei. Blanchland ist ein recht verträumter Ort mit Steinhäusern aus der 2. Hälfte des 18. Jh.s und den Überresten einer Prämonstratenser-Abtei aus dem 12. Jahrhundert.

★ Hull · Kingston-upon-Hull

S 13

Landesteil: Nordengland
Grafschaft: Humberside
Höhe: 13 ft/4 m ü.d.M.
Einwohnerzahl: 333 000

Kingston-upon-Hull, meist kurz Hull genannt, liegt am nördlichen Ufer des River Humber, der zirka 35 km weiter südöstlich in die Nordsee mündet. Über Jahrhunderte lebte man vom Schiffsbau und von der Fischerei. Heute ist Hull ein wichtiger englischer See- und Fährhafen.

Die Weigerung des Gouverneurs Sir John Hotham, Karl I. in die Stadt einzulassen, war 1642 ein erster Akt des Widerstandes und eines der Elemente, die den Bürgerkrieg auslösten. Im weiteren Verlauf dieses Krieges wurde Hull mehrfach erfolglos von den Royalisten belagert.

Sehenswertes

Maritime Museum Das Maritime Museum in den ehemaligen Dock Offices am Queen Victoria Square gibt einen Überblick über die Seefahrtsgeschichte der Stadt mit Schiffsmodellen, Gemälden und Fischfanggeräten.

★ Ferens Art Gallery Zur umfangreichen Sammlung der gegenüberliegenden Ferens Kunstgalerie gehören Arbeiten von Frans Hals, Canaletto und Constable sowie von William Hogarth und Henry Moore.

Trinity House Die Whitefriargate führt zum ältesten Teil der Stadt, und über Trinity House Lane kommt man zum Trinity House, 1369 von den Humber-Lotsen gegründet und seit 1456 Zunfthaus der Seeleute. 1787 wurde hier die erste Marineschule der Welt eingerichtet; noch heute tragen die Kadetten die Seemannsuniformen des 18. Jh.s.

★ Holy Trinity ► ★ Die Kirche Holy Trinity am Market Place ist im Perpendicular- und Decorated Style gehalten. Bemerkenswert sind ihr schöner Vierungsturm und die Kirchenfenster im gotischen Stil.

High Street

Wilberforce Museum In der High Street steht das Geburtshaus von William Wilberforce (Nr. 25), das ein Museum mit interessanten Exponaten zur Ge-

HULL ERLEBEN

AUSKUNFT

1 Paragon Street, Hull, East Yorkshire, England, HU1 3NA
Tel. 0 14 82 – 22 35 59
Fax 0 14 82 – 61 39 59
tourist.information@hullcc.gov.uk
www.hullcc.gov.uk/visithull

ESSEN

▸ Erschwinglich

① ***Venn Restaurant, Brasserie & Bar***
21 Scale Lane
Tel. 0 14 82 – 22 40 04
Restaurant in der Altstadt, in dem ambitionierte britische Küche serviert wird.

② ***George Hotel***
Land of Green Ginger,
Tel. 0 14 82 – 22 63 73
Eines der ältesten Pubs in Hull; urige Atmosphäre und diverse Kleinigkeiten zum Essen.

③ ***Hogshead***
1-2 Whitefriargate,
Tel. 0 14 82 – 60 59 90
Junger, lebhafter Pub, in dem man verschiedene Ale-Sorten verkosten kann; kleine Gerichte.

ÜBERNACHTEN

▸ Luxus

① ***Portland Hotel***
Paragon Street
Hull HU1 3JP
Tel. 0 14 82 – 32 64 62
Fax 0 14 82 – 21 34 60
E-mail:info@portland-hotel.co.uk
Keine architektonische Schönheit, aber sehr zentral gelegen.

schichte des 18. und 19. Jh.s, vor allem über den Sklavenhandel, beherbergt – Wilberforce setzte sich im 18./19. Jh. vehement für die Bekämpfung des Sklavenhandels ein. Angeschlossen sind zwei georgianische Häuser (Nr. 23/24) aus der Mitte des 18. Jh.s mit schönem Mobiliar. Durch das Wilberforce Museum kommt man zum Arctic Corsair, einem restaurierten Museumsschiff. Wenige Schritte weiter liegt das Streetlife Museum of Transport, das Transportmittel aller Art zeigt. Nächste Adresse im Museumsviertel ist das Hull and East Riding Museum, eine bemerkenswerte archäologische Sammlung über East Yorkshire, darunter das »Hasholme Boot« aus prähistorischer Zeit und eine römische Galerie. ◂ Museumsviertel

Im Mittelalter erstreckte sich der Hafen zwischen der Drypool Bridge und dem River Humber. Die alten Dockanlagen haben zum Teil einen Funktionswandel erfahren. In der Marina im ehemaligen Humber und Railway Dock und am Princes Quay liegen heute elegante Jachten vor Anker. Das »Spurn Lightship«, das 48 Jahre lang Schiffen den Weg in den Humber wies, kann besichtigt werden. ★ **Historisches Hafenviertel**

Seit 1980 gewährleistet die 100 m hohe Tidenhubbarriere am Humber den Hochwasserschutz der Altstadt von Hull. **Tidal Surge Barrier**

In der Marina von Hall

★ The Deep Das Aquarium »The Deep« ist das tiefste Aquarium Europas. Mit dem weltweit einzigen Unterwasser-Fahrstuhl können Besucher quasi in die tiefsten Tiefen der Ozeane hinabfahren.

★ Humber Bridge Westlich der Stadt wurde 1981 die Humber Bridge eingeweiht, eine harmonische Vereinigung von Technik und Ästethik. Mit 1510 m ohne Zwischenpfeiler gehört sie zu den längsten Einzelspann-Hängebrücken der Welt.

Umgebung von Hull

Grimsby Grimsby 45 km südöstlich an der Mündung des River Humberg ist heute der bedeutendste Fischereihafen Englands. Die Stadt ist wichtiger Industriestandort mit ausgedehnten Dockanlagen. Im National Fishing Heritage Centre wird anschaulich über Leben und Arbeit der Fischer informiert.

Cleethorpes Das benachbarte Cleethorpes entwickelte sich von einem kleinen Fischerdorf zu einem sehr beliebten Seebad mit feinem Sand, einer Promenade und Schwimmbädern.

Beverley Beverley ist eine hübsche alte Marktstadt an den Ausläufern der East Yorkshire Wolds. Zu Wohlstand kam Beverley, wie auch andere Städte in Yorkshire, durch den prosperierenden Wollhandel. Das für die

Hull Orientierung

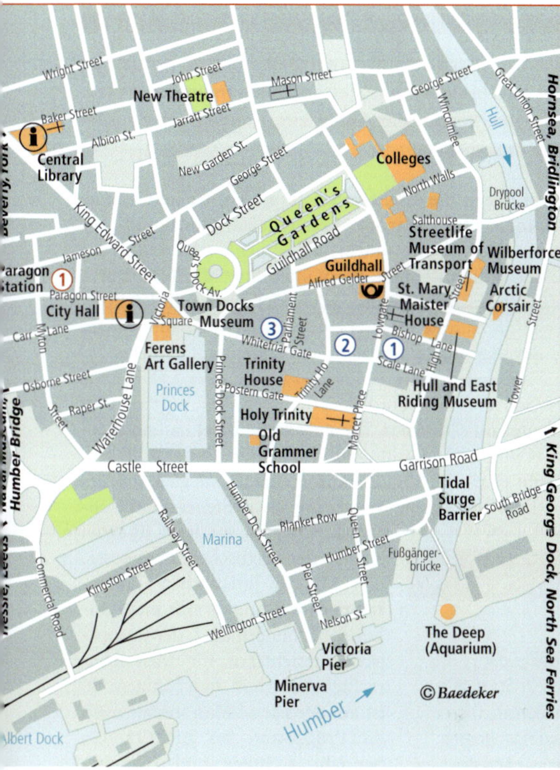

Essen

1 Venn
2 George Hotel
3 Hogshead

Übernachten

1 Portland

kleine Stadt erstaunlich große **Münster** zählt zu den herausragend schönen gotischen Kathedralen Englands. Gründer eines ersten Klosters an dieser Stelle war St. John of Beverley, Bischof von York (721), der im 11. Jh. heilig gesprochen wurde. Der Ort wurde daraufhin zur Wallfahrtsstätte. Zwischen 1220 und 1420 baute man die Kathedrale, die trotz der langen Bauzeit und der verschiedenen gotischen Stilrichtungen in sich sehr harmonisch wirkt. Chor und die doppelten Querschiffe zeigen Early English Style in seiner reinsten Ausprägung, das Langschiff ist hauptsächlich im Decorated Style gehalten, die großartige Westfront mit den 54 m hohen Zwillingstürmen im hochgotischen Perpendicular Style. Sehenswert sind der romanische Taufstein und die doppelten Chorgänge im großen Querschiff. Der Chor ist ein hervorragendes Beispiel der Early-English-Architektur, sein herrliches Gestühl stammt von 1520. Das große Ostfenster in der Marienkapelle hinter dem Hochaltar hat teilweise noch Glasscheiben von 1417.

✶✶ Minster

★ Isle of Man

J/K 12

Die Isle of Man in der Irischen See zwischen England, Nordirland und Schottland ist eine der beliebtesten Ferieninseln der Briten. Sie gehört nicht zum Vereinigten Königreich, sondern ist als »Dependancy of the Crown« Kronland.

Sanfte Hügel, auf denen die Loghtan-Schafe grasen, kleine Gebirge, tiefe Schluchten mit steil abstürzenden Wasserfällen, Moor- und Heide, schöne sandige Badebuchten und steile Klippenküsten prägen das Bild der Insel. Das Klima ist mild; im Winter sinkt die Temperatur selten unter 5°C. Insgesamt wohnen 73 000 Menschen auf der Insel, in der Sommersaison kommen fast eine halbe Million Urlauber dazu. Ein Drittel der Bevölkerung lebt heute in der Hafenstadt Douglas.

Kronland – Dependency of the Crown

Die Königin ist Souverän und Lord Proprietor of Man, repräsentiert durch einen Lieutenant-Governor. Die **autonome Insel** hat ein **eigenes Parlament** (Court of Tynwald), das als **das älteste der Welt** gilt. Nach wie vor gibt es eine Reihe überkommener Privilegien, eigenes Landrecht, seit 1866 eine eigene Verfassung sowie Steuer- und Zollhoheit, die unter dem direkten Schutz der englischen Krone stehen. Mit den **juristischen Eigenarten** der Insel musste sich nicht nur London, sondern auch der Europäische Gerichtshof für Menschenrechte wiederholt beschäftigen. So ist auf der Isle of Man immer noch die Prügelstrafe bis zum 21. Lebensjahr rechtens und Homosexualität strafbar. Die **moderate Steuerpolitik** der Inselverwaltung mit niedrigen Angabesätzen und hohen Kapitalverzinsungen hat zahlreiche Banken, Devisenhändler und Investoren dazu veranlasst, sich hier niederzulassen, und den gesamten Finanzsektor expandieren lassen.

! *Baedeker* TIPP

St. John's: Tynwald-Feier

Wer am 5. Juli auf der Insel ist, sollte die Tynwald-Feier an der Tynwald Hall in St. John's 13,6 km östlich von Peel nicht versäumen. Dieser Hügel ist in uralten Zeiten aufgeworfen worden, möglicherweise war er ein Grabhügel aus der Bronzezeit. Alle neuen Manx-Gesetze werden dort, entsprechend einer uralten Tradition, in Manx und Englisch verkündet.

Geschichte

Keltischen Bewohnern werden Reste von Eisenzeit-Forts und von großen Rundhäusern zugeschrieben. Von den Römern wurde die Insel niemals besetzt. St. Patrick (gest. 463) soll die Insulaner schon früh zum Christentum bekehrt haben. Das keltische Christentum florierte bis zur Ankunft der Wikinger, die das Königreich Man vom 9. bis zur Mitte des 13. Jh.s besetzt hatten, bevor es in schottischen Besitz überging. Das Inselparlament, Tynwald, hat seinen Ursprung vermutlich in den 979 gegründeten, gesetzgebenden Versammlungen der Wikinger. 1765 erwarb die britische Krone Man.

ISLE OF MAN ERLEBEN

AUSKUNFT

Sea Terminal Buildings,
Douglas, Isle of Man,
England, IM1 2RG
Tel. 0 16 24 – 68 67 66
Fax 0 16 24 – 68 68 00
www.visitisleofman.com

AN- UND ABREISEN

Fährverbindungen nach Douglas von Liverpool, Heysham, Dublin und Belfast (www.steam-packet.com). Flugverbindungen von den großen englischen, schottischen und irischen Flughäfen zum Airport im Südosten.

Manx

Das Eigenständigkeitsgefühl der Insulaner drückt sich auch darin aus, dass sie sich nicht als »Engländer«, sondern als »Manx« bezeichnen. Die alte Manx-Sprache, ein keltisches Idiom, wird so gut wie nicht mehr gesprochen. Sie hat sich nur in Orts- und Familiennamen erhalten. Die schwanzlose Manxkatze hingegen lebt munter weiter, und Züchter sorgen dafür, dass die Art erhalten bleibt.

Tourist Trophy

Auf der Isle of Man findet alljährlich die Tourist Trophy statt. Die Trophäe, die der Marquis de Mouzilly St. Mars vor über 80 Jahren für einen Wettbewerb mit Touren-Krafträdern stiftete, hat die Insel in aller Welt bekannt gemacht.

Inselrundfahrt

Douglas

Fast alle größeren Inselorte haben sich an der Küste entwickelt. Die Hafenstadt Douglas mit 20 000 Einwohnern liegt an einer herrlichen Bucht. Auf der Promenade herrscht im Sommer lebhaftes Treiben. Vom Luxushotel bis zur einfachsten Pension ist in Douglas alles zu finden, außerdem gibt es diverse Touristen-Attraktionen.
Interessant ist das **Manx Museum** in der Finch Road. Es zeigt sämtliche Epochen der Inselgeschichte, außerdem Werke von einheimischen Künstlern. Besonders sehenswert sind Hauseinrichtungen aus früheren Zeiten. Die Sammlung der keltischen und der Wikingerperiode ist von überragender Bedeutung, besonders die Manx-Kreuze.

◄ Südlich von Douglas

Wenn man die Insel in südlicher Richtung umrundet, fährt man zuerst auf einer schönen Panoramastraße rund um Douglas Head nach Port Soderick, einem bekannten Badeort. Von dort kommt man nach Ballasalla, wo die Ruinen der 1134 gegründeten Rushen Abbey stehen. Das Kloster wurde als letztes auf den britischen Inseln 1540 aufgelöst. Die Halbinsel Langness wartet mit sehr schönen Sandstränden und dem kleinen Badeort Derbyhaven auf.

Castletown

Castletown im Süden ist die frühere Hauptstadt der Insel. Das mittelalterliche **Castle Rushen** steht an der Stelle einer früheren Wikingerburg, Mittelpunkt der alten Manx-Geschichte. Die einstige königliche Residenz ist hervorragend erhalten. Im Old House of Keys kann man sich über die Geschichte der Isle of Man informieren.

Port St. Mary Port St. Mary ist ein kleiner, recht ruhiger Badeort mit Bootshafen. Eine landschaftlich wunderschöne Halbinsel erstreckt sich jenseits von Port St. Mary. Den Weg nach Calf Sound sollte man zu Fuß an den Klippen entlang machen – so erschließt sich die wildromantische Schönheit dieser Landschaft am besten. Das Cregneash Folk Museum zeigt ländliches Leben im 19. Jahrhundert.

Das malerische **Port Erin** ist Endpunkt einer kleinen, altertümlichen Eisenbahn, die von Douglas aus bis hierher führt.

Von Port Erin aus fahren außerhalb der Brutzeit Boote hinüber zu der kleinen Insel **Calf of Man**, wo es über 130 verschiedene Seevogelarten, Robben und die für die Insel charakteristischen Loghtan-Schafe mit vier Hörnern gibt.

Etwa in der Mitte der Westküste liegt **Peel**, ein hübscher Fischereihafen, aus dem angeblich die besten Bücklinge Englands kommen. Interessant ist das House of Manannan, in dem Besucher multimedial in die Geschichte der Wikinger, Kelten und der Manx eingeführt werden. Vor dem Hafen liegt die Felseninsel **St. Patrick**, die mit Peel durch einen Damm verbunden ist. Dort steht Peel Castle, aus rotem Sandstein erbaut und von einem Wall umschlossen. Die Kathedrale, die kleinste der Church of England, befindet sich ebenfalls auf dieser Insel.

! *Baedeker* TIPP

Lang lebe Ned Devine!

Eines Tages bringt das Glück einen beträchtlichen Lottogewinn in ein verschlafenes Fischerdorf. Als sich herausstellt, dass der Gewinner, der alte Ned Devine, tot ist – gestorben an Herzversagen, als er von seinem Glück erfährt –, ändert sich das Leben der Insulaner. Sie planen Strategien, um an das Geld zu kommen. Zwei schon etwas in die Jahre gekommene Männer geben sich als Ned Devine aus... Ein schön schrulliger Film, der auf der Isle of Man gedreht worden ist und herrliche Landschaften zeigt.

Kirk Michael Von Peel aus führt eine Panoramastraße hoch über der Küste entlang nach Kirk Michael, vorbei am White Strand, einem ausgezeichneten Badeplatz. Kirk Michael, größter Ort an der Nordwestküste der Insel, liegt wunderschön zwischen Küste und einigen fast 500 m hohen Hügeln. Interessanter als die Fahrt an der Küste entlang zum Point of Ayre ganz im Norden ist die Fahrt landeinwärts, über die weite Ebene von Ayre und kleinere Hügel.

Laxey Zwischen Ramsey, der zweitgrößten Inselstadt, und Douglas liegt der kleine Badeort Laxey. Eine elektrische Bahn verbindet ihn mit den beiden größten Orten der Insel, eine Fahrt, die sich wegen der landschaftlichen Schönheit lohnt. Von hier aus geht auch die Bahn zum Snaefell, dem mit 620 m höchsten Berg der Insel, von dem man an klaren Tagen Irland, Schottland, England und Wales sieht.

★ Isle of Wight

Q 19

Lage: Südengland
Bewohnerzahl: 125 000
Grafschaft: Isle of Wight

Mit ihren Beinamen »Insel der Blumen«, »Garteninsel« oder »Diamant im Meer« ist die Isle of Wight direkt vor Englands Südküste denkbar gut charakterisiert. Ein äußerst mildes Klima zieht das ganze Jahr über Besucher an – über eine Million Gäste kommen jedes Jahr, Tagesbesucher nicht eingerechnet.

Besonders schön ist es auf der 37 x 20 km großen Insel im Frühling, wenn es üppig blüht, und im Herbst mit angenehmen Temperaturen für ausgedehnte Spaziergänge und Wanderungen in der herrlichen Insellandschaft. Hochbetrieb herrscht im August, wenn in Cowes die berühmte Regattawoche stattfindet. Der **Inselwein** gilt als der beste in Großbritannien – so wurden schon mehrfach Weine von der Isle of Wight als »English Wine of the Year« ausgezeichnet.

Geschichte

Bis etwa 6000 v.Chr. war die Insel noch mit der Küste von Hampshire verbunden, und die heutige Meerenge, The Solent, war ein Flusstal. Nach dem Grabenbruch war die Insel sporadisch besiedelt, Spuren aus der Bronzezeit und eine eisenzeitliche Siedlung sind

Auf die Insel! Fähre zur Isle of Wight vor der südenglischen Küste

erhalten, mehrere Landhäuser, Roman Villas, zeugen von römischer Lebensart. Später wurde die Isle of Wight über mehrere Jahrhunderte von königlichen Verwaltern regiert, während die Einheimischen sich ihr Geld mit »Freihandel«, Schmuggel und Bergung von Strandgut, verdienten. 1845 entdeckten die Könige die Isle of Wight: Queen Victoria verbrachte viele Sommer auf der Insel, und ihr Enkel Kaiser Wilhelm II. besuchte seine englischen Verwandten hier, residierte in Norris Castle und nahm an der Regatta von Cowes teil, nach deren Vorbild er die Kieler Woche ins Leben rief.

! *Baedeker* TIPP

Hier entstand David Copperfield

Wo Charles Dickens einen Großteil von »David Copperfield« geschrieben hat, kann man heute luxuriös wohnen: Winterbourne Country House, Bonchurch Village Road, Bonchurch, Ventnor, Isle of Wight, PO38 1RQ, Tel. 0 19 83 – 85 25 35.

✶ Inselrundfahrt

Newport Die Inselhauptstadt ist Newport mit 20 500 Einwohnern. Mittelpunkt ist St. James Square mit einer Statue von Queen Victoria. Sehenswert sind die Townhall in der High Street und eine Römervilla aus dem 2. Jh. mit schönen Mosaikböden und Teilen einer Badeanlage.

✶ Carisbrooke Castle ► Carisbrooke Castle, malerisch auf einer Anhöhe bei Newport gelegen, war Zwangsdomizil von Karl I. und seiner Tochter Elizabeth, die 1647/1648 hier in Gefangenschaft saßen – Elizabeth starb in dieser Zeit, Karls Gefangenschaft wurde durch seine Hinrichtung beendet.

✶ **Cowes** An der Mündung des River Medina liegt Cowes, das weltberühmte Segelzentrum. Alljährlich am ersten Augustwochenende bei der prominenten Cowes Week und alle zwei Jahre beim Admiral's Cup platzt Cowes aus allen Nähten – es wird gesegelt und gefeiert. Cowes Castle, 1540 von Heinrich VIII. erbaut, ist Sitz der Royal Yacht Squadron von 1815, einem der weltweit renommiertesten Jachtclubs.

✶✶ **Osborne House** Osborne House ist die ehemalige Sommerresidenz von Queen Victoria und Prince Albert. Albert selbst hat das Ferienschlösschen als asymmetrische Anlage im italienischen Villenstil entworfen. Nach seinem frühen Tod im Jahr 1861 wurde Osborne House zum bevorzugten Aufenthaltsort von Queen Victoria. 1901 starb sie hier. Der Großteil der Räume blieb seitdem unverändert. Staatsgemächer, die privaten Räume und das Museum im Schweizerhaus, das als Spielhaus für die Kinder von Albert und Victoria aus der Schweiz importiert worden war, sind zu besichtigen.

Quarr Abbey Zwischen Cowes und Ryde steht die Benediktinerabtei Quarr Abbey. Das Kloster aus rotem Ziegelstein wurde 1911 auf dem Gelände einer früheren Zisterzienserabtei aus dem 12. Jh. von Benediktinern gebaut und gilt als Meisterwerk expressionistischer Sakralbaukunst.

ISLE OF WIGHT ERLEBEN

AUSKUNFT

9 The Arcade, Cowes, Isle of Wight, England, PO31 7AR
Tel. 0 19 83 – 81 38 18
Fax 0 19 83 – 28 00 78
E-mail: info@islandbreaks.co.uk
www.islandbreaks.co.uk

AN- UND ABREISEN

Auto- und Personenfähren fahren von Portsmouth, Southampton und Lymington (Dauer: 30 – 60 Minuten). Ausflugsschiffe machen im Sommer Fahrten um die Insel. Es gibt ein gut ausgebautes Straßen- und öffentliches Busnetz und eine Bahnlinie zwischen Ryde und Shanklin. Wanderwege führen kreuz und quer über die Insel.

ESSEN

► Fein & teuer

The Royal
Ventnor, Belgrave Road
Tel. 0 19 83 – 85 21 86
Bei Klavierklängen und unter Kristallleuchtern sitzt man in diesem gediegenen, altehrwürdigen Hotel und genießt die exquisite Küche.

► Erschwinglich

Cottage Restaurant
8 Eastcliff Road, Shanklin Old Village
Tel. 0 19 83 – 86 25 04
Alteingesessenes Restaurant, traditionelle englische Gerichte.

ÜBERNACHTEN

► Komfortabel

Luccombe Hall
Shanklin, PO37 6RL
Tel. 0 19 83 – 86 27 19, Fax 86 30 82
Das ruhig auf einem Kliff mit Seeblick gelegene Hotel mit 30 Zimmern wurde 1870 als Sommerresidenz für den Bischof von Portsmouth errichtet; mit Restaurant, Hallenbad, Swimmingpool, Fitnessraum und Zugang zum Strand.

Hillside Private Hotel
Mitchell Avenue, Ventor, PO38 1DR
Tel. 0 19 83 – 852271, Fax 85 22 71
Gepflegtes B&B mit 11 Zimmern oberhalb der Stadt mit einem blumengeschmückten Wintergarten. Gute Küche mit vegetarischem Angebot.

Ryde

Ryde ist der größte Ort auf der Insel. Einige Bauten in viktorianischer Architektur, eine Strandpromenade und ein Pier sind bemerkenswert. In der Umgebung von Ryde gibt es einige sehr schöne weitläufige Sandbuchten.

Bembridge

In Bembridge, einem gepflegten Badeort und Segelzentrum, informiert das Shipwreck Centre über die Schmugglervergangenheit der Insel. Ein schöner **Kliff-Wanderweg** führt zum östlichsten Punkt der Insel, Foreland, und um die Whitecliff Bay zum **Culver Cliff**.

Brading

In einem Fachwerkbau gegenüber der Kirche erinnert ein Wachsfigurenkabinett an illustre Gäste der Insel, u.a. sind Queen Victoria und der Schriftsteller George Bernard Shaw zu sehen. Südwestlich von Brading liegen die Überreste der größten Römervilla auf der Insel.

Sandown Sandown und Shanklin bilden zusammen das größte Seebad der Insel. Das populäre, moderne Sandown ist wegen des sanft abfallenden Strandes besonders gut für Kinder geeignet.

✶ Shanklin ► Das südlich anschließende Shanklin ist seit jeher ein von Künstlern bevorzugtes Domizil. Der Ort liegt malerisch in einer Bucht, in der Altstadt gibt es viele reetgedeckte, kleine Cottages mit hübschen Vorgärten. Shanklin hat einen guten Strand, viele Sport- und Freizeitmöglichkeiten und schöne Promenadenwege. Der Dichter John Keats (1795–1821) bewohnte 1819 Englatine Cottage in der High Street.

✶ Shanklin Chine ► Sehr eindrucksvoll ist die Schlucht von Shanklin Chine, die in früheren Jahrhunderten Schmugglern als Versteck diente.

✶ **Godshill** Lohnend ist ein Abstecher von Shanklin ins Landesinnere in das 7 km westlich gelegene Godshill, ein gepflegtes Dorf mit strohgedeckten Steinhäusern und einem Spielzeugmuseum.

Durch den Godswill Park und über Stenbury Down kommt man zu

Spektakuläre Felsenformation: The Needles an der Westspitze der Isle of Wight

dem prächtigsten Herrenhaus der Insel, **Appuldurcombe House**, von dem allerdings nur noch die Fassaden original sind. Im Zweiten Weltkrieg wurde es von einer Bombe getroffen und restauriert.

Ventnor

Ventnor wurde auf natürlichen Terrassen angelegt, die über schönen Badebuchten ansteigen. Nach Norden hin wird der Ort durch Kalkhügel geschützt, hat daher inselweit das mildeste Klima und genießt einen ausgezeichneten Ruf als Luftkurort. Der Ventnor Botanic Garden mit Palmen und Rosengarten lohnt allein wegen der großartigen Aussicht auf das Undercliff, ein Kreide- und Kalksteinplateau.

Freshwater

Freshwater an der Westküste ist ein geruhsamer Badeort, in dem der Dichter Alfred Lord Tennyson (1809–1892) mehr als 30 Jahre lebte. Sein Wohnhaus, in dem er so illustre Gäste wie Garibaldi, Lewis Carroll, Charles Darwin und den Prinzgemahl empfing, ist heute Hotel.

✶✶ Freshwater Bay

Einer der schönsten Inselspaziergänge führt am Tennyson-Gedächtniskreuz vorbei zur Freshwater Bay. Von dort hat man einen unvergesslichen Blick auf die Küstenlandschaft und ihr Farbenspiel: schneeweiße Kreidekliffs und das tiefe Blau der See.

✶ ◄ Dimbola Lodge

In der Dimbola Lodge lebte von 1860 bis 1875 Julia Margaret Cameron (1815–1879), die hier im Alter von 48 Jahren zu fotografieren begann und Porträts von Insulanern und bekannten Künstlern machte. Ihr Wohnhaus, in dem einst die geistige Elite des viktorianischen Englands verkehrte (darunter auch Alfred Lord Tennyson) ist heute Museum (Öffnungszeiten: Di.–So. 10.00–17.00 Uhr).

✶✶ Alum Bay

Alum Bay ist ein Mekka für Geologen: die Sandsteinschichten in den Klippen verlaufen hier fast senkrecht und zeigen wunderschöne rote, gelbe, grüne und graue Färbungen, die sich deutlich vom Weiß des Kalksteins abheben; mit einer Seilbahn kann man zum Fuße der steilen Klippen hinunterfahren, wo Ausflugsboote auf Passagiere warten.

✶✶ The Needles

Ein Klippenwanderweg führt zu den bizarren »Needles« an der Westspitze der Insel, drei bis zu 30 m hohe vorgelagerte Kreidefelsen, die spitz wie Nadeln erscheinen. Einen guten Rundblick hat man von den »Needles Batteries«, Befestigungsanlagen des 19. Jh.s, die während der beiden Weltkriege reaktiviert wurden.

✶ Yarmouth

An der flachen Mündung des West Yar River liegt Yarmouth, ein hübscher Ort mit Fährhafen für die Schiffe aus Lymington und ein beliebtes Segelzentrum. Sehenswert sind die Überreste einer Festung aus der Zeit Heinrichs VIII. und die St. James-Kirche mit einer Gedächtniskapelle für Sir Robert Holmes (1692). Holmes bemächtigte sich 1664 der holländischen Besitzungen in Nordamerika, nahm New York ein und wurde Gouverneur der Isle of Wight. Den Kopf einer erbeuteten Statue Ludwigs XIV. ließ er abnehmen, ein Bildnis seiner selbst aufsetzen und dieses Denkmal in der Kapelle aufstellen.

★ Isles of Scilly · Scilly-Inseln

F 21

Landesteil: Südwestengland **Grafschaft:** Cornwall

Zu dem Archipel im Atlantik gehören neben fünf bewohnten Inseln 40 Eilande und 150 Felsen mit klangvollen Namen von teilweise großartiger landschaftlicher Schönheit und unberührter Natur.

Früher waren die Inseln der Alptraum aller Seefahrer – heute sind sie ein Urlaubsparadies mit besonders mildem Golfstrom-Klima, herrlichen Sandstränden, gigantischen Granitformationen, schönen Laubwäldern und Moorlandschaften. Einige der unbewohnten Inseln stehen unter Naturschutz und dürfen nur mit Sondergenehmigung betreten werden. Die ca. 2400 Bewohner der Isles of Scilly – sprich: Silly – 45 km südwestlich von Land's End, der äußersten Spitze von Cornwall, leben vom Tourismus und von der Blumenzucht.

Geschichte Die Scilly-Inseln waren schon in der Bronze- und Eisenzeit besiedelt. Zwischen 400 und 1000 n. Chr. lebten hier zahlreiche Eremiten, auf Tresco gab es eine Mönchsgemeinschaft. Heinrich I. übergab Tresco 1144 an Benediktiner der Abtei Tavistock zum Aufbau eines Klosters. Die Insulaner lebten von Fischfang, Landwirtschaft und Schmuggel. 1830 wurde Squire Augustus Smith Besitzer der Inseln, die nun eine vierzigjährige wirtschaftliche Blüte erlebten. Häuser, Kirchen, Schulen und fünf Werftanlagen wurden gebaut, die Blumenzucht initiiert.

St. Mary's

Hugh Town Die meisten der 1650 Insulaner auf St. Mary's leben in Hugh Town. Das kleine Dorfmuseum zeigt Geschichtliches und gibt Informationen zur Tier- und Pflanzenwelt auf den Inseln. Auf einer dem Ort vorgelagerten Halbinsel steht eine Garnisonsfestung aus 16.–18.Jh.

Weitere Inselattraktionen ► Überall auf der Insel gibt es kleine, durch Hecken abgeteilte Blumenfelder. Westlich von Hugh Town stehen die Ruinen eines Forts Heinrichs VIII., bekannt als Harry's Walls. In der Nähe des Telegraf Tower sind eine Grabkammer aus dem 3. Jh. v. Chr., Bants Carn, und die Überreste eines eisenzeitlichen Dorfes, Ancient Village, erhalten. 4000 Jahre alte Grabkammern sind Porth Hillick Down und Innisidgen Burial Chamber. Lohnend ist auch Old Town.

Tresco

★ **Abbey** Auf der zweitgrößten Insel Tresco steht die für ihren subtropischen, terrassenartig angelegten Park berühmte Abbey. Außer den Resten der Abtei kann man eine Sammlung von Galionsfiguren besichtigen, die von gesunkenen Schiffen stammen. Die Forts King Charles' und Cromwell's Castle stammen aus dem 17. und 18. Jahrhundert.

ISLES OF SCILLY ERLEBEN

AUSKUNFT

Hugh Street, Hugh Town, St Mary's, Isles of Scilly, England, TR21 0LL
Tel. 0 17 20 – 42 25 36
Fax: 0 17 20 – 42 37 82
E-mail: tic@scilly.gov.uk
www.simplyscilly.co.uk

AN- UND ABREISEN

Von Penzance (Cornwall) mit dem Schiff in knapp 3 Stunden zur größten Insel St. Mary's. Auf den Inseln gibt es Busse, Taxis und Fahrräder; zwischen den Inseln verkehren Boote.

ESSEN

► Erschwinglich

Star Castle Hotel (s. unten)
Preisgekrönte Küche

ÜBERNACHTEN

► Luxus / Komfortabel

Star Castle Hotel
The Garrison, St. Mary's TR21 0JA
Tel. 0 17 20 – 42 23 17, Fax 42 23 43
www.starcastlescilly.demon.co.uk
Fantastische Aussichten über die Insel und die See hat man vom Burghotel aus dem 16. Jahrhundert; 34 Zimmer.

Weitere Inseln

Reizvoll ist **St. Martin's** mit seinem zerklüfteten Norden und der blumenreichen lieblichen Bucht im Süden. Von St. Martin's Head genießt man einen spektakulären Panoramablick. Auf **St. Agnes** gibt es den zweitältesten Leuchtturm des Landes (1680) und mit Horse Point eine überaus beeindruckende Felsformation. **Bryher**, die kleinste bewohnte Insel, hat zwei hübsche Buchten, Rushy und Hell Bay. Faszinierende Gegensätze sind die kleinen Blumenfelder, die schroffen Felsen und die tosende See.

King's Lynn

T 15

Landesteil: Ostengland
Grafschaft: Norfolk
Höhe: 16 ft/5 m ü.d.M.
Einwohnerzahl: 37 300

King's Lynn – einst führende Hafen- und Marktstadt – gehörte zeitweilig der Hanse an und war damals die viertwichtigste Stadt im Königreich.

Die typisch englische Kleinstadt am River Ouse trug ursprünglich den Namen Lynn. Den Zusatz »King« erhielt sie, als Heinrich VIII. ihr außer dem ersten ein weiteres Marktrecht verlieh. Daher gibt es bis heute zwei Marktplätze, den »Tuesday Market Place« und den »Saturday Market Place«. Von der blühenden Hansezeit zeugt heute noch das Hansekontor mit dem Lagerhaus.

KING'S LYNN

AUSKUNFT

The Custom House, Purfleet Quay,
King's Lynn, Norfolk,
England, PE30 1HP
Tel. 0 15 53 – 76 30 44
Fax 0 15 53 – 81 94 41
E-mail:
kings-lynn.tic@west-norfolk.gov.uk
www.west-norfolk.gov.uk

Sehenswertes

Am **Saturday Market** in der Nähe der Ouse steht die Hauptkirche **St. Margaret** aus dem 12. Jahrhundert, die mit ihren mächtigen Westtürmen fast ein wenig wie eine Kathedrale wirkt. Zwei wunderschöne Messing-Gedenkplatten im Innern, die vermutlich Meisterwerke von flämischen Künstlern aus dem 14. Jahrhundert sind, stellen einmal eine Weinlese und weiter ein Pfauen-Fest dar.

Guildhall of the Holy Trinity, ✶ Regalia Rooms ►

Die 1421 vollendete Guildhall of the Holy Trinity gegenüber der Kirche St. Margaret birgt im Untergeschoss eine Schatzkammer, in der seit 1978 Krönungsinsignien aufbewahrt werden – darunter befinden sich ein wertvoller Becher und ein Schwert. Beide werden König Johann zugeschrieben, dessen Kronschatz im Jahr 1216 in der Nähe von Lynn versunken sein soll; eine vorzeitig hereinbrechende Flut hatte ihn zum übereilten Aufbruch veranlasst. Der König starb nur wenige Tage später an Ruhr.

Greenland Fishery

Aus der glanzvollen Zeit, als King's Lynn bedeutende Hafenstadt war, von der aus die Grönlandfahrer in See stachen, stammt die Greenland Fishery in der Bridge Street, das 1605 aus Holz errichtete Kontor der Grönlandfahrer.

King Street

✶ St. George's Guildhall ►

In der King Street steht das 1683 von Henry Bell im Palladio-Stil erbaute ehemalige Zollhaus mit einem Bildnis Karls II. über der Tür. Eine ganze Reihe schöner Tudor- und georgianischer Häuser befinden sich in der Umgebung der King Street. Eine der reizvollsten Ecken liegt dort, wo der alte Schiffskanal in die Ouse mündet.Vorbei an der 1406 eingeweihten St. George's Guildhall, die heute als Theater und Kunstgalerie genutzt wird, führt die King Street zum Tuesday Market (Dienstag-Markt).

Greyfriars Tower

Der achteckige Greyfriars Tower aus dem späten 14. Jh. ist der Überrest eines alten Priorats.

Red Mount Chapel

Die Red Mount Chapel, ein interessant wirkendes achteckiges Gebäude aus rotem Backstein, war früher einmal die Kapelle für Pilger nach Walsingham.

South Gate

Aus dem Mittelalter ist noch das Südtor erhalten. Es wurde Mitte des 15. Jahrhunderts an der London Road gebaut, die von King's Lynn aus nach Süden hinaus führt.

Umgebung von King's Lynn

Castle Rising

Von dem einst mächtigen Castle Rising 7 km nordöstlich sind ein normannischer Wehrturm und der Ringwall gut erhalten.

◄ Trinity Hospital

Gegenüber steht ein 1614 von Henry Howard für Frauen eingerichtetes Altenheim, zu dem neun um einen Hof gruppierte Einheiten mit Gemeinschaftsraum und einer kleinen Kapelle gehören. Die alten Damen, die heute dort leben, tragen zu besonderen Anlässen die jakobinische Tracht, rote Mäntel und schwarze, spitze Hüte.

*** Sandringham House**

Sandringham House 13 km nordöstlich von King's Lynn ist ein Landhaus der Königin. Das 1867–1870 im neuelisabethanischen Stil errichtete Gebäude kann besichtigt werden, wenn die königliche Familie nicht dort ist. Der weitläufige Park ist zur Azaleen- und Rhododendren-Blüte von Mai bis Ende Juni besonders lohnend. Queen Alexandra, George V. und George VI. sind in Sandringham gestorben. Das Museum zeigt Jagdtrophäen und Oldtimer der Royal Family, darunter einen Daimler Tonneau (1900) von Edward VII. und einen Daimler Brougham (1928) von Königin Maria.

The Wash

◄ Hunstanton

Hunstanton liegt 25 km nördlich an der Küste des Wash. Die riesige, flache Bucht ist der Überrest einer einst noch größeren, die den heutigen ► Fen District mit einschloss. Hunstanton ist ein moderner, ruhiger Badeort mit gutem Sandstrand. Wunderschön sind die Klippen, deren Gesteinsschichten unterschiedlich gefärbt sind: roter und weißer Kalkstein, rotbrauner Sandstein.

Seven Churches of Marshland

Wer für Kirchen ein besonderes Interesse hat, sollte zumindest eine der »Seven Churches of Marshland« besuchen. Das von Seen und Wasserarmen durchsetzte fast ebene Marshland ist eingedeichtes Land, das dem Meer abgerungen wurde. Die Kirchen liegen zwischen Lynn und Wisbech. Meist sind sie aus silbergrauem Ancaster-Stein gebaut, und zwar im Perpendicular Style (Glenchwarton, Terrington St. Clement, Walpole St. Peter), im Perpendicular und Early English (Emneth), Early English (West Walton) und im normannischen Stil (Walsoken). Walpole St. Peter mit frei stehendem Turm und besonders schönen Fenstern gilt als »Kathedrale« der Marschenkirchen.

*** Wisbech**

Die hübsche Stadt Wisbech im ► Fen District lag früher nur etwa 6 km vom Meer entfernt, heute liegt sie im Marschland – fast 18 km sind es bis zur Küste. Der Hafen am River Nene ist umgeben von Obstgärten, Tulpenfeldern und grünen Marschen. Die Wohnhäuser entlang der Kanäle erinnern an Holland. Im Ort gibt es zwei Marktplätze. Das normannische Castle ist seit langem verschwunden, aus dem Material baute sich Thomas Thurloe, Cromwells Staatssekretär, ein Haus. Daneben findet man eines der ältesten Museen in England, zu dessen Schätzen das Originalmanuskript von Charles Dickens' »Great Expectations« zählt.

★ Kintyre

G/H 9/10

Landesteil: Schottland **Council Area:** Argyll and Bute

Durch Paul McCartneys Song über den Leuchtturm am Mull of Kintyre ist sie in die Musikgeschichte eingegangen: die landschaftlich schöne schottische Halbinsel Kintyre.

★ Rundfahrt Bei Claonaig im Norden steht **Skipness Castle**, eine Grenzfeste des Campbell-Clans aus dem 13. Jh., von der man einen weiten Blick über den Kilbrannan Sound hat. Entlang der weitgehend unberührten Ostküste fährt man nach Süden bis zum wichtigsten Städtchen auf Kintyre, **Campbeltown**, das einst Sitz der Campbells of Argyll war. Seinen Aufschwung im 18./19. Jh. verdankte das Städtchen der Fischerei und der Whiskyproduktion – die lokale Springbank Distillery produziert bis heute einen ausgezeichneten Malt Whisky. Tipp für Golfspieler: der Platz von Machrihanish, 8 km entfernt an der Westküste. Hier gibt es auch einen kilometerlangen Sandstrand.

Am **Mull of Kintyre** (mull = Vorgebirge) steht erwähnter Leuchtturm, von dem sich eine herrliche Aussicht bis hinüber zur nordirischen Küste bietet.

KINTYRE

AUSKUNFT

MacKinnon House, The Pier,
Campbeltown, Kintyre,
Scotland, PA28 6EF
Tel. 08707 – 200609
Fax 01586 – 553291
E-mail: info@campbeltown.visitscotland.com
www.visitscottishheartlands.org

Columba's Footsteps Angeblich hat der heilige Columba in der Carskey Bay erstmals schottischen Boden betreten – ein Fußabdruck in Stein soll dieses Ereignis belegen.

★ MacAlister Clan Centre Das Herrenhaus von Laird und Lady Glenbarr (Mr. und Mrs. MacAlister) kann besichtigt werden. Mr. und Mrs. MacAlister selbst führen durch das schmucke Haus aus dem 18./19. Jh. und erzählen die Geschichte des MacAlister Clans.

Gigha Island Von Tayinloan setzen Fähren nach Ardminish auf die kleine grüne Insel Gigha über, deren Hauptattraktion die Achamore House Gardens mit ihrer subtropischen Pflanzenwelt sind.

Tarbert Hinter Kennacraig, von wo Fähren auf die Hebriden – auf die Insel Islay – starten, kommt man zwischen West Loch Tarbert und Loch Fyne zu dem Wassersportzentrum Tarbert, einst Stützpunkt der Heringsfischerei.

★★ Lake District

M – O 11/12

Landesteil: Nordengland **Grafschaft:** Cumbria

Seinen Namen verdankt der Lake District 16 größeren Seen und etlichen kleinen Stauseen. Dazwischen erstrecken sich herrliche Hügel- und Bergketten. 1951 wurde ein Großteil dieses einmalig schönen Gebiets zum Nationalpark erklärt.

Vulkanausbrüche und eiszeitliche Gletscher haben dem Lake District in Millionen von Jahren sein Gesicht gegeben. Nicht weniger als 180 Berge ragen über 610 m hoch auf, so auch Englands höchster Gipfel, der 979 m hohe Scafell Pike. Oben in den Hochtälern sammelt sich das Wasser in runden Becken, die durch Wildbäche oder Flüsse die tiefer liegenden Seen speisen

Seenidylle im Lake District wie hier am Ullswater

Untergliedert wird der Raum in fünf große Teile: den südlichen oder Windermere-Teil, das nördliche oder Keswick-Gebiet, das östliche oder Ullswater-Gebiet, den westlichen Teil und die Pässe.
An der Küste lohnen Grange-over-Sands, ein eleganter Kurort an der Morecambe Bay, und Seascale weiter nördlich; beide Orte gelten als gute Ausgangspunkte für Touren in den Lake District.

Lake Poets »Entdeckt« wurde der Lake District von dem Dichter Thomas Gray, der die Region 1769 besuchte und danach sein Buch »A tour in the Lakes« verfasste. Später haben viele englische Literaten das Gebiet ebenfalls beschrieben und besungen, darunter William Wordsworth, Dorothy Wordsworth, Robert Southey und Samuel Taylor Coleridge, die als so genannte Lake Poets bekannt geworden sind.

✶ Lake Windermere Der Windermere-See ist mit 16 km Länge und 70 m Tiefe Englands größter See. Seine Ufer sind schön bewaldet und teils von Häusern gesäumt. Zu einigen kleinen Inseln und nach Belle Isle – der größten Insel – fahren Schiffe.
In Hill Top nahe Sawrey schrieb **Beatrix Potter** ihre viel gelesenen selbst illustrierten Tierbüchlein. In dem heute als **Museum** eingerichteten Cottage wohnte sie die letzten 30 Jahre ihres Lebens.
Der Ort **Windermere** (8530 Einw.) besteht aus dem älteren Teil Bowness am See und den moderneren Neubauten am Hügel. Die Pfarrkirche St. Martin's ist im spätgotischen Perpendicular-Stil gebaut; besonders schön ist das Ostfenster des Chores. In der High Street hat das Information Centre des Nationalparks seinen Sitz.
Nördlich von Bowness zeigt das **Steamboat Museum** alte Dampfschiffe und Segelboote, darunter die 1850 erbaute »Dolly«.
Für Beatrix Potter-Fans und Kinder lohnt sich die **»World of Beatrix Potter«** (Old Laundry, Grag Brow) mit allen Potter-Helden.
Ein bemerkenswerter Aussichtspunkt ist **Orrest Head**, zu erreichen durch den Wald von Elleray. Von dort genießt man einen herrlichen Blick auf den südlichen Lake District bis zur Morecambe Bay.

✶ Hawkshead In dem hübschen Dorf Hawkshead knapp 10 km westlich stehen malerische Steinhäuser am Market Square, in der Flag Street und in der Main Street. In der Main Street findet man die für ihre gelungene Restaurierung ausgezeichnete Beatrix Potter Gallery mit Originalzeichnungen der Schriftstellerin. Nördlich vom Marktplatz steht die **Grammar School**, in die **William Wordsworth** ging – das Pult, in das er seinen Namen ritzte, ist hier ausgestellt.

Coniston In Coniston, einem Dorf in wunderschöner Lage, ist auf dem Kirchhof der Schriftsteller und Sozialreformer John Ruskin (1819–1900) begraben, dessen Bücher, Zeichnungen und sonstige Besitztümer im **John Ruskin Museum** nördlich der Kirche zu sehen sind. Sein Wohnhaus Brantwood, 3,6 km entfernt am Ostufer des Sees gelegen, birgt ebenfalls Zeichnungen und Aquarelle.

LAKE DISTRICT ERLEBEN

AUSKUNFT

Redbank Road, Grasmere, Cumbria, England, LA22 9SW
Tel. 01 53 94 – 3 52 45
Fax 01 53 94 – 3 50 57
grasmeretic@lake-district.gov.uk
www.lakelandgateway.info

ESSEN

▶ Erschwinglich

Dove Cottage Tea Rooms & Restaurants
Grasmere, Town End
Tel. 01 53 94 – 3 52 68
Gute vegetarische Küche.

Black Bull
Coniston, Tel. 01 53 94 – 4 13 35
Im Black Bull stieg 1797 William Turner ab; er soll hier auch gemalt haben. Heute lohnt der gemütliche Pub auch wegen des hauseigenen Bieres »Bluebird Brew«.

Tower Bank Arms
Near Sawrey, Hawkshead, Tel. 01 53 94 – 3 63 34
Das Tower Bank Arms ist im Werk von Beatrix Potter verewigt und einer der wenigen Pubs im Besitz des National Trust (auch B&B).

ÜBERNACHTEN

▶ Luxus

Rothay Garden Hotel
Broadgate, Grasmere, Cumbria LA22 9RJ
Tel. 01 53 94 – 3 53 34, Fax 3 57 23
E-mail stay@rothay-garden.com
Viktorianisches Haus mit schöner Gartenanlage und einem gepflegten Restaurant.

▶ Komfortabel

Raise View Guest House
White Bridge, Grasmere, Cumbria LA22 9RQ
Tel. 01 53 94 – 3 52 15, Fax 3 51 26
E-mail:
john@grasmere-raiseview.co.uk
Heimeliges Haus, in dem man an offenen Kaminen sitzen kann.

Riverside Hotel
Under Loughrigg, Ambleside, Cumbria LA22 9LJ
Tel. 01 53 94 – 3 23 95, Fax 3 24 40
E-mail:
info@riverside-at-ambleside.co.uk
Viktorianisches Landhaus, zehn Gehminuten vom Dorf am Ufer des Rothay gelegen.

Lightwood Farmhouse Country Guesthouse
Cartmel Fell, Grange-over-Sands, Cumbria LA11 6NP
Tel. 0 15 39 – 53 14 54, Fax 53 14 54
E-mail: enquiries@lightwoodguesthouse.co.uk
Schön gelegenes Bauernhaus aus dem 17. Jahrhundert.

Baedeker-Empfehlung

▶ Erschwinglich

Cavendish Arms
Cartmel, Cavendish Street,
Tel. 01 53 95 – 3 62 40
Das Cavendish Arms ist ein schön restaurierter Gasthof aus dem 16. Jahrhundert. Gute Küche und hauseigenes Bier.

WANDERN / WASSERSPORT

Der Lake-District ist ein wahres Paradies für Wanderer. Gutes Kartenmaterial ist überall erhältlich; auch organisierte Touren werden vielerorts angeboten. Segeln, Rudern und Schwimmen sind auf den meisten Seen möglich; zum Angeln ist eine Lizenz erforderlich.

Coniston Water Eindrucksvollster Teil des Sees – Coniston Water – ist das Nordende mit den Fells, aber auch die bewaldeten Ufer sind sehr reizvoll. Auf den Old Man of Coniston kann man von hier in 1,5–2 Std. steigen.

Ambleside Der wichtigste Ausgangspunkt für den südlichsten Teil des Lake District ist das Dorf Ambleside 8 km von Windermere unterhalb der Fairfield-Berge, ein typischer Touristenort mit einem sehenswerten Bridge House. Wohltuend ist ein Spaziergang durch die Hayes Garden World mit ihren prachtvollen Blumenbeeten. »The Armitt«, ein Museum an der Rydal Road, widmet sich den weniger bekannten Literaten, die durch die Seen inspiriert wurden.

Von Ambleside kann man in das Tal des Little Langdale wandern oder fahren oder zur Loughrigg Terrace, außerdem kann man den Wansfell Pike und den Loughrigg Fell besteigen. Für die Langdale Pikes benötigt man etwa 2 Stunden. Dungeon Ghyll ist ein beliebtes Zentrum der Bergsteiger.

Rydal Water Rydal, ein ruhiges Dorf 1,6 km nordwestlich von Ambleside, liegt am Ostende des Rydal Water. Dieser hübsche See, gut geschützt durch den 610 m hohen Rydal Fell, friert im Winter schnell zu, dadurch ist Rydal als Eislauf-Zentrum bekannt.

✶ Rydal Mount ► Rydal Mount, ein schönes Haus aus dem 16. Jh., war zwischen 1813 und 1815 **Wordsworths letzter Wohnsitz**. Den Garten hat Wordsworth selber angelegt. Das Anwesen ist noch immer im Besitz seiner Nachfahren. Im Frühling wird **»Dora's Field«**, das zum Gedenken an Wordsworths Tochter an der Kirche unterhalb Rydal Mounts angelegt wurde, von Narzissen in helles Gelb getaucht.

✶ **Lake Grasmere** Der kleine Grasmere-See mit einer einsamen, grünen Insel in der Mitte ist fast rund. Der Ort Grasmere war bei den Lakeland-Dichtern besonders beliebt. Wordsworth, der südlich in **Dove Cottage** lebte (jetzt Museum), liegt hier auf dem Friedhof begraben – ebenso seine Frau Mary und seine Schwester Dorothy. Sehr schöne Wanderungen sind von Grasmere aus möglich. Zirka 3 – 4 Stunden dauert beispielsweise der Aufstieg zum 951 m hohen **Helvellyn**.

! *Baedeker* TIPP

Sarah Nelson's Gingerbread Shop

Seit über 130 Jahren gibt es in Grasmere den weithin bekannten Sarah Nelson's Gingerbread Shop (Church Stile, Telefon 01 53 94 – 3 54 28). Hier gibt es die besten Lebkuchen des Nordens!

✶ **Ullswater** Ullswater, der zweitgrößte See im Lake District, bietet ideale Bedingungen zum Segeln und Fischen. Der angrenzende Gowbarrow Park ist Schauplatz von Wordsworths »Daffodils« (Narzissen).

✶ **Keswick** Keswick gehört zu den meistbesuchten Zentren des Lakelands. Der Ort liegt am River Reta dicht am Derwentwater mitten in einer bezaubernden Bergwelt, in der nach der Artus-Legende Sir Gawain auf

Herbststimmung im Lake District

den grünen Ritter stieß. Greta Hall, jetzt ein Teil der Schule, war Wohnsitz der Dichter Coleridge und Southey, über die man sich im **Fitz Park Museum** genauer informieren kann. Das **Pencil Museum** dokumentiert die Geschichte der Bleistift- und Buntstiftherstellung seit Entdeckung des Borrowdale-Grafits um 1500.

★ ◄ Motor Museum

Im Motor Museum kann man Fahrzeuge aus bekannten Filmen und Fernsehserien bewundern. Zu den Prunkstücken gehören der von James Bond benutzte Lotus Esprit Turbo aus »For your Eyes only«und sein Aston Martin DB 5 aus »Goldfinger«, der 1923 von dem Komiker-Duo Laurel und Hardy gefahrene Ford T sowie der pinkfarbene, 10 m lange Rolls Royce aus der populären Kinder-Fernsehserie »Puppets«.

Die Kultstätte des 3 km östlich gelegenen **Castlerigg Stone Circle** besteht aus 38 kreisförmig aufgestellten Steinen, deren Alter auf 4000 bis 5000 Jahre geschätzt wird.

Von Keswick führen Wanderungen nach **Wasdale Head** über den Sty-Head-Pass (5–6 Std.) oder über Scarth Gap und Black Sail.

★★ **Derwentwater**

Der Derwentwater vor der Kulisse einer grandiosen Bergkette, mit bewaldeten Klippen und grünen Hügeln, die von den Ufern aus ansteigen, gilt als der schönste der Seen. Eine Reihe kleiner Inseln laden zu einer Bootsfahrt ein. Der See, der vom River Derwent durchflossen wird, ist berühmt für seine Lachse und Forellen.

Castle Haed ★ ★ Borrowdale ►

Einen herrlichen Aussichtspunkt in der Nähe bietet Castle Head. Ausflüge gehen von hier in eines der wildromantischen Täler des Lake District, ins Borrowdale, oder rund um den See herum (16 km). Dabei kommt man an den **Lodore Falls** vorbei, die Southey mit seinen Versen berühmt gemacht hat. Hübsche Orte im Borrowdale sind Grange-in-Borrowdale und Rosthwaite.

Buttermere Water

Der kleine Ort Buttermere liegt zwischen dem Buttermere und Crummock Water, zwei kleinen Seen im Besitz des National Trust, die durch einen Fluss verbunden sind. Der 47,5 m hohe **Scale Force**, der sich in den Crummock Water ergießt, gilt als eindrucksvollster Wasserfall im Lake District.

★ **Cockermouth Wordsworth House**

In Cockermouth wurde William Wordsworth 1770 geboren. Sieben Räume des 1745 erbauten georgianischen Stadthauses in der Main Street sind mit Möbeln aus dem 18. Jh. und persönlichen Gegenständen des Dichters ausgestattet.

Das Haus, in dem William Wordsworth 1770 geboren wurde, ist heute zu besichtigen.

Am Ostrand des Lake District liegt der Ort **Kendal** mit den Ruinen eines Castle aus dem 12. Jahrhundert. Die 1759 von John Carr im georgianischen Stil entworfene **Abbot Hall** zeigt eine bemerkenswerte Gemäldesammlung, darunter Porträts von George Romney und Daniel Gardner. In den ehemaligen Stallungen gibt das **Museum of Lakeland Life and Industry** einen umfassenden Überblick zur Geschichte von Handwerk und Industrie des Raumes. In der früheren Brauerei wurde das **Brewery Arts Centre** eingerichtet: Hier finden heute wechselnde Kunstausstellungen, außerdem Theater- und Musikveranstaltungen statt; angeschlossen ist ein gutes Bistro.

! *Baedeker* TIPP

Für Bierfans: Jenning's Brewery

Der Lake District ist nicht nur das Land der Dichter. Auch Bierfreunde kommen auf ihre Kosten! Jenning's Brewery (Telefon 08 45 12 97 185) am Ufer des Cocker in Cockermouth stellt seit über 170 Jahren Bier her. Führungen: Mo. – Fr. 9.00 – 17.00, Sa. 10.00 – 16.00, Juli und August auch So. 10.00 – 16.00 Uhr.

★ **Furness Abbey**

Im Süden des Seengebietes steht mitten in dem bewaldeten »Dale of Deadly Nightshade« die Ruine der 1123 gegründeten Furness Abbey. Zeitweilig war sie die zweitreichste Zisterzienser-Abbey in England, übertroffen nur noch von Fountains Abbey (► Yorkshire Dales). Querschiffe, Chor und Westturm stehen in voller Größe, vom Schiff wurde viel zerstört. Auch die Rundbogen des Kreuzganges, das Kapitelhaus, Schlafräume und Krankensaal sind erhalten. Die Kapelle birgt zwei Ritterbilder (12. Jh.), die als die ältesten ihrer Art gelten.

Ulverston

Ulverston knapp 10 km nordöstlich ist **Geburtsort** des Komödianten **Stan Laurel**, an den ein kleines Museum in der Upper Brook Street erinnert.

Lancaster

N 12

Landesteil: Nordengland
Grafschaft: Lancashire
Höhe: 223 ft/68 m ü.d.M.
Einwohnerzahl: 45 500

Wer heute nach Lancaster kommt, glaubt kaum, dass diese Stadt durch den Handel mit Westindien – Baumwolle, Rum, Tabak – einst bedeutender war als Liverpool und einer Dynastie, dem Hause Lancaster, ihren Namen gab.

Selbst ihren Titel als Grafschaftshauptstadt musste Lancaster an Preston abgeben. Was blieb, ist eine charaktervolle Stadt am Ufer des River Lune mit moderner wie historischer Bausubstanz und mit schönen Ausflugszielen in einer reizvollen Umgebung: die North West Coast und der ►Lake District.

Sehenswertes

Castle Der River Lune gab der Stadt zur Römerzeit ihren Namen: Lun-Castrum, Kastell am Lune. Diese in nachfolgenden Jahrhunderten erweiterte Festung dient seit dem 17./18. Jh. als Gerichtsgebäude und Gefängnis. Ein fast 25 m hoher Turm stammt noch aus normannischer Zeit; vom Lungess-Tower mit einem Leuchttürmchen – John of Gaunt's Chair genannt – wurde 1588 die nahende spanische Armada gesichtet. In der Shire Hall sind über 600 Wappenschilder aus dem 18. Jh. erhalten.

St. Mary's St. Mary's Church gegenüber vom Castle ist größtenteils im Perpendicular Style gehalten. Das Westportal stammt noch aus sächsischer Zeit. Bemerkenswert sind das um 1340 aus Eichenholz gefertigte Chorgestühl und die kunstvoll verzierte Kanzel im Stil der Spätrenaissance.

Cottage Museum Das Cottage Museum (15 Castle Hill), ein 1736 erbautes Handwerkerhaus, ist noch original eingerichtet.

Friends' Meeting Hall In der Meeting House Lane steht die Friends' Meeting Hall von 1690, in der sich die als »Friends« bezeichneten Quäker trafen.

City Museum Die Ende des 18. Jahrhunderts errichtete und bereits knapp hundert Jahre später, nämlich 1873, erneuerte Old Town Hall am Market Square dient heute als Stadtmuseum. Besonders erwähnenswert sind prähistorische und römische Funde und eine interessante Ausstellung zur Geschichte der örtlichen Industrie.

Ruskin Library Die von Richard MacCormac entworfene Ruskin Library auf dem Universitätsgelände wurde 1998 eröffnet und mit einem Preis ausgezeichnet. Das Gebäude beherbergt eine herausragende Sammlung von Bildern, Büchern, Fotografien und Manuskripten von John Ruskin. Auch die Peter Scott Gallery mit einer Kunst- und Keramiksammlung der Universität liegt dort.

River Lune Millennium Park Über etwa 15 km zieht sich der Millennium Park mit interessanten Kunstobjekten am Ufer des Lune entlang.

Weitere Sehenswürdigkeiten Sehenswert sind außerdem das Judges' Lodgings Museum (1620) in der Church Street mit einem Musuem of Childhood und das 1764 gebaute Custom House am St. George Square, das seit 1985 ein Seefahrtmuseum beherbergt. Die Skerton Bridge über den Lune, 1783–1788 von Thomas Harrison konstruiert, war damals die erste Straßenbrücke ohne Pfeiler in England. Einen weiten Rundblick hat man von der Galerie des Ashton Memorials (1909) im Williamson Park. Im Palmenhaus gegenüber kann man exotische Pflanzen und seltene Schmetterlinge bewundern.

LANCASTER ERLEBEN

AUSKUNFT

► Lancaster und Umgebung

Lancaster
29 Castle Hill, Lancaster, Lancashire, England, LA1 1YN
Tel: 0 15 24 – 3 28 78
Fax 0 15 24 – 38 28 49
E-mail: lancastertic@lancaster.gov.uk
www.lancaster.gov.uk

Blackpool
1 Clifton Street, Blackpool, Lancashire, England, FY1 1LY
Tel. 0 12 53 – 47 82 22
Fax 0 12 53 – 47 82 10
E-mail: tic@blackpool.gov.uk
www.visitblackpool.com

ESSEN

► Erschwinglich

Folly Restaurant
26 Castle Park, Tel. 0 15 24 – 38 85 40
Moderne englische Küche, angeschlossen ist eine Kunstgalerie.

ÜBERNACHTEN

► Komfortabel

Castle Hill Hotel
27 St Mary's Parade, Castle Hill, Lancaster LA1 1YX
Tel. 0 15 24 – 84 91 37
E-mail gsutclif@aol.co.uk
Schön restauriertes viktorianisches Haus, liegt zentral gleich gegenüber der Burg.

Umgebung von Lancaster

✶ Blackpool

Südwestlich von Lancaster liegt Blackpool, eines der größten Seebäder im Norden Englands. Die quirlige Stadt kann in den Ferienmonaten über eine halbe Million Urlauber unterbringen. Es gibt ein breites Freizeit- und Unterhaltungsangebot, eine lange Promenade und drei Piers. Wahrzeichen ist der große Aussichtsturm am Strand, »The Tower« genannt, zu dem ein Aquarium gehört. Die herbstliche Festbeleuchtung gilt als ein Höhepunkt im Jahr. Zu den Attraktionen im Ort gehört auch die Rollercoaster-Bahn, eine monströse Achterbahn, die bei der Abfahrt im 65-Grad-Neigungswinkel auf eine Geschwindigkeit von mehr als 100 km/h kommt.

Preston

Preston ist die Hauptstadt von Lancashire und ihr kultureller Mittelpunkt. Die Stadt hat ein lebhaftes Zentrum, in dem das Harris-Museum zur Geschichte der Stadt eine kleine Attraktion ist. Die früheren Docklands an der Mündung des River Ribble sind zum Riversway mit Yachthafen, Pubs, Kinos etc. umgestaltet worden.

Morecambe, Heysham

Morecambe, das mit dem benachbarten Heysham quasi zusammengewachsen ist, hat einen guten Sandstrand und zudem ein schönes Hinterland. Bei Ebbe kann man auf abgesteckten Wegen über die Bucht wandern. Von Heysham bieten sich Tagesausflüge zur ►Isle of Man an, außerdem fahren hier Schiffe nach ►Belfast ab. Auf dem Kirchhof der St. Peter Church ist ein mit Menschen- und Tierfiguren verzierter Wikinger-Grabstein aus dem 10. Jh. erhalten.

Blackpool Tower, Wahrzeichen des schrillen Seebades

LAS VEGAS AN DER IRISCHEN SEE

Die Luft riecht nach Zuckerwatte und ist erfüllt vom Piepsen ungezählter Spielautomaten und Mobiltelefone. Straßenhändler verkaufen Plastikketten und selbstklebende Tätowierungen. Nach Blackpool fährt man nicht, um gemütlich im Strandkorb zu sitzen oder Sandburgen zu bauen. Blackpool ist schrill, laut, bunt, billig – Schrecken, Wunder und Legende zugleich.

Dennoch oder deshalb: Jedes Jahr reisen mehr Menschen nach Blackpool als nach Griechenland. Warum sie das tun, erschließt sich nicht unmittelbar. Aber können 17 Millionen Briten irren? Der Kirmesrummel an einem der am schlimmsten verschmutzten Küstenabschnitte Englands fordert dem Besucher unbedingt ein gewisses Maß an Verspieltheit ab. Die den Tagesstunden vorbehaltenen Amüsements richten sich in erster Linie an Kinder und Kindergemüter. **»Pleasure Beach«** heißt der riesige Vergnügungspark, der Blackpools Küste säumt und offiziellen Angaben zufolge die meistbesuchte Attraktion Großbritanniens ist. Er besitzt die mit 70 Metern womöglich höchste Achterbahn der Welt. Eintritt ist frei, jeder »Ride« mit Geisterbahn oder Riesenrad wird einzeln bezahlt. Außerdem unterhält Blackpool das **»Sea Life Centre«** mit allerlei Seegetier, Louis Tussaud's Wachsfigurenkabinett mit der gesamten Besetzung des englischen Fernsehdauerbrenners »Coronation Street« – und zwischendrin gibt's Eselreiten, Fish-and-Chips-Buden, Spielhöllen, Bars und Bingo bis zur Erschöpfung. Mit nicht weniger als 3000 Hotels und Dutzenden von Nachtklubs, Bühnen und Restaurants ist Blackpool wie ein englisches Las Vegas am Meer.

»Badeort der kleinen Leute«

Seine Wurzeln hat das Vergnügungsdorado an der englischen Nordwestküste in der **Arbeiterbewegung**. Als mit dem Aufkommen der Eisenbahn Land und Küsten auch für die Arbeiter in den Städten erreichbar wurden und zugleich in den Fabriken sommerliche Betriebsferien eingeführt wurden, erfüllte der kleine Ort am Meer den Bedarf der Beschäftigten aus Manchester, Bradford und Liverpool nach erschwinglichen Badeferien. Dieser Verbindung zur Arbeiterklasse wegen tagt die Labour Party noch heute gerne in Blackpool. Auch Tony Blair, dessen schönes Bildungsbürger-Englisch gar nicht so recht herpasst, schart seine Parteifreunde zum Jahresparteitag im »Badeort der kleinen

Hoffnungslos überfüllte Strandpromenade

Riesenrad im Glitzerlicht

Leute« um sich. Dass Blackpool derart boomt – und das nicht nur im Sommerhalbjahr, sondern auch zu Weihnachten und Silvester – liegt neben englischem Traditionsbewusstsein daran, dass es die Stadt ausgezeichnet versteht, sich und ihre elf Kilometer lange Strandpromenade zu vermarkten. Sogar als Kongresszentrum. Vom internationalen Treffen der Zauberer bis zur Brieftauben-Olympiade – Blackpool bietet die Infrastruktur für die größten und schrägsten Veranstaltungen. Beim Werben um Urlauber erfüllt die Stadt mit deutlichem **Akzent auf schlichten Vergnügungen** ein urenglisches Bedürfnis nach sinnfreiem Spaß, wie es Mallorca und Lloret de Mar nicht bieten können (oder wollen).

Glitzerlicht statt Badekultur

Dabei hätte auch alles ganz anders kommen können. 1863, noch in der Hoch-Zeit britischer Badekultur, wurde der »North Pier« gebaut. **Viktorianischem Bauboom** ist die prächtige Architektur zu verdanken, die untrennbar zu den alten englischen Seebädern gehört. Grand Theatre, Winter Garden Pavillon, Opera House und schließlich der Blackpool Tower, mit seinen 155 Meter Höhe bis heute weithin sichtbares Wahrzeichen der Stadt, waren bis zur Jahrhundertwende fertig gestellt. Und zwei weitere Piers, denn mit nur einem wollte man sich hier nicht bescheiden müssen. In Blackpool sind die Nächte lang, obwohl es hier niemals richtig dunkel wird. Dafür sorgen die **Illuminationen** – in bester englischer Seebadtradition werden Promenade und Piers nach Einbruch der Dämmerung in buntes Glitzerlicht gehüllt. Natürlich wird hier auch in Beleuchtungsfragen noch eins draufgesetzt, mit leuchtenden Schmetterlingen, ausgewachsenen Monstern und sonstigen Wundern am Nachthimmel. Abends verwandelt sich der **Riesenspielplatz Blackpool** in eine mild verruchte Amüsiermeile. Reifere Ehepaare schieben einander im viktorianischen Ballsaal des Tower über die Tanzfläche. Aber auch der Nachwuchs an Blackpool-Fans geht niemals aus: In den Pubs werden »Hen Nights« und »Bachelor Parties« gefeiert, vermeintlich letzte Ausschweifungen vor der Ehe. Vor den Nachtclubs drängen sich Bridge-Clubs. Junge Menschen aus Liverpool schlendern die Promenade entlang, mit Dosenbier in der einen, Abendtäschchen in der anderen Hand. Die Teppiche in den Pubs werden sich im Lauf der Nacht mit Bier voll saugen. Aus allen Türen dröhnen Fernseher, Lautsprecherboxen und Spielautomaten. Und die Urlauber sind sich einig: So schön wie diesmal war es selten. Bis zum nächsten Jahr.

✶ Forest of Bowland

Ein landschaftlich äußerst reizvolles Wandergebiet, eingestuft als »Area of Outstanding Natural Beauty«, ist der Forest of Bowland 45 km südöstlich, ein Hochmoor, das von teilweise zwar steilen und engen, aber gut begeh- und befahrbaren Wegen durchzogen wird. In dem Gebiet liegen eine Reihe hübscher kleiner Orte, darunter Whitewell im malerischen Tal des River Hodder, in dem Forellen geangelt werden können. Browsholme Hall ist ein 1507 erbautes Tudorhaus mit einer beachtlichen Kunstsammlung.

✶ Leeds

P/Q 13

Landesteil: Nordengland
Grafschaft: West Yorkshire
Höhe: 150 ft/46 m ü.d.M.
Einwohnerzahl: 726 000

Leeds ist Großbritanniens drittgrößte Stadt – eine Mixtur aus traditionsreicher Industriestadt und Kulturmetropole, die in der Kulturszene im Land für einiges Aufsehen sorgt.

Die Großstadt am River Aire ist seit dem 19. Jh. von der Textil-, Möbel-, Papier-, Leder- und Elektroindustrie geprägt. Heute ist Leeds auch wichtiges Handels- und Finanzzentrum, die Universität genießt einen hervorragenden Ruf. Die Stadt bietet mit ihren schönen Galerien aus viktorianischer Zeit gute Einkaufsmöglichkeiten, und viele gepflegte Grünanlagen laden zu erholsamen Spaziergängen ein. Eine Reihe sehenswerter Museen, eine hervorragende Oper und die interessante, lebhafte Musikszene sind weithin bekannt.

Geschichte

Bereits in römischer Zeit gab es eine Furt durch den Aire, die eigentliche Stadtgründung erfolgte aber erst mit dem Wollhandel im 18. Jahrhundert. Für den Transport der Kohle aus dem knapp 5 km entfernten Bergwerk von Middleston wurde 1758 die erste britische Eisenbahnlinie eingerichtet, 1812 fuhren hier die ersten Dampflokomotiven. Das 19. Jh. brachte mit der Industrialisierung den wirtschaftlichen Aufschwung, der vor allem durch die Textilfabriken und Manufakturen begründet wurde.

Sehenswertes

City Square

Der City Square gegenüber dem Bahnhof ist das Verkehrszentrum von Leeds. Statuen erinnern u.a. an den »Schwarzen Prinzen« (Sohn Edwards III.) oder den Erfinder James Watt.

Victoria Square Town Hall

Die Geschäftsstraße Park Row führt zum Victoria Square mit der Town Hall, einem palladianischen Gebäude, das 1858 von Queen Victoria eingeweiht wurde. Die hübsche Victoria Hall im Innern ist Konzerthalle.

LEEDS ERLEBEN

AUSKUNFT

Gateway Yorkshire, PO Box 244,
The Arcade, City Station, Leeds,
West Yorkshire, England, LS1 1PL
Tel. 01 13 – 242 52 42
Fax 01 13 – 246 82 46
E-mail: tourinfo@leeds.gov.uk
www.leeds.gov.uk

AN- UND ABREISEN

Der Leeds-Bradford-Airport liegt 23 km nördlich (www.lbia.co.uk); Bahn- und Busverbindung ins Zentrum. Gute Zugverbindungen von der City Station in alle Landesteile.

ESSEN

▶ Fein & teuer

② ***Pool Court***
The Calls, direkt neben der Brasserie 44 am Flussufer
Tel. 01 13 – 244 42 42
Tipp für Feinschmecker: Das exklusive »Pool Court«. Reservierung erforderlich!

▶ Erschwinglich

① ***Darbar Restaurant***
16-17 Kirkgate
Tel. 01 13 – 246 03 81
Wer indische Küche mag: Hier ist sie besonders gut!

ÜBERNACHTEN

▶ Luxus

① ***42 The Calls***
42 The Calls
Leeds LS2 7EW
Tel. 01 13 – 244 00 99
Fax 234 41 00
E-mail: hotel@42thecalls.co.uk
Reiner Luxus in einer einstigen Getreidemühle. Die angeschlossene »Brasserie 44« gehört mit ihrer kreativen Küche zu den besten Restaurants der Stadt.

② ***Malmaison***
Sovereign Quay, Leeds LS1 1DQ
Tel. 01 13 – 398 10 00, Fax 398 10 02
E-mail leeds@malmaison.com
Designer-Hotel mit schicker Brasserie und Bar.

The Crown Hotel
Harrogate, Crown Place, Harrogate HG1 2RZ, North Yorkshire
Tel. 0 14 23 – 56 77 55, Fax 50 22 84
E-mail: thecrown@corushotels.com
Stilvolles Postkutschen-Gasthaus aus dem 18. Jahrhundert.

Old Swan Hotel
Harrogate, Swan Road,
North Yorkshire, HG1 2SR
Tel. 0 14 23 – 50 00 55, Fax 50 11 54
E-mail reservations@oldswan.macdonald-hotels.co.uk
Im »Old Swan Hotel« tauchte Agatha Christie 1926 unter, als sie durch den Tod ihrer Mutter und die Untreue ihres Mannes in eine Lebenskrise geriet. Schönes, efeubewachsenes Haus.

▶ Komfortabel

③ ***Glengarth Hotel***
62 Woodsley Road, Leeds LS2 9LZ
Tel. 01 13 – 245 79 40, Fax 216 80 33
Familiäres Hotel nahe der Universität.

EINKAUFEN

Die besten Einkaufsmöglichkeiten hat man in den Seitenstraßen der Headrow, der in den 1920er-Jahren angelegten Hauptstraße. Besonders schön ist ein Bummel durch die liebevoll restaurierten Arkaden des angrenzenden Victoria Quarter, einer glasüberdachten Flanierzeile mit Designerläden, noblen Juweliergeschäften und hübschen Cafés im Stil der viktorianischen Epoche.

Leeds Orientierung

Essen
1 Darbar
2 Pool Court

Übernachten
1 42 The Calls
2 Malmaison
3 Glengarth Hotel

★ City Art Gallery Die 1888 eröffnete City Art Gallery zeigt Werke britischer Maler. Allein 750 Aquarelle von J.S. Cotman (1782–1842), einem der Hauptmeister der Schule von ► Norwich, sind ausgestellt, Gemälde von Constable und Gainsborough sowie italienischen und französischen Meistern, darunter Courbet, Corot, Renoir, Signac. In den Henry Moore Skulpture Galleries sind Arbeiten von Henry Moore und seinen Zeitgenossen, darunter Jacob Epstein und Barbara Hepworth, zu sehen. Das benachbarte Henry Moore Institute zeigt Wechselausstellungen mit modernen Bildhauerarbeiten.

Millennium Square Neuer Veranstaltungsort ist der Millennium Square. Der Platz wird für Konzerte und Veranstaltungen und im Winter als Eisbahn genutzt. Die Türme der Civic Hall am Platz tragen Eulenfiguren, die Wappentiere der Stadt.

St. John Einen Blick lohnt die 1632–1634 erbaute St. John's Church in New Briggate. Sie ist nach wie vor fast ganz im ursprünglichen Zustand erhalten und besitzt noch den Renaissancelettner sowie die originale Kanzel und Bestuhlung.

Corn Exchange

Die ovale Corn Exchange, die im viktorianischen Stil gebaute ehemalige Getreidebörse in der Kirkgate, wird heute von kleinen Boutiquen, Cafés und Restaurants bevölkert.

★★ Royal Armouries

Erbaut wurde das spektakuläre Museum, um die königliche Waffensammlung aus dem Londoner Tower aufzunehmen. Geschichte zum Anfassen versprechen Vorführungen in authentischen Kampfausrüstungen und Jagdkostümen, Armbrustschießen und Falknerei.

★ Armley Mills

Gut 3 km westlich des Stadtzentrums in der Canal Road kann man in der ehemaligen Wollspinnerei Armley Mills die hiesige Wollverarbeitung seit dem 18. Jh. studieren.

Umgebung von Leeds

Bradford

Bradford liegt unmittelbar westlich von Leeds. Mitte des 19. Jh.s war die Stadt weltweit bekannt als Zentrum für Textilprodukte, speziell für Kammgarntuch. Sehr interessant sind das National Museum of Photography, Film and Television mit technologischer und künstlerischer Bedeutung dieser Medien. Das Colour Museum beschäftigt sich mit der Geschichte des Färbens und Bedruckens von Stoffen. Das Bradford Industrial Museum zeigt die Maschinen in einer ausgedienten Spinnerei. Werke von David Hockney, der 1937 in Bradford geboren wurde, sind in der »1853 Gallery« zu sehen.

★ Harewood House

Harewood House, Residenz des Earl of Harewood (12,8 km nördlich), ist ein wahres Kleinod. Das Herrenhaus, 1759–1771 nach Plänen von John Carr gebaut, hat drei Stockwerke. In den Prunkgemächern sind Dekorationen von Robert Adam ausgestellt, hervorragende Stuckarbeiten, Decken- und Wandgemälde von beachtlichem Kunstwert, u.a. von Angelika Kauffmann, und Möbel von Thomas Chippendale. Außer einer Porzellansammlung gibt es eine Fülle von Gemälden, u.a. von Reynolds, El Greco und Gainsborough. Princess Mary, die Tochter von George V., wohnte 35 Jahr lang hier. Erinnerungsstücke aus ihrem Leben finden sich in ihren Räumen. Auch der von Capability Brown (►S. 70 ff.) angelegte Park mit einem großen See und Resten eines Castle aus dem 12. Jh. lädt zum Verweilen ein.

★ Harrogate

Harrogate weiter nördlich ist der bedeutendste Kurort in Nordengland – wegen seiner blumenreichen Parks auch »Britain's Floral Resort« genannt. Seine Heilquellen wurden im 16. Jh. entdeckt.
Der **Royal Pump Room**, das ehemalige Brunnenhaus über der größten Schwefelquelle, wurde als Museum eingerichtet. Schöne Parks laden zu ausgedehnten Spaziergängen ein, der berühmte Stray gilt gar als eine der größten Rasenflächen der Welt. Prächtig sind die **Valley Gardens** im Herzen des Kurortes, einen Blick lohnt auch der Fountain Court mit seinen sprudelnden Quellwassern. Ein Muss für Blumenfreunde ist ein Besuch der ausgedehnten Garden Harlow Carr.

Harewood House: Im Inneren Gemälde von Angelika Kauffmann

Newby Hall

Newby Hall weiter nördlich bei Ripon wurde 1770 von Robert Adam gebaut. Ein herrliches Parkgelände gehört zum Herrenhaus, für Kinder gilt es einen Abenteuergarten zu entdecken. Jedes Jahr im April findet in Newby Hall die sehenswerte Harrogate Flower Show statt.

✶ Haworth – Heimat der Brontë-Schwestern

Haworth nordwestlich von Leeds ist ein idyllisches Yorkshiredorf und der Heimatort der Brontë-Schwestern – als Pilgerstätte erreicht Haworth fast die Bedeutung von Stratford-upon-Avon. Das Pfarrhaus, in dem Charlotte, Emily und Anne lebten und bei Kerzenlicht Weltliteratur zu Papier brachten, ist heute Museum mit viel Atmosphäre. Viele Gegenstände aus dem Besitz der Familie sind noch erhalten. Der Friedhof vor den Fenstern hallt wider vom Krähengeschrei, der Wind fegt über die Hügel, im Pfarrhaus tickt die alte Standuhr, die Vater Brontë allabendlich vor dem Zubettgehen aufzog... Ein Brontë-Wanderweg beginnt an der Kirche und führt durch die Moorlandschaft, die vor allem Emily inspirierte.

✶ Kirkstall Abbey

Die malerische Ruine der 1152 für Zisterziensermönche gebauten Kirkstall Abbey liegt 5,6 km nordwestlich im Tal des River Aire. Der Kirche fehlt das Dach, auch der Turm ist nur mehr Ruine. Fast vollständig erhalten ist das Kapitelhaus. Das Torhaus gehört zum Abbey-House-Museum, das mit Wohnhäusern, Läden und Werkstätten vom einstigen Leben in Yorkshire erzählt.

Leicester

Q 15

Landesteil: Mittelengland
Grafschaft: Leicestershire
Höhe: 200 ft/62 m ü.d.M.
Einwohnerzahl: 324 400

Leicester – sprich »Lester« – ist die Hauptstadt der Grafschaft Leicestershire, eine attraktive Großstadt in landschaftlich reizvoller Umgebung am River Soar, traditionell Industriestadt und heute ein modernes Handelszentrum mit ordentlichem kulturellen Angebot.

Der »Vater des englischen Parlaments«

1239 nahm Simon de Montfort, Earl of Leicester, die Stadt in Besitz. Er gilt heute als »Vater des englischen Parlaments«; sein Hauptverdienst lag darin, dass er durchsetzte, dass wichtige Staatsgeschäfte in einer ständischen Versammlung zur Diskussion stehen müssen und dabei auch Vertreter der unteren Stände einbezogen werden.

Sehenswertes

Clock Tower

Mittelpunkt der City ist der 1866 erbaute Glockenturm mit vier Statuen der Stifter und Wohltäter der Stadt.

St. Nicholas Circle

Die High Street führt weiter zum St. Nicholas Circle. Hier steht die älteste Kirche von Leicester mit einem frühnormannischen Turm, einem sächsischen Schiff und noch einigen römischen Ziegeln.

Jewry Hall

An der Westseite verläuft die »Judenmauer«, ein letztes Zeugnis römischer Besiedlung. Daneben kann man die Ausgrabungen des Forums mit den Resten einer Thermalbadanlage besichtigen. Die Funde, darunter schöne Mosaikfußböden und Straßenpflaster, sind im benachbarten Museum of Roman Antiquities ausgestellt.

Roger Wygston's House

Das im 15. Jh. erbaute Roger Wygston's House, dessen Fassade aus dem 18. Jh. stammt, beherbergt ein kleines Trachtenmuseum.

St. Mary de Castro

Die Kirche von St. Mary de Castro in der Castle Street wurde 1107 teils im normannischen, teils im Early-English-Stil erbaut und diente ursprünglich als Burgkapelle. Beachtenswert sind der spätnormannische Chor und die Taufkapelle.

✶ Newarke Houses Museum

Der Turret Gateway führt zum Newarke Houses Museum, in dem Stadtgeschichte seit 1500 dokumentiert wird. Zu sehen sind u.a. Uhren und Spielzeug, anhand derer die Entwicklung der lokalen Industrie aufgezeigt wird.

St. Martin's Church

Die St. Martin's Church in der High Street wurde 1919 zur Kathedrale erhoben; im Innern birgt sie ein 1656 von Joshua Marshall geschaffenes kunstvolles Grabmal.

LEICESTER

AUSKUNFT

7/9 Every Street, Town Hall Square,
Leicester, Leicestershire,
England, LE1 6AG
Tel. 09 06 – 294 11 13
Fax 01 16 – 222 15 34
E-mail: info@goleicestershire.com
www.discoverleicester.co.uk

ÜBERNACHTEN

▶ **Luxus**

Limes Hotel
35 Mountsorrel Lane, Rothley,
Leicester LE7 7PS
Tel. 01 16 – 230 25 31, Fax 237 60 31
E-mail: limeshotel@hemscott.net
Familiär geführtes Hotel, hübsch eingerichtete Zimmer.

In der Silver Street steht die **Guildhall**, ein Fachwerkbau aus dem 14. Jahrhundert. Im 15./16. Jh. wurde die Zunfthalle im Tudorstil umgebaut, seit dem 17. Jh. diente sie als Rathaus. Besonders erwähnenswert ist neben der Great Hall die seit 1587 bestehende Bibliothek, zu deren Schätzen der Codex Leicestrensis zählt, eine kostbare griechische Handschrift des Neuen Testaments (15. Jahrhundert).

Am Exploration Drive erhebt sich der »Rocket Tower« des neuen **National Space Centre**. Fünf Galerien informieren Besucher auf unterhaltsame Weise über den neuesten Stand der Weltraumforschung; ausgestellt sind Raketen, Raumkapseln und Satelliten.

Die **Museum and Art Gallery** zeigt u.a. Werke europäischer Meister seit dem 15. Jahrhundert, darunter namhafte deutsche Expressionisten und französische Impressionisten, und eine sehenswerte Keramik-, Glas- und Silbersammlung.

Belgrave Hall Museum

Die kleine 1709–1713 im Queen-Anne-Stil errichtete Belgrave Hall in der Church Road besitzt eine hübsche Sammlung historischer Kutschen und landwirtschaftlicher Geräte.

The Abbey

Erholsam ist ein Spaziergang durch den Abbey Park mit den Ruinen einer ehemaligen, 1143 gegründeten Augustiner-Abtei.

✶ **Abbey Pumping Station**

Zu den Exponaten des Technischen Museums, das sich in der Abbey Pumping Station, einem ehemaligen Pumpwerk (1891) in der Corporation Road befindet, gehören unter anderem vier Balancier-Dampfmaschinen. Eine Ausstellung widmet sich dem Thema Hygiene und Gesundheitswesen.

Umgebung von Leicester

Brocks Hill Millennium Park and Environment Centre

Südlich von Leicester werden in dem 30 ha großen Brocks Hill Millennium Park und in dem eindrucksvollen Environment Centre sehr anschaulich neue Erkenntnisse und Errungenschaften rund um den Umweltschutz demonstriert. Das Spektrum reicht von Forstpflege bis zur Nutzung von Solarenergie für Privathäuser.

Landschaftlich reizvoll ist Bradgate Park 27 km nordwestlich mit den Ruinen des Geburtshauses von Lady Jane Grey (1537–1553), der Neun-Tage-Königin, die 1553 von Queen Mary Tudor hingerichtet wurde. Die im 12. Jh. als Jagdgelände ausgewiesene Moor- und Waldlandschaft hat ihren ursprünglichen Charakter weitgehend behalten und ist beliebtes Naherholungsziel für Leicester.

Bradgate Park

? WUSSTEN SIE SCHON ...?

- ... dass in Leicester eines der ersten Kapitel des modernen Massentourismus geschrieben wurde. Thomas Cook organisierte eine erste Sonderzugverbindung für die Strecke Leicester–Loughborough; die stolze Entfernung betrug knapp 24 km. Der Touristikkonzern Thomas Cook hat hier seine Wurzeln.

Im Norden liegt der **Charnwood Forest** – einst dicht bewaldet, jetzt offenes Heideland. Das herrliche Wandergebiet mit Klippen- und Felslandschaft wird überragt vom Bardon Hill, der eine weite Aussicht bis Derbyshire und auf die Walisischen Marschen bietet.

Die Kleinstadt Ashby-de-la-Zouch erhielt ihren Namen nach der normannischen Familie La Zouch. Von der einstigen Burg, im 15. Jh. von Lord Hastings erbaut und 1648 geschleift, stehen nur noch Ruinen. Sir Walter Scott machte sie zum Schauplatz seines »Ivanhoe«.

Ashby-de-la-Zouch

Freunde des Rennsports dürfte eine Racing Car Collection mit Rennwagen seit 1911 im Castle Donington knapp 15 km nordöstlich von Ashby-de-la-Zouch interessieren.

Racing Car Museum

★ Lichfield

P 15

Landesteil: Mittelengland
Grafschaft: Staffordshire
Höhe: 266 ft/80 m ü.d.M.
Einwohnerzahl: 25 400

Die gemütliche Kleinstadt Lichfield ist bekannt für ihre Kathedrale und als Geburtsort von Samuel Johnson (1709–1784), der mit dem »Dictionary of the English language« das erste bedeutende Wörterbuch der englischen Sprache schuf, das als Standardwerk erst 1884 vom »Oxford English Dictionary« abgelöst wurde.

★★ Kathedrale

Die rote Sandsteinkathedrale, die »Queen of English Minsters«, wurde zwischen 1198 und 1325 gebaut; ein erstes Gotteshaus an dieser Stelle war um 700 entstanden, ein zweites vermutlich um die Jahrtausendwende. Die ältesten Teile des heutigen Sakralbaus sind die untere Partie des Westteils vom Chor (um 1198) und die 1208 vollendete Sakristei. Im Early English Style folgten 1220–1240 die Querschiffe, um 1250 das Langschiff und bis 1280 die frühgotische Westfront. Die Marienkapelle und das Presbyterium stammen aus der ers-

Die Kathedrale von Lichfield

ten Hälfte des 14. Jahrhunderts. Die Kathedrale hat als einzige in England drei elegante Kirchturmspitzen aus Stein, »Ladies of the Vale« genannt. Besonders beeindruckend ist die Westfassade mit über 100 Heiligenstatuen; aufgrund der Verwitterung sind fast alle Nachbildungen.

Das Innere der Kathedrale besticht durch die schönen Proportionen und die Farbgebung. Die Kapitelle im Schiff sind schöne Beispiele der Frühgotik. In den Seitenschiffen stehen verschiedene Monumente; eines davon erinnert an Lady Mary Wortley Montagu (1689–1762), die die Pocken-Impfung einführte. Im südlichen Seitenschiff befindet sich die berühmte Skulptur der »Sleeping Children« aus dem Jahr 1817 von Francis L. Chantrey gearbeitet. Das Dreifaltigkeitsfenster darüber ist in der original flämischen Verglasung erhalten. Ein Medaillon erinnert an Erasmus Darwin (1731 bis 1802), Botaniker und Großvater von Charles Darwin.

Die **Lady Chapel**, die Marienkapelle, wurde 1324 im Decorated Style gebaut. Ihre neun wunderschönen Fenster (1532–1539) stellen die Passion dar. Sieben davon wurden 1802 aus der Zisterziensterabtei von Herkenrode bei Lüttich nach Lichfield gebracht. Die beiden westlichsten Fenster sind ebenfalls Zeugnisse alter flämischer Glasmalerei.

Über dem schönen **Kapitelhaus** von 1240 liegt die **Bibliothek**, die als größten Schatz die irische Evangelienhandschrift »St. Chad's Gospel« von 721 birgt, ein herrliches Beispiel keltischer Ornamentik, und ein Manuskript der »Canterbury Tales« von Chaucer.

Samuel Johnson Museum

Das Johnson Museum befindet sich gegenüber dem Marktplatz in der Breadmarket Street. Das Haus, in dem der berühmte Lexikograf als Sohn eines Buchhändlers geboren wurde, beherbergt persönliche Erinnerungsstücke und Bücher sowie Sekundärliteratur.

Heritage and Treasury Exhibition

Im 1981 in der Kirche St. Mary eröffneten Lichfield Heritage and Treasury Centre wird die Stadtgeschichte auf anschauliche Weise dokumentiert; zu sehen sind u.a. Trachten und Silber.

LICHFIELD ERLEBEN

AUSKUNFT

Donegal House, Bore Street, Lichfield, Staffordshire, England, WS13 6NE
Tel. 0 15 43 – 30 82 09
Fax 0 15 43 – 30 82 11
E-mail: info@visitlichfield.com
www.visitlichfield.com

ESSEN

► Erschwinglich

Tudor of Lichfield

Teatime im Tudor of Lichfield: In dem 1510 gebauten Fachwerkhaus an der Bore Street gibt es nicht nur köstliche Kuchen, man isst hier auch gut zu Mittag. Abends geschlossen

ÜBERNACHTEN

► Komfortabel

32 Beacon Street

32 Beacon Street, Lichfield, Staffordshire WS13 7AJ
Tel. 0 15 43 – 26 23 78
Gemütlich und gleich neben der Kathedrale gelegen; in einem Gebäude aus dem 18. Jahrhundert.

Erasmus Darwin Centre

Erasmus Darwin lebte von 1756 bis 1781 an der Beacon Steet. Ein Museum widmet sich Leben und Werk des Wissenschaftlers, Philosophen und Dichters.

✶ ✶ Lincoln

R 14

Landesteil: Mittelengland **Höhe:** 299 ft/91 m ü.d.M.
Grafschaft: Lincolnshire **Einwohnerzahl:** 84 000

Lincoln am River Whitham, die Grafschaftshauptstadt von Lincolnshire, gehört zu den bedeutenden Königs- und Bischofsstädten in England. Das Stadtbild wird von der Kathedrale beherrscht, die auf einem Hügel oberhalb der Stadt thront, eine der größten gotischen Kirchen im Land.

Geschichte

Die Römer richteten im Jahr 48 hier ihren ersten Militärstützpunkt für die 9. Legion ein, der 96 in Lindum Colonia – daraus die Namensableitung Lincoln – als Stadt für römische Veteranen umgewandelt und mit einer Vielzahl öffentlicher Einrichtungen versehen wurde. Im 9. Jh. bauten die Wikinger Lincoln zu einem wichtigen Handelszentrum aus. Die Normannen errichteten 1068 das mächtige Castle als Ausdruck ihrer neu gewonnenen Herrschaft, 1072 wurde mit dem Bau der Kathedrale für die größte Diözese Englands begonnen. Im Domesday Book von 1086 ist Lincoln als wirtschaftskräftige Stadt mit einer beachtlichen Einwohnerzahl von ca. 6000 verzeichnet. Sehr früh entstand eine Selbstverwaltung, das 1206 eingerichtete Bürgermeisteramt ist das älteste in Großbritannien. Die Magna

Lincoln Orientierung

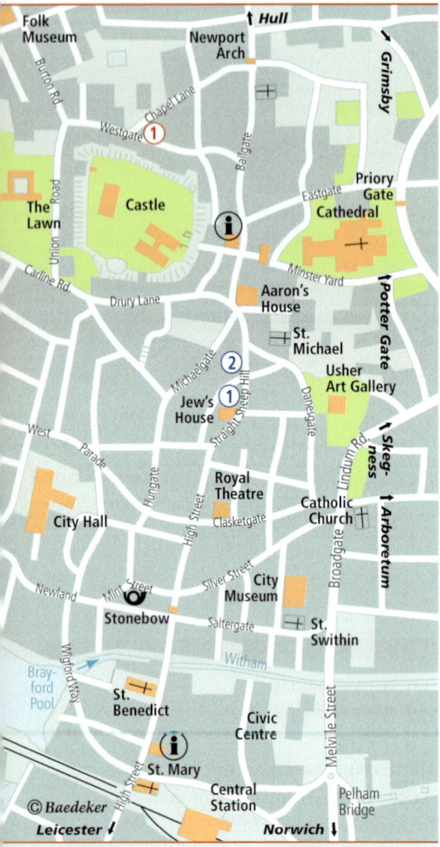

Essen
1 Jew's House
2 Brown's Restaurant and Pie Shop

Übernachten
1 The Castle Hotel

Charta von 1215 brachte Lincoln zusätzliche Privilegien. Die Stadt entwickelte sich zu einem bedeutenden Wollzentrum – unter anderem wurde der »Lincoln Green« hier produziert, den angeblich schon Robin Hood trug. Wohlhabende Kaufleute ließen sich stattliche Häuser bauen. Mit der wirtschaftlichen Rezession im 14. Jh. verarmte die Stadt, im 16. Jh. lebten hier lediglich noch 2000 Einwohner. Erst Ende des 18. Jh.s setzte allmählich ein erneuter Aufschwung ein, nun als Agrarzentrum. Im 19. Jahrhundert entwickelte sich in Lincoln Eisen- und Stahlindustrie; heute spielen Halbleiterherstellung, Baugewerbe und Unternehmen des tertiären Sektors eine wichtige Rolle.

Sehenswertes

Die geschäftige, moderne **Unterstadt** bildet einen starken Kontrast zur historischen Oberstadt um die Kathedrale. Beginnt man die Besichtigung in der High Street, so trifft man zunachst auf die Kirche St. Peter-at-Gowts mit einem sächsischen Turm. Etwas weiter liegt die normannische St. Mary's Guildhall, ursprünglich königliches Lagerhaus, dann Zunftgebäude, mit bemerkenswerten römischen Ausgrabungen. Rechter Hand liegt die Kirche St. Mary-le-Wigford im Early English Style. St. Mary's Conduit wurde im 16. Jh. mit Steinen des abgetragenen Karmeliter-Klosters gebaut.

Der nahe gelegene, vom Witham River gespeiste **Brayford Pool** ist Lincolns ehemaliger Binnenhafen. Im 18./19. Jh. galt er als bedeutender Getreideumschlagplatz, heute beherbergen die umfunktionierten alten Lagerhäuser der **Brayford Waterfront** Restaurants und Hotels, Jachten und Motorboote liegen hier vor Anker.

An der Westseite der alten **High Bridge** steht eine Reihe alter Fachwerkhäuser. Von der High Bridge führt die **High Street** durch den

LINCOLN ERLEBEN

AUSKUNFT

9 Castle Hill, Lincoln, Lincolnshire,
England, LN1 3AA
Tel. 0 15 22 – 87 32 13, Fax 87 32 14
E-mail: tourism@lincoln.gov.uk

ESSEN

▶ **Fein & teuer**

① ***Restaurant in the Jew's House***
15 The Strait, Tel. 0 15 22 – 52 48 51
Gediegenes Restaurant in wunderschönem Gebäudes aus dem 12. Jahrhundert.

▶ **Erschwinglich**

② ***Brown's Restaurant and Pie Shop***
33 Steep Hill, Telefon 01522 / 527330
In der Nähe der Kathedrale und berühmt für seine Pasteten.

ÜBERNACHTEN

▶ **Luxus**

① ***The Castle Hotel***
Westgate, Lincoln LN1 3AS
Tel. 0 15 22 – 53 88 01, Fax 57 54 57
E-mail: info@CastleHotel.net
Gemütlich und mitten im historischen Stadtkern gelegen.

! *Baedeker* TIPP

Goodies

Bei »Goodies« im Steep Hill werden nicht weniger als 300 verschiedene traditionell gefertigte und absolut leckere Süßigkeiten verkauft!

Stonebow (15. Jh.), den südlichen Zugang zur mittelalterlichen Stadt mit der großen Ratshalle im Obergeschoss, die daran erinnert, dass das Bürgermeisteramt zu den ältesten kommunalen Ämtern im Land zählt. Am Ende der High Street sollte man die Strait entlang zum **Steep Hill** gehen, jener steilen Straße, die zur Oberstadt führt.

✶ **Oberstadt**

Hier findet man die interessantesten mittelalterlichen Baudenkmäler: am Fuß des Steep Hill das **Jew's House**, ein normannischer Steinbau, der einem Juden gehörte, und angrenzend Jew's Court, vermutlich Überrest der ehemaligen Synagoge (spätes 12. Jh.). Jüdische Kaufleute besaßen im 12. /13. Jh in Lincoln gewichtigen Einfluss, bevor sie nach einem Pogrom im Jahr 1290 wie zahlreiche andere Juden auf königlichen Befehl das Land verlassen mussten.
Etwas weiter stehen der alte Kaufmannssitz **Harding House** (16. Jh.), der Fachwerkbau The Harlequin, im 16. Jh. als Gasthaus errichtet, und das normannische Aaron's House. Georgianische Häuser säumen den oberen Teil von Steep Hill. Das traditionsreiche Wirtshaus **The Wig and the Mitre** stammt aus dem 14. Jahrhundert.

✶✶ **Kathedrale**

Ab 1072 entstand in Lincoln einer der monumentalsten mittelalterlichen Dombauten Englands, der größten Diözese des Landes angemessen. Der anglonormannische Bau wurde 1141 durch ein Feuer im Holzdachstuhl schwer beschädigt, die wiederhergestellte romanisch-normannische Kirche fiel 1185 einem Erdbeben zum Opfer.

Der zum Bischof gewählte französische Kartäusermönch Hugo von Avalon ließ einen Neubau im frühgotischen Stil unter Verwendung brauchbarer romanischer Bauteile errichten. Nach dem Einsturz des Vierungsturms 1239 wurde dieser erneuert, und dem ursprünglich polygonalen Chor wurde 1280 ein Engelschor angefügt – ein würdevoller Aufbahrungsort für den Schrein des inzwischen heilig gesprochenen Hugo.

Die imposante, doppeltürmige **Westfassade** schmückt eine Mischung aus romanischer und gotischer Bauzier. Das mittlere Rundbogenportal (um 1150) trägt noch normannische Ornamente, aus dem 12. Jh. stammen die friesartigen Darstellungen mit Szenen aus dem Alten Testament (u.a. Noahs Arche, Daniel in der Löwengrube), die Königsfiguren über dem Hauptportal entstanden im 13. Jh.

Das **dreischiffige Innere** der frühgotischen Pfeilerbasilika beeindruckt durch seine Länge und Größe mit zwei Querhäusern, farblich kontrastreich aus goldgelbem Kalkstein und dunklem Purbeck-Mar-

Die Kathedrale von Lincoln beherrscht die Stadtsilhouette.

mor errichtet. Im Langhaus beachte man den **Taufstein** aus schwarzem Tournai-Marmor (12. Jh.) mit Tiermotiven. Die Stirnseiten der Querhäuser zeigen herrliche gotische Maßwerkfenster; nördlich ein Rundfenster (um 1200), **»Auge des Dekans«** genannt, mit mittelalterlichem Glas, südlich das **»Auge des Bischofs«** (frühes 14. Jh.) mit Glasfragmenten verschiedener Epochen. Der Legende nach achtete das »Auge des Dekans« auf dessen Wohnstatt, aber auch auf den Teufel, während das »Bischofsauge« den Palast im Blick hatte und die Botschaft des Heiligen Geistes erwartete. Durch den südlichen Chorumgang gelangt man zu den Gräbern von Katherine Swynford und ihrer Tochter. **Katherine Swynford** (gest. 1403) ist als dritte Frau des John of Gaunt Ahnherrin der jetzigen Königsfamilie und von George Washington, dem ersten Präsidenten der USA. Anya Seton hat in ihrem Roman »Katherine« die Liebesgeschichte mit John of Gaunt, dem Ahnherrn der Tudordynastie, populär gemacht. Durch ein schmiedeeisernes Gitter kommt man dann in den St. Hugh's Choir, eines der besten Beispiele frühgotischer Baukunst. Beachtenswert ist das **»verrückte« Gewölbe über dem Chorgestühl**, bei dem statt vier nur drei Rippen pro Joch auf den Schlussstein geführt werden. Man vermutet als Urheber den Theologen und Wissenschaftler Robert Grosseteste, der sich schon vor seiner Ernennung zum Bischof von Winchester 1235 mit optischen Experimenten beschäftigt hatte und nach dem Einsturz des Vierungsturms die beschädigten Chorjoche erneuern ließ. Die kombinierte Sedilia (Dreisitz) mit Ostergrab ist eines der seltenen Beispiele der Bildhauerkunst des 14. Jahrhunderts. Durch den südlichen Chorumgang erreicht man anschließend den Retrochor, bekannt als **The Angel Choir** (um 1280 vollendet) wegen der 28 Engelskulpturen in der Triforiumzone, ein gotischer Bauteil von großer Eleganz und Harmonie, in dem der Schrein des hl. Hugo aufgestellt war. Im Bogenzwickel des vorletzten nördlichen Pfeilers sitzt der **»Lincoln Imp«**, ein teuflischer Kobold, der der Legende nach die Engel im Chor störte und deshalb versteinert wurde. Vom nördlichen Chorumgang hat man Zugang zum Kreuzgang (um 1300) mit schönen Schnitzarbeiten an den Schlusssteinen. Der Nordgang wurde 1647 von Christopher Wren wieder aufgebaut.
Im **Kapitelhaus**, einem zehnseitigen Gebäude, dessen Gewölbe von einem einzigen Mittelpfeiler gestützt wird, tagten unter Edward I. und Edward III. verschiedene Parlamente.
In dem ausgesprochen malerischen **Cathedral Close** stehen einige sehenswerte Gebäude, so die Reste des eindrucksvollen Old Bishop Palace, Cantilupe Chantry und Vicar's Court (14. Jh.).

Castle

Auf dem Castle Hill thront die Burg, die ab 1068 unter Wilhelm dem Eroberer errichtet wurde; die Holzpalisaden ersetzte man 1113 durch starke Umfassungsmauern. Die Anlage ist gut erhalten, weil hier bis 1878 das Gefängnis untergebracht war. Zu den Exponaten des Stadtarchivs im Old Prison zählt eine Präsentation der Magna Charta von 1215, eine von vier noch existierenden Abschriften.

Bailgate Bailgate nördlich des Castle war das Zentrum der römischen Stadt. Kreise markieren die Lage der Säulen des Forums, und im Keller des Hauses Nr. 29 (Roman House) kann man Reste der römischen Marktbasilika sehen. St. Paul's ist an der Stelle gebaut worden, wo die Kirche des Paulinus stand, der 627 das Christentum nach Lincoln brachte. Am Nordende des Bailgate steht Newport Arch, eines der besterhaltenen römischen Stadttore (1. Jh.) in England. Übrigens: Ein Teil der römischen Stadtmauer ist noch in **East Bight** zu sehen.

Museen Die Usher Art Gallery im Park südlich der Kathedrale zeigt eine gute Sammlung von Uhren, Juwelen, Miniaturen und Porzellan, das Museum of Lincolnshire Life in der Mill Road regionales Brauchtum. Im Kulturzentrum »The Lawn« neben dem Castle sind ein Archäologiezentrum, Tropenhaus und Aquarium sowie ein Royal-Air-Force-Museum eingerichtet. Das Lincolnshire Road Transport Museum an der Whisby Road dokumentiert 50 Jahre Transportgeschichte.

Umgebung von Lincoln

Newark-on-Trent Newark-on-Trent 25 km südwestlich ist eine lohnende hübsche Kleinstadt. Obwohl sie nicht direkt am Trent liegt, wird immer von Newark-on-Trent gesprochen. Sehenswert ist die Burgresidenz des Bischofs von Lincoln, wo King John 1216 starb. Auf dem Marktplatz steht die St. Mary Magdalene Church im Perpendicular Style.In der Town Hall ist ein Teil der Kunstsammlung des Newark Town Council ausgestellt; zu sehen sind Werke des 19. und 20. Jahrhunderts.

✶ ✶ Liverpool

M/N 14

Landesteil: Mittelengland
Grafschaft: Merseyside
Höhe: 184 ft/56 m ü.d.M.
Einwohnerzahl: 510 000

Liverpool: Bei diesem Namen denkt man an die Beatles, an den F.C. Liverpool und den F.C. Everton und mancher auch an den typischen Akzent der »Scousers«, wie sich die Leute aus Liverpool nennen.

Mit einem der größten tidenunabhängigen Häfen der Welt ist Liverpool wichtiger Umschlagplatz für den Überseeverkehr – die Stadt liegt am River Mersey knapp 5 km vor dessen Mündung in die Irische See. Die modernen Dockanlagen für die Abfertigung der großen Containerschiffe befinden sich heute außerhalb der City bei Bootle und dem gegenüberliegenden Birkenhead. In der zweiten Hälfte des 20. Jh.s erlebte die Stadt einen wirtschaftlichen Niedergang sondergleichen. Massenarbeitslosigkeit und Armut prägten das Stadtbild, die EU half mit Geldern. Mittlerweile hat Liverpool sich neu strukturiert – verfallene Hafenbereiche sind saniert und umfunktioniert worden, interessante Viertel sind entstanden. 2008 ist Liverpool Kulturhauptstadt Europas. Denn neben Fußball hat die Stadt auch Kultur zu bieten: Bekannt sind die Philharmoniker und die Philharmonic Hall, die als eine der besten Konzerthallen in Europa gilt, die lebendige Kunstszene, die zahlreichen Museen, darunter die berühmte Walker Art Gallery und die Tate Liverpool.

Stadtname

Der Name Liverpool wird meistens in Verbindung gebracht mit dem mythologischen »Liver-bird«. Dieser möwen- oder kormoranähnliche Vogel mit Seetang im Schnabel – möglicherweise die symbolische »planta genista« der Plantagenets – ist im Stadtwappen zu sehen.

Geschichte

Liverpool ist eine Gründung des 12. Jh.s, der Seehafen wurde 1207 angelegt, als der Hafen von ►Chester versandete. 1715, als die Stadt rund 5000 Einwohner zählte, wurde das erste Dock am Mersey eröffnet. Wie Bristol beteiligte sich Liverpool am lukrativen »Dreieckshandel«: Man exportierte Glasperlen, Baumwollstoffe u.a. nach Afrika, transportierte von dort Sklaven nach Westindien und Nordamerika, wo man wiederum Baumwolle, Rohzucker, Tabak, Kakao etc. für die heimischen Märkte erwarb. Der regelmäßige Handelsverkehr mit Nordamerika, 1840 eröffnet, war eine weitere Grundlage für den Wohlstand der Stadt.

Blick vom Wasser auf den Pier Head von Liverpool mit dem traditionsreichen »Gebäudetrio«.

Liverpool Orientierung

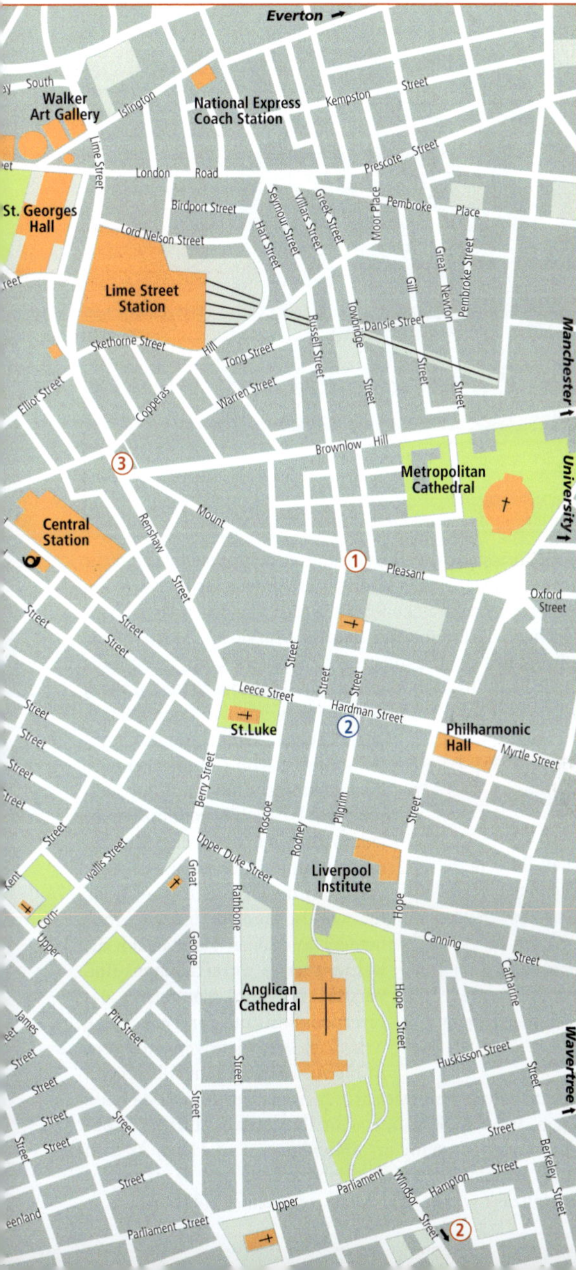

Essen

1 Mister M´s
2 The Pilgrim
3 St. Petersburg

Übernachten

1 Aachen Hotel
2 Alicia Hotel
3 Britannia Adelphi

Die Beatles nach der Verleihung des Ordens »Member of the British Empire« durch die Queen im Buckingham Palace im Oktober 1965.

Beatles Liverpool ist Geburtsstadt der Beatles, die in den 1960er-Jahren die Welt im Sturm eroberten. Fans können auf unterschiedlichsten Besichtigungstouren die zahlreichen Stätten der vier legendären Popmusiker aufsuchen, darunter **»The Beatles Story«** im Albert Dock, die Mathew Street mit dem rekonstruierten **Cavern Club**, in dem die Beatles am 21.2.1961 ihr Debüt gaben, die **Mathew Street Gallery** mit Zeichnungen von John Lennon und Fotografien von den Beatles, das **Cavern Walks Center** mit Wandbildern von Cynthia Lennon, den **Memorial Club** für John Lennon, den Beatles Shop, John Doubledays Bronzefiguren der Musiker und Arthur Dooleys umstrittene Statue für die »four lads who shook the world«. Paul McCartney eröffnete 1996 in seiner Heimatstadt die weltweit erste **Entertainment-Universität für Rock-/Popmusik**, das Liverpool Institute for Performing Arts. Ziel des 3-jährigen Studiums ist die Ausbildung zum Allrounder. Auch das Elternhaus von Paul McCartney in der Forthlin Road kann man besichtigen, wo die »Pilzköpfe« für ihre ersten Auftritte probten, und das Lennon Museum im **»Mendips«,** dem Haus, in dem John Lennon bis zu seinem 23. Lebensjahr wohnte und das vom National Trust restauriert wurde (251 Menlove Avenue, Woolton).

! *Baedeker* TIPP

Magical Mystery Tour

Von »The Beatles Story« am Albert Dock startet die Magical Mystery Tour zu allen einschlägigen Beatles-Stätten in Liverpool. Man kann sich alles angucken: wo sie gewohnt haben, wo sie geboren sind, wo sie zur Schule gegangen sind, Penny Lane, Strawberry Field und den Cavern Club. Für Story und Tour gibts ein Kombi-Ticket.

✶ ✶ Albert Dock

Das 1846 von Prince Albert eröffnete Albert Dock südwestlich der Innenstadt wurde Anfang der 1990er-Jahre edel saniert und gilt als Paradebeispiel für die Wiederbelebung und Umfunktionierung verfallener Stadtbereiche. Ein fünfstöckiges Blockkarree zieht sich um das Hafenbecken, in dem einst Baumwolle, Tabak und Zucker verladen wurden. In die viktorianischen Lagerhäuser sind Designerboutiquen, Büros, Restaurants, Cafés und Museen eingezogen. ✶ **Sanierung**

In der Tate Gallery des Albert Dock hat das gleichnamige Museum in London eine anspruchsvolle Dependance gefunden – durch einen Zufall in eben den Lagerhallen, in denen der Zucker-Magnat Sir Henry Tate seinerzeit den Rohzucker aufbewahren ließ. Für den Umbau zeichnete der in Liverpool aufgewachsene Architekt James Stirling verantwortlich, der auch die Tate Gallery am Millbank-Themse-Ufer erweitert hatte. Gezeigt wird moderne Kunst des 20. Jahrhunderts. ✶ ◄ Tate Gallery

Das Marinemuseum zeigt die Dauerausstellung »The Emigrants to a New World« über die ca. 7 Mio. Auswanderer, die zwischen 1830 und 1930 vom Mersey in die Neue Welt aufbrachen. Andere Ausstellungen dokumentieren den Sklavenhandel, die Handelsschifffahrt und Liverpools Seefahrtsgeschichte bis ins 20. Jahrhundert. **Merseyside Maritime Museum**

Das HM Customs & Exercise National Museum im selben Gebäude erzählt die Geschichte von Zöllnern und Schmugglern.

Im Untergeschoss des Britannia Pavilion zeigt »The Beatles Story« diverse Erinnerungsstücke, Fotos und Filme über die »Pilzköpfe«. ✶ ◄ Beatles Story

Die Musik, der Sport, der Mersey – mit diesen und anderen Einflüssen auf die Geschicke der Stadt beschäftigt sich das Museum of Liverpool Life am Mann Island. **Museum of Liverpool Life**

Highlights Liverpool

Albert Dock
Lebendiger, neuer Stadtteil am Hafen. Hier ist vorbildlich umfunktioniert und saniert worden – aus Alt mach Neu!
► Seite 457

Walker Art Gallery
Eine der wichtigsten Gemäldesammlungen in Großbritannien. Europäische Malerei aus sechs Jahrhunderten: Flämisches, Französisches, Italienisches.
► Seite 458

Tate Liverpool
Filiale der Londoner Tate mit hervorragender Kunst des 20. Jahrhunderts. In den einstigen Lagerräumen hat Henry Tate früher seinen Zucker aufbewahrt.
► Seite 457

»Mendips«
Hier wohnte John Lennon bis er 23 war: 251 Menlove Avenue etwas außerhalb in Woolton.
► Seite 456

★ Pier Head Am Pier Head nördlich des Albert Dock steht ein traditionsreiches Gebäudetrio: das von Arnold Thornely entworfene Port of Liverpool Building, das nach dem Kanadier Samuel Cunard benannte Nachbargebäude – Cunard eröffnete 1840 die erste Schiffslinie auf der Strecke Liverpool–Halifax–Boston – und der von W.A. Thomas errichtete Granitbau des Royal Liver Building. Das Titanic Memorial daneben erinnert an »Die Helden im Maschinenraum« des 1912 untergegangenen Luxusliners.

Stadtzentrum

★ St. George's Hall Die Fassade der klassizistischen St. George's Hall in der Lime Street wurde 1838–1854 gebaut. Die große Halle dient für Kongresse und Musikveranstaltungen, insbesondere für Orgelkonzerte – die herrliche Orgel gehört zu den größten weltweit.

Liverpool Museum Das Liverpool Museum in der William Brown Street beherbergt eine Fülle unterschiedlicher Sammlungen. Besonders interessant sind die Modellschiffsammlung und die Abteilung für Entwicklungen der Raumfahrt, bemerkenswert auch die Ince Blundell Collection (antike Marmorarbeiten), die Sassoon Collection mit Elfenbeinschnitzereien, ägyptische, babylonische und assyrische Exponate.

★★ Walker Art Gallery Dem Bierbrauer Sir Andrew Barclay Walker, der 1873 zugleich Bürgermeister war, verdankt die Stadt ihr berühmtestes Museum, die 1874–1876 erbaute Walker Art Gallery. Die Kunstgalerie enthält eine umfangreiche Gemäldesammlung italienischer, flämischer und französischer Meister vom 14. Jh. bis zur Gegenwart, darunter Arbeiten von Rubens, Rembrandt, von französischen Impressionisten und Rodin. In Großbritannien – außerhalb Londons – unübertroffen ist der Überblick über die englische Malerei und Bildhauerei speziell des 18. bis 20. Jh.s, darunter Werke von Gainsborough, Hogarth und Moore sowie die von John J. Lee gemalte, eindringliche Darstellung einer Abschiedszene am Pier Head von Liverpool, betitelt als »Sweethearts and Wives« (1860). Öffnungszeiten: Mo. – Sa. 10.00–17.00, So. 12.00–17.00 Uhr.

Sudley Art Gallery Zur Walker Gallery gehört die Sudley Art Gallery in Mossley Hill etwa 5 km südlich – zu sehen sind dort in erster Linie englische Maler des 18. und 19. Jahrhunderts.

Conservation Centre Das in England einzigartige Museum – 1998 Europäisches Museum des Jahres – zeigt, wie Gemälde, Skulpturen, archäologische Fundstücke etc. präpariert werden und wie Konservatoren arbeiten.

St. John's Centre Radio City Tower Mittelpunkt des St. John's Einkaufszentrums ist ein 137 m hoher, bei Dunkelheit spektakulär beleuchteter Turm, in dem die Studios und Büros des örtlichen Radiosenders Radio City untergebracht sind.

LIVERPOOL ERLEBEN

AUSKUNFT

Queen Square, Roe Street, Liverpool, Merseyside, England, L1 1RG
Tel. 09 06 – 680 68 86
Fax 01 51 – 707 09 86
E-mail: info@visitliverpool.com
www.visitliverpool.com

Merseyside Maritime Museum, Albert Dock, Liverpool, Merseyside, England, L3 4AQ
Tel. 09 06 – 680 68 86
Fax 01 51 – 478 45 52
E-mail: tic@liverpoolmuseums.org.uk
www.visitliverpool.com

AN- UND ABREISEN

John-Lennon-Airport in Speke 9 km südöstlich; Bahn- und Busverbindung ins Zentrum (www.liverpooljohnlennonairport.com). Umfangreicheren internationalen Flugverkehr hat der International Airport von Manchester 50 km östlich (Autobahnanschluss). Hauptbahnhof ist die Lime Street Station. Mersey-Fähren pendeln zwischen den beiden Ufern (auch Ausflugsfahrten).

ESSEN

► Erschwinglich

① ***Mister M's***
Church Street, Wavertree
Tel. 01 51 – 707 22 02
Preisgekröntes Fischrestaurant; Reservierung notwendig.

② ***The Pilgrim***
Pilgrim Street, Tel. 01 51 – 709 23 02
Pub mit künstlerisch angehauchter Atmosphäre neben dem Liverpool Institute of Performing Arts.

③ ***St Petersburg***
York Street, Tel. 01 51 – 709 66 76
Authentische russische Küche.

ÜBERNACHTEN

► Komfortabel

① ***Aachen Hotel***
89-91 Mount Pleasant, Liverpool L3 5TB
Tel. 01 51 – 709 34 77, Fax 709 11 26
E-mail:enquiries@aachenhotel.co.uk
Im Herzen der Stadt gelegen mit gemütlicher Bar.

② ***The Alicia Hotel***
3 Aigburth Drive, Liverpool L17 3AA
Tel. 01 51 – 727 44 11, Fax 727 67 52
E-mail: aliciahotel@feathers.uk.com
Stilvolle Zimmer, am Sefton Park gelegen. Aktuelle Angebote kann man per E-mail erfragen.

③ ***Britannia Adelphi***
Ranelagh Place, Liverpool, L3 5UL
Tel. 01 51 – 709 72 00, Fax 708 07 43
E-mail: res700@britanniahotels.com
Das Britannia Adelphi galt bei seiner Fertigstellung 1912 als eines der luxuriösesten Hotels der Welt. Hier logierten die Transatlantik-Passagiere der großen Schiffe. Heute ist es bezahlbar.

Scarisbrick Hotel
Southport, 239 Lord Street, Merseyside PR8 1NZ
Tel. 0 17 04 – 54 30 00, Fax 53 33 35
E-mail: scarisbrickhotel@talk21.com
Mitten in Southport gelegenes schönes Traditionshaus.

! *Baedeker* TIPP

Vinyl und CDs

Für Musik-Fans: Das legendäre »Probe Records« an der Slater Street ist seit Jahrzehnten fester Bestandteil der Liverpooler Musikszene.

NEUER GLANZ: NORDENGLANDS METROPOLEN

So eng ihre Entwicklung mit der Industrie verwoben ist, so schwer wurden die einst so stolzen Städte im Norden Englands durch jede Wirtschaftskrise getroffen. Arbeitslosigkeit und Armut haben sie in den 1980er- und 1990er-Jahren gebeutelt. Nach schwierigen Zeiten ist es nun gelungen, das Image dieser Städte zu wandeln und ihre Zentren mit neuen Museen, aufpolierten Industriedenkmälern, Theatern und Musicals interessant zu gestalten.

Mit Ausnahme von London sind fast alle englischen Großstädte im industriell geprägten Norden des Landes angesiedelt: Zweitgrößte englische Stadt ist Manchester, das einstmals wichtigste Baumwollhandels-Zentrum der Welt mit über zwei Millionen Einwohnern, es folgen Birmingham mit einer knappen und Liverpool mit einer halben Million Einwohnern. Die desaströse Situation, die in diesen Städten durch die **Wirtschaftskrise** entstanden ist, hat es bis ins Fernsehen geschafft: In der erfolgreichen Krimiserie »Für alle Fälle Fitz« um den von Robbie Coltrane dargestellten schwergewichtigen Psychologen Fitz wurde Mitte der neunziger Jahre ein realistisches Bild der sozialen Brennpunkte und Abgründe Manchesters gezeigt. Keine TV-Krimisituation, sondern pure Realität – und stellvertretend für die größeren Städte der Region – hat man im »ärmsten Wohngebiet Englands«: in Benchill im Süden von Manchester. Ursprünglich als »Garden City« angelegt, sollte die Mustersiedlung die innenstädtischen Slums entlasten. Nach Massenentlassungen in den Fabriken nahm sie aber bald eine andere Entwicklung. Rund 15 000 Menschen leben hier unter denkbar ungünstigen Bedingungen. Arbeitslosigkeit und Armut haben ein Klima geschaffen, das sogar die Polizei am liebsten meidet.

Liverpool

Die Beatles, Fußball, der einstmals größte Überseehafen Englands und der Fluch der Arbeitslosigkeit – das sind die Dinge, die zumeist mit Liverpool assoziiert werden. All das hat zwar auch mit der Stadt am Mersey zu tun, doch sie hat noch mehr Facetten. Am Ende des 19. Jahrhunderts war dies die Stadt in Großbritannien, in der nach London und Glasgow die meisten Millionäre gezählt wurden. Dem Seehandel ver-

Manchester: Imperial War Museum von Daniel Libeskind

dankten sie ihren Reichtum. Hunderttausende fanden an den Docks und Werften Arbeit. Große Reedereien wie die White Star und die Cunard Line waren in Liverpool ebenso zu Hause wie zahlreiche kleinere. Einziges Omen kommenden Niedergangs war vielleicht, dass die »Titanic« hier ihre verhängnisvolle Jungfernfahrt begann.

In den achtziger Jahren begannen für Liverpool mit Schließungen und dem Sparkurs großer Fabriken und Werften schlechte Zeiten. Um diese Entwicklung aufzuhalten oder wenigstens zu relativieren, wurde kräftig investiert. Unter dem Schlagwort **»City Challenge«** versuchte man, Unternehmen ins Stadtzentrum zu locken und **neue Arbeitsplätze** zu schaffen. Zugleich machte man sich daran, verfallende Stadtteile zu sanieren. Auffälligstes Beispiel für die Erneuerung ist der **Hafenkomplex Albert Dock**, der seit den achtziger Jahren in eine Kultur- und Amüsiermeile mit Cafés, Bars und einigen der wichtigsten Museen des Nordens verwandelt wurde: Die Tate Liverpool Gallery ist mit ihrer Sammlung zeitgenössischer britischer Kunst ein Besuchermagnet, weitere sind das Mersyside Maritime Museum und das Beatles-Museum »The Beatles Story«. So ist Liverpool Arbeiterstadt geblieben – aber eine, die den schwierigen Seiltanz zwischen **Strukturwandel**, neu geschaffener **Kulturszene** und **Beatles-Tourismus** wie nebenbei hinkriegt. Dazu ist sie auch in der Krise lebendig geblieben. Wer sich abends auf den Spuren der erfolgreichsten Band der Welt durch Pubs und Clubs rund um die Mathew Street treiben lässt, kann sich überzeugen: Wenn auch als Zugeständnis an die Fans der Fab Four an jeder zweiten Kneipentür ein Schild steht, demzufolge gerade hier Paul Mc Cartney 1959 eine Schachtel Zigaretten kaufte oder John Lennon in jener Ecke sitzend ein Bier trank – das pulsierende Nachtleben wird hier noch immer dem Ruf einer alten Hafenstadt gerecht. Dieser Komplexität verdankt die Stadt einen inspirierenden Geist, der auch Kulturschaffende reizt. Als **»pool of talent«** ist Liverpool schon auf Tafeln am John Lennon Airport ausgewiesen. Und so gibt es in vielen alten, ausgedienten Hafenlagerhäusern nun **Ateliers** und **Agenturen**. Andere Kreative sind ihrer Herkunft verpflichtet – wie Paul McCartney, der das **»Liverpool Institute of Performing Arts«** 1996 in seiner Heimatstadt am Mersey gegründet hat.

Manchester

Auch die nordenglischen Metropolen ohne eigene Pop-Legenden haben erfolgreich in ihre Entwicklung inves-

Birmingham: Fassade des neuen Einkaufszentrums Selfridges

tiert. Manchester kann nicht nur auf 13 Theater und drei Orchester verweisen. 2002 übertraf sich die Stadt anlässlich der hier ausgetragenen **Commonwealth-Spiele** selbst: Die **City Art Gallery** wurde für 35 Millionen Pfund um- und ausgebaut, das **Imperial War Museum North** eröffnet. Über 28 Millionen Pfund kostete dieses erste Gebäude des Architekten Daniel Libeskind auf den britischen Inseln, dessen dreigeteilte Struktur den Krieg zu Land, zu Wasser und in der Luft symbolisieren will. **»Urbis«,** ein futuristischer Bau, in dem die Entwicklung von Städten erklärt wird, öffnete ebenfalls 2002.

Ganz aus Stahl und Glas erbaut ist der **Lowry-Komplex** an den Salford Quays, Manchesters Kulturzentrum, das unter anderem die Arbeiten des Volksmalers L. S. Lowry ausstellt. Mode ist ein Thema der alten Textil-Stadt geblieben. Immerhin frönt hier Ex-Spice Victoria Beckham dem Shopping. In King und Bridge Street sitzen die Designer, im Trafford Centre ballen sich heute 280 Geschäfte unter einem Dach.

Birmingham

Birmingham, zur Zeit der Industriellen Revolution die »Stadt der tausend Gewerbe« genannt, weil hier die unterschiedlichsten Güter hergestellt wurden, hat sich die **Kanäle** aus jenen Tagen – mehr, als Venedig besitzt – zunutze gemacht. Wo früher Eisen, Kohle und fertige Waren verschifft wurden, kann man nun zwischen **Restaurants**, **Designerläden** und **Kunstwerken** flanieren. Zum kulturellen Repertoire der Stadt zählen außerdem die präraffaelitische Galerie im City Museum, das Barber Institute of Fine Art, das Royal Ballet und das City of Birmingham Symphony Orchestra und der »Millennium Point« mit einem neuen Wissenschafts- und Technologiemuseum.

Lebendiges Herz hinter alten Fassaden

Die Jahrtausendwende nahmen viele britische Städte zum Anlass, ihr Erscheinungsbild aufzufrischen. In Newcastle beispielsweise führt seither die mittlerweile preisgekrönte Gateshead Millennium Bridge über den Tyne nach Gateshead. Angesichts allgemeiner Aufbruchsstimmung ist es nur konsequent, dass sich mit Liverpool, Birmingham und Newcastle/Gateshead gleich drei englische Nordlichter um den Titel der **europäischen Kulturhauptstadt** bemühen, der 2008 nach Großbritannien geht. Doch solche ambitionierten Projekte sind nur Symptome der wahren Qualität der Städte des Nordens: Hinter alten Fassaden und unter frischer Farbe schlägt ein äußerst lebendiges Herz.

Paul McCartney Childhood Home

In der Forthlin Road 20 ist Paul McCartney aufgewachsen. Das Gebäude, das heute dem National Trust gehört, ist mit Beatles-Memorabilia und Möbeln aus seiner Kindheit eingerichtet.

✶ Römisch-katholische Kathedrale

Dass Liverpool zwei Kathedralen in unmittelbarer Nachbarschaft besitzt, verdankt die Stadt u.a. den Iren, die im 19./20. Jh. aus wirtschaftlichen Gründen nach Liverpool kamen – daher ist der Anteil der Katholiken recht groß. Der gewaltige, 1967 geweihte Rundbau basiert auf dem mittelalterlichen Laternen-Element. Um den zylindrischen Laternenturm in der Mitte wurde ein riesiges »Zelt« gebaut. Da die Kathedrale auf einem Hügel steht, erscheint sie wirklich wie eine Art Laterne über der Stadt.

✶ Anglikanische Kathedrale

Die neugotische Kirche steht stilistisch im krassen Gegensatz zur katholischen Schwesterkirche. 1978 fand nach einer ca. 70-jährigen Bauzeit die Weihung der damals sechstgrößten Kirche der Welt statt. Die Willis-Orgel ist eine der größten Orgeln der Welt. Ein Gedenkstein erinnert an die 96 Liverpooler Fußballfans, die 1989 während eines Spiels im Hillsborough-Stadion im Gedränge umkamen.

Umgebung von Liverpool

✶ Speke Hall

Eines der schönsten Tudor-Häuser Englands ist Speke Hall südöstlich außerhalb der Stadt. Dieses Fachwerkhaus am nördlichen Ufer des Mersey stammt aus den Jahren 1530–1598. Zur Originaleinrichtung gehören der große Saal, schöne Stuckarbeiten und Stilmöbel.

Birkenhead, Halbinsel Wirral

Birkenhead mit ca. 140 000 Einwohnern liegt auf der anderen Seite des Mersey auf der Halbinsel Wirral, die mit Liverpool durch Tunnel und Fähren verbunden ist. In Birkenhead lohnt die Williamson Art Gallery mit einer Gemälde- und Keramiksammlung. Die Seebäder New Brighton, West Kirby und Hoylake auf Wirral sind beliebte Ziele für den Ballungsraum Liverpool und Birkenhead.

Port Sunlight

Interessant ist Port Sunlight: Die Gebrüder Lever hatten mit Seife beträchtlichen Reichtum erworben und gründeten 1888 für ihre Arbeiter an der Merseymündung eine Wohnstadt mit angenehmen Häusern, guten Schulen und Ausbildungsstätten. Ein lohnendes Kunstkleinod hat Port Sunlight auch zu bieten: In der Lady Lever Art Gallery kann man Jugendstilarbeiten, kostbare Stilmöbel des 18. Jh.s, Wedgwood-Porzellan und Werke englischer Maler besichtigen.

✶ ◄ Lady Lever Art Gallery

Southport

Das viel besuchte Seebad Southport nördlich von Liverpool gilt als älteste Gartenstadt in England. Die Stadt bietet mit ihren baumbestandenen, breiten Straßen und Parkanlagen ausgesprochen viel Grün. Lohnend ist ein Bummel über die bunte Lord Street oder am weiten Strand entlang mit Blick auf die Irische See. Es gibt eine Promenade und eine Mole, außerdem einen Salzwassersee und gute Golfplätze.

EING TO
• St. Paul's Cathedral • Big Ben •
LIVE COMMENTARY

✶ ✶ London

S/T 17/18

Landesteil: Südengland
Einwohner: 6,8 Mio. im Metropolitan County Greater London
Höhe: 30 ft/10 m ü.d.M.

London ist nicht nur wirtschaftlicher und kultureller Mittelpunkt Großbritanniens, sondern eine der bedeutendsten Metropolen der Erde, eine echte »Weltstadt«, in der Menschen aus aller Herren Länder eine kulturellen Vielfalt schaffen, die in Musik, Theater, Tanz, Literatur und nicht zuletzt in der Gastronomie zum Ausdruck kommt. London ist ganz einfach eine der aufregendsten Städte der Welt.

London, Hauptstadt des Vereinigten Königreichs von Großbritannien und Nordirland, Sitz von Königshaus, Parlament und Regierung, liegt an beiden Ufern der Themse (Thames), rund 75 km oberhalb deren Mündung in die Nordsee. Durch den Stadtteil Greenwich verläuft der Längengrad 0, der so genannte »Meridian von Greenwich«.

Die City ist das wirtschaftliche Herz

Die Themse, die London in großen Schleifen durchfließt, teilt das Stadtgebiet in eine nördliche und eine südliche Hälfte, wobei sich die touristischen Hauptsehenswürdigkeiten auf dem nördlichen Ufer konzentrieren. Die Kernstadt umfasst nur 2,6 km², also ungefähr eine Quadratmeile, weshalb man die City auch die »Square Mile« nennt. Direkt in der City leben nur etwa 5000 Menschen, doch bietet sie mehr als 400 000 Arbeitsplätze.
Denn gleichrangig mit New York und Tokio ist London vor allem ein Finanzzentrum ersten Ranges: Hier werden über 20% aller Banktransaktionen der Erde getätigt, und mit einem täglichen Umsatz von 450 Milliarden Euro ist die Stadt weltgrößter Devisenumschlagplatz. Mehr als 520 Banken und mehr als 500 Versicherungsunternehmen sind in der Hauptstadt Großbritanniens vertreten.
Auch der Weltkunsthandel, symbolisiert durch die Auktionshäuser Sotheby's und Christie's, hat sein Zentrum in der britischen Hauptstadt. Fast alle überregionalen britischen Tageszeitungen erscheinen in London, und zudem ist die britische Hauptstadt auch Sitz der Rundfunk- und Fernsehgesellschaft BBC.

? WUSSTEN SIE SCHON ...?

- ... dass in London 21 % des gesamten britischen Nationaleinkommens erwirtschaftet werden?

← *London Sightseeing Tour – frische Luft und »live commentary«*

43 n. Chr.	Die Römer gründen »Londinium«.
Um 450	Sächsischer Hafen »Lundenwic«
886	Alfred der Große macht London zur Hauptstadt.
1066	Krönung Wilhelms des Eroberers in Westminster
1176	Erste Steinbrücke über die Themse
1189	Erster Lord Mayor
1565	Gründung der Börse
1666	Great Fire
1863	Erste U-Bahnlinie
1940/1941	Schwere deutsche Luftangriffe
1982	Beginn der Sanierung der Docklands
2000	Erstmals wird ein Oberbürgermeister gewählt.

Geschichte

In der Zeit des Kaisers Claudius eroberten vier römische Legionen 43 n. Chr. Südengland und errichteten **»Londinium«** am Nordufer der Themse. Der Name leitet sich wohl vom altbritischen »Llyndun« (= hoch gelegener befestigter Platz) her. Die **Römer** schlugen wahrscheinlich auch schon eine erste Holzbrücke über die Themse unweit der heutigen London Bridge. Von 240 an war Londinium die Hauptstadt einer der vier spätrömischen Provinzen. Als um 407 die britannischen Legionen nach Germanien verlegt wurden, war der Untergang des römischen Londinium eingeleitet. Um 410 entließ Kaiser Honorius die britischen Städte in die Unabhängigkeit.

Um 450 errichteten die **Angelsachsen** den Hafen »Lundenwic«. 796 wurde London Hauptstadt von Essex, eines von mehreren angelsächsischen Königreichen, die Egbert von Wessex 827 vereinigte. Alfred der Große machte die 851 von den Dänen zerstörte Stadt nach dem Wiederaufbau 886 neben Winchester zur Hauptstadt seines Reiches. Unter Knut I. stieg London zur alleinigen Hauptstadt auf. Er und sein Nachfolger Edward der Bekenner residierten in Westminster.

Sicherung der Unabhängigkeit ►

Nach der Schlacht bei Hastings 1066 ließ sich Wilhelm der Eroberer in Westminster Abbey krönen. Unter Heinrich I. übernahm London die **Rolle der Hauptstadt**. 1176 wurde an Stelle der alten Holzbrücke eine steinerne Brücke gebaut. 1189 wählten die Zünfte Henry Fitzailwyn zum ersten Lord Mayor.

Wirtschaftlicher Aufstieg und Rückschläge ►

1565 gründete Thomas Gresham die Börse; am Ende des 16. Jh.s war die 300 000 Einwohner zählende Stadt der **bedeutendste Handelsplatz der Welt**. 1605 versuchte der Katholik Guy Fawkes, das Parlament in die Luft zu sprengen (»Gunpowder Plot«). Während der **Bürgerkriege** war London einer der Brennpunkte: 1649 wurde Karl I. in Whitehall enthauptet. Die **Pest** forderte zwischen 1664 und 1666 über 100 000 Tote; im September 1666 wütete vier Tage lang **das Große Feuer** und legte vier Fünftel der Stadt in Asche. Insbesondere Sir Christopher Wren hat beim Wiederaufbau der Architektur

Londons seinen Stempel aufgedrückt: Er errichtete allein 53 Kirchen, darunter St. Paul's Cathedral. Die Wirtschaft prosperierte mit dem Anwachsen des britischen Kolonialreiches; sichtbarer Ausdruck war die Gründung der Bank von England im Jahr 1694.

◄ Hauptstadt des Empire

Unter den **hannoveranischen Königen** stieg England zur **ersten Weltmacht** auf. 1801 hatte London 860 000 Einwohner. Unter Queen Victoria erlebte die Stadt ihre größte städtebauliche Entwicklung. Der **Ausbau der Eisenbahn**, durch die auch untere Einkommensschichten in größerer Entfernung vom Arbeitsplatz wohnen konnten, ließ einen breiten Gürtel von Wohnvorstädten entstehen. 1863 fuhr die erste **U-Bahn** von Bishop's Road nach Farringdon. Auch eines der dunkelsten Kapitel der Stadtgeschichte fällt in diese Zeit: 1888 trieb Jack the Ripper im Eastend sein Unwesen.

◄ 20. Jahrhundert

In beiden **Weltkriegen** war London Ziel deutscher Luftangriffe. Die Luftschlacht um England 1940 / 1941 und die V-Waffen vom Juni 1944 an forderten über 30 000 Tote; drei Viertel aller Londoner Gebäude wurden getroffen. Erster Höhepunkt der Nachkriegszeit war 1952 die Krönung von **Queen Elizabeth II.** in Westminster Abbey. In den 1960er-Jahren fand das neue Lebensgefühl der jungen Generation in »Swinging London« eine Heimat. Wichtige Daten der **Nachkriegszeit** waren das Jahr 1982 mit dem Beginn der Bauarbeiten in den Docklands und 1986 die Reform der Londoner Börse, die einen explosionsartigen Anstieg der Geschäfte, den so genannten »Big Bang«, auslöste. 1997 sah London die überwältigende Trauerfeier für die Prinzessin von Wales. Im Jahr 2000 wählte die Stadt wieder einen Oberbürgermeister: Ken Livingstone, der 2004 wiedergewählt wurde.

Highlights London

British Museum
Die Schätze dieser Erde
► Seite 484

Greenwich
Wo Britanniens Seemacht wuchs. Hin oder zurück mit dem Boot!
► Seite 503

Harrods
Legendäres Kaufhaus
► Seite 498

London Eye
Die Stadt von oben für ganz Mutige
► Seite 501

Natural History Museum
Wenn Kinder dabei sind: ein Muss!
► Seite 498

Oxford Street und Regent Street
Shopping ohne Ende
► Seite 496 u. 497

Tower
Ein Blick auf die Kronjuwelen
► Seite 476

Westminster Abbey
Englands Krönungskirche
► Seite 492

Whitehall
Unbewegliche Wachsoldaten vor Horse Guards
► Seite 488

National Gallery
Europäische Kunst aus acht Jahrhunderten
► Seite 482

London *Orientierung*

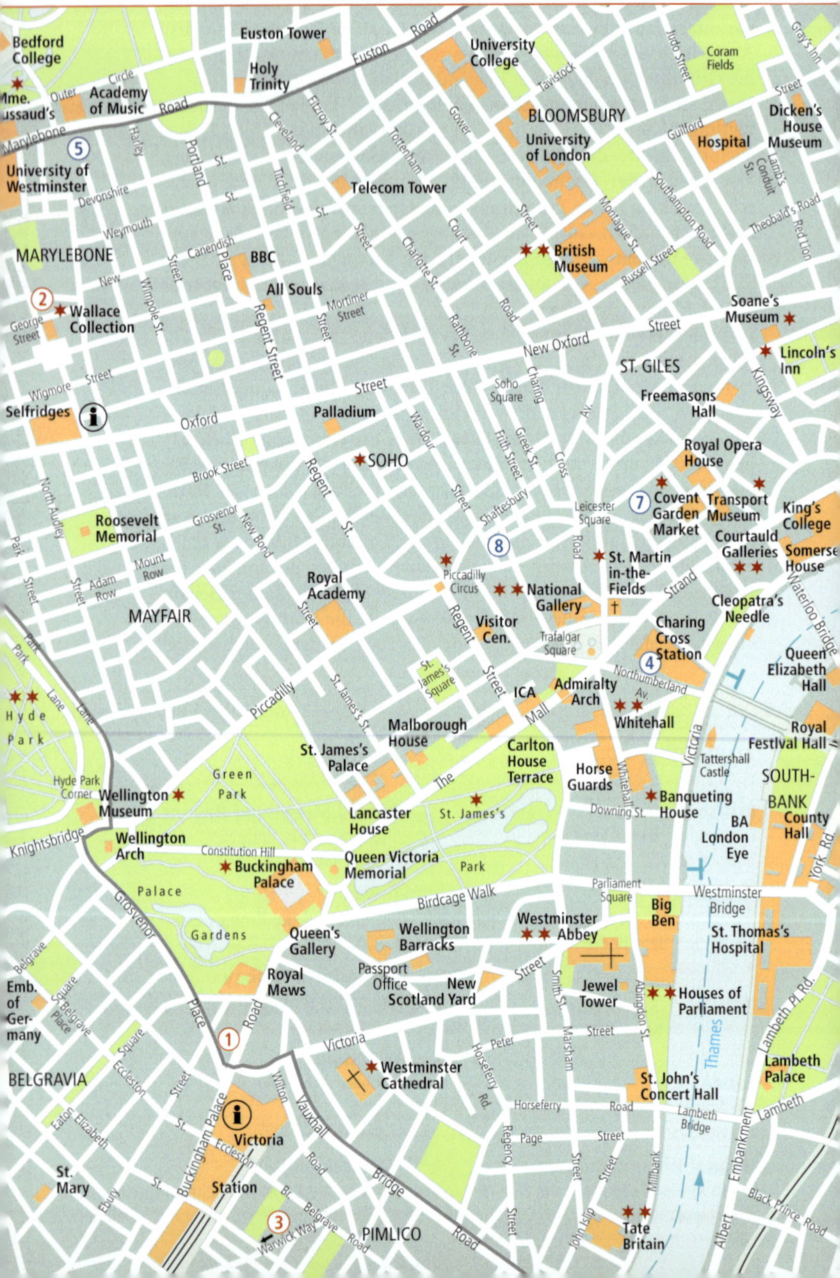

Essen

1 Cittie of Yorke
2 The Fox and Anchor
3 The George Inn
4 Sherlock Holmes
5 Orrery
6 Oxo Tower Brasserie
7 Calabash
8 Chuen Cheng Ku
9 Manze's

Übernachten

1 The Goring
2 Durrants Hotel
3 Windermere

LONDON ERLEBEN

AUSKUNFT

Visit London
6th Floor, 2 More London Riverside,
Tel. 00 44 – 20 – 72 34 58 00
www.visitlondon.com

City of London Information Centre
St. Paul's Churchyard, EC 4
U-Bahn: St. Paul's

Britain and London Visitor Centre
1 Regent Street, Piccadilly Circus, SW 1
U-Bahn: Piccadilly Circus

London Information Centre
Leicester Square
Tel. 7 292 2333
U-Bahn: Leicester Square

VERANSTALTUNGEN

Ende Januar: chinesisches Neujahrsfest in Chinatown
Ende März: Oxford and Cambridge Boat Race
Ende Mai: Chelsea Flower Show
Mitte Juni: Trooping the Colour (offizieller Geburtstag der Queen)
Juli bis Sept.: Henry Wood Promenade Concerts in der Royal Albert Hall (schließt im Sept. mit der Last Night of the Proms)
August: Notting Hill Carnival
5. November: Guy Fawkes Day
2. Samstag im November: Lord Mayor's Show

Theater- und Muscialkarten
tkts, Leicester Square, WC 2
Mo. – Sa. 10.00 – 19.00,
So. 12.00 – 15.30 Uhr
Karten für Vorstellungen am selben Tag gibt es zum halben Preis (früh kommen, großer Andrang!)

LONDON PASS

Mit dieser Chipkarte hat man freie Fahrt in der U-Bahn, in der Bahn und in der Dockland Light Railway (DLR), außerdem hat man freien Eintritt in über 60 Attraktionen (beispielsweise Tower) sowie weitere Vergünstigungen. Erhältlich bei den Touristeninformationen.

VERKEHR

Verkehrsmittel Nummer eins ist die U-Bahn (Underground). Die Züge verkehren in sehr kurzen Intervallen zwischen 5.00 und 1.00 Uhr. Zu empfehlen ist eine »Visitor Travelcard« für U-Bahn, Busse und DLR, die 3, 4 oder 7 Tage gültig ist (erhältlich nur im Ausland in Reisebüros), oder eine Day Travelcard (einen Tag gültig) bzw. Travelcard (eine Woche), die man an U-Bahn-Stationen bekommt.
Von Fahrten mit dem Auto nach London ist abzuraten – Parkplätze sind rar, außerdem muss man an Werktagen für die Kernstadt 8 £ Gebühr zahlen (»congestion charge«).

SHOPPING

Die größte Auswahl findet man im West End zwischen Oxford Street, Regent Street und Bond Street bis Piccadilly und Jermyn Street, um Covent Garden und in Soho – dort gibt es eine große Auswahl an Second Hand-Läden! Das andere große Einkaufsviertel verteilt sich auf Knightsbridge, South Kensington und Kensington um Brompton Road und High Street Kensington. Demgegenüber fällt Chelsea mit der King's Road etwas ab, doch lohnt sich die Sloane Street mit ihren Designerläden. Auf keinen Fall auslassen sollte Camden Town, wer Schrilles sucht.

PUBS

① ***Cittie of Yorke***
22 High Holborn, WC 1
U-Bahn: Holborn
Im 17. Jh. gegründeter Pub mit einer der längsten Theken Londons.

② ***The Fox and Anchor***
115 Charterhouse Street, EC 1
U-Bahn: Farringdon
Die Stammkneipe der Metzger vom Smithfield Market bietet schon frühmorgens ab 6.30 Uhr eine sehr deftige und gehaltvolle Küche – Frühstück für die Marktleute und nichts für Vegetarier.

③ ***The George Inn***
77 Borough High Street, SE 1
U-Bahn: London Bridge
Letzter noch erhaltener Fuhrmannsgasthof Londons mit Galeriehof; sehr heimeliger Schankraum mit blank polierten Holztischen.

④ ***Sherlock Holmes***
10 Northumberland Street, WC 2
U-Bahn: Charing Cross
Hier schrieb Conan Doyle »Eine Studie in Scharlachrot« – voller Erinnerungen an den Meisterdetektiv.

ESSEN

► Fein & teuer

Chutney Mary
535 Kings Road, SW 10
Tel. 7 351 3113
U-Bahn: Fulham Broadway
Das kulinarische Empire: eine gelungene Verbindung von englischer und indischer Küche.

⑤ ***Orrery***
55 Marylebone High St., W 1
Tel. 7 616 800
U-Bahn: Baker Street
Durchgestylt vom Designerpapst Terence Conran. Sonntags gibt es ein exzellentes Dinner für immerhin unter 30 £. Britisch-mediterrane Küche.

⑥ ***Oxo Tower Brasserie***
Barge House Street, SE 1
Tel. 7 803 3888
U-Bahn: Blackfriars, Waterloo
Fantastischer Panoramablick, deshalb angesagt, aber auch teuer, Austral-asiatische Küche.

► Erschwinglich

⑦ ***Calabash***
Africa Centre
38 King Street, WC 2
Tel. 7 836 1976
U-Bahn: Covent Garden
Afrikas Küche von Nord nach Süd und Ost nach West, und das exzellent!

Notting Hill Brasserie
92 Kensington Park Road , W11
Tel. 7 229 4481
U-Bahn: Notting Hill Gate
Elegante Brasserie-Küche mit guten Fischgerichten.

Tawana
3 Westbourne Grove, W 2
Tel. 7 229 3785
U-Bahn: Bayswater
Perfekte Thai-Küche zu annehmbaren Preisen.

► **Preiswert**

Lahore Kebab House
4 Umberston Street, E 1
Tel. 7 481 9738
U-Bahn: Whitechapel
Sehr gutes »Balti House«: pakistanisch-nordindische Küche, zubereitet in einem eisernen, wokähnlichen »balti«.

⑧ ***Chuen Cheng Ku***
17 Wardour Street, W 1
Tel. 7 434 0533
U-Bahn: Leicester Square / Piccadilly Circus
Klassischer, großer Dim-Sum-Tempel in Chinatown.

⑨ ***Manze's***
87 Tower Bridge Road, SE 1
Tel. 7 739 3603
U-Bahn: London Bridge
Unverfälschte London-Küche: Stammgericht ist das typische »Pies, eels & mash«: Erbsen, Aal und Kartoffelbrei.

ÜBERNACHTEN

► **Luxus**

Eleven Cadogan Gardens
11 Cadogan Gardens, SW 3
Tel. 7 730 7000
Fax 7 730 5217
www.number-eleven.co.uk
U-Bahn: Sloane Square
55 Z. Stilvolles, ruhiges viktorianisches Haus in Chelsea mit sehr gutem Service.

① ***The Goring***
15 Beeston Palace, Grosvenor Gardens, SW 1
Tel. 7 396 9000
Fax 7 834 4393
www.goringhotel.co.uk
U-Bahn: Victoria
75 Z. Seit Generationen wird das edwardianische Haus von der Familie Goring mit zurückhaltendem, aber höchst aufmerksamem Service betrieben.

► **Komfortabel**

② ***Durrants Hotel***
26 George Street, W 1
Tel. 7 935 8131
Fax 7 487 3510
www.durrantshotel.co.uk
U-Bahn: Bond Street
96 Z. Das älteste noch existierende Londoner Hotel, seit 1790 in Privatbesitz. Noch mit dem holzgetäfelten Charme einer Postkutschenstation.

L'Hotel
28 Basil Street, SW 3
Tel. 7 589 6286
Fax 7 823 7826
www.lhotel.co.uk
U-Bahn: Knightsbridge
12 Z. Ein englisches Cottage um die Ecke von Harrods; sehr intim, einige Zimmer mit Kamin.

► **Günstig**

Lincoln House Hotel
33 Gloucester Place, W 1
Tel. 7 486 7630, Fax 7 486 0166
www. lincoln-house-hotel.co.uk
U-Bahn: Marble Arch
22 Z. Freundliches georgianisches Haus unweit von Oxford Street und Hyde Park.

③ ***Windermere***
142 – 144 Warwick Way, SW 1
Tel. 7 834 5163
Fax 7 630 8831
www.windermere-hotel.co.uk
U-Bahn: Victoria
19 Z. Sehr hübsches, wenn auch in nicht gerade schöner Straße gelegenes Haus mit ansprechendem Frühstücksraum und sauberen Zimmern.

Westliche City

Ein Spaziergang durch die City beginnt am besten am Temple Bar Memorial, einem Denkmal von 1880, das die Grenze zwischen City und Westminster markiert. Will der König die City betreten, muss er hier (symbolisch) den Lord Mayor um Erlaubnis bitten.

U-Bahn: Temple, St. Paul's

Zur Themse hin öffnet sich der Temple-Bezirk, einst Sitz des Ordens der Tempelherren und seit 1346 Rechtsanwaltsschule, aufgeteilt in vier »Inns of Court«: Middle und Inner Temple, Gray's Inn und Lincoln's Inn. Rechts der Middle Temple Lane liegt der **Middle Temple**, zu dessen Mitgliedern u.a. Sir Walter Raleigh und Thomas More zählten, links der Middle Temple Lane der **Inner Temple** mit der Temple Church. Sie besteht aus der ursprünglich normannischen, der Grabeskirche in Jerusalem nachempfundenen Rundkirche von 1185 und dem 1240 angebauten Altarraum mit **neun Grabfiguren von Tempelrittern** aus schwarzem Marmor (12./13. Jh.) im Innern.

★ Temple

Am Temple Bar Memorial beginnt die Fleet Street, das einstige Zentrum der britischen Presse. Hier wurde Ende des 15. Jh.s die erste Druckerpresse aufgestellt und erschien 1702 mit dem »Daily Courant« die erste Tageszeitung. Heute hat die Straße ihre Bedeutung verloren. Bemerkenswerte Bauten sind der gegenüber dem Temple liegende königliche Gerichtshof, die Royal Courts of Justice, und der altehrwürdige Pub »Ye Old Cheshire Cheese«.

Fleet Street

Der Fleet Street nach Osten folgend, kommt man zur Straße Old Bailey. An ihrem Ende befand sich bis 1902 das berüchtigte Gefängnis von Newgate, das durch den in der ganzen Welt als »Old Bailey« bekannten Kriminalgerichtshof ersetzt wurde.

Old Bailey

Von Old Bailey führt ein kurzer Abstecher zum Platz West Smithfield, an dessen Ostseite die älteste Pfarrkirche der City, St. Bartholomew-the-Great, liegt. Sie wurde 1123 von dem Mönch Rahere gegründet, dessen Grabfigur ebenso wie das Taufbecken, an dem der Maler und Kupferstecher William Hogarth getauft wurde, zu sehen ist. Jenseits des Platzes erstrecken sich die langen Hallen von Smithfield Market, des größten Fleischmarktes der Stadt.

★ St. Bartholomew-the-Great

Das Museum of London, nordwestlich des Postamtes am London Wall gelegen, präsentiert sehr anschaulich die Geschichte der britischen Hauptstadt. Prunkstück ist die goldene Kutsche des Lord Mayor. Die Audiovisionsschau »Fire of London« gibt einen Eindruck vom Großen Feuer (1666).

★ Museum of London

Die mächtige Kuppel von St. Paul's gehört zusammen mit Big Ben, Tower und Tower Bridge zu den markanten Wahrzeichen Londons. Die Kathedrale ist aus mehreren Vorgängerbauten, die an Stelle eines

★★ St. Paul's Cathedral

römischen Dianatempels errichtet wurden, hervorgegangen. Die alte gotische Kathedrale wurde beim Großen Feuer von 1666 zerstört. Mit dem Wiederaufbau schuf Sir Christopher Wren sein Meisterwerk. An der 170 m langen, von der 111 m hohen Kuppel überragten Kathedrale wurde von 1675 bis 1711 gebaut. Im linken Turm hängt die mit 17 t Gewicht größte Glocke Englands, die 1882 gegossene »Great Paul«.

In der **All Soul's Chapel** in der linken Turmbasis wird Lord Kitcheners gedacht; zwischen den Pfeilern von Hauptschiff und nördlichem Seitenschiff steht das große Wellington Monument. Im nördlichen Querschiff sieht man Statuen von Joshua Reynolds und Dr. Samuel Johnson. Im **Chorraum** beachte man das im 17. Jh. von Grinling Gibbons geschaffene Gestühl und im südlichen Umgang die Figur des Dichters John Donne, die einzige Skulptur, die den Brand der alten Kathedrale überstanden hat.

In der **Krypta** finden sich die Gräber der Maler Constable, Turner, Landseer und Reynolds sowie des Penicillin-Entdeckers Alexander Fleming. Das schlichte Grabmal von Christopher Wren trägt die (lateinische) Inschrift »Leser, wenn Du ein Denkmal suchst, blicke um Dich«. Weiterhin sind hier die Sarkophage von Wellington und Admiral Nelson zu sehen. Die **Whispering Gallery** (Flüstergalerie) ist ein Phänomen: Selbst von der 48 m im Halbkreis entfernten gegenüber liegenden Seite hört man jedes geflüsterte Wort. Von der **Kuppellaterne** genießt man einen wunderbaren Blick über die Stadt.

Östliche City

U-Bahn: Mansion House, Bank

✶ Guildhall

Nördlich von St. Paul's liegt an der Gresham Street die Guildhall, das Rathaus der City. Vom ursprünglichen Gebäude von 1411 sind nur noch wenige Mauern erhalten; der größte Teil des Gebäudes wurde nach 1666 in neugotischem Stil errichtet. Die Besichtigung führt in die Great Hall, den Tagungsort des Common Council, der mit den Bannern der zwölf großen Londoner Gilden geschmückt ist. Zur Guildhall gehören noch die Guildhall Library (Bibliothek zur Stadtgeschichte) und das Guildhall Clock Museum mit einer sehr schönen Uhrensammlung.

Bank of England

✶

Royal Exchange ▶

Rund um die U-Bahn-Station Bank stehen drei der wichtigsten Gebäude der City. Links die berühmte Bank of England, 1694 durch königliche Charta als private Gesellschaft gegründet. Zur Bank gehört ein Museum. Rechts straßenabwärts sieht man das 1739 – 1753 erbaute **Mansion House**, Amtssitz des Lord Mayor; geradeaus, hinter dem Denkmal des Herzogs von Wellington, die Royal Exchange, 1565 von Thomas Gresham gegründet. Das heutige klassizistische Gebäude (1844) stammt von Sir William Tite. Das Glockenspiel im Turm spielt Melodien aus Großbritannien, Australien und Kanada.

St. Paul's Cathedral: zweitgrößte Kuppel in der christlichen Welt →

✶ **Monument** Am Ende der King William Street erhebt sich die 61,5 m hohe Steinsäule namens »Monument«, die zwischen 1671 und 1677 zur Erinnerung an das Große Feuer nach Entwürfen von Wren aufgerichtet wurde. Von der Plattform hat man einen schönen Blick über die City. Nur etwas weiter südlich vom Monument überspannt die heute wenig ansehnliche **London Bridge** die Themse.

? WUSSTEN SIE SCHON ...?

- ... dass eine London Bridge in Lake Havasu, Arizona, steht? Es ist die 1831 an Stelle der mittelalterlichen Brücke gebaute, die 1968 an einen amerikanischer Millionär verkauft wurde. Man munkelt, er wäre beim Auspacken zu Hause enttäuscht gewesen, denn eigentlich hatte er sich in die Tower Bridge verguckt.

Der Weg zum Tower berührt zunächst die älteste Kirche Londons, **All-Hallows-by-the-Tower**. Sie wurde 675 gegründet und im 13. – 15. Jh. in ihrer heutigen Gestalt erbaut; sie bewahrt noch ein Kruzifix aus der Gründungszeit. Sehenswert sind der Kreuzfahreraltar aus der Burg Richards I. in Palästina und ein Modell des römischen Londinium in der Krypta (Undercroft Museum). Hier liegen auch Kirchenregister aus, aus denen u.a. hervorgeht, dass in All-Hallows William Penn, der Gründer von Pennsylvania, getauft wurde und John Qincy Adams, sechster Präsident der USA, hier heiratete.

✶✶ **Tower Bridge** Eines der bekanntesten Wahrzeichen Londons ist die Tower Bridge. Die Brücke mit ihren 65 m hohen Türmen wurde von 1886 bis 1894 gebaut. Die beiden Hälften der Zugbrücke können in 90 Sekunden nach oben geschwenkt werden, um Schiffe durchfahren zu lassen. Heute geschieht dies elektrisch, doch kann die alte, dampfgetriebene Hydraulikanlage noch besichtigt werden. In beiden Türmen erläutern Ausstellungen Geschichte und Technik der Brücke.

✶ ✶ Tower

U-Bahn: Tower Hill

Der Tower, Zitadelle und ehemaliges Staatsgefängnis, liegt unmittelbar an der Themse. Er geht auf Wilhelm den Eroberer zurück. Die Geschichte des Tower ist auch eine Geschichte berühmter Gefangener und schrecklicher Bluttaten: die schottischen Könige David II. und Jakob I., Sir Walter Raleigh, Prinzessin Elizabeth (die spätere Elizabeth I.) und William Penn waren unter den Eingekerkerten; Heinrich VI., Edward V., Thomas More und auch Heinrichs VIII. Gattinnen Anne Boleyn und Katharine Howard wurden hier hingerichtet.

Die Bewachung des Tower obliegt den Yeoman Warders, die allabendlich um 21.40 Uhr die feierliche Schlüsselübergabe (**Ceremony of the Keys**) vornehmen. Wer sie beobachten will, muss einen schriftlichen Antrag an The Ceremony of the Keys, Tower of London, EC3N 4AB, stellen. Im Tower werden noch heute sechs Raben gehalten, die ihn der Legende nach nie verlassen dürfen – ansonsten ginge das Empire unter. Öffnungszeiten: März – Okt.: Mo. – Sa.

Tower Orientierung

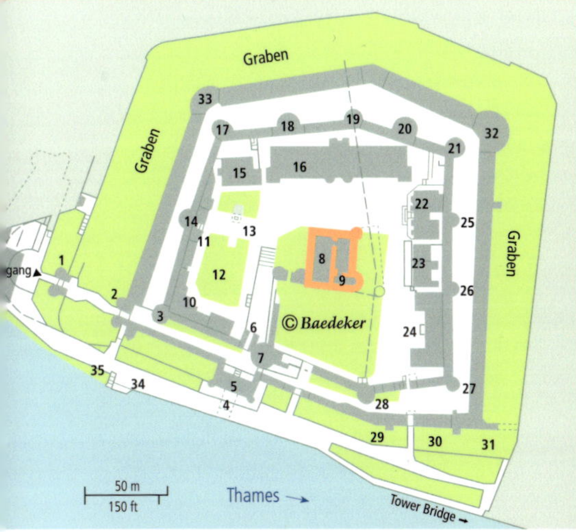

1 Middle Tower
2 Byward Tower
3 Bell Tower
4 Traitor's Gate
5 St. Thomas's Tower
6 Bloody Tower
7 Wakefield Tower
8 White Tower
9 Chapel of St. John the Evangelist
10 Queen's House
11 Gaoler's House
12 Tower Green
13 Scaffold site
14 Beauchamp Tower
15 Royal Chapel of St. Peter ad Vincula
16 Waterloo Barracks mit Kronjuwelen
17 Devereux Tower
18 Flint Tower
19 Bowyer Tower
20 Brick Tower
21 Martin Tower
22 Fusiliers' Museum
23 Former Hospital
24 Workshop
25 Constable Tower
26 Broad Arrow Tower
27 Salt Tower
28 Lanthorn Tower
29 Cradle Tower
30 Well Tower
31 Develin Tower
32 Brass Mount
33 Legge's Mount
34 Tower Wharf
35 Queen's Stair

9.00 – 18.00, So. 10.00 – 18.00; Nov.– Feb.: Di.– Sa. 9.00 – 17.00, So., Mo. 10.00 bis 17.00 Uhr (letzter Einlass jeweils 1 Std. früher).

Outer Ward

Im Außenhof sind von besonderer Bedeutung Traitor's Gate (Verrätertor), wo die in Westminster Verurteilten mit dem Boot angelandet wurden, Bell Tower in der Südwestecke, in dem Prinzessin Elizabeth festgehalten wurde, und am Eingang zum Inner Ward Bloody Tower, in dem Richard III. 1483 die Söhne Edwards IV. ermorden ließ und Sir Walter Raleigh 13 Jahre lang einsaß; schließlich gegenüber Wakefield Tower, in dem Heinrich VI. ermordet worden sein soll.

Inner Ward

Im Innenhof sieht man zunächst links das Kommandantengebäude **Queen's House**, in dem Anne Boleyn ihre letzten Tage verbrachte, und das Haus des Kerkermeisters und Scharfrichters, **Yeoman Gaoler's House**. In der **Royal Chapel of St. Peter ad Vincula** sind viele im Tower zu Tode Gekommene begraben, darunter Thomas More, Anne Boleyn, Katharine Howard und Jane Grey. Es folgt das **Jewel House** in den Waterloo Barracks, wo die Kronjuwelen aufbewahrt werden. Die wertvollsten Stücke sind die für Queen Victoria gefertigte Imperial State Crown mit einem der beiden »Sterne von Afrika«, die aus dem Cullinan, dem größten je gefundenen Diamanten, geschnitten wurden, sowie die Queen Elizabeth's Crown, die den berühmtesten Diamanten der Welt, den **»Koh-i-Noor«** (»Berg des Lichts«) trägt. Im Royal Sceptre ist der zweite »Stern von Afrika« eingearbeitet. Die Kugel des St. Edward's Sceptre soll ein Stück vom Kreuz Christi enthalten. Der mächtige White Tower ist nach seinem ursprünglich

✶ ✶

◄ Kronjuwelen

◄ White Tower

TOWER BRIDGE

★★ **Die Tower Bridge wetteifert mit Big Ben darum, Londons berühmtestes Wahrzeichen zu sein. Einen Vorteil hat sie gegenüber dem Parlamentturm auf jeden Fall: Man kann ihre Türme besteigen und die Technik, die in ihr steckt, besichtigen. Und wenn man dann noch erlebt, wie sie hochgeklappt wird, hat man Glück gehabt. Diesem Glück kann man nachhelfen: Unter www.towerbridge.org.uk/bridge_lifts_schedule.htm oder Tel. 207 940 3984 erfährt man die Zeiten und den Namen des durchfahrenden Schiffs.**

Öffnungszeiten:
April bis Oktober täglich 10.00 bis 17.30,
November bis März täglich 9.30 bis 17.00 Uhr

1 Nordturm
Wie sein Pendant ist der Nordturm 65 m hoch und steht auf einem 71 120 t schweren Pfeiler – zur Bauzeit die schwersten der Welt. Heute ist hier der Eingang zur Brückenausstellung

2 Verbindungssteg
Der Fußgängersteg zwischen den beiden Türmen verläuft in 33,5 m Höhe über der Fahrbahn und 42,4 m über dem mittleren Hochwasser. Dazwischen ist genug Platz: 1912 flog Frank McLean mit einem Doppeldecker zwischen Steg und Klappbrücke hindurch.

Die Einweihung der Tower Bridge am 30. Juni 1894 war ein Ereignis ersten Ranges. Der Prinz und die Prinzessin von Wales kamen in der Kutsche vom Buckingham Palace, begleitet vom Jubel Tausender. Der Prinz drehte einen großen silbernen Knauf, die Brücke hob sich, und damit war sie offiziell eröffnet.

Tower Bridge – Safety Matches, made in Belgium: ein Markenzeichen im wahrsten Sinne des Wortes

3 Südturm
Im Südturm wird die Ausstellung fortgesetzt: Hier gibt es Einblick in den Alltag der Menschen, die die Brücke bauten.

4 Stahlskelett
Jeder Turm besteht aus einem mit Mauerwerk verkleideten Insgesamt wurden für die Brücke 11 481 t Stahl und Eisen sowie 37 477 t Beton, 20 320 t Zement, 29 696 t Ziegelsteine und 30 480 t Naturstein verbaut.

5 Brückenklappe
Jede der beiden Brückenklappen wiegt 1220 t. Sie funktionieren nach dem Prinzip einer Wippe und öffnen sich in einer Minute 86° weit.

6 Durchfahrt
Sind die Klappen geöffnet, können Schiffe bis 10 000 BRT die 61 m breite Durchfahrt passieren. 1952 musste ein voll bestzter Roter Doppeldeckerbus die sich öffnenden Hälften überspringen – die Brückenwächter hatten den Fahrer falsch informiert, so dass er sich mit seinem Bus noch auf der Fahrbahn befand.

Heutzutage öffnet sich die Brücke durchschnittlich zehnmal in der Woche

Horace Jones lieferte den Grundentwurf: eine Brücke mit hochklappbarer Fahrbahn.

John Wolfe Barry überarbeitete den Entwurf von Horace Jones.

Je vier Hydraulikmotoren öffnen die Brückenklappen. Ihre Kraft erhalten sie von drei 300-PS-Pumpwerkdampfsystemen in den Maschinenräumen unter der südlichen Auffahrt.

Der Wächter des Towers weiß Rat.

weißen Baumaterial benannt, weißen Steinen aus Caen in der Normandie. Dieser erste Bauabschnitt der gesamten Anlage wurde auf Befehl von Wilhelm dem Eroberer 1078 begonnen und um 1100 vollendet. In dem 28 m hohen Turm mit seinen drei bis vier m dicken Mauern kann eine Waffen- und Rüstungssammlung besichtigt werden; unter anderem sind auch Stücke aus dem persönlichen Besitz von Heinrich VIII. und die vergoldete Rüstung Karls I. zu sehen.

Strand, Holborn und Covent Garden

Westlich von Temple Bar beginnt die Straße Strand. Geht man in Richtung Westminster, dann kommt zunächst eine der hübschen Barockkirchen von Christopher Wren, die 1681 erbaute **St. Clement Danes**. Als Hauptkirche der Royal Air Force erinnern in ihr über 800 Staffelabzeichen an die Toten der britischen Luftwaffe. Das Denkmal vor der Kirche, das 1992 für Air Marshal Arthur Harris (»Bomber-Harris«) enthüllt wurde, war nicht nur in Deutschland, sondern auch in England selbst umstritten. U-Bahn: Temple, Holborn, Covent Garden.

Somerset House

Vorbei an **St. Mary-le-Strand**, ebenfalls von Wren, erreicht man Somerset House, 1777 bis 1786 von Sir William Chambers erbaut. In seinem Ostflügel ist das berühmte King's College der University of London untergebracht. Im Westflügel zeigen die Courtauld Institute Galleries ihre Sammlung impressionistischer und nachimpressionistischer Gemälde, Werke der italienischen Renaissance- und Barockmalerei und britischer Künstler aus dem 17.–20. Jh.

★ ★ Courtauld Institute Galleries ►

★ **Lincoln's Inn**

Sir John Soane's Museum ►

Im nördlich vom Strand gelegenen Stadtbezirk Holborn hat mit Lincoln's Inn eine weitere traditionsreiche Rechtsanwaltsschule ihren Sitz. Die nach dem Earl of Lincoln benannte Anstalt bezog 1420 ihr Domizil. Zu den Mitgliedern zählten u.a. Thomas More, William Pitt, Horace Walpole und William Gladstone. Am Nord-

rand von Lincoln's Inn wohnte der Architekt und Sammler Sir John Soane (1753–1837). Besondere Beachtung verdient in seinem mit Kunstwerken fast überladenen Haus die Gemäldesammlung, darunter zwölf Werke von Hogarth.

Covent Garden beherbergte 300 Jahre lang Londons Blumen- und Gemüsemarkt und ist heute ein Ladenzentrum mit schicken Geschäften und zwei Museen: in der Ostecke das **London Transport Museum** zur Geschichte des öffentlichen Nahverkehrs der britischen Hauptstadt sowie das Theatre Museum. Den Erweiterungsbauten der 1732 eröffneten Königlichen Oper wurde ein guter Teil des alten Marktes nördlich der Zentralhalle geopfert. Die Westseite von Covent Garden nimmt **St. Paul's Church** ein. Dieses 1633 von Inigo Jones erbaute Gotteshaus gilt als die Kirche der Schauspieler. Bemerkenswert ist, dass der dem Markt zugewandte Portikus nicht die Vorder-, sondern die Rückseite der Kirche darstellt.

Trafalgar Square mit der Säule für Horatio Nelson

★ ★ Trafalgar Square

Trafalgar Square ist benannt nach dem spanischen Kap Trafalgar, vor dem Admiral Nelson am 22. Oktober 1805 die französisch-spanische Flotte besiegte. Blickfang ist die 1840 bis 1843 zu Ehren Lord Nelsons errichtete Säule mit dem Standbild des Admirals. Am Sockel verzeichnen aus französischen Kanonen gegossene Reliefs die vier großen Siege des Nationalhelden. Unterhalb der Brüstung zur National Gallery sind die Imperial Standards of Length (ehemalige britische Standard-Längenmaße) – 1 foot, 2 feet, 1 imperial yard – eingelassen. U-Bahn: Charing Cross

An der Nordostecke steht die 1726 geweihte **St. Martin-in-the-Fields**, entworfen vom Wren-Schüler James Gibb. Sie ist die Kirche der Admiralität und des Königshofs. Weltberühmt ist das Kammerorchester der Academy of St. Martin-in-the-Fields.

Die National Gallery – eine der bedeutendsten Gemäldesammlungen der Welt

✶✶ **National Gallery**

Über die gesamte Nordseite von Trafalgar Square erstreckt sich die Front der National Gallery, eine der bedeutendsten Gemäldesammlungen der Welt. Das für die 1824 ins Leben gerufene Sammlung von William Wilkins entworfene Gebäude wurde 1838 vollendet, die Kuppel, die ihm den Namen »nationaler Gewürzständer« einbrachte, kam 1876 dazu. Ein Computersystem (»Micro Gallery«) gibt ausführliche Informationen über die Bestände. Der von den Brüdern Sainsbury gestiftete neue Flügel hat **Gemälde von 1260 bis 1510** aufgenommen, darunter von Fra Angelico, Piero della Francesca (»Christi Taufe«), Bellini («Pietà«), Botticelli, Leonardo da Vinci (»Jungfrau und Kind mit hl. Anna und Johannes dem Täufer«, »Leonardo-Karton«) und Raffael (»Madonna mit den Nelken«), Jan van Eyck (»Hochzeit der Arnolfini«), Hans Memling (»Marienaltar«) und Hieronymus Bosch (»Christus mit Dornenkrone«). Im Westflügel sind **Gemälde von 1510 bis 1600** ausgestellt: Michelangelo (»Grablegung Christi«), Tizian (»Venus und Adonis«), Tintoretto, Paolo Veronese, El Greco, Albrecht Dürer (»Bildnis des Vaters«), Hans Holbein d.J. und Pieter Bruegel. **Zwischen 1600 und 1700** entstanden die Werke im Nordflügel: Rubens (»Raub der Sabinerinnen«), van Dyck (»Karl I. zu Pferd«), Frans Hals, Rembrandt (»Saskia und Flora«), Vermeer, Velázquez, Zurbarán, Murillo und Nicolas Poussin. Im Ost-

✓ NICHT VERSÄUMEN

- Jan van Eyck: »Ehepaar Arnolfini«
- Sandro Botticelli: »Venus und Mars«
- Hans Holbein d.J.: »Die Gesandten«
- Leonardo da Vinci: »Felsengrotten-Madonna«
- Tizian: »Bacchus und Ariadne«
- Rembrandt: Selbstporträt mit 34 Jahren
- Diego Velázquez: »Venus vor dem Spiegel«
- John Constable: »Der Heuwagen«

National Gallery (Main Floor) Orientierung

Sainsbury-Flügel (1260 bis 1510)
Wichtige Säle:
51 Leonardo da Vinci
55 Uccello
56 van Eyck
57 Bellini
58 Botticelli
60 Raffael
61 Bellini
66 Piero della Francesca

Westflügel (1510 bis 1600)
Wichtige Säle:
4 Cranach, Holbein
7 El Greco, Tintoretto
8 Michelangelo, Bronzino
9 Tintoretto, Tizian, Veronese
10 Tizian, Veronese

Nordflügel (1600 bis 1700)
Wichtige Säle:
15 Claude
16 Vermeer
19 Claude
20 Poussin
23 Rembrandt
29 Rubens
30 Velázquez
32 Caravaggio

Ostflügel (1700 bis 1900)
Wichtige Säle:
34 Constable, Gainsborough, Turner, Reynolds
35 Hogarth, Gainsborough
38 Canaletto
39 Goya
41 Renoir
43 Monet, Renoir
44 Renoir, Seurat
45 Cézanne, van Gogh
46 Monet

flügel sind Werke aus der Zeit **von 1700 bis 1920** zu sehen: Hogarth, Reynolds, Gainsborough (»Morgenspaziergang«), Constable, Turner (»Margate von See aus«), Watteau, Delacroix, Daumier, Monet (»Wasserlilienteich«), Manet, Degas (»Tänzerinnen«), Cézanne (»Les Grandes Baigneuses«), van Gogh (»Sonnenblumen«), Goya und Canaletto. Öffnungszeiten: tgl. 10.00–18.00, Mi. bis 21.00 Uhr.

★★ National Portrait Gallery

Die National Portrait Gallery am St. Martin's Place sammelt Porträts berühmter Briten. Die chronologisch angeordnete Galerie – im Obergeschoss beginnend – besitzt herausragende Kunstwerke. Zu ihnen gehören die berühmte lebensgroße Darstellung Heinrichs VIII. von Hans Holbein d.J., Elizabeth I. von einem unbekannten Künstler, Selbstbildnisse von Hogarth und Reynolds, ein Bildnis von James Cook von John Webber, Sir Walter Scott von Landseer und das Dreierbildnis der Schwestern Brontë, gemalt von ihrem Bruder Branwell.

★ ★ British Museum

U-Bahn: Tottenham Court Road, Russell Square

Im Bloomsbury wartet in der Great Russell Street eines der berühmtesten Museen der Welt. Das 1753 gegründete British Museum besitzt heute eine der umfangreichsten und bedeutendsten Kunstsammlungen aus allen Teilen der Erde.

Kassen, Museumsshop und Cafeteria sind im **Great Court** zu finden, den Britanniens Stararchitekt Sir Richard Rogers mit einem Glasdach überkuppelt hat. Er umschließt den weltberühmten, kreisrunden Lesesaal (Reading Room), in dem schon Karl Marx, George Bernard Shaw und Mahatma Gandhi arbeiteten. Der Saal wurde von Sidney Smirke entworfen und 1857 vollendet. Er hat seine originale Gestalt zurückerhalten. Öffnungszeiten: tgl. 10.00 – 17.30, Do. u. Fr. bis 20.30 Uhr

British Museum: faszinierende Architektur – herausragende Sammlung

Ägyptische Großskulpturen

Herausragende Exponate

Saal 4: Kolossalbüste Ramses' II. aus Theben-West und der **Stein von Rosette**, (195 v.Chr.), eine schwarze Basalttafel, durch die die Entzifferung der Hieroglyphenschrift gelang
Saal 18: sog. **»Elgin Marbles«** – Skulpturen vom Parthenon in Athen, darunter das »Pferd der Selene« vom Ostgiebel und der größte erhaltene Teil des Parthenon-Frieses
Säle 6 – 10: assyrische Kunst, darunter **Löwenjagdreliefs** aus der Zeit Assurbanipals sowie aus den Palästen von Nimrod und Ninive
Saal 21: Funde aus dem **Mausoleum von Halikarnassos** und vom Artemis-Tempel in Ephesos
Saal 41: **Schatz von Sutton Hoo** – Funde aus einem angelsächsischen Königsgrab des 7. Jh.s
Saal 42: **»Lewis Chessmen«** – Schachfiguren der Wikinger aus Walrosszahn von der Hebrideninsel Lewis (12. Jh.)
Saal 49: **Mildenhall Treasure** – in Suffolk gefundener römischer Silberschatz aus dem 4. Jh. n.Chr.
Saal 50: **»The Lindow Man«**, ca. 2000 Jahre alte mumifizierte Leiche eines Mannes aus dem Moor von Cheshire
Saal 61 – 63: **ägyptische Mumien** und Sarkophage sowie Papyri, darunter die berühmten Totenbücher
Saal 70: sog. **»Portland-Vase«** – eines der schönsten Beispiele römischer Glaskunst

✓ NICHT VERSÄUMEN

- Stein von Rosette: die Entzifferung der Hieroglyphen (Saal 4)
- Elgin Marbles: herrliche Skulpturen vom Parthenon-Tempel in Athen (Saal 18)
- Löwenjagdreliefs: Vergnügen der assyrischen Könige (Saal 10)
- Mildenhall Treasure: der Schatz der Römer (Saal 49)
- Ägyptische Mumien (Säle 61–65)
- Great Court und Reading Room: wo Karl Marx und Mahatma Gandhi studierten

British Museum Orientierung

Erdgeschoss
Ground Floor

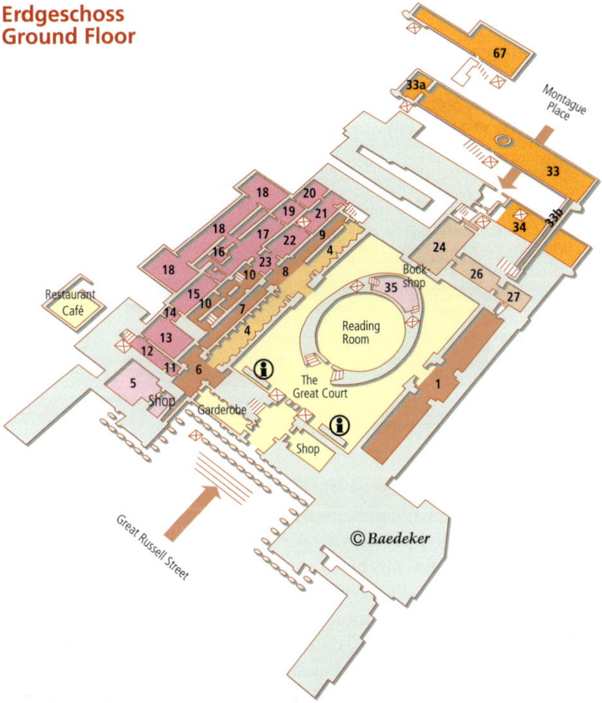

Unteres Geschoss
Basement

Oberes Geschoss
Upper Floor

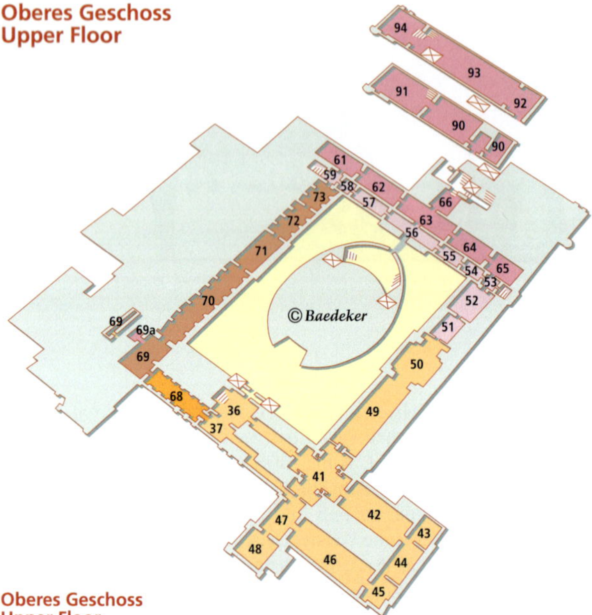

Oberes Geschoss
Upper Floor

- 36/37 Frühe Vorgeschichte Britanniens
- 40-42 Kunst des Mittelalters
- 43 Mittelalterliche Töpferwaren und Keramik
- 44 Zeitmesser, Uhren
- 45 Waddesdon-Nachlass
- 46-47 Europa im 15.–19. Jh.
- 48 Europa und Amerika im 20. Jh.
- 49 Britannien zur Römerzeit
- 50 Späte Bronzezeit und Kelten
- 51 Palmyra und Südarabien
- 52 Iran im Altertum
- 53-54 Anatolien im Altertum
- 55-56 Mesopotamien im Altertum
- 57-59 Naher Osten im Altertum
- 61-65 Ägypten
- 66 Koptische Kunst
- 68 Münzen und Medaillen
- 69 Alltagsleben im antiken Griechenland und Rom
- 69a Wechselausstellungen
- 70 Stadt und Reich Rom
- 71 Italien vor dem Römischen Reich
- 72 Zypern im Altertum
- 73 Hellenistisches Süditalien
- 90 Drucke und Zeichnungen
- 91 Asien
- 92-94 Japan

Erdgeschoss
Ground Floor

- 1 Wechselausstellungen
- 4 Ägyptische Großplastiken
- 5 Wechselausstellungen
- 6 Assyrische Skulpturen
- 7/8 Nimrod
- 9 Ninive
- 10 Chorsabad und Assyrien
- 11 Kykladen in der Bronzezeit
- 12 Griechische Bronzezeit
- 13/14 Archaisches Griechenland
- 15 Griechenland im 5. Jh. v. Chr.
- 16 Bassae (1/2 Treppe höher)
- 17 Nereiden
- 18 Skulpturen v. Parthenon
- 19 Akropolis
- 20 Payava-Grab
- 21 Mausoleum von Halikarnassos
- 22 Hellenistische Welt
- 23 Griechische und römische Skulpturen
- 24 Wechselausstellungen
- 26 Nordamerika
- 27 Mexiko
- 33 Kunst aus Süd- und Südostasien, China
- 33a Amaravati-Skulpturen
- 33b Wechselausstellungen
- 34 Islamische Kunst (1 Treppe tiefer)
- 35 Wechselausstellungen
- 67 Korea

Unteres Geschoss
Basement

- 25 Afrika
- 77 Griechische und römische Architektur
- 78 Klassische Inschriften
- 79-80 Griechische Skulptur
- 82 Ephesos
- 83 Römische Skulptur
- 84 Townley-Saal
- 85 Porträtsammlung
- 88 Archäologie und Neues Testament
- 89 Assyrien

Die Queen's Life Guard bei der Wachablösung auf der Horse Guards Parade

✶ ✶ Whitehall

U-Bahn: Charing Cross, Embankment Westminster

Whitehall ist kein Gebäude, sondern eine Straße, die ihren Namen vom ehemaligen Whitehall Palace hat. Sie ist heute Synonym für das britische Regierungsviertel. Vom Trafalgar Square kommend erreicht man bald **Horse Guards**. Am Tor halten – allem Touristenrummel zum Trotz – ein Soldat zu Fuß und zwei Berittene der Household Cavalry mit stoischer Ruhe Wache. Diese Einheit besteht aus den Life Guards (scharlachroter Rock und Helm mit weißem Rosshaarbusch) und der Blues and Royals (blauer Rock und Helm mit rotem Rosshaarbusch). Die Wachablösung (Mo. – Sa. 11.00, So. 10.00 Uhr) sowie die sonntägliche Parade auf dem zum St. James's Park sich öffnenden Paradeplatz sind Touristenattraktionen ersten Ranges.

✶ Wachablösung ▶

✶ **Banqueting House**

Gegenüber steht Banqueting House, letzter Rest von Whitehall Palace. Dieser Palast war im 13. Jh. Sitz der Erzbischöfe von York. Heinrich VIII. ließ ihn zur königlichen Residenz ausbauen; hier heiratete er Anne Boleyn, hier starb er. Auch Oliver Cromwell lebte und starb in diesen Mauern, und vor dem Gebäude wurde Karl I. geköpft. Der Palast brannte 1619 ab, der Neubau von Inigo Jones war 1622 vollendet. Schönster Raum des Hauses ist die 18 m hohe Banqueting Hall mit einem Deckengemälde von Rubens.

Downing Street

Eine unscheinbare Sackgasse hat einen weltberühmten Klang: Downing Street ist das Herz des Regierungsviertels. Das schlichte Backsteinhaus No. 10 ist seit 1735 Amtssitz des Premierministers. In der Straßenmitte von Whitehall erinnert hier das **Cenotaph** (»leeres Grab«) an die britischen Gefallenen der beiden Weltkriege.

Cabinet War Rooms

Am Ende der kurz darauf folgenden King Charles Street steigt man hinab zu den Cabinet War Rooms. Die 19 Bunkerräume wurden während des Zweiten Weltkriegs vom britischen Kabinett benutzt und sind im Originalzustand belassen worden.

★ ★ Houses of Parliament

Im offiziellen Namen des Parlamentsgebäudes – The Palace of Westminster – klingt bereits an, dass es an der Stelle gebaut wurde, an der einstmals der alte Königspalast gestanden hatte. Dieser Palast war unter Edward dem Bekenner begonnen worden. Nach der Verlegung der Residenz nach Whitehall Palace diente er von 1547 an als Parlamentssitz. Die heutigen neogotischen Gebäude wurden zwischen 1840 und 1888 nach Entwürfen von Sir Charles Barry errichtet. Schon 1852 fand die erste offizielle Parlamentseröffnung in den neuen Räumen statt.

U-Bahn: Westminster

Den besten Blick auf die imposante, lang gestreckte Fassade hat man vom gegenüber liegenden Themseufer. Den Hauptakzent setzt rechts **»Big Ben«**, das weltberühmte Wahrzeichen Londons. Seinen Namen verdankt der 97,5 m hohe Uhrturm übrigens seiner nach Sir Benjamin Hall benannten Glocke, deren Klang als Pausenzeichen von BBC in alle Welt getragen wird. Links erhebt sich der mächtige, 102 m hohe Victoria Tower. Tagt das Parlament, wird auf ihm der Union Jack gehisst.

Außenansicht

Führungen werden angeboten Juli – Okt.. Mo., Di., Fr., Sa. ab 9.15, Mi.. und Do. ab 13.15 Uhr (Ticketbüro Abingdon Green). Sitzungen von Ober- bzw. Unterhaus können jedoch besucht werden. Man muss sich rechtzeitig an St. Stephen's Entrance an der Westseite anstellen. Einlass ins Oberhaus ist Mo. – Mi. ab 14.30, Do. und Fr. ab 11.00 Uhr; für das Unterhaus Mo. ab 14.30, Di. und Do. ab 11.30, Fr. ab 9.30 Uhr.

Führungen

Im Unterhaus sind die Bankreihen für Regierung und Opposition einander gegenüber angeordnet und durch zwei rote Linien traditionsgemäß »zwei Schwertlängen und einen Fuß« voneinander getrennt. Dazwischen steht an der Stirnseite ein Tisch mit »the maze«, dem Zepter des Speakers, der auf dem schwarzen Stuhl darüber thront.

House of Commons (Unterhaus)

Das Oberhaus beeindruckt durch seine prächtige Ausstattung. Die Peers sitzen auf rotem Leder, während der Lordkanzler auf dem »Woolsack« (nach den in Westminster im Mittelalter abgeladenen Wollstapeln) Platz nimmt. Gegenüber steht der Thron, von dem der Monarch die traditionelle Rede zur Parlamentseröffnung verliest.

House of Lords (Oberhaus)

Zwischen dem Parlament und Westminster Abbey liegt St. Margaret's Church, die offizielle Kirche des Unterhauses. Sie geht auf das 11./12. Jh. zurück. Die in Flandern gefertigten Ostfenster sind ein Geschenk von Ferdinand und Isabella von Spanien zur Hochzeit von Prinz Arthur, dem älteren Bruder Heinrichs VIII., mit Katharina von Aragón. Als die Fenster eintrafen, war Arthur schon gestorben.

St. Margaret's Church

HOUSES OF PARLIAMENT

★★ **Hier schlägt das Herz der englischen Demokratie – im Unterhaus, wo die wichtigen politischen Entscheidungen fallen, und im Oberhaus, dessen Einfluss heutzutage recht gering ist. Seinen glanzvollsten Tag erlebt das Parlament beim »State Opening of the Parliament«, der feierlichen Eröffnung durch die Queen im November eines jeden Jahres.**

Öffnungszeiten:
Während der sommerlichen Sitzungsperiode werden Führungen angeboten: Juli – Aug. Mo., Di., Fr. und Sa. ab 9.15 Uhr, Mi. und Do. ab 13.15 Uhr; Sept. – Okt. dsgl., nur Di. ebenfalls erst ab 13.15 Uhr (Ticketbüro Abingdon Green ggü. Parlament und Victoria Tower Gardens). Auch bei Sitzungen von Oberhaus und Unterhaus kann man zusehen. Das Oberhaus tagt Mo. – Mi. ab 14.30, Do. und Fr. ab 11.00 Uhr; Unterhaussitzungen Mo. ab 14.30, Di. – Do. ab 11.30, Fr. ab 9.30 Uhr. Eingang für beide Häuser ist St. Stephen's Entrance an der Westseite, wo man sich in die Schlange einreiht – am besten deutlich vor Sitzungsbeginn oder zwei Stunden danach.

1 Victoria Tower
Der 1858 erbaute Victoria Tower ist mit einer Seitenlänge von 23 m und einer Höhe von 102 m der größte quadratische Turm der Welt.

2 St. Stephen's Entrance
Eingang für Besucher

3 St. Stephen's Hall
Hier tagte von 1547 bis 1837 das Unterhaus.

4 Westminster Hall
Der einzige Überrest des alten Westminster Palace ist ein Ort der Geschichte: u. a. fanden hier die Prozesse gegen Richard II. und Thomas More statt.

5 Big Ben
Das Wahrzeichen Londons schlechthin. Der 1858 / 1859 errichtete Turm ist 97,5 m hoch. Die Zifferblätter der Uhr haben einen Durchmesser von fast 8 m, die Zeiger sind fast 4 m lang, und die Glocke wiegt 13 Tonnen.

6 House of Commons
Hier tagt das Unterhaus. Regierung und Opposition sitzen sich gegenüber, säuberlich getrennt durch eine rote Linie auf dem Teppich – genau zwei Schwertlängen auseinander.

7 House of Lords
Hier tritt das Oberhaus zusammen, und hier verliest die Queen bei der Palamentseröffnung die Regierungserklärung. Die Wandmalereien am Südende zeigen Ereignisse der britischen Geschichte am Nordende Allegorien auf Gerechtigkeit, Religion und Ritterlichkeit. In den Fensternischen befinden sich Darstellungen jener Barone, die 1215 König John Lackland die Magna Charta abzwangen.

In seiner ganzen Pracht zeigt sich das Parlament vom gegenüberliegenden Ufer der Themse.

Wenn der Union Jack vom Victoria Tower weht, tagt das Parlament.

Big Ben – ursprünglich hieß nicht der Turm so, sondern nur die Glocke. Ihr Klang ist das weltweite Erkennungszeichen der BBC.

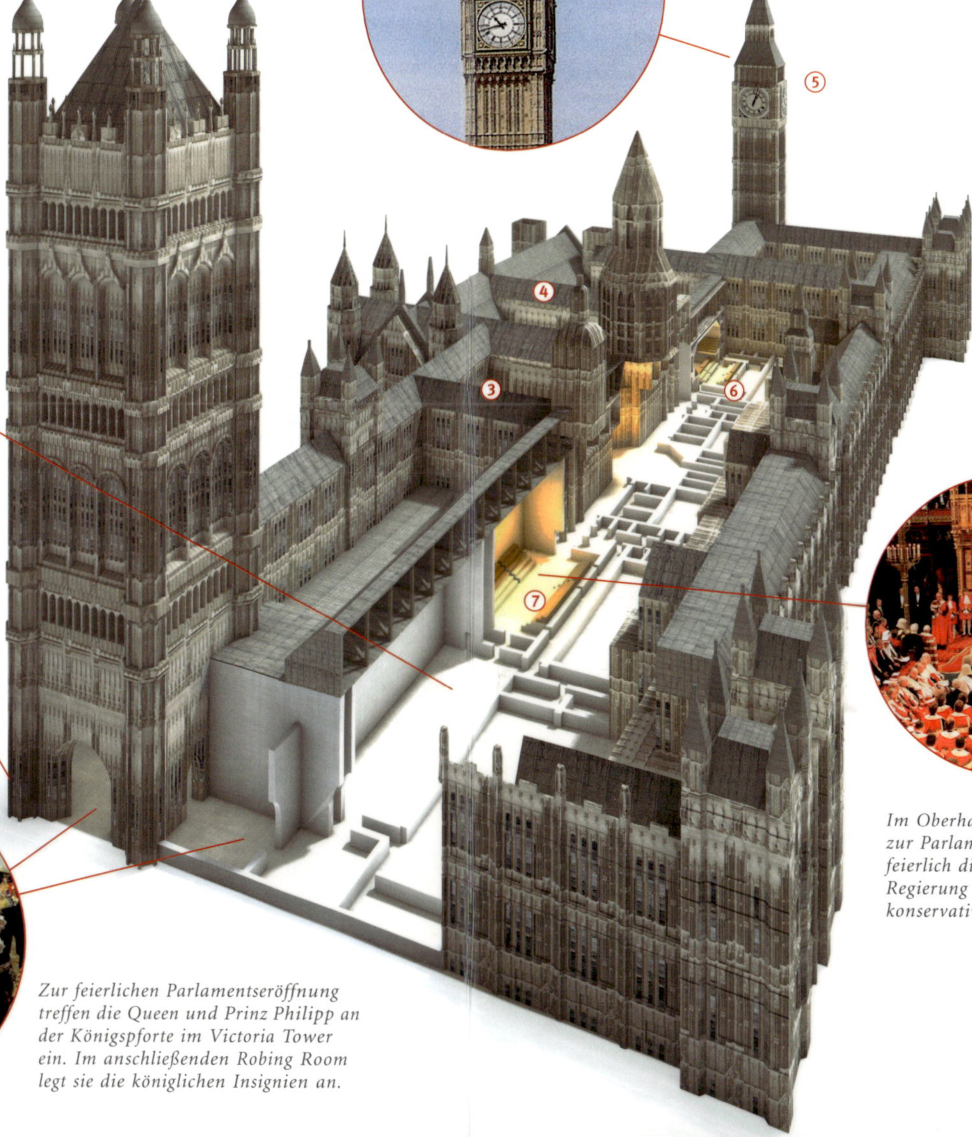

Vor der Parlamentseröffnung durchsuchen livrierte »Yeomen« das Parlament – schließlich hat 1605 Guy Fawkes versucht, es in die Luft zu sprengen.

Zur feierlichen Parlamentseröffnung treffen die Queen und Prinz Philipp an der Königspforte im Victoria Tower ein. Im anschließenden Robing Room legt sie die königlichen Insignien an.

Im Oberhaus verliest die Queen zur Parlamentseröffnung feierlich die Erklärung »ihrer« Regierung – ob Labour oder konservativ.

★★ **Tate Britain** Südlich vom Parlament kommt man zum neoklassizistischen Gebäude der Tate Britain. Die »alte« Tate wurde im Jahr 2000 in zwei Häuser an zwei Standorten aufgeteilt; die internationale moderne Kunst ist in die Bankside Power Station verlegt worden (s. S. 500). Das Stammhaus an der Millbank präsentiert britische Kunst vom 16.–20. Jahrhundert. Unter den gezeigten Werken ragen heraus »Endymion Porter« (1643/1645) von James Dobson, »O' the Roast Beef of England/The Gate of Calais« (1748) von William Hogarth, Porträts von Peter Lely, »Chain Pier, Brighton« (1826/1827) von John Constable, weiterhin Werke von Joshua Reynolds, Thomas Gainsborough, George Stubbs, Edwin Landseer, Henry Fuessli oder James Abbot McNeill Whistler mit »Nocturne in Blue and Gold: Battersea Bridge«. Britische Kunst des 20. Jh.s ist u.a. mit Lucian Freud, Gilbert &; George und David Hockney vertreten. In der 1987 Clore Gallery, einem bemerkenswerten Anbau von James Stirling, ist der gesamte **Nachlass von William Turner** ausgestellt. Öffnungszeiten: tgl. 10.00–18.50, Fr., Sa. bis 22.00 Uhr.

★★ Westminster Abbey

Edward der Bekenner ließ 1065 seine Grabeskirche erbauen, die bis 1760 Begräbnisstätte aller britischen Herrscher blieb. Auch viele berühmte Briten fanden hier ihre letzte Ruhe. Zudem ist Westminster Abbey Krönungskirche des Königshauses. Heinrich III. ließ im 13. Jh. an Stelle der normannischen Kirche Edwards eine von der französischen Gotik beeinflusste Kathedrale beginnen. Mit der Errichtung der Westfassade mit den beiden 68 m hohen Türmen im Jahr 1740 waren die Bauarbeiten im Wesentlichen beendet. Das 34 m hohe Querschiff ist das höchste gotische Kirchenschiff in England. Öffnungszeiten: Mo.–Fr. 9.30 – 16.45, Mi. bis 18.00, Sa. bis 14.45, letzter Einlass jeweils 1 Std. früher

Hauptschiff In der St. George's Chapel rechts vom Eingang wird ein Porträt Richards II. aus dem 14. Jh. aufbewahrt, das als das älteste Bildnis eines englischen Herrschers gilt. Im Eingangsbereich das Grabmal des Unbekannten Soldaten, weiterhin im Mittelschiff Gedenkplatten für u.a. Winston Churchill, Neville Chamberlain und David Livingstone. Im südlichen Seitenschiff wird u.a. des Gründers der Pfadfinderbewegung, Baden Powell, gedacht; im nördlichen Seitenschiff Gedenktafeln für William Pitt d.J., für den Komponisten Henry Purcell und für Charles Darwin sowie der schwarze Sarkophag von Isaac Newton.

Querschiffe Vom nördlichen Seitenschiff zunächst links und dann im Uhrzeigersinn gehend sieht man u.a: Gedenktafeln für William Gladstone, Denkmäler für Robert Peel (Begründer der »Bobbies«) und William Pitt d.Ä.; im südlichen Querschiff vor allem die Südwand, die **»Poets' Corner«** mit Tafeln u.a. für Walter Scott, William

Westminster Abbey Orientierung

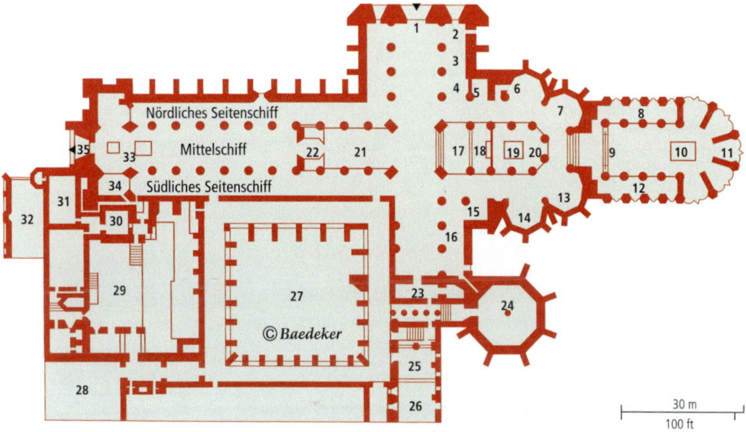

1 Nordportal
2 Chapel of St. Andrew
3 Chapel of St. Michael
4 Chapel of St. John the Evangelist
5 Islip Chapel
6 Chapel of St. John the Baptist
7 Chapel of St. Paul
8 Grab Elisabeths I.
9 Henry VII's Chapel
10 Grab Heinrichs VII.
11 R.A.F. Chapel; The Battle of Britain Memorial Window
12 Grab Maria Stuarts
13 Chapel of St. Nicholas
14 Chapel of St. Edmund
15 Chapel of St. Benedict
16 Poet's Corner
17 Sanctuary
18 Hochaltar
19 St. Edward's Chapel
20 Henry V's Chantry Chapel
21 Chor
22 Orgelempore
23 Chapel of St. Faith
24 Kapitelhaus
25 Chapel of the Pyx
26 Norman Undercroft
27 Kreuzgang
28 Dean's Yard
29 Deanery
30 Jericho Parlour
31 Jerusalem Chamber
32 Buchhandlung
33 Grabmal des Unbekannten Soldaten und Denkmal für Sir Winston Churchill
34 St. George's Chapel
35 Westportal

Shakespeare, Geoffrey Chaucer, Lord Byron, Charles Dickens, Rudyard Kipling und T.S. Eliot. Weiterhin an der Westwand die Grabplatte für William Thackeray und die Statue Georg Friedrich Händels.

Chor und Sanktuarium

An der linken Seite des Sanktuariums drei mittelalterliche Gräber, darunter das von Edmund Crouchback († 1296), Gründer des Hauses Lancaster. Rechts die Sitze der Geistlichkeit, wohl über dem Grab des Sachsenkönigs Sebert (7. Jh.) aufgestellt.

✶✶ Royal Chapels

Links vom Sanktuarium beginnt der Rundgang durch die Königlichen Kapellen, der Grablege der englischen Herrscher. Zwölf schwarze Marmorstufen führen in die **Chapel of Henry VII.**, die Grabkapelle Heinrichs VII. und ein **Meisterwerk des Perpendicular Style**. 1503 – 1519 wurde sie von Robert Ertue erbaut und mit über 100 Figuren und Grabmälern ausgestattet. In der Mitte die von dem Florentiner Torrigiani geschaffenen goldbronzenen Liegefiguren von Heinrich VII. und Elizabeth von York, über ihnen die Banner und zu beiden Seiten das Gestühl des Ordens der Ritter von Bath. Im selben Grabgewölbe sind auch Jakob I., Georg II. und Edward IV. beerdigt.

Chapel of Henry VII. Meisterwerk des Perpendicular Style

Im linken Seitenschiff die »Innocent's Corner« für die im Alter von drei Tagen bzw. zwei Jahren verstorbenen Töchter Jakobs I., daneben die Gräber der im Tower ermordeten Söhne Edwards IV. und schließlich von Elizabeth I. und Maria Tudor. Im rechten Seitenschiff u.a. die Liegefigur von Maria Stuart; im Gewölbe davor die Gräber Karls II., Wilhelms II. und von Queen Anne. Zurück im ursprünglichen Kirchenraum betritt man die **Henry V. Chantry Chapel**, Kapelle Heinrichs V., der hier unter seinem Sattel, Helm und Schild aus der Schlacht von Agincourt begraben ist. Es folgt **St. Edward's Chapel** mit dem 1269 aufgestellten Schrein Edwards des Bekenners. An der Rückwand steht links der alte, eichene Krönungsstuhl der englischen Könige, unter dem der **Stone of Scone** lag, das Symbol der schottischen Königsmacht, das Edward I. 1296 als Zeichen für die Unterwerfung Schottlands nach London brachte. 1996 wurde der Stein zurückgegeben. Links daneben steht der neue Krönungsstuhl von 1689, dazwischen das Staatsschwert und der Schild Edwards III. Begraben sind hier u.a. Edward I., seine erste Frau Eleonore von Aquitanien, Edward III. und der 1399 ermordete Richard II.

Das Kapitelhaus hat ein von einer einzigen Säule getragenes Gewölbe und Wandmalereien mit der Darstellung der Apokalypse aus dem 13. Jahrhundert. Von 1282 bis 1547 tagte hier das House of Commons. **Chapter House**

Pyx Chamber ist Teil der Kirche Edwards des Bekenners und diente zur Aufbewahrung der »Pyx«, einer Schatulle mit den Platten, mit denen die Münzen des Königreiches geprüft wurden. Heute ist hier der älteste Altar der Kirche zu sehen. **Pyx Chamber**

St. James's

St. James's ist ein hochherrschaftliches Viertel westlich vom Trafalgar Square. Entlang der Straße Pall Mall und rund um Waterloo Place und St. James's Square haben sich die noblen Clubs niedergelassen. U-Bahn: Charing Cross, St. James's Park, Green Park

Die Pall Mall endet am St. James's Palace, dem unter Heinrich VIII. nach Plänen von Hans Holbein d. J. erbauten Königspalast. Er wurde nach dem Brand von Whitehall Palace 1619 Residenz, und fortan waren Botschafter – nominell bis heute – »am Hof von St. James's« akkreditiert. Der Palast, der noch von Mitgliedern der Königlichen Familie bewohnt wird, kann nicht besichtigt werden, so dass man sich mit dem Anblick des im Tudor-Stil erbauten Gate House und den davor postierten Wachsoldaten zufrieden geben muss. ✶ **St. James's Palace**

Zu ihrem Amtsantritt 1837 verlegte Queen Victoria die Residenz nach Buckingham Palace. Dieser wurde 1703 nach einem Entwurf des Herzogs von Buckingham begonnen und 1825 durch John Nash sowie 1913 durch Aston Webb vergrößert und umgebaut. Die königliche Familie bewohnt den Nordflügel; ist die Queen anwesend, weht die königliche Standarte über dem Palast. Seit 1993 können im Sommer zwei Monate lang, während die Queen im schottischen Balmoral (► S. 385) weilt, 19 Staatsgemächer besichtigt werden. Massen von Touristen verfolgen die tgl. um 11.30 Uhr (im Winter nur alle zwei Tage) stattfindende Wachablösung (»Changing of the Guard«). ✶ **Buckingham Palace**

✶ ◄ Changing of the Guard

Östlich vom Palast erstreckt sich mit dem St. James's Park der reizvollste öffentliche Park Londons. Er wurde von Le Nôtre angelegt und erhielt seine heutige Gestalt 1829 durch John Nash. ✶ **St. James's Park**

Westend

Im Londoner Westend kauft man in exklusiven Geschäften und renommierten Warenhäusern ein, geht ins Theater oder ins Kino, hat unter einer Unzahl von Restaurants mit einheimischer und ausländischer Küche die Qual der Wahl oder sieht sich den Verlockungen des Vergnügungsviertels Soho ausgesetzt. U-Bahn Piccadilly Circus, Leicester Square, Oxford Circus Bond Street, Tottenham Court Road.

✶ Piccadilly Circus Piccadilly Circus ist das lärmige Herz des Westend und für die Londoner **»The Hub of the World«**, der Angelpunkt der Welt. Riesige Leuchtreklamen erhellen am Abend den als Treffpunkt so beliebten Platz, dessen Zierde der »Eros-Brunnen« ist, obwohl die Brunnenfigur den Engel der Nächstenliebe darstellen soll, aufgerichtet zu Ehren des Philanthropen Earl of Shaftesbury.

Die vom Circus ausgehenden Straßen haben alle ihren eigenen Charakter: Regent Street mit dem altehrwürdigen Kaufhaus **Liberty** und Piccadilly mit dem nicht minder traditionsreichen Kaufhaus **Fortnum & Mason** sind gesäumt von eleganten Geschäften, während entlang Haymarket und vor allem an der Shaftesbury Avenue ein Theater neben dem anderen zu finden ist. Piccadilly verdankt seinen Namen einem Schneider aus dem 18. Jh., der die besten »pickadilles«, hohe Kragen mit steifen Ecken, herstellte.

Royal Academy of Arts Das eindrucksvollste Gebäude an der Straße Piccadilly ist Burlington House, seit 1869 Sitz der 1768 gegründeten Königlichen Akademie der Schönen Künste. Deren größter Schatz, eine Skulptur von Michelangelo, ist das einzige bildhauerischere Werk des Italieners in England. An Burlington House schließt direkt **Burlington Arcade** an. In dieser wohl exklusivsten Einkaufspassage der Stadt sind 70 allerfeinste Geschäfte versammelt.

Piccadilly Circus: Verkehrsknotenpunkt und Treff für Nachtschwärmer

Soho, das Viertel zwischen Regent Street, Shaftesbury Avenue und Oxford Street, hat immer noch einen anrüchigen Ruf. Die Pornoschuppen und Striplokale sind jedoch auf dem Rückzug. Wer in Soho bummeln und essen gehen will, findet reiche Auswahl, besonders in Chinatown. Zum Shoppen gibt es mancherlei witzige Läden. Die bekannteste Straße ist Carnaby Street, in den 1960ern Inbegriff für »Swinging London«. **Soho**

In der sehr belebten Oxford Street reiht sich Geschäft an Geschäft. Ein Muss ist das riesige Kaufhaus **Selfridges**. Am Westende von Oxford Street steht **Marble Arch**. Der von John Nash dem römischen Konstantinsbogen nachempfundene Triumphbogen war als Haupttor für Buckingham Palace gedacht, entpuppte sich jedoch als zu schmal für die königliche Staatskarosse, so dass er hier am Tyburn, dem mittelalterlichen Hinrichtungsplatz, aufgestellt wurde. **Oxford Street**

Marylebone

Nördlich der Oxford Street dehnt sich bis hinauf zum Regent's Park das Viertel Marylebone aus. Eine seiner Hauptstraßen ist die durch Sherlock Holmes weltberühmt gewordene **Baker Street**, der in No. 221b wohnte. Selbstverständlich ist dort ein Museum zu finden. **U-Bahn: Marble Arch, Baker Street**

Eine der feinsten Kunstsammlungen der Stadt ist die Wallace Collection im Palais des Herzogs von Manchester (18. Jh.) am Hertford Square. In 25 im Stil der Zeit eingerichteten Räumen sind kostbare Möbel, europäische Waffen und Gemälde (darunter Rembrandt, van Dyck, **Frans Hals' »Lachender Kavalier«** und Watteau) zu bestaunen. **✶ Wallace Collection**

Jedermann kennt das Wachsfigurenkabinett der Elsässerin Marie Tussaud, die schon während der Französischen Revolution von den Köpfen der Guillotinierten Wachsabgüsse abnehmen musste. Diese und vor allem viele lebensgroße Figuren von Berühmtheiten aus aller Welt sind in ihrem Kabinett in der Marylebone Road ausgestellt. **Madame Tussaud's**

Nördlich der Marylebone Road beginnt Regent's Park, den John Nash aus dem Königlichen Jagdgelände formte. In seinem Nordteil befindet sich der **London Zoo**. **Regent's Park**

✶ Hyde Park und Kensington Gardens

Hyde Park ist der bekannteste und zusammen mit den westlich anschließenden Kensington Gardens der größte öffentliche Park Londons. Karl I. öffnete den ehemals königlichen Wildpark 1635 für das Publikum. An der Nordostecke kann an der berühmten **Speakers' Corner** jeder seine Meinung der Öffentlichkeit kundtun. Insbesondere an Sonntagen ist hier allerhand geboten. U-Bahn: Marble Arch, Lancaster Gate, Hyde Park Corner, Knightsbridge.

★ **Wellington Museum**

An Hyde Park Corner an der Südostecke des Parks steht Apsley House, Londoner Wohnsitz des Siegers von Waterloo und heute Museum. Gegenüber der mächtige Triumphbogen Wellington Arch, mit dem der Sieg über Napoleon gefeiert wurde, und die bronzene Reiterstatue des Herzogs.

★ **Kensington Palace**

Hauptattraktion der Kensington Gardens ist Kensington Palace, von 1689 bis 1760 Privatresidenz der englischen Herrscher, dann Wohnung von Charles und Diana und u.a. Residenz von Prinzessin Margaret. Die State Apartments können besichtigt werden.

Albert Memorial

Am Südrand der Kensington Gardens ließ Queen Victoria für ihren 1861 verstorbenen Gemahl Albert von Sachsen-Coburg-Gotha das Albert Memorial errichten, das diesen mit dem Katalog der »Great Exhibition« von 1851 in der Hand zeigt. Gegenüber sieht man die **Royal Albert Hall**.

Kensington, Knightsbridge und Chelsea

U-Bahn: Knightsbridge, High Street Kensington

Kensington und Knightsbridge locken auf höchst unterschiedliche Weise: Zum einen sind hier vier Museen zu finden, zum anderen sind diese Viertel neben dem Westend die zweite große Einkaufsgegend Londons – in Kensington vor allem um Kensington Church Street und Kensington High Street, in Knightsbridge um die Straße gleichen Namens und um Brompton Road mit Harrod's, dem wohl berühmtesten Kaufhaus der Welt.

★ Harrod's ►

★★ **Victoria and Albert Museum**

Das Victoria and Albert Museum (V & A) an der Cromwell Road ist neben dem British Museum das umfangreichste Museum Londons. Die Grundidee, kunsthandwerkliche Gegenstände höchster Güte zu sammeln, stammt von Prinz Albert, der zur Finanzierung die »Great Exhibition« von 1851 abhalten ließ.

Attraktiv sind u.a. die Textil- und Kostümabteilung, Keramik und Porzellan, Silber, Möbel, asiatische und islamische Kunst sowie Waffen und die hoch gesicherte Edelsteinabteilung. Zur Gemäldesammlung gehören englische Miniaturen und Aquarelle, die sog. **»Raffael-Kartons«** (1516 für Papst Leo X. angefertigt) und zahlreiche Werke von John Constable im Henry Cole Wing. Öffnungszeiten: tgl. 10.00 – 17.45 Uhr.

★★ **Natural History Museum**

Grundstock für das Naturgeschichtliche Museum war die Sammlung von Sir Hans Sloane, die von 1881 an zusammen mit einer Unzahl weiterer Präparate – die u.a. Joseph Banks von den Entdeckungsfahrten mit James Cook und Charles Darwin von seinen Forschungsreisen mitbrachten – in dem kathedralenartigen Museumsbau an der Cromwell Road präsentiert wurde. Heute können die Besucher in vielen Abteilungen selbst aktiv werden. Die Attraktionen sind die phantastische **Dinosaurierabteilung**, die Spinnen- und Kriechtierab-

Natural History Museum: 26 m langes Skelett eines Diplodocus

teilung »Creepy Crawlies«, sowie die Reste von »Lucy«, eines 1974 in Äthiopien gefundenen 1,5–5 Mio. Jahre alten weiblichen Urmenschen. Die Mineraliensammlung besitzt 130 000 Gesteinsarten.

★ **Science Museum**

Das Science Museum befasst sich mit der Geschichte von Naturwissenschaften, Industrie, Technik und Medizin. Zu den ausgestellten Objekten gehören Teleskope von Galilei, die Dampfmaschine von Boulton und Watt von 1788, die älteste erhaltene Lokomotive »Puffing Billy« von 1813, die Raumschiffe Apollo 10 und Sojus und die älteste bekannte Konservendose – von 1823.

Chelsea
U-Bahn: Sloane Square

Wer an »Swinging London« denkt, muss im selben Atemzug auch die King's Road in Chelsea nennen. Sie ist die Hauptachse des Stadtteils, gesäumt von Boutiquen, Pubs und Restaurants. Die **Chelsea Old Church** am Themseufer zwischen Battersea Bridge und Albert Bridge wurde im 12. Jh. gegründet. Thomas More ließ die nach ihm benannte Kapelle nach Entwürfen Holbeins erbauen; in der Lawrence Chapel heiratete Heinrich VIII. heimlich Jane Seymour. In dem 1682 nach dem Vorbild des Pariser Hôtel des Invalides gegründeten **Chelsea Royal Hospital** werden 500 Veteranen versorgt.

Sie tragen immer noch Uniformen aus der Zeit des Herzogs von Marlborough – im Sommer scharlachrot, im Winter dunkelblau. Zum Komplex gehört auch das **National Army Museum.**

Southwark, South Bank und Lambeth

U-Bahn: London Bridge, Waterloo Station

Southwark auf dem Südufer der Themse gehörte lange Zeit der Kirche und unterstand somit nicht der Gerichtsbarkeit der City – es blühten auf dieser Seite der Themse Kneipen und Prostitution. Shakespeare führte im Hof des George Inn seine ersten Stücke auf und konnte 1599 sein berühmtes **Globe Theatre** eröffnen, das 1613 während einer Aufführung jedoch abbrannte. Es ist nicht weit vom alten Standort in originaler Form neu aufgebaut worden

HMS Belfast

Zur Tower Bridge hin ankert die HMS Belfast, der letzte große Kreuzer der Royal Navy. Das Schiff wurde 1938 in Dienst gestellt und 1963 nach London gebracht.

*** Southwark Cathedral**

Southwark Cathedral ist aus einem vor dem 9. Jh. gegründeten Kloster hervorgegangen, für das Gifford, Bischof von Winchester, von 1106 an eine normannische Kirche erbauen ließ. Zahlreiche Um- und Anbauten gaben der Kirche, die nach Westminster Abbey das bedeutendste gotische Gotteshaus Londons ist, ihre heutige Gestalt. Bemerkenswert sind das Grab von John Gower, dem Freund Geoffrey Chaucers und Hofdichter von Richard II. und Heinrich IV; das Lockyer Monument fur den 1672 gestorbenen Quacksalber John Lockyer; die Harvard Chapel zu Ehren des 1607 hier getauften John Harvard, Gründer der berühmten amerikanischen Universität; das Grabmal von John Trehearne, Günstling Karls I.; die hölzerne Totenfigur eines Ritters aus dem 13. Jh., eine der ältesten Skulpturen dieser Art überhaupt; das Grabmal von Bischof Lancelot Andrews, Übersetzer des Neuen Testaments ins Englische sowie das Shakespeare-Monument. Shakespeares Bruder Edmund und sein Kompagnon Lawrence Fletcher sind in Southwark Cathedral begraben.

> **!** *Baedeker* TIPP
>
> **The George Inn**
>
> ... in der Borough High Street – genau das Richtige für ein Pint in altenglischer Atmosphäre. Dieser 1676 erbaute Pub ist der einzige original erhaltene Fuhrmannsgasthof Londons. Die knarzenden Dielen und blank gescheuerten Tische erzählen von der Zeit, als die Fuhrleute hier in Southwark abstiegen, bevor sie ihre Waren am anderen Ufer der Themse in der City ablieferten. Im Sommer sitzt man draußen im Hof.

**** Tate Modern**

Das ausgemusterte Kraftwerk Bankside Power Station wurde unter dem Namen Tate Modern Heimat der Sammlung internationaler moderner Kunst der Tate Gallery. Zu den Höhepunkten zählen Bilder aller bedeutenden französischen Impressionisten sowie Arbeiten u.a. von Georges Braque, Pablo Picasso, Max Ernst und Giorgio de

Wo einst Maschinen zischten, steht heute moderne Kunst: die große Halle der Tate Modern.

Chirico. Von hier führt die filigrane **Millenium Bridge** von Norman Foster zum Nordufer direkt zu St. Paul's Cathedral. Öffnungszeiten: tgl. 10.00 – 18.50, Fr., Sa. bis 22.00

Kulturzentrum South Bank

Kommt man von Waterloo Bridge auf das Südufer, befindet man sich mitten im Kulturzentrum South Bank. Es besteht aus dem 1963 gegründeten **National Theatre**, der **Hayward Art Gallery** für moderne Kunst und der **Royal Festival Hall**.

✶ London Eye

Unübersehbar erhebt sich hinter dem Kulturzentrum Londons neues Wahrzeichen: das zur Jahrtausendwende gebaute, London Eye genannte, 135 m hohe Riesenrad, das phantastische Aussichten bietet. In der County Hall dahinter sind das **Dalí Universe**, die **Saatchi Gallery** und das **London Aquarium** untergebracht.

✶ Imperial War Museum

Im Stadtteil Lambeth ist das Imperial War Museum interessant. Es befasst sich mit der Rolle Großbritanniens in beiden Weltkriegen. Mittelpunkt ist die große Halle, in der Flugzeuge, Panzer und Geschütze ausgestellt sind. U-Bahn: Elephant & Castle

Spielwiese der postmodernen Architektur: die Docklands

Docklands

Docklands An den Ufern der Themse östlich der Tower Bridge schlug einst das kommerzielle Herz des Empire. Hier löschten die Schiffe aus allen Teilen des Kolonialreiches ihre wertvolle Fracht, in den Werften wurde manch stolzer Segler gebaut. Seit den 1960er-Jahren verloren die Docks ihre Bedeutung und verfielen. 1982 begann die Sanierung und innerhalb weniger Jahre wurden kühne, nicht unumstrittene Neubauten hochgezogen. Die computergesteuerte Hochbahn **Docklands Light Railway** (DLR) fährt von der Bank Station los. Light Railway: Mehrere Stationen

Butler's Wharf Über den Tower führt ein kurzer Abstecher auf das Südufer zu Butler's Wharf mit dem **Design Museum** und dem **Bramah Tea and Coffee Museum**.

St. Katharine's Dock Im Hafenbecken von St. Katharine's Dock am Nordufer liegen einige historische Schiffe (u.a. das Feuerschiff »Nore«); einkehren kann man im Pub Dickens Inn.

Isle of Dogs Das Zentrum der neuen Docklands ist die Isle of Dogs. Auf den West India Docks ist Canary Wharf entstanden, ein Bürokomplex mit einem 244 m hohem Turm, den Stararchitekt Cesar Pelli entworfen hat. Unbedingt besuchen sollte man das **Museum in Docklands**, das die Vergangenheit des Londoner Hafens lebendig werden lässt.

Greenwich

Die schnellste Möglichkeit, nach Greenwich zu kommen, in diesen reizvollen Vorort, der in aller Welt durch den hier verlaufenden Nullmeridian bekannt ist und eine überragende Rolle in der Geschichte der britischen Seefahrt spielt, ist die DLR. Viel schöner aber ist, wenn man bereits in Island Gardens aussteigt und zu Fuß im **Greenwich Foot Tunnel** unter der Themse hindurchgeht.

Cutty Sark

Unmittelbar am Pier steht der letzte und berühmteste der sog. Teeklipper, die im 19. Jh. Gewürze und Tee aus dem Fernen Osten nach Europa brachten. Die »Cutty Sark« wurde 1869 erbaut und galt als das schönste und schnellste Schiff ihrer Art. Nicht weit von der »Cutty Sark« liegt die kleine »Gipsy Moth IV«, mit der Sir Francis Chichester 1966 / 1967 allein die Erde umsegelte.

✶ **Royal Naval College**

Links von der »Cutty Sark« kommt man zum Royal Naval College. Hiier ließ zunächst Edward I., dann 1428 der Herzog von Gloucester den Placentia-Palast errichten. Diesen wählte Heinrich VII. zur Residenz; Heinrich VIII. heiratete hier Katharina von Aragón und Anna von Cleve, unterzeichnete hier auch das Todesurteil für Anne Boleyn. Seine Töchter Maria I. und Elizabeth I. kamen im Placentia-Palast zur Welt. John Webb begann 1664 im Auftrag Karls II. mit dem heutigen Neubau, den Christopher Wren 1698 abschloss. Im King William Building hinterlässt die Painted Hall den größten Eindruck.

✶✶ **Queen's House**

Einer der vollendetsten Bauten im palladianischen Stil ist Queen's House. Inigo Jones begann 1616 mit dem Bau dieses Palastes, den Jakob I. für seine Gemahlin Anna von Dänemark vorgesehen hatte, doch gab der König das Vorhaben nach Annas Tod auf. Karl I. ließ die Arbeiten von 1629 an für seine Gemahlin Henrietta Maria fortsetzen.

✶✶ **National Maritime Museum**

Das National Maritime Museum besitzt einzigartige Objekte zur Geschichte der britischen Marine. Im Erdgeschoss begrüßt die riesige Neptune Hall mit Abteilungen zu den großen Entdeckungsreisen und zu Passagier- und Frachtschifffahrt. Auf einer nachgebauten Brücke kann man auch selbst ein Schiff (elektronisch) aus dem Hafen steuern. Im Mittelgeschoss geht es um die britische Marine und um die Schifffahrt als Thema in der Kunst. Das Hauptthema im Obergeschoss ist Englands Seeheld Horatio Nelson (u.a. mit seiner Uniform aus der Schlacht von Trafalgar). Öffnungszeiten: tgl. 10.00 –1 7.00 Uhr.

Greenwich Park

Hinter Queen's House steigt sanft der Greenwich Park an. Auf der Anhöhe sieht man die Gebäude des Old Royal Observatory. Der merkwürdige rote Ball auf Flamsteed House fällt täglich um 13.00 Uhr an seinem Mast herab und zeigt den ankernden Schiffen an, ihre

Uhren genau zu stellen. Durch das Meridian Building verläuft der Nullmeridian – symbolisiert durch eine Stahlschiene –, der die Erde in eine östliche und eine westliche Hälfte teilt. In das Equatorial Building ist das größte Teleskop Großbritanniens eingebaut.

*** Thames Flood Barrier** Noch ein gutes Stück flussabwärts von Greenwich und am besten mit einem Themseboot zu erreichen, steht die Thames Flood Barrier, die größte Sturmflutbarriere der Welt.

Millennium Dome Der zum Jahrtausendwechsel auf Ödland im Norden Greenwichs von Richard Rogers gebaute, riesige Millennium Dome harrt nun, nach Ende der finanziell desaströsen Jahrtausend-Show, einer neuen Verwendung.

Außenbezirke

Wimbledon Das Mekka aller Tennisfans befindet sich im Süden Londons. Jeden Sommer strömen Zehntausende zur »All England Lawn Tennis Championship«. Auch sonst lohnt der Besuch, denn das Tennismuseum illustriert sehr originell den weißen Sport, und man kann sogar den geheiligten Centre Court betreten. U-Bahn: Wimbledon

*** Kew Gardens** Eine Institution mit Weltruf sind die Kew Gardens, der botanische Garten südwestlich der City. Hauptattraktion sind die beiden gewaltigen viktorianischen Gewächshäuser von Decimus Burton und Richard Turner. Der kleine Kew Palace war Aufenthalt von George III. während dessen Anfällen von Geisteskrankheit; Queen Victoria verbrachte viel Zeit im Queen's Cottage. U-Bahn: Kew Gardens

**** Hampton Court Palace** In East Molesley 25 km südwestlich der City befindet sich der Tudorpalast Hampton Court Palace. Er wurde 1514 – 1520 für Lordkanzler Wolsey erbaut, der ihn später Heinrich VIII. schenkte. Außer Katharina von Aragón lebten alle Frauen Heinrichs VIII. im Palast; seine

Palmenhaus in Kew Gardens

dritte Frau Jane Seymour und seine fünfte Frau Catharine Howard sollen sogar noch herumspuken. Elizabeth I. erfuhr hier 1588 vom Untergang der spanischen Armada im Ärmelkanal. Zum Park gehören der Privatgarten des Königs, der Tudor- und Elisabethanische Garten, ein Irrgarten sowie der Great Vine, ein 200 Jahre alter Weinstock. In der Lower Orangery kann man Mantegnas »Triumph des Cäsar« bewundern. U-Bahn: Hampton Court ab Waterloo

★ Royal Air Force Museum

Auf dem einstigen Fabrikgelände des Flugpioniers Claude Graham White im Norden Londons ist das Royal Air Force Museum zu Hause, eines der größten Flugzeugmuseen der Welt. U-Bahn: Colindale

★ ★ Lough Erne

C 12

Landesteil: Nordirland **Grafschaft:** Fermanagh

Der Lough Erne gilt als Irlands schönster See – ein Vogelparadies und ein beliebtes Ziel von Wassersportlern und Anglern. Im Sommer kann man Wohnboote mieten, die auch ausgesprochene Landratten gut bedienen können.

Der zweigeteilte See ist etwa 80 km lang, die größte Breite beträgt knapp 10 km. Der nördliche Teil wird als »Lower«, der südliche als »Upper« Lough Erne bezeichnet. Letzterer ist ein verzweigtes Labyrinth mit immer neuen Armen und Krümmungen, das von zahlreichen kleinen Inseln übersät ist. Seetaucher, Graureiher und Schwäne leben hier, im Wasser tummeln sich Plötzen, Rotaugen, Flussbarsche, Brassen, Lachse und Hechte. Im Sommer kann man mit Schiffen über den See fahren.

Zwischen dem Lougher und dem Upper Lough Erne, die durch den River Erne miteinander verbunden sind, liegt die Inselstadt **Enniskillen**. Der lebhafte Ferienort besitzt eine Reihe alter Herrenhäuser und zauberhafte Parkanlagen, darunter Florence Court, Sitz der Grafen von Enniskillen, und Castlecoole, 1796 von James Wyatt im palladianischen Stil erbaut. Die günstige

▶ LOUGH ERNE

AUSKUNFT

Wellington Road, Enniskillen, Co Fermanagh, Northern Ireland, BT74 7EF
Tel. 028 – 66 32 31 10
Fax 028 – 66 32 55 11
E-mail: tic@fermanagh.gov.uk
www.fermanagh.gov.uk

ÜBERNACHTEN

▶ Komfortabel

Hotel Carlton
Belleek, 2 Main Street
Tel. 028 – 68 65 82 82, Fax 68 65 90 05
www.hotelcarlton.co.uk
In Belleek im Nordwesten des Lough Erne liegt dieses Hotel mit 19 schönen Zimmern.

Seenlandschaft von Lough Erne

Lage am alten Handelsweg zwischen Ulster und Connaught war einst Grund für die Wahl von Enniskillen als Sitz der Maguires, der Häuptlinge von Fermanagh, die den See mit einer privaten Flotte von zeitweilig 1500 Booten überwachten. Einen guten Einblick in die historische Entwicklung des Raumes erhält man im Grafschaftsmuseum, das im Castle eingerichtet worden ist. Sehenswert sind auch die protestantische Kathedrale, in der die Banner der früheren Königsregimenter hängen, und die Anfang des 16. Jh.s gegründete Portora Royal School, auf der u.a. Oscar Wilde und Samuel Beckett Schüler waren.

Devenish Island Auf der Insel Devenish am Südende des Sees stehen die Überreste eines im 6. Jh. gegründeten Klosters. Von St. Mary's Abbey und der Great Church aus dem 12. Jh. sind ebenfalls noch Teile vorhanden.

Boa Island Auf dem Friedhof von Caldragh auf der Insel Boa im unteren See – erreichbar über eine Brücke – stehen zwei keltische, doppelgesichtige Janus-Skulpturen, die auf das 1. Jh. n. Chr. datiert sind.

Weitere Ausflugsziele Weitere Ferienorte in diesem Gebiet sind **Ballinamallard** am gleichnamigen Fluss 8 km nordöstlich, das Dorf **Bellanaleck** im Herzen der Seenlandschaft 8 km südlich von Enniskillen, **Kesh**, malerisch gelegen am Lower Lough Erne, **Lisbellaw** am oberen See mit alteingesessenen Wollspinnereien und -webereien, das Anglerzentrum **Lisnaskea**, ebenfalls am oberen See sowie der kleine Ort **Belleek** mit einer traditionsreichen, renommierten Porzellanmanufaktur.

Omagh Schön ist auch Omagh, Grafschaftshauptstadt von Tyrone, ein idealer Standort für Lachsfischerei und Ausgangspunkt für herrliche Wanderungen in die nördlich aufragenden Sperrin Mountains.

Marble Arch Caves Südwestlich von Enniskillen lohnen die Marble Arch Caves, die auf einer Länge von rund 700 m zugänglich sind. In den Höhlen findet man bizarre Tropfsteinformen, Sinterterrassen und Wasserfälle.

✶ Lowlands

J – P 9/10

Landesteil: Schottland

Council Areas: S. Ayrshire, Dumfries Galloway, S. Lanarkshire, Sc. Borders

Die schottischen Lowlands faszinieren vor allem Naturliebhaber und Wanderer. Das Landschaftsbild ist äußerst abwechslungsreich: karge Hügel, üppige Weiden und liebliche Flusstäler, raue Heiden und Hochmoore, die mit fruchtbarem Ackerland wechseln. Dazwischen liegen stille Dörfer.

Die schottischen Lowlands, die sich von der englischen Grenze bis etwa Glasgow und Edinburgh erstrecken, sind trotz ihres Namens keineswegs flach – immerhin ragt der Merrick, der höchste Berg Südschottlands, 843 m hoch auf. Lowlands heißen die südschottischen Berge vielmehr im Vergleich zu den nördlicheren Highlands; die Bezeichnung »Southern Uplands« hört man fast genauso häufig. Landwirtschaft, insbesondere die Schafzucht, und damit verbunden Woll- und Textilindustrie sind bis heute die wichtigsten Wirtschaftszweige. Verschiedene Webereien und Textilzentren bieten Führungen an, und in Walkerburn unterrichtet das Scottish Museum of Woollen Textiles über die Tuchherstellung von der Aufzucht der Cheviotschafe bis zum fertigen Tweed.

✶ Südwestschottland: Zwischen Ayr und Gretna Green

✶ **Burns Country**

Der Westen der Lowlands, also Südwestschottland, trägt inoffiziell den Namen »Robert-Burns-Land« nach dem schottischen Nationaldichter, der in Ayr geboren wurde und in Dumfries die letzten Jahre seines Lebens verbrachte. Wer sich für Robert Burns interessiert, kann auf dem **Burns Heritage Trail** Stätten seines Lebens kennen lernen. Der mit Schildern markierte Trail startet am Geburtshaus in Alloway und führt nach Dumfries. Ein Begleitbuch ist beim Burns National Heritage Trust in Alloway (s.u.) erhältlich.

In **Alloway** 3 km südlich von Ayr, einem beliebten Urlaubsort an der Westküste, wurde Robert Burns 1759 geboren. Dort dreht sich heute fast alles um den Nationaldichter. Seit 1995 werden alle Burns-Sehenswürdigkeiten vom Burns National Heritage Park verwaltet. Das schlichte strohgedeckte Burns Cottage, in dem

Hier im »Globe Inn« in Dumfries pflegte Robert Burns einzukehren.

★ Burns National Heritage Park ►

der Dichter geboren wurde und aufwuchs, ist heute Museum mit einer Ausstellung von Manuskripten und Büchern und der früheren Einrichtung. In der **Kirche von Alloway** siedelte Burns Teile seiner Ballade »Tam o'Shanter« an. 1823 haben die Schotten für ihren Nationaldichter einen griechisch inspirierten Tempel, **Burns' Monument**, gebaut, der ebenfalls zu besichtigen ist. In **Mauchline** östlich von Ayr wohnte und heiratete der Dichter. Die Poosie Nansie's Tavern, in der er seine spätere Frau Jean Armour kennen lernte, existiert noch. Sein Cottage in der Castle Street ist heute **Burns House Museum** – eingerichtet mit dem Mobiliar, das Burns 1788 für Jean Armour ausgesucht hatte. In der Industriestadt **Kilmarnock** nördlich von Ayr gibt es eine Burns-Sammlung im **Burns Club** in der Eglington Street 28.

Kirkoswald

In Kirkoswald südwestlich von Ayr kann man **Souter Johnnie's Cottage**, das heute als Museum eingerichtete Cottage des Schusters (souter) John Davidson, einem Jugendfreund von Burns, besichtigen. Souter Johnnie und sein Zechkumpan Douglas Graham wurden in Burns Ballade »Tam o'Shanter« verewigt.

★ Culzean Castle ►

Nach Plänen von Robert Adams, Schottlands berühmtestem Vertreter des Klassizismus, entstand im 18. Jh. das georgianische Culzean

Castle mit wunderschönen Parkanlagen auf den Klippen am Meer bei Kirkoswald. Das Schloss besticht durch elegante Räume, die u.a. mit Chippendale- und Regencymobiliar ausgestattet sind. Präsident Eisenhower hatte in der Gästesuite Wohnrecht auf Lebenszeit.

Von Girvan, einem Badeort, in dem jedes Jahr im Spätsommer ein internationales Jazz Festival stattfindet, kann man mit dem Boot zu der Felseninsel **Alisa Craig** fahren, die Nistplatz für Tausende von Basstölpeln ist. **Girvan**

LOWLANDS ERLEBEN

AUSKUNFT

► TICs in einzelnen Regionen

Südwestschottland
28 Harbour Street, Stranraer, Dumfries & Galloway,
Scotland, DG9 7RA
Tel. 0 17 76 – 70 25 95
Fax 0 17 76 – 88 91 56
stranraer@dgtb.visitscotland.com
www.visitdumfriesandgalloway.co.uk

Scottish Borders
Abbey House, Abbey Street, Melrose, Scottish Borders, Scotland, TD6 9LG
Tel. 08 70 – 608 04 04
Fax 0 17 50 – 2 18 86
E-mail: info@scot-borders.co.uk
www.visitscottishborders.com

New Lanark
Horsemarket, Ladyacre Road, Lanark, South Lanarkshire,
Scotland, ML11 7LQ
Tel. 0 15 55 – 66 16 61
Fax0 15 55 – 66 61 43
E-mail: lanark@seeglasgow.com
www.seeglasgow.com

ESSEN

► Erschwinglich

The Fruits de Mar
Ayr, 38 North Harbour Street
tel. 0 12 92 – 28 29 62
Muscheln, Hummer, vegetarische Gerichte, die auf der Zunge zergehen.

Wisharts
Dumfries, Robert Burns Centre, Mill Road
Tel. 0 13 87 – 25 96 79
Moderne schottische Küche mit französischem Akzent.

ÜBERNACHTEN

► Luxus

New Lanark Mill Hotel
New Lanark
Tel. 0 15 55 – 66 72 00
www.newlanark.org
Preisgekrönter Umbau einer Textilfabrik aus dem 18. Jahrhundert in dem zum Weltkulturerbe erklärten Zentrum.

► Komfortabel

Birch Houses
Melrose, High Street
Tel. / Fax 0 18 96 – 82 23 91
Angenehme Bleibe, üppiges Frühstück. Die humorvollen Gastgeber geben individuelle Tipps für Touren durch die Scottish Borders.

Horizon Hotel
Ayr, Esplanade
Tel. 0 12 92 – 26 43 84
Fax 26 40 11
www.horizonhotel.com
Moderne, angenehme Zimmer, viele mit Blick über den Firth of Clyde; 5 Min. vom Zentrum von Ayr.

Stranraer Die A 77 führt parallel zur Küste in die Hafenstadt Stranraer. Von Stranraer verkehren regelmäßig Fähren zur ►Isle of Man und nach Larne (Nordirland). In der Umgebung lohnt **Castle Kennedy** einen Besuch, dessen Garten für die Farbenpracht seiner vielen Rhododendren, Magnolien und Azaleen bekannt ist, und auch **Glenluce Abbey**, ein 1192 gegründetes Zisterzienserkloster. Südöstlich erstreckt sich die Halbinsel Machars mit einer Reihe prähistorischer Stätten. **Whithorn** an der Südostspitze gilt als die »Wiege des Christentums in Schottland«. An dieser Stelle soll Bischof Ninian in römischer Zeit die erste Kirche auf schottischem Boden gegründet haben. Im angeschlossenen Museum wird u.a. ein bearbeiteter Stein, der Latinus-Grabstein, gezeigt, der auf das Jahr 450 zurückgeht und vermutlich das erste christliche Zeugnis in Schottland ist.

Dumfries Dumfries, die Hauptstadt der Region Dumfries & Galloway, ist ebenfalls eng mit Robert Burns verbunden. Burns verbrachte hier die letzten Jahre seines Lebens. In seiner Stammkneipe, dem **Globe Inn**, ist eine Fensterscheibe mit einer von ihm eingeritzten Widmung für eine Kellnerin erhalten, außerdem gibt es hier immer noch den Lieblingsstuhl von Burns. Das Haus in der Burns Street, in dem er 1796 mit 37 Jahren starb und in dem seine Frau Jean Armour bis zu ihrem Tod 1834 lebte, ist heute Museum. Das **Robert Burns Centre** in der Mill Road zeigt Ausstellungen über den Dichter. Sein Grab findet man auf dem Kirchhof von St. Michael's in der Nähe.

✶ Erinnerungsstätten an Robert Burns ►

✶ **Sweetheart Abbey** Südwestlich von Dumfries steht die verwunschene Ruine der Sweetheart Abbey. Die Zisterzienser-Abtei wurde 1273 von Devorgilla, Lady of Galloway, in Erinnerung an ihren verstorbenen Mann John Balliol gegründet, dessen einbalsamiertes Herz sie in einem Kästchen aus Silber und Elfenbein bei sich trug. Nach ihrem Willen sollte sein Herz mit in ihr Grab gelegt werden – daher der Name der Abtei.

✶ **Glenkiln, Skulpturenpark** 23 km nordwestlich stehen mitten im einsamen Hochmoor beim Landgut Glenkiln (etwas südlich von Moniaive) die lebensgroßen Bronzefiguren »König und Königin« von Henry Moore. Sir William Keswick hat unter freiem Himmel eine beachtliche Skulpturensammlung aufgestellt, unter anderem auch Plastiken von Rodin, Epstein und Renoir.

✶ **Drumlanrig Castle** Lohnend ist eine Besichtigung von Drumlanrig Castle, Stammsitz des Douglas-Clans, der späteren Herzöge von Buccleuch & Queensberry. Eine Buchenallee führt zu dem von barocken Türmchen gekrönten Schloss, zu dessen Porträtgalerie Gemälde von Kneller, van Dyck, Ramsay, Reynolds und Gainsborough gehören.

Wanlockhead Wer sich für Industriegeschichte interessiert, kann weiter nordöstlich in Schottlands höchstgelegenes Dorf Wanlockhead fahren. Hier informiert das **Museum of Scottish Lead Mining** über die Blütezeit der

Leuchtturm bei Portpatrick auf der Halbinsel Therhins bei Stranraer

Bleigewinnung. Zu sehen sind u.a. alte Minenschächte, Abbaugeräte, Cottages der Grubenarbeiter mit Mobiliar von 1740–1890.

Lochmaben

Der Ferienort Lochmaben 14,5 km nordöstlich von Dumfries ist von fünf Seen umgeben und hat fast Insellage. In den fischreichen Gewässern der Umgebung kann man angeln. Das verfallene Castle ist möglicherweise die Geburtsstätte von Robert the Bruce.

★ **Caerlaverock Castle**

Auf dem Weg von Dumfries nach Gretna Green steht Caerlaverock Castle, Sitz der Familie Maxwell. Die dreieckige Festungsanlage mit doppeltem Graben und Zugbrücke geht auf das 12. Jh. zurück.

★ **Ruthwell Cross**

In einer Nische der Kirche von Ruthwell, die eigens dafür gebaut worden ist, wird eines der beiden berühmtesten Runenkreuze aus angelsächsischer Zeit aufbewahrt. Das vermutlich im 8. Jh. angefertigte Sandsteinkreuz ist 5,20 m hoch und mit Figurenreliefs, Blattornamenten, lateinischen Inschriften und Runen verziert.

Gretna Green ★

◄ Blacksmith's Shop

In Gretna Green traute einst der Schmied vom Blacksmith's Shop verliebte »Runaways«, die in England nicht heiraten durften, hier aber ohne Genehmigung ihrer Eltern ab 16 Jahren in den Stand der Ehe eintreten konnten. Die schottischen Gesetze verlangten nur eine Erklärung vor zwei Trauzeugen, während in England eine Hochzeit ohne elterliche Einwilligung erst ab 21 Jahren möglich war – 1977 wurde das Mindestalter auf 18 Jahre heruntergesetzt. 1940 erklärte man die über dem berühmten Amboss geschlossenen Ehen per Gesetzesänderung für illegal. Der romantische Mythos wilder Eheschließungen bewirkt einen bis heute anhaltenden Hochzeitstourismus.

In den Ruinen der Dryburgh Abbey liegt Sir Walter Scott begraben.

★ Scottish Borders

Das schottische Grenzland

Samtgrüne Hügelketten und fruchtbares Ackerland, dazwischen romantische Klosterruinen, stattliche Herrenhäuser, mächtige Castles und hübsche Kleinstädte, an der Küste schöne Sandstrände, karstige Felsbuchten und geschäftige Fischerhäfen – das sind die Borders, das jahrhundertelang heftig umkämpfte Grenzgebiet zwischen England und Schottland. Die Geschichte dieser Region wurde maßgeblich von vier berühmten Abteien aus dem 12. Jh. bestimmt. Trotz häufiger Kriege und Überfälle aus England entwickelten sich diese Klöster zu bedeutenden wirtschaftlichen und kulturellen Zentren – bisweilen nahmen sogar Könige hier Kredite auf –, bis die Engländer Mitte des 16. Jh.s die Klöster bis auf die Grundmauern niederbrannten. »Land des Sir Walter Scott« werden die Borders auch gern genannt, weil sich hier das Wohnhaus des viel gelesenen Schriftstellers befindet.

Carter Bar

Wer von England durch die Cheviot Hills über die 418 m hohe Passhöhe Carter Bar kommt, wird beim ersten Blick auf Schottland möglicherweise etwas von dem Heimatgefühl der Schotten verstehen. Meist wird man hier oben von einem Dudelsackspieler begrüßt. In Hawick, der größten Stadt der Borders, findet jedes Jahr im Herbst das Borders Festival mit Blues und Jazz statt.

Jedburgh

In Jedburgh ca. 16 km hinter der Grenze wurde der aus zwei verschiedenen Garnen gewebte »Tweedy«-Look kreiert. Wer sich mit Wollwaren, Tartans und Whisky eindecken möchte, findet in der Jedburg Woollen Mill und der Edinburgh Woollen Mill im Bankend North an der Edinburgh Road eine gute Auswahl. Hauptsehenswürdigkeit sind die malerischen Ruinen der 1138 gegründeten Jedburgh Abbey, die 1544 von den Engländern zerstört wurde. Bei dem Angriff blieb die Kirche fast vollständig erhalten. Besonders schön sind zwei normannische Torbögen, ein herrliches Rosenfenster an der Westfassade, die Arkaden im Hauptschiff und das Maßwerk der Fenster. Im Besucherzentrum erhält man Einblicke in das Leben der Mönche.

✶ ◄ Abbey

✶ **Dryburgh Abbey**

Östlich von Jedburgh liegen auf einer Halbinsel am Tweed-Ufer die Ruinen der Dryburgh Abbey. Das 1150 gegründete Kloster war zeitweilig ausgesprochen wohlhabend und einflussreich. 1544 wurde die Abtei zerstört. Zu den Überresten der im hochgotischen Stil gebauten Klosterabtei gehören das schöne Westportal, das Rosenfenster am Westende des Refektoriums, das Kapitelhaus und die St.-Modans-Kapelle. Im nördlichen Querschiff liegt Sir Walter Scott, dem die Dryburgh Abbey als »die romantischste Ruine« galt, begraben.

✶ **Melrose**

Melrose, eine gemütliche Kleinstadt im Tweedtal, ist beliebter Ausgangspunkt für Touren durch die Borders und den knapp 100 km langen St. Cuthbert's Way, der in Lindisfarme auf Holy Island endet. Für Theodor Fontane war die 1136 gegründete Melrose Abbey »überhaupt unter allen Ruinen durchaus die schönste und fesselndste«. Sie gilt als Höhepunkt unter den schottischen Abtei-Ruinen. Gerühmt wird vor allem die kunstvolle Steinmetzarbeit – Kapitelle und Skulpturen sind ausgesprochen detailliert gestaltet, u.a. sieht man naturgetreue Darstellungen des Handwerks und einen fantastischen Wasserspeier in Form eines Dudelsack pfeifenden Schweins. Unter dem Ostfenster soll das Herz von Robert the Bruce, der den Wiederaufbau nach der Zerstörung durch Edward II. ermöglicht hat, begraben worden sein – 1920 fand man im Kapitelhaus tatsächlich ein mumifiziertes Herz. Einen Teil ihrer Popularität verdankt die Abtei William Turners stimmungsvollen Zeichnungen und Sir Walter Scotts »The Lay of the Last Minstrel« (Das Lied des letzten Minnesängers), in dem der Magier Michael Scott bei Mondschein melancholische Verse auf Melrose ersann.

✶✶ ◄ Melrose Abbey

✶✶ **Abbotsford**

Abbotsford am Ufer des Tweed war das Traumdomizil von Sir Walter Scott (1771–1832); in dieser »Romanze aus Stein und Mörtel«, wie er es selbst bezeichnete, verfasste er einen Großteil seiner Gedichte und Historienromane. Durch seine Schriftstellertätigkeit zu Geld gekommen, ließ Scott ein bereits vorhandenes Farmhaus zum schottischen Herrenhaus umbauen. Die Bezeichnung Abbotsford wählte er, weil das Anwesen und die Furt unterhalb des Gebäudes sich früher im Besitz der Äbte von Melrose befunden hatten. Das Haus steckt

Sir Walter Scotts Waffensammlung in Abbotsford House

voller Erinnerungen an den berühmten Schriftsteller: Manuskripte, Porträts und alle möglichen Kuriositäten. Im Studierzimmer ist die Totenmaske von Scott zu sehen.

★ **Bowhill House**

5 km westlich von Selkirk, einer Textilstadt, in der Scott über 30 Jahre lang als Richter tätig war, lohnt Bowhill House einen Besuch. Zur kostbaren Gemäldesammlung des Landhauses zählen Arbeiten von Canaletto, van Dyck, Raeburn, Reynolds und Gainsborough.

Traquair House

Traquair House ca. 22 km westlich von Abbotsford ist das älteste kontinuierlich bewohnte Herrenhaus Schottlands. Der Landsitz diente den Stuarts als Residenz und Jagdschloss. 1745 war der berühmte schottische Freiheitskämpfer Bonnie Prince Charlie in Traquair House zu Besuch. Als er abreiste, wünschte der Hausherr ihm viel Erfolg und schloss die von zwei steinernen Bären bewachten »Bear Gates« mit dem Schwur, sie erst wieder zu öffnen, wenn ein Stuart den Thron besteigt. Folglich blieben sie bis heute geschlossen. Die Hausbrauerei braut ein gutes Ale nach alter Rezeptur.

Kailzie Gardens

Die Gärten mit duftenden Rosen, Azaleen und Rhododendren liegen wenige Kilometer nordwestlich im Tweedtal.

Thirlestane Castle 18 km nördlich von Melrose beherbergt das Border Country Life Museum, in dem Kultur und Geschichte des Grenzlandes dokumentiert ist; außerdem gibt es dort eine hübsche Spielzeugsammmlung zu bewundern.

Thirlestane Castle

Kelso, eine hübsche Kleinstadt am Tweed, hat einen schönen Marktplatz, wo jeden Abend vom Court House zum Zapfenstreich geblasen wird. Im September kommen Landwirte aus ganz Großbritannien zum berühmten Schafmarkt. Die 1128 gegründete Kelso Abbey war die größte der vier Grenzland-Abteien. Heute ist sie nur noch Ruine. Am besten erhalten sind die Querschiffe und der Westturm, der eher an eine Burg erinnert.

Kelso

✶ ◄ Kelso Abbey

Im Westen der Stadt thront Floors Castle. Das Märchenschloss wurde 1721 von William Adam für den ersten Herzog von Roxburghe gebaut und 120 Jahre später von William Playfair erweitert. Zur Innenausstattung gehören französische Stilmöbel des 17. und 18. Jh.s, feine Tapisserien, chinesische Arbeiten der Ming-Dynastie, Dresdner und Meissener Porzellan, außerdem Porträts von Gainsborough und Reynolds. Erst 1991 wurde eine wertvolle Münzsammlung entdeckt, die ein wohlhabender Aristokrat 1643 in der Nähe von Kenso vergraben hatte. Zu Floors Castle gehört ein herrlicher Garten.

✶✶ **Floors Castle**

Das georgianische Mellerstain House 10 km nordwestlich von Kelso wurde 1725 von William Adam begonnen und wenig später von seinem Sohn Robert Adam vollendet. Das Herrenhaus besitzt kostbare Stilmöbel von Chippendale, Sheraton und Hepplewhite sowie eine kostbare Gemäldesammlung, darunter Arbeiten von Constable, van Dyck, Ramsay, Aikman und Gainsborough.

Mellerstain House

Das edwardianische Landschloss Manderston 24 km nordöstlich von Kelso befindet sich in Besitz von Lord and Lady Palmer. Das Herrenhaus ist von einem Garten mit herrlichen Rhododendren umgeben.

Manderston House

✶ Stonypath · Little Sparta

Offiziell heißt der Garten des schottischen Künstlers Ian Hamilton Finlay »Stonypath«, Finlay selbst nennt seine Kulturoase 40 km südwestlich von Edinburgh »Little Sparta«. Mit seiner Frau Sue begann der Kunstgärtner 1966 aus einem verlassenen Bauernhof eine Welt aus Märchen, Mythen und Geschichte zu erschaffen. Zwischen Ginster, Lilien und Lupinen stößt man auf Sonnenuhren, klassische Kapitelle und markante Steingruppen mit eingravierten Denksprüchen. Steinplatten am Seeufer tragen die Parole »Die Ordnung der Gegenwart ist die Unordnung der Zukunft«, eine Gedenkpyramide erinnert an Caspar David Friedrich, Flugzeugträger-Skulpturen in Miniaturausgabe sind als Parodie auf kriegerische Aktionen zu lesen. Finlay wurde 2003 mit dem Creative Scotland Award ausgezeichnet.

✶ ✶ New Lanark

Museum für Industrie- und Sozialgeschichte

Die einst größte und fortschrittlichste Baumwollspinnerei Schottlands, 2001 von der UNESCO zum Weltkulturerbe erklärt, liegt ca. 40 km südöstlich von Glasgow am Ufer des River Clyde. Die berühmte Mustersiedlung des großen Sozialreformers Robert Owen (1771–1858) mit mehrstöckigen Fabrikgebäuden und lang gestreckten Wohnhäusern für die Arbeiter war schon im 19. Jh. ein bekanntes Reiseziel für technisch und sozial Interessierte. So machte u.a. Preußens Baumeister Friedrich Schinkel 1826 auf seinem Weg nach Edinburgh in New Lanark Station.
Bis 1968 wurden in New Lanark Garn und Textilien hergestellt. Nach sorgsamer Restaurierung dient die Spinnerei nun als Museum, in die alten Reihenhaussiedlungen sind wieder Familien und Kunsthandwerker eingezogen, außerdem gibt es Geschäfte, eine Jugendherberge und ein Hotel. Wie eine ideale Wohnung für eine Arbeiterfamilie ausgesehen hat, verdeutlicht das Millworkers' House. Im Visitor Centre und in der früheren Schule kann man sich über die Geschichte von New Lanark und über Owens »Betriebsphilosophie« informieren.

Geschichte von New Lanark

Gründer des Industriedorfes war Owens geschäftstüchtiger Schwiegervater **David Dale**, von Zeitgenossen als ebenso humorvoll wie erfinderisch beschrieben. Der Textilkaufmann Dale kam 1783 hierher und erkannte den besonderen Standortvorteil: die Wasserkraft der Clyde-Fälle, die zusammen mit den neu entwickelten Maschinen grundlegende Voraussetzung für die berühmten Baumwollspinnereien war. Zwei Jahre später ging die erste Fabrik in Betrieb. 2500 Menschen lebten und arbeiteten hier. Unter den Beschäftigten waren zeitweise fast 70 % Kinder, die Dale aus den Waisenhäusern von Glasgow und Edinburgh hatte holen lassen und für damalige Verhältnisse vorbildlich versorgte.
Als **Robert Owen** die Fabriken übernahm, war die Baumwollspinnerei eine der bedeutendsten in Großbritannien. Owen, der im walisischen Newton geboren wurde, stammte aus einfachen Verhältnissen. Mit 19 Jahren erhielt er bereits die Leitung einer Baumwollmanufaktur in ►Manchester, der Hochburg des frühen Industriekapitalismus. Der reformbewusste Unternehmer war von der Deckungsgleichheit der Arbeiter- und Unternehmensinteressen überzeugt. Gute Wohn- und Arbeitsverhältnisse sowie eine gute Erziehung förderten seiner Meinung nach nicht nur das Wohlergehen, sondern auch die Leistungsfähigkeit der Arbeiter und kamen damit den Unternehmen zugute. Soziale Kosten wie für den Ausbau der Arbeiterwohnungen und Verbesserungen am Arbeitsplatz betrachtete er daher als notwendige Investitionen. Die Produktivität des einzelnen Arbeiters ließ er ebenso genau kontrollieren wie die Organisation seiner Wohlfahrtseinrichtungen. Dazu gehörten Krankenversicherung und kostenloser Arztbesuch sowie die en gros bezogenen Waren im Dorfla-

den, die fast zum Selbstkostenpreis abgegeben wurden. Sein Augenmerk lenkte Owen auf die Kindererziehung, und so führte er ein privat finanziertes Schulsystem ein. Im Institute for the Formation of Charakter, das als Schulhaus und Kulturzentrum diente, betreuten 1816 im Eröffnungsjahr 14 Lehrer rund 300 Kinder. Tanz, Musik und Naturkunde nahmen einen breiten Raum im Lehrplan ein, Prügelstrafen waren verboten. Der Arbeitstag wurde schließlich von Owen auf 10,5 Stunden begrenzt, das Mindestalter für Kinderarbeit setzte er auf 10 Jahre fest. Durch sein Engagement, das auch die Mitwirkung bei der Reform der Fabrikgesetzgebung umfasste, regte Owen die ersten britischen Arbeitsschutzgesetze an. Seine sozialreformerischen Ideen wurden später zum Vorbild weiterer Modellsiedlungen. Durch den Erfolg in New Lanark ermutigt, versuchte Owen ab 1825 mit »New Harmony« (Indiana, USA) ein ähnliches Experiment zu verwirklichen, scheiterte dort aber an politischen und religiösen Differenzen und musste daraufhin seine Anteile an New Lanark verkaufen.

New Lanark – einst die größte Baumwollspinnerei Schottlands, jetzt zum Weltkulturerbe erklärt

SIR
MATT BUSBY
WAY
LEGENDS
LEGENDS
OF OLD TRAFFORD

✶ Manchester

O 13/14

Landesteil: Mittelengland
Verwaltungseinheit: Greater Manchester

Höhe: 115 ft/35 m ü. d. M.
Einwohnerzahl von Greater Manchester: 2,8 Mio.

Manchester war Ausgangspunkt der industriellen Revolution und Hochburg der englischen Arbeiterbewegung. Heute ist die Stadt vor allem bekannt für ihren legendären Fußballclub Manchester United und als Szenetreff von Pop und Rave – sie ist die Heimat von Gruppen wie Simply Red, Oasis und Take That.

Manchester ist das Handels- und Kulturzentrum des englischen Nordwestens. Mit neun Gemeinden ist die Stadt zum Verwaltungsbezirk Greater Manchester zusammengefasst worden, in dem heute knapp 3 Mio. Menschen leben – nach London der größte Ballungsraum der Insel. Mitte des 19. Jh.s kam der Wuppertaler Unternehmerssohn Friedrich Engels (1820–1895) in die damals wichtigste Industriestadt des Britischen Empire und veröffentlichte seine Beobachtungen über die elende »Lage der arbeitenden Klasse in England« – bis heute ein Hauptwerk kommunistischer Literatur. Nach dem Niedergang ganzer Industriezweige folgten Jahrzehnte des Verfalls und rekordverdächtiger Arbeitslosenzahlen, bevor Manchester sich zum attraktiven Wirtschaftsstandort wandelte. Neben diversen Großunternehmen haben sich in Manchester auch die BBC North and Granada Studios angesiedelt, Großbritanniens größte private Film- und Fernsehproduzenten – u.a. federführend bei »Vier Hochzeiten und ein Todesfall« (1994). Die Victoria University und die Technische Hochschule UMIST liegen laut Bildungsministerium auf Platz drei der Zuwendungsliste – unmittelbar nach den Eliteschmieden Oxford und Cambridge.

! *Baedeker* TIPP

Manchester United

Ein Muss für Fußballfreunde ist das legendäre Old-Trafford-Stadion vom Traditionsverein Manchester United, Rekordmeister und für viele Mancunians die beste Mannschaft der Welt. Die ruhmreiche Geschichte des 1878 gegründeten Vereins, Pokale und Trophäen der »Roten Teufel« kann man im United Football Museum (Sir Matt Busby Way, Old Trafford) bestaunen. Bei einer Stadiontour geht es bis in die Umkleidekabinen der Spieler.

Geschichte

Wirtschaftliche Bedeutung erlangte Manchester erstmalig durch die Herstellung von Wolle und Leinen, die flämische Einwanderer im 14. Jh. eingeführt hatten. Ein im 18. Jahrhundert ausgebautes Kanalnetz und die Eisenbahn förderten am Verkehrsknotenpunkt Manchester

← Manchester im Fußballfieber. Schlachtenbummler vor dem Match

die Textilindustrie, die sich auf die Schafhaltung in den Penninen und eine geschulte Arbeiterschaft stützte. Die ersten mit Dampfkraft betriebenen Spinnereimaschinen wurden entwickelt: 1764 die »Spinning Jenny« und 1780 die »Spinning Mule«; fünf Jahre später wurde der erste elektrische Webstuhl erfunden. Im Norden der Stadt konzentrierten sich die Webereien, im Süden die Spinnereien. Die Blütezeit der Tuchherstellung dauerte bis zum Ende des 19. Jh.s, das 20. Jh. war durch Krisen gekennzeichnet.

✶ Castlefield

Alter und neuer Mittelpunkt der Stadt ist das industriell geprägte Freizeitgelände von Castlefield, ein wohl einmaliges städtisches Freilichtmuseum westlich der Deansgate Station. Ein Bummel zwischen den schön restaurierten viktorianischen Häusern – an alten Kanälen entlang oder zur rekonstruierten römischen Festung Manchesters – vermittelt auf eindrucksvolle Weise die Stadtgeschichte von den Anfängen bis heute.

Manchester Orientierung

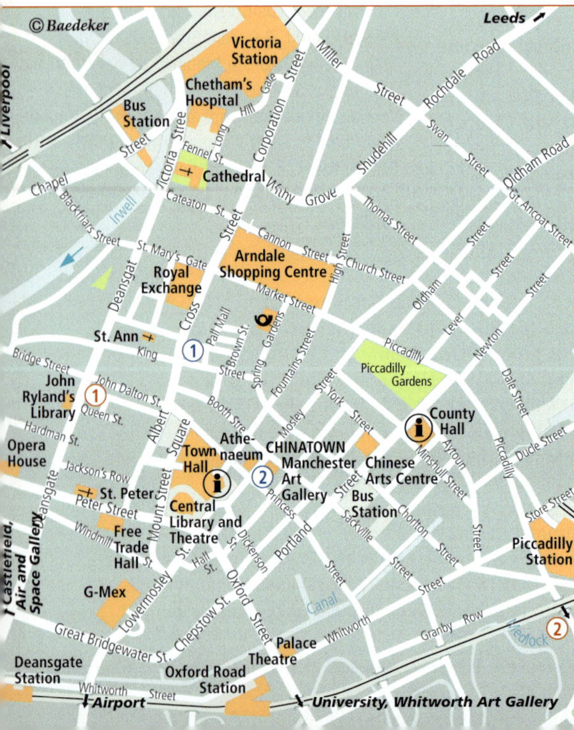

Essen

1 Le Petit Blanc
2 Armenian Taverna

Übernachten

1 The Lowry
2 The Old Rectory

MANCHESTER ERLEBEN

AUSKUNFT

Manchester Visitor Centre, Town Hall Extension, Lloyd Street, Manchester, Greater Manchester, England, M60 2LA
Tel. 01 61 – 234 31 57
Fax 01 61 – 236 99 00
E-mail: manchester_visitor_centre@notes.manchester.gov.uk
www.destinationmanchester.com

AN- UND ABREISEN

Manchester Airport liegt ca. 16 km südlich der City (www.manchester-airport.co.uk); Bus- und Bahnverbindungen ins Zentrum. Züge von Süden (London, Birmingham etc.) kommen in Piccadilly Station an, Züge aus Lancashire, Wales, Schottland, North und West Yorkshire in Victoria Station.

ESSEN

► Erschwinglich

① ***Le Petit Blanc***
55 King Street
Tel. 01 61 – 832 10 00
Französische Brasserie in trendigem Ambiente.

② ***Armenian Taverna***
Princess Street 3-5
Tel. 01 61 – 934 90 25
Gute armenische Küche zu günstigen Preisen.

ÜBERNACHTEN

► Komfortabel

① ***The Lowry Hotel***
50 Dearmans Place, Chapel Wharf, Salford, Manchester M3 5LH
Tel. 01 61 – 827 40 00
Fax 827 40 01
E-mail enquiries@thelowryhotel.com
Zentral gelegen, eingerichtet in modernem Design.

► Komfortabel/Günstig

② ***The Old Rectory Hotel***
Meadow Lane, Haughton Green, Denton, Manchester M34 7GD
Tel. 01 61 – 336 75 16
Fax 320 32 12
E-mail reservations@oldrectoryhotel-manchester.co.uk
In ländlicher Umgebung gelegen, angeschlossen ist ein hübsches Restaurant.

Baedeker-Empfehlung

► Erschwinglich

The Printworks
Manchesters Unterhaltungskomplex im ehemaligen Gebäude der Zeitung »Daily Mirror« am Exchange Square versammelt Bars, Restaurants (z.B. asiatische Küche im »Riki Tiki Tavi«, die Nudelbar »Wagamama« oder Unvermeidliches wie das Hard Rock Café), ein Kino mit 20 Leinwänden und verschiedene Clubs unter einem Dach.

EINKAUFEN

Einkaufen kann man in der City in den eleganten Geschäften von St. Ann's Square, King Street und Royal Exchange. Nördlich der Piccadilly Gardens gibt es in »Affleck's Palace«, einem alten Fabrikgebäude, Designerboutiquen, Trödler und Plattenläden, rund um die Oldham Street Mode aus Manchester, Streetwear und Second-Hand-Kleidung. Im Zentrum findet man das weltgrößte Marks & Spencer-Kaufhaus; relativ preiswerte Designerware bekommt man im »Designer Outlet« an den Salford Quays.

Highlights Manchester

Castlefield
Ein Spaziergang durch die Stadtgeschichte: von römischen Mauern über Transportkanäle bis zu Wohnhäusern aus dem 19. Jahrhundert.
► Seite 520

Museum of Science and Industry
Früher stand hier der erste Bahnhof der Welt, heute erfährt man in dem Industriemuseum alles über Dampfmaschinen, Eisenbahnen, Computer etc.
► Seite 522

The Lowry
Futuristisch anmutendes Kulturzentrum an den Salford Quays: Galerien, Theater, Bars, Restaurants.
► Seite 523

Imperial War Museum North
Bestechende Architektur: Das erste Werk von Daniel Libeskind in Großbritannien.
► Seite 524

Manchester United / Old-Trafford-Stadion
Ein Muss für Fußballfans: Besichtigung des legendären Old-Trafford-Stadions und ein Blick ins Vereinsmuseum.
► Seite 519

Chinatown
Geschäfte, Restaurants, Kunsthandwerk und vieles mehr; hauptsächlich aus Peking und Hongkong – hier lebt eine der größten chinesischen Gemeinden in Großbritannien.
► Seite 526

★★ **Museum of Science and Industry**

Zahlreiche technische Entwicklungen präsentiert das Industriemuseum an der Liverpool Road, Großbritanniens »Museum des Jahres« 1990, das mit 12 Galerien an der Stelle des ältesten Bahnhofs der Welt errichtet wurde. In der Power Hall (Ecke Lower Byrom Street) kann man mit Wasser- und Dampfkraft betriebene Maschinen aus der Boomzeit der Textilindustrie, alte Dampflokomotiven und in Manchester produzierte Oldtimer (u.a. Belsize Motor Car, 1912; Rolls-Royce, 1904; Crossley Shelsey 15.7 hp Saloon, 1929) bewundern. Nördlich der Power Hall im Lower Byrom Street Warehouse sind Druck- und Spinnmaschinen sowie verschiedene Computermodelle von den ersten Anfängen an zu sehen. Die **Air and Space Gallery** auf der östlichen Straßenseite der Lower Byrom Street zeigt Flugzeuge, die Geschichte schrieben, u.a. eine Replik des Dreideckers Triplane 1 von A. V. Roe, die 1909 mit einem 9 PS starken Motor als erstes britisches Flugzeug abhob, und einen De Havilland Trident 3 B Jet; außerdem den Raumanzug des Astronauten Thomas Stafford.

Roman Fort

Südlich gegenüber der Air and Space Gallery liegen die Ruinen der römischen Befestigung, die heute von Grünanlagen umgeben sind.

Waterways

Der angrenzende Bridgewater Canal wurde 1759–1761 fertig gestellt, um Kohle aus den Minen von Worsley in das aufstrebende Manchester zu transportieren. Hier, wie auch am 1804 eröffneten Rochdale Canal, am Wigan Pier und an den westlich gelegenen Salford Quays zwischen dem River Irwell und dem Manchester Ship Canal, hat man viele der alten Lagerhäuser restauriert und zu Büros, Geschäften, Hotels und Restaurants umfunktioniert. Empfehlenswert ist eine Bootsfahrt mit einem der Bridgewater Packet Boats.

The Quays

Die Salford und Trafford Quays, die alten Docks von Manchester, sind zur Jahrtausendwende revitalisiert worden und beherbergen neben Hotels und für die Commonwealth Spiele 2002 errichteten Sportanlagen einige von Manchesters wichtigsten Attraktionen.

★ **The Lowry**

An der Spitze der Salford Quays steht das Kulturzentrum der Stadt mit zwei Theatern und Galerien. Wie die Brücke eines Schiffes thront das verglaste Restaurant auf Michael Wilfords kühner Gebäudekonstruktion. Namengeber war **Lawrence Stephen Lowry**, ein künstlerischer Chronist des Industriekapitalismus, als von Manchester tausende Schiffe ausfuhren, um die Erträge des Empire in der Welt zu verteilen. In dem als »Gebäude des Jahres 2001« ausgezeichneten Museum sind mehr als 300 von Lowrys Gemälden und Zeichnungen ausgestellt.

Lowry Art Gallery, 2001 als »Gebäude des Jahres« ausgezeichnet

Hausfassade in der Peter Street

★ Imperial War Museum North

In diesem eindrucksvollen Bau – dem ersten von Daniel Libeskind in England – an der Trafford Wharf Road, Trafford Park, ist das Thema Krieg museal aufbereitet. In dieser Nord-Dependance des Londoner Imperial War Museum wird Besuchern u.a. eine 360°-Audio-Video-Show mit Kriegsbildern und -geräuschen geboten. Zudem werden Sonderausstellungen gezeigt.

Innenstadt

★ Kathedrale

Die Kathedrale stammt im Wesentlichen aus der Zeit von 1422 bis 1506, im Jahre 1847 wurde sie zur Kathedrale erhoben. Der Chor hat, im Gegensatz zum Schiff, seine Seitenkapellen behalten. Besonders bemerkenswert ist das Chorgestühl mit reich verzierten Miserikordien. St. John's Chapel ist heute die Regiments-Kapelle von Manchester. Die kleine Marienkapelle besitzt eine hölzerne Schranke von etwa 1440, das achteckige Kapitelhaus zeigt Wandgemälde des 20. Jh.s von C. Weigh, u.a. einen modern gekleideten Christus.

Chetham's Hospital

Das Chetham's Hospital (15. Jh.) an der Nordseite der Kathedrale war ursprünglich ein Herrensitz, wurde dann Priester-Kolleg und ist jetzt Schulgebäude. Die angeschlossene Bücherei ist eine der ältesten öffentlichen Bibliotheken in England. Sie verfügt über einen Bestand von mehr als 100 000 Büchern – zur Hälfte sind diese vor 1850 gedruckt worden.

Albert Square: Stilmix mehrerer Jahrhunderte

Die **John Rylans Library** an der Deansgate wurde 1653 gegründet und gilt mit ihren mehr als 5 Mio. Büchern und Manuskripten als Englands Schatzkammer für frühe Drucke.

Die imposante Fassade der neugotischen **Town Hall** ziert den fußgängerfreundlich umgestalteten **Albert Square**. Vom Turm des Rathauses hat man einen guten Rundblick, im Gebäude verdienen der Ratssaal (Council Chamber) und der die Stadtgeschichte darstellende Bilderzyklus von Fort Madox Brown besondere Beachtung.
Die angrenzende **Central Library**, ein großer Rundbau von 1934, beherbergt neun Büchereien und das Library Theatre.

In der **Peter Street** steht die 1951 eingeweihte Free Trade Hall, Sitz des Hallé Orchestra mit gutem Konzertsaal.

Manchesters **Zentrum für visuelle Kunst** (Oxford Road No. 70) bietet Filmvorführungen, Video-Workshops sowie Ausstellungen.

Manchester Art Gallery

Die Manchester Art Gallery in der Mosley Street birgt eine der umfassendsten Kunstsammlungen in ganz Großbritanniens außerhalb von London. Ausgestellt sind flämische Maler des 17. Jahrhunderts, Präraffaeliten und außerdem französische Impressionisten: deutsche Künstler – unter anderem Max Ernst –, Rodin, Maillol, Henry Moore und viele namhafte englische Maler, darunter Stubbs, Constable und Turner.

Chinatown. Eindeutiges Zeichen: der reich verzierte Torbogen

★ Chinatown

In Chinatown lebt eine der größten chinesischen Gemeinden Großbritanniens. In diesem Viertel haben sich zahlreiche Geschäfte und Restaurants mit kulinarischen Köstlichkeiten v.a. aus Hongkong und Peking angesiedelt; chinesisches Kunsthandwerk findet man im **Chinese Arts Centre** an der Charlotte Street. Eindrucksvolles Wahrzeichen ist ein reich verzierter chinesischer Torbogen.

Weitere Museen

In einem hoch aufragenden Glasgebäude am Rand der Cathedral Gardens wurde 2002 **Urbis** eröffnet. Das Museum beschäftigt sich mit dem Phänomen moderner Städte und dem Leben in verschiedenen Großstädten der Erde. Das **National Museum of Labour History** (103 Princess Street) zeigt Exponate zur Arbeiterbewegung, das **Jewish Museum** (190 Cheetham Hill) eine Sammlung über die jüdische Gemeinde Manchesters und das **Museum of Transport** (Boyle Street/ Cheetham Hill) über 60 alte Busse und Lastkraftwage städtischer

Busunternehmen. Lohnend ist auch die neoklassizistische **Heaton Hall** in Prestwich, 1772 von James Wyatt gebaut, mit angewandter Kunst und kostbaren Möbeln. Die elegante georgianische Platt Hall von 1764 (Wilmslow Road/Rusholme) beheimatet die **Gallery of Costum**, ein Kleider- und Kostümmuseum mit englischer Mode von 1600 bis heute.

Universität

Die Universität in Manchester ist 1851 als Owens College gegründet worden. John Owens (1790–1846) war ein wohlhabender Fabrikant, der 100 000 Pfund Sterling für eine Universität ohne kirchlichen Einfluss stiftete. Drei Nobelpreisträger gingen aus der Universität hervor: Ernest Rutherford (1871–1939), der mit seinem Atommodell die Grundlagen der heutigen Atomphysik schuf, James Chadwick, der 1932 die Existenz des Neutrons nachwies, und der zeitweilig in Manchester wirkende Sir John Douglas Cockcroft (1897–1967), ein bedeutender Physiker der britischen und kanadischen Atomforschung. Der Universität angeschlossen ist das **Manchester Museum** mit umfangreichen naturwissenschaftlichen Sammlungen.

Umgebung von Manchester

Tatton Park

In dem neoklassizistischen Herrenhaus in Knutsford knapp 10 km westlich vom Flughafen Manchester ist neben italienischen und flämischen Gemälden die Porzellan- und Glassammlung der Familie Egerton zu sehen. Die viktorianischen Küchen und Keller illustrieren das Leben der Dienerschaft. Sehr hübsch ist auch der Park mit italienischen und japanischen Gärten und einem Labyrinth.

✶ Little Moreton Hall

Little Moreton Hall 35 km südlich ist einer der eindrucksvollsten Fachwerk-Landsitze Englands (1480–1563). Obwohl es keine originale Innenausstattung mehr gibt, bietet die mehrstöckige Anlage mit hübschem Innenhof, Wassergraben und Garten einen guten Einblick in die ländliche Kultur von Cheshire im 16. Jahrhundert.

✶ Mid Wales

K – M 14/15

Landesteil: Wales/Cymru **Grafschaften:** Powys, Dyfed, Ceredigion

Sanft gewellte Hügel mit Schafweiden, winzige Orte mit hübschen Fachwerkhäusern, alte Steincottages inmitten grüner Felder – das ist Mid Wales. An der Küste, der weiten sandigen Cardigan Bay, gibt es im Norden Dünen, im Süden Klippenlandschaften.

Mid Wales erstreckt sich von der Cardigan Bay über die Cambrian Mountains bis hin zur Grenze nach England. Das Grenzgebiet war jahrhundertelang schwer umkämpft. Große Wasserreservoire aus

Mid Wales genießen – Ausreiten im Elan Valley

Mid Wales versorgen heute die Ballungszentren von ► Liverpool und ► Birmingham »jenseits der Grenze« mit Trinkwasser – nicht gern gesehen von den walisischen Nationalisten, die darin einen Ausverkauf ihrer Landschaft sehen.

★ **Llangranog**

Llangranog, ein pittoreskes Dorf mit guten Pubs, B&Bs und Cafés, liegt an einer kleinen Bucht zwischen imposanten Klippen. Der vom National Trust verwaltete Klippenpfad führt zum entlegenen Cilborth Beach und nach Ynys Lochtyn mit den Resten einer Burg.

! *Baedeker* TIPP

Delfine

Der Küstenabschnitt zwischen New Quay und Aberaeron wird gerne von Delfinen besucht – manchmal kann man sie sogar bei einem Hafenspaziergang entdecken. Eine Bootstour vergrößert aber die Chance, diesen liebenswerten Geschöpfen zu begegnen; veranstaltet werden ca. 2-stündige Touren vom New Quays Wildlife Centre (April – Okt. 10.00–17.00 Uhr).

Aberaeron weiter nördlich an der Mündung des Aeron hat einen alten Fischerhafen und ist sehenswert wegen seines architektonisch einheitlichen Ortsbilds im georgianischen Stil.

Von Aberaeron lohnt ein Abstecher ins Landesinnere. Nach 5 km taucht **Llanerchaeron House** auf, 1794–1796 gebaut, und in Besitz des National Trust. Weiter geht es in die kleine Stadt **Lampeter** im Tal des Teifi gelegen, die bekannt für ihren Pferdemarkt im Mai ist. Das 1822 gegründete St. David's College rühmt sich, die älteste und zugleich entlegenste Universität von Wales zu sein.

Your statutory rights are not
affected.

Tesco Stores Ltd
Registered Office
Tesco House, Delamare Road
Cheshunt, Herts. EN8 9SL
www.tesco.com

VAT NO: 220430231

THANK YOU FOR SHOPPING
WITH US

FSC ©
Mixed Sources
Product group from well-managed forests and other controlled sources
www.fsc.org Cert no.SGS-COC-005999
© 1996 Forest Stewardship Council

TESCO

Every little helps

If you change your mind about
your purchase, please retain
your receipt and return it to the
store with the product as sold
within 28 days.
Conditions apply to some products,
please see instore for details.
Your statutory rights are not
affected.

Tesco Stores Ltd
Registered Office
Tesco House, Delamare Road
Cheshunt, Herts. EN8 9SL
www.tesco.com
VAT NO: 220430231

THANK YOU FOR SHOPPING
WITH US

FSC ©
Mixed Sources
Product group from well-managed forests and other controlled sources
www.fsc.org Cert no.SGS-COC-005999
© 1996 Forest Stewardship Council

TESCO

Every little helps

If you change your mind about
your purchase, please retain
your receipt and return it to the
store with the product as sold

TESCO
express

ALDWICK ROAD BOGNOR 01243 842 536

How did we do?

Visit www.tescocomments.com and tell us about your shopping trip

---

GINGER BEER *		£1.09 C
PARACETAMOL 16 *		
2 @ £0.42		£0.84 C
SPRKLING WATER *		
2 @ £0.42		£0.84 C
SUB-TOTAL		£2.77

MULTIBUY SAVINGS

TESCO WATER 2L 2 FOR 70P	-0.14
TOTAL SAVINGS	-0.14
TOTAL TO PAY	£2.63
CASH	£2.70
CHANGE DUE	£0.07

VAT RECEIPT SUMMARY

Rate	NET	VAT
C 20% VAT	£2.19	£0.44

VAT No. 220430231

SIGN UP FOR CLUBCARD

you could have earned 4
clubcard points in this transaction

18/07/11 10:49 2198 003 1008 3412

Tregaron

Im Sommer ist das kleine Tregaron 10,5 km nordöstlich von Lampeter sehr beliebt. Es liegt eingebettet zwischen Moorhügeln, und für Naturfreunde empfiehlt sich von hier aus ein Ausflug in das wildromantische, unter Naturschutz stehende Hochmoor Cors Caron.

Strata Florida Abbey

Wenige Kilometer weiter nordöstlich stehen die Ruinen der Strata Florida Abbey (walisisch »Ystrad Fflur« = Tal der Blumen), einer Zisterziensergründung aus dem Jahr 1196. Von der einstigen Pracht zeugt noch das frühgotische Rundbogenportal der Westfassade.

★ Devil's Bridge

Eindrucksvoll ist ein Besuch der Devil's Brigde einige Kilometer nördlich. Hier stürzt der River Mynach in eine tiefe Schlucht und bildet eine gewaltige Kette von Wasserfällen, die sich dann mit dem Fluss Rheidol vereinigen. Von den drei existierenden Brücken stammt die unterste, die Devil's Bridge, vermutlich aus dem 12. Jahrhundert.

Aberystwyth

Aberystwyth mit 11 200 Einwohnern ist Universitäts- und Einkaufszentrum. Die Stadt liegt in der Cardifan Bay an der Mündung der Flüsse Rheidol und Ystwyth (»Aber-yst-wyth« = Mündung des Ystwyth). Eine geschützte Bucht und eine einheitliche viktorianische Strandpromenade machen Aberystwyth zu einem beliebten Badeort. Direkt am Meer stehen die 1872 gegründete Universität und die Ruinen einer Burg aus dem 13. Jahrhundert. Aberystwyth ist jugendlich-lebendig und seit jeher stolz auf ein ausgeprägtes walisisches Nationalbewusstsein.

MID WALES ERLEBEN

AUSKUNFT

Terrace Road, Aberystwyth,
Ceredigion, Wales, SY23 2AG
Tel. 0 19 70 – 61 21 25
Fax 0 19 70 – 61 21 25
E-mail:
aberystwythtic@ceredigion.gov.uk
www.ceredigion.gov.uk

ÜBERNACHTEN

► Komfortabel

Helmsman
Aberystwyth,
43 Marine Terrace, SY23 2BX
Tel./Fax 0 19 70 – 62 41 32
Renoviertes, sehr freundliches Bed & Breakfast mit zwölf Zimmern; das Haus steht direkt an der Strandpromenade.

The Wynnstay
Machynlleth,
Maengwyn Street,
SY20 8AE
Tel. 0 16 54 – 70 29 41
Fax 70 38 84
Georgianisches Hotel mit 23 Zimmern in einem liebevoll restaurierten Gebäude; angeschlossen ist ein gutes Restaurant.

Uferzeile von Aberystwyth in der Abendsonne

✶ **National Library of Wales**

Im Nordosten der Stadt liegt auf dem modernen Universitätscampus die 1907 gegründete Nationalbibliothek, eine der sechs »libraries of deposit«, die von jedem in Großbritannien erscheinenden Buch ein Exemplar erhalten müssen. Infolgedessen umfasst ihr Bestand über 2 Mio. Bücher und viele tausend Manuskripte; Spezialgebiete sind das walisische und keltische Schrifttum. Weiter bergauf kommt man zum **Aberystwyth Arts Centre** mit zeitgenössischer Kunst.

✶ **Rheidol Railway**

Eine 1902 gebaute Schmalspurbahn führt von Aberystwyth durch eine fantastische Landschaft zur Devil's Bridge. Ursprünglich wurde auf dieser Linie Blei aus den Minen der Umgebung befördert – die letzte Mine wurde 1912 geschlossen. Hin- und Rückfahrt dauern je ca. eine Stunde; die kleine Reise beginnt am Bahnhof in der Park Avenue.

Machynlleth

Machynlleth liegt an der Grenze nach Nord-Wales am River Dovey. Der Rebell Owen Glendower versammelte 1404 hier sein erstes »Parlament«, um Wales unabhängig zu regieren: Im »Parliament House« in der Mengwyn Street gibt es eine Ausstellung zu diesem Aufstand. Im Plas Machynlleth, dem früheren Sitz des Marquis von Londonderry, ist die interessante **Ausstellung »Celtica«** zur keltischen Kultur untergebracht. Wer sich für alternative Energiegewinnung durch den Einsatz von Solarkraft, Windrädern und Wasserturbinen interessiert, sollte das seit 1975 erfolgreich arbeitende **Centre for Alternative Technology** besuchen, das eingebettet in eine wunderschöne Landschaft an der A 487 in Richtung Dolgellau liegt.

Ynyslas

Das Naturreservat südlich der Mündung des Dovey bei Ynyslas ist ein Muss für Vogelfreunde. Das Visitor Centre informiert über Wanderpfade und Führungen durch die spektakuläre Dünenlandschaft.

Tywyn

★ ◂ Talylln Railway

Auf der Nordseite des River Dovey führt die beschauliche Küstenstraße in den wenig einladenden Badeort Tywyn. Hauptattraktion ist die seit 1865 existierende Talylln Railway, die durch enge Täler, bewaldetes Gebiet und an den Dolgoch Wasserfällen vorbei bis hinauf nach Abergynolwyn fährt. An mehreren Stellen kann man die Fahrt zu Wanderungen unterbrechen.

★ **Elan Valley**

Der kleine Ort Rhayader östlich der Cambrian Mountains eignet sich als Ausgangspunkt für Ausflüge ins Elan Valley. Die hübsche Hügel- und Seenlandschaft entstand um 1900 mit dem Bau eines Trinkwasserreservoirs für die rapide wachsende Industriestadt Birmingham. Im Elan Valley Visitor Centre beim Caban Coch-Damm wird der Konstruktionsprozess erläutert und gezeigt, wie Täler und ganze Dörfer dabei überflutet wurden.

Kleine Kapelle mit Friedhof mitten in der Landschaft – typisch für Wales

Llandrindod Wells Von Rhayander kommt man über die A 470 oder die A 44 nach Llandrindod Wells, dem bedeutendsten Heilbad (»Wells») in Wales. In viktorianischer Zeit kamen rund 80 000 Besucher im Jahr in das Bad, um Rheuma und Gicht zu kurieren. Als Erbe blieben breite Straßenzüge, geräumige Parkanlagen und der jüngst restaurierte Pump Room, in dem das Heilwasser genossen werden kann.

Newcastle-upon-Tyne

P/Q 10

Landesteil: Nordengland
Grafschaft: Tyne and Wear
Höhe: 89 ft/27 m ü. d. M.
Einwohnerzahl: 210 000

»To carry coals to Newcastle« heißt die englische Version des Sprichworts »Eulen nach Athen tragen« – lange Zeit bestimmte die Kohle das Leben in der wirtschaftlichen und kulturellen Kapitale des englischen Nordostens, deren Wahrzeichen die sieben Flussbrücken über den Tyne sind.

Ihren Namen erhielt die heutige Grafschaftshauptstadt von Wilhelm dem Eroberer, der – wie schon die Römer – die strategische Lage erkannte und an der Stelle eines Römerkastells eine Burg, das »New Castle«, bauen ließ. Die große Blütezeit begann mit dem Kohlebergbau; Newcastle entwickelte sich zum bedeutenden Ausfuhrhafen insbesondere für Kohle. 1823 wurde der Grundstein für die Lokomotiven-Herstellung gelegt. Im 19. Jh. erstrahlte die Stadt in neuem Glanz, noch heute dominieren viktorianische Straßenzüge das Bild im Zentrum. Der allgemeinen Strukturkrise im 20. Jh. begegneten die »Geordies« mit einfallsreichen lokalen Initiativen; seit geraumer Zeit spielt die Off-shore-Ölindustrie eine Rolle. Heute ist die Industriestadt mit den benachbarten Gemeinden zum Ballungsraum Tyneside zusammengewachsen.

Sehenswertes

★ Tyne Bridges Wenn man sich Newcastle von Süden nähert, sieht man sieben verschiedene Brücken, die den Tyne überspannen. Die drei bekanntesten waren international wegweisend für den Brückenbau. Die älteste ist die knapp 50 m hohe, doppelstöckige High Level Bridge, über deren obere Trasse der Bahnverkehr verläuft. Die 1876 eröffnete Swing Bridge steht an der gleichen Stelle wie die einst von den Römern gebaute »Pons Aelius«. Die kühnste Brückenkonstruktion ist die 1928 von George V. eingeweihte Tyne Bridge mit dem damals weltweit größten Brückenbogen mit einer Spannweite von 162 m. Die Gateshead Millennium Bridge öffnet und schließt sich wie ein überdimensionales Auge.

NEWCASTLE-UPON-TYNE ERLEBEN

AUSKUNFT

Newcastle Information,
132 Grainger Street,
Newcastle-upon-Tyne,
England, NE1 5AF
Tel. 01 91 – 277 80 00
Fax 01 91 – 277 80 09
E-mail: tourist.info@newcastle.gov.uk
www.visitnewcastlegateshead.com

AN- UND ABREISEN

Der Flughafen von Newcastle liegt 10 km nordwestlich vom Stadtzentrum (www.newcastleairport.com); Metro-Anschluss ins Zentrum. Hauptbahnhof ist die Central Station. Terminal für Fähren aus Skandinavien und den Niederlanden ist der North Shields Ferry Terminal östlich der Stadt.

ESSEN

► Erschwinglich

Salaam Bombay
52 St Andrew's Street
Tel. 01 91 – 261 97 89
Gute indische Küche.

King Neptune
34-36 Stowell Street
Tel. 01 91 – 261 66 57
Wer gerne chinesisch isst, muss nach Chinatown. Empfehlenswert: das King Neptune.

► Preiswert

Kublai Khan
Proctor House
23-29 The Side,
Tel. 01 91 – 221 22 03
Mongolische Küche.

ÜBERNACHTEN

► Komfortabel

Royal Station Hotel
Neville Street,
Newcastle-upon-Tyne
NE1 5DH
Tel. 01 91 – 232 07 81, Fax 222 07 86
E-mail:info@royalstationhotel.com
1858 von Queen Victoria und Prince Albert eröffnet und noch immer elegant und komfortabel.

Kenilworth Hotel
44 Osborne Road,
Jesmond,
Newcastle upon Tyne NE2 2AL
Tel. 01 91 – 281 81 11, Fax 281 94 76
E-mail kenilworth@snowgoose.co.uk
Gediegen und günstig gelegen.

★ **Quayside Sandhill**

Im sanierten Viertel am Quayside um die Tyne und die High Level Bridge haben sich in den alten Häusern Hotels, Läden und Restaurants angesiedelt; sonntags kann man hier über den bunten Trödelmarkt bummeln. Am Sandhill stehen mehrere historische Gebäude, darunter die Guildhall (1658) und der Merchants' Court. Das Bessie Surtees House (41–44 Sandhill) besteht aus zwei Kaufmannshäusern des 16./17. Jh.s; im Innern zeigt der English Heritage, Englands führende Denkmalpflegeorganisation, Wechselausstellungen.

Baltic Centre

Das »Baltic«, das 2002 am Südufer des Tyne in einem Getreidespeicher der einstigen »Baltic Flour Mills« eröffnet wurde, ist ein immenses Kunstzentrum. Die »Kunstfabrik« hat keine ständige Sammlung, sondern konzentriert sich auf die Produktion und Präsentation zeitgenössischer Kunst.

Jede Menge Brücken über den Tyne

Castle Keep: Ein normannischer Wehrturm nördlich der High Level Bridge an der St. Nicholas Street ist der letzte Rest des einstigen »New Castle«. Zu sehen sind eine spätnormannische Kapelle und die »King's Chamber«; vom Turm selbst hat man einen schönen Rundblick.

LIFE heißt ein neues Zentrum westlich vom Bahnhof, das sich der Menschheitsgeschichte und der Geschichte der DNA-Forschung widmet. Hier arbeiten Wissenschaft, Biotechnologie, Forschung, Bildung, Unterhaltung und Ethik zusammen, um zu erforschen, wie Leben entsteht und funktioniert. Eine spannend aufbereitete Hightech-Ausstellung widmet sich diesem Themenbereich.

Die relativ kleine **St. Nicholas Cathedral** entstand im 14./15. Jahrhundert. Ihr knapp 60 m hoher Laternenturm wird gekrönt von der herrlichen zinnenbewehrten »Scottish Crown«, die nachts eindrucksvoll erleuchtet ist. Im Innern sind der Taufstein mit Baldachin und ein Lesepult (beides um 1500) sowie die Orgel von 1676 und die teilweise sehr originellen Statuen aus dem 15., 16. und 20. Jahrhundert von Interesse.

Chares Östlich der Tyne-Brücke kommt man zu einem der ältesten Teile der Stadt, den Chares, mit engen Straßen und Treppen. Man sollte einen Blick auf das Custom House (1766) und das Trinity House (1721) werfen. Das Trinity Maritime Centre am Broad Chare ist in einem ehemaligen Lagerhaus aus der Mitte des 19. Jh.s untergebracht. Hier wird mit Modellen historischer Schiffe und des Quayside-Viertels die bewegte Geschichte der Hafenstadt erzählt.

Treffpunkt im Herzen der Stadt ist die 42 m hohe Säule des Earl Grey's Monument am Nordende der Grey Street. Von der Aussichtsplattform oben auf der Säule hat man einen fantastischen Rundblick.

★ Grey Street

Die Grainger Street, die am Grey's Monument ihren Ausgang nimmt, gilt als eine der schönsten Einkaufsstraßen der Stadt. Der Baumeister Richard Grainger war um 1830 leitender Architekt bei der Neugestaltung des Stadtzentrums.

★ Grainger Street

Um den Eldon Square ist mit dem gleichnamigen Shopping Centre, der **Central Arcade** und den **Eldon Gardens** ein riesiges Einkaufsparadies entstanden, in dem zahlreiche Ladenpassagen, elegante Geschäftsarkaden, exklusive Designerboutiquen, Restaurants, Cafés und Pubs zum Flanieren einladen.

★ Eldon Square

Die Central Arcade von 1906

Westlich vom Eldon Square Shopping Centre hat sich um die Stowell Street ein **chinesisches Viertel** herausgebildet, das für seine ausgezeichneten Restaurants bekannt ist.

Die **Laing Art Gallery** westlich des Grey's Monument am Higham Place wurde zu Beginn des 20. Jh.s eröffnet. Zum Museum gehört eine umfangreiche Gemälde- und Skulpturensammlung mit Werken alter Meister, Arbeiten von Gauguin, John Martin und Stanley Spencer, Plastiken von Henry Moore, Antiquitäten des 16.–18. Jh.s, Glas und Keramik aus der Region Tyneside sowie archäologischen Funden aus griechischer und römischer Zeit.

Vom Glockenspiel des **Civic Centre** erklingen traditionelle Lieder der Region. Eine Statue stellt den Flussgott Tyne dar.

Im Hancock Museum sind ägyptische Mumien, Nachbildungen von Dinosauriern und Mammuts, zoologische Sammlungen und Lehrpfade zur Geologie der Region zu sehen.

Hancock Museum

Zum Gebäudekomplex der 1963 gegründeten Universität gehören eine Reihe sehenswerter Museen. Beachtlich sind die Sammlung der

Universität

römischen und angelsächsischen Gegenstände im **Museum of Antiquities** (The Quadrangle), die Ausgrabungsfunde und das anschauliche Modell vom ►Hadrian's Wall sowie ein bei Housestead gefundener, rekonstruierter Mithrasaltar aus dem 3. Jahrhundert. Im Armstrong Building ist das **Shefton Museum of Greek Art & Archaeology** untergebracht, eine bedeutende Sammlung von griechischen und etruskischen Vasen, Terrakotten und Bronzegeräten. Die benachbarte **Hatton Gallery** zeigt Arbeiten europäischer Maler vom 14. bis 18. Jh. sowie Gemälde moderner englischer Künstler.

Discovery Museum

Das Museum am Blandford Square präsentiert technische Pionierleistungen der letzten 200 Jahre: Dampfmaschinen, hochmoderne Jet-Turbinen, die von George Stephenson 1830 für die Kohleminen von Killingeorth gebaute Lokomotive, verschiedene Schiffsmodelle, darunter den ersten turbinenbetriebenen Dampfer der Welt, die 1914 vom Stapel gelaufene »Turbinia«. Die »Newcastle Story« erzählt die Stadtgeschichte von der Römerzeit bis heute.

★ Jesmond Dene

Jesmond Dene ist ein reizvolles Tal im Nordosten der Stadt. »Dene« ist die lokale Bezeichnung für ein schmales, glaziales Schmelzwassertal. Hier gibt es eine der schönsten Parkanlagen in England. In dem von Lord William Armstrong für die Öffentlichkeit zugänglich gemachten Park ist auch ein Naturlehrpfad angelegt worden.

★ New Forest

P/Q 19

Landesteil: Südengland **Grafschaft:** Hampshire

Der New Forest ist keineswegs neu, wie man dem Namen entnehmen könnte, und das Gebiet besteht auch nicht durchgehend aus Wald, vielmehr sind weite Gebiete von Heide und Moor bedeckt. Eine Besonderheit sind die halbwilden »New Forest Ponies«, die man überall sieht.

NEW FOREST ERLEBEN

AUSKUNFT

New Forest Museum & Visitor Centre, Main Car Park, Lyndhurst, Hampshire, England, SO43 7NY
Tel. 0 23 – 80 28 22 69
Fax 0 23 – 80 28 44 04
E-mail: information@nfdc.gov.uk
www.thenewforest.co.uk

ÜBERNACHTEN

► **Komfortabel**

Ormonde House Hotel
Lyndhurst, Southampton Road
Tel. 0 23 – 80 28 28 06
www.ormondehouse.co.uk
Angenehmes kleines Hotel mit 19 Zimmern und vier Suiten in hübschem Haus mit großem Garten.

Das Gebiet erstreckt sich von ► Southampton bis zum Avon bei Ringwood. Seit dem 11. Jh. war es königliches Jagdrevier, im 19. Jh. wurde der New Forest zum Wandergebiet erklärt, heute ist er Naturschutzgebiet. Nach wie vor gehören weite Teile der Krone. Besonders schön ist der New Forest zur Blütezeit im Frühling und später zur Zeit der Heideblüte. Im Knightwood Oak, einem Waldstück 3,5 km südwestlich von Lyndhurst, gibt es herrliche alte Eichen von teilweise immensem Umfang. Man kann ausgedehnte Spaziergänge unternehmen. Für Autofahrer gilt: langsam fahren, da überall auf der Fahrbahn mit Ponies zu rechnen ist.

New Forest – Areal für viele frei lebende Tiere

Sehenswertes

Ein guter Ausgangspunkt für eine Rundfahrt ist **Lyndhurst**, die trubelige Hauptstadt des New Forest. In der viktorianischen Pfarrkirche St. Michael sind schöne Kapitelle mit Nachbildungen der Blätter und Früchte des New Forest zu sehen, von Edward Burne-Jones stammen das große farbige Ostfenster sowie das nördliche Querschifffenster. Auch das Grab von Reginald Hargreares – besser bekannt als Alice Liddell, die Lewis Carroll zu Alice in Wonderland inspirierte – befindet sich hier.

★ Beaulieu Abbey

Eine Perle ist Beaulieu, der »schöne Ort«, 12,8 km südöstlich von Lyndhurst. Beaulieu Abbey wurde 1204 als Zisterzienser-Kloster gegründet. Margarete von Anjou und ihr Sohn fanden hier 1471 Zuflucht. Das große Torhaus wurde 1538 in ein Wohnhaus umgewandelt, heute ist das Palace House Sitz von Lord Montagu of Beaulieu. Hauptattraktion des Herrenhauses ist das National Motor Museum mit über 250 Oldtimern, u.a. berühmten Rennwagen und Motorrädern. Zum Anwesen gehört ein schöner Park.

★ ★ ◄ National Motor Museum

Buckler's Hard

Buckler's Hard 4,8 km flussabwärts von Beaulieu ist ein malerischer Ort aus dem 17. Jh., auf dessen Werft vor dem Aufkommen der eisernen Dampfschiffe zwischen 1750 und 1820 mit den Eichen des

Miss Emily im National Motor Museum in Beaulieu

New Forest berühmte Schiffe gebaut wurden, darunter die »Agamemnon«, das Flaggschiff von Lord Nelson. An dieses Kapitel der englischen Seefahrt erinnert ein kleines Marine-Museum.

* **Exbury Gardens**

Exbury Gardens, ein wunderschöner, von Edmond de Rothschild (gest. 1942) angelegter Park, liegt 6,4 km südöstlich von Beaulieu.

Northampton

Q 16

Landesteil: Mittelengland
Grafschaft: Northamptonshire
Höhe: 300 ft/92 m ü. d. M.
Einwohnerzahl: 158 000

Northampton am Ufer des River Nene ist Grafschaftshauptstadt und wichtige Industriestadt – einst war sie Zentrum der Schuhfabrikation. In Northampton gibt es einen der größten Marktplätze Englands.

Ein folgenschweres Ereignis ereignete sich im Castle von Northampton, das heute allerdings nicht mehr steht: Der Streit zwischen Heinrich II. und Thomas Becket im Jahr 1164, der die Ermordung von Becket zur Folge hatte.

Sehenswertes

Church of the Holy Sepulchre

In der Sheep Street steht die Church of the Holy Sepulchre, eine von vier Rundkirchen in England. Urbild der Kirche ist die Grabkirche in Jerusalem. Gegründet wurde sie als Klosterkirche im 12. Jh. von Simon de Senlis, Earl of Northampton (gest. 1109), der an einem Kreuzzug ins Heilige Land teilgenommen hatte. Das jetzige Schiff, acht Stufen höher als das ursprüngliche, ist im Early English Style gehalten, die Apsis ist modern. Im eindrucksvollen Kircheninnern mit seinen mächtigen normannischen Pfeilern verdient der 1860–1864 unter Sir Gilbert Scott gebaute Chor Beachtung.

Weitere Kirchen

In der Nähe des großen Market Square steht All Saints mit einem Turm aus dem 14. Jh.; St. Peter in Marefair ist ein typisches Beispiel des reich verzierten mittelnormannischen Stils um 1160. St. Mathew's in der Kettering Road beherbergt Henry Moore's »Madonna mit dem Kind« (1944).

In der **Central Museum and Art Gallery** in der Guildhall Road wird die örtliche Schuhindustrie gewürdigt, zu sehen sind Fußbekleidungen von der Römerzeit bis heute, eine andere Ausstellung nähert sich unter dem Titel »Followers of Fashion« dem Thema Mode. In der Bridge Street gibt es ein **Museum für Leder-Kunsthandwerk**: Stücke von der Antike bis zu zeitgenössischem Design.

! *Baedeker* TIPP

Wellington Arms

Gute Ales, Biere und echter Cider werden im »Wellington Arms« (40 Wellington Street) ausgeschenkt

Umgebung von Northampton

* Bedford

Bedford an der Ouse südöstlich von Northampton ist Grafschaftshauptstadt. Bekannt ist die Stadt durch ihre Schulen: Sir William Harpur of Harper (1496–1573), Tuchhändler und 1561/1562 Bürgermeister von London, gründete 1552 in seiner Heimatstadt Bedford

NORTHAMPTON ERLEBEN

AUSKUNFT

Museum and Art Gallery,
Guildhall Road, Northampton,
Northamptonshire, England,
NN1 1DP
Tel. 0 16 04 – 83 88 00
Fax 0 16 04 – 60 41 80
E-mail: tic@northampton.gov.uk
www.northampton.gov.uk/tourism

ESSEN

▶ Erschwinglich

Fox and Dogs
Tel. 0 16 04 – 77 06 51
Im Althorp Coaching Inn »Fox and Dogs«, einem Traditionspub in Great Brington, trinkt auch Earl Spencer sein Ale. Bodenständige Küche, schöner Garten.

eine Schule – heute verwaltet der Harpur Trust vier Schulen mit 3500 Schülern. Mit Bedford verbindet sich auch der Name John Bunyan (1628–1688), ein Schriftsteller und Wanderprediger der Nonkonformisten. Als diese verboten wurden, kam er ins Gefängnis, 1675 schließlich ins Stadtgefängnis von Bedford. Dort schrieb er den größten Teil seines berühmtesten Werkes »The Pilgrim's Progress« (Des Pilgers Reise). Ein Denkmal, die Scheune, in der er seine Predigten hielt, Bibliothek und Museum erinnern an Bunyan.

Silverstone Silverstone weiter westlich an der A 43 ist eine der schnellsten Autorennbahnen Europas, hier wird jedes Jahr im Sommer der britische Grand Prix ausgetragen.Der Silverstone Circuit ist die Heimat des britischen Automobilrennsports.

*** Althorp House** Der Familiensitz der Spencers 10 km nordwestlich wurde 1573 gebaut, sein heutiges Aussehen erhielt er Ende des 18. Jh.s. Eine kleine Insel im gutseigenen See mit stilisierter Urne auf einem steinernen Sockel ist zur viel besuchten Wallfahrtsstätte geworden: hier ruht »die Königin der Herzen«, die 1997 tödlich verunglückte Prinzessin Diana, Princess of Wales (1961–1997).

Fotheringhay Fotheringhay nordöstlich von Northampton hat historische Bedeutung: Geblieben ist nicht viel mehr als eine Kirche und ein paar Häuser, aber Fotheringhay sah ein wichtiges Kapitel englischer Geschichte. Hier wurde 1587 Maria Stuart hingerichtet. An die Burg, in der die schottische Königin ihre letzte Nacht verbrachte und die Heinrich VIII. jeder seiner sechs Gattinnen geschenkt hatte, erinnert nur noch ein Schild. Nach Marias Tod wollte dort niemand mehr wohnen. Die Atmosphäre wurde auch dadurch nicht besser, daß hier 135 Jahre zuvor Richard III. geboren wurde.

* North Devon Coast

K – N 18

Landesteil: Südwestengland **Grafschaft:** Devon

Die Atlantikküste von North-Devon am Bristol Channel hat atemberaubende Klippenlandschaften und goldene Sandstrände, es gibt schöne belebte Seebäder und im Hinterland die winzigen, verträumten Dörfer von Exmoor.

*** Clovelly** Eines der beliebtesten Ferienziele an der North Devon Coast ist Clovelly. Der im Sommer überlaufene »Beauty Spot« liegt auf einem schmalen Kamm, der fast senkrecht ins Meer abfällt. Von dem kleinen Pier oder – noch besser – von der See aus hat man einen herrlichen Blick auf Clovelly und seine reizvolle Umgebung. Yellery Gate an der Ortsspitze ist der Zugang zum Park von Clovelly Court. Von

Clovelly, eine Perle an der North Devon Coast. Der Ort steht vollständig unter Denkmalschutz.

dort sollte man unbedingt einen Spaziergang durch die überwältigend schöne Landschaft machen, zu empfehlen sind der Rundweg von etwa 8 km und der Hobby Drive von 5 km.

Lundy Island

17,6 km vor Hartland Point liegt Lundy Island, nach den hier lebenden Papageientauchern auch Puffin Island genannt. Zu der wind- und wetterumtosten Granitinsel kann man von Bideford, Ilfracombe und Barnstaple aus mit dem Schiff fahren; es gibt auch eine Hubschrauberverbindung. M. C. Harmann, der einstige Besitzer des 5,6 km langen und 0,8 km breiten Tafellandes, dessen Klippen bis zu 152 m aus dem Meer aufragen, gründete hier eine Gesellschaft zur Erforschung seltener Flora und Fauna. 1929 führte er zudem eine eigene Währung und Briefmarken ein. Weite Teile der Insel, heute Eigentum des National Trust, sind als Vogelschutzgebiet ausgewiesen worden. Historische Zeugnisse sind u.a. die Ruinen der Piraten-Festung Marisco Castle und das Millcombe House (1836).

Barnstaple

Gute Ausgangsbasis für Nord-Devon ist Barnstaple an der Taw-Mündung, das stolz darauf ist, Englands älteste Stadtgemeinde – nämlich seit 830 – zu sein. Schon zu normannischer Zeit war Barnstaple ein Seehafen, die Brücke über das Mündungsdelta des Taw wurde 1273 errichtet. Das Museum of North Devon zeigt Erinnerungsstücke an John Gay, der 1685 in Barnstaple geboren wurde. Seine »Beggar's Opera« (1728) lieferte 200 Jahre später die Vorlage für Bertolt Brechts »Dreigroschenoper«.

Ilfracombe Ilfracombe ist das älteste Seebad an der Nordküste Devons. Es ist zwischen Hügeln angelegt, die benachbarten Buchten mit Badestränden lassen sich durch Felstunnel erreichen. Die ehemalige Kapelle St. Nicholas, auf einem Felsen über dem malerischen Hafen erbaut, wurde in einen Leuchtturm umfunktioniert. Ein Tipp für Wanderer ist der Torrs Walk.

NORTH DEVON COAST ERLEBEN

AUSKUNFT

Ilfracombe: The Landmark,
The Seafront, Ilfracombe,
North Devon, England,
EX34 9BX
Tel. 0 12 71 – 86 30 01
Fax 0 12 71 – 86 25 86
E-mail: ilfracombetic@aol.com

ESSEN

► Fein & teuer

Halmpstone Manor
Bishop's Tawton
Tel. 0 12 71 – 83 03 12
Man speist hervorragend bei Kerzenschein in einem Raum aus dem 16. Jh.; besonders empfehlenswert ist das Angebot an frischen Fischgerichten.

ÜBERNACHTEN

► Komfortabel

The Old Priory
Dunster, TA24 6RY
Tel. 0 16 43 – 82 15 40, Fax 82 12 67
Wenige Minuten vom Fuß der normannischen Burg entfernt liegt das empfehlenswerte georgianische Anwesen mit sechs Zimmern und einem stimmungsvollen Restaurant, in dem man regionale Gerichte bekommt.

Porlock Vale House
Porlock Weir,
TA24 8NY
Tel. 0 16 43 – 86 23 38,
Fax 86 33 38
www.porlockvale.co.uk
Die ehemalige Jagdhütte mit 15 Zimmern ist vor allem bei Pferdefreunden beliebt, da Ausritte ins Exmoor organisiert werden. Geräumige Zimmer, ein offener Kamin und herzhaftes Essen versprechen einen erinnerungswürdigen Aufenthalt.

Huxtable Farm
Barnstaple,
West Buckland,
North Devon EX32 OSR
Tel. / Fax 0 15 98 – 76 02 54
E-mail info@huxtablefarm.co.uk
North Devon ist ideal für Urlaub auf dem Bauernhof. Viele Farmer verdienen sich mit liebevoll eingerichteten Zimmern und einem meist üppigen Frühstück ein paar Pfund dazu. Zur Huxtable Farm gehört dieses schöne alte Bauernhaus aus dem Jahr 1520, in dem man eine angenehme Urlaubsunterkunft hat.

Früher Morgen an der Küste von North Devon: Ein Fischerboot fährt aufs Meer hinaus.

Lynton, Lynmouth

Lohnende Ziele sind Lynton und Lynmouth. Letzteres liegt direkt an der Küste, das viktorianisch geprägte Lynton thront indessen in 120 m Höhe über dem Punkt, wo sich der East und West Lyn vereinigen, bevor sie ins Meer fließen. Eine Klippenbahn verbindet die beiden Orte miteinander. Das altenglische Wort »Hlynn« bedeutet »reißender Fluss«. Diesem Namen machte der River Lynn alle Ehre: 1952 zerstörte er große Teile von Lynmouth, so dass der Ort fast völlig neu aufgebaut werden musste. Die Landschaft ringsum ist von außergewöhnlicher Schönheit. Zu den Höhepunkten zählen das **Valley of Rocks**, die **Woody Bay** und **Watersmeet**. Die Bademöglichkeiten sind dagegen weniger attraktiv.

**** Exmoor**

Exmoor, das großenteils Nationalpark ist, ist weitgehend kultiviert, einige Bereiche mit Moor- und Heideflächen hat man aber erhalten. Mit 519 m Höhe bietet der höchste Berg Dunkery Beacon eine herrliche Aussicht über die menschenleere Landschaft. Am nordöstlichen Rand des Exmoor erhebt sich eine mächtige Burg (17.-19. Jh.) über der Weinstadt Dunster.

★ North East Coast

P–T 9–13

Landesteil: Nordengland

Grafschaften: Humberside, North Yorkshire, Cleveland, Durham, Tyne and Wear und Northumberland

Die englische Nord-Ost-Küste zieht sich vom Gebiet nördlich der Humber-Mündung bei Hull bis zur schottischen Grenze. Die z.T. sehr charmanten Seebäder sind weniger bekannt und vom Klima nicht so begünstigt wie die Bäder Südenglands, dafür aber auch nicht so überlaufen.

★ Küstenfahrt

Withernsea Beliebtes Naherholungsziel östlich von ►Hull ist der Sandstrand von Withernsea, der sich weit an der Küste entlang zieht.

Bridlington Der Badeort Bridlington 50 km nördlich hat einen langen Strand, der sich in Richtung Süden fast über die gesamte Küste erstreckt. Einen Besuch lohnt in der Altstadt die Kirche St. Mary. Beachtung verdienen v.a. an der Ostseite das Jesse-Fenster mit 30 Feldern und die frühgotischen Fenster im Hauptschiff.

★ Burton Agnes Hall Empfehlenswert ist ein Ausflug zur Burton Agnes Hall 9 km westlich, einem prachtvollen Beispiel elisabethanischer Renaissance-Architektur. Der 1598 erbaute Herrensitz birgt kostbare Stilmöbel und eine schöne Sammlung französischer Impressionisten.

★ Scarborough Das renommierte Seebad Scarborough verdankt seinen herrlichen Sandbuchten den Beinamen »Queen of the Yorkshire Coast«. Seit 1734 gilt es als führendes Seebad im Norden, bis heute hat es seinen viktorianischen Charakter bewahrt. Scarborough bietet viele Grünanlagen, gemütliche Cafés und Freizeitmöglichkeiten aller Art. Auf dem Felsen, der die beiden Badebuchten trennt, steht ein Castle aus dem 12. Jahrhundert. Einen Blick lohnt die Kirche St. Mary aus dem 12./13. Jahrhundert. Auf dem Kirchhof liegt die Dichterin Anne Brontë (1820 bis 1849), eine der Brontë-Schwestern, begraben.

! *Baedeker* TIPP

Dracula Trail

In Whitby führt ein »Dracula Trail« zu den Schauplätzen des Dracula-Romans von Bram Stoker. Den Wegweiser dazu gibt es beim Tourismusbüro an der Langborne Road.

Der traditionsreiche Seehafen **Whitby** lockt mit feinen Sandstränden. Die Trennlinie zwischen altem und neuem Ortsteil bildet der River Esk. In früheren Zeiten war Whitby eine wichtige Walfangstation. Vampirfreunde kennen das Städtchen durch den Grafen Dracula. Der irische Autor Bram Sto-

NORTH EAST COAST ERLEBEN

AUSKUNFT

Sandside, Scarborough,
North Yorkshire, England,
YO11 1PP
Tel. 0 17 23 – 38 36 36
Fax 0 17 23 – 50 73 02
E-mail:
harboursidetic@scarborough.gov.uk
www.discoveryorkshirecoast.com

ESSEN

▸ Preiswert

The Ship Inn
Saltburn-by-the-Sea
Tel. 0 12 87 – 62 23 61
In dem Pub gleich neben dem Smugglers Heritage Centre genießt man einen schönen Blick bei gutem Essen.

Magpie Café
14 Pier Road, Tel. 0 19 47 – 60 20 58
Der womöglich beste Fish & Chips-Shop in Whitby.

ÜBERNACHTEN

▸ Luxus

Kings Arms Hotel
43 Hide Hill, Berwick-upon-Tweed
TD15 1EJ
Tel. 0 12 89 – 30 74 54
Fax 30 88 67
E-mail kings_arms.hotel@virgin.net
Posthotel aus dem 18. Jahrhundert.

▸ Komfortabel

New SouthLands Hotel
West Street, South Cliff,
Scarborough,
North YorkshireYO11 2QW
Tel. 0 17 23 – 36 14 61
Fax 37 60 35
E-mail: sales@southlandshotel.co.uk
Auf den South Cliffs gelegenes angenehmes Hotel.

White Swan Hotel
Bondgate, Within Alnwick,
Northumberland NE66 1TD
Tel. 0 16 65 – 60 21 09
Fax 51 04 00
Das White Swan Hotel war schon vor 300 Jahren Gasthaus an der Postkutschen-Strecke von London nach Edinburgh. Die »Olympic Suite« ist mit Spiegeln, Vertäfelung, der Decke und Glasfenstern der Olympic, Schwesternschiff der Titanic, eingerichtet. Wer will, kann dort auch gleich noch heiraten.

ker ließ seinen blutdürstigen Vampir auf dem schwarzen Geisterschiff »Demeter« von Transsylvanien nach Whitby kommen, um dort auf Brautschau zu gehen.
Atemberaubend schön ist die Lage des Golfplatzes auf den Klippen hoch über dem Strand, von der Klippe hat man einen traumhaften Blick auf Küste und Ort.
Hoch oben auf dem Gipfel des Kliffs thronen die Ruinen der 657 gegründeten Whitby Abbey, die einen geradezu etwas unheimlichen Eindruck vermitteln. Der markanteste Überrest ist die im 13. und 14. Jahrhundert im Early English Style errichtete Kirche. Die 199 Stufen der »Jakobsleiter« führen zu der normannischen St. Mary's Church mit einem schönen Südportal.

✶ ◂ Whitby Abbey

Robin Hood's Bay Das Whitby benachbarte Dorf Robin Hood's Bay ist ein altes Schmugglernest, das sich idyllisch an die Steilküste klammert. Es besitzt einige heimelige Pubs. Von hier führen einige attraktive Wanderwege durch die Küstenlandschaft.

Saltburn-by-the-Sea In Saltburn-by-the-Sea gibt es das aus einigen Fischer-Cottages bestehende »Saltburn Smugglers Heritage Centre« (Old Saltburn), in dem Ausstellungen mit Geräuschen und Gerüchen die Geschichte des Schmuggelns nachstellen. Auf einer herrlichen Strecke mit gewaltigen Klippen kommt man zum nächsten Seebad Redcar.

Tynemouth Wesentlich weiter nördlich liegt Tynemouth an der Mündung des River Tyne. Der Ort ist mit North und South Shields am Ostende des ►Hadrian's Wall und ►Newcastle-upon-Tyne zu einem Agglomerationsraum zusammengewachsen und hat sich zu einem bevorzugten Wochenendziel dieser Städte entwickelt. Zum Baden empfiehlt sich eher der Strand von Whitley Bay.

Seaton Delaval Hall 5 km nördlich liegt Seaton Sluice mit der Seaton Delaval Hall etwas weiter landeinwärts, dem Sitz von Lord Hastings. Dieses gewaltige palladianische Herrenhaus wurde 1718–1729 erbaut und enthält eine hervorragende Sammlung von kostbaren Stilmöbeln und Gemälden englischer Meister, u.a. Arbeiten von Reynolds.

Warkworth Castle Der folgende 65 km lange Küstenstrich zwischen Amble und Berwick trägt das Prädikat »von außergewöhnlicher Schönheit«. Warkworth liegt malerisch in einer Schleife des Coquet. Die von Shakespeare in »Henry IV.« erwähnte Burg wurde 1139 gegründet und befindet sich seit 1332 im Besitz der Familie Percy.

✶ Alnwick Castle Landeinwärts von Alnmouth, einem kultivierten Badeort mit Jachtzentrum, liegt Alnwick, eine mittelalterliche Kleinstadt hoch über dem Ufer des Aln. Das Castle, seit 1309 Sitz der Dukes of Northumberland, ist ein schönes Beispiel einer mittelalterlichen Festung. Zu den Kunstschätzen im Schloss gehören französische Stilmöbel des 17.–19. Jh.s, Funde aus der Römerzeit, eine Gemäldekollektion mit Werken von Tizian, Tintoretto, Canaletto, van Dyck und Turner, kostbares Porzellan, die Staatskarosse des Dritten Herzogs von Northumberland und eine Bibliothek mit rund 8000 Bänden, darunter handgeschriebene Gebetsbücher und seltene Frühdrucke.

Farne Islands Von Seahouses und dem benachbarten Bamburgh fahren Boote zu den unbewohnten Farne Islands. Die 30 kleinen Vulkaninseln sind als Vogelschutzgebiet ausgewiesen. Mehr als 20 Arten brüten dort, außerdem gibt es Seehunde. Zur Brutzeit dürfen nur wenige Besucher die Inseln betreten.

← *Schaurig-schön: Whitby Abbey mit dem alten Friedhof*

Bamburgh Castle, mittelalterliche Festung, die im 19. Jh. komplett restauriert wurde

★ **Bamburgh Castle**

Bamburgh, einst Hauptstadt des Königreichs von Bernicia, ist heute ein angenehmer kleiner Badeort. Das riesige Castle mit normannischem Wehrturm ist weitgehend Produkt einer im 19. Jh. durchgeführten, umfassenden Restaurierung.

★ **Holy Island Lindisfarne Priory**

Beal 18 km weiter nördlich ist Ausgangspunkt für die Lindisfarne Priory auf Holy Island. die teilweise Vogelschutzgebiet ist. Bei Ebbe kommt man zu Fuß oder mit dem Auto über einen Damm auf die Insel. Den Namen »Holy Island« erhielt die Insel aufgrund ihrer Bedeutung als wichtiges Zentrum des Christentums. St. Aidan war von Iona hierher geschickt worden, um die Einwohner Northumbriens zu missionieren, und baute ein kleines Kloster auf der Insel. Nach dem Däneneinfall flohen die Mönche mit den Gebeinen des hl. Cuthbert, Bischof des Klosters, der hier und auf den Farne Islands als Einsiedler gelebt hatte. 1093 wurde in Lindisfarne eine neue Benediktinerabtei gegründet, von der nur Reste erhalten sind.
Das gegenüberliegende **Castle** wurde Mitte des 16. Jh.s zum Schutz gegen die Schotten gebaut.

Berwick-upon-Tweed

Nördlichste Stadt Englands ist seit 1482 Berwick-upon-Tweed, eine alte Grenzsiedlung, die in 300 Jahren dreizehnmal den Besitzer wechselte. Zeitweilig war Berwick Schottlands wichtigster Seehafen. Markantes Wahrzeichen der Stadt sind drei große Brücken, die den Tweed überspannen. Die 15-bogige Berwick Bridge bzw. Old Bridge wurde 1634 eingeweiht, die 28-bogige Eisenbahnbrücke Royal Border Bridge 1847–1850 nach Plänen von Robert Stephenson gebaut.

★ ◄ Elizabethan Ramparts

Größte Sehenswürdigkeit sind die von Sir Richard Lee 1558 »kanonensicher« entworfenen Elizabethan Ramparts, die Stadtbefestigung, die Berwick noch heute im Osten und Norden umschließt und seinerzeit Vorbild für ganz Europa war. Die 1560 fertig gestellten »Walls« sind mit ihren fünf Bastionen das einzige Beispiel dieser Art in England.

Viele Zimmer mit Seeblick: das Grand Hotel in Scarborough

★ ★ North Wales

J–N 14/15

Landesteil: Wales/Cymru **Grafschaften:** Gwynedd und Clwyd

»Croeso i Cymru« – Willkommen in Wales – heißt es zur Begrüßung bei der Einfahrt nach Wales. Die Schilder am Straßenrand künden von der großen und traditionellen Gastfreundschaft der Waliser. Das abwechslungsreiche kleine Nordwales gehört zu den ältesten Touristikregionen Großbritanniens.

In angelsächsischer Zeit war Wales Rückzugsgebiet der Kelten, die schon 800 v. Chr. auf die britischen Inseln kamen, erste Städte gründeten und auf den Hochflächen Befestigungsanlagen errichteten, die so genannten »Celtic Hill Forts«. Von den Römern wurden auch die Täler besiedelt und die Festungen ausgebaut, ihnen folgten christliche Iren und schließlich die Normannen, aus deren Festungsanlagen und Siedlungen die heutigen Dörfer und Städte hervorgingen. Aus Nordwales kam die Dynastie der Tudors auf den englischen Thron, und noch heute wird auf der Burg Caernarfon der britische Thronfolger zum »Prince of Wales« proklamiert – 1969 erfolgte die feierliche Einsetzung von Prinz Charles. Auch die Nationalpartei Plaid Cymru wurde 1925 in der nordwalisischen Provinz gegründet, 1966 zog der erste Abgeordnete für Plaid Cymru ins Londoner Unterhaus, Gwynfor Evans (geb. 1912), Symbolfigur des neu erwachten Waliser Nationalismus.

? WUSSTEN SIE SCHON ...?

- Die in vielen walisischen Ortsnamen vorkommende Vorsilbe »llan« (spr. chlan) bedeutet Kirche, die ebenfalls häufigen Vorsilben »aber« = Mündung, »afon« = Fluss, »bryn« = Hügel, »craig« = Felsen, »llyn« = See, »rhos« = Heide, Ödland.

Lovespoons

Begehrtes Souvenir aus Wales sind die handgeschnitzten »Lovespoons«. Lovespoons sind hölzerne Liebeslöffel, die etwa seit dem 17. Jahrhundert bekannt sind und als Zeichen der Liebe an die Auserwählte verschenkt wurden. Diese kunstvoll verzierten »Verlobungsringe« fertigte man aus einem einzigen Holzstück – Bergahorn, Eiche, Buche oder Eberesche. Verziert sind sie mit Initialen, glücksbringenden Hufeisen, Herzchen oder verschiedenen Symbolen, die eine feststehende und allgemein bekannte Bedeutung haben: Anker (»Dauerhafte Liebe«), keltische Kreuze (»Hochzeit«), Schlüssel (»Mein Haus gehört dir«). Auch heute noch sind die Lovespoons ein beliebtes Geschenk als Zeichen der Zuneigung. Sie werden bei familiären Festen, Hochzeiten und anderen Gelegenheiten.

← *An der Küste von North Wales: Bei Ebbe ziehen sich breite Strände entlang der Tremadog Bay im Süden der Halbinsel Lleyn.*

NORTH WALES ERLEBEN

AUSKUNFT

1-2 Chapel Street, Llandudno,
Conwy, Wales, LL30 2YU
Tel. 0 14 92 – 87 64 13
Fax 0 14 92 – 87 27 22
E-mail: llandudno@nwtic.com

ESSEN

► Fein & teuer

The Garden Room Restaurant
Llandudno, North Parade
Tel. 0 14 92 – 87 44 11
Dieses ausgezeichnete und in der Region weithin bekannte Restaurant ist im St. Tudno Hotel untergebracht. Serviert werden hervorragende französische Gerichte mit frischen Produkten aus der Region; auch atmosphärisch fühlt man sich hier gut aufgehoben.

► Erschwinglich

Gales Wine Bar
Llangollen, 18 Bridge Street
Tel. 0 19 78 – 86 00 89
In diesem Weinkeller sitzt man auf alten Kirchenbänken. Man bekommt hier einfache, aber sehr leckere kleine Speisen.

Molly's Restaurant
Hole in the Wall Street
Tel. 0 12 86 – 67 32 38
Ein angenehmes Restaurant, in dem in schöner Atmosphäre mit Kerzenbeleuchtung gute regionale Gerichte serviert werden.

ÜBERNACHTEN

► Luxus

St Tudno Hotel
Llandudno, Promenade, LL30 2LP
Tel. 0 14 92 – 87 44 11, Fax 86 04 07
Ein mehrfach preisgekröntes Hotel direkt gegenüber dem Pier mit insgesamt 19 individuell gestalteten hübschen Zimmern, Schwimmbad und exzellentem Restaurant.

VERANSTALTUNG

Poetisch-politischer Höhepunkt des walisischen Kalenderjahres und traditionsreiche nationale Institution ist das Eisteddfod, das seit 1947 jedes Jahr in der zweiten Juliwoche stattfindet. Amateursänger wie prominente Solisten und Chöre aus aller Welt treten auf. Zu den Gästen der Festspielwoche zählten schon Yehudi Menuhin, Mstislav Rostropovich und die Wiener Sängerknaben. Das Eisteddfod hat seinen Ursprung in den alten »Bardensitzungen«, Zusammenkünften nach mittelalterlicher Meistersingermanier, deren erste von der Burg Cardigan in South Wales überliefert ist. Mitte des 16. Jh. wurde unter Elizabeth I. aus dem Wettstreit eine anerkannte Dichterprüfung, die sich zur nationalen Festwoche entwickelte. Zum Kampf um den Bardenthron, der bis heute rein walisisch ausgetragen wird, gehören neben Sängerwettbewerben und Dichterlesungen auch Theaterstücke, Volkstänze, Folk und Rock.

✶✶ Küstenstraße

Eine Straße führt entlang der Küste mit ihren traditionsreichen Seebädern, meilenweiten Stränden und belebten Badeorten, aber auch unberührten Klippenlandschaften mit kleinen Fischerdörfern und versteckten Buchten.

Flint

Von ► Chester fährt man am Mündungsdelta des River Dee vorbei durch stark industrialisiertes Gebiet nach Flint. Die 1277 begonnene Festung war die erste von 17 Burgen, die Edward I. zum Schutz der nordwalisischen Küste errichten ließ. Auch literarisch erhielt die Burg eine markante Rolle: In Shakespeares »Richard II.« ergab sich der König hier 1399 Bolingbroke.

Point of Ayr

Am Point of Ayr beginnt ein Küstenabschnitt mit sandigen Buchten und guten Badestränden, der sich bis nach Llandudno erstreckt. Beliebte Seebäder sind Prestatyn, Colwyn Bay und Rhos-on-Sea mit umfangreichem Freizeitangebot, kleinen Jachthäfen und Seepromenaden. Rhyl ist ein bekanntes Familienbad.

Abstecher ins Vale of Clwyd

Von Rhyl lohnt ein Abstecher ins Vale of Clwyd zum 5 km entfernten **Castle Rhuddlan**, der 1282 vollendeten zweitgrößten Festung in der Burgkette Edwards I., und nach **St. Asaph**, einem pittoresken Städtchen zwischen den Flüssen Clwyd und Elwy mit der kleinsten mittelalterlichen Kathedrale Großbritanniens, die um 560 als Klosterkirche gegründet wurde. **Denbigh/Dinbych** 10 km südlich von St. Asaph wird von einem 1282 gebauten Castle beherrscht.

Bodelwyddan Castle

Fährt man zurück über St. Asaph und dann auf der A 55 in Richtung Nordwesten, kommt man nach Bodelwyddan. Bodelwyddan Castle aus dem 19. Jh. beherbergt eine beträchtliche Sammlung viktorianischer und präraphaelitischer Porträtmalerei. Besonders eindrucksvoll ist die im William-Morris-Stil dekorierte »Watts Hall of Fame« mit 26 Porträts des Malers G. F. Watts.

✶ Llandudno

Das elegante Llandudno ist das meistbesuchte Seebad in Wales. Mit dem Aufkommen des Fremdenverkehrs im 19. Jh. wurde die viktorianische Stadt zum Treffpunkt der gehobenen Mittelklasse aus der benachbarten Industrieregion von Liverpool und Manchester. Der prachtvolle spätviktorianische Pier wurde 1994 nach einem Brand wieder instand gesetzt. Für einen Einkaufsbummel empfiehlt sich die Mostyn Street mit ihren Ladenpassagen. Kinder können sich im Alice-in-Wonderland-Centre vergnügen: Alice Lidett, die Lewis Caroll zu seinem berühmten Kinderbuch inspirierte, verbrachte alljährlich ihre Sommerferien in Llandudno.

> ! *Baedeker* TIPP
>
> **Aussicht vom Great Orme's Head**
>
> Von dem 207 m hohen Great Orme's Head, auf den eine Seilbahn hinaufführt, hat man einen fantastischen Weitblick; von dem 141 m hohen Little Orme's Head ebenfalls einen schönen Blick auf eine herrliche Klippenlandschaft.

✶ Conwy

Conwy an der Mündung des Conwy-Flusses gilt als eines der reizvollsten Städtchen in Wales. Im historischen Kern sind die mittelalterlichen Stadtmauern mit drei Toren und 22 halbrunden Türmen noch nahezu vollständig erhalten. Ein Meisterwerk mittelalterlicher

Architektur ist das im 13. Jh. von Edward I. in Auftrag gegebene **Castle**. Der große Saal ist heute ohne Dach. Ursprünglich wurde es durch acht Bogen getragen, von denen einer rekonstruiert worden ist, um die einstige Schönheit zu demonstrieren. Die Kirche **St. Mary** aus dem 13. Jh. birgt einen Grabstein für Nicholas Hookes, 41. Sprössling seines Vaters und selbst wiederum Vater von 27 Kindern.

Caernarfon Castle, Ort der Prinzenkrönung von Charles

Plas Mawr ist eines der schönsten aus elisabethanischer Zeit erhaltenen Stadthäuser. Die Innenräume aus dem 16. Jh. sind teilweise noch original ausgestattet. Ältestes Fachwerkhaus des Ortes ist das aus dem 14. Jh. stammende **Aberconwy House** mit einer wertvollen Sammlung antiker Möbel.

Ein hübscher Weg verläuft von Conwy nach **Penmaenmawr**, einem besonders bei Seglern beliebten Badeort. Bei Capelulo führt ein History Trail zu Druidenkreisen und Fundstätten alter Steinäxte, die hier in Massen angefertigt wurden.

★ Vale of Conwy Bodnant Gardens

Im schönen Vale of Conwy liegen die herrlichen Bodnant Gardens, zauberhafte Parkterrassen aus dem 19. Jh. Üppig wachsen Rhododendren, Azaleen und Kamelien, dazu gibt es einen Rosen- und Felsengarten.

Bangor

Bangor gegenüber der Insel Anglesey ist mit 13 000 Einwohnern die größte Stadt der Grafschaft Gwynedd. Die kleine **Kathedrale** wurde wahrscheinlich schon 548 gegründet. Die **Bangor Museum and Art Gallery** zeigt altwalisisches Mobiliar, Trachten und Lokalgeschichtliches aus dem 17.–19. Jahrhundert. Das 1827–1840 im neonormannischen Stil erbaute **Penrhyn Castle** erinnert an die große Zeit des Schieferabbaus, als die Penrhyn Quarries der Familie Pennant im 19. Jh. rund ein Viertel des gesamten Waliser Schiefers hervorbrachten. Der graue Stein findet sich im Interieur wieder: ein Billardtisch, ein Kamin und ein wuchtiges Himmelbett sind aus Schiefer. Die beiden Speisesäle dienen als Gemäldegalerie: Werke von Gainsborough, Canaletto und Rembrandt sind zu sehen.

★ Caernarfon

Grafschaftshauptstadt von Gwynedd ist der viel besuchte Badeort Caernarfon, der malerisch an der Menai Strait und der Mündung des River Seiont liegt. Den romantisch anmutenden Ortskern prägen enge Straßenzüge und mittelalterliche Stadtmauern. Im Jachthafen liegen schmucke Boote vor Anker.

← Das Markenzeichen von Llandudno: der spätviktorianische Pier

★★ Castle ▸

1283 ließ Edward I. den Grundstein für Caernarfon Castle legen, ein würdiger Sitz für seinen ältesten Sohn Edward of Caernarfon, den ersten Prince of Wales, sollte entstehen. Knapp 37 Jahre dauerte es, bis das Castle fertig war. Der wuchtige Komplex gehört zu den eindrucksvollsten und äußerlich am besten erhaltenen mittelalterlichen Festungsanlagen in Europa. Es steht an der Stelle eines früheren normannischen Castle, von Seiont und Menai Strait umflossen und auf der Landseite durch Wassergräben geschützt. Symbole königlicher Macht sind die großen Steinadler auf dem Eagle Tower und die Form der Burgmauern und Wehrtürme, die an den Römerwall von Konstantinopel erinnern. Die Festung erlebte 1969 die Investitur von Prinz Charles als Prince of Wales, die in einer Sonderausstellung dokumentiert ist (Öffnungszeiten: Okt. – März: Mo. – Sa. 9.30–16.00, So. 11.00–16.00, April – Mai: tgl. 9.30–17.00; Juni – Sept. 9.30–18.00).

Caernarfon Castle *Orientierung*

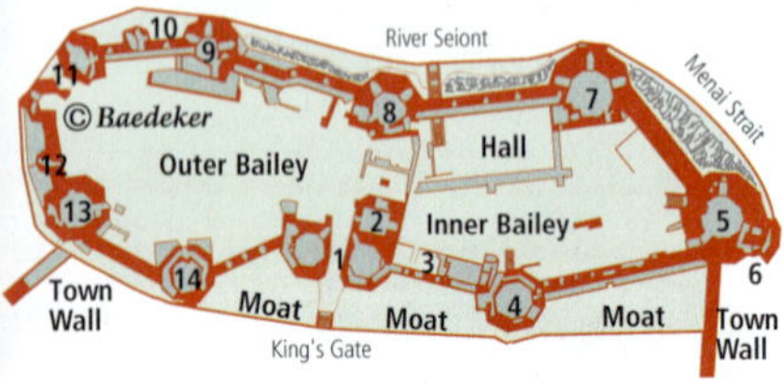

1 King's Gate
2 Prison Gate
3 Kitchen
4 Well Tower
5 Eagle Tower
6 Water Gate
7 Queen's Tower
8 Chamberlain Tower
9 Black Tower
10 Cistern Tower
11 Queen's Gate
12 Watch Tower
13 North East Tower
14 Granary Tower

★ **Lleyn Peninsula**

Die Halbinsel Lleyn (spr. Lihn) war eines der ersten besiedelten Gebiete in Wales, was an einer Vielzahl prähistorischer Zeugnisse abzulesen ist. Lleyn zählt heute zu den Bollwerken der walisischen Sprache. Die felsige Nordküste der landschaftlich ausgesprochen schönen Halbinsel, die als geschütztes »Gebiet von außerordentlicher Naturschönheit« gilt, ist nur dünn besiedelt, während sich im Süden kleine Strandbäder aneinander reihen; hier liegt auch die Hauptstadt Pwllheli. Der am Südzipfel gelegene Badeort **Aberdaron** hat einen guten 2,4 km langen Sandstrand. Die vorgelagerte Insel **Bardsey** ist Vogelschutzgebiet. Herrliche Sandbuchten sind **Porth Neigwl** bzw. »Hell's Mouth« und die geschützte Tremadog Bay mit dem beliebten Badeort **Abersoch**. **Llanbedrog** und **Pwllheli**, beide mit ausgezeichneten Stränden, sind im Sommer oft überlaufen. Der kleine Ort **Llanystumdwy** im Mündungsdelta des Dwyfor und des Dwyfach ist durch das **Lloyd-George-Museum** bekannt, das dem aus Manchester stammenden liberalen Politiker David Lloyd George (1863–1945) gewidmet ist. Beliebter Badeort ist **Criccieth**, in dem alljährlich in der dritten Juniwoche das Criccieth Festival of Jazz and Classical Music stattfindet.

! *Baedeker* TIPP

Cadwalader's Ice Cream

Eine köstliche Spezialität von Criccieth ist die sahnige Cadwalader's Ice Cream.

An der Mündung des Glaslyn River liegen die Zwillingsstädte **Porthmadog** und **Tremadog**, kleine Industriestädte, die früher für die Verschiffung von Schiefer internationale Bedeutung hatten und heute Badeorte sind. Das Maritime Museum in Porthmadog informiert über die Hafengeschichte. In Tremadog lebte der Dichter Shelley (1792–1822), Lawrence of Arabia (1888–1935) wurde hier geboren. In Porthmadog endet die älteste Schmalspurbahn der Welt, 1836 zum Transport von Schiefer aus Blaenau Ffestiniog gebaut. Heute tuckern Besucher mit dem Bähnchen durch das wunderschöne Ffestiniog-Tal.

Blaenau Ffestiniog

Zentrum des walisischen Schieferabbaus ist Blaenau Ffestiniog, das von gewaltigen Abraumhalden umgeben ist. Mit **Schiefer** sind die Reihenhäuser an der Hauptstraße gedeckt, mit Schiefer sind die Schafweiden eingemauert. Während man Schiefer andernorts im Tagebau gewinnen konnte, waren durch die ungünstige Diagonalschichtung bei Blaenau Stollen und Schachtanlagen nötig. Anfang des 19. Jh.s begann der Liverpooler Grubenspekulant Samuel Holland in den Oakeley Slate Quarries mit Schieferabbau im großen Stil. Auf dem Höhepunkt des Schieferbooms um 1900 zählte Blaenau knapp 12 000 Einwohner. In 18 Gruben waren 4000 Mann beschäftigt, heute arbeiten in den verbliebenen zwei Gruben nur noch knapp 150. Mit dem Schiefer aus Blaenau Ffestiniog wurden der Kölner Dom, der Friedenspalast von Den Haag und die AEG-Gebäude in Berlin gedeckt.

◄ Llechwedd Slate Caverns

In den Llechwedd Slate Caverns ist das harte Leben der »rockmen« dokumentiert, die hier unter Tage bei Kerzenlicht die Sprengung des Schiefers vorbereiteten. Auf zwei Untertagetouren können Besucher das Abbauverfahren nacherleben.

Portmeirion

Zwischen Porthmadog und Harlech liegt Portmeirion, eine Ferienkolonie im italienischen Stil mit Häusern in mediterranen Farben, Campanilen und Plätzen. Der Architekt Sir Clough Williams-Ellis (1884–1978) erfüllte sich hier seinen Traum von einem italienischen Dorf in Wales, das er zusammen mit Gwylt Gardens und einem Herrenhaus (Hotel) auf seiner privaten Halbinsel errichten ließ.

★ Harlech Castle

Wie eine Märchenkulisse wirkt der Anblick der mächtigen Burg Harlech Castle – ein Symbol des walisischen Patriotismus. 1404 wurde die Festung von Owain Glyndwr, dem letzten walisischen Anführer, im erbitterten Kampf gegen die Vorherrschaft der verhassten Engländer erobert und fast fünf Jahre lang gehalten. Hervorstechendes Merkmal ist das dreistöckige, doppeltürmige Torhaus. Man hat von hier einen herrlichen Blick über die Tremadog Bay, auf die Gipfel von Snowdonia und die Halbinsel Lleyn.

Llanbedr

Die gut 16 km von Harlech nach Barmouth sind landschaftlich sehr interessant, landeinwärts erheben sich die Berge des Snowdon-Natio-

Snowdonia-Panorama Orientierung

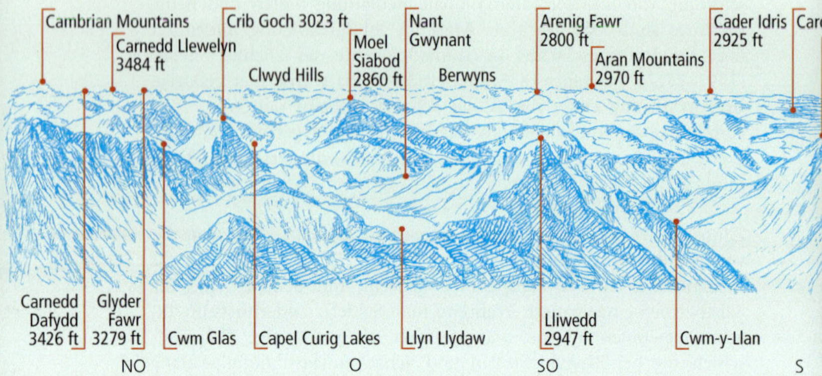

nalparks. Ein beliebter Kletterberg ist der 720 m hohe Rhinog Fawr; Ausgangspunkt für Touren ist das Dorf Llanbedr.

Barmouth Barmouth ist ein nettes Seebad, das auf einer schmalen Landzunge liegt. Hier verfasste Charles Darwin einen Teil seiner wissenschaftlichen Abhandlung über die Evolution des Menschen.

Dolgellau Von großem landschaftlichen Reiz ist das Mündungsdelta des Mawddach. Eine Straße führt am Fluss entlang nach Dolgellau, einer wunderschön im Tal des Wnion gelegenen Stadt. Um 1900 kam es zu einem kurzen »Goldrausch«, als in den Bergbächen der Umgebung Gold gefunden wurde. Die Landschaft ist von einmaliger Schönheit und Dolgellau ein empfehlenswerter Standort für Ausflüge in die fantastische Bergwelt und zum Gipfel des 893 m hohen **Cader Idris**, dem beliebtesten Berg nach dem Snowdon, der diesem in Bezug auf sein Panorama in nichts nachsteht. Drei Touren führen hinauf, sie dauern zwischen 2,5 und 4 Stunden.

? WUSSTEN SIE SCHON ...?

- Aus den Quarzadern der Clogau St. David's Mine kam das Gold für die Hochzeitsringe von Queen Mum, Queen Elizabeth II. sowie Prinz Charles und Lady Diana.

★★ Snowdonia

Snowdonia bezeichnet eine Berglandschaft in Nordwales mit 14 Gipfeln über 915 m. Der höchste ist der **Snowdon** (walisisch Eryri) mit 1085 m Höhe, der dem Gebiet den Namen gab. Die nächsthöheren

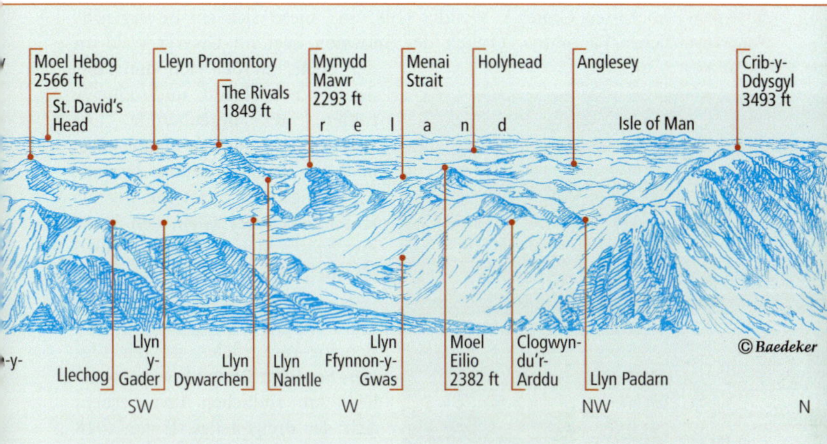

Berge sind der Crib Goch (922 m), der Crib-y-Ddysgl oder Garnedd Ugain (1065 m), Lliwedd (899 m) und Yr Aran (748 m). Den besten Blick auf die ganze Gruppe hat man von Capel Curig; die Gipfel selbst sieht man sehr gut von Porthmadog oder vom Tal des Nantlle weiter nördlich. Die fantastische Snowdonia-Landschaft zieht schon seit Jahrhunderten Kletterer und Wanderer an. 1951 wurde das Gebiet zum Snowdonia-Nationalpark erklärt. Informationszentren für den Nationalpark befinden sich in Llanwrst, Llanberis, Blaenau, Ffestiniog, Harlech, Bala, Conwy, Aberdovey und Dolgellau. Ausgeschilderte Wege erschließen die landschaftliche Schönheit, die Flora und Fauna des Gebiets. Fünf ebenfalls ausgeschilderte, relativ gefahrlose Wege führen auf den Gipfel des Snowdon, sie starten in Llanberis, Pen-y-Pass, Beddgelert, Nant Gwynant und der Snowdon Ranger. Der direkteste, aber am wenigsten reizvolle Weg beginnt in Llanberis; besonders empfehlenswert ist der Aufstieg von Beddgelert und der Abstieg zum Pen-y-Pass oder umgekehrt.

★★ ◄ Snowdonia National Park

Llanberis

Viele Touren starten im reizvoll gelegenen Llanberis am Beginn des Llanberis-Passes. Um 1870 entstanden Werkstätten für den Schieferabbau von Dinorwic, dem damals weltweit größten Schiefersteinbruch. Hier ist heute das **Welsh Slate Museum**, das Walisische Schieferbergbaumuseum, eingerichtet.

★ ◄ Snowdon Mountain Railway

Die bequemste Verbindung von Llanberis auf den Snowdon bietet die 1896 gebaute Snowdon Mountain Railway, die in einer knappen Stunde zum Gipfel hinaufdampft. Man kann die Fahrt an mehreren Stellen unterbrechen, der Gipfelaufenthalt beträgt 30 Minuten.

★★ **Snowdon-Panorama**

Von dem mehrgipfeligen Snowdon, insbesondere von seinem höchs-ten Gipfel Y Wyddfa (1085 m), bietet sich ein unvergleichliches Panorama. Östlich des Snowdon liegt im Gwyryr-Wald an der Stelle, an der sich die Täler des Conwy, Lledr und Llugwy treffen, der bezaubernde Ort Betws-y-Coed, dessen Name »Bethaus im Wald« bedeutet. Die nähere Umgebung bietet mit der Elfenschlucht Fairy Glen, den Swallow Falls und Conwy-Wasserfällen »Natur pur«.

Im Snowdonia Nationalpark

Ein hübscher Gebirgssee mit den Benglog-Wasserfällen ist der Ogwen-See **(Llyn Ogwen)** weiter westlich. Am südlichen Ende erhebt sich der dreigipfelige Tryfan (918 m), ein beliebter Kletterfelsen. Knapp 1 km südlich liegt der Llyn Idwal. Hoch in den Bergen findet man in dem Naturschutzgebiet Cwm Idwal alpine Flora.

Östliches Nordwales

Wrexham

Wrexham ist mit knapp 40 000 Einwohnern die größte Stadt in Nordwales. Am südlichen Stadtrand steht die 1722 erbaute Erdigg Hall mit einer beachtlichen Möbelsammlung aus dem 18. Jahrhundert. 11 km weiter südlich vereint das seit über 400 Jahren konstant bewohnte Chirk Castle mittelalterliche und barocke Baustile; der Landschaftsgarten wurde im 18. Jh. von William Evans angelegt.

Llangollen

Populäres Reiseziel in Nordwales ist der Ort Llangollen (spr. Chlangochlen), wunderschön gelegen am Ufer des River Dee. Die wildromantische Landschaft im bewaldeten Flusstal hat William Turner auf mehreren Bildern eindrucksvoll festgehalten.

Sehenswert ist **St. Collen's** aus dem 14. Jh. mit einer mit geschnitzten Engeln, Blumen und Tiermotiven verzierten Eichendecke.

★ Plas Newydd ►

Zwei kapriziösen Frauen verdankt Llangollen das kuriose Wohnhaus Plas Newydd (Neuer Platz), ein Black-and-White-Fachwerkbau am Butler Hill. Sarah Ponsonby und die 16 Jahre ältere Eleanor Butler hatten Ende des 18. Jh.s mit den Konventionen im irischen Elternhaus gebrochen. Im Tal des River Dee fanden sie eine Bleibe. Am Dorfrand von Llangollen bezogen sie ein Cottage, das sie zwischen 1789 und 1814 gemeinsam bewohnten und dessen Garten sie zu einem Kleinod gestalteten. Bei den »berühmtesten Jungfrauen Euro-

Powis Castle, seit mehr als 500 Jahren Sitz der Grafen von Powis

pas«, wie Fürst Pückler die beiden exzentrischen »Ladies von Llangollen« nannte, verkehrten namhafte Zeitgenossen wie der Herzog von Gloucester, der Lakeland-Dichter William Wordsworth, Sir Walter Scott und die Schauspielerin Sarah Siddons.

★ **Powis Castle**

Im Südosten von Nordwales steht 2 km südlich der Stadt Welshpool/Trallwng Powis Castle, das seit mehr als 500 Jahren ununterbrochen Sitz der Earls of Powis ist. Das Bauwerk aus rotem Sandstein hat weitgehend das Aussehen einer Burg aus dem 13.–14. Jh. bewahrt, obwohl es im 16. Jh. restauriert wurde. In der Long Gallery stehen frühe georgianische Möbel, im Oak Drawing Room hängt ein Porträt des 1. Earl of Powis von Gainsborough. Die im frühen 18. Jh. mit Balustraden und Arkaden angelegten Terrassengärten führen in einen Landschaftspark mit herrlichem altem Eichenbestand.

Offa's Dyke

Offa's Dyke ist ein Erdwall, der von dem angelsächsischen König Offa von Mercien Ende des 8. Jh.s als Grenze gegen Wales errichtet wurde. Offa hatte Caradoc, einen walisischen Prinzen, südlich von Rhyl geschlagen. Danach baute er eine durchgehende Grenzmarkierung von der Mündung des Severn bis zur Mündung des River Dee, deren Verlauf fast genau mit der heutigen Grenze zwischen England und Wales übereinstimmt. Die Befestigung bestand aus einem ca. 6 m hohen Erdwall, neben dem auf walisischer Seite ein zusätzlicher Graben verlief. An mehreren Stellen in England und Wales ist Offa's Dyke noch gut erhalten, so zum Beispiel in Mid Wales bei Kington und etwas weiter nördlich bei Knighton, einer Kleinstadt an der Teme. In Knighton hat man auch Zugang zum 1971 eröffneten Offa's Dyke Path, der mit einer Gesamtlänge von 285 km von Chepstow bis nach Prestayn führt. Im Ortskern erteilt das Offa's Dyke Centre Auskunft über den beliebten Weg und dessen historische Bedeutung. Bei Montgomery ist Offa's Dyke noch in seiner ursprünglichsten Form zu sehen und markiert 1200 Jahre nach der Entstehung noch immer exakt die Grenze zwischen den alten Rivalen Wales und England.

Montgomery

Montgomery ist eine hübsche kleine Ortschaft 16 km südlich von Welshpool mit vielen georgianischen und elisabethanischen Häusern im Ortskern. Früher war sie Grafschaftshauptstadt von Montgomeryshire, das durch die Gebitesreform zusammen mit anderen Waliser Grafschaften zu Powys wurde. Grafschaftshauptstadt war die kleine Stadt ohnehin nur auf dem Papier. Sie liegt an keiner Hauptverkehrsstraße, und der Bahnhof ist 1,6 km vom Ortskern entfernt. Den Namen verdankt die Stadt Roger de Montgomery, Earl of Shrewsbury (gest. um 1093), der Powys eroberte. Das Castle, von dem noch einige reste oberhalb des Städtchens existieren, wurde allerdings erst 1223 von Henry III. gebaut; von der Burg hat man einen hervorragenden Rundblick. In Montgomery wurde der Dichter George Herbert (1593–1633 geboren. In der Pfarrkirche aus dem 13. Jh. steht ein Monument seines Vaters. Die Kirche birgt zudem einen frühen normannischen Taufstein, geschnitzte Miserikordien und einen schönen Lettner, der wahrscheinlich aus der zerstörten Abtei von Chirbury/Salop stammt. Die Town Hall von Montgomery wurde ingeorgianischem Stil erbaut.

Mold

Mold ist die Grafschaftshauptstadt von Clwyd und auch hier ist Offa's Dyke noch gut zu erkennen. Mold hat eine hübsche High Street und eine schöne Pfarrkirche aus dem späten 15. Jh. mit Glasfenstern, die noch aus ihrer Entstehungszeit erhalten sind. Berühmtester Sohn der Stadt ist der walisische Schriftsteller Daniel Owen, an den eine Statue in der Ortsmitte erinnert.

← *Idylle pur: Baden in den Wassern des Conwy im gleichnamigen Tal südlich von Llandudno.*

** Northwest Highlands

G 7–L 4

Landesteil: Schottland **Council Area:** Highland

Menschenleere Heideflächen, karge Berglandschaften, weit ins Land dringende Fjorde und einsame Lochs – eine geradezu überwältigende Naturschönheit erwartet Besucher der Northwest Highlands, über denen ein zeitloser Zauber zu liegen scheint.

Als Northwest Highlands wird im Allgemeinen das nördlichste Drittel Schottlands bezeichnet. Durch den markanten Kaledonischen Graben, der sich von Küste zu Küste zieht, werden die Northwest Highlands von den ► Grampian Mountains getrennt. Der höchste Berg Großbritanniens, der 1343 m hohe Ben Nevis, ist hier oben zu finden, ansonsten sind die absoluten Höhen im Allgemeinen nicht beträchtlich. Klimatisch sind die Northwest Highlands vom warmen Golfstrom beeinflusst, sie gehören zu den feuchtesten Gebieten Großbritanniens. Auf den moorigen Böden wachsen Zwergstrauchheiden, an den Gebirgshängen Wildgräser.

Clans Das traditionelle Wirtschafts- und Sozialsystem des schottischen Hochlands gründete sich – mit Ausnahme von Caithness – auf ein System von über 170 Clans, die räumlich weitgehend voneinander getrennt in den Hochlandtälern mit Gerste, Hafer und Kartoffeln Ackerbau für den Eigenbedarf betrieben und schwarze Rinder, die »black cattles«, zuchteten. Das Land befand sich in Gemeinbesitz des Clans, dem ein Clanchief vorstand; jedes Mitglied war durch Rechte und Pflichten mit seinem Clan verbunden. Als es 1707 zur staatlichen Vereinigung mit England kam, wehrten sich die Hochlandclans energisch gegen die »Union« und unterstützten den schottischen Thronprätendenten Bonnie Prince Charlie. Nach dessen vernichtender Niederlage bei Culloden im Jahr 1746 wurde das Clansystem verboten und das Gebiet an englische Verwalter übergeben. Ab 1780 wurden die Ländereien zwar vielfach wieder an königstreue Clanchiefs zurückgegeben, diese nun aber, mit Feudalrechten ausgestattet, zu Grundherren, »lairds«, ernannt.

Highland Clearances: »Die Letzten des Clans« verlassen ihre Heimat (Thomas Faed, 1865)

NORTHWEST HIGHLANDS ERLEBEN

AUSKUNFT

Cameron Centre, Cameron Square,
Fort William, Inverness-shire,
Scotland, PH33 6AJ
Tel. 08 45 – 225 51 21
E-mail: info@visitscotland.com
www.visithighlands.com

ESSEN

► Fein & teuer

Old Pines
Spean Bridge bei Fort William
Tel. 0 13 97 – 71 23 24
Exzellente schottische Regionalküche und ausgesuchte Weine.

► Erschwinglich

The Auld Hoose
Inverness, 99 Castle Street
Tel. 0 14 63 – 70 98 09
Intimes Lokal mit keltischem Charme. Meerestiere von der Westküste und Hochlandrind- und lamm stehen auf der exquisiten Speisekarte.

Forss Country House Hotel
6 km von Thurso an der A 836
Tel. 0 18 47 – 86 12 01
Ausgezeichnete traditionelle Küche; herrlicher Blick über den River Forss.

► Preiswert

Fiddler's Highland Restaurant
Drumnadrochit am Loch Ness,
Main Street
Tel. 0 14 56 – 45 06 78
Gute regionstypische Gerichte wie in Scotch marinierten Lachs oder Haggis mit Zwiebel-Whisky-Sauce.

ÜBERNACHTEN

► Luxus

Dundonnell Hotel
Dundonnell by Garve (nahe Ullapool)
Tel. 0 18 54 – 63 32 04, Fax 63 33 66
www.dundonnellhotel.com
Seit über 100 Jahren werden die Gäste hier am Little Loch Broom herzlich empfangen und gut bewirtet.

► Komfortabel

The Grange
Fort William, Grange Road
Tel. 0 13 97 – 70 55 16
www.thegrange-scotland.co.uk
4 Zimmer, offene Kamine, Seeblick und ein wunderschöner Garten.

Cairnsmore
Inverness, 41 Charles Street
Tel. 0 14 63 – 23 34 85
Zentral gelegenes viktorianisches Haus mit 2 hübschen Zimmern und Superfrühstück.

John o'Groats House Hotel
John o'Groats
Tel. 0 19 55 – 61 12 04
Fax, 61 14 08
Am Fähranleger zu den Orkney-Inseln mit Panoramablick über den Pentland Firth, 17 Zimmer.

Highland Clearances

Das 19. Jh. brachte eines der bittersten Kapitel schottischer Sozialgeschichte. Angeregt durch die wachsende Nachfrage der aufstrebenden englischen Textilindustrie sahen die neuen Grundherren des Hochlandes Profitmöglichkeiten in einer Umstellung von der traditionellen Landwirtschaft auf eine großflächige Schafhaltung – zahlungskräftige Züchter boten für das Weiden ihrer Cheviot- und Linton-

Friedliche Ruhe liegt über dem einsamen Bergland der Northwest Highlands.

Schafe bis zu dreimal höhere Pachtsätze. Dafür musste ein Großteil der ansässigen Bauern in die Küstenräume umgesiedelt werden. Diese als »Highland Clearances« bekannt gewordene, zum Teil mit brutaler Gewalt durchgeführte Zwangsumsiedlung von ca. zwei Drittel der damaligen bäuerlichen Bevölkerung führte zu einer fast vollständigen Entvölkerung des Hochlandes und einer Übervölkerung der Küsten. Fischerei und Tangnachfrage boten den umgesiedelten Kleinbauern (»Crofters«) kaum Existenzmöglichkeiten. Etliche wanderten in die schottischen und englischen Industriegebiete ab oder emigrierten nach Übersee. Bis heute gibt es eine Abwanderung aus dem strukturschwachen Raum. Allerdings wurden am Caledonian Canal Gewerbe- und Industrieansiedlungen und damit die Städteentwicklung staatlich gefördert.

✶✶ Caledonian Canal

Der knapp 100 km lange Caledonian Canal gehört zu den schönsten Wasserwegen Europas. Er verbindet Nordsee und Atlantik und ist eine beliebte Wasserstraße für Freizeitkapitäne, Paddler und Ruderer.
Anfang des 19. Jh.s machte man sich die geologische Formation des Kaledonischen Grabens zunutze, und Stararchitekt Thomas Telford wurde damit beauftragt, den Caledonian Canal anzulegen, um Fischerbooten und Handelsschiffen die weite und nicht ungefährliche Fahrt durch den Pentland Firth zwischen dem äußersten Norden Schottlands und den ►Orkney Islands zu ersparen. Inzwischen haben längst Eisenbahn und Lkw den Transport übernommen, nur noch wenige kleine Frachtschiffe befahren den Kanal. Die künstli-

chen Kanalbauwerke machen nur etwa ein Drittel der Gesamtlänge aus. Den größeren Teil bilden die wundervollen, lang gestreckten, schmalen Lochs, darunter das bekannte Loch Ness. Beim Bau der Wasserstraße bestand die größte Schwierigkeit darin, Loch Lochy mit der See bei Corpach zu verbinden, da der See 28,5 m über dem Meeresspiegel liegt. Acht Schleusen schufen die Verbindung – eine Glanzleistung damaliger Technik. Die Endpunkte des Kanals sind Fort William und Inverness.

Panoramastraße nach Mallaig

Eine sehr schöne Panoramastraße, die »Road of the Isles«, führt von Fort William in nordwestlicher Richtung nach Mallaig, wo Fähren nach Skye (►Hebrides) übersetzen.

Panoramastraße zum Kyle of Lochalsh

Eine zweite großartige Panoramastraße, die A 87, startet ebenfalls am Caledonian Canal in Invergarry; sie verläuft über Loch Garry, Glen Shiel und Loch Duich mit dem Eilean Donan Castle bis zum Kyle of Lochalsh, wo man über eine Brücke nach Skye fahren kann.

✶✶ Von Fort William nach Inverness

Fort William

Hauptferienort des Distrikts Lochaber ist Fort William, bevorzugte Ausgangsbasis für Besteigungen des majestätischen Ben Nevis. Das im 17. Jh. von William of Orange erbaute Fort, dem der Ort seinen Namen verdankt, musste 1890 dem Bau der Eisenbahn weichen. Die Ben Nevis Distillery hat ein Besucherzentrum.

Das kleine **West Highland Museum** am Cameron Square zeigt eine interessante Sammlung von Möbeln, Gemälden und Whisky-Utensilien aus dem 19. Jh., Dokumente zum Caledonian Canal und über die Bezwinger des Ben Nevis, darunter Henry Alexander, der 1911 als erster Autofahrer mit einem Ford Model T den Gipfel erreichte.

Hochzeitsgäste in Fort William

Hauptattraktion ist natürlich der **Ben Nevis**, der mit 1343 m höchste Berg Großbritanniens. Für den Namen gibt es verschiedene Deutungen, die wahrscheinlichste ist »von Nebel bedeckt«. Der Aufstieg ist nicht zu unterschätzen – besonders im letzten Drittel gibt es ausgedehnte Geröllfelder. Alljährlich im September findet ein Wettrennen

Ein »Tartan« entsteht – Weber bei der Arbeit

TARTAN, PLAIDS UND KILTS

Unser Schottlandbild ist geprägt von Dudelsack und Schottenrock. Das Schottenkaro, »Tartan«, ist in Modewellen bis in unsere Gefilde vorgedrungen, ohne dass wir jemals ahnten, welche Bedeutung das gewebte Kunstwerk eigentlich hat. In den Straßen von Glasgow oder Edinburgh sind die Rockträger, die männlichen, heute zwar in der Minderheit, die Tartans aber in vielfältiger Form nach wie vor gegenwärtig.

Tartan nur mit **»Schottenkaro«** zu übersetzen, sagt wenig über die Vielfalt und Komplexität der Muster, die aus einer ganz bestimmten Abfolge farblich verschieden abgesetzter Quer- und Längsfäden entstehen. Aus Breite und Abstand der Fäden und aus der Farbe schließen Kenner auf **Heimatregion**, mögliche **Zugehörigkeit zu einem Clan** und auf den **sozialen Status** des Trägers. Allerdings ist diese so eindeutig anmutende Zuordnung heute vage und nicht gesichert überliefert. Ursprünglich bestand ein Tartan nur aus den natürlichen Farben, die die Schafwolle lieferte. Erst später färbte man die Wolle mit Pflanzenfarben ein. Jede Weberin kerbte die Abfolge der Fäden auf einem Stück Holz ein und hielt so den Tartan für die nächste Generation fest.

Vorgänger des »Kilt«

Vorgänger des heutigen Schottenrocks waren zwei ca. 5 m lange und ca. 70 cm breite Bahnen Tartan, die der Träger um sich schlang, mit einem Gürtel befestigte und den Rest um den Oberkörper und über die Schulter warf – fertig war der **»plaid«** oder **»féileadh-mor«**, frei aus dem Gälischen übersetzt **»das große Gefaltete«**. Anklänge an dieses ursprüngliche Gewand finden sich heute noch in der aufwändigen Kleidung von Mitgliedern einer Pipe-Band. Ungefähr zu Beginn des 18. Jh.s entstand der **»féileadh-bheag«**, **»das kleine Gefaltete«**, der heute allseits bekannte Schottenrock oder **»kilt«**, wahrscheinlich weil der »plaid« doch etwas umständlich zu handhaben war und moderne Kleidungsstücke wie Jacken und Mäntel aufkamen. Dazu trug und trägt man heute noch vor dem Bauch einen Lederbeutel, den »sporran«, der mit der Zeit immer prächtiger geschmückt wurde. Die Strümpfe waren früher aus demselben Tartan gewebt, sind heute jedoch meist einfarbig gehalten. Kaum noch getragen werden die »truis«, enge, wärmende

Kiltmode um 1860: Chisholm und Cameron Clan

Beinkleider. Seitlich an den Strümpfen sieht man manchmal noch den »dirk«, einen schlanken Dolch.

Die Clans und der Werdegang des Tartans

Heute eine Frage der Mode, war das Schottenmuster einst ausgesprochen wichtig für das **Selbstverständnis eines Highlanders**. Dabei ging es weniger darum, andere Clansmen identifizieren zu können – als vielmehr darum, durch den eigenen, unverwechselbaren Tartan der Verwurzelung mit dem heimischen Landstrich und seinem Clan Ausdruck zu verleihen. Die Clans bestimmten bis zur Mitte des 18. Jh.s die Struktur der schottischen Gesellschaft, ungeachtet der nominell übergeordneten königlichen Macht; dadurch erschienen die Schotten den Engländern immer als archaisches, unzivilisiertes Bergvolk. Erst die Niederlage des schottischen Thronprätendenten Bonnie Prince Charlie 1746 in der Schlacht von Culloden brach die Macht der Clans. Die **Engländer verboten** danach nicht nur das Führen von Waffen, sondern auch jegliches **Tragen von Tartans**. Damit trafen sie den Stolz der Schotten ins Mark. In den 35 Jahren, in denen das strikte Verbot bestand, ging ein großer Teil der schottischen Tradition verloren. Die Chiefs der aufrührerischen Clans büßten jeglichen Einfluss ein, eine wichtige Voraussetzung dafür, dass die **»highland clearances«** erfolgreich durchgeführt werden konnte, jene barbarische Umsiedlungsaktion, während der ganze Clans aus ihren Tälern an die Küste vertrieben wurden, um Platz für Schafweiden zu schaffen. Erst 1782 wagte der Marquis of Graham einen Vorstoß im Parlament, das Tragen von Tartans wieder zu erlauben. Sein Erfolg wurde mit großer Freude begrüßt. Die eigentliche Renaissance jedoch kam erst 1822,

Buchanan

MacLeod

Royal Stewart

nachdem **Georg IV.** als Erster König seit Karl II. wieder Edinburgh besucht und sich dabei in den **Tartan der Royal Stewarts** gehüllt hatte. Den Besuch bereitete an prominenter Stelle **Sir Walter Scott** vor, der mit seiner Dichtkunst maßgeblich zum Bild des Schotten als Highlander im Kilt beitrug. Als dann **Königin Viktoria** Schloss Balmoral erwarb und selbst die Vorhänge in Tartans ausführen ließ, brach eine wahre Manie aus, und die Webereien machten blendende Geschäfte. Ganze Regimenter, auch wenn sie eigentlich keine diesbezügliche Tradition hatten, wurden mit Kilts und Tartan-Hosen ausgerüstet (erst 1940 zogen The Queen's Own Cameron Highlanders als letzte kämpfende Truppe den Kilt wieder aus); in vornehmen Familien gehörte es zum guten Ton, schottisch anmutende Garderobe zu besitzen, selbst wenn der Tartan reines Fantasieprodukt war. Große Konjunktur hatten Tartanexperten, die bei den Clans nachforschten. Als einigermaßen verlässlich gelten die Resultate des Aberdeener Kaufmannssohnes James Logan, der die Highlands erwandert hatte und 1842/1845 eine Art Standardwerk herausbrachte: »The Clans of the Scottish Highlands«. Doch auch Scharlatane tummelten sich, wie die Brüder John und Charles Sobieski Stuart, die angeblichen Enkel von **Bonnie Prince Charlie**, die 1845 das farbenprächtige Buch »The Costume of the Clans« herausgaben, das auf einem angeblich in Frankreich gefundenen Manuskript aus dem 16. Jahrhundert basieren sollte – dieses haben sie jedoch keinem Menschen gezeigt.

»Tartan« und »Kilt« heute

Heute nennen sich die **Fans der schottischen Fußballnationalmannschaft** »Tartan Army« und die **Scottish Tartans Society** wacht darüber, dass nur die von ihr genehmigten Tartans als echt anerkannt werden. Mehr als 1800 verschiedene Tartans gibt es, Ableitungen aus den Mustern der alten Clans oder völlig neue Kreationen. Das **Scottish Tartan Museum** in Keith zwischen Aberdeen und Inverness zeigt 700 verschiedene Muster. Wer sich einen handgefertigten (Alltags)-Kilt leisten will, muss allein für den Rock etwa 200 Pfund hinblättern. Namhafte **Kiltmakers** haben sich in Edinburgh an der Royal Mile und in der Huntly Street in Inverness niedergelassen. Beim Kauf sollte man auf bestimmte Begriffe achten: »Old« bedeutet nicht, dass es sich um einen überlieferten Tartan handelt, sondern dass die Farbtöne denen der alten Pflanzenfarben nachempfunden sind. »Modern« oder »Ordinary« sind entsprechend »neuere« Farben.

Aussichtspunkt Commando Memorial: Der Blick auf den Ben Nevis ist aber oft wolkenverhangen.

zum Gipfel statt; die Rekordzeit liegt bei knapp 87 Minuten. Ein längerer Weg führt über den ähnlich attraktiven Nachbarberg **Carn Mor Dearg**. Auf dem Gipfel des Ben Nevis, der einer Steinwüste gleicht, stehen die Überreste einer 1894 aufgegebenen Wetterstation und eines 1915 geschlossenen Hotels. Der überwältigende Rundblick vom Ben Nevis reicht an klaren Tagen nahezu 240 km weit über die schottische Berg- und Inselwelt bis zu den Hebriden und zur irischen Küste. Manche Wanderer übernachten oben im Schlafsack, um den Sonnenaufgang zu erleben – wenn der Nebel mal keinen Strich durch die Rechnung macht. In jedem Fall sind plötzliche Wetterumschwünge einzukalkulieren; passende Ausrüstung sollte man dabei haben. Der flache Gipfel fällt nach Süden zunächst allmählich, dann sehr steil zum wildromantischen **Glen Nevis** ab, der als Kulisse für Mel Gibsons Film »Braveheart« diente. Auf den östlichen Nebengipfel **Aonach Mor** (1237 m) kann man von Torlundy mit einer Seilbahn hinauffahren.

★ ★
◀ Panorama

Die Straße von Fort William nach Inverness zählt zu den schönsten Panoramastraßen des Landes. Die erste Strecke bis Spean Bridge gewährt immer wieder grandiose Ausblicke auf den nördlichen Teil des Ben Nevis. **Spean Bridge** ist Ausgangspunkt für Wanderungen ins Glen Roy. **Invergarry** ist gute Ausgangsbasis für Wanderungen in die herrliche Bergwelt und Zentrum für Sportfischer.

★
Panoramastraße

✶ Loch Ness

Am Beginn des berühmten Loch Ness liegt **Fort Augustus**, das ebenfalls ein beliebtes Tourenzentrum ist. Eine nach dem englischen Herzog von Cumberland benannte Festung aus dem 18. Jh. gab dem Ort seinen Namen. 1876 errichtete der Benediktinerorden an dieser Stelle eine Abtei mit einer angesehenen Schule. Die Hauptstraße A 82 verläuft nördlich, eine Nebenstraße (B 862/B 852) südlich des Loch. Auf beiden Straßen fährt man durch schöne Wälder, Letztere ist aber die landschaftlich reizvollere; bei Foyers gibt es einen herrlichen Wasserfall. Die A 82 passiert ungefähr auf der Hälfte des Sees eine Landzunge mit der fotogenen Ruine von ✶ **Urquhart Castle**, das in seinen Ursprüngen aus dem 12. Jh. stammt. Berühmtester Lochbewohner ist natürlich Dino Nessie, der nach einer ersten Begegnung mit dem irischen Missionar St. Columba im 6. Jh. erst 1933 beim Bau der A 82 beim Nordufer wieder aufgetaucht sein soll und bis heute Anlass für die wildesten Spekulationen gibt. Nicht nur überzeugte Nessie-Fans halten Ausschau nach dem illustren Seeungeheuer. Die offizielle Monsterausstellung von Drumnadrochit im **Monster Exhibition Centre** unterrichtet über die Entstehungsgeschichte Schottlands und den Stand der Nessie-Forschung. Man wird informiert über erste Fotografien, Unterwasseraufnahmen von Sonargeräten und die Ergebnisse

Nessie ►

Beliebtes Fotomotiv: Die Ruine von Urquhart Castle am Loch Ness

der 1987 durchgeführten Operation »Deepscan«, bei der verschiedene Messungen in dem fischreichen, über 325 m tiefen See vorgenommen wurden, die auf eine mögliche Existenz hindeuten – zumindest aber den Fortbestand des geliebten Monstermythos nicht in Frage stellen. Vor dem Besucherzentrum grüßt eine schwimmende Bronzeplastik des legendären Fabeltieres, das vielleicht nur zu schüchtern ist, um sein Geheimnis preiszugeben. Ein knapp 5 km langer Kanal verbindet Loch Ness mit dem Inverness Firth, dem Endstück des Caledonian Kanal.

Viele Nessies, nur kein Original...

Inverness

Inverness an der Mündung des Ness (gälisch »Inver Ness«) ist die Hauptstadt der Highland Region und war bereits im 6. Jh. Hauptstadt des Pictenreichs. Aufgrund seiner günstigen Lage am Ausgang des Great Glen ist Inverness ein beliebtes und zeitweilig recht belebtes Touristenzentrum. Im 12. Jh. soll hier die Burgfeste von Macbeth gestanden haben, den Shakespeare literarisch verewigt hat. Die erste Festung ließ David I. Mitte des 12. Jh.s erbauen, 500 Jahre später gab Cromwell den Befehl zur Errichtung des Scone Fort. Das heutige viktorianische Schloss aus dem 19. Jh. ist Verwaltungsgebäude. Zwei Hängebrücken überspannen den River Ness im Stadtbereich. Gegenüber vom Castle Hill, über die Graig Street Footbridge erreichbar, liegt die 1871 geweihte St. Andrew's Cathedral. Das älteste Haus ist **Abertarff House** (1592) in der Church Street, hier hat der National Trust for Scotland sein Hauptbüro für die Highlands. Das reiche Erbe der Highlands illustrieren die natur- und sozialgeschichtlichen Abteilungen der **Museum & Art Gallery** am Castle Wynd.

! *Baedeker* TIPP

Monstertrip

Von Inverness aus kann man einen Tag lang auf dem Loch Ness und dem Caledonian Canal rumschippern, die fantastische Hochlandszenerie genießen und natürlich nach Dino Nessie Ausschau halten. Abfahrt: Tomnahurich Bridge an der Glenurquhart Road.

Schlachtfeld von Culloden

Im Tal des Nairn rund 10 km östlich von Inverness fand am 16. April 1746 die Schlacht von Culloden statt – Höhepunkt einer jahrhundertelangen Feindschaft –, bei der die englischen Regierungstruppen die Highländer vernichtend schlugen. Die »Eingemeindung« Schottlands nach Großbritannien war damit besiegelt. Die politischen Sanktionen, u.a. das totale Verbot des Clansystems, zerstörten endgültig die überkommene gemeinschaftliche Lebensform des Hochlands sowie

Im frühen Abendlicht: Inverness Castle

alle Hoffnungen der Stuart-Linie auf die Rückeroberung des Throns. Letzte Zeugnisse auf dem Schlachtfeld sind heute das Bauernhaus Old Leanach Cottage, in dem das gälische Lied »Mo Run Gealog« (Meine schöne, junge Liebste) erklingt, und Gedenksteine und Gräber für die Gefallenen beider Armeen.

✶ **Cawdor Castle** Knapp 16 km nordöstlich von Culloden steht Cawdor Castle, laut Shakespeare 1040 Schauplatz der Ermordung Duncans durch König Macbeth. Dieser Vermutung widerspricht – ebenso wie bei der Macbeth-Theorie von Glamis Castle (►Grampian Mountains) – die Tatsache, dass das Schloss erst Mitte des 14.–15. Jh.s erbaut wurde und Duncan in der Schlacht von Elgin durch Macbeth den Tod fand. Zur Schlossanlage gehören kostbare Stilmöbel, umfangreiche Shakespeare-Literatur und ein wunderschöner Garten.

✶ Von Inverness zum Pentland Firth

Beauly Priory Eine reizvolle Strecke führt von Inverness meist an der Küste entlang bis zur nordöstlichen Spitze Schottlands, John o' Groats, und nach Thurso. Von Inverness geht es zunächst am Beauly Firth entlang nach Beauly, dem »schönen Ort« (»beau lieu«), mit Resten eines Priorats aus dem 13. Jh. in herrlicher Lage.

✶ Black Isle ► Man überquert die Black Isle, eine wunderschöne grüne Halbinsel zwischen Beauly und Cromarty Firth, das am intensivsten genutzte

Agrargebiet der Highlands. Bekanntester Ort ist Fortrose, früher ein wichtiger Hafen, heute Badeort mit gutem Golfplatz. Von der Kathedrale blieb wenig erhalten, u.a. das Kapitelhaus. Rosemarkie, das heute zu Fortrose gehört, ist älter; es wurde im 6. Jh. gegründet. Die Industrieareale mit Petrochemie und Bohrinselwerften am **Cromarty Firth** sind Zeichen der staatlich geförderten Erdölindustrie.

Straße nach Ullapool

Am Südende des Cromarty Firth liegt Dingwall. Von hier führt die landschaftlich eindrucksvolle A 835 in Richtung Nordwesten nach Ullapool. Lohnend ist die herrliche Corrieshalloch Gorge, eine Schlucht, die die 46 m tief herabstürzenden Falls of Measach in die Landschaft gegraben haben.

Tain

Tain, einst königlicher Marktflecken, ist heute angenehmer Badeort am Dornoch Firth. Von der Kapelle St. Duthus aus dem 14. Jh. sind nur noch spärliche Reste erhalten, im Mittelalter war sie viel besuchtes Wallfahrtsziel.

Die 1843 eingeweihte und seit 1918 im Besitz von MacDonald and Muir befindliche **Glenmorangie Distillery** am Südufer des Dornoch Firth produziert den meistverkauften Malt des Landes. Der würzige, blassgoldene Whisky wird in den höchsten »Stills« von Schottland gebrannt und in Bourbon- oder Sherryfässern gelagert.

! *Baedeker* TIPP

Bottlenose-Delfine

Bei Dolphin Ecosse am Victoria Place in Cromarty kann man eine 2,5-stündige Bootstour in den Moray Forth buchen. Bei einlaufender Flut spielen hier die seltenen Bottlenose-Delfine in der Strömung. Mit einem Unterwassermikrofon werden die Laute der eleganten Schwimmkünstler an Bord übertragen.

In dem hübschen Dorf **Dornoch** gibt es eine Kathedrale aus dem 13. Jh. mit schönen Arkaden und beachtenswertem Westfenster. Von dem alten Castle, einst Bischofspalast, steht nur noch der Turm, der einem Hotelbau angegliedert worden ist.

* ◄ Skibo Castle

Die Burg Skibo 8 km westlich wurde 1898 im Auftrag des gebürtigen Schotten Andrew Carnegie (1835–1919) erbaut, der in den Vereinigten Staaten zum Stahlkönig geworden war, 350 Millionen Dollar für wissenschaftliche und wohltätige Zwecke stiftete und die nach ihm benannten Carnegie Institutes gründete. Zu seinen Hausgästen gehörten Rockefeller, Rudyard Kipling und Edward VII. Ende 2000 gaben Popqueen Madonna und Guy Richie sich hier das Jawort. Sean Connery und Jack Nicholson kommen zum Golfspielen hierher, das Schlösschen ist nämlich exklusiver Privatclub, in dem man allerdings auch als Nichtmitglied übernachten kann (www.carnegieclub.co.uk).

* **Dunrobin Castle**

Dunrobin Castle ist Sitz der einflussreichen Herzöge von Sutherland. Die Geschichte des Schlosses geht auf das 13. Jh. zurück. Zu den Kostbarkeiten des Interieurs gehört eine hervorragende Gemäldesammlung mit Werken von Canaletto, Reynolds und John Hoppner,

Dunrobin Castle ist von weitläufigen Parkanlagen umgeben.

Möbel im Louis-XV.-Stil, Mortlake-Tapisserien, Gobelins und einer Kuriositätenkollektion im Untergeschoss, darunter Küchenutensilien, Jagdtrophäen und eine dampfbetriebene Feuerlöschmaschine. Ein Spaziergang führt durch die weitläufigen, herrlich konzipierten Garten- und Parkanlagen mit Blick auf die See.

Brora Der gemütliche Badeort Brora an der Mündung des Brora ist bei Golfern wegen seines spektakulären 18-Loch-Golf-Course bekannt. In Hunters Woolen Mill werden feinste Tweedstoffe hergestellt.

★ Clynelish Distillery ▶ 1819 ließ der Herzog von Sutherland die Whisky-Brennerei Clynelish Distillery bauen. Der zart-fruchtige 14-jährige Clynelish gehört zu den besten Küstenmalts.

Helmsdale Das hübsche Hafenstädtchen Helmsdale verdankt seine Entstehung dem Boom der Heringsfischerei. Im Timespan Heritage Center gibt es eine interessante Audiovisionsshow über die Pikten, die Wikinger, die Highland Clearances und Nordseeöl.

Berriedale Die Strecke nach Berriedale durch eine herrliche Bergwelt mit tiefen Schluchten ist landschaftlich einfach traumhaft. Schon von weitem sieht man landeinwärts den 705 m hohen Morven und die Spitzen des etwas niedrigeren Scaraben aufragen.

Wick

Seit gut 40 Jahren exportiert das Hafenstädtchen Wick formschönes Kristallglas, das in der Caithness Glasfabrik am Harrow Hill von Hand gefertigt wird. An der Felsenküste südlich der Stadt thront die markante Ruine des Old Wick Castle, während nördlich die Überbleibsel von Girnigoe und Sinclair Castle erhalten sind.

John o'Groats

Von Wick in Richtung Nordwesten geht die Hauptstraße nach Thurso. Die Küstenstrecke in nordöstlicher Richtung führt an der Sinclair's Bay entlang. Unübersehbar kennzeichnet ein Wegweiser vor dem viktorianischen Hotel am Fährhafen von John o' Groats das Ende des schottischen Festlands. Die Spitze von Duncansby Head wird durch einen Leuchtturm markiert. Bei Klippenwanderungen hat man einen schönen Blick auf die ▸Orkney Islands.

Thurso

Außer schöner Aussicht, einem verfallenen Castle und Bischofspalast aus dem 13.Jh. bietet Thurso wenig. Die Stadt war früher Zentrum eines blühenden Steinexports und einer Steinindustrie. Vom benachbarten Scrabster legen die Fähren nach Stromness auf den ▸Orkney Islands ab. **Dunnet Head** ist der nördlichste Punkt des schottischen Festlands.

Westteil der Northwest Highlands

Eine sehr schöne Straße führt an der Nord- und an der Westküste entlang, im Norden meist dicht am Meer, im Westen weiter landeinwärts, weil die Küste hier viele tiefe Einbuchtungen hat. Lohnend sind auch die Straßen, die von Westen nach Osten die Highlands durchziehen und oft an kleinen Flüssen entlangführen, wobei man immer auf größere oder kleinere Lochs trifft.

Loch Shin

Einer der großen ist der relativ zentral gelegene Loch Shin mit guten Wassersport- und Angelmöglichkeiten. Lairg ist der wichtigste Ort am Loch Shin. Von dort aus lässt sich das nordöstlich liegende Gebiet gut erforschen, so Loch Naver mit Altnaharra oder Loch Loyal mit dem merkwürdig geformten 764 m hohen Ben Loyal. Am Loch Choire ragt der 961 m hohe Ben Kilbreck auf.

Scourie

Sehr empfehlenswert ist eine Fahrt über die A 838 und die A 894 zur Küste nach Scourie, vorbei am Loch More und am Loch Stack, die beide zwischen Bergen von 701 bis 854 m Höhe liegen.

Ullapool

Einer der beliebtesten Ferienorte in den westlichen Highlands ist Ullapool, ein malerischer Fischerort am geschützten Loch Broom, den Oskar Kokoschka (1886–1980) während mehrerer Aufenthalte auf ausdrucksstarken Aquarellen festgehalten hat. Von hier geht eine Fähre nach Stornoway auf Lewis (▸Hebrides). Das Klima in dieser Region ist sehr mild – in Inverewe Gardens bei Poolewe westlich von Ullapool blühen sogar subtropische Pflanzen.

Ein schönes Ausflugsziel auf der Seeseite sind die **Summer Isles** an der Mündung des Loch, während man landeinwärts wunderbare Touren in das landschaftlich ungewöhnliche Gebiet in Richtung Norden machen kann. Man fährt auf der gut ausgebauten A 837 über Ledmore; wilder und reizvoller ist die Bergszenerie, wenn man den küstennahen Inverkirkaig-Weg an den Kirkaig-Wasserfällen vorbei wählt. Die Bergkulisse wechselt ständig: Ben More Coigach, Cul Beag und Stac Polly erscheinen immer wieder in anderer Form. Diese zwischen 615 und 745 m hohen Gipfel sind ausgesprochene Kletterberge. Hinter Loch Lurgainn und Loch Bad a' Ghaill tauchen dann der Cul More und der Suilven auf, der von manchen Seiten einem Zuckerhut ähnelt. Loch Assynt, berühmt für seine Forellen, ist ringsherum von Bergen umgeben. Die Straße am Nordufer des Loch Assynt zählt zu den schönsten Panoramastrecken Schottlands, mit grandioser Bergkulisse und einsamen Burgruinen. Weiter westlich soll es in der Umgebung von Lochinver nicht weniger als 280 meist namenlose Lochs mit guten Angelmöglichkeiten geben.

✶ Loch Assynt ►

✶ Norwich

V 15

Landesteil: Ostengland
Grafschaft: Norfolk
Höhe: 60 ft/18 m ü. d. M.
Einwohnerzahl: 140 000

Die normannische Kathedrale, die alten Stadttore und verwinkelten Gassen spiegeln die lange Tradition der früheren Kapitale von East Anglia wider. Heute ist Norwich Grafschaftshauptstadt von Norfolk und reges Geschäfts- und Einkaufszentrum.

Der würzige Colman's Mustard, Englands schärfste Senfsorte, wird hier produziert, ebenso feine Schokoladensorten und die illustren Mackintosh-Bonbons. Die Stadt liegt in der Nähe der schönen Norfolk Broads, die man bestens mit Segel-, Paddel- oder Ruderbooten durchstreifen kann.

Sehenswertes

Tombland Vom Tombland, einem ursprünglich sächsischen Marktplatz, betritt man die Domfreiheit durch zwei mittelalterliche Tore, St. Ethelbert's Gate aus dem 13. Jh. und Erpingham Gate von 1420.

✶✶ Kathedrale Nachdem der Bischofssitz 1092 von Thetford nach Norwich verlegt worden war, wurde mit dem Bau der heutigen Kathedrale begonnen. Bis 1146 war sie fertig gestellt. Nachdem der spitze Turm 1362 zusammengebrochen war, wurde er im Decorated Style neu aufgebaut. Im 15. Jh. bekamen Langschiff und Presbyterium neue Gewölbe sowie die Westfassade ein neues Perpendicular-Fenster.

Oskar Kokoschka kam mehrfach hierher: Loch Broom bei Ullapool in den westlichen Highlands

Das Innere des Langschiffs mit niedrigen, massiven Pfeilern und insgesamt 14 Nischen ist spätromanisch. Die Fenster sind im Decorated und Perpendicular Style gehalten, das Glas stammt größtenteils aus dem 19. Jahrhundert. Beachtenswert ist das Rippengewölbe mit 326 Schlusssteinen; in der ganzen Kirche gibt es mehr als 800 davon. Zwei Nischen im südlichen Seitenschiff bergen Stifterkapellen von Bischof Nyx oder Nykke (Bischof von 1501 bis 1535). Der Chor wurde in der Perpendicular-Periode umgebaut, behielt aber seine Apsis. Hauptaugenmerk gilt den gotischen Altarbildern in den Chorseitenkapellen: »Anbetung der Hl. Drei Könige« (1480) und »Despenser Reredos« (1380). In den Seitenschiffen sind verschiedene Grabmäler zu sehen, darunter das von James Goldwell, Bischof von 1472 bis 1499. Hinter dem Hochaltar steht der steinerne Bischofsthron (6./8. Jahrhundert).
Monk's Door und Prior's Door führen weiter zum zweistöckigen, im 14. Jh. angelegten **Kreuzgang**. In den mit dekorativem Schmuck im Decorated und Perpendicular Style ausgestatteten Gängen finden sich mehr als 400 wunderschöne Schlusssteine.
Der **Bischofspalast** und St. John's Chapel (1322) sind jetzt Teil der Public School. Die früher nach King Edward VI. benannte, 1240 gegründete Klosterschule zählte u.a. Lord Nelson (►Berühmte Persönlichkeiten) und den Gartenarchitekten Humphry Repton zu ihren Schülern.

Elm Hill ✶ Am Nordende der Tombland Alley zweigt die mittelalterliche Kopfsteinpflasterstraße Elm Hill ab, in der sich hübsche Geschäfte in malerischen alten Häuschen aneinander reihen.

Bridewell Museum In der Bridewell Alley zeigt das Bridewell Museum Exponate zu Industrie und Handwerk aus Norfolk, darunter eine Ausstellung über die von Queen Victoria so geschätzten Seidenschals. Das **Mustard Museum**, das Senfmuseum, in derselben Straße dokumentiert 150 Jahre Geschichte des Colman's Mustard.

NORWICH

AUSKUNFT

The Forum,
Millennium Plain,
Norwich, Norfolk,
England, NR2 1TF
Tel. 0 16 03 – 72 79 27
Fax 0 16 03 – 76 53 89
E-mail: tourism@norwich.gov.uk
www.norwich.gov.uk

Norwich **Castle** wurde wahrscheinlich um 1160 auf einem künstlichen Erdwall erbaut. Der normannische Wehrturm war bis 1884 Gefängnis und ist seit 1894 Museum mit umfangreichen archäologischen Abteilungen, naturwissenschaftlichen Dioramen, mittelalterlichen Waffenkollektionen, Glas- und Keramikarbeiten und einer großen Gemäldesammlung mit englischen und niederländischen Meistern des 17. und 18. Jh.s sowie zahlreichen Werken der Schule von Norwich. Als Gründer der in Norwich beheimateten

Norwich Cathedral *Orientierung*

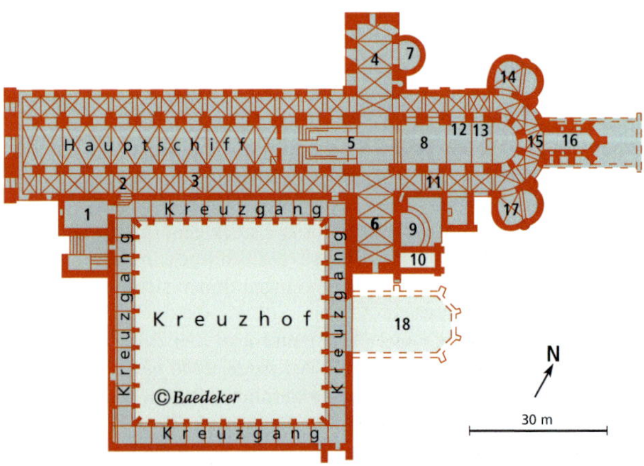

1 Laden
2 Mönchspforte
3 Kapelle von Bischof Nyx
4 Nördl. Querschiff
5 Chor
6 Südl. Querschiff
7 St. Andrew's Chapel
8 Altarraum
9 St. Peter's Chapel
10 Sakristei
11 Denkmal für Bischof Goldwell
12 Denkmal für Herbert de Losing
13 Denkmal für Sir Thomas Erpinghar
14 Jesuskapelle
15 Chorumgang
16 Erlöserkapelle
17 St. Lucas' Chapel
18 Ehem. Kapitelhaus

Norwich *Orientierung*

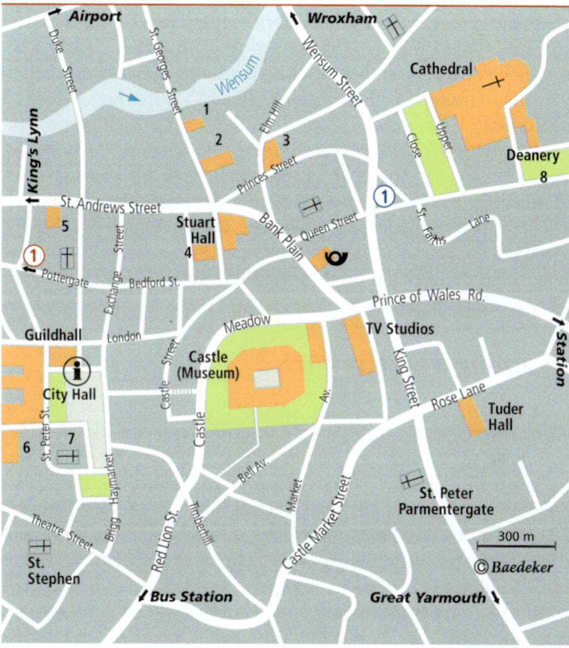

1 Art School
2 St. Andrews and Blackfriars Halls
3 Church Museum
4 Bridewell Museum
5 Stranger's Hall
6 Central Library
7 St. Peter Mancroft
8 Lower Close

Essen
1 Tatler's

Übernachten
1 Beaufort Lodge

Malerschule gilt John Crome (1768–1821), der fast ausschließlich Landschaftsbilder in der Umgebung seiner Geburtsstadt malte. Einer der begabtesten Künstler der Norwich School war John Sell Cotman (1782–1842). Zu seinem Werk gehören zahlreiche Radierungen und Aquarelle wie »Devil's Elbow« und »Mousehold Heath« (1810).

Market Place

Auf dem großen Market Place wird einmal wöchentlich einer der bedeutendsten Märkte der Grafschaft abgehalten. Den Marktplatz säumen unter anderem die aus dem 13. Jahrhundert stammende City Hall mit ihrer schwarz-weißen Feuersteinfassade, die 1963 fertig gestellte Central Library und die Guildhall, die 1407 gebaut wurde und noch mit bemerkenswerten alten Glasfenstern ausgestattet ist.

*** St. Peter Mancroft**

Die größte Pfarrkirche in Norwich ist die Kirche St. Peter Mancroft, die zwischen 1430 und 1455 gebaut wurde. Sie hat einen schönen, in Perpendicular-Style gebauten Turm und ein prachtvolles Ostfenster, das noch aus dem 15. Jahrhundert erhalten ist. Im Innern sind unter anderem das elisabethanische Kirchensilber und der gotische Taufstein von 1463 sehenswert.

✶ **Sainsbury Centre**

Ein interessantes Kunstzentrum befindet sich westlich vom Stadtzentrum im preisgekrönten Sainsbury Centre for Visual Arts der University of East Anglia. Ausgestellt sind etruskische, afrikanische, orientalische und präkolumbianische Skulpturen, außerdem Arbeiten von Alberto Giacometti, John Davies, Henry Moore, Francis Bacon und Lucy Rie.

Riverside Walk

Schön ist ein Spaziergang über den Riverside Walk am Wensum-Ufer nordöstlich der Kathedrale, wo der Cow Tower noch von der mittelalterlichen Stadtummauerung zeugt. Die **Bishop Bridge** (1395) unweit südlich ist eine der ältesten Brücken des Landes; von dort hat man einen guten Blick auf die Altstadtsilhouette.

Umgebung von Norwich

✶ **Norfolk Broads**

Die Norfolk Broads östlich von Norwich sind ein interessantes Naturschutzgebiet, ideal zum Segeln und Rudern. Im Bereich des Flusses Bure mit seinen Nebenflüssen Ant, Thurne, Yare und Waveney gibt es insgesamt 320 km Wasserwege. Früher wurde in diesem Gebiet Torf gestochen; später haben sich dort flache Seen gebildet, deren Ränder meist mit Reet bewachsen sind, das zum Dachdecken, als Wandfüllung und zum Korbflechten verwandt wurde. Windmühlen, wie die hölzerne Boardman's Mill bei Ludham oder die aus Backstein erbaute Thurne Dyke Windpump am Thurne-Ufer und die 25 m hohe Sutton Mill, dienten der Entwässerung; sie erinnern an ähnliche Landstriche in Holland. Typisch für die Broads waren die »wherries«, Plattbodenschiffe für den Transport von Kohle, Holz und Lebensmitteln, heute existieren nur noch vier »Modellschiffe«. Naturfreunde finden in den Broads zahlreiche selten gewordene Wasservögel, Schmetterlinge, Libellen und Wildblumen. Für Angler sind die fischreichen Gewässer von Interesse: Hier tummeln sich Brassen, Rotaugemn, Plötzen, Barsche und Hechte.

Bootstouren ►

Von der Straße aus sieht man verhältnismäßig wenig von dieser schönen Landschaft. Besonders schön lässt sich die Landschaft dagegen vom Wasser aus erkunden. Segel- und Motorboote werden vermietet, außerdem verkehren Dampfer von Norwich nach Yarmouth und von Yarmouth nach Wroxham.

✶ **Hickling Broad**
Wroxham Broad

Der größte und zudem einer der schönsten Broads ist Hickling Broad. Am besten durchstreift man dieses Gebiet von Potter Heigham aus. Den Thurne stromaufwärts kommt man nach Martham Horsey und Hickling Broads, stromabwärts zum Fluss Bure. Von dort kann man sich entweder südöstlich über Breydon Water und den Waveney-Fluss nach Lowestoft oder westlich durch eine Anzahl von Broads nach Wroxham mit dem gleichnamigen Broad orientieren. Potter Heigham ist nicht so überlaufen wie Wroxham. Andere

Dörfer, die sich als Ausgangsbasis für die Broads eignen, sind Ranworth und South Walsham, kleine romantische Orte mit sehenswerten Kirchen.

Lowestoft

Der Fischereihafen Lowestoft ist ein Seebad mit gutem Sandstrand und Zentrum der Fisch verarbeitenden Industrie, obwohl auch hier die große Zeit der Heringsfischerei längst vorüber ist. Unter Kunstfreunden ist der Ort wegen William Turners Aquarell »Lowestoft« bekannt und wegen des Lowestoft-Porzellans, das zwischen 1756 und 1803 hier hergestellt wurde.

Great Yarmouth

Die Heringsfischerei war Grundlage für die wirtschaftliche Entwicklung von Great Yarmouth, das auf einer schmalen Landzunge zwischen der See und dem River Yare liegt, der bis zum Stadtzentrum schiffbar ist. Great Yarmouth ist heute ein angenehmer, moderner Badeort mit 10 km langem Sandstrand. Der ältere Teil der Stadt, durch Bomben im Zweiten Weltkrieg erheblich zerstört, besteht aus einem Gitternetz extrem schmaler Straßen, den »Rows«, von denen es vor der Zerstörung 120 gab. Die engste dieser Gassen zwischen Hall Quay und Market Place ist die Kitty Witches Row. Das liebevoll restaurierte Tollhouse in der Middlegate Street beherbergt das Stadtmuseum. Das aus dem 17. Jh. stammende Old Merchant's House ist ebenfalls Museum. Den South Quay säumen eine Reihe sehenswerter alter Häuser; im Haus Nr. 4 ist ein hübsches elisabethanisches Museum untergebracht (Möbel und Gebrauchsgegenstände des 16. bis 19. Jh.s). Liebhaber von Schiffsmodellen kommen im Maritime Museum in der Marine Parade auf ihre Kosten. **St. Nicholas' Church** gilt als zweitgrößte Pfarrkirche im Land, nach der Holy Trinity in ►Hull. Sie brannte im Zweiten Weltkrieg aus, so dass nur noch die Fassade aus dem 12. Jh. stammt. Der Kirchhof wird von Teilen der mittelalterlichen Stadtmauer begrenzt.

* ◄ Rows

Cromer

Cromer, das bekannteste Seebad an diesem Küstenabschnitt, bietet alle Voraussetzungen für angenehme Badeferien: langer Strand, Klippen, Golfplatz, ein breit gefächertes Unterhaltungsangebot und ein schönes Hinterland. In den Klippen tummeln sich bei Ebbe Fossiliensammler.
Empfehlenswert ist ein Ausflug zur **Felbrigg Hall** 5 km südwestlich, dem 1686 gebauten Landsitz der Familie Wyndham.
Noch im Klippenbereich, der sich von hier knapp 50 km nach Süden zieht, liegt Sheringham. Hier empfiehlt sich ein Besuch des Sheringham Park, der Anfang des 19. Jh.s entworfen wurde.

* ◄ Sheringham Park

Blakeney Point

Die schmale Landzunge Blakeney Point ist jedes Jahr Brutplatz von unzähligen Vogelarten. Sie wurde als Naturschutzgebiet für seltene Flora und Fauna ausgewiesen, ebenso wie auch Salthouse Broad weiter östlich. Interessierte erhalten eine Genehmigung zur Vogelbeobachtung im Point House, Morston.

★ Nottingham

Q 14/15

Landesteil: Mittelengland
Grafschaft: Nottinghamshire
Höhe: 420 ft/128 m ü. d. M.
Einwohnerzahl: 280 000

Die Stadt dient vielen als Ausgangspunkt für den Sherwood Forest, Schauplatz der mittelalterlichen Legenden um Robin Hood, der als Geächteter die Reichen ausraubte und die Armen beschenkte.

Nottingham, Hauptstadt von Nottinghamshire, blickt auf eine lange Tradition als Industriestandort zurück. Die Blütezeit der Strumpfindustrie, die die ganze Grafschaft erfassen sollte, begann damit, dass ein elisabethanischer Geistlicher eine Maschine zum Strümpfestricken erfand, die schnell im ganzen Gebiet um Nottingham Einzug hielt. An die Stelle von Strümpfen sind Chemieprodukte, Textilien, Maschinen- und Fahrzeugbau getreten. Seit 1948 ist Nottingham Sitz einer Universität. Wegen ihrer breiten Straßenzüge und Grünanlagen, wie dem Arboretum, Embankment und Colwick Park, wird die Stadt auch »Queen of the Midlands« genannt. Im Vorort Eastwood wurden der Nuklearphysiker George Green (1793 bis 1841) und William Booth, Gründer der Heilsarmee, geboren. Lord Byron ging in Nottingham zur Schule und wohnte später unweit nördlich in der Newstead Abbey.

Robin Hood

Robin Hood ist überall in der Stadt präsent. Das Abbild des Volkshelden, der gemeinsam mit Little John und seinen Mannen raubte und beschenkte, den intriganten Sheriff von Nottingham besiegte und von King Richard rehabilitiert wurde, findet man denn auch vielerorts im Stadtbild wieder. Das einst riesige Waldgebiet hat sich erheblich verkleinert, seine abenteuerlich-romantische Atmosphäre indessen bewahren können. Nahe Edwinstowe, wo Robin seine »Maid Marian« im Beisein des Königs heiratete, steht die berühmte, über 1000 Jahre alte Eiche »Major Oak«.

Sehenswertes

City Centre

Nottinghams City Centre ist der größte Marktplatz in England. Früher wurde hier ein berühmter Gänsemarkt abgehalten. Das von einer Kuppel gekrönte Council House am Ende des Platzes wurde 1929 von Cecil Howitt errichtet.

Castle

Das Castle liegt auf einem Felsen, von dem sich eine gute Aussicht über die Stadt bietet. Unterhalb der Burg steht eine Bronze-Statue (1952) von Robin Hood und seinen »Merry Men», die der

← *Wer wäre da nicht gern ein mutiger Robin Hood...*

Ye old Trip to Jerusalem soll der älteste Gasthof in England sein.

gebürtige Nottinghamer James Woodford schuf. Die alte Festung, 1651 von Parlamentstruppen zerstört, wurde 1674 durch den Palast des Duke of Newcastle ersetzt. Dieser Bau ging 1831 in Flammen auf, wurde später wieder aufgebaut und dient seit 1878 als stadtgeschichtliches Museum. Zu sehen sind schöne angelsächsische Broschen (6. Jh.), mittelalterliche Keramik und Alabaster-Schnitzereien, Nottinghamer Steingut des 17. und 18. Jh.s, darunter ein »Liebesbecher« von 1679, englisches Haushaltssilber, Trinkgläser des 17. und 18. Jh.s, eine ethnografische Galerie (u.a. neuseeländischer Jadeschmuck, birmanische Bronzestatuen, indo-persische Stahlwaren). Zur Gemäldekollektion in der Long Gallery gehören u.a. Werke von Charles le Brun, Richard Wilson, William Dyce, Marcus Stone, Ben Nicholson und Epstein.

✶ Museum and Art Gallery ▶

Im Sandstein unter der Stadt befinden sich eine Vielzahl von Höhlen, wie die 98 m lange **Mortimer's Hole** unter dem Castle, die ihren Namen im 16.Jh. nach Roger Mortimer, Liebhaber von Königin Isabella, erhielt.

✶ **Ye Old Trip to Jerusalem**

Der seit dem 12. Jh. bestehende Pub »Ye old Trip to Jerusalem« in der Castle Road gilt als der älteste Gasthof Englands. Hier vereinen sich auf typisch britische Weise alte Tradition und Gemütlichkeit.

In der angrenzenden Häuserzeile wird Nottinghamer Alltag vom 17. bis 19.Jh. wieder lebendig. Die dem Museum angeschlossenen, in den Burgfelsen gehauenen Höhlen dienten einst als Bierkeller.

✶ Brewhouse Yard Museum

Das Kostümmuseum in der Castle Gate zeigt kostbare Spitzen und Renaissancestickereien sowie bemerkenswerte Wandverkleidungen des 17. Jh.s, die in Nottinghamshire hergestellt worden sind.

✶ Costume Museum

Die Kirche St. Mary in der Stoney Street ist im späten Perpendicular Style gebaut. Beachtenswert sind ihre Glasarbeiten (19. Jh.) aus den Werkstätten von Ward-Hughes und Clayton Bell.

St. Mary

Bei einem Besuch im fantastischen Figurenwald des »Tales of Robin Hood«-Schauzentrums im Maid Marian Way wird die Geschichte des Volkshelden zur lebenden Legende.

The Tales of Robin Hood

Wollaton Hall in einem ausgedehnten Park in der Nähe der Universität ist ein 1580–1587 erbautes elisabethanisches Herrenhaus, jetzt Sitz des Naturgeschichtlichen Museums von Nottingham. In den Stallungen ist ein Industriemuseum eingerichtet worden.

Wollaton Hall

NOTTINGHAM ERLEBEN

AUSKUNFT

1-4 Smithy Row, Nottingham, Nottinghamshire, England, NG1 2BY
Tel. 01 15 – 915 53 30
Fax 01 15 – 915 53 23
E-mail: tourist.information@nottinghamcity.gov.uk
www.nottinghamcity.gov.uk

ESSEN

▸ Fein & teuer

Hotel Des Clos
Old Lenton Lane,
Tel. 01 15 – 986 65 66
Ambitionierte britische Küche zu entsprechenden Preisen.

▸ Erschwinglich

Loch Fyne Seafood Bar
17 King Street, Tel. 05 11 – 950 84 81
Ein halbes Dutzend Austern für fünf Pfund.

▸ Preiswert

Bees Make Honey
12 Alfreton Road,
Tel. 01 15 – 978 01 09
Lebhaftes kleines Café mit preiswerten Gerichten.

ÜBERNACHTEN

▸ Komfortabel

Greenwood Lodge City Guest House
Third Avenue, Sherwood Rise,
Nottingham NG7 6JH
Tel. 01 15 – 962 12 06, Fax 962 12 06
E-mail: coolspratt@aol.com
Behagliches viktorianisches Haus.

Newstead Abbey – obwohl er es sich nicht leisten konnte, wohnte Lord Byron sechs Jahre lang hier.

Umgebung von Nottingham

Newstead Abbey Newstead Abbey 15 km nördlich ist das Stammhaus von Lord Byron (1788–1824), sein Grab befindet sich in der Pfarrkirche von Newstead. Als der Dichter den Besitz erbte, waren er und seine Mutter zu arm, um hier wohnen zu können. Trotz seiner Schulden zog er, nachdem er Cambridge verlassen hatte, 1811 hier ein, musste den Besitz aber sechs Jahre später verkaufen. Das Gebäude, heute im Besitz der Stadt, war ursprünglich ein Augustinerkloster. Erhalten blieben die Westfront der Kirche, das Refektorium, das Kapitelhaus, jetzt Kapelle, und die Kreuzgänge. Die Räume Byrons sind mit Erinnerungsstücken so ausgestattet wie zu seinen Lebzeiten.

*** Hardwick Hall** 18 km nördlich von Newstead liegt Hardwick, wo der Herrensitz Hardwick Hall zu besichtigen ist. »Hardwick Hall, more glass than wall« (mehr Glas als Wand), reimten die Zeitgenossen, denn das Haus hat 50 Fenster und nur schmale Mauerflächen. Es wurde 1591–1597 von Robert Smythson für Bess of Hardwick gebaut. Sie heiratete viermal, zuletzt den 6. Earl of Shrewsbury. Innen kann man eine Fülle von Tapisserien, Stilmöbeln, kostbaren Handarbeiten und Porträts bewundern. Eine große, zweistöckige Halle bildet die Mitte des Hauses, großzügige Treppen führen in die Obergeschosse. Lohnend ist auch ein Blick in den Garten. Angrenzend stehen die Reste von Hardwick Old Hall mit herrlichen Stuckarbeiten. Im nördlichen Teil des Parks befindet sich die Ault Hucknall Church mit dem Grab von Thomas Hobbes (1588–1679), Philosoph und Verfasser des »Leviathan«.

Grantham

Grantham knapp 40 km südöstlich ist bekannt für seine Würste und sein Fleisch und für das »Gingerbread«, eine Art Honigkuchen mit Ingwer. Berühmteste Tochter von Grantham ist die »Eiserne Lady« Baroness Margaret Thatcher. Und noch eine weitere Berühmtheit lebte hier: Isaac Newton besuchte die Grammar School von Grantham neben der Kirche. In einer Fensterleiste steht noch sein Name. Das Museum in St. Peter's Hill erinnert an den bahnbrechenden Physiker. Gegenüber der Guildhall ist ein Denkmal für ihn aufgestellt worden.

Das **Angel and Royal Inn** (ursprünglich 13. Jh.) in der High Street gehört zu den ältesten Gasthöfen des Landes. Illustre Gäste waren Richard II. und Edward VII.

Belvoir Castle 11 km westlich von Grantham ist der prächtige Sitz des Duke of Rutland. Die Anfänge der Burg reichen bis in normannische Zeit zurück. Sein heutiges Aussehen erhielt das Castle, als es im 19. Jh. nach Plänen von James Wyatt neu aufgebaut wurde. Das Schloss birgt eine hervorragende Gemäldesammlung mit Bildern von Rembrandt, Rubens, Holbein, Poussin und Reynolds, ferner schöne Möbel, Gobelins und Mortlake-Wandteppiche.

! *Baedeker* TIPP

Auf den Spuren von DH Lawrence

Der Romancier blieb seiner Heimat Nottinghamshire lebenslang verbunden. Literarische Pilger können sein Geburtshaus in Eastwood (6 km nordwestlich von Nottingham) besuchen (The Birthplace Museum, 8a Victoria Street). Dort erhält man auch Wegweiser für den »DH Lawrence trail«, der zu vielen Schauplätzen von Lawrences Romanen führt: Hagg Farm in Underwood wurde das Zuhause der Miriam in Sons and Lovers, Church Cottage in Cossall war das Vorbild für das »Yew Tree Cottage« in The Rainbow. Rufford Abbey, in einem schönen Park gelegen, wurde zur »Wragby Hall« in Lady Chatterley's Lover.

Belton House

Das elegante Belton House 3,2 km nördlich von Grantham wurde 1688 nach Entwürfen von Sir Christopher Wren gebaut. Bedeutende Schnitzarbeiten von Grinling Gibbons, Porträts alter englischer Meister und eine kostbare Silberkollektion gehören zum Interieur.

Woolstorpe Manor

Woolstorpe Manor 11,2 km südlich von Grantham ist der Geburtsort von Isaac Newton. Eine Ausstellung beschäftigt sich mit Newtons Werk. An das Haus grenzt der Obstgarten, in dem er angeblich das Gesetz der Schwerkraft entdeckte.

★★ Orkney Islands

M – O 2/3

Landesteil: Nordschottland **Council Area:** Orkney Islands

Die Orkneys sind in erster Linie ein Ziel für Naturfreunde und Wanderer – eine wahre Urschöpfungslandschaft, nordisches Klima und intensives Licht machen die herbe Schönheit der Inseln vor der Nordküste von Schottland aus.

Aber auch wer Sehenswürdigkeiten im klassischen Sinne sucht, wird auf den Inseln fündig: Schon in prähistorischen Zeiten waren diese klimatisch günstigen und fruchtbaren Fleckchen Erde besiedelt, wovon zahlreiche Kulturspuren zeugen, wie man sie in dieser Menge in Großbritannien kaum findet.
Die Inseln, die sich in Nord–Süd–Richtung über 77 km und in Ost-West–Richtung über 56 km ziehen, sind durch den Pentland Firth vom Festland getrennt; die geringste Entfernung zwischen dem festländischen John O'Groats und der Südspitze der Insel South Ronaldsay beträgt 10,5 km. Etwa 19 000 Menschen, die »Orcadians«, leben auf 18 von 67 größeren und kleineren Inseln.

★ **Landschaftsbild** Äcker und Felder, die sich über sanfte Hügel ziehen, Moore und Gras- und Heidelandschaften bestimmen das Bild der Orkneys. Nur die Insel Hoy fällt durch ihre steil aufragenden Klippen aus dem Rahmen.

Wirtschaft Neben der Landwirtschaft ist die Hummer- und Krabbenfischerei wichtiger Erwerbszweig. Bedeutender Arbeitgeber ist auch die Offshore-Ölindustrie, die auf der in der Bucht von Scapa Flow liegenden Insel Flotta eine Verladestation fur Tanker betreibt.

Geschichte Nach ersten Siedlern und den Pikten gehörten die Orkneys, wie die Shetlands, Hebriden und Nordschottland, jahrhundertelang zu Norwegen; noch heute erinnern viele Namen an diese Zeit, wie überhaupt die Inselkultur eher nordisch als britisch geprägt ist. Bis ins 17. Jh. sprach man hier »Norn«, einen nordischen Dialekt, auch der Name Orkney soll vom nordischen »Orc«, dem wilden Bären, stammen. Die Geschichte der norwegischen Herrscher der Orkneys ist in der »Orkneyinga Saga« aufgezeichnet. Nach der Schlacht von Largs im Jahr 1263 verloren die Norweger bis auf die Shetlands und die Orkneys ihre schottischen Länder. 1468 verpfändete Christian I. die Inseln als Sicherheit für die Mitgift seiner Tochter Margaret, die James III. von Schottland heiratete. Die Schuld wurde nicht bezahlt, woraufhin Schottland die Inseln 1472 annektierte. Die Schotten brachten ihr Feudalsystem auf die Inseln, die zuvor das Clanwesen nicht gekannt hatten, sondern gemeinschaftlich bewirtschaftet und verwaltet wurden. Im Ersten und Zweiten Weltkrieg war die Bucht von Scapa Flow Hauptstützpunkt der britischen Flotte.

ORKNEY ISLANDS ERLEBEN

AUSKUNFT

6 Broad Street, Kirkwall,
Orkney, Scotland, KW15 1NX
Tel. 0 18 56 – 87 28 56
Fax 0 18 56 – 87 50 56
E-mail: info@visitorkney.com
www.visitorkney.com

AN- UND ABREISEN

Fähren von Scrabster nach Stromness/Mainland, von Gills nach St. Margaret's Hope/South Ronaldsay, von John o'Groat nach Burwick/South Ronaldsay, von Aberdeen nach Kirkwall/Mainland; von Lerwick/Shetlands nach Kirkwall (www.northlinkferries.co.uk, www.jogferry.co.uk, www.orkneyferries.co.uk, www.pentlandferries.com); zwischen den Inseln tägliche Verbindungen.
Direktflüge von Aberdeen, Glasgow, Edinburgh und Inverness nach Kirkwall/Mainland und von dort aus auf die kleineren Inseln.

ESSEN

► Erschwinglich

Creel
Front Road, St. Margaret's Hope, South Ronaldsay
Tel. 0 18 56 – 83 13 11
Mediterran beeinflusste Fischgerichte, Orkney-Rind und North-Ronaldsay-Lamm; Hefegebäck und selbst gebackenes Brot der Craigies.

Foveran Hotel
► Übernachten

Ferry Inn
►Übernachten

ÜBERNACHTEN

► Luxus/Komfortabel

Foveran Hotel
St. Ola, Kirkwall
Tel. 0 18 56 – 87 23 89
Fax 87 64 30
www.foveranhotel.co.uk
Acht hübsche Zimmer mit Seeblick und im angeschlossenen Restaurant fantastisches Essen.

► Komfortabel

Ferry Inn
10 John Street, Stromness
Tel. 0 18 56 – 85 02 80
Fax. 85 13 32
www.ferryinn.com
Kleines gepflegtes Hotel mit schönem Blick über den Hafen von Stromness. Im Hotelrestaurant gibt es gute Fischgerichte.

Mainland

Kirkwall

Die meisten der Orcadians, nämlich insgesamt 14 000, leben auf Mainland, davon hat sich allein die Hälfte in der Hauptstadt Kirkwall (altnordisch »kirkjuvagr« = Kirchbucht) niedergelassen. Die Stadt liegt an einer weiten Bucht an der schmalsten Stelle der Insel. Ihre engen Straßen und grauen Häuser mit kleinen Fens-tern und Giebeln, die zur Straßenseite hin gebaut sind, erinnern an norwegische Bauweise.

St. Magnus Cathedral in Kirkwall mit wuchtigen normannischen Säulen

★ St. Magnus ► Eindrucksvollstes Gebäude ist die große alte Kathedrale St. Magnus, die der Kathedrale im norwegischen Trondheim ähnelt. Sie wurde 1137 auf Veranlassung von Jarl Rognvald dem Heiligen begonnen, der sie seinem Onkel, dem 1116 auf Egilsay ermordeten Graf Magnus, weihen ließ. Ende des 15. Jh.s war die Kirche mit der Westfassade im Wesentlichen abgeschlossen. Älteste Teile sind die Querschiffe und drei Nischen im Chor. Die mächtigen normannischen Säulen fallen durch ungleiche Abstände auf. 1263 wurde Haakon, König von Norwegen, in dieser Kirche begraben, später aber nach Trondheim überführt. 1926 fand man in zwei Säulen zwei Kiefernholzsärge mit Skeletten, die wohl die sterblichen Überreste von Magnus und seinem Neffen sind. St. Magnus ist zusammen mit der Kathedrale von ►Glasgow die einzige schottische Kirche, die die Reformation unbeschadet überstanden hat.

In der Nähe der Kathedrale stehen die **Ruinen des Bischofspalastes** aus dem 13. Jh., in dem König Haakon starb. Das Gebäude war verbunden mit dem Earl's Palace, heute ebenfalls Ruine, einem schönen Beispiel der Profanarchitektur des 16. Jh.s in Schottland.

Tankerness House wurde 1574 für einen Kaufmann und Gutsherren gebaut. In dem stattlichen Haus ist eine Ausstellung zur Geschichte der Orkneys zu sehen.

Die 1798 gegründete Highland Park Distillery in der Holm Road ist Schottlands nördlichste Whiskybrennerei; ihr Malt ist ausgewogen, etwas rauchig und von angenehmer Trockenheit.

★ ◄ Highland Park Distillery

Maes Howe

Westlich von Kirkwall liegt an der Straße nach Stromness das steinzeitliche Kammergrab Maes Howe (ca. 2700 v.Chr.). Ein 11 m langer, enger Gang, der aus bis zu 5 m langen Steinplatten zusammengesetzt wurde, führt in die Hauptkammer und drei Nebenkammern, die im 12. Jh. von Wikingern geplündert wurden, wie Runeneinritzungen belegen: »Haakon allein schaffte den Schatz aus diesem Hügel« heißt eine von vielen Inschriften. Andere besagen, dass nordische Kreuzfahrer hier Zuflucht vor einem Sturm gesucht hätten.

Stromness

An der Westküste liegt Stromness, zweitgrößte Stadt der Insel und wichtigster Fährhafen. Zwei Museen lohnen: Die Sammlung moderner Kunst im **Pier Arts Centre** wurde der Stadt von der Sammlerin Mary Gardiner vermacht; das **Stromness Museum** informiert über die Vogelwelt der Insel, außerdem sind Relikte der in der Bucht von Scapa Flow versenkten deutschen Kriegsflotte zu sehen.

★ ◄ Skara Brae

Die bedeutendste prähistorische Stätte der Orkneys ist das über 3000 Jahre alte Steinzeitdorf von Skara Brae nördlich von Stromness. Zehn Hütten mit einer Art steinzeitlicher Inneneinrichtung sind erhalten: Bettkästen aus Steinplatten, die mit Stroh gefüllt waren, und eine ebenfalls steinerne, schrankähnliche Konstruktion. Die Häuser lagen bis 1850 unter einer dicken Sandschicht und wurden dann bei einem Sturm freigelegt. Forscher vermuten, dass das Dorf durch eine Naturkatastrophe verschüttet wurde. Man fand nur die Skelette eines Jungen und eines Greises. Die wichtigsten Funde sind heute im National Museum of Antiquities in ►Edinburgh ausgestellt.

★ **Ring of Brodgar**

Ein weiteres Zeugnis der frühen Orkney-Bewohner ist der ca. 5000 Jahre alte Ring of Brodgar am Loch Stenness nordöstlich von Stromness. Der Zweck der heute 27, ursprünglich 60 im Kreise stehenden und diesen exakt unterteilenden Monolithen ist nicht geklärt, doch hinterlässt das Zusammenspiel von Wasser, Landschaft, Wolken und den geheimnisvollen Steinsäulen einen bleibenden Eindruck.

Standing Stones of Stenness

Vom Ring of Brodgar sieht man in südöstlicher Richtung eine ähnliche, wenn auch kleinere Anlage. Von den einst zwölf Standing Stones of Stenness stehen nur noch vier über dem Ufer des Loch Stenness.

Brough of Birsay

Die Insel Birsay vor der Nordwestküste von Mainland (nur bei Ebbe zu Fuß erreichbar) war wichtiger Siedlungsplatz der Wikinger und als einstige Hauptstadt der Orkneys der erste Ort mit einer Kirche.

Gurness Broch

Unterhalb des Windkraftwerks Burgar Hill an der Staße von Birsay nach Osten steht der Gurness Broch, ein Wehr- und Wohnturm der

Typisches Steinhaus in Stromness

Pikten aus der ersten Hälfte des ersten Jahrtausends. Die fensterlosen »Brochs« wurden aus Steinen aufgeschichtet. Sie bestehen aus einem zylindrischen Innenbau und einer sich nach oben verjüngenden Außenwand; zwischen beiden verliefen Gänge und Treppen.

Scapa Flow

Geschichte Die Bucht von Scapa Flow war wegen ihrer strategisch günstigen Lage Hauptbasis der britischen Flotte im Ersten Weltkrieg. Nach der Kapitulation des deutschen Kaiserreiches wurden die restlichen 74 Schiffe der deutschen Kriegsmarine von den Siegermächten im Westteil von Scapa Flow interniert, um auf den Abschluss des Friedensvertrags zu warten. Über 4700 Mann Besatzung harrten sieben Monate auf den Schiffen aus, ohne an Land gehen zu dürfen. Am 21. Juni 1919 befahl Admiral von Reuter die Selbstversenkung der Flotte: Die Männer öffneten die Ventile und ruderten dann in den Booten an Land. Die Aktion erwies sich als tragischer Irrtum, denn der Admiral hatte geglaubt, Deutschland hätte den Friedensvertrag nicht unterzeichnet, die Unterzeichnung war aber nur um zwei Tage verschoben worden. Nachrichten trafen in Scapa Flow meist mit vier Tagen Verzögerung ein. Die meisten Schiffe wurden gehoben und verschrottet; heute liegen noch sieben deutsche Kriegsschiffe auf dem Grund.

Im Zweiten Weltkrieg lag die britische Home Fleet in Scapa Flow vor Anker. Am 14. Oktober 1939 drang das deutsche U-Boot U47 in die Bucht ein und versenkte die »Royal Oak«. Über 800 Seeleute kamen ums Leben. Die britische Regierung ließ daraufhin ausgemusterte Kriegsschiffe als Sperre zwischen Mainland und den Inseln Burray und South Ronaldsay versenken. Italienische Kriegsgefangene bauten später Churchill's Barrier, eine feste Zementsperre, die diese Inseln seither verbindet. Von ihr sieht man die Masten der versenkten britischen Schiffe aus dem Wasser ragen.

Steinzeitrelikt: der Ring of Brodgar

Sehenswertes auf anderen Inseln

Anders als die übrigen Orkneys ist **Hoy** schroff und bergig, die Insel erhebt sich bis zu 477 m über dem Meer. Ihre Nordwestspitze, St. John's Head, ist mit 346 m eine der höchsten Klippen Großbritanniens. Im Süden sieht man die 137 m hohe Felsnadel Old Man of Hoy.

★ ◄ St. John's Head

South Ronaldsay

Diese südlichste der Orkney-Inseln kann man über die Straße auf Churchill's Barrier erreichen. Zu sehen gibt es auf der Mini-Insel Lambholm die Italian Chapel, die die italienischen Kriegsgefangenen aus einer Lagerhütte mit Wellblech und Bauholz errichteten, und das Orkney Wireless Museum in St. Margaret's Hope, das Funkgeräte und andere Kommunikationsmittel der britischen Marine ausstellt.

Rousay und Egilsay

Rousay nördlich von Mainland ist bekannt für zahlreiche prähistorische Grabanlagen wie die große Grabkammer von Blackhammer Cairn aus dem 3. Jt. v.Chr. oder Midhowe Cairn.
Auf der westlich von Rousay gelegenen Insel Egilsay wurde der hl. Magnus ermordet. Ihm ist die im 12. Jh. im irischen Stil erbaute Kirche geweiht.

Papa Westray

Wer zwei der ältesten Steinhäuser Europas sehen möchte, muss sich auf die ganz im Nordwesten der Orkneys liegende kleine Insel Papa Westray begeben. In den beiden über 5000 Jahre alten Häusern fand man auch Spatel, Schlegel und Steinbohrer aus Walbein.

★★ Oxford

Q 17

Landesteil: Mittelengland
Einwohnerzahl: 116 600
Grafschaft: Oxfordshire

Oxford ist eine der ältesten und berühmtesten Universitätsstädte in Europa und seit Jahrhunderten Rivalin von Cambridge um die akademische Vorherrschaft im Land.

Die malerischen alten Colleges, reizvolle Gärten, stille Plätze, geschäftiges Treiben in der Fußgängerzone und ein exzellentes kulturelles Angebot machen die besondere Atmosphäre dieser Stadt aus.

Geschichte

Oxford bedeutet möglicherweise Furt (ford) für Ochsen. Die Stadt wurde 912 erstmals schriftlich erwähnt, die Anfänge der Universität liegen dagegen im Dunkeln. Oxford wurde peu à peu zum Treffpunkt von Gelehrten, die vor allem religiöse Fragen diskutierten. Lehrstätten – unabhängig von Klöstern und Kirchen – wurden im 13. Jh. eingerichtet. In der Folge entwickelte sich ein die geistige Elite des Landes formendes Bildungssystem, das dem Streben nach Individualität und der Forderung nach sozialer Verantwortung gleichermaßen gerecht zu werden versucht

Geschichte der Colleges in Oxford

Die Geschichte der Colleges verlief nicht ohne Spannungen. So kam es 1355 zu blutigen Auseinandersetzungen zwischen Bürgern der Stadt und Akademikern, bei Tavernenschlachten gab es unter den Studenten sogar Tote, wofür die Stadtväter regresspflichtig waren. Während der Reformation wurden in Oxford mehrere Reformatoren aus Cambridge wegen ihrer religiösen Überzeugung auf dem Scheiterhaufen verbrannt. Zur Zeit des Bürgerkriegs im 17. Jh. war Oxford ein Hort der Royalisten. Reformen der klösterlichen Ausbildungsregeln setzten erst im 19. Jh. ein, als mündliche Prüfungen durch schriftliche ersetzt wurden, Lehrer nur nach wissenschaftlichem Ruf und auch als Verheiratete eingestellt wurden und schließlich auch Frauen ein Studium aufnehmen konnten, wenngleich sie erst seit 1920 akademische Grade erwerben dürfen. Von den 57 Premierministern Großbritanniens sind 25 aus Oxford hervorgegangen.

Sehenswertes

★★ Colleges

Oxfords Sehenswürdigkeiten brauchen Zeit. Interessant sind vor allem die 40 Colleges, die in der Regel nur nachmittags während der Semester für Besucher zugänglich sind. Die College-Gebäude wurden von Beginn an um einen Hof, später mehrere Innenhöfe mit ab-

← *Zeit zum Ausspannen bleibt nicht allzu oft während des Studiums.*

schließbarem Tor, Kapelle, Speisesaal, Bibliothek und Zimmern für die Studenten und ihre Lehrer angelegt, so dass jedes College eine autonome Körperschaft bildet.

Pembroke College Pembroke College wurde 1624 gegründet, seine Ursprünge gehen auf 1446 zurück. Fast alle Gebäude stammen aus dem 19. Jahrhundert.

Oxford Orientierung

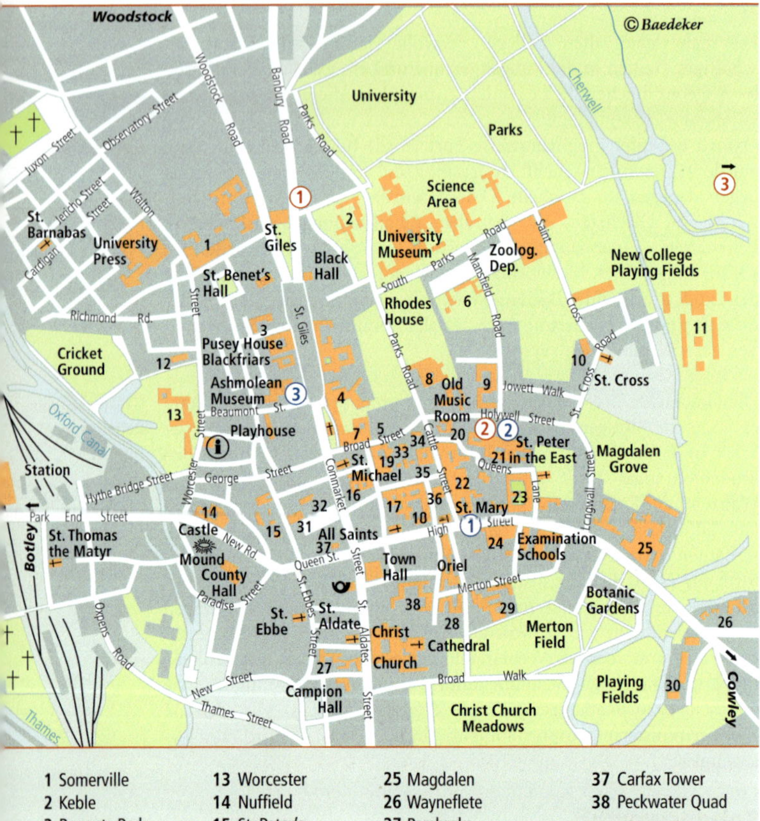

1 Somerville
2 Keble
3 Regents Park
4 St. John's
5 Trinity
6 Mansfield
7 Balliol
8 Waldham
9 Manchester
10 St. Cross
11 St. Catherine's
12 Ruskin
13 Worcester
14 Nuffield
15 St. Peter's
16 Jesus
17 Lincoln
18 Brasenose
19 Exeter
20 Hertford
21 New College
22 All Souls
23 Queen's
24 University
25 Magdalen
26 Wayneflete
27 Pembroke
28 Corpus Christi
29 Merton
30 St. Hilda's
31 Frewin Hall
32 Union Soc Rooms
33 Sheldonian Theatre
34 Clarendon Building
35 Bodleian Library
36 Radcliffe Camera
37 Carfax Tower
38 Peckwater Quad

Essen
1 Quod
2 Turf Tavern
3 Oyster Bar

Übernachten
1 Old Parsonage
2 Bath Place Hotel
3 Pickwick's Guest House

OXFORD ERLEBEN

AUSKUNFT

15-16 Broad Street, Oxford,
Oxfordshire, England, OX1 3AS
Tel. 0 18 65 – 72 68 71
Fax 0 18 65 – 24 02 61
E-mail: tic@oxford.gov.uk
www.oxford.gov.uk

ESSEN

▶ Fein & teuer

③ ***Oyster Bar***
Beaumont St, Tel. 08 70 – 400 82 00
Typisch englisch, dazu College-Wappen und Kerzenlicht. Feine Gerichte, wunderbar abgeschmeckt.

▶ Erschwinglich

② ***Turf Tavern***
Bath Place
Thomas Hardy-Lesern wird die Turf Tavern bekannt vorkommen. Er verwendete sie als einen Schauplatz in seinem Roman »Jude the Obscure«. Bis in den fortgeschrittenen Herbst hinein sitzt man hier auch im hübschen Innenhof.

① ***Quod***
92-94 High Street
Tel. 0 18 65 – 79 95 99
Restaurant mit viel Atmosphäre. Italienisch beeinflusste Küche.

ÜBERNACHTEN

▶ Luxus

① ***Old Parsonage Hotel***
1 Banbury Road, Oxford, OX2 6NN
Tel. 0 18 65 – 31 02 10, Fax 31 12 62
Schöne und individuell gestaltete Zimmer.

② ***Bath Place Hotel***
4-5 Bath Place, Holywell Street, Oxford OX1 3SU
Tel. 0 18 65 – 79 18 12, Fax 79 18 34
E-mail info@bathplace.co.uk
Etwas günstiger als das Old Parsonage und ebenfalls sehr schön in einer Gruppe kleiner Cottages aus dem 17. Jh. am Bath Place gelegen.

▶ Komfortabel/Günstig

③ ***Pickwick's Guest House***
5-17 London Road, Headington, Oxford OX3 7SP
Tel. 0 18 65 – 75 04 87, Fax 74 22 08
E-mail: pickwicks@tiscali.co.uk
Etwa zwei Kilometer vom Zentrum entfernt liegt dieses eher einfache Guesthouse.

✶✶ Christ Church College

Christ Church College gegenüber wurde 1525 gegründet und gehört zu den größten; es verzichtet auf den Titel College und heißt allgemein »The House«. Tom Tower mit der gewaltigen Glocke Great Tom, die jeden Abend um 21.05 Uhr mit 101 Schlägen den Zapfenstreich einläutet, wurde 1682 angebaut – zu Beginn waren hier 101 Studenten eingeschrieben.

✶ ◀ Tom Quad

Tom Quadrangle mit einem hübschen Brunnen ist der größte College-Hof in Oxford. Die Hall ist ein großräumiger, stilvoller Speisesaal mit prachtvoller Holzdecke und mehreren Porträts ehemaliger Mitglieder des Hauses, darunter Heinrich VIII., der Philosoph John Locke (1632–1704), der wegen Aufruhr relegiert wurde, und William Penn (1644–1718), der Gründer von Pennsylvania in den USA, der für die verfolgten Quäker eintrat und als Dissident von der Schule gewiesen wurde. Neben den Porträts vieler Premierminister findet sich auch das Bildnis von Lewis Carroll (1832 bis 1898), dem Verfasser von »Alice im Wunderland«, der unter dem bürgerlichem Namen Charles L. Dodgson Professor für Mathematik in Oxford war.

★ Kathedrale ► Die Kapelle von Christ Church College erhielt 1546 den Rang einer Kathedrale; der Eingang der im romanisch-frühgotischen Stil erbauten Kirche liegt an der Ostseite von Tom Quad. Mitte des 14. Jh.s erweiterte man den Kirchenbau nördlich der Marienkapelle um die Latin Chapel und schuf große Maßwerkfenster, um dem lichterfüllten gotischen Raumgefühl Ausdruck zu verleihen. Der Chor wurde um 1500 mit Netzgewölben über hängenden Schlusssteinen ausgestaltet. Beachtenswert sind im südlichen Querschiff das Becket-Fenster (um 1320), die fünf Glasfenster, nach Entwürfen von Edmund Burne-Jones 1871–1877 von William Morris ausgeführt, drei Grablegen des 14. Jh.s in der Lady Chapel, außerdem das Grab des Bischofs und Philosophen George Berkeley (1681–1735), nach dem die Stadt Berkeley in Kalifornien benannt

Christ Church College: Tom Quadrangle ist der größte College-Hof in Oxford

Im Park des Christ Church College

OXBRIDGE-CONNECTION

Eine Gruppe lässig gekleideter junger Menschen schlendert Oxfords High Street entlang. Sorglos wirken sie, und man merkt, dass diese Studenten weder Bafög-Nöte noch Prüfungsängste plagen. Champagnerflaschen mit sich führend, verschwinden sie hinter einer der schweren Türen zu den Innenhöfen der ehrwürdigen Colleges. »Mighty fine place«, notierte Samuel Pepys, englischer Chronist und Absolvent der »anderen« Universität, nämlich Cambridge, in seinen Tagebüchern anerkennend über Oxford, und seither hat sich nicht viel geändert. Mächtig schön und für Studenten wie Besucher gleichermaßen attraktiv sind beide Unis geblieben. Die Oxbridge-Connection – Tradition und Exklusivität prägen die berühmten Universitäten des Landes.

Die Geschichte Oxfords begann Ende des elften Jahrhunderts, als sich hier erstmals einige Gelehrte zusammenfanden, und entwickelte sich von da an rasant, nachdem Heinrich II. 1167 englische Studiosi von der Universität in Paris verbannt hatte. Peterhouse, das älteste College Cambridges, wurde 1284 gegründet, und seither gehören die beiden Elite-Unis zur englischen Identität wie das Königshaus – immer mal wieder kritisiert von allen, denen die traditionelle britische Gesellschaftsordnung aufstößt, aber nach wie vor unverrückbarer Fixpunkt im angelsächsischen Weltbild. Seit alters her stehen **beide Universitäten in freundlicher Konkurrenz zueinander**, was bis heute alljährlich im Frühjahr bei der weithin berühmten Ruderegatta auf der Themse zwischen Mortlake und Putney ausgelebt wird.

Altehrwürdig – modern

Selbst wenn sich Touristen durch die Straßen schieben, wirken beide Städte nie museal. Grund dafür ist vor allem der unbeeindruckte Umgang der Studentenschaft mit ihrer historischen Umgebung: Verstärker lassen die mittelalterlichen Mauern des Magdalen Colleges in Oxford erzittern, in denen schon Thomas Hobbes seinen Studien nachging und der Dichter und Dandy Oscar Wilde schrieb. Und auch die jungen Leute, die auf den »Punts« genannten Kähnen über den Cam staken, sind normale Studenten, die einem der unabhängigen **Colleges** angehören. Zusammen bilden diese **akademischen Mikrokosmen** die Universität. Jedes verfügt über eigene Dozenten, Studentenzimmer und Speisesäle. Die meisten Colleges öffnen ihre Pforten nachmittags Besu-

Geruhsames Freizeitvergnügen

chern, die sich etwa im Oxforder Christchurch College davon überzeugen können, dass Mensa nicht gleich Mensa ist: Schwere Eichentafeln stehen dort im Speisesaal. Das Lehrpersonal nimmt die Mahlzeiten auf einer Empore ein, während das akademische Fußvolk unten sitzt, bei besonderen Anlässen stilecht in **»cap and gown«**, der traditionellen Gewandung der Akademiker. Der Große Saal hat es sogar zu Leinwandruhm gebracht: Er gab in der Verfilmung von Harry Potter das Zauber-Internat Hogwarts.

Eliteschmieden

In Oxford und Cambridge wird gepaukt wie anderswo auch – nur mit etwas mehr Gelassenheit, denn zu Zukunftsängsten besteht wenig Anlass. Wenn sich das Klassensystem auch selbst im traditionsbewussten England mittlerweile relativiert hat - Oxford und Cambridge sind noch immer Eliteschmieden, die die besten Studenten und die besten Professoren anziehen. Wer das straffe Pensum bewältigt, hat allen Grund, auf eine vielversprechende Karriere zu hoffen. Beweis dafür sind etwa die **25 britischen Premierminister** und **40 Nobelpreisträger**, die die 36 Colleges der University of Oxford bislang hervorbrachten, und zahlreiche Größen aus Literatur und Politik – Margaret Thatcher und Indira Ghandi gehören in Oxford ebenso zu den Absolventen wie der Romantiker P. B. Shelley, sein Dichterkollege Keats und Schriftsteller von T. E. Lawrence (alias Lawrence von Arabien) und J. R. R. Tolkien über T.S. Eliot bis zu Graham Greene. 1968 wurde Bill Clinton ein Oxonian, zehn Jahre später schrieb sich Schauspieler Hugh Grant hier ein.

Absolventen

Das **Ehemaligenverzeichnis** der 31 Colleges von Cambridge liest sich nicht minder glamourös: Der Revolutionär Oliver Cromwell, der Philosoph Francis Bacon, die Dichter Lord Byron, William Wordsworth und Lord Alfred Tennyson, der Dramatiker Christopher Marlowe und der Naturwissenschaftler Sir Isaac Newton saßen hier über den Büchern. In den 50er-Jahren studierten die Dichterin Sylvia Plath und ihr Mann, der Hofdichter Ted Hughes, hier. Ein paar Jahre später entschied sich Thronfolger Prinz Charles für die Universität Cambridge. Die gilt als die progressivere Uni, seit sich Oxford im Bürgerkrieg des 17. Jahrhunderts auf die Seite der Royalisten schlug. Wobei Modernität ein relativer Begriff sein dürfte bei zwei Institutionen, die noch bis 1950 selbstverständlich und selbstbewusst je zwei eigene Repräsentanten ins Unterhaus schickten.

Viel Stoff zum Pauken: College-Bibliothek in Cambridge

Ausschweifungen

Neben der schönen alten Architektur ist es so auch immer noch das Flair von Exklusivität und Tradition, das den Reiz beider Universitätsstädte ausmacht. Im Juni streben die Studenten in Ballkleidung den Abschlussfesten in den Gärten ihrer Colleges zu oder lassen in »cap and gown« Champagnerkorken ploppen und freuen sich bestandener Prüfungen. Nicht immer bleibt es dabei beim dezenten Nippen am Pappbecher. Vor ein paar Jahren geriet die traditionelle »Begrüßung des Lichts am Ende des Tunnels« nach den Prüfungen in Oxford zu einem Gelage, bei dem der Verkehr im Stadtzentrum zum Erliegen kam. Der Vorfall gab dem **uralten Konflikt** zwischen »town and gown« – **zwischen Akademikern und Stadtbevölkerung** – neuen Zündstoff. In früheren Jahrhunderten gab es bei solchen Auseinandersetzungen auch schon mal Tote. In diesem Fall wurde den Studenten fürs Folgejahr verboten, sich nach den Examina in der Nähe ihrer Prüfungsgebäude zu versammeln. Nicht näher definierte Ausschweifungen mussten in einer Entfernung von mindestens sechs Meilen zum Zentrum über die Bühne gehen. Heute liegt der Anteil der Absolventen öffentlicher Schulen an beiden Unis bei gut 50 Prozent – wobei allerdings nur sieben Prozent aller englischen Schüler die teuren Privatschulen besuchen, deren Absolventen die andere Hälfte der Studentenschaft stellen. Von denen wiederum bewerben sich jedoch überdurchschnittlich viele bei den Elite-Unis. Die Zeiten, da Lord Byron als Angehöriger des Adels von seinem Cambridger Trinity College von der Teilnahme an den Prüfungen befreit wurde, sind jedenfalls lange vorbei. Dass Macht und Geld den Zugang dennoch zumindest nicht erschweren, zeigte sich, als sich das finanziell wenig begünstigte Pembroke College in Oxford ins Gerede brachte: Dort wurde eine Anfrage, ob eine generöse elterliche Spende – immerhin fast eine halbe Million Euro – der Bewerbung des nur durchschnittlich begabten Sprösslings zuträglich sei, nicht rundweg abgelehnt. Pech für den Professor: Das Ersuchen war der Versuchsballon eines Reporters der »Sunday Times« gewesen, die Geschichte wurde öffentlich – und der für die Studienplatzvergabe zuständige Gelehrte seines Amtes enthoben.

»Mighty fine places« *Samuel Pepys über Oxford und Cambridge*

Blick über die abendliche Silhouette von Oxford mit ihren zahlreichen Türmen

wurde. Der kleine Kreuzgang ist im Perpendicular Style gehalten, der Eingang zum Kapitelhaus im spätnormannischen, das Innere im Early English Style.

An der Nordostecke des Tom Quad, jenseits des Dekanats, in dem Karl I. 1642–1646 untergebracht war, befindet sich der **Kill-Canon**, ein dermaßen zugiger Durchgang, dass man befürchtete, die Stiftsherren (canons) würden sich dort den Tod holen. Hier steht die Statue des Dekan Fell (gest. 1686) mit Tom Browns Epigramm: »I do not like thee, Doctor Fell, The reason why I cannot tell« (Ich kann dich nicht leiden, Dr. Fell, weshalb kann ich nicht sagen).

★ Picture Gallery Die Picture Gallery zeigt eine hervorragende Sammlung von Gemälden und Zeichnungen alter Meister aus Italien, Flandern, Frankreich überwiegend aus dem 15.–17. Jahrhundert.

Corpus Christi College In der Merton Street steht das Corpus Christi College, 1517 von Richard Fox, Bischof von Winchester, gegründet. Besichtigen sollte man die schöne Gartenanlage und im Innenhof eine Sonnenuhr (1581) mit einem Pelikan, dem College-Symbol, und einem ewigen Kalender.

Oriel College Oriel College gegenüber, 1326 von Edward II. gegründet und nach dem Vorgängerbau »La Oriole« benannt, ist die Wiege des Traktarianismus, benannt nach den »Tracts for the Times«, die John Henry Newman (1801–1890) hier schrieb. Er war einer der Führer der Oxford-Bewegung und wurde 1879 zum Kardinal ernannt.

Museum of Modern Art

Das Museum of Modern Art in der Pembroke Street zeigt in Wechselausstellungen zeitgenössische Kunstwerke.

★★ Merton College

Das 1264 gegründete Merton College ist das älteste heute noch bestehende College. Die College Chapel besteht aus einem Chor von 1277 und einer großen Vorhalle von 1414. Die meisten Fenster im Chor haben noch alte Glasmalereien aus der Gründungszeit – besonders schön ist die »Jungfrau mit Kind« im Ostfenster.
Vom vorderen Trakt führt eine Passage unter der Schatzkammer entlang zu **Mob Quad** (um 1380). Die Bibliothek aus dem 14. Jh. ist die älteste in England, die noch benutzt wird. Merton College hatte viele berühmte Schüler, u.a. den Politiker Lord Randolph Churchill (1849–1894), den Dichter T. S. Eliot (1888–1965) und Max Beerbohm (1872–1956), englischer Schriftsteller und Zeichner. J.R.R. Tolkien lehrte hier Englisch.

★★ High Street

Der Dichter Wordsworth beschrieb die hübsche High Street in einem Sonett, und der amerikanische Schriftsteller Nathaniel Hawthorne (1804–1864) nannte sie die prächtigste Straße in England. Heute ist die High Street eine der geschäftigen Innenstadtstraßen.

★★ Magdalen College

An der High Street steht auch das Magdalen College, das 1458 außerhalb der damaligen Stadtmauern gegründet wurde. Der Magdalen Tower wurde 1482–1504 im späten Perpendicular Style erbaut. Unter dem Muniment Tower befindet sich der Eingang zur Kapelle, wo während des Semesters die Abendandacht (Evensong) gesungen wird. Der Founder's Tower beherbergt Prunkräume mit Wandteppichen aus dem frühen 16.Jh. Der Durchgang unter diesem Turm führt zum Kreuzgang mit Figuren, die als »Hieroglyphen« bezeichnet werden. Hinter dem College liegt der Grove, ein Wildpark, durch den die so genannten Water Walks (Wasser-Spazierwege) führen.

Highlights Oxford

Christ Church College
Christ Church College ist eines der größten und bekanntesten Colleges in Oxford und wird im Allgemeinen von allen ganz einfach nur »The House« genannt.
▸ Seite 599

High Street
William Wordsworth sagte über die High Street in Oxford einmal, sie sei die prächtigste Straße in ganz England.
▸ Seite 605

Merton College
Merton College ist das älteste College in Oxford, hinter seinen Mauern verbirgt sich außerdem die älteste Bibliothek. J.R.R.Tolkien lehrte hier Englisch.
▸ Seite 605

Ashmolean Museum
Dieses ist das älteste Museum in Großbritannien mit einer hervorragenden Kunst- und Altertumssammlung.
▸ Seite 609

Ferienzeit: mit Punts auf der Themse durch Oxford staken

University Botanic Gardens Die University Botanic Gardens gegenüber dem Magdalen College wurden 1621 gegründet und gehören zu den ältesten Anlagen dieser Art in England. Pflanzen aus aller Welt sind hier zu sehen. Der Magdalen-Rosengarten ist ein Geschenk der Albert und Mary Lasker Foundation in New York (1953) zur Erinnerung an die Entwicklung des Penicillins, an der die Universität Oxford erheblichen Anteil hatte.

St. Hilda's College Die Magdalen Bridge führt über den River Cherwell. Auf der anderen Seite liegt am Cowley Place das St. Hilda's College (1893), das einzige exklusive Studentinnen-College.

Queen's College Gegenüber steht das 1692–1730 im palladianischen Stil gebaute Queen's College. Königin Caroline von Ansbach stiftete 1000 Pfund Sterling für das Gebäude, eine Statue erinnert an sie.

✶ St. Edmund Hall Queen's Lane führt zur 1317 erstmals erwähnten St. Edmund Hall. Das mittelalterliche Studentenwohnheim wurde über Jahrhunderte vom Queen's College genutzt und bildet seit der Loslösung 1957 ein eigenes College. Malerisch ist der kleine Innenhof mit Brunnen aus dem 15. Jh., die übrigen Bauten stammen aus späterer Zeit.

University College An der Südseite der High Street liegt das University College – das College, in dem Bill Clinton 1968 zwar Drogen rauchte, aber nicht inhalierte, wie er im Wahlkampf 1992 beteuerte. 1280 wurde mit dem Bau des College begonnen. Die heutige Anlage ist spätgotisch geprägt, teilweise aber erst im 17. Jh. ausgeführt. In einem kleinen Gebäude mit Kuppel erinnert eine Marmorstatue an Percy Bysshe Shelly. Der Dichter (1792 – 1822) wurde wegen seiner atheistischen Haltung vom College verwiesen.

Das All Souls College neben Queen's College dient der Weiterbildung von Studenten, die bereits einen akademischen Grad erworben haben. 1438 wurde es vom Erzbischof von ►Canterbury zur Erinnerung an die Gefallenen im Hundertjährigen Krieg gegründet. In der Kapelle ist die Hammerbalkendecke mit Engeln bemerkenswert. Nördlich schließt sich die Codrington Library mit einer Sonnenuhr an.

✶ All Souls College

Die Universitätskirche St. Mary the Virgin hat einen für den Decorated Style typischen Turm (1280–1310). Der Chor wurde 1462–1466 neu erbaut, das Schiff und die Marienkapelle entstanden 1490–1503. Vom Turm hat man einen sehr schönen Blick über die Stadt.

Universitätskirche

Der Name des 1509 gegründeten Brasenose College geht auf einen Messing-Türklopfer mit einem Löwenkopf zurück, der oberhalb des Tores zu sehen ist, ein weiterer ist in der Hall erhalten. Der Literatur-Nobelpreisträger William Golding studierte hier.

Brasenose College

Die Radcliffe Camera am Radcliffe Square wurde im 18. Jh. nach Entwürfen von James Gibbs als Rundbau errichtet. James Gibbs (1682–1754) gilt als bedeutendster Vertreter des englisch-italienischen Stils. Der Raum im Erdgeschoss bildet ein Sechzehneck. Er dient jetzt als Lesesaal der Bodleian-Bibliothek.

Radcliffe Camera

An der Nordseite des Radcliffe Square liegt die Hauptgruppe der Universitätsgebäude. Die Bodleian Library, Universitätsbibliothek und erste öffentliche Bücherei im Land, wurde 1598 von Sir Thomas Bodley gegründet. Jedes in Großbritannien gedruckte Buch ist mit einem Exemplar in dieser Bibliothek, die über 2 Millionen Bände besitzt, vertreten. Zum Bibliotheksbestand gehören außerdem rund 40 000 Manuskripte.

✶ Bodleian Library

An der Catte Street steht das 1664–1669 erbaute Sheldonian Theatre. Es dient als Festsaal bei der Verleihung von akademischen Graden und bei den Treffen der Gründer und Mäzene Mitte Juni, bei dem Preise und Titel vergeben werden.

Sheldonian Theatre

Das Old Ashmolean Museum an der Westseite, ein naturwissenschaftliches Museum, besitzt u.a. eine bedeutende Sammlung von frühen naturwissenschaftlichen und astronomischen Instrumenten.

Old Ashmolean Museum

In der schönen Holywell Street steht Holywell Music Room, der vermutlich älteste Konzertsaal der Welt von 1748.

Holywell Music Room

»Bridge of Sighs« am Hertford College – die Seufzerbrücke von Oxford

Hertford College In der Cattle Street gegenüber der Bodleian Library liegen die Gebäude des Hertford College. Eine »Seufzer-Bücke« (Bridge of Sighs) über die New College Lane verbindet das alte und das neue Gebäude.

★ **New College** Das festungsartig aussehende New College ist – entgegen seinem Namen – eines der ältesten; 1379 wurde es von William of Wykeham, Bischof von Winchester, gegründet. Bis 1854 wurden dort nur Studenten aus Winchester zugelassen. Die Kapelle war eines der ersten Gebäude im Perpendicular-Stil. Ihre Glasfenster stammen größtenteils aus dem 14. Jh., das große Fenster in der Vorhalle wurde 1787 nach Entwürfen von Reynolds angefertigt. Bemerkenswert sind das El Greco-Gemälde des hl. Jakob, die moderne Lazarus-Statue von Epstein und die Gedenktafel für drei im Krieg gefallene deutsche Mitglieder der Schule. Der 1711 angelegte Park wird an zwei Seiten von alten Stadtmauern begrenzt.

Wadham College Das Wadham College ist seit seiner Gründung 1610 kaum verändert worden. Besondere Erwähnung verdienen der schöne Speisesaal und die Glasfenster der Kapelle, ebenso die prächtige Parkanlage. Admiral Blake (1599–1657), seit 1649 Flottenführer Oliver Cromwells, und Sir Christopher Wren (1632–1723), der berühmte Baumeister vieler Kirchen und Schlösser, waren Schüler von Wadham.

Jesus College Jesus College gegenüber wurde 1571 von Queen Elizabeth I. gegründet. Traditionell ist der Anteil walisischer Studenten sehr hoch. Der britische Premier Harold Wilson, der Abenteurer Lawrence von Arabien, der Dandy »Beau« Nash und der Chemiker Thomas Vaughan waren Mitglieder des Jesus College.

Oxford Story

Neben dem Trinity College informiert eine Dauerausstellung über 800 Jahre Universitätsgeschichte. Die Besucher werden in Wagen durch die Geschicke der Stadt im Wandel der Zeiten geschleust.

Balliol College

Die Errichtung von Balliol College wurde 1263 von John de Balliol als Buße für die Gefangennahme des Bischofs von Durham gelobt und mit Hilfe des Vermächtnisses seiner Frau 1282 gegründet, die jetzigen Gebäude stammen aus dem 19. Jahrhundert. Die Bibliothek hat eine ausgezeichnete Sammlung von mittelalterlichen Handschriften. Balliol wird v.a. von schottischen Studenten bevorzugt. Zu den aus diesem College hervorgegangenen Berühmtheiten zählen **Adam Smith** (1723–1790), Philosoph, Volkswirtschaftler und Begründer der klassischen Nationalökonomie; Robert Southey (1774–1843), »poeta laureatus«; der Dichter Charles Swinburne (1837–1909); die Premiers Harold Macmillan und Edward Heath, König Olav von Norwegen und die Schriftsteller **Graham Greene** und **Aldous Huxley**.

Martyr's Memorial

Martyr's Memorial erinnert an Nicholas Ridley, Bischof von London, Hugh Latimer, Bischof von Worcester, und Thomas Cranmer, Erzbischof von Canterbury, die wegen ihrer Reformbestrebungen verbrannt wurden. Ein Kreuz auf der Broad Street bezeichnet die Stelle, an der die Märtyrer starben.

St. John's College

St. John's College wurde 1555 von Sir Thomas White, einem reichen Händler und Oberbürgermeister von London, gegründet. Berühmte Absolventen des St. John's College waren US-Außenminister Dean Rusk und der Schriftsteller Robert Graves. Ein Durchgang führt zum Canterbury Quad, der als einer der schönsten Gärten in Oxford gilt.

Rhodes House

Von der St. Giles Street geht es am Regent's Park College (Baptisten-College) und an der St. Benet's Hall (Benediktiner) vorbei zur Museum Road. Hier steht Rhodes House. Der Rhodes Trust, gegründet nach dem Willen von **Cecil Rhodes** (1853–1902), einem britisch-südafrikanischen Wirtschaftsführer und Staatsmann, gewährt alljährlich rund 200 ausländischen Studenten ein Stipendium.

University Museum

Das Universitätsmuseum wurde 1855–1860 unter John Ruskin im viktorianischen Stil gebaut und beherbergt mehrere Sammlungen, darunter geologische, mineralogische und zoologische Abteilungen, die auch Arbeiten von Darwin, Burchell und Hope enthalten. Eines der größten ethnologischen Museen der Welt ist das angeschlossene **Pitt Rivers** mit über einer Million Exponaten.

✶✶ Ashmolean Museum

Das 1683 gegründete Ashmolean Museum ist das wichtigste der vier Universitätsmuseen und das älteste Museum im Land. Das neoklassizistische Gebäude enthält eine großartige Kunst- und Altertumssammlung, darunter klassische Skulpturen, fernöstliche Kunst, griechische und römische Keramik, eine wertvolle Juwelensammlung.

★ Cornmarket Street »The Corn«, die Cornmarket Street, ist Oxfords belebteste Einkaufsstraße. Das Office des Oxford Preservation Trust ist das frühere Crew Inn, wo Shakespeare auf seinen Reisen zwischen London und Stratford-upon-Avon abgestiegen sein soll.

Somerville College Am Somerville College an der Walton Street waren bis 1993 ausschließlich Studentinnen zugelassen. Zu den Absolventinnen gehörten u.a. Indira Gandhi und Margaret Thatcher, die Schriftstellerin Dorothy Sayers, die Chemie-Nobelpreisträgerin Dorothy Hadgkin und die Sopranistin Kiri Te Kanawa.

Umgebung von Oxford

Iffley Ein beliebter Spaziergang führt von der Folly Bridge nach Iffley mit einer berühmten normannischen Kirche von 1175–1182.

★ Blenheim Palace Blenheim Palace spricht sich »Blennim Palace«. Er steht 3 km nördlich von Oxford in Woodstock und ist Sitz der Familie Spencer-Churchill und der Herzöge von Marlborough. Außerdem ist er Geburtsort von Winston Churchill. In einem weitläufigen Landschaftsareal entstand zwischen 1701 und 1724 das prächtige Schloss mit etwa 200 Räumen für John Churchill, den ersten Herzog von Marlborough. Queen Anne unterstützte das Unternehmen finanziell, da der Herzog in Blenheim für einen Sieg über die Franzosen gesorgt hatte. Der Palast ist von der UNESCO zum Weltkulturerbe erklärt worden. Schön sind die Erinnerungszimmer an Sir Winston Churchill und die Staatsgemächer in barockem Prunk mit eleganten Möbelstücken und einer Vielzahl von Porträts, die u.a. van Dyck und Reynolds schufen. In der Schlosskapelle ist ein pompöses Grabmal für den ersten Herzog von Marlborough, seine Frau und Kinder zu sehen. Angeschlossen sind ein Garten mit französischen Rokoko-Rabatten, ein englischer Landschaftspark mit herrlichen alten Bäumen, ein Kräutergarten, ein Schmetterlingshaus und ein Abenteuerspielplatz.

> **! Baedeker TIPP**
>
> **Old Anchor Inn**
>
> Einen schönen Blick auf die Themse hat man vom »Old Anchor Inn« (Adresse: St. Helen's Wharf). Hier bekommt man auch sehr leckere bodenständige Gerichte serviert.

10 km südlich lohnt **Abingdon**, ein hübscher Ort am Themse-Ufer, einst Grafschaftshauptstadt von Berkshire, die ihre Blütezeit durch den Wollhandel erfuhr. Mehrere alte Häuser und Kirchen sind sehenswert, so die zweistöckige County Hall, in der ein Heimatmuseum untergebracht ist, und die schöne Kirche St. Helen's. Viele alte Fürsorgeeinrichtungen wie Christ's Hospital aus der Zeit von 1446–1797 können besichtigt werden. Von der einst mächtigen, 675 geweihten und 1538 aufgelösten Benediktinerabtei sind die Checker Hall, die Long Gallery und die Klosterpforte erhalten.

★ Peak District

P 14

Landesteil: Mittelengland **Grafschaft:** Derbyshire

Der landschaftlich reizvolle Peak District wurde Ende des 19. Jh.s zum Naherholungsgebiet für die Industriestädte Manchester, Derby und Sheffield. 1951 wurde er zum ersten Nationalpark des Landes erklärt und entwickelte sich im Lauf der Jahre zum meistbesuchten in ganz Europa.

Über Jahrhunderte hatte der Adel Mittelenglands im Peak District seine Jagdgründe und war entsetzt, als die Ausflügler aus den nahen Städten anrückten – massive Auseinandersetzungen waren die Folge. Heute herrscht an Sommerwochenenden auf den Straßen reger Verkehr, und in die lieblichen Täler ergießen sich wahre Besucherströme. An vielen Wasserläufen hat man befestigte Wege – »Public Footpaths« – angelegt, die zu ausgedehnten Wanderungen einladen.

Landschaft

Der Peak District besteht aus zwei völlig verschiedenen Landschaften. Der Norden, der bis auf 610 m ansteigt, wird High oder Dark Peak

PEAK DISTRICT ERLEBEN

AUSKUNFT

The Crescent, Buxton, Derbyshire, England, SK17 6BQ
Tel. 0 12 98 – 2 51 06
Fax 0 12 98 – 7 31 53
E-mail: tourism@highpeak.gov.uk
www.highpeak.gov.uk

ÜBERNACHTEN

► Komfortabel

Barms Farm
Fairfield Common, Fairfield, Buxton, Derbyshire, SK17 7HW
Tel. 0 12 98 – 7 77 23, Fax 7 86 92
E-mail barmsfarm@highpeak.co.uk
Angenehmes Übernachten in einem schönen Bauernhaus.

Manifold Inn
The Hulme End, Hartington, Buxton, Derbyshire SK17 0EX
Tel. 0 12 98 – 8 45 37
Gemütliches, 200 Jahre altes Gasthaus

Easthorpe
Buxton Road, Bakewell, Derbyshire, DE45 1DA
Tel. 0 16 29 – 81 53 57
E-mail: easthorpe@supanet.com
Das Easthorpe gehörte einst dem Herzog von Rutland. Seit einigen Jahren ist hier eine schöne Bed & Breakfast-Unterkunft eingerichtet.

WANDERN

Im Rahmen der »Long-Distance Route for Walkers and Riders« (Fernwege für Wanderer und Reiter) ist auch der Pennine Way beschildert worden. Andere klassische Spazierwege verlaufen durch das Chee Dale, Wye Dale, Ashwood Dale und das Manivold Valley. Der Kinder Scout, das mit 637 m höchste Plateau des Peak District, lässt sich am besten von Edale aus besteigen.

genannt. Diese Anhöhen sind die südlichsten Ausläufer der Pennines. In der urwüchsigen Region findet man Wollgrasmoore, Zwergstrauchheiden und bizarre Felsformationen aus dunklem Sandstein, aus dem auch die Häuser hier im Norden gebaut sind. Flüsse haben sich ihren Weg durch den Kalkstein gebahnt und bilden anmutige Täler, so genannte Dales. Der White Peak im Süden, benannt nach dem hellen Kalkstein, ist flacher und nur leicht gewellt. Einsam liegen aus dem hellen Stein erbaute Farmhäuser in der Landschaft. Charakteristisch sind die Steinhecken, die im 18. Jh. angelegt wurden, als man aus den Äckern Weideflächen machte.

Buxton

Hauptausgangspunkt für Ausflüge in den Peak District ist Buxton, ein mondäner Kurort, dessen heiße Quellen schon die Römer erfreuten. Viele illustre Gäste, darunter auch Maria Stuart, suchten in Buxton Linderung ihrer Leiden. In Higher Buxton, dem ältesten Siedlungsteil, kann man sich im Stadtmuseum in der Terrace Road über die Entwicklung des Kur- und Badewesens informieren. Im Pump Room, in dem früher das Heilwasser geschlürft wurde, sind heute wechselnde Kunstausstellungen zu sehen. Nebenan kann man am St. Ann's Well das Wasser kosten.

✶ Pavilion Gardens ►

In den schönen Pavilion Gardens laden das viktorianische Gewächshaus mit seinem tropischen Pflanzenreich, ein Café und der vom Wye gespeiste Gondelteich zum Verweilen ein. Kinder können eine Runde mit der Minibahn fahren. Sehenswert sind eine achteckige Kuppelhalle (1875) und das 1905 gebaute Opernhaus von Buxton.

Architektonisch interessant ist der **Crescent**, ein 1780–1788 aus lokalem Sandstein gebauter halbmondförmiger Straßenzug, der dem Royal Crescent in Bath nachempfunden wurde.

In den **Grin Low Woods** bietet sich vom Salomon's Temple ein weiter Rundblick. Knapp 20 Gehminuten entfernt kommt man zu der **Poole's Cavern** mit imposanten Tropfsteingebilden.

Castleton

✶ Tropfsteinhöhlen ►

Castleton 20 km nordöstlich liegt sehr reizvoll am Westende des Hope-Valley und ist im Sommer immer gut besucht. Hauptattraktion sind die Tropfsteinhöhlen, die man das ganze Jahr über besichtigen kann. Die eindrucksvollste ist die 800 m lange Peak Cavern. Interessant ist auch die Speedwell Mine. Bei der Besichtigung dieser Höhle unternimmt man eine Bootsfahrt auf einem unterirdischen Kanal vorbei an fantastischen zapfen- und säulenförmigen Kalkgebilden, Sinterterrassen und Wasserfällen. Zur Blue John Mine gelangt man über die Winnats, einen von Felsen flankierten Passweg. Die Höhle erhielt ihren Namen vom bläulich gefärbten Feldspat.

Chatsworth House

Chatsworth 24 km östlich von Buxton ist Sitz der Herzöge von Devonshire und eines der größten Herrenhäuser Englands. Von einem früheren elisabethanischen Gebäude am Ufer des Derwent sind noch Reste erhalten. Zwischen 1686 und 1708 entstand das jetzige Haus, im 19. Jh. ließ der 6. Herzog von Devonshire einen Flügel ergänzen.

Chatsworth House in idyllischer Landschaft am Ufer des Derwent

Chatsworth besitzt eine hervorragende Sammlung von Bildern alter Meister, Skulpturen, Wandteppichen, Möbeln, Silber und Porzellan. Der Garten ist ein wahres Kleinod mit romantischen Brunnen und spektakulären Wasserfällen, einer Orangerie, Rosengarten und Tropenhaus. Um die gesamte Anlage zieht sich ein Landschaftspark, der von Capability Brown gestaltet wurde. Auch ein Tiergehege gehört dazu. Nahe der Brücke erinnert der Queen Mary's Bower an Maria Stuart, die mehrmals als Gefangene in Chatsworth war.

★ Haddon Hall

Haddon Hall 24 km südöstlich von Buxton ist wunderschön an einem Hang oberhalb des Wye gelegen. Der Sitz des Duke of Rutland wurde ursprünglich als normannisches Bollwerk gebaut, Teile der Kapelle und der nordöstliche Turm stammen noch aus spätnormannischer Zeit. 1998 wurden hier Szenen für den Film »Elizabeth« mit Cate Blanchett gedreht. Sehenswert sind das Schlafgemach des Herzogs, die mittelalterliche Banqueting Hall mit wuchtigem Holzgewölbe, die Kapelle mit Wandmalereien aus dem 15. Jh. und einem weißen Marmorgrab für Lord Haddon, der im Kindesalter starb. In der großen Halle (14. Jh.) hängen flämische Gobelins, auf denen Jagdszenen und die fünf Sinne (Feeling, Hearing, Seeing, Tasting, Smelling) dargestellt sind.

Bakewell

Bakewell am Wye ist ein guter Stützpunkt für Wanderungen im Peak District. Im Ortskern zeigt das Old House Museum Einrichtungsgegenstände aus dem 16. Jahrhundert. Die Kirche All Saints birgt einen

Taufstein aus dem 13. Jahrhundert.Lohnendes Ausflugsziel ist der malerische **Monsal Trail** 6,5 km nordwestlich. Dieser 14 km lange Wanderweg folgt einer stillgelegten Bahnlinie durch das Wye-Tal. Er beginnt am Coombs Road Viadukt östlich von Bakewell und endet an der Blackwell Mill Junction 5 km östlich von Buxton.

! *Baedeker* TIPP

Der Name lässt schon erahnen

In Bakewell backt man gut (in Wirklichkeit bezieht er sich allerdings auf den Angelsachsen Badeca). Wie auch immer – der Ort ist berühmt für den Bakewell Pudding, der eigentlich eine Torte ist – auf Boden und Erdbeeren ruht eine Schicht Eiercreme. Man bekommt ihn in den vielen Cafés und Teestuben im Städtchen.

Matlock war im 19. Jh. ein renommierter Badeort und ist immer noch viel besucht. Zum Riber Castle aus dem 19. Jh. gehört heute ein Zoo mit einheimischen Tieren. Knapp 10 km südöstlich von Matlock gibt es ein **National Tramway Museum**, in dem man eine Sammlung alter Straßenbahnwagen bewundern kann.

Peterborough

S 15

Landesteil: Mittelengland **Grafschaft:** Cambridgeshire
Einwohnerzahl: 156 500

Peterborough am River Nene ist eine eher gesichtslose Industriestadt. Besucher kommen vor allem wegen der Kathedrale hierher, die zu den bedeutendsten normannischen Kirchen Englands gehört. Übernachten kann man in den attraktiveren Städten Cambridge oder Stamford.

Sehenswertes

✶ Kathedrale

Ethelwold, Bischof von Winchester, ließ 972 ein Benediktinerkloster errichten, das 1116 einem Brand zum Opfer fiel; der Wiederaufbau wurde 1238 abgeschlossen. Reliquien des hl. Oswald und von Thomas Becket machten die Abtei zum Pilgerziel und begründeten ihren Reichtum. Das Grab Katharinas von Aragon, der ersten Frau von Heinrich VIII. (►Berühmte Persönlichkeiten), bewahrte das Kloster vermutlich vor Auflösung und Abriss während der Reformation. Die Mönche, die 1118 mit dem Neubau der Abtei begannen, holten ihr Material aus den knapp 16 km entfernten Steinbrüchen bei Barnack, wo sie den schönen elfenbeinfarbenen Stein schlugen. Die im 13. Jh. vorgesetzte Westfront mit den drei riesigen Portalen, die triumphbogenartig ins Innere überleiten, ist eine der ungewöhnlichsten Fassadenlösungen der Frühgotik. Hinter den Ecktürmen der Fassade taucht die Silhouette des Vierungsturms aus dem 15. Jh. auf.

Das **Innere** der dreischiffigen Pfeilerbasilika hat sein normannisches Gepräge bewahrt: kraftvolle Arkadenreihen, zackengeschmückte Galeriebögen und Drillingfenster als Lichtgaden. Einmalig in England ist die figürlich und ornamental **bemalte Flachdecke** von 1220. Im südlichen Seitenschiff sind seltene normannische Kreuzgratgewölbe, Vorläufer der gotischen Kreuzrippengewölbe, zu sehen. Das nördliche und südliche Querhaus zeigen eindrucksvolle normannische Architektur. An der Westwand nahe dem Hauptportal befindet sich ein aus dem 18. Jh. stammendes Porträt von Old Scarlett (1496–1594), Küster und Totengräber, der zwei Königinnen und zwei Generationen von Bürgern in dieser Kirche beerdigte.

Der **Chor** mit Hochaltar und Bischofsthron wurde Ende des 19. Jh.s umgestaltet, die Holzdecke datiert aus dem 15. Jh. und imitiert ein Steingewölbe. In der nördlichen Choreinfriedung befindet sich das **Grab der Katharina von Aragon** (1485–1536), die nach der erzwungenen Scheidung von Heinrich VIII. ab 1533 als königliche Gefangene in der Nähe von Peterborough lebte. In der südlichen Choreinfriedung erinnert eine **Gedenkplatte** an das Grab von **Maria Stuart**, die nach ihrer Hinrichtung in der Burg Fotheringhay in der Nähe von Peterborough hier bestattet wurde. Ihre Gebeine wurden 1612 von ihrem Sohn Jakob I. nach Westminster Abbey (London) überführt. Im Chorumgang ist unter anderem das Marmorgrab von Abt Benedict von Canterbury (1193) erhalten, der das Langhaus errichten ließ und Reliquien des heiligen Thomas Becket mitbrachte.

Der Retrochor mit einem herrlichen Fächergewölbe aus der Zeit um 1500 birgt den **Hedda Stone**, eine um 780 entstandene sächsische Bildhauerarbeit. Sie war Teil eines Schreins, der über einem Massengrab von Mönchen aufge-

Peterborough Cathedral

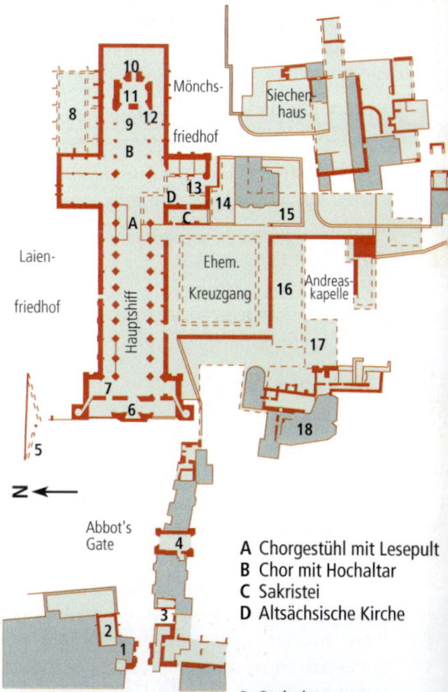

A Chorgestühl mit Lesepult
B Chor mit Hochaltar
C Sakristei
D Altsächsische Kirche

1 Äußeres Tor (oben St. Nicholas' Chapel)
2 Kapelle des hl. Thomas von Canterbury
3 Gefängnis
4 Rittersaal
5 Prior's Gate
6 Westfassade und Zugang zur Schatzkammer
7 Porträt des Robert Scarlett
8 Ehem. Marienkapelle (1651 zerstört)
9 Grab der Katharina von Aragón
10 Neuer Bau (1508)
11 Stein der Mönche (8. Jh.)
12 Urspr. Grabstätte von Maria Stuart
13 Zugang zu den Fundamenten der altsächsischen Kirche
14 Ehem. Kapitelhaus
15 Ehem. Mönchsdormitorium
16 Ehem. Mönchsrefektorium
17 Ehem. Mönchsküche
18 Bischofspalais

stellt war, die zusammen mit ihrem Abt Hedda 870 beim Dänenüberfall ermordet wurden.

Flag Fen Bronze Age Centre 1982 wurde östlich der Stadt mit Ausgrabungen begonnen. Heute befindet sich auf den 3000 Jahre alten Funden das britische Zentrum für das Bronzezeitalter (The Droveway, Northey Road), zu dem u.a. ein archäologischer Park und ein Museum gehören.

Umgebung von Peterborough

Stamford Mehr als 50 Pubs gibt es in Stamford 19 km nordwestlich. Stamford war früher Hauptverkehrsknotenpunkt an der Strecke Edinburgh – London, und so machten manch illustre Besucher hier Station: Sir Walter Scott übernachtete hier, und Charles Dickens erwähnt den Ort in seinem Roman Nicholas Nickleby. Die alte Marktstadt hat ihren ursprünglichen Charakter weitgehend erhalten. Vier alte Kirchen sind sehenswert: St. Mary und All-Saints – beide frühgotisch – und St. John's (Perpendicular Style) und St. George's (13–15. Jh.) mit schönen alten Glasfenstern.

Burghley House 3 km südlich von Stamford, Sitz des Marquess of Exeter, ist ein hervorragendes Beispiel elisabethanischer Schlossbaukunst (1553–1587). Errichtet wurde der Adelspalast für William Cecil, Lord Burghley (1520 bis 1598), einen einflussreichen Politiker während der elisabethanischen Ära. Überaus verschwenderisch ist die Innenausstattung mit zahlreichen Gemälden italienischer und englischer Barockmaler sowie großen Dekorationsmalereien. Den Landschaftspark schuf Capability Brown (s. S. 70 ff.) im 18. Jahrhundert.

PETERBOROUGH

AUSKUNFT

3-5 Minster Precincts, Peterborough, Cambridgeshire, England, PE1 1XS
Tel. 0 17 33 – 45 23 36
Fax 0 17 33 – 45 23 53
E-mail: tic@peterborough.gov.uk
www.peterborough.gov.uk

ÜBERNACHTEN

► Luxus

The George Hotel
Stamford, 71 St Martin Street, Stamford PE9 2LB
Tel. 0 17 80 – 75 07 50, Fax 75 07 01
E-mail: reservations@georgehotelofstamford.com
Alte Postkutschenstation, die sich in ein äußerst komfortables Hotel mit ausgezeichnetem Restaurant verwandelt hat. Einige Teile des Gebäudes sind mehrere hundert Jahre alt.

Peakirk Waterfowl Gardens Die Peakirk Waterfowl Gardens gut 11 km nördlich gehören zum »Severn Wildfowl Trust«. Der »Severn Wildfowl Trust« wurde 1946 von Peter Scott gegründet; die Gesellschaft kümmert sich um Schutz und Erhalt der artenreichen Wasservögel dieses Raumes – über 100 verschiedene Arten leben hier.

Plymouth

K 20

Landesteil: Südengland
Grafschaft: Devon

Höhe: 100 ft/31 m ü.d.M.
Einwohnerzahl: 250 000

Plymouth – sprich Plimth – an den Mündungen des Tamar und des Plym ist mit Stonehouse und Devonport zusammengewachsen. Ein herrlicher langer Strand, Wald, Wiesen und schöne Parkanlagen tragen zum freundlichen Charakter dieser Stadt bei.

Plymouth ist einer der größten See- und Kriegshäfen Englands, historisch vermutlich der bedeutendste. Von Plymouth segelte der Schwarze Prinz 1355 zum letzten Mal gen Frankreich, von hier legten viele Entdecker und Eroberer ab, u.a. Sir Francis Drake, der legendäre Freibeuter des Elisabethanischen Zeitalters, Raleigh, Hawkins, Martin Frobisher, Admiral Blake und James Cook. Am 31. Juli 1588 wurde die spanische Armada vor der Stadt vernichtend geschlagen.

Plymouth Orientierung

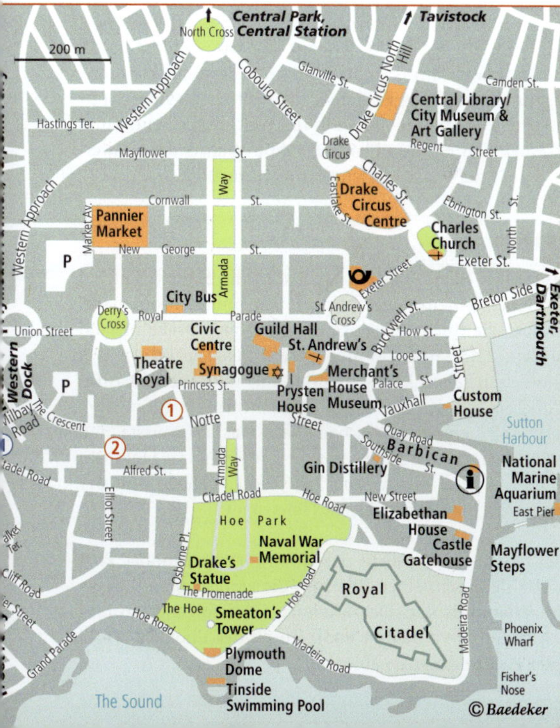

Essen

1 Duke of Cornwall

Übernachten

1 Drake
2 Brittany Guest House

PLYMOUTH ERLEBEN

AUSKUNFT

Mayflower Centre, 3-5 The Barbican, Plymouth, Devon, England, PL1 2LR
Tel. 0 17 52 – 30 48 49
Fax 0 17 52 – 25 79 55
E-mail: barbicantic@plymouth.gov.uk
www.visitplymouth.co.uk

ESSEN

► Erschwinglich

① ***Duke of Cornwall***
Millbay Road, Tel. 0 17 52 – 26 62 56
Fantasievolle Speisen mit englischem, italienischem und asiatischem Einschlag findet man auf der Speisekarte dieses kleinen, persönlich geführten Hotelrestaurants.

ÜBERNACHTEN

► Komfortabel

① ***Drake***
1&2 Windsor Villas, Lockyer Street, The Hoe, PL1 2QD
Tel. 0 17 52 – 22 97 30, Fax 25 50 92
Ein gutes Preis-Leistungs-Verhältnis bietet das Drake, ein aus zwei zusammengelegten viktorianischen Häusern entstandenes Hotel mit 35 Zimmern.

② ***Brittany Guest House***
28 Athenaeum Street, PL1 2QD
Tel. 0 17 52 – 26 22 47
Praktisches B&B mit 9 Zimmern und Parkmöglichkeit.

Die Pilgerväter von Plymouth setzten auf der von Southampton kommenden »Mayflower« am 6. September 1620 Segel nach Amerika – damit begann der Aufstieg Englands zur Weltmacht. Ihren Spuren folgten zahllose Auswanderer in die Neue Welt, wo es heute rund ein Dutzend Gemeinden namens Plymouth gibt. Während des Zweiten Weltkriegs wurde der Marinehafen sehr stark zerstört.

Sehenswertes

★ **Aussichtspark The Hoe**

Einen eindrucksvollen Blick über die Stadt und die Hafenbucht hat man von »The Hoe«, einem Aussichtspark mit breiter Promenade, von dem man über die Bucht »The Sound« und über Drake's Island hinweg bis zu dem 22,5 km entfernten berühmten Leuchtturm auf dem Eddystone-Felsen sehen kann. Als Museum und Aussichtsturm hat man den oberen Teil des ehemaligen Leuchtturms von Smeaton eingerichtet, der 1882 einem modernen Platz machen musste und hier Stein für Stein wieder aufgebaut wurde. Im Plymouth Dome an der Südspitze gibt es eine Ausstellung zur Stadtgeschichte von der Elisabethanischen Ära bis zur modernen Hafenstadt.

Royal Citadel

Um die Citadel (1566–1570) östlich des Hoe führt ein schöner Promenadenweg, von dem man einen Blick auf die verbliebenen Bürgerhäuser von Alt-Plymouth hat. Der Madeira Road folgend, kommt man zum alten Hafen, dem **Sutton Pool**, wo an der Phoenix Wharf Ausflugsdampfer zu Rundfahrten ablegen.

Mayflower Steps

An den Mayflower Steps, einem zum Gedenken an die Pilgrim Fathers erbauten Portal, befindet sich die Anlegestelle für Schiffe zur gegenüberliegenden Drake-Insel.

Das **National Marine Aquarium** am East Pier auf der anderen Hafenseite gibt Einblick in die Unterwasserwelt.

★ ◄ Barbican

In den schmalen Straßen des historischen Stadtviertels »The Barbican« ist das originalgetreu eingerichtete Elizabethan House (16. Jh.) an der New Street sehenswert, in der Southside Street sind die Überreste eines Dominikanerklosters aus dem 14. Jh. erhalten. Im Haus Nr. 60 kann man sich in der Black Friars Distillery über die Ginherstellung informieren und den Plymouth Dry Gin probieren.

Armada Way und Royal Parade

Um die Flaniermeilen Armada Way und Royal Parade, die sich nördlich an den Hoe-Park anschließen, liegt das heutige Stadtzentrum. Dort stehen die Hauptkirche St. Andrew's, das mittelalterliche Prysten House aus dem 15. Jh., der Tudorbau des Merchants' House (16. Jh.), in dem ein sozialgeschichtliches Museum untergebracht ist, und die Guildhall mit ihren hübschen Türmchen.

Die Altstadt von Plymouth scheint genügend Abwechslung zu bieten.

Seafood & Pasta – was will man mehr

Das **Civic Centre**, 1958–1962 nach Plänen von J. Stirling errichtet, ist ein 14-stöckiges Verwaltungshochhaus. Von der Aussichtsplattform in der 14. Etage hat man Blick auf ein fantastisches Stadtpanorama, bei klarem Wetter reicht die Sicht bis hinüber ins ►Dartmoor.

Das Stadtmuseum nordwestlich vom Zentrum zeigt Werke alter Meister, eine kostbare Porzellan- und Silbersammlung, italienische Bronzearbeiten sowie den Pokal, den Sir Francis Drake nach seiner dreijährigen Weltumseglung von Queen Elizabeth I. erhielt.

Umgebung von Plymouth

Mount Edgcumbe

Mit der Fähre kann man nach Cremyll übersetzen. Cremyll liegt schon in Cornwall. Dort lohnt sich vor allem ein Besuch des über 400 Jahre alten Herrensitzes der Earls of Mount Edgcumbe, in dem Inneneinrichtungen des 18. Jahrhunderts zu sehen sind. Außerdem gibt es einen schönen Landschaftspark mit herrlicher europäischer und exotischer Vegetation.

★ **Cotehele House**

Schön ist außerdem auch eine Fahrt auf dem Tamar nach Cotehele etwa 15 km nordwestlich. Cotehele House ist ein markantes Gebäude, das im Tudor-Stil gebaut wurde und sich ebenfalls im Besitz der Earls von Mount Edgcumbe befand. Das weitgehend unverändert erhaltene mittelalterliche Landhaus wurde zwischen 1485 und 1539 aus grauem Granit gebaut und birgt insbesondere sehenswerte Möbel, Handarbeiten und Waffen.

★ **Saltram House**

Saltram House 5 km östlich wurde ab 1750 von John Parker errichtet. Sehenswert sind vor allem 14 Gemälde von Reynolds, der sich gern in Saltram aufhielt und den Hausherrn und seine Familie porträtierte. Das Porträt des Künstlers (1767) im Treppenaufgang stammmt von Angelika Kauffmann. Außerdem sind Arbeiten von Rubens, Stubbs sowie eine Porzellankollektion und Chinoiserien zu sehen.

★ **Antony House**

Empfehlenswert ist zudem ein Besuch von Antony House (17./18. Jh.) 8 km westlich. Die Räume sind mit exquisiten Stilmöbeln eingerichtet, Höhepunkt aber ist der von Humphrey Repton entworfene Landschaftspark (►S. 70 ff.).

★ Portsmouth

Q 19

Landesteil: Südengland
Grafschaft: Hampshire
Höhe: 27 ft/8 m ü.d.M.
Einwohnerzahl: 175 000

Portsmouth verdankt seine Bedeutung einem großen Naturhafen, den schon die Römer nutzten. Später befand sich hier über Jahrhunderte das Hauptquartier der Königlichen Marine. Von der einstigen Seemacht zeugen drei historische Schiffe im Hafen.

Traditioneller Marinehafen

In der Neuzeit war Portsmouth wichtigster Kriegshafen Großbritanniens; so war die Stadt auch 1981 Ausgangshafen und Marine-Kommandozentrale im Krieg gegen Argentinien um die Falklandinseln. Im Zweiten Weltkrieg wurden große Teile von Portsmouth wegen seiner strategischen Bedeutung als Kriegshafen zerstört.

Sehenswertes

★★ Naval Heritage

★★ ◀ H. M. S. Victory

Äußerst lohnend ist der Hafen mit seinen prächtigen historischen Fregatten. Die »H.M.S.Victory«, das 1765 gebaute, knapp 60 m lange, mit fünf Decks und 104 Kanonen ausgestattete Flaggschiff von Lord Nelson, wurde 1921 gehoben und restauriert. In der Stunde des Sieges bei der Schlacht von Trafalgar (1805) wurde Lord Nelson knapp 20 Minuten, nachdem er die französischen Linien mit seinem

PORTSMOUTH ERLEBEN

AUSKUNFT

Clarence Esplanade, Southsea, Portsmouth, Hampshire, England, PO5 3PB
Tel. 0 23 – 92 82 67 22
Fax 0 23 – 92 82 75 19
E-mail: vis@portsmouthcc.gov.uk
www.visitportsmouth.co.uk

ESSEN

▶ Erschwinglich

Bistro Montparnasse
103 Palmerston Road
Tel. 0 23 – 92 81 67 54
Schickes Bistro in einem ehemaligen viktorianischen Haus. Diverse Gerichte mit frischem Fisch.

▶ Preiswert

Country Kitchen
59 Marmion Road
Tel 0 23 – 92 81 14 25
Preisgünstiges Restaurant, in dem gute vegetarische Gerichte angeboten werden.

ÜBERNACHTEN

▶ Komfortabel

Sally Port Inn
High Street, PO1 2LU
Tel. 0 23 – 92 82 18 60, Fax 92 82 12 93
Alter Inn gegenüber der Kathedrale mit 14 Zimmern und Pub.

Upper Mount House
The Vale/Clarendon Road, Southsea, PO5 2EQ
Tel. 0 23 – 92 82 04 56
Praktisches, ruhiges B&B mit Garten, nur 5 Minuten vom Fährhafen entfernt; 12 Zimmer.

H.M.S. VICTORY

★★ **Sie gilt als das schönste Museumsschiff der Welt und war das berühmteste englische Admiralsschiff aller Zeiten. Am 23. Juli 1759 wurde der Dreidecker auf der Marinewerft Chatham auf Kiel gelegt. Im Oktober 1760, also lange vor dem Stapellauf, erhielt sie ihren Namen »Victory«, und am 7. Mai 1765 lief sie schließlich vom Stapel.**

Öffnungszeiten:
April – Oktober 10.00–17.30 Uhr
November – März 10.00–17.00 Uhr

1 Captain Hardy's Kajüte
Kapitäns-Kajüte. Weniger komfortabel hatte es die Besatzung. 1805, als die Schlacht bei Trafalgar ausgetragen wurde, waren 850 Offiziere, Matrosen und Marinesoldaten an Bord und teilten sich die Besatzungsräume.

2 Lord Nelsons Kajüte
Ebenfalls eine sehr komfortable Bleibe mit gediegener Einrichtung für den Kommandierenden der Mittelmeerflotte

3 Steuerrad
Direkt unter dem Kreuzmast wurde das Steuerrad Tag und Nacht bewegt.

4 Wassertank
Wasser im Überfluss gab es nicht.

5 Brotkammer
Lebensmittel für 850 Mann

6 Apotheke
Verbandsmaterial für Unfälle an Bord oder bei Kampfhandlungen; Salben, Pillen und Tinkturen zur Linderung und Heilung von Krankheiten, die sich im Fall der Fälle schnell an Bord ausbreiteten.

7 Geschützkammer
Für die Schlacht bei Trafalgar war die Victory rundum gerüstet: 104 Kanonen waren auf dem Oberdeck, auf dem Quarterdeck, auf dem Back, im Batteriedeck, im Zwischendeck stationiert.

8 Kerzenkammer
Für spärliche nächtliche Beleuchtung

9 Pulverlager
Eine insgesamt explosive Angelegenheit

10 Nelsons tödlicher Standort
An dieser Stelle auf dem Achterdeck wurde Nelson von einer Kugel getroffen.

11 »Cockpit« – Midshipman's Koje
In dieser Kammer unter Deck starb Horatio Nelson. Die Szene ist von dem Maler W.L. Wyllie der Nachwelt überliefert worden.

Lord Nelsons Kajüte mit wunderbarem Ausblick auf das weite Meer. Auf gleicher Ebene befanden sich seine Schlafkajüte und sein Speiseraum

Galionsfigur der H.M.S. Victory mit dem britischen Königs- und Staatswappen und dem Wahlspruch des Hosenbandordens »Honi soit qui mal y pense« sowie dem königlichen Motto »Dieu et mon droit«

Mit insgesamt 104 Kanonen war die H.M.S. Victory in der Schlacht von Trafalgar ausgerüstet. Ein Großteil war hinter diesen Luken in der Bordwand platziert.

»Der Tod Nelsons«, 1805 von W.L. Wyllie auf einem Gemälde festgehalten. Lord Nelson wurde an Deck tödlich getroffen und starb kurz danach auf der berühmten H.M.S. Victory. Noch im Sterben diktierte er einen Brief an seine Geliebte, Lady Emma Hamilton, die Frau des britischen Gesandten in Neapel.

Portsmouth: schöne alte Häuserzeile am Hafen

Schiff durchbrochen hatte, tödlich getroffen und starb im »Cockpit« seines legendären Schiffs.

Im **Royal Naval Museum** findet man zahlreiche Erinnerungsstücke an Lord Nelson; die Entscheidungsschlacht von Trafalgar ist auf einem 14 m breiten Panoramagemälde festgehalten.

* Mary Rose ▶ Die »Mary Rose« aus der Flotte Heinrichs VIII., ein 1510 gebauter Vierdecker aus bester Hamshire-Eiche, sank 1545 bei einer Seeschlacht gegen die Franzosen »a mile and a quarter« vom Heimathafen entfernt. Der Seegang während der Schlacht war so stark, dass durch die offenen Kanonenklappen Wasser in das untere Deck des Kriegsschiffes drang und die »Mary Rose« binnen kurzem auf den Grund des Solent sank. 1836 suchten Taucher nach der Fregatte, ab 1965 wurden die Nachforschungen intensiviert. Am 11. Oktober 1982 konnte das Tudorschiff endlich gehoben und anschließend zur Besichtigung freigegeben werden.

* H. M. S. Warrior ▶ Nach achtjähriger Restaurationszeit kehrte das Kriegsschiff »H. M. S. Warrior« 1987 wieder nach Portsmouth zurück. Das 1860 vom Stapel gelaufene, 127 m lange Schiff galt seinerzeit als das größte und bestbewaffnete seiner Art.

Submarine Museum

Wer sich für Unterseeboote interessiert, kann auf dem gegenüberliegenden Ufer in Gosport das Submarine Museum der Royal Navy aufsuchen, wo sich u.a. das H.M.Submarine Torpedo Boat No. 1 befindet, Großbritanniens erstes U-Boot.

St. Thomas

Der Grundstein zur St. Thomas-Kathedrale in der High Street wurde 1185 gelegt. Aus normannischer Zeit stammen noch der Altarraum und die Querschiffe. Dass das südliche Chorseitenschiff den Mitgliedern der Royal Navy geweiht ist, zeigen die dortigen Erinnerungsstücke an die »Mary Rose« und Nelsons »Victory«. Beachtenswert ist Andrea della Robbias Werk »Mutter und Kind«.

Dickens Birthplace

In der Old Commercial Road wurde **Charles Dickens**, dessen Vater bei der Marine arbeitete, geboren. Das Geburtshaus des Schriftstellers ist mit Regency-Möbeln der Familie eingerichtet; unter den Erinnerungsstücken befinden sich einige Manuskripte, frühe Drucke und das Sterbebett von Dickens aus seinem Haus Gads Hill (Kent).

City Museum and Art Gallery

In der Museum Road, die in östlicher Richtung von der High Street abzweigt, befindet sich die viktorianische City Museum and Art Gallery mit umfangreichen kunsthandwerklichen Sammlungen. Die 1991 eröffnete Dauerausstellung »The Story of Portsmouth« vermittelt ein Bild vom städtischen Alltag seit dem 17. Jahrhundert.

Sea Life Centre

An der Clarence Esplanade weiter südöstlich führt das Sea Life Centre in die Geheimnisse der Unterwasserwelt ein.

D-Day Museum

Im D-Day-Museum nebenan ist die vom Teppich von Bayeux inspirierte Overlord Embroidery zu sehen, eine 80 m lange Tapisserie mit einer Chronik aus dem Zweiten Weltkrieg, die den Zeitraum von 1940 bis zur Landung der Alliierten in der Normandie, dem »D-Day« am 6. Juni 1944 (Operation Overlord) umfasst.

Southsea

Das Seebad Southsea gehört heute als bevorzugte Wohngegend zu Portsmouth. Der Vorort hat eine schöne Promenade, von der man einen herrlichen Blick auf die ► Isle of Wight hat. In Southsea schrieb der hier 1882–1890 praktizierende Arzt Sir Arthur Conan Doyle seinen ersten Sherlock Holmes-Roman »A study in Scarlet«.

Natural Science Museum

Das Natural Science Museum befindet sich im renovierten Cumberland House. Zur Ausstellung gehört u.a. eine Abteilung über Flora und Fauna des Meeres und der Marsch sowie ein Schmetterlingshaus mit über 100 verschiedenen Arten.

Royal Marines Museum

In der eleganten viktorianischen Offiziersmesse der Eastney Kaserne erhält man Einblick in die Geschichte der Königlichen Marine.

Industrial Museum

Zu den Glanzstücken des Industriemuseums gehören zwei gewaltige Dampfmaschinen aus dem Jahr 1887 von James Watt.

Umgebung von Portsmouth

Portchester Castle

Portchester Castle auf der Landzunge am Nordende von Portsmouth Harbour war die einzige römische Festung in England und Nordeuropa, die nie zerstört wurde. Heinrich II. ließ sie ausbauen, später ließ Richard II. sie um einen Palast neben dem Bergfried vergrößern.

Titchfield

In Titchfield 30 km nordwestlich sind noch die Reste eines Prämonstratenser-Klosters erhalten, das 1238 vom Bischof von Winchester gegründet und 1537 zu seinem Wohnsitz umgebaut wurde. Das prächtige Torhaus und vier Türme im Tudorstil stehen noch. Seltenheitswert haben die mittelalterlichen Fliesen. Shakespeare war wiederholt Gast des 3. Earl, dem er seine Sonette widmete.

Richmond

P 12

Landesteil: Nordengland
Grafschaft: North Yorkshire
Höhe: 500 ft/152 m ü.d.M.
Einwohnerzahl: 8 000

Die geradezu romantische Kleinstadt Richmond – laut British Council als »typically English« einzustufen – ist ein wahrer Geheimtipp. Historische Keimzelle des Städtchens war das normannische Castle, das um 1070 von Alan the Red, 1. Earl of Richmond, gebaut wurde.

Dessen umfangreicher Besitz in der Umgebung – nicht weniger als 164 Herrschaftshäuser – bekam den Namen Richmondshire. Heinrich VII., der den Titel des Earl of Richmond erbte, gab den Namen auch seinem neuen Palast in Surrey, jetzt Greater London; der dortige Ort Sheen heißt seither ebenfalls Richmond. Lohnende Ausflüge führen von Richmond in das Swaledale und das Wensleydale, zwei wildromantische Täler am Nordrand der ►Yorkshire Dales.

Sehenswertes

Castle Wegen seiner günstigen Lage war das Castle von drei Seiten uneinnehmbar, die vierte schützte ein mächtiger Bergfried. Von der Spitze

RICHMOND ERLEBEN

AUSKUNFT

Friary Gardens, Victoria Road, Richmond, North Yorkshire, England, DL10 4AJ
Tel. 0 17 48 – 85 02 52, Fax 82 59 94
E-mail: richmond@ytbtic.co.uk
www.yorkshiredales.org

ESSEN

► **Erschwinglich**

Restaurant on the Green
5-7 Bridge Street, Richmond, North Yorkshire, DL10 4RW
Tel. / Fax 0 17 48 – 82 62 29
E-mail: accom.bennett@talk21.com
Im »Restaurant on the Green« kann man bei Kerzenlicht an einem Kamin aus dem 17. Jahrhundert tafeln.

The King's Head Hotel
► Übernachten

ÜBERNACHTEN

► **Komfortabel**

The King's Head Hotel
Market Place, Richmond, North Yorkshire DL10 4HS
Tel. 0 17 48 – 85 02 20, Fax 85 06 35
E-mail: res@kingsheadrichmond.co.uk
Zentral am Marktplatz gelegen. J.M.W. Turner logierte hier, als er die Gegend malte. Auch das Restaurant lohnt einen Besuch.

Restaurant on the Green
5-7 Bridge Street, Richmond, North Yorkshire DL10 4RW
Tel. / Fax 0 17 48 – 82 62 29
E-mail: accom.bennett@talk21.com
Dem Restaurant (► Essen) angeschlossene angenehme Übernachtungsmöglichkeit.

»Typically English«: die Kleinstadt Richmond mit dem wuchtigen alten Burgturm

dieses knapp 35 m hohen normannischen Wehrturms bietet sich ein hervorragender Blick auf die Stadt.

Market Place

Wenige Schritte weiter nördlich liegt der große kopfsteingepflasterte Marktplatz, der von hübschen alten Häusern und Läden umzogen ist. Die kleine Trinity Church dient heute als Museum, in dem 300 Jahre des bekannten North Yorkshire Regiment dokumentiert sind.

✶ Georgian Theatre Royal and Museum

Eine Attraktion besonderer Art ist das liebevoll restaurierte Georgian Theatre Royal, das 1788 von Samuel Butler entworfen wurde. Berühmte Mimen wie Edmund Kean traten in diesem Haus auf. Kean stieß 1808 im Alter von 17 Jahren als singender Komiker zu Butlers Theaterensemble, bevor er nach London ging, wo er große Erfolge als Schauspieler feiern sollte. Die Geschichte des Theaters wird im Theatermuseum mit historischen Requisiten, Modellen, Kostümen, Plakaten, Fotos etc. illustriert. In der zweiten Galerie kann man das älteste, vollständig erhaltene gemalte Bühnenbild in Großbritannien bewundern; 1836 wurde es angefertigt. Bemerkenswert ist die Vielzahl der auf den Kulissen dargestellten Baumarten.

Richmondshire Museum

Das Richmondshire Museum in Ryder's Wynd – die Gässchen im Ort heißen »Wynds« – zeigt Exponate zur Geschichte der Region seit 1071 – u.a. historische Kostüme, Kinderspielzeug und die Praxis aus der TV-Serie »Der Doktor und das liebe Vieh«.

Easby Abbey

Zu den Ruinen der Easby Abbey führt ein schöner Fußweg am Ufer des Swale. Reste von Refektorium, Langhaus und Querschiffen sind erhalten. In der benachbarten St. Agatha Church sind bemerkenswerte Fresken aus der Mitte des 13. Jh.s und eine Nachbildung des Easby Cross zu sehen, ein angelsächsisches Kreuz von 800, dessen Original sich im British Museum in London befindet.

Rochester

T 18

Landesteil: Südengland
Grafschaft: Kent

Höhe: 125 ft/38 m ü.d.M.
Einwohnerzahl: 24 000

Das beschauliche Rochester östlich von London ist die Stadt des Charles Dickens: Der Schriftsteller verlebte seine Kindheit im nahen Chatham und die letzten zwölf Jahre seines Lebens in seinem Haus Gads Hill in Higham bei Rochester.

In vielen seiner Bücher spielen Plätze in Rochester und Umgebung eine große Rolle; sein letztes Werk, der unvollendet gebliebene Roman »Das Geheimnis des Edwin Drood«, ist gänzlich in Rochester – das im Roman Cloisterham heißt – angesiedelt. Heute wird die Gemeinde offiziell City of Rochester-upon-Medway genannt, sie vereinigt Rochester mit den Nachbarorten Chatham und Strood. Heinrich VIII. ließ hier an der Medway-Mündung erstmals Kriegsschiffe für die englische Flotte bauen. Die Werften waren über Jahrhunderte bedeutend für den Flottenbau.

Sehenswertes

★ **Kathedrale**

Ethelbert von Kent gründete 604 an der Stelle einer römischen Siedlung den nach ► Canterbury zweiten Bischofssitz in England. Auf den Fundamenten der damals gebauten Bischofskirche begannen die Normannen 1080 mit dem Bau der heutigen Kathedrale. Aus dieser Zeit sind der wehrhafte Gundolfsturm an der Nordseite sowie die Krypta erhalten. Der beeindruckendste Bauteil ist die 1160 abgeschlossene, von zwei Türmen flankierte **Westfassade**. Das **normannische Portal** zeigt an den Seiten zwei Säulenfiguren, König Salomon und die Königin von Saba darstellend; es ist das einzige Beispiel in England, das diese für französische Kirchenbauten charakteristische Form der Portalgestaltung kopiert.
Im vorderen Teil des nördlichen Seitenschiffs sind die **Grundrisse der angelsächsischen Kirche** angedeutet. Im südlichen Querschiff er-

ROCHESTER ERLEBEN

AUSKUNFT

95 High Street,
Rochester, Kent,
England, ME1 1LX
Tel. 0 16 34 – 84 36 66
Fax 0 16 34 – 84 78 91
E-mail: visitor.centre@medway.gov.uk
www.medway.gov.uk/tourism

ÜBERNACHTEN

► **Komfortabel**

Royal Victoria&Bull Hotel
16-18 High Street, ME1 1PX
Tel. 0 16 34 – 84 62 66, Fax 83 23 12
Ansprechendes Hotel, ein ehemaliges Inn (28 Zimmer), im Herzen von Rochester.

innert eine **Gedenktafel** an **Charles Dickens**. Eine besondere Kostbarkeit im Chor ist ein im 13. Jh. entstandenes Freskenfragment am Nordpfeiler, das das **»Rad des Glücks«** zeigt. Zum Chorgestühl gehören einige der ältesten Chorstühle (1227) in England. In der Nordecke des Querchores befindet sich das Grab des Bischofs Walter de Merton. Es steht an der Stelle des Grabes des hl. William von Perth, eines schottischen Bäckers, der 1201 während einer Pilgerreise ins Heilige Land in der Kathedrale von Rochester ermordet wurde. Seinem Grab wurden bald Wunderkräfte nachgesagt, es entwickelte sich zu einem **Wallfahrtsort**. Eine sehr feine Arbeit ist das Portal des Kapitelhauses (14. Jh.) mit der Darstellung einer Kirche und einer Synagoge, der vier Kirchenväter und der Seele des Stifters Hamo de Hythe. Die Krypta ist eine architektonische Meisterleistung im Early-English-Style und eine der größten im Land.

Umgebung der Kathedrale

Gleichzeitig mit der Kathedrale wurde ein Benediktinerkloster gegründet. Von den ursprünglich vier Zugangstoren sind drei aus dem 15. Jh. noch erhalten: zur High Street hin Chertsey's Gate, unmittelbar an der Kathedrale Deanery Gate, durch das die Pilger zum Schrein des hl. William gingen, und an der Südseite das Prior's Gate. Die Minor Canon Row, eine sehr hübsche Häuserzeile von 1723, wurde von Dickens in »Edwin Drood« verewigt.

✶ Castle

Das Castle gegenüber der Kathedrale ist eine der am besten erhaltenen normannischen Festungsanlagen in ganz Großbritannien. Vom mächtigen Bergfried, 1127 erbaut, hat man einen fantastischen Blick über die Stadt und das Tal.

High Street

Die Hauptstraße von Rochester, die High Street, ist von einigen sehenswerten Gebäuden gesäumt, von denen viele Eingang in die Werke Charles Dickens' gefunden haben. Aus Richtung Castle kommend sieht man links das über 400 Jahre alte frühere Bull Inn, seit dem Besuch der späteren Königin 1836 in **Royal Victoria and Bull Hotel** umbenannt. Bei Dickens ist es in den »Pickwick Papers« das Bull Hotel und in den »Great Expectations« The Blue Boar. Gegenüber steht die **Guildhall**, das 1687 erbaute ehemalige Rathaus, das heute als städtisches Museum dient, links kurz vor der Einmündung des Northgate das **Old Corn Exchange**, deutlich zu erkennen an der großen Uhr. Ein weiteres »Dickens-Haus« ist das elisabethanische Watt's Charity oder **Poor Travellers House**. Richard Watts richtete 1579 hier eine Übernachtungsmöglichkeit für sechs arme Reisende ein und begründete damit eine Tradition, die bis zum Zweiten Weltkrieg bestand. Dickens erwähnt das Haus in seinen

> **! *Baedeker* TIPP**
>
> **Kohledampfer Kingswear Castle**
>
> An Bord des Kohledampfers Kingswear Castle kann man im Sommer vom Chatham Historic Dockyard den Leedway hinunter bis zum stimmungsvollen Upnor Castle schippern.

Charles Dickens Centre ►

Weihnachtsgeschichten. **Eastgate House** die High Street weiter hinunter beherbergt das Charles Dickens Centre, in dem das Werk des Schriftstellers zum Leben erweckt wird. Als »Nun's House« spielt es selbst eine Rolle in »Edwin Drood«. Im Hof ist das Schweizer Chalet zu sehen, das der französische Schauspieler Charles Fechter Charles Dickens als Geschenk überreichte. Dickens ließ es in Gads Hill aufbauen und verbrachte darin einen Teil des Sommers.

An der Crow Lane liegt **Restoration House**, in dem am 28. Mai 1660 Karl II. nach seiner Rückkehr aus Frankreich erstmals wieder eine Nacht auf englischem Boden verbrachte. Donnerstagnachmittags können die prächtigen Innenräume besichtigt werden, darunter »Miss Havisham's Room« aus Dickens' »Great Expectations«.

Umgebung von Rochester

Chatham

Das heute eingemeindete Chatham war das Zentrum des Kriegsschiffsbaus am Medway. Über 400 Jahre lang wurden in der berühmten Werft der Königlichen Marine Schiffe für die Kriegsflotte gebaut, darunter auch 1795 das Flaggschiff von Lord Nelson, die »H.M.S. Victory« (►Portsmouth). Die große Zeit des Schiffbaus ist für Besucher sehr aufwändig inszeniert, u.a. bekommt man die zum Bau eines Großseglers gebrauchten Berufe vorgeführt und kann sich ein Bild von der Arbeit der Werftarbeiter und Handwerker machen.Zum Schutz der Werften wurde 1756 **Fort Amherst** angelegt und angesichts der Bedrohung durch Frankreich 1802–1811 ausgebaut. Katakomben, Wehrgänge und ein kleines Museum sind zu besichtigen.
Charles Dickens lebte 1817–1821 in Haus Nr. 2 (heute Nr. 11) in der georgianischen Häuserzeile Ordnance Terrace.

Cobham

Das westlich von Rochester gelegene hübsche Dorf Cobham ist allen Lesern der »Pickwick Papers« bekannt, denn hier steht das Gasthaus Leather Bottle Inn, wohin sich Tracy Tupman flüchtete. In der Kirche St. Mary Magdalene sind 18 Messinggrabplatten aus dem 14. bis 16. Jh. sehenswert, deren Abbildungen von Rittern, Damen und Geistlichen viel über damalige Trachten und Waffen verraten.

Cobham Hall ►

Cobham Hall (1580–1670) ist ein prächtiges spätelisabethanisches Herrenhaus aus Backstein mit vier Türmchen, den typischen hohen Schornsteinen und einer vergoldeten Stuckdecke (1672) in der Gilt Hall (Musikzimmer). Es ist umgeben von einem herrlichen Park, der wegen seiner großen Rhododendren berühmt ist.

Gads Hill

Gads Hill, das Haus, in dem Charles Dickens die letzten zwölf Jahre seines Lebens verbrachte, steht in Higham zwischen Rochester und Gravesend. Schon als Kind hatte er sich auf Spaziergängen mit seinem Vater in dieses Haus verliebt, 1856 konnte er es erwerben. Gads Hill ist heute Privatschule, die auch Führungen organisiert.

★ ★ Salisbury

P 18

Landesteil: Südengland
Grafschaft: Wiltshire
Höhe: 150 ft/46 m ü.d. M.
Einwohnerzahl: 39 000

Salisbury an der Mündung der Flüsse Nadder und Bourne in den River Avon ist Grafschaftshauptstadt von Wiltshire und berühmt für die große Kathedrale, ein Meisterwerk der Frühgotik in wunderschöner freier Lage innerhalb der Domfreiheit. Salisbury selbst ist ein anheimelndes Städtchen mit hübschen kleinen Einkaufsstraßen und netten Plätzen in der Altstadt.

Geschichte

Die Gründung von Salisbury ist eng verknüpft mit der Geschichte des benachbarten Old Sarum, das ehedem Bischofssitz mit einer bedeutenden Kathedrale war. Im 13. Jahrhundert beschloss man, Old Sarum aufzugeben, was möglicherweise mit Wassermangel oder auch mit Zwistigkeiten zwischen Geistlichkeit und Garnison zusammenhing. 1220 siedelten die Bewohner nach New Salisbury um, wo planmäßig eine neue Stadt mit einer Kathedrale angelegt wurde, wobei man für die Neubauten Baumaterial von Old Sarum verwendete. Der schachbrettartige Grundriss von Salisbury mit Gartenhöfen zwischen den Häusern gilt als Musterbeispiel mittelalterlicher Stadtplanung. 1244 setzte mit dem Brückenbau über den Avon ein reger Handelsverkehr in der Stadt ein – nicht weniger als vier Marktstätten gab es hier im Mittelalter.

SALISBURY ERLEBEN

AUSKUNFT

Fish Row, Salisbury, Wiltshire,
England, SP1 1EJ
Tel. 0 17 22 – 33 49 56
Fax 0 17 22 – 42 20 59
E-mail: visitorinfo@salisbury.gov.uk
www.visitsalisbury.com

ESSEN

▸ Erschwinglich

Brasserie at 208
206 Castle Street
Tel. 0 17 22 – 41 74 11
Wildschweinwürstchen und viele andere ausgefallene Leckereien stehen auf der Speisekarte dieses guten Restaurants, das einem Hotel angeschlossen ist.

ÜBERNACHTEN

▸ Luxus

The Red Lion
Milford Street, SP1 2AU
Tel. 0 17 22 – 32 33 34
Fax 32 57 56
Historisches Inn im Stadtzentrum mit 54 Zimmern, Parkgelegenheit und gutem Restaurant.

▸ Komfortabel

Glen Lyn
6 Bellamy Lane, Milford Hill, SP1 2SP
Tel./Fax 0 17 22 – 32 78 80
Elegantes viktorianisches Haus mit sieben Zimmern inmitten eines kleinen Gartens. Das Haus liegt in der Nähe des Stadtzentrums.

Die Kathedrale von Salisbury, heute wie früher von weiten Rasenflächen umgeben

Sehenswertes

✶✶ **Kathedrale**

Die Marienkathedrale von Salisbury ist der erste nach einem einheitlichen Gesamtplan errichtete große Sakralbau der englischen Gotik. Sie entstand zwischen 1220 und 1266 in verhältnismäßig kurzer Bauzeit. Im Unterschied zur reich gegliederten französischen Kathedralgotik derselben Zeit verkörpert die Kathedrale von Salisbury den nüchternen englischen Stil in Grundriss- und Baukörpergestaltung. Typisch ist die **Längsstreckung** mit der für England charakteristischen Raumfolge von Langschiff, Langchor, Retrochor, westlichem Hauptquerschiff und östlichem Chorquerschiff, das durch Blendarkaden gegen den Chor abgeschirmt ist. Anstelle des in französischen Kathedralen üblichen Umgangschores bilden der lang gestreckte, rechteckige Retrochor und die Marienkapelle (Lady Chapel) in England eine separate Raumzone. Auffällig ist auch der **sparsame Fassadenschmuck** – nur wenige Skulpturen, wie Christus als Weltenrichter mit Rangordnungen von Patriarchen, Aposteln und Heiligen, sind zu sehen.

Der **Innenraum** zeigt die für England **charakteristische horizontale, tiefenräumliche Wirkung** anstelle der sonst üblichen Höhenausdehnung der Gotik. Ein vierteiliges Kreuzrippengewölbe schließt das

Langhaus in nur 25 m Höhe ab. Statische Schwierigkeiten ergaben sich Mitte des 14. Jh.s mit der Erhöhung des Vierungsturmes, des mit 123 m **höchsten Kirchturms** in England, als sich die Vierungspfeiler auf sumpfigem Gelände unter der gewaltigen Last von 6000 t Stein zu biegen begannen. Daran konnten auch die gleichzeitig eingebauten imposanten Stützbögen nichts ändern, so dass die Sicherung des Turms bis heute eine immer währende Reparaturaufgabe darstellt.
Der hochgotische **Kreuzgang** und das achteckige **Kapitelhaus**, Versammlungsort des Domkapitels, mit einer einzigen Mittelsäule als Gewölbeträger und herrlichem Wandfries mit Darstellungen des Alten Testaments sowie vierbahnigen Maßwerkfenstern stammen aus der Mitte des 14. Jahrhunderts. Hier wird u.a. eine der vier existierenden Original-Kopien der Magna Charta, der Grundlage der englischen Verfassung, aufbewahrt.

The Close

Innerhalb der von der übrigen Stadt durch drei Torwege abgeschiedenen Domfreiheit mit weiten Rasenflächen stehen schöne Bürgerhäuser im elisabethanischen und georgianischen Stil. Die Häuser waren Wohnungen der kirchlichen Bediensteten, des Dekans und der Lehrer der Domschule. Besonders bemerkenswert: Mompesson House, mit eleganter Innenausstattung und kostbarer Gläsersammlung, sowie King's House mit dem Salisbury and South Wiltshire Museum, das Exponate aus ►Stonehenge und Old Sarum zeigt sowie einige Landschaftsgemälde von Turner.

Altstadt

Nördlich der Kathedrale kommt man zu den Flussauen des Avon mit schönem Blick auf die Kathedrale, wie ihn bereits John Constable auf einem Gemälde von 1820 festgehalten hat. Ein Bummel durch's Zentrum führt zu der Pfarrkirche St.Thomas of Canterbury (15.Jh.), zum weiträumigen Marktplatz, zur Guildhall (1788–1795) und zum Plume of Feathers Inn (15./17. Jh.) schräg gegenüber. In der Milford Street lohnt ein Blick auf das Red Lion Hotel mit einer prächtigen Fassade von 1820 und hübschem Innenhof, an der Gigant Street Joiner's Hall, ein schönes Fachwerkgebäude aus dem 16. Jahrhundert.

Umgebung von Salisbury

Old Sarum

Die Ruinen der Vorgängerstadt von Salisbury, Old Sarum, liegen 3 km nördlich vom heutigen Stadtzentrum entfernt auf einem Hügel, der schon in prähistorischer Zeit befestigt war und den später Römer und Sachsen besiedelten. Wilhelm der Eroberer ließ hier eine Burg bauen und verlegte den Bischofssitz 1075 hierher. Castle und Kathedrale sollten den normannischen Herrschaftsanspruch deutlich machen. Da man für den Aufbau von Salisbury Baumaterial aus Old Sarum verwendete, sind nur die spärlichen Reste der Burg im inneren Ringwall und die der zerstörten Kathedrale im äußeren zu sehen.

Beim Mittelalterfest in Old Sarum

Die alte Hauptstadt des sächsischen Königreichs Wessex und später der Grafschaft Wiltshire liegt 5 km westlich von Salisbury. In **Wilton** sind die 1655 gegründete Royal Carpet Factory und weitere bedeutende Teppichhersteller ansässig, die seit Mitte des 17. Jh.s von der einheimischen Wolle und zugewanderten Webern aus Flandern und Frankreich profitierten.

Wilton House liegt am Ortsrand und ist Sitz der Familie Herbert, der Grafen von Pembroke. Einstige Abteigebäude an dieser Stelle gingen 1544 als Schenkung von Heinrich VIII. an den General und Politiker William Herbert, der mit der Schwester der Königin verheiratet war. Er ließ die Bauten niederreißen und einen Tudor-Landsitz errichten, der 1647 einem Brand zum Opfer fiel, nur der Ost-Turm und das Holbein-Portal (heute im Park) blieben übrig. Der neu erbaute, außen klassisch-schlichte Herrensitz entfaltet in seinem Innern in sieben Staatsgemächern barocke Pracht. Besonders der weiße »Doppelwürfel-Saal« (Double Cube Room; 20 m lang, 10 m breit, 10 m hoch), dekoriert mit vergoldeten Blumen und Früchtegirlanden und einem Deckengemälde zur Perseus-Mythologie, ist ein Meisterwerk barocker Innenausstattung. Sehenswert sind auch die Einzel- und Gruppenporträts, die van Dyck 1632–1634 im Auftrag des vierten Grafen von Pembroke malte. Weitere wertvolle Gemälde von Hugo van der Goes, Mabuse, Andrea del Sarto, Rembrandt, Rubens, Reynolds sowie über 50 Gouachen mit Motiven der spanischen Reitschule (1755) von Baron D'Eisenberg zieren die übrigen Säle. Großartig ist der Landschaftspark von Wilton House mit herrlichem alten Baumbestand. Eine später oft kopierte Besonderheit ist die Brücke (1737) im Palladio-Stil.

Shaftesbury

Shaftesbury 30 km südwestlich von Salisbury ist ein romantisches, kleines Städtchen mit reicher Vergangenheit. Alfred der Große gründete hier 888 ein Benediktinerinnenkloster mit großem Landbesitz; zur ersten Äbtissin ernannte er seine Tochter Elgiva. Als die Gebeine des 979 ermordeten und heilig gesprochenen Königs Edward der Märtyrer in der Abtei beigesetzt wurden, avancierte die Stadt zum Wallfahrtsort mit fast einem Dutzend Kirchen. Im 15. Jh. war das Kloster, in dem rund 140 Nonnen lebten, so wohlhabend geworden, dass es im Volksmund hieß, eine Ehe der Äbtissin von Shaftesbury mit dem Abt von ► Glastonbury würde Nachkommen hervorbringen, die reicher als die Königsfamilie wären. Es wundert daher wenig, dass Heinrich VIII. beide Klöster 1539 auflöste, ihren Besitz konfiszierte und die Klostergebäude auf Abbruch verkaufte. Im Abbey Ruins Museum ist neben vielen mittelalterlichen Fundstücken ein Klostermodell zu sehen.

St. Peter ist als einzige von den zwölf mittelalterlichen Kirchen im Perpendicular Style erhalten. Schön sind die Krypta und das Portal.

In einem ehemaligen Friseurladen aus dem 19. Jh. ist das **Historical Society Museum** eingerichtet.

★ ◄ Gold Hill

Die steile, mit Kopfstein gepflasterte Straße Gold Hill mit kleinen, geduckten Häusern aus der Zeit zwischen dem 16. und 18. Jahrhundert führt zum Park Walk bzw. Love Lane; von dort bietet sich ein herrlicher Blick über das Blackmore Vale, das westliche Somerset und an klaren Tagen bis zum Glastonbury Tor.

Die Straße »Gold Hill« in Shaftesbury – zu Recht ein beliebtes Fotomotiv

Sheffield

P/Q 14

Landesteil: Mittelengland
Grafschaft: South Yorkshire
Höhe: 230 ft/70 m ü.d. M.
Einwohnerzahl: 520 000

Einst als triste Stahlmetropole bekannt, macht Sheffield seit dem Niedergang dieses Industriezweiges eine große Wandlung durch. Dank ihrer zahlreichen Parks und Grünlagen gilt die Stadt heute als die grünste Metropole in England.

Fünftgrößte Stadt des Landes

Englands fünftgrößte Stadt liegt rund 35 mi / 56 südlich von ► Leeds am River Don zu Füßen der Derbyshire Hills. Die Industriestadt ist beliebte Ausgangsbasis für Wanderungen in den ► Peak District, das bevorzugte Naherholungsziel des mittelenglischen Ballungsraumes. Sehenswert ist das Zentrum der Universitätsstadt, deren akademische Institutionen seit jeher eng mit der lokalen Industrie zusammenarbeiten. Sheffield ist weltberühmt für Messer, Schneidwerkzeuge aller Art, Gewehre und Edelstahlerzeugnisse. Schon Chaucer schreibt in seinen um 1478 erschienenen »Canterbury Tales« von einem »Sheffield thwitel«, dem Vorläufer des Taschenmessers. Ursprünglich wurden Messer und Werkzeuge in Heimarbeit hergestellt, später exportierten riesige Fabriken die Messer in alle Welt. Seit den 1980er Jahren führten Rezession, Absatzeinbußen und Rationalisierung zu einem Rückgang der Arbeitsplätze in diesem Bereich um über 70 %.

Blick auf die Town Hall und die Springbrunnen der Peace Gardens

Sehenswertes in Sheffield

✶ **Cathedral SS. Peter and Paul**

Die den Heiligen Peter und Paul geweihte Kathedrale in der Church Street steht an der Stelle einer Pfarrkirche, die nach 1100 von William de Lovetot, einem normannischen Baron, gegründet worden war. Ihren Platz nahm Mitte des 15. Jh.s. eine neue Kirche im spätgotischen Perpendicular Style ein, von der noch Chor und Turm zeugen. Das Hauptschiff wurde im späten 18. Jh. neu erbaut und 1880 vergrößert. Als 1914 das Bistum gegründet worden war, sollte die Kirche umgestaltet und das heutige Schiff als Querschiff in eine viel größere Kirche integriert werden. Dieser Plan fiel den Weltkriegen zu Opfer. Übrig blieb in dessen eine Kirche mit merkwürdigem Grundriss, die bis 1966 mit modernen Elementen wiederaufgebaut wurde. Beachtenswert sind im Innern der 1884 von Freimaurern gestiftete Taufstein und das Marmorgrabmal des Earls von Shrewsbury (†1538), das ihn zwischen seinen beiden Frauen zeigt, mit kunstvoll geschnitzten Alabasterfiguren. Aus dem 15. Jh. stammt die seltene, tragbare Sedilia aus schwarzem Eichenholz in der St. Katharinen-Kapelle. Hauptschmuck sind die Ende der 1960er Jahre entstandenen bunten Glasfenster im Kapitelhaus, auf denen frühe Episoden der Stadtgeschichte geschildert sind. Im Chaucer-Fenster ist der Müller Trumpington mit einem Sheffield-Messer dargestellt.

Cutler's Hall

Gegenüber steht die neoklassizistische Cutler's Hall (1832), das Gebäude der Company of Cutlers, wie die Zunft der Messerschmiede genannt wird. Diese 1624 gegründete Innung besitzt das Recht, Handelsmarken und Schutzzeichen zu gewähren, wenn die Ware den geforderten Qualitätsansprüchen genügt; das Gründungsdatum wird bis heute alljährlich festlich begangen.

Orchard Square, Fargate

In den farbenfrohen Fußgängerzonen von Orchard Square und Fargate haben sich zahlreiche Läden, Restaurants und Pubs angesiedelt. Die Verlängerung der Fargate, Barker's Pool, führt zur 1932 eröffneten **City Hall,** die nach Entwürfen von Vincent Harris ausgeführt wurde; ihr Konzertsaal bietet Platz für 2700 Zuhörer.

Town Hall

In der Surrey Street steht das viktorianische Gebäude der Town Hall, ein gewaltiges Werk der Neo-Renaissance von 1897, das 1910 und 1923 vergrößert wurde. Der 193 ft / 59 m hohe Turm zeigt die Figur des antiken Gottes der Schmiede, Vulkan, der seine soeben geschmiedeten Pfeile hochhebt, als Symbol für Sheffields heimische Industrie. Südlich schließen sich **Peace Gardens** an mit Grünflächen, Ruhebänken und eindrucksvollen Springbrunnen.

Winter Garden

Ideal, um auch bei Schlechtwetter im Grünen zu sein: Östlich der Town Hall liegt der Winter Garden. Über 2500 Pflanzenarten gedeihen hier in einem eindrucksvollen Gewächshaus aus gigantischen hölzernen Bögen und Glas (Öffnungszeiten: tgl. 8.00 – 18.00 Uhr). ⌚

SHEFFIELD ERLEBEN

INFORMATION

Tourist Information
Büro: 14, Norfolk Row
Tel. 0114 221 1900
www.sheffieldtourism.co.uk

ESSEN

► Fein & teuer

Marco @ Milano
Park Lodge, Archer Road (südwestlich des Zentrums)
Tel. 0114 – 235 30 80
Pasta und Meer: Gehobene italienische Küche mit täglich frischem Fisch. Reservierung ratsam!

► Erschwinglich

Rafters
220 Oakbrook Road, Nether Green
Tel 0114 – 230 48 19
Was hier auf den Tisch kommt, ist alles hausgemacht: auch das Bort und die Eiscreme.

ÜBERNACHTEN

► Komfortabel

Barnfield House
Loxley Road
Tel: 0114 – 233 63 65
www.barnfieldhouse.com
In ruhiger Umgebung in 8,5 km Entfernung am nordöstlichen Stadtrand von Sheffield gelegen. Die 6 Zimmer, alle für Nichtraucher, sind sehr geschmackvoll eingerichtet.

Westbourne House Hotel
25 Westbourne Road
Tel. 0114 – 266 01 09, Fax 266 77 78
www.westbournehousehotel.com
Gemütlich eingerichtetes Haus unweit des Stadtzentrums. Familiäre Atmosphäre.

Tudor Square Um den neu gestalteten Tudor Square reihen sich mehrere Museen und Theater. Die 1934 eingeweihte **Central Library** mit der **Graves Art Gallery** birgt eine hervorragende Gemäldesammlung alter Meister, englischer Kunst vom 18. Jh. Bis heute sowie französische Maler des 19. und 20. Jh.s., darunter Arbeiten von Cézanne, Corot, Picasso und Braque. Hervorgegangen ist die Graves Art Gallery aus einer Kunstsammlung von Dr. J. F. Grave, der den Museumsbau zum größten Teil ermöglichte und mehr als tausend Bilder stiftete (Öffnungszeiten: Mo. – Sa. 10.00 – 17.00 Uhr).
Gegenüber stehen die Gebäude des nach umfangreicher Restaurierung 1990 wiedereröffneten **Lyceum Theaters** und des **Crucible Theatre**, deren Bühnen vorwiegend moderne Stücke aufführen.

✶ **Millenium Galleries** Das im April 2001 eröffnete Museum an der Arundel Gate (Sheffield 1) zeigt große Wechselausstellungen, darunter zeitgenössisches Design und Schätze des Londoner Victoria & Albert Museum. (Öffnungszeiten: Mo. – Sa. 10.00 – 17.00 Uhr)

✶ **Kehlham Island Museum** In der Alma Street (Sheffield 3, am Nordrand der Innenstadt) werden Stahl- und Silberwaren aus drei Jahrhunderten ausgestellt, kann man Messerschmieden und Schleifern bei der Arbeit zusehen. Hauptattraktion: eine 12 000 PS-starke Dampfmaschine, die zweimal am Tag in Aktion tritt. Mit ihr wurden u.a. Panzerplatten für britische Schlachtschiffe gewalzt (Öffnungszeiten: Mo. – Do. 10.00 bis 16.00, So. 11.00 – 16.45 Uhr).

Im viktorianisch geprägten Abbeydale Industrial Hamlet (Abbeydale Road, Sheffield 7; 3,9 mi / 5,6 km südwestlich der City) aus dem 18. Jh. kann man sich über die traditionelle Sensenherstellung informieren. Zur Anlage gehören Werkstätten, Lagerhäuser und Cottages der Arbeiter (Öffnungszeiten: Mo. – Do. 10.00 – 16.00, So. 11.00 – 16.45 Uhr).

✶ **Abbeydale Industrial Hamlet**

Sehenswertes in der Umgebung

Bolsover Castle (12 mi/19,2 km südöstlich) steht an einem steilen Hügel über dem Dorf Bolsover. Zwischen 1613 und 1617 wurde der normannische Turm des Schlosses von Charles Cavendish rekonstruiert, der außerdem den Bau des Wohnteils begann. Ein Teil des Wohntraktes ist heute Ruine, allerdings recht malerisch in Szene gesetzt. Im restaurierten Teil erwarten herrliches Wanddekor, opulente Vertäfelungen und offene Kamine den Besucher, dazu ein großer Schlosspark (Öffnungszeiten: im Sommer tgl. 10.00 – 17.00, Nov. bis März Mo., Do. – So. 10.00 – 16.00 Uhr).

✶ **Bolsover Castle**

Umfassend restauriert: Blick in den Salon von Bolsover Castle

★★ Shetland Islands

P–R 1–3

Landesteil: Nordschottland **Council Area:** Shetland Islands

Sie sind ein Reiseziel für Liebhaber rauer, archaisch anmutender Natur: die 100 Shetland-Islands 160 km nordöstlich von Schottland. Obwohl wind- und wetterumtost sind die Shetlands keineswegs frostige Orte – bis hier reicht nämlich der Einfluss des warmen Golfstroms und sorgt für ein relativ günstiges Klima.

Die Shetlands sind der nördlichste Vorposten Großbritanniens, sie liegen auf gleicher Höhe wie das norwegische Bergen, die Südspitze Grönlands, der Golf von Alaska und Südsibirien. Atemberaubende Klippenlandschaften und tief eingeschnittene, sanfte Buchten (voes) bestimmen die Landschaft, auf den größeren Inseln wachsen Erika und Ginster, deren Farben einen schönen Kontrast zum Blau des Wassers, zum Grün der landwirtschaftlich genutzten Senken und zum Braun der Torfmoore bilden. Seevögel, Otter- und Robbenarten

Weit über die Inselwelt hinaus bekannt: die kleinen struppigen Shetland-Ponies

SHETLAND ISLANDS ERLEBEN

AUSKUNFT

The Market Cross, Lerwick, Shetland Islands, Scotland, ZE1 0LU
Tel. 0 15 95 – 69 34 34
Fax 0 15 95 – 69 58 07
E-mail: info@visitshetland.com
www.visitshetland.com

AN- UND ABREISEN

Fähren von Aberdeen, von Kirkwall/Orkneys und von Bergen (Norwegen) nach Lerwick/Mainland (www.northlinkferries.co.uk); Fährverbindungen zwischen den Inseln. Flüge nach Sumburgh/Mainland bestehen von Kirkwall/Orkney, Aberdeen, Edinburgh, Glasgow, Inverness und Fair Isle (www.hial.co.uk/sumburgh-airport.html).

ESSEN

► Fein & teuer

Busta House
Busta, Brae, Mainland
Tel. 0 18 06 – 52 25 06
Elegantes Landhaus mit exquisitem Restaurant für Feinschmecker; Auswahl von 120 Malts.

ÜBERNACHTEN

► Komfortabel

Herrislea House Hotel
Gott, Mainland
Tel. 0 15 95 – 84 02 08
Fax 84 06 30
Nordwestlich von Lerwick gelegenes, sehr familienfreundliches Haus mit dreizehn schönen Zimmern und kreativer Speisekarte im Phoenix Restaurant.

Glen Orchy House
20 Knab Road, Lerwick, Mainland
Tel. / Fax 0 15 95 – 69 20 31
Das ehemalige Rektorat einer Kirche wurde in ein stilvolles Gästehaus mit 23 Zimmern umgewandelt.

VERANSTALTUNG

Deutlich spürt man die Wikinger-Vergangenheit alljährlich am letzten Dienstag im Januar, wenn in Lerwick das Sonnwendfest »Up Helly Aa« gefeiert wird. Bei den Festivitäten wird alle Jahre wieder die Nachbildung eines Wikinger-Drachenbootes verbrannt.

lassen sich hier beobachten. Eine andere Tierart ist in aller Welt berühmt: die zähen, struppigen Shetland-Ponies, einst als Zugtiere in den Kohlegruben eingesetzt und heute überall geduldiger Freund der Kinder.

Die Shetländer

Die 22 000 Shetländer bewohnen nur 13 der Inseln; mehr als die Hälfte lebt auf der Hauptinsel Mainland. Sehr stark hat sich auf den Shetlands das nordische Erbe bewahrt. Die Insulaner sind eher nach Norwegen und zu den Faröer-Inseln ausgerichtet als nach Großbritannien, und in ihrer Sprache sind mehr nordische Elemente zu finden als in der Sprache auf den Orkney-Inseln. Haupterwerbsquelle ist die Landwirtschaft, insbesondere die Schafzucht. Produziert wird die feine **Shetland-Wolle**, aus der die berühmten Shetland-Pullover mit immer wieder neuen, aber der Tradition verhafteten Mustern gestrickt werden. Wer sich echte Shetland-Ware kaufen will, sollte dies auf den Inseln tun, um nicht ein fabrikgefertigtes Massenprodukt vom Festland zu bekommen. Die bekanntesten Muster entwarfen die Strickerinnen von Fair Isle. Wichtige Wirtschaftszweige sind die Lachszucht, der Fischfang und die Ölförderung zwischen den Inseln und Norwegen. Die Ölindustrie bescherte den Shetlands Ende der 1970er-Jahre einen enormen Boom, doch änderte sich auch der Charakter der Hauptinsel: Ein großer Flughafen wurde gebaut, neue Straßen, Europas größter Ölhafen. Bei Verhandlungen mit den Ölkonzernen ließ die britische Regierung den Insulanern freie Hand – was einmalig in den Beziehungen zwischen London und den Shetlands war. Inzwischen ist wieder Ernüchterung eingekehrt: Die Fördermengen wurden gedrosselt, die Versorgungsflüge für die Bohrinseln starten größtenteils von Aberdeen aus.

Geschichte Die Shetland-Inseln teilen ihre Geschichte im Wesentlichen mit den Orkney-Inseln. Auch auf den Shetlands belegen steinzeitliche Funde eine prähistorische Besiedlung, auch hier landeten die Drachenboote der Wikinger, die auf der Suche nach neuen Ländereien über das Meer gekommen waren und die hier ansässigen Pikten unterwarfen. Ebenso währte bis zum 15. Jh. die skandinavische Herrschaft, deren Einfluss bis heute spürbar ist. In den letzten drei Jahrzehnten haben die beiden Inselgruppen eine etwas unterschiedliche Entwicklung genommen, da der Ölboom die Shetlands weit mehr verändert hat.

Mainland

Lerwick Die mit 86 km Länge größte der Inseln ist Mainland. Ihre zerklüftete Küste hat so viele Fjorde und Einschnitte, dass keine Stelle weiter als 4,8 km vom Meer entfernt liegt. An der Ostküste liegt der Hauptort Lerwick mit etwa 8000 Einwohnern. Der Fischfang ist neben der Versorgung der Bohrinseln die Haupterwerbsquelle der Stadt. Es gibt nur wenige Sehenswürdigkeiten, ansprechend ist aber das Stadtbild mit den engen Gassen, die sich von der Hauptstraße Commercial Road in die Oberstadt hinaufziehen. Dort berichtet das **Shetland Museum** über die Inseln, u.a. über den »Shetland Bus«, eine Bootsverbindung, mit der norwegische Widerstandskämpfer gegen die deutsche Besatzung im Zweiten Weltkrieg von den Inseln in ihre Heimat gebracht wurden. Das **Museum Böd of Gremista** ist in einem Fischerhaus aus dem 18. Jh. eingerichtet und informiert über das Leben der Fischerfamilien um 1780. Das 1655 errichtete Fort Charlotte diente um 1900 als Gefängnis.

! *Baedeker* TIPP

Shetland Fiddling

Wer sich für einheimische Musik, insbesondere das »Shetland Fiddling«, interessiert, sollte samstags in den Pub »The Lounge« gehen.

An der Südostküste von Mainland bei Sandwick

Scalloway

In Scalloway, der alten Inselhauptstadt an der Westküste, ließ sich der berüchtigte Patrick Stewart (► Orkney-Inseln) ein Schloss bauen.

St. Ninian's Isle

Bei Ebbe kommt man zu Fuß auf St. Ninian's Isle an der Westküste, auf der im 7. Jh. eine Kapelle für den schottischen Nationalheiligen errichtet wurde. 1958 fand man einen wertvollen keltischen Silberschatz, den die Mönche vergraben hatten, um ihn vor den Wikingern zu retten. Der Schatz ist im National Museum for Antiquities in Edinburgh ausgestellt.

Croft House Museum

Im Croft House Museum, eingerichtet in einem typischen Inselbauernhaus, ist das Leben der Shetlandbewohner im 19. Jh. dargestellt.

✶ Jarlshof

Die bedeutendste Sehenswürdigkeit der Inseln ist Jarlshof auf der Südspitze von Mainland – ein Siedlungskonglomerat, dessen einzelne Teile von der Steinzeit über Bronze- und Eisenzeit bis hin zur Wikingerzeit reichen. Jüngste Bauten sind eine Farm aus dem 16. Jh. und ein Landsitz der berüchtigten Grafen Robert und Patrick Stewart. Ein kleines Museum erläutert die Ausgrabungen.

Wrack des Öltankers Braer

Während eines Orkans im Januar 1993 strandete der unter liberianischer Flagge fahrende Öltanker »Braer« an den Kliffs westlich von Sumburgh bei Garth Ness. 84 500 t Rohöl strömten ins Meer. Durch den Sturm wurde das Öl weit verteilt, Massen von Seevögeln starben,

Bizarre Felsenlandschaft im Meer vor der Nordwestküste von Mainland

Lachsfarmen und Muschelbänke in der Gefahrenzone mussten vernichtet werden. Heute ist nichts mehr zu sehen, aber die nachhaltigen Konsequenzen durch die Ölverschmutzung bleiben noch auf Jahre bestehen.

Inselnorden Der Norden von Mainland lockt mit wildromantischer Natur. Die kleinen Straßen enden meist im Nichts, und man muss zu Fuß bis zur Küste weiterwandern. Im äußersten Nordwesten liegen das Fischerdorf Stenness mit großartigen Felsformationen und Höhlen und das Gate of Giants. Markante Punkte sind auch die Felsformationen von Esha Ness. In Esha Ness informiert das Tangwick Haa Museum über vergangene Zeiten. Nordöstlich von Esha Ness erhebt sich Rona's Hill, der mit 452 m höchste Berg der Inseln, von dem man einen grandiosen Blick auf die gesamte Inselwelt hat.

Sullom Voe Sullom Voe an einem tief eingeschnittenen Fjord ist der größte Ölhafen Europas. In dem 1981 eröffneten Hafen enden die von den Nordseefeldern kommenden Pipelines und füllen die unzähligen Tanks; rund 60% des britischen Ölbedarfs werden hier umge-schlagen.

Sehenswertes auf anderen Inseln

Bressay Bei gutem Wetter lohnt sich ein Bootsausflug von Lerwick nach Bressay, denn der Ward of Bressay bietet gute Aussichtspunkte. Am südlichsten Punkt kann man eine Bootsfahrt durch die Orkneyman's Cave machen.

Noss Die unbewohnte Isle of Noss östlich von Bressay ist ein wunderbares Vogelparadies (von Lerwick und von Bressay per Motorboot). Auf den hohen Klippen nisten Papageientaucher, Eissturmvögel und Basstölpel, im Moor im Inselinnern u.a. Schmarotzerraubmöwen.

Mousa ✶ ◄ Mousa Broch

Mousa liegt vor der südlichen Ostküste (15-minütige Überfahrt; Mai bis Sept.). Lohnend ist der eisenzeitliche Mousa Broch, der besterhaltene piktische Wohn- und Wehrturm Schottlands. Im Turm gab es einen zentralen Raum für das Vieh und die Feuerstelle; in den drei ringsum liegenden Räumen lebten die Bewohner.

Yell

Vogelfreunde zieht es nach Yell in das Naturschutzgebiet Lumbister: In den Mooren und auf den Felsen nisten unzählige Vögel. In dem 1672 gebauten Old Haa von Burravoe wird über Flora, Fauna und die Geschichte von Yell berichtet.

Fetlar

Auf Fetlar lassen sich diverse Vogelarten und Seehunde beobachten. Am Beach of Houbie gibt es ein Interpretive Centre, das über die Geschichte der Insel informiert.

Unst

Unst ist die nördlichste bewohnte Insel der Shetlands. An der Ostküste steht Muness Castle, Britanniens nördlichstes Schloss (1589). Ein Muss für Botaniker ist das Naturreservat Keen of Hamar, in dem alle Pflanzen nur in Miniaturformat gedeihen – der Boden hat einen hohen Metallgehalt und kaum organische Substanzen. Die Klippen von Herma Ness an der Nordspitze werden von Zehntausenden von Seevögeln bevölkert. Großbritanniens nördlichster bewohnter Punkt ist der von einem Leuchtturm gekrönte 61 m hohe Felsen Muckle Flugga, davor markiert der Out Stack das allerletzte Ende der Britischen Inseln.

Foula

Nur Vogelliebhaber werden die 4-stündige abenteuerliche Überfahrt zur 30 km vor der Westküste liegenden Insel Foula wagen. Belohnt werden sie durch eine Vielzahl von Seevögeln, insbesondere eine große Kolonie von Skuas.

✶ **Fair Isle**

Fair Isle liegt 43 km südwestlich der Südspitze von Mainland mitten im Atlantik. Nur siebzig Menschen leben hier, aber Hunderttausende von Vögeln. Beobachtet wurden 340 Arten: darunter Eissturmvögel, Tordalke, Seeschwalben, Papageientaucher, Skuas, Dreizehenmöwen, zu denen sich im Frühjahr und Herbst unzählige Zugvögel gesellen. Ein Tagesausflug mit der Fähre von Sumburgh lohnt sich kaum. Im Fair Isle Lodge & Bird Observatory kann man übernachten – Zelten ist auf der Insel verboten – und sich über neue Forschungsergebnisse informieren (Tel./Fax 0 15 95/76 02 58, www.fairislebirdobs.co.uk). Ein prähistorischer Wall teilt die Insel in zwei Hälften. Im Lauf der Jahrhunderte ist manche Schiffsbesatzung, deren Segler an den Klippen der Shetlands zerschellt war, auf Fair Isle wieder an Land geworfen worden. Unter ihnen waren im 19. Jh. 465 deutsche Amerikaauswanderer von der »Lessing« und 1588 mehr als dreihundert Männer der »El Gran Griffón«, Flaggschiff der spanischen Armada. Es heißt, dass die Muster der auf Fair Isle gestrickten Shetlandpullover von den Spaniern beeinflusst wurden.

★ Shrewsbury

N 15

Landesteil: Mittelengland
Grafschaft: Salop
Höhe: 320 ft/98 m ü.d.M.
Einwohnerzahl: 68 000

Alte Fachwerkhäuser und enge Straßenzüge verleihen dieser wunderschönen Tudor-Stadt ihr unverwechselbares Gesicht. Die Grafschaftshauptstadt wird umschlossen von einer fast kreisförmigen Mäanderschlinge des Severn, Englands längstem Fluss, der hier von zwei imposanten Brücken überspannt wird.

Lange Zeit war Shrewsbury bedeutende Grenzfestung gegen Wales. Edward I. machte die Stadt im 13. Jh. zum Regierungssitz und eroberte von hier aus Wales. Edward VI. rief die renommierte Shrewsbury Public School ins Leben, die u.a. Charles Darwin besuchte.

Shrewsbury Orientierung

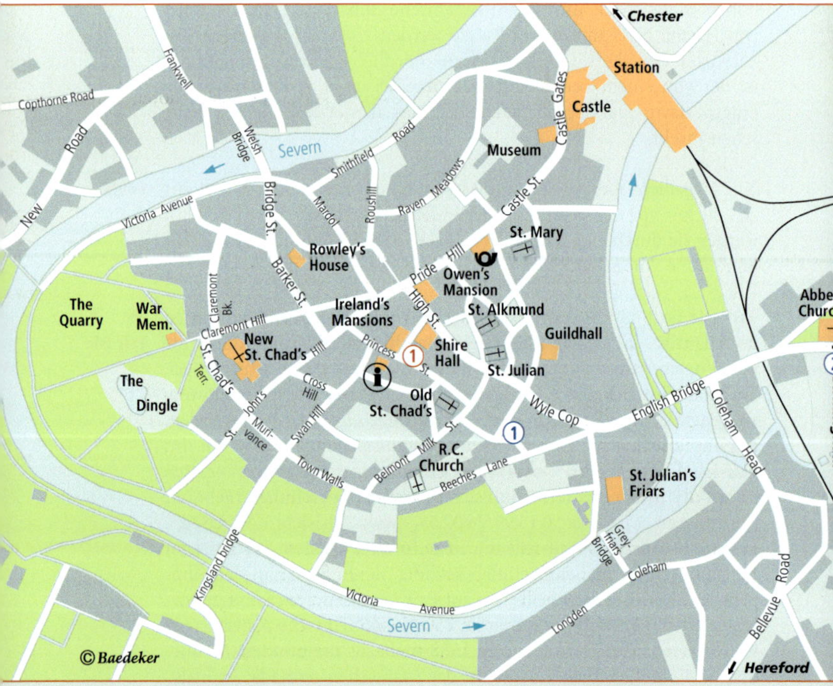

Essen
1 The Good Life Wholefood Restaurant
2 The Peach Tree

Übernachten
1 The Golden Cross

SHREWSBURY ERLEBEN

AUSKUNFT

The Music Hall, The Square, Shrewsbury, Shropshire, England, SY1 1LH
Tel. 0 17 43 – 28 12 00
Fax 0 17 43 – 28 12 13
E-mail: tic@shrewsburytourism.co.uk
www.shrewsburytourism.co.uk

ESSEN

► Erschwinglich

① ***The Good Life Wholefood Restaurant***
Barracks Passage,
Tel. 0 17 43 – 35 04 55
Gute, preiswerte vegetarische Küche.

② ***The Peach Tree***
21 Abbey Foregate,
Tel. 0 17 43 – 35 50 55
Moderne britische Küche.

ÜBERNACHTEN

► Komfortabel

① ***The Golden Cross***
Princess Street, Shrewsbury SY1 1LP
Tel. 0 17 43 – 36 25 07
E-mail:
enquiries@goldencrosshotel.co.uk
Das älteste Public House am Platz.

Rowton Castle
Halfway House, Shrewsbury,
Shropshire SY5 9EP
Tel. 0 17 43 – 88 40 44, Fax 88 49 49
E-mail: post@rowtoncastle.com
Romantisch und außerhalb im Grünen gelegenes Schlosshotel.

Sehenswertes

Viele gut erhaltene Fachwerkhäuser stehen unter Denkmalschutz. Sehenswert sind die Markthalle (1596), Owen's Mansion (1592) und das Ireland's Mansion (1580); an der Butcher's Row, der ältesten Straße, steht Abbot's House, ein typischer Fachwerkbau des 15. Jh.s. ✶ **Fachwerkbauten**

Ein Blick auf den Stadtplan verdeutlicht die einst wichtige strategische Lage des Castle – es wurde an der einzigen Stelle errichtet, an der die Stadt nicht durch den Fluss geschützt war. Ende des 18. Jh.s wurde es zum Wohnsitz umgebaut, heute ist hier das Shropshire Regimental Museum mit Uniformen und Waffen eingerichtet. **Castle**

St. Mary's Church ist bekannt für ihre schönen Glasfenster aus dem 14. und 15. Jh., u.a. das Ostfenster mit dem Stammbaum Jesse. Wunderschön sind außerdem die 19 Holztäfelungen mit Szenen aus dem Leben des hl. St. Bernhard, die um 1500 in Köln angefertigt und später von der Altenberg Abtei in Sachsen hierher verkauft wurden. **St. Mary's Church**

Das Rowley's House Museum in einem herrlichen Fachwerkhaus von 1590 (Barker Street) beherbergt eine umfangreiche Sammlung von **Rowley's House Museum**

Hinter den Fachwerkfassaden tut sich manch gemütlicher Pub auf.

Ausgrabungsfunden, u.a. einen römischen Silberspiegel, spätmittelalterliche Glasfenster der Abbey Church und heimische Trachten.

Der ehemalige Steinbruch »The **Quarry**«, der Material für ein Großteil der Häuser in der Stadt lieferte, ist zu einem Park mit kleinem See und hübschem Blumengarten, »The Dingle«, umgestaltet worden.

Die ehemalige Pfarrkirche **St. Julian** mit einem Turm aus dem 12. Jh. beherbergt heute ein Zentrum für Kunsthandwerk.

Über die English Brigde kommt man zu der aus rotem Sandstein erbauten **Abbey** Church westlich der Innenstadt, die zu einem im 11. Jh. gegründeten Benediktinerkloster gehörte. Aus der Regierungszeit Richards II. stammt das große, mit Wappen verzierte Westfenster. Sehenswert sind die Grabmäler, die ältesten sind um 1300 entstanden.

Nordöstlich der Innenstadt kommt man jenseits der Welsh Bridge zur Frankwell Street, an der mehrere schöne alte Häuser stehen. Die Straße führt zu Charles Darwins Geburtshaus.

Umgebung von Shrewsbury

✶ **Attingham Park**

Der 1797 gestaltete Attingham Park 5 km südöstlich von Shrewsbury ist ein herrlicher Landschaftspark (►S. 70 ff.) mit einem 1785 gebauten Herrenhaus. Zur kostbaren Innenausstattung gehören Stilmöbel und Silber der Regency-Epoche sowie eine Sammlung von Gemälden italienischer und französischer Meister.

Wroxeter

In der Nähe liegt Wroxeter mit den Ausgrabungen der römischen **Festung Viroconium**, der Hauptstadt von Britannia Secunda.

✶✶ Ironbridge Gorge Museum

Folgt man der B 4380 weiter östlich durch das Severn-Tal, erreicht man nach ca. 2 km den Museumskomplex von Ironbridge Gorge. Ironbridge Gorge war einst führend in der Eisenproduktion. Nach dem Niedergang der Produktion wurde hier ein ausgesprochen interessantes Industriedenkmal mit einer Reihe bemerkenswerter Museen zum Industriezeitalter eingerichtet. Dazu gehören ein Brennofen für Eisenerzschmelze von 1709, ehemalige Lagerhäuser der Coalbrookdale Company, das Rosehill House mit einem Museum zum Alltagsleben des 18. Jh.s, das Tollhouse, in dem über den Brückenbau berichtet wird, das Blists Hill Open Air Museum zum viktorianischen Zeitalter, das Coalport China Museum, in dem Porzellanherstellung bis 1930 gezeigt wird, und das Jackfield Tile Museum in Räumen, in denen zwischen 1850 und 1960 Ziegel gebrannt und glasiert wurden.

Bridgnorth

Bridgnorth 34 km südöstlich von Shrewsbury ist eine malerisch am Severn gelegene Kleinstadt mit vielen hübschen Fachwerkhäusern im Queen-Anne-Stil. Die Oberstadt von Bridgnorth ist mit der 60 m tiefer liegender Unterstadt durch Englands steilste Standseilbahn verbunden. Auf der Höhe steht – schiefer als der Turm von Pisa – der Hauptturm einer ehemaligen Burg.

! *Baedeker* TIPP

Severn Valley Railway

Die Severn Valley Railway gehört zu den beliebtesten Dampflok-Strecken in ganz England. Sie führt von Bridgnorth über den hübschen Ort Bewdley nach Kidderminster. Für knappe zehn Pfund fährt man die Strecke hin und zurück.

✶ Stokesay Castle

Das romantisch anmutende Stokesay Castle 35 km südlich wurde im 12. Jh. für die normannische Say-Familie errichtet. Um 1280 kaufte der Wollhändler Lawrence of Ludlow das Anwesen und ließ es auf Geheiß von Edward I. befestigen. Heute gilt das Manor House als einer der besterhaltenen befestigten Landsitze des 13. Jahrhunderts.

✶ Ludlow

Ludlow gut 45 km südlich von Shrewsbury ist wegen seiner schönen Lage am Teme-Fluss und der gepflegten Fachwerkhäuser ein beliebtes Ausflugsziel. Ludlow Castle wurde 1085 als Grenzfestung gegen Wales gebaut; ältester Teil ist der normannische Bergfried. In der St. Laurence's Church sind schöne Fenster erhalten: das farbenprächtige Ostfenster und das Jesse-Fenster (14. Jh.) in der Lady Chapel.

Southampton

Q 19

Landesteil: Südengland
Grafschaft: Hampshire
Höhe: 56 ft/17 m ü.d.M.
Einwohnerzahl: 210 000

Der Hafen von Southampton gilt als einer der besten Naturhäfen der Welt. Bis in die 1930er-Jahre war er der größte Hafen Englands für den Transatlantik-Passagierverkehr. Hunderttausende von Auswanderern schifften sich hier nach Übersee ein. 1912 lief die »Titanic« in Southampton zu ihrer Jungfernfahrt nach New York aus, die in einer Katastrophe endete.

Für die Schifffahrt ist der geringe Tidenhub von nur knapp 4 m im Southampton Water von Vorteil. Zudem bewirkt die Isle of Wight vor der Einfahrt in den Tiefwasserhafen, dass das Mündungsdelta bei Southampton viermal am Tag Hochwasser führt. Zu dieser Besonderheit kommt es, weil die Flutwelle zuerst von Westen in die Bucht einströmt, dann um die Isle of Wight herum fließt und dann erst 2 bis 3 Stunden später von Osten her in das Southampton Water einläuft.

Geschichte

Der Hafen hat die Geschicke der Stadt wesentlich bestimmt. 1189 schifften sich die Ritter von Richard Löwenherz in Southampton zum Kreuzzug ein. Riesige Qzeandampfer wie die »Queen Mary« wurden in den Werften von Southampton gebaut. Während beider Weltkriege gingen zahlreiche Truppentransporte von dem bedeu-

SOUTHAMPTON ERLEBEN

AUSKUNFT

9 Civic Centre Road, Southampton, Hampshire, England, SO14 7FJ
Tel. 0 23 – 80 83 33 33
Fax 0 23 – 80 83 33 81
E-mail: tourist.information@southampton.gov.uk
www.southampton.gov.uk

ESSEN

► Fein & teuer

De Vere Grand Harbour
West Quay Road,
Tel. 0 23 – 80 63 30 33
Eines der besten Restaurants der Stadt mit exzellent zubereiteten Fleisch- und Fischgerichten.

ÜBERNACHTEN

► Komfortabel

County Hotel Southampton
Highfield Lane, Portswood, SO17 1AQ
Tel. 0 23 – 80 35 99 55
Fax 80 58 39 10
Nahe der Universität gelegenes Hotel mit 66 Zimmern, Sauna und Fitnessraum; vor allem wochentags viele Geschäftsreisende.

Linden
The Polygon, SO15 2BP,
Tel. 0 23 – 80 22 56 53, Fax 80 53 08 08
Zentral gelegenes B&B mit familiärer Atmosphäre, 12 Zimmer.

tenden Marinestützpunkt aus, Grund für die verheerenden Bombenangriffe von 1940/1941. Durch die Konkurrenz preisgünstiger und schneller Charterflüge ist das Passagieraufkommen seit den 1970er-Jahren ständig zurückgegangen, heute laufen vor allem Kreuzfahrtschiffe den Hafen an.

Sehenswertes

St. Michael's

Einzige mittelalterliche Kirche ist St. Michael, die noch normannische Relikte und ein Taufbecken aus Tournai-Marmor birgt.

Tudor House

Das herrliche Tudor House am St. Michael's Square wurde im 16. Jh. für eine wohlhabende Kaufmannsfamilie erbaut.

Maritime Museum

Das Wool House in der Bugle Street, ein Lagerhaus aus dem 14. Jh., beherbergt das Schifffahrtsmuseum mit einer umfangreichen Sammlung zur Hafengeschichte. Eine Ausstellung erinnert an das Schicksal der »Titanic«, die auf ihrer Jungfernfahrt einen Eisberg rammte.

> ! *Baedeker* TIPP
>
> **Duke of Wellington**
>
> Wer sich eine Pause der besonderen Art gönnen möchte, sollte in dem Pub »Herzog von Wellington« einkehren. Der »Herzog von Wellington« wurde in einem der letzten Fachwerkhäuser aus der Tudorzeit eingerichtet. Urgemütlich!

Das im mittelalterlichen Stil eingerichtete **Merchant's House** in der French Street (Nr. 58) präsentiert traditionelles Handwerk.

Die alten Dockanlagen am Princess Alexandra Dock östlich der Altstadt sind in ein modernes Freizeit- und Einkaufszentrum mit Designerboutiquen, Feinschmeckerrestaurants und Markthallen umfunktioniert worden. Im Hafenbecken liegen Jachten und das letzte mit Dampf betriebene Frachtschiff, die SS Shieldhall, vor Anker.

Hall of Aviation

Nördlich der Ocean Village geht es in der Hall of Aviation (Albert Road South) um die Geschichte der Fliegerei in Southampton. Zu den Prunkstücken der Ausstellung zählt die legendäre Spitfire.

Civic Centre

Das Civic Centre wurde nach Plänen von Berry Webber 1930–1936 gebaut. Zu den Gebäuden gehören Rathaus, Gericht, Theater, Bibliothek und ein 55 m hoher Glockenturm. Die städtische **Art Gallery** zeigt eine sehenswerte Auswahl Alter Meister und englischer Maler von 1750 bis zur Gegenwart und eine Keramiksammlung.

Umgebung von Southampton

★ Netley Abbey

In Netley 5 km südlich liegt in bezaubernder Umgebung Netley Abbey, die Ruine einer 1239 errichteten Zisterzienser-Abtei. Die noch erhaltenen Gebäude sind überwiegend im Early English Style erbaut.

✶ **Romsey Abbey**

In Romsey 12 km nordwestlich von Southampton steht Romsey Abbey, deren Kirche von weitem eher wie eine Burg aussieht. Das Kloster wurde um 907 von Elfleda, Enkelin Alfreds des Großen, gegründet. Der Hauptteil der Kirche (1125) ist rein normannisch, das Ostfenster zeigt Early English Style des frühen 14. Jahrhunderts. Zwei steinerne sächsische Kruzifixe befinden sich im südlichen Chorseitenschiff und außerhalb des südlichen Querschiffs.

✶ Broadlands ►

Auf dem Marktplatz steht eine Statue des Dritten Viscount Palmerston (1784–1865), des langjährigen englischen Außenministers und Premiers. Sein einstiger Landsitz Broadlands knapp 1 km südlich wurde um 1767 neu gestaltet, Capability Brown (►S. 70 f.) legte die Parkanlagen an. Später ging das Anwesen an die Familie Mountbatten; in dem Landsitz wird über das Leben von Lord Mountbatten, dem letzten Vizekönig und ersten Generalgouverneur Indiens, berichtet.

✶✶ South Coast

G–V 18–20

Landesteil: Südengland

Grafschaft: Kent, East Sussex, West Sussex, Hampshire, Dorset, Devon und Cornwall

Englands Südküste gehört zu den klimatisch begünstigten Regionen des Landes. Eine Fülle von subtropischen Pflanzen gedeihen hier; sie zieren die vielen renommierten Seebäder, die sich das ganze Jahr über großer Anziehungskraft erfreuen.

Das Landschaftsbild zwischen den Grafschaften Kent und Cornwall ist überaus abwechslungsreich. Im Osten pragen abenteuerlich steile Kreideklippen die Küste, am eindrucksvollsten wohl in Dover, dem geschichtsträchtigen »Tor zu England«. An anderen Stellen grenzt Marschland an die See, wie in der Romney Marsh östlich von Rye, während sich gegenüber der ► Isle of Wight tief eingeschnittene Flussmündungen und fjordähnliche Einbuchtungen finden. Weiter westlich bei Torquay liegt die viel gerühmte »Englische Riviera« und jenseits von Plymouth die traumhafte Küstenregion von Cornwall.

✶ Dover

Fährhafen zum Kontinent

Dover ist einer der wichtigsten Fährhäfen für die Verbindungen zum Kontinent – Tag und Nacht gibt es hier einen unermüdlichen Fährverkehr von und nach Zeebrugge, Ostende, Calais, Boulogne. Von der römischen Besiedlung zeugen der Leuchtturm (1.Jh.) auf dem Castle Hill und das Roman Painted House in der New Street mit bemerkenswerten Fresken. Jahrhundertelang war Dover Bollwerk gegen Angriffe vom Kontinent. Im Zweiten Weltkrieg wurde der bedeutende Marinestützpunkt schwer zerstört.

SOUTH COAST ERLEBEN

AUSKUNFT

Westover Road, Bournemouth, Dorset, England, BH1 2BU
Tel. 0 12 02 – 45 17 00, Fax 45 47 99
E-mail: info@bournemouth.gov.uk
www.bournemouth.co.uk

ESSEN

▶ Fein & teuer

Röser's
Hastings,
64 Eversfield
Tel. 0 14 24 – 71 22 18
Im besten Restaurant am Ort speist man in elegantem Ambiente französische und englische Gerichte je nach Jahreszeit, von Fleisch bis Fisch.

Wallett's Court
Dover, West Cliffe,
St. Margarets-at-Cliffe
Tel. 0 13 04 – 85 24 24
Wenige Meilen von Dover entfernt wird in diesem Herrenhaus Wildschwein und Lamm ebenso köstlich zubereitet wie frischer Fisch.

▶ Erschwinglich

Bayard's
Dartmouth, 29 Lower Street
Tel. 0 18 03 – 83 35 23
Empfehlenswert für Fischliebhaber und Vegetarier.

Saltern's Hotel
Poole, 38 Saltern's Way
Tel. 0 12 02 – 70 73 21
Eine große Auswahl an vielfach leichten Gerichten und ein hervorragender Blick über den Hafen zur Brownsea Island lohnt den Aufenthalt im Hotelrestaurant.

The Mermaid Inn
Rye, Mermaid Street
Tel. 0 17 97 – 22 30 65
Ein Restaurant voller Atmosphäre mit altem Kamin, Holzbalkendecke und guter englischer Küche.

Flynn's Bistro
Torquay, 14 Parkhill Road
Tel. 0 18 03 – 21 39 36
Ein gutes Preis-Leistungs-Verhältnis und ein Biergarten versprechen einen angenehmen Aufenthalt.

Perry's Restaurant
Weymouth, 4 Trinity Road
Tel. 0 13 05 – 78 57 99
Direkt am Hafen gelegenes Restaurant, spezialisiert auf Fischgerichte.

▶ Preiswert

Bistro on the Beach
Bournemouth, Esplanade
Tel. 0 12 02 – 43 14 73
Die Spezialitäten dieses direkt am Strand gelegenen Restaurants sind Steaks und Fischgerichte.

ÜBERNACHTEN

▶ Luxus

Powder Mills Hotel
Battle, Powdermill Lane,
TN33 0SP
Tel. 0 14 24 – 77 55 11
www.powdersmill.co.uk
Haus aus dem 18. Jh. in reizvoller Landschaft. Die besten Zimmer befinden sich in der alten Mühle, die anderen Räume sind in einem separaten Gebäude untergebracht.

Royal Castle Hotel
Dartmouth, 11 The Quay, TQ6 9PS
Tel. 0 18 03 – 83 30 33, Fax 83 54 45
Nicht nur die Lage des Hotels am Hafen ist unschlagbar, auch die 25 Zimmer sind anheimelnd eingerichtet. Bar und Restaurant werden auch von Einheimischen gern besucht.

Grand Hotel
Eastbourne, King Edwards Parade, BN21 4EQ
Tel. 0 13 23 – 41 23 45
Fax 41 22 33
Dieser viktorianische Hotelpalast mit 152 Zimmern liegt direkt an der Strandpromenade und ist mit dem Komfort des 21. Jahrhunderts ausgestattet.

Mansion House
Poole, Thames Street, BH15 1JN
Tel. 0 12 02 – 68 56 66
Fax 66 57 09
Zentral gelegenes Hotel (32 Zimmer) in einem georgianischen Stadthaus mit Bar, Restaurant und Parkmöglichkeit.

► Komfortabel

Suncliff Hotel
Bournemouth, 29 East Overcliff Drive, BH13AG
Tel. 0 12 02 – 29 17 11, Fax 29 37 88
Großes Hotel (94 Zimmer) auf dem East Cliff mit herrlichen Ausblicken. Den Gästen stehen Hallenbad, Sauna, Squash, Fitnessraum und Jacuzzi zur Verfügung.

Nonsuch House
Dartmouth, Kingswear, TQ6 0BX
Tel. 0 18 03 – 75 28 29, Fax 75 23 57
www.nonsuch-house.co.uk
Freundliches kleines B&B mit schönem Blick auf den Dart. Die hausgemachten Kuchen für den Afternoon Tea sind eine Wucht.

Wallet's Court
Dover, Westcliffe, St. Margaret's-at-Cliffe, CT15 6EW
Tel. 0 13 04 – 85 24 24, Fax 85 34 30
www.walettscourt.com
Sechs Kilometer nördlich von Dover liegt dieses Herrenhaus in einer »Area of outstanding beauty« mit tollem Meerblick. Die ehemaligen Stallungen wurden in vierzehn komfortable Zimmer umgewandelt. Das Schwimmbad mit Sauna und das Restaurant machen den Hotelbesuch zum Erlebnis.

Camelot Lodge
Eastbourne, 35 Lewes Road, BN21 2BU
Tel. 0 13 23 – 72 52 07
Erstklassig eingerichtetes B&B mit gemütlicher Lounge, Bar und hübschem Garten.

Lavender and Lace
Hastings, 106 All Saints Street
Tel. 0 14 24 – 71 62 90
Gemütliches B&B mitten im alten Stadtzentrum.

Jeake's House
Rye, Mermaid Street, TN31 7ET
Tel. 0 17 97 – 22 28 28
Fax 22 26 23
www.jeakeshouse.com
Mit Antiquitäten ausgestattetes B&B in der schönsten Straße von Rye. Gutes Frühstücksbuffet.

Mulberry House
Torquay, 1 Scarborough Road, TQ2 5UJ
Tel. 0 18 03 – 21 36 39
Viktorianische Villa in einer ruhigen Seitenstraße nur fünf Minuten vom Meer entfernt; 3 Zimmer.

Orestone Manor
Torquay, Rockhouse Lane, Maidencombe, TQ1 4SX
Tel. 0 18 03 – 32 80 98
Fax 32 83 36
www.orestone.co.uk
Elegantes Hotel mit indischem Dekor, das den Maidencombe-Strand überblickt; 12 Zimmer. Im Garten gibt es einen Swimmingpool.

★ ★ ◄ White Cliffs

Seit jeher sind die steilen Kreidefelsen stolzes Symbol der »splendid isolation« und gleichzeitig erstes weithin sichtbares Zeichen Englands. Die westlichen Cliffs tragen den Namen Shakespeares, dessen Tragödie »King Lear« hier endet; aus »Richard II.« stammt der angesichts der Klippen oft zitierte Ausspruch »This precious stone set in the silver sea«.

★ ◄ Castle

Das Castle im Osten der White Cliffs ist die älteste konzentrisch angelegte Burg Europas. Im 12. Jh. wurden auf prähistorischen Wällen Mauern hochgezogen. Der normannische Bergfried beherbergt ein umfangreiches Museum zur Landesgeschichte. Eine Sonderaustellung ist den Ereignissen während des Zweiten Weltkriegs gewidmet. Interessant ist eine Besichtigung der napoleonischen Kasematten und unterirdischen Gänge, die im Zweiten Weltkrieg reaktiviert wurden. Bei klarem Wetter sieht man vom Festungswall bis zur französischen Küste nach Calais – bis dort setzte sich vor Jahrtausenden der südenglische Kreiderücken fort. Die Überreste des römischen Leuchtturms und die aus römischen Ziegeln von den Sachsen erbaute Kirche St.-Mary-in-Castro (um 1000) sind in den Komplex integriert.

★ ★ Von Dover nach Southampton

Folkestone

Auch Folkestone westlich von Dover ist Fährhafen für Verbindungen nach Boulogne in Frankreich. Außerdem ist Folkestone Seebad; dessen Entwicklung begann Mitte des 19. Jh.s mit dem Bau der Eisenbahn, weshalb die prägenden Bauten der Stadt vor allem aus der viktorianischen Epoche stammen. In der Altstadt lohnt die Kirche St. Mary and St. Eanswythe einen Besuch. Ein Fenster zeigt William Harvey, den Entdecker des Blutkreislaufs, der 1578 in Folkestone zur Welt kam. Sehenswert ist das 1843 entstandene elegante Wohnviertel »The Leas« mit schönen Plätzen und Gärten.Seit 1994 sind die Britischen Inseln durch den **Eurotunnel** zu erreichen, der den Ärmelkanal zwischen der französischen Hafenstadt Calais und Folkestone unterquert. Zum Tunnel kommt man über die M 20/Ausfahrt 11a westlich von Cheriton.

! *Baedeker* TIPP

Port Lympe Wild Animal Park

Westlich von Folkestone bietet sich vom Wildtiergehege von Port Lympe eine hervorragende Aussicht auf die weite Romney Marsh. Die Anlage, in der sich heute Gorillas, Tiger, Löwen und Elefanten bewegen, wurde 1912 von Sir Philip Sasson ins Leben gerufen.

Romney Marsh

Von Hythe an ist die Küste ziemlich flach; hier beginnt die Romney Marsh, ein von Entwässerungsgräben durchzogenes eingedeichtes Marschland, das für Blumenanbau und Schafzucht bekannt ist.

Hythe

Hythe ist Endstation einer Kleinbahn mit der angeblich schmalsten Spurweite der Welt; sie fährt durch die Romney Marsh nach Dungeness am Rande der Halbinsel Lydd.

Die hübsche Mermaid Street in Rye

Rye bedeutet »Insel«, und wie eine Insel liegt die Stadt über dem flachen Marschland. Die teilweise noch von mittelalterlichen Mauern umzogene Altstadt ist bevorzugtes Künstlerdomizil. Verwinkelte Gassen ziehen sich den Hang hinauf, in schmucken Häuschen und Cottages findet man kleine Kunsthandwerkerläden, Töpfereien und urgemütliche Pubs. Wunderschön ist die Mermaid Street mit dem dreigiebeligen Fachwerkbau des Old Hospital (15./16. Jh.) und dem traditionsreichen Mermaid-Inn, einer früher berüchtigten Schmugglerkneipe. Am oberen Ende der Straße steht das elegante georgianische Lamb House (18. Jh.), in dem der amerikanische Schriftsteller Henry James (1843–1916) die letzten Jahre seines Lebens verbrachte und die Romane »The wings of the dove« (1902) und »The golden bowl« (1904) verfasste. In der High Street sind die Old Grammar School (1635) und das Anfang des 18. Jh.s errichtete George Hotel bemerkenswert. In der nach Süden abzweigenden Lion Street kann man in der ältesten Teestube von Rye, im »Simon the Pieman«, seinen Tee nehmen. Am Ende der Straße steht die im 12. Jh. begonnene und später mehrfach umgestaltete Pfarrkirche St. Mary. Ihre 1561 in Winchelsea hergestellte Turmuhr gilt als eine der ältesten im Land, vom Kirchturm genießt man einen weiten Rundblick. Im nördlichen Seitenschiff gibt es ein Kirchenfenster (1897) von Edward Burne-Jones und William Morris. Über den Church Square kommt man zum Ypres Tower und zu den angrenzenden Canon Gardens, von denen man eine herrliche Aussicht über die Romney Marsh aufs Meer hat.

Winchelsea

Ähnlich schön liegt Winchelsea. Nach seiner Zerstörung wurde der Ort im 13. Jh. unter Edward I. schachbrettartig neu angelegt. Der wirtschaftliche Niedergang kam mit der Versandung des Hafens. Hauptsehenswürdigkeit ist die unvollendete Kirche St. Thomas, die um 1300 im frühen Decorated Style entstanden ist.

Hastings

Der nächste große Badeort ist Hastings, das mit St. Leonards-on-Sea eine städtische Zone mit ca. 81 000 Einwohnern bildet. Berühmtheit erlangte der Ort durch die Schlacht von Hastings im Jahr 1066 – tatsächlich fand diese Schlacht aber im benachbarten Battle statt. Hastings war einst wichtige Hafenstadt; verheerende Hochwasser und Überfälle der Franzosen im 14. Jh. brachten den Niedergang. Einen erneuten Aufschwung gab es im 19. Jh., als Hastings Seebad wurde.

★ Net Lofts ►

In Alt-Hastings sind mehrere »Net-lofts« erhalten, hohe Speicherschuppen, die die Fischer zum Trocknen der Netze benutzten; die quer verlaufenden Holzbretter erhielten durch den schwarzen Teer-

anstrich ihre Wetterbeständigkeit, eine als »weatherboarding« bezeichnete, für East Sussex und Kent charakteristische Bauweise.
In der engen High Street und in der All Saints Street stehen sehenswerte **Fachwerkhäuser**. Auf dem West Hill über der Stadt, der mit einer Seilbahn von der George Street aus zu erreichen ist, sind **Reste des normannischen Castle** erhalten; die Ereignisse von 1066 werden in der audiovisuellen Show »1066 Story« lebendig. Gegenüber dem Hastings Pier hängt im White Rock Theatre eine **Kopie des Teppichs von Bayeux** von 1966; auf einer Länge von 74 m wird die »Battle of Hastings« geschildert.

✶ Battle

Wie bereits erwähnt: Nicht in Hastings, sondern in dem 10 km weiter nördlich gelegenen Battle fand die berühmte Battle of Hastings statt, in der Wilhelm der Eroberer am 14. Oktober 1066 den Sieg über den angelsächsischen King Harold davontrug. Zur Erinnerung an den Kampf und zur Buße für das Blutvergießen ließ Wilhelm auf dem Schlachtfeld eine Benediktinerabtei bauen. Vom Pförtnerhaus führt ein Rundgang mit Schautafeln über das Schlachtfeld. Der Hochaltar der Klosterkirche markiert jene Stelle, an der Harold getötet wurde. Während der Reformation wurde die Kirche abgerissen und der Westflügel des Klosters zu einem Wohnhaus umgestaltet, das heute als Privatschule dient.

Einmalige Stimmungen, traumhafte Ausblicke: Küstenwanderweg entlang der South Coast

★ **Eastbourne**

Eastbourne zählt zu den renommiertesten Seebädern Englands. Aus dem einst unbedeutenden Fischerdorf ließ der 7. Herzog von Devonshire ab 1835 ein großzügiges Seebad im viktorianischen Stil mit einer eleganten Seepromenade anlegen. Mitte des 19. Jh.s entstand die Grande Parade, an der sich stattliche weiße und pastellfarbene Häuser und Luxushotels aneinander reihen. Am Ende der weiten Mole ragt ein Pier mit einem 1888 eröffneten Musikpavillon und Wintergarten weit hinaus ins Meer. Um die High Street herum gibt es eine Fülle von Geschäften, Kunst- und Antiquitätenläden. In Eastbourne beginnt der South Downs Way, ein beliebter Wanderweg durch die South Downs von Sussex.

★★ **Beachy Head**

Zu dem wunderschön gelegenen Beachy Head, einem beliebten Aussichtspunkt westlich der Stadt, kommt man über einen Klippenweg. Der Name des markanten schneeweißen Kliffs leitet sich ab aus dem Normannischen »beau chef« (schönes Haupt). Zu Füßen der Kreideklippe steht ein 44 m hoher, rot-weiß-gestreifter Leuchtturm. Ein herrlicher Klippenwanderweg (5,6 km) führt hinüber nach Cuckmere, Haven und Seaford.

★ **Seven Sisters**

Eine absolut eindrucksvolle Klippenformation sind die fantastischen »Seven Sisters« bei Seaford südöstlich von ►Brighton: Haven Brow, Short Brow, Rough Brow, Brass Point, Flagstaff Point, Bailey's Brow

Spektakuläres Klippenpanorama: die Seven Sisters in der Abendsonne

und Went Hill Brow. Den besten Blick auf die sieben Kreidehügel an den Ausläufern der South Downs hat man von Seaford Head.

Worthing

Worthing wurde Ende des 18. Jh.s von Prinzessin Amelia, Tochter Georges II., als Badeort entdeckt. Heute ist der Strand nur mäßig, es gibt eine weitläufige Promenade, außerdem Theater und Konzertsaal.

Selsey Bill

Südlich von ►Chichester und südöstlich von ►Portsmouth liegt die flache Halbinsel Selsey Bill, die bei Stürmen immer wieder Land an die See verliert. Den Badeort Selsey prägen genau wie die benachbarten Bracklesham Bay und East Wittering bunte Ferienhäuschen.

✶ Von Southampton nach Exeter

Lymington

Etwa 20 km südwestlich von ►Southampton liegt das hübsche Lymington mit einem großen Jachthafen. Von hier aus fahren Fähren auf die ►Isle of Wight. Landeinwärts lohnt der ►New Forest.

Christchurch

✶ ◄ Priory

Der benachbarte Ort Christchurch gab der weiten Bucht ihren Namen. Abseits der belebten Hauptstraße lohnt die 1150 geweihte Prioratskirche einen Besuch, die mit 95 m Länge in ihrer Größe einer Kathedrale entspricht. Der normannische Stil ist mit Flecht- und Schuppenmustern und Rundbögen noch gut erhalten.

Bournemouth, Poole

Bournemouth und Poole haben sich zu einem lang gezogenen Seebad entwickelt; dank des milden Klimas gibt es hier nahezu das ganze Jahr über Kurbetrieb, und aus demselben Grund ist es ein bevorzugter Alterssitz betuchter Senioren. Im Sommer kommen junge Leute aus aller Welt in die Sprachschulen von Bournemouth. Die noblen Villen, Luxushotels und weiß getünchten Häuserzeilen des renommierten Kurortes sind das Ergebnis viktorianischer Badelust. Treppen und zwei Kabinenlifte führen hinunter zu dem feinen Sandstrand mit Pier und Promenaden, die im Sommer für den Verkehr gesperrt sind. Im Stadtbild fällt das viele Grün auf, an der Südspitze bei den Canford Cliffs liegen die herrlichen Compton Acres Gardens mit Schaugärten in italienischem, englischem und japanischem Stil.

✶ ◄ Compton Acres

Die Russell-Cotes Art Gallery and Museum am East Cliff birgt eine gute Kunstsammlung, u.a. Gemälde von Malern der viktorianischen Epoche und Kunstgegenstände aus Japan und Burma.
Die Klippenlandschaft wird durch tiefe Täler, die »chines«, unterbrochen, in denen herrliche Rhododendren wachsen. Besonders eindrucksvoll sind der **Boscombe Chine** und der **Durley Chine**.

✶ ◄ Poole Harbour

Poole hat einen einzigartigen Naturhafen mit regem Passagier- und Frachtverkehr. Am Poole Quay gibt es traditionsreiche Hafenkneipen neben umfunktionierten alten Speicherhäusern, in denen Geschäfte, Pubs und Werkstätten wie die berühmte Poole Pottery eingezogen sind. Außer einem Aquarium kann man das Geschichtsmuseum »Waterfront« und das Lifeboat Museum besichtigen.

Kingston Lacy ✶

Nordwestlich von Bournemouth kommt man nach Kingston Lacy, ein 1663 gebautes Landschloss, das Anfang des 19. Jh.s von William Banks übernommen und verändert wurde. Banks wurde wegen eines Skandals des Landes verwiesen und sandte von Italien aus verschiedene Kunstwerke nach Kingston Lacy – er selbst kehrte nicht mehr dorthin zurück. Die hervorragende Gemäldesammlung (Tizian, Jan Brueghel d.Ä., Rubens, spanische Meister) ist sehenswert.

Isle of Purbeck

Lohnend ist eine Fahrt über die Halbinsel Purbeck, die wegen des Purbeck-Marmors, der kein echter Marmor ist, Berühmtheit erlangte. Man findet den muschelhaltigen Kalkstein in vielen Bauten.

Lulworth liegt an einer fast kreisrunden Bucht, Lulworth Cove genannt. Am östlichen Klippenabschnitt gibt es den **»Fossil Forest«**, einen Wald mit versteinerten Pflanzen.

✶ Corfe Castle ►

Schon von weitem sieht man Corfe Castle, die riesige Ruine einer normannischen Burg, in der Edward der Märtyrer 987 auf Veranlassung seiner Schwiegermutter Elfrieda ermordet wurde.

Swanage

In dem Seebad Swanage 8 km südöstlich findet man ein etwas kurioses Kaleidoskop an Londoner Baufragmenten, die der Steinhändler John Mowlem im 19. Jh. hierher transportierte. So wurden in den Pier z.B. Teile der London Bridge eingebaut. Der Dorset Coast Path führt zu der fantastischen Kalksteinformation Old Harry Rocks.

✶ Old Harry Rocks ►

Im Innern der angelsächischen Kirche St. Martin in **Wareham** (2500 Einw.) gibt es ein Denkmal für den legendären T. E. Lawrence alias »Lawrence of Arabia« (1888–1935).

Weymouth

Weymouth an einer weiten Bucht mit feinem Sand- und Kieselstrand südlich von ►Dorchester ist Startpunkt der Fähren zu den ►Channel Islands und nach Cherbourg (Frankreich). Es gibt eine Reihe eleganter georgianischer Häuser und Hotels, in der Trinity Street sind einige Tudorbauten erhalten, komplett eingerichtet mit Möbeln aus dem 17. Jahrhundert. Die ehemaligen Lagerhallen am alten Hafen sind umgestaltet worden und beherbergen nun kleine Geschäfte, Pubs und Feinschmeckerlokale. Im Weymouth Sea Life Park im Lodmoor Country Park kann man sich Robben, Haifische etc. ansehen.

Im Nordosten von Weymouth ist eine ca. 100 m hohe Figur in den Kreidehügel eingeritzt: das **Osmington Horse** oder White Horse. Den besten Blick hat man von der A 353 westlich von Osmington.

Die **Isle of Portland** ist berühmt für ihre grauweißen Steinbrüche, die u.a. das Baumaterial für St. Paul's Cathedral in ►London und das UN-Gebäude in New York lieferten.

✶ Chesil Beach ►

Chesil Beach, eine etwa 16 km lange Kieselbarriere, die sich vom Nordende der Isle of Portland bis hinüber nach Abbotsbury zieht, stellt die schützende Begrenzung der Lagune »The Fleet« dar, einem der artenreichsten Wasservogelschutzreservate Europas.

✶ Swannery ►

In **Abbotsbury** nordwestlich von Weymouth gibt es die schon 1393 erwähnte Swannery, in der seit 600 Jahren Schwäne gezüchtet wer-

An der Küste oft zu sehen: urgemütliche reetgedeckte Cottages

den und die heute fast 1000 Tiere zu ihrem Bestand zählt. In einem geschützten Tal am Rand von Abbotsbury lohnen die 1750 vom Earl of Ilchester angelegten, **subtropischen Gärten**; hier gedeihen Palmen, Bambushaine, exotische Pflanzen und üppige Rhododendren.

Lyme Regis

Lyme Regis, eine Kleinstadt mit anheimelnden Gässchen und schönen georgianischen Häusern, war liebster Ferienort der Erzählerin **Jane Austen** (1775–1817), die ihn mit ihren Werken wie dem 1818 erschienenen Roman »Persuasion« bekannt machte.

★ ◄ Küstenstraße

Herrliche Panoramablicke hat man von der teilweise recht schmalen und steil ansteigenden Küstenstraße von Lyme Regis nach Exeter.

★ ★ Von der »Englischen Riviera« nach Cornwall

Englische Riviera

Der etwa 35 km lange, klimatisch begünstigte Küstenstreifen der Torbay wird auch als »Englische Riviera« bezeichnet. Zentrum ist das elegante Seebad Torquay, das mit den benachbarten Badeorten Paignton und Brixham zusammengeschlossen wurde.

★ ★ Torquay

Die auf sieben Hügeln erbaute »Königin der Englischen Riviera«, wie Torquay auch genannt wird, entwickelte sich im 19. Jh. zu einem beliebten Kurort und ist wegen des Klimas begehrter Alterswohnsitz. In den Parks und Gärten von Torquay gedeihen subtropische Pflanzen. Es gibt einen betriebsamen Hafen, in dem die Fähren nach Alderney und Guernsey (► Channel Islands) starten. 1890 wurde Agatha Christie in Torquay geboren, Weihnachten 1914 verbrachte sie im Grand Hotel ihre Hochzeitsnacht. Von den Gründungszeiten der Stadt zeugen noch die Überreste der 1196 gebauten **Torre Abbey**,

Ein Traumhaus in Torquay: Orestone Manor

einer Prämonstratenser-Abtei, von der noch das Turmhaus und die Überreste des Kapitelhauses existieren. In der ehemaligen Zehntscheune ist heute die städtische Kunstgalerie eingerichtet. Im Herrenhaus nebenan kann ein Agatha-Christie-Erinnerungszimmer mit ihrer Schreibmaschine, Fotos und antiken Möbeln besichtigt werden. Am Bahnhof des Familienbades **Paignton** laufen die dampfbetriebenen Züge der 11 km langen Torquay and Dartmouth Steam Railway ein. Der Zoo von Paignton ist einer der größten in England.

Coleton Fishacre Garden ▶

Noch bevor man nach Kingswear kommt, lohnt der Besuch des Coleton Fishacre Garden. In herrlicher Küstenlage wachsen hier seltene exotische Pflanzen.

Dartmouth ▶

Butterwalk ▶

Von Kingswear gibt es eine Fährverbindung in das malerisch an der Flussmündung gelegene Dartmouth mit einem Castle von 1481. Um den Innenhafen ziehen sich verwinkelte Gässchen und pittoreske Häuserzeilen, besonders schön ist der Butterwalk, dessen Fachwerkhäuser aus dem 17. Jh. mit Kolonnaden versehen sind. Von Dartmouth aus kann man eine etwa zweistündige Bootsfahrt unternehmen, die durch das schöne Tal des River Dart bis nach **Totnes** führt, wo man durch die alten Gassen und hinauf zur Burg schlendern kann.

Start Bay

Salcombe ▶

Durch reizvolle Landschaft führt die Straße Richtung Süden an der Start Bay entlang. Über das hübsche Städtchen **Kingsbridge** kommt man nach Salcombe mit einem geschütztem Jachthafen, gutem Sandstrand und subtropischer Vegetation. Der Ort schmiegt sich an einen Hügel, von dem man die fjordähnliche Landschaft überblickt.

Bigbury-on-Sea liegt reizvoll an der Mündung des River Avon in der weiten **Bigbury Bay**. Bei Ebbe kommt man von Bigbury-on-Sea aus über einen Damm hinüber auf die Insel Burgh, bei Flut kann man mit einem Boot übersetzen. Weithin bekannt ist das Nobelhotel **Burgh Island**, in dem auch schon Agatha Christie residierte. Wer nicht allzu leger gekleidet ist, kann in stilvollem Art-déco-Rahmen hier seinen Afternoon Tea nehmen. In Richtung Westen geht es weiter nach ►Plymouth und ►Cornwall.

! *Baedeker* TIPP

Klippenwanderung

Eine etwa 10 km lange Klippenwanderung von Bolt Head zu Bolt Tail südlich von Salcombe zeigt die Schroffheit dieses Küstenstreifens, an dem schon viele Schiffe zerschellten. Bei ruhiger See kann man in der Starhole-Bucht östlich von Bolt Head das Wrack des 1936 gesunkenen Schiffs »Herzogin Cecilie« auf dem Meeresgrund sehen. Die sandige und ruhige Bucht hinter Bolt Tail wurde »Hope« genannt, weil sie als letzte Hoffnung für in Seenot geratene Schiffe galt.

★ South Wales

H–N 16–18

Landesteil: Wales/Cymru

Grafschaften: Dyfed, Glamorgan und Gwent

Südwales ist eine beliebte Urlaubsregion mit vielen Badeorten, traumhaften Küsten und schönen Hügellandschaften. Es gibt mehr als 80 Strände – teils weite Buchten, teils kleine felsumschlossene Badestrände. Manche sind menschenleer, andere gleichen im Sommer einem Rummelplatz. Für günstiges Klima sorgt der Golfstrom.

Für die Wirtschaft von North Wales ist der Tourismus ein wichtiger Faktor, insbesondere seitdem der Kohlebergbau, von dem man hier lange lebte, zurückgegangen bzw. fast vollständig zum Erliegen gekommen ist. 1970 gab es 54 Bergwerke, inzwischen sind fast alle geschlossen. Mittlerweile hat sich aber auch hier verstärkt die Computer- und Elektronikindustrie angesiedelt.

Von Chepstow nach Swansea

Chepstow/ Cas-gwent

Chepstow/Cas-gwent im Südosten von Wales liegt malerisch am Wye. Die mittelalterliche Stadtmauer umschließt teilweise noch die engen Straßen des alten Siedlungskerns, das in der Bridge Street erhaltene Stadttor (14. Jh.) birgt ein Museum, das der Lokalgeschichte und Künstlern aus dem Wye-Tal gewidmet ist. An der wichtigsten Zufahrt von England nach Wales entstand auf einem hohen Felsen über dem Ort das große Kastell. Der Bergfried ist noch aus normannischer Zeit erhalten.

★★ Tintern Abbey ► 8 km nördlich von Chepstow kommt man zu den Ruinen von Tintern Abbey, deren Anblick schon William Wordsworth zu romantischen Versen inspirierte. Die am Ufer des Wye gelegene Zisterzienserabtei wurde 1131 gegründet, die Kirche 1270–1325 im Decorated Style gebaut. Dach, Vierungsturm und die nördliche Wand des Hauptschiffs sind verschwunden, dennoch bietet sich ein bemerkenswertes Bild, das u.a. William Turner festgehalten hat. Über das Leben der Mönche informiert eine Ausstellung im Besucherzentrum.

SOUTH WALES ERLEBEN

AUSKUNFT

Swansea, Plymouth Street, Wales, SA1 3QG
Tel. 0 17 92 – 46 83 21
Fax 0 17 92 – 46 46 02
E-mail: tourism@swansea.gov.uk
www.visitswanseabay.com

ESSEN

► Fein & teuer

The Left Bank
Pembroke, 63 Main Street,
Tel. 0 16 46 – 62 23 33
Schickes Restaurant mit französischer Küche, das auch von Einheimischen gern besucht wird.

► Erschwinglich

Hamilton's Brasserie & Wine Bar
Carmarthen, 11-12 Queen Street,
Tel. 0 12 67 – 23 56 31
Eine angenehme Abendatmosphäre verbreitet dieses nette Restaurant bei vernünftigen Preisen.

Stable Door Restaurant
Laugharne, Tel. 0 19 94 – 42 77 77
Leckere lokale Spezialitäten, im Sommer stets sehr gut besucht.

ÜBERNACHTEN

► Komfortabel

The Druidstone
Broadhaven (Pembrokeshire), Haverfordwest, SA62 3NE
Tel./Fax 0 14 37 – 78 12 21 / 133
E-mail: jane@druidstone.co.uk
www.druidstone.co.uk
Kleines Ferienhotel mit individuellen Cottages und entspannter Familienatmosphäre. Herrliche Aussicht, Zugang zum Sandstrand und täglich Ausritte möglich. Interessante Speisekarte im Restaurant.

Manor Town House
Fishguard, Main Street, SA65 9HG
Tel./Fax 0 13 48 – 87 32 60
www.smoothhound.co.uk
Gemütliches B&B am alten Hafen mit individuellem Flair und gutem Restaurant.

Windsor Lodge
Swansea, Mount Pleasant, SA1 6EG
Tel. 0 17 92 – 64 21 58, Fax 64 89 96
Modern eingerichtetes Stadthaus aus dem 18. Jahrhundert in zentraler Lage.

Atlantic
Tenby, The Esplanade,
Tel./Fax 0 18 34 – 84 28 81
www.smoothhound.co.uk
Das beste und komfortabelste Hotel am South Beach mit kleinem Hallenbad und geräumigen Zimmern.

Die Ruine von Tintern Abbey faszinierte schon William Wordsworth und William Turner.

Bei Caerwent 6 km westlich von Chepstow ist die am besten erhaltene **römische Stadtanlage** von Wales zu besichtigen. Die Reste von Mauern, Bädern, Läden, Stadttoren und dem Amphitheater der Kantons-Hauptstadt Venta Silurum vermitteln einen hervorragenden Eindruck von römischer Stadtplanung. In der Kirche befinden sich ein römisches Mosaik und der Grabstein eines römischen Offiziers. **Caerwent**

Newport/Casnewydd, wichtiger Importhafen und drittgrößte Stadt in Wales, liegt an der Mündung des Flusses Usk. Der Tidenhub kann hier bei Hochflut bis zu 9,15 m betragen. Große Aluminium- und Chemiewerke sind in der Hafen- und Industriestadt zu Hause. Sehenswürdigkeiten sind die dreischiffige St.-Woolo's-Kirche mit normannischem Langschiff (12. Jh.), die zur Kathedrale erhoben wurde, und das ursprünglich ebenfalls normannische Castle. **Newport/ Casnewydd**

An der Straße entlang dem Usk liegt der Vorort Caerleon, das römische Isca Silurum. Besonders sehenswert sind das **Amphitheater** – das einzige in ganz Großbritannien, das komplett ausgegraben wurde – und die gut erhaltene Badeanlage. Im Legionärsmuseum werden sämtliche gefundene Artefakte ausgestellt. ✶ ◄ Caerleon

Barry 15 km südwestlich von ►Cardiff hat mehrere Badestrände, die farbenprächtigen Dyffryn Gardens und mit St. Lythan Long Cairn und Tinkinswood Long Caim zwei prähistorische Grabkammern. **Barry**

Westlich des Flughafens Cardiff-Wales gibt es mehrere kleine Badeorte, darunter Llantwit Major und Porthcawl, dessen Sandstrände beliebtes Ziel von Tagesgästen aus Swansea und Port Talbot sind.

Port Talbot/ Aberavon

Wer sich Port Talbot nähert, wird vermutlich eher den Eindruck des britischen Historikers Roscoe teilen, der auf einer Durchreise im Jahre 1854 zusah, »die schmutzige Stadt Aberavon« so schnell wie möglich wieder hinter sich zu lassen. Steil zum Meer abfallende Berghänge mit eng aneinander gebauten Häuserzeilen, typische zweistöckige Arbeiterreihenhäuser aus rotem Backstein, Schornsteine, Lager und Werkshallen bestimmen das Bild, das aber irgendwie auch eine gewisse Faszination hat. Bekanntester Sohn der Stadt ist der Schauspieler Richard Burton, der im Vorort Pontrhydyfen bei Cwmavon zur Welt kam. Sein Geburtshaus mit einem kleinen Hinweisschild steht an einer Straßenbiegung im Afan-Tal wenige Kilometer vor dem Afan Argoed Country Park.

Swansea/ Abertawe

Swansea, walisisch Abertawe, ist die zweitgrößte Stadt von Wales. Der mit dem Export von Eisen und Kohle groß gewordene Seehafen an der Mündung des Tawe ist wichtiges Handelszentrum und Industriestandort, die regionalen Strukturprobleme zeichnen sich aber auch hier deutlich ab. Dennoch hat Kultur in der Stadt, in der Dylan Thomas (1914–1953) geboren wurde, einen recht hohen Stellenwert; u.a. findet alljährlich im Oktober das Swansea-Musikfest statt. Unter den Galerien ist die auf walisische Kunst spezialisierte Galerie Glynn Vivian interessant, in der u.a. eine Sammlung von Swansea-Porzellan gezeigt wird. Historische Bauten gibt es kaum. Mit den **Clyne Gardens**, die berühmt für ihre Rhododendren und Azaleen sind, hat Swansea aber wunderschöne Parkanlagen.

* ◄ Maritime Quarter

Ein hübsches Viertel hat sich um den modernen Jachthafen entwickelt. Am Kai reihen sich neben dem Dylan-Thomas-Theater kleine Fischlokale, Pubs und Hotels aneinander. Das **Industrie- und Marinemuseum** zeigt in seiner noch in Betrieb befindlichen Abbey-Wollweberei traditionelle Webstühle, ferner einen Teil der ehemaligen Mumbles Eisenbahn und Museumsschiffe.

* ◄ Mumbles

Mumbles heißt ein bevorzugtes Naherholungsgebiet: eine weite Bucht mit langer Promenade, Piers, Cafés und Restaurants. Auf einem Hügel liegen die Ruinen des um 1287 erbauten Oystermouth Castle. Auf Mumbles Head, zwei Felsen, die der Gegend ihren Namen gaben, steht ein weithin sichtbarer Leuchtturm.

** ◄ Gower Peninsula

Die Mumbles sind das Tor zur Halbinsel Gower. Die als »Area of Outstanding Natural Beauty« ausgewiesene reizvolle Südküste ist Naturschutzgebiet. Die Sandstrände Langland und Caswell Bay sind vor allem bei Surfern beliebt.

In der Nähe des Badeorts **Port Eynon** gibt es die Culver Hole, eine Höhle, die lange als Schmugglernest diente.Westlich von Port Eynon beginnt die wunderschöne Mewslade Bay, angrenzend die Rhossili Bay mit herrlichem Sandstrand. Vor **Rhossili** liegt Worms Head, das bei Ebbe zu Fuß erreichbar ist, ebenso Burry Holms, eine kleine Insel in der Nähe des Badeortes Llangennith.

← *Fast menschenleer: der Strand von Rhossli bei Ebbe*

Carmarthen Bay – Pembroke – Cardigan Bay

Carmarthen/ Caerfyrddin

Carmarthen/Caerfyrddin, der Legende nach Geburtsort des keltischen Zauberers Merlin, liegt 15 km nördlich der Carmarthen Bay. Früher war Carmarthen wichtiger Seehafen, heute ist es Verwaltungszentrum des County Dyfed, das aus den Grafschaften Carmarthen, Pembroke und Cardigan entstand, und kultureller Mittelpunkt der ländlichen Region. Reste eines römischen Amphitheaters verweisen auf die frühe Gründung der Stadt.

National Botanic Garden of Wales

Östlich von Carmarthen gibt es bei LLanarthe den noch jungen National Botanic Garden of Wales. Zentrales Glanzstück des botanischen Gartens ist ein von Norman Foster entworfenes Gewächshaus, in dem unterschiedliche Klimazonen und Biosphären angelegt wurden. Im Freien wachsen Baumgruppen aus so unterschiedlichen Regionen wie Südwestchina, Neuseeland und dem Kamerunischen Hochland heran, die alle das feuchtmilde Klima des walisischen Tywi-Valleys zu schätzen wissen (zu erreichen über die A 40).

Carmarthen Bay

An der weiten Carmarthen Bay gibt es mehrere kleine Badeorte. Unter Seglern gilt **Ferryside** als guter Treffpunkt, im benachbarten **Kidwelly** beherrscht ein normannisches Kastell den Mündungstrichter des Gwendreath Fach. Als »the strangest town in Wales« bezeichnete

Boat House in Laugharne, ab 1938 Wohnhaus von Dylan Thomas

Dylan Thomas **Laugharne** an der Mündung des Taff, ein verschlafenes Nest von 400 Seelen, in dem er Anfang 1938 mit seiner Frau das schiefergedeckte »Boat House« über der Bucht bezog und bis zu seinem frühen Tode lebte. Sein Wohnhaus ist heute als **Dylan Thomas Museum** eingerichtet, auf dem Dorffriedhof ist er begraben. In Deutschland wurde vor allem sein 1954 erschienenes Hörspiel »Under Milkwood« bekannt. Der in »Under Milkwood« und in seinen Gedichten erwähnte Ort »Llareggub« steht für Laugharne.

Tenby/Dinbych y Pysgod

Tenby/Dinbych y Pysgod liegt auf einer felsigen Halbinsel im Westen der Carmarthen-Bucht. Schon um die Jahrhundertwende hat der Maler Augustus John das Seebad als »so restful, so colourful and so unspoilt« gepriesen. Der malerische Hafen mit seinen pastellfarbenen Häuschen, die engen Gassen, Reste eines normannischen Schlosses und zwei herrliche Sandstrände machen die Schönheit aus. Sehenswert sind das Tudor Merchant's House und die Kirche St. Mary's, die größte Pfarrkirche in Wales. Das Tenby-Museum, südlich von Castle Hill, unterrichtet anschaulich über die Entwicklung der Region.

> ! *Baedeker* TIPP
>
> **Parfüm der Mönche**
>
> Ein gutes Mitbringsel ist das von den Mönchen aus einheimischen Kräutern destillierte Parfüm.

✶ ◂ Caldey Island

Einer der beliebtesten Ausflüge geht mit dem Boot nach Caldey Island, einer wunderschönen Insel, die seit 1929 Zisterzienser-Mönchen gehört. Die erste Abtei an dieser Stelle wurde 1113 gegründet, Teile der Gebäude aus dem 14. und 15. Jh. sind erhalten.Zwischen roten Sandsteinklippen liegt der Badeort Manorbier, über dem ein mittelalterliches Castle (1275–1325) thront.

✶ ◂ Manorbier

✶ ◂ Carew Castle

Rund 10 km nördlich steht auf einem der vielen Hügel von Milford Haven die eindrucksvolle Ruine von Carew Castle aus dem 13. Jahrhundert. Sein High Cross, das beachtliche Schnitzereien aufweist, soll aus dem 9. Jh. stammen.

Pembroke/Penfro

Pembroke/Penfro ist eine historisch bedeutsame Stadt: Hier kam 1457 Henry Tudor zur Welt, der erste Waliser, der später als Henry VII. den englischen Thron bestieg.

✶✶ ◂ Castle

Auf einem Hügelkamm erhebt sich die gewaltigste normannische Küstenburg in Westwales. 1090 wurde sie gebaut. Von dem wuchtigen, runden Hauptturm hat man einen herrlichen Rundblick. Erhalten sind außerdem der Gefangenenturm, die normannische Halle und der nördliche Saal, von dem aus eine Treppe zu der riesigen Wogan-Höhle führt.

Auf dem Hügel südwestlich des Castle steht **Monkton Priory**, um die gleiche Zeit wie das Castle für Benediktinermönche gegründet.

Pembroke Dock sollte eine der größten königlichen Werften werden, wurde aber 1926 stillgelegt. Heute legen im Hafen die Fähren aus Rosslare (Irland) an. Pembroke ist eine hervorragende Ausgangsbasis, um die herrliche Landschaft der Südwest-Küste kennen zu lernen; Informationsstelle Pembrokeshire Coast National Park Authority, Tel. 01437/764591/5135 www.pembrokeshirecoast.org.uk.

Milford Haven Einer der schönsten Naturhäfen Großbritanniens ist Milford Haven, an dem die gleichnamige Stadt liegt. Die Industriestadt, einst königliche Werft, hat heute einen der großen Ölhäfen Europas.

Dale Um den geschützten Jachthafen von Dale am Eingang von Milford Haven gibt es feinsandige Strände: Musselwick Sands, Martin's Haven, Marloes Sand und Westdale Bay. 1485 landete Henry Tudor in Dale und marschierte von hier aus durch Wales, um Richard III. zu schlagen und daraufhin als Henry VII. die englische Krone in Besitz zu nehmen. Im Sommer kann man zu den Inseln **Skomer**, **Skokholm** und **Grassholm** fahren, die für ihre Vogelkolonien bekannt sind.

! *Baedeker* TIPP

Pembrokeshire Coastal Footpath

Besonders reizvoll ist eine Wanderung über den 1970 angelegten Pembrokeshire Coastal Footpath, der über eine Entfernung von 267 km entlang der Küste von der Carmarthen Bay zur Cardigan Bay verläuft und dabei den Pembrokeshire Coastal National Park durchquert. Auf dem Weg über einsame Badebuchten und wildromantische Steilküsten kann man den besonderen Zauber dieser Landschaft auf sich wirken lassen und seltene Seevogelarten wie Papageientaucher oder Tordalken beobachten.

St. David's/Tyddewi auf der St. David's Halbinsel war jahrhundertelang Pilgerort. Selbst Wilhelm der Eroberer unternahm 1081 eine Reise zu der Wallfahrtsstätte von St. David (Dewi Sant), Schutzpatron von Wales und Erbischof von Canterbury, der angeblich in einer stürmischen Nacht auf den Klippen südlich des Ortes zur Welt kam.

★ Cathedral ► Die Kathedrale wurde – wie es heißt – aus Angst vor Plünderern in eine Talsenke gebaut, so dass nur der Turm für die Umgebung sichtbar blieb. Sie ist ursprünglich spätnormannisch, Umbauten im Decorated Style haben ihr Äußeres aber weitgehend verändert. Wie bei vielen frühen Kirchenbauten stürzte auch hier der Turm ein (1220); 1250 wurde er wieder aufgebaut. Im Innern besticht das dreischiffige normannische Langhaus durch eine große Formenvielfalt. Die wunderschöne Holzdecke aus irischer Eiche wurde im späten 15. Jh. angefertigt, auch der mit Skulpturen reich verzierte Lettner stammt aus dieser Zeit. Von den vier Bogen, die den Vierungsturm tragen, stammt der westliche noch vom Vorgängerbau, die drei anderen entstanden nach 1220. Die Querschiffe sind zum Teil original, zum Teil nach dem Einsturz des Turms in dem für Südwales typischen frühgotischen Stil wiedererrichtet worden. Die Gebeine in einer kleinen Truhe in der Dreifaltigkeitskapelle stammen vermutlich von St. David, sein Schrein vor dem Hochaltar ist leer.

★ Bishop's Palace ► Im Westen schließt der 1280–1350 gebaute Bischofspalast mit wunderschönen, skulpturenreichen Arkaden an. Das ganze Gebäude steht auf gewölbten Krypten. Eine Besichtigung lohnt vor allem der große Saal mit schmucker Vorhalle und Rosettenfenster.

Ramsey Island

Südwestlich von St. David's Head liegt Ramsey Island, ein Naturschutzgebiet mit seltener Flora und Fauna. Auf Ramsey stehen noch die Relikte einer alten Benediktinerabtei. Das Reisebüro Thousand Island Expeditions in St. David's gibt Auskunft über Bootstrips zur Insel. Auf den hohen Klippen von **St. David's Head**, dem westlichsten Punkt von Wales, ist die Anlage eines prähistorischen Walls zu erkennen, der den Namen »Warriors Dyke« (Wall der Krieger) trägt.

Fishguard Bay

Das Gebiet von St. David's Head bis etwa nach Cardigan gehört mit seinen steinigen Küsten, einsamen Hochflächen und schmalen Tälern zu den unberührtesten Landstrichen in Wales. Goodwick und Fishguard in der Fishguard Bay sind zu einer Zwillingsstadt zusammengewachsen. Der alte Ortsteil von Fishguard erstreckt sich um den schönen Hafen, Abergwaur genannt, von dem aus Fähren nach Rosslare (Irland) hinüberfahren. Bekannt wurde die Szenerie durch Dylan Thomas' Werk »Under Milkwood«. Wer sich für walisisches Kunsthandwerk interessiert, sollte die Ateliers Workshop Wales im Zentrum (Lower Town) aufsuchen. Wanderer finden schöne Wege entlang der Küste.

Pentre Ifan

5 km südöstlich von Newport am Rande der Preseli Hills (Mynydd Preseli) liegt Pentre Ifan, der größte steinzeitliche Dolmen in Wales.

Carn Ingli Common

Etwa 1,5 km südlich zeugt Carn Ingli Common von einer frühchristlichen Besiedlung. Dort wurden 33 Dolerit-Steine gesammelt und nach ► Stonehenge transportiert. Mehrere Kilometer weiter südöstlich steht in einem Tal auf der anderen Seite der Preseli-Hügel Gors Fawr, ein Steinkreis in ähnlicher Art wie Stonehenge.

Nevern/ Nanhyfer

In Nevern/Nanhyfer östlich von Newport empfiehlt sich ein Blick in die einem keltischen Heiligen geweihte St.-Brynach's-Kirche. Das Gotteshaus birgt ein keltisches Kreuz mit reicher Verzierung.

Cardigan/ Aberteifi

Cardigan/Aberteifi ist ein belebter Ort am Ufer des Teifi (spr. Tiwi), der für seine Lachse und Forellen bekannt ist. Im Ortskern führt eine im 17. Jh. gebaute Brücke über den Fluss. In der Nähe sind zwei Rundtürme einer mittelalterlichen Burg (13. Jh.) zu sehen.
Lohnend ist ein Ausflug zu der malerischen Ruine von **Cilgerran Castle** 5 km südöstlich, das im 13. Jh. auf einem hohen Felsen auf der Südseite des Teifi-Tales erbaut worden ist.

★ Museum of Welsh Woollen Industrie

Das Teifi-Tal ist traditionsreicher Standort der walisischen Wollindustrie. Über das Kämmen und Spinnen der Wolle, alte Webtechniken und -muster informiert das Museum in Drefach Felindre östlich von Cardigan (zwischen Newcastle Emlyn und Llangeler).

Vom Brecon Beacons National Park nach Monmouth

★★ **National Park**

Sieht man einmal von den herrlichen Küsten ab, dann stellen die Brecon Beacons einen der schönsten Naturräume in Wales dar. Den 1957 gegründeten 1345 km² großen Nationalpark begrenzt im Westen der Black Mountain, in dem der River Usk entspringt. Im Osten erstreckt sich ein Gebirgszug, mit dem fast gleichen Namen Black Mountains, der für seine frei lebenden Ponys bekannt ist. Die höchsten Gipfel im Zentrum ragen bis 886 m auf und erscheinen durch ihre roten Sandsteinformationen wie Leuchtfeuer (beacon). Vermutlich kommt daher der Name, er könnte aber auch von den Signalfeuern abgeleitet worden sein, die hier im Mittelalter auf den Bergkuppen entzündet wurden. Wälder mit Laubbäumen und nordamerikanischen Koniferen und weite Hochmoore bestimmen das Bild.

Es gibt mehrere Wasserfälle, von denen die **Henryd-Fälle** bei Coelbren am bekanntesten sind. Interessant sind auch die Höhlen; die

★ Dan-yr-Ogof ►

Höhle von Dan-yr-Ogof im oberen Tal des Tawe lässt auf eine bronzezeitliche Besiedlung schließen (Öffnungszeiten: April – Okt. täglich 10.00 –16.00 Uhr).

Brecon/ Aberhonddu

Der Ort Brecon/Aberhonddu, der dem Gebirge seinen Namen verlieh, ist malerisch im Tal des Usk an der Einmündung von Honddu und Tarell gelegen. In Brecon gibt es eine Reihe georgianischer Häuser sowie Überreste der mittelalterlichen Stadtmauer. Die rote Sandsteinkirche St. John wurde 1933 zur Kathedrale erhoben.

Die Brecon Beacons mit dem über 800 m hohen Pen-y-Fan

Hay Festival of Literature in der »Booktown« Hay-on-Wye

Hay-on-Wye ★

34 km nordöstlich von Brecon liegt das Grenzstädtchen Hay-on-Wye, das am 1. April 1977 von dem Wahl-Waliser Richard Booth zum »unabhängigen Königreich« ausgerufen wurde. Mit der werbeträchtigen Aktion des »King of Hay« wurde das Dorf als »Booktown« bekannt, in der es die weltweit meisten Büchereien pro Einwohner gibt. Allein das Antiquariat des bibliophilen Booth zählt über 2 Mio. Bände zu seinem Bestand. Das Hay Festival of Literature findet alljährlich in der letzten Maiwoche statt.

Abergavenny

In Abergavenny am Ostrand des Nationalparks beginnt die »Head of the Valleys Road« (A 465), die auf eindrucksvoller Strecke an der Nordseite der »Valleys« nach Swansea führt. Ein Museum im Castle von Abergavenny widmet sich der Geschichte der Region.

Raglan Castle ★

Etwa 13 km südöstlich von Abergavenny steht das imposante Raglan Castle. Aus normannischer Zeit stammt der sechseckige Turm, der eine herrliche Aussicht gewährt. Im ausgehenden 15. Jh. trafen sich auf der Festung berühmte walisische Sänger und Dichter.

Monmouth ★

◄ Nelson Museum and Local History Centre

Schließlich erreicht man Monmouth am Zusammenfluss von Monnow und Wye, eine Kleinstadt mit den Ruinen eines mittelalterlichen Castles und einem noch aus dem 13. Jh. erhaltenen Brückenhaus. Das Stadtmuseum in der Priory Street hat eine Sonderabteilung Lord Nelson gewidmet, ausgestellt sind u.a. sein Schwert und Liebesbriefe an Lady Hamilton. Initiatorin der Nelson-Kollektion war Lady Llangatock, die Mutter von Charles Stewart Rolls, dem bei Monmouth geborenen Flugpionier und Gründer der Rolls-Royce-Werke. Ihm gelang 1910 der erste Non-Stop-Hin- und Rückflug über den Ärmelkanal. Auf dem Agincourt Square erinnert ein Denkmal an den berühmten Sohn der Stadt.

St. Albans

S 17

Landesteil: Mittelengland
Grafschaft: Hertfordshire
Höhe: 364 ft/111 m ü.d.M.
Einwohnerzahl: 129 000

Seinen Namen verdankt der Ort einem der ersten christlichen Märtyrer in England. Der hl. Alban, ein römischer Soldat, wurde 304 hier in der Römersiedlung Verulamium geköpft, weil er einem Priester, der ihn zum Christentum bekehrt hatte, Schutz geboten hatte.

Seine Gebeine wurden gefunden, als Offa, der König von Mercien, 793 hier eine Benediktinerabtei gründete. St. Albans liegt auf einem Hügel über dem linken Ufer des Flüsschens Ver knapp 3 km nördlich der Londoner Ringautobahn M 65. Ein Abstecher lohnt sich wegen der Kathedrale und der Reste der alten Römersiedlung Verulamium.

Sehenswertes

In der Altstadt

In der Altstadt steht ein 1403–1412 errichteter Uhrturm, von dem sich ein schöner Blick über die Stadt bietet. Wenige Schritte weiter kommt man zum Marktplatz mit der Town Hall von 1829. Das Mu-

St. Albans Orientierung

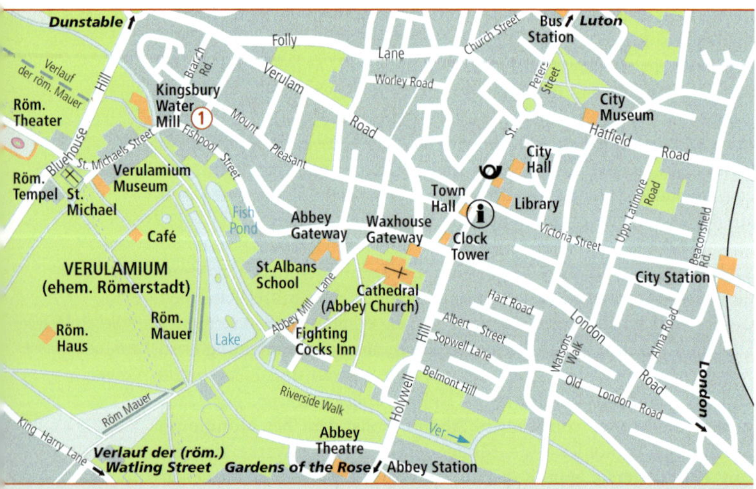

Übernachten
1 St. Michael's Manor

seum of St. Albans in der Hatfield Road zeigt Exponate zur Stadtgeschichte, das Organ Museum in der Camp Road eine Sammlung mechanischer Musikinstrumente, alter Musikboxen und Drehorgeln.

✶ **Abbey Church**

Die Abbey Church von St. Albans ist eine der längsten Kathedralen in England, mit 168 m Länge wird sie nur von Winchester Cathedral übertroffen. Sie geht auf die 1077–1088 gebaute Klosterkirche der von Offa gegründeten Benediktinerabtei zurück. In späteren Jahrhunderten wurde sie mehrfach umgebaut und erweitert, erst 1879–1884 wurden die Fassaden gestaltet. Von dem normannischen Gotteshaus zeugt heute vor allem noch der Vierungsturm.
An den normannischen Pfeilern der Nordseite im Innern sind Freskenreste aus dem 13./14. Jh. zu sehen, u.a. eine bemerkenswerte Kreuzigungsdarstellung (um 1220). Den Laienchor, durch den Lettner vom Langhaus getrennt, überspannt eine schöne hölzerne Kassettendecke. Die Decke der Vierung trägt eine entsprechend dem mittelalterlichen Original gestaltete Bemalung von 1951/1952; die roten und weißen Rosen erinnern an zwei entscheidende Gefechte, die zur Zeit der Rosenkriege bei St. Albans stattfanden.
Das **Abbey Gate** an der Südwand zeugt als einziges Relikt von den früheren Klostergebäuden.
Über den **Mönchschor** wurde 1461 ein hölzernes Rippengewölbe gezogen und mit gemaltem Ornamentenschmuck ausgestattet. Den östlichen Chorabschluss bildet die mit Statuen verzierte Altarwand.
Hinter der Altarwand schließt sich die **Saint's Chapel** an (um 1315), in der sich das Grabmal des hl. Alban befindet; es wurde zwischen 1872 und 1875 aus alten Fragmenten rekonstruiert und zeigt unter anderem Darstellungen seines Martyriums. Besondere Beachtung verdient die Empore aus Eichenholz, die um 1400 gebaut wurde und von der aus die Mönche den Schrein bewachten. An der Nordwand des Chorumgangs befindet sich das Grab des heiligen Amphibalus, des Priesters also, der Alban zum Christentum bekehrte.

▶ ST. ALBANS

AUSKUNFT

Town Hall, Market Place,
St Albans, Hertfordshire,
England, AL3 5DJ
Tel. 0 17 27 – 86 45 11
Fax 0 17 27 – 86 35 33
E-mail: stalbans@eetb.info
www.stalbans.gov.uk

ÜBERNACHTEN

▶ Luxus

① ***St Michael's Manor***
Fishpool Street, St Albans,
Hertfordshire AL3 4RY
Tel. 0 17 27 – 86 44 44
Fax 84 89 09
E-mail relax@stmichaelsmanor.com
www.stmichaelsmanor.com
Ein Traum von einer Unterkunft: ein echtes Schmuckstück mit 22 stilvoll eingerichteten Zimmern. Das Haus liegt in wunderbaren Gärten; zu den Attraktionen gehört eine 700 Jahre alte libanesische Zeder.

Ye Olde Fighting Cocks Inn Südwestlich der Kathedrale kommt man zum Ye Olde Fighting Cocks Inn, einem der ältesten Gasthäuser Großbritanniens; mitunter heißt es sogar, es sei das älteste überhaupt in ganz Großbritannien.

Verulamium Auf der anderen Seite des Ver liegt das einstige Römerlager Verulamium. Eine erste Siedlung an dieser Stelle entstand um 45 n. Chr. Sie entwickelte sich damals schnell zur drittgrößten Stadt in Britannien. Die Reste dieser und einer später errichteten Ortschaft wurden in normannischer Zeit als Baumaterial für das Albanskloster verwendet. Zwischen 1930 und 1940 wurden Ausgrabungen vorgenommen; man stieß damals auf Befestigungsreste, auf ein römisches Theater und auf einen Mosaikfußboden mit Hypokausten, also eine Warmluftheizung. Weitere Ausgrabungsfunde aus jener Zeit sind im Verulamium Museum an der St. Michael's Street hervorragend präsentiert.

St. Michael Auf dem Platz des antiken Forums neben dem Museum steht die schmucke St. Michael Church mit einem normannischen Schiff. In dem Kirchenschiff befindet sich das Grab des Philosophen Francis Bacon (1561–1626).

Umgebung von St. Albans

✶ Gardens of the Rose In den duftenden Gardens of the Rose 5 km südwestlich vom Zentrum wachsen unzählige verschiedene Rosenarten – für Rosenliebhaber ein wahres Paradies!.

Hatfield House Etwa 11 km östlich von St. Albans steht wenige Kilometer außerhalb von Hatfield inmitten wunderschöner Parkanlagen das Hatfield House. Der imposante jakobianische Herrensitz wurde Anfang des 17. Jh.s im Auftrag des Earl of Salisbury von Robert Lyminge entworfen. Zur prachtvollen Innenausstattung gehören unter anderem kostbare Stilmöbel und Gemälde, außerdem Gobelins aus dem 17. Jahrhundert.

In **Luton Hoo** nördlich von St. Albans befindet sich mit der **Sammlung von Sir Harold Wernher** eine außergewöhnliche Kunstausstellung, untergebracht in einem schönen Landhaus. Außer kostbarem Schmuck aus verschiedenen Epochen werden dort Gobelins, Porzellan und Möbel des 18. Jahrhunderts gezeigt sowie Gemälde von Rembrandt, Memling, Constable, Reynolds, Tizian und Bartolomé Bermejo. Die herrliche Parkanlage hat Capability Brown entworfen.

! *Baedeker* TIPP

Alban Way

Der 10 km lange Alban Way führt von St. Albans zum Hatfield House – eine Strecke, die sich zum Wandern und zum Radfahren gleichermaßen eignet. Der Alban Way folgt einer alten Eisenbahnlinie, auf der der Verkehr 1951 eingestellt wurde.

★★ St. Andrews

N 8

Landesteil: Schottland
Höhe: 40 ft/12 m ü.d.M.
Council Area: Fife
Einwohnerzahl: 15 000

Golfer aus aller Welt kommen nach St. Andrews, der Heimat des 1754 gegründeten Royal and Ancient Golf Club, dessen Mitglieder seit 1897 die weltweit gültigen Golfregeln festlegen. Auf den Plätzen von St. Andrews finden alle zwei Jahre die berühmten »British Open«-Meisterschaften statt.

Vom Klubhaus des Royal and Ancient Golf Club aus zieht sich der »Old Course« (Par 72) direkt an der Küste entlang. Ursprünglich wurde über 22 Löcher gespielt, erst 1836 reduzierte man den Golfcourse auf 18 Löcher – »9 out« und »9 home«.

★★ Royal and Ancient Golf Club, Old Course

Sehenswertes

Ein Muss für alle Freunde des Golfsports ist das 1990 eröffnete British Golf Museum, in dem die Geschichte der »Alma Mater of Golf« vom Mittelalter bis heute dokumentiert ist. Neben historischen Ex-

★★ British Golf Museum

Golfen in St. Andrews – ein Traum vieler Freunde des Golfsports

ST. ANDREWS ERLEBEN

AUSKUNFT

70 Market Street, St Andrews, Fife, Scotland, KY16 9NU
Tel. 0 13 34 – 47 20 21, Fax 47 84 22
E-mail: standrews@visitfife.com
www.standrews.co.uk

ESSEN

► Erschwinglich

Sands Restaurant
The Old Course Hotel
Tel. 0 13 34 – 47 43 71
Hotelrestaurant neben dem berühmten Golfplatz; vorzügliche Küche, raffinierte Zubereitungen.

► Preiswert

MacGregors
71 Market Street,
Tel. 0 13 34 – 47 71 06
Populäres Café mit kleinen Gerichten aus frischen Zutaten der Saison.

ÜBERNACHTEN

► Luxus

Old Course Hotel Golf Resort & Spa
Tel. 0 13 34 – 47 43 71, Fax 47 76 68
www.oldcoursehotel.co.uk
146 traumhafte Zimmer mit Blick auf den Old Course. Das Hotel hat auch einen eigenen Championship Golfplatz. Spabereich mit Pool, Sauna und Fitnessräumen.

► Komfortabel

Pilmour Hotel
1 Pilmour Place
Tel. 0 13 34 – 47 32 52, Fax 47 22 52
Zentral, gut und günstig; 15 Zi.

ponaten zeigt die Ausstellung verschiedenste Ballarten, Schläger, liefert detaillierte Informationen zu Spielregeln und -techniken, zu berühmten Meisterschaften, legendären Golfern und Golferinnen und heutigen Größen des Golfsports.

*** Aquarium** Das Aquarium bietet Einblick in die faszinierende Unterwasserwelt: Verschiedene Aquarien, Meereslaboratorium, Haibecken und ein offener Pool für Seehunde sind zu besichtigen.

*** Kathedrale** In der schottischen Kirchengeschichte spielte St. Andrews eine wichtige Rolle, was man bis heute an mehreren Kirchen bzw. Kirchenruinen merkt. Der kleine Ort war Sitz eines Erzbischofs; die 1160 gegründete Kathedrale war einst die größte in Schottland. Nach der Zerstörung im Jahr 1559 diente sie als Steinbruch, so dass sie heute nur noch als Ruine aufragt.
In der Nähe lohnt die kleine Kirche **St. Rule** aus dem 12. Jh. mit originalem Chor und quadratischem Turm einen Besuch.

University, Colleges In St. Andrews hat die älteste Universität Schottlands ihren Sitz. 1411 wurde sie gegründet, heute sind hier rund 4000 Studenten eingeschrieben. St. Mary's College wurde 1538 eröffnet; St. Leonhard's – 1511 gegründet – und St. Salvator, seit 1450 in der North Street, wurden 1747 zusammengelegt. Alle diese Colleges sind in schönen alten Gebäuden untergebracht. In der College-Kapelle, einst die Kirche von St. Salvator, ist die Kanzel aus der Stadtkirche zu sehen, von der der Reformator John Knox seine ersten Predigten hielt. Ein Rosenbusch, den Maria Stuart beim St. Mary's College gepflanzt haben soll, blüht immer noch. Das Martyr's Monument erinnert an vier Reformatoren, die in St. Andrews im 16. Jh. verbrannt wurden.

Preservation Trust Museum

In dem Fischerhäuschen aus dem 16. Jh. sind historische Fotografien und Stadtansichten zu sehen; zum Haus gehört ein bezaubernder Garten.

Castle

Die Reste der um 1200 gebauten Bischofsburg stehen auf einem Felsen über dem Meer. Hier lebte Kardinal Beaton in höchstem Luxus, bis er 1546 von Protestanten ermordet wurde. John Knox wurde hier gefangen gehalten. Spannend sind das »Bottle dungeon« genannte Burgverlies der Festung und der unterirdisch angelegte Fluchtgang.

Rock and Spindle

Lohnend ist ein Küstenspaziergang zu den etwa 3 km südöstlich aufragenden Rock and Spindle genannten bizarren Basaltpfeilern.

★★ Stonehenge

P 18S

Landesteil: Südengland **Grafschaft:** Wiltshire

Stonehenge ist Großbritanniens bekannteste Megalithkultstätte, Tausende von normalen Urlaubern und eingeschworenen Esoterikern kommen jedes Jahr hierher. Der monumentale Steinkreis gibt bis heute Rätsel auf, er wird mit Sonnenverehrung und Totenkult in Verbindung gebracht. Die immensen Steine sind exakt auf Untergang und Aufgang der Sonne zur Sonnenwende ausgerichtet.

Durch ihre verfeinerte Bauweise ist die Stätte einzigartig unter den vorgeschichtlichen Steindenkmälern im nördlichen Europa. Sie lässt auf ein umfassendes astronomisches und arithmetisches Wissen der Erbauer schließen. Erst seit dem 20. Jh. hat man verlässliche Daten zur Entstehungsgeschichte der Kultstätte. Stonehenge (»hängende Steine«) wurde von etwa 3000 bis 1500 v.Chr. in drei Phasen errichtet. Gegen 1500 v.Chr. erhielt Stonehenge sein heutiges Aussehen. Bis in die

STONEHENGE

AUSKUNFT

Amesbury Library, Smithfield Street,
Amesbury, Wiltshire,
England, SP4 7AL
Tel. 0 19 80 – 62 28 33
Fax 62 55 41
E-mail: amesburytic@salisbury.gov.uk
www.visitsalisbury.com

Stonehenge: Die tonnenschweren Steine sind exakt auf den Sonnenlauf ausgerichtet.

römische Epoche scheint Stonehenge weiterbestanden zu haben und ist anschließend vermutlich gewaltsam zerstört worden – ob während der Römerherrschaft als Maßnahme gegen den Druidenkult oder erst im Mittelalter, um ein Fortbestehen heidnischer Geheimkulte zu verhindern, bleibt unklar. Das rätselhafte Phänomen hat verschiedene Künstler, darunter William Turner und Henry Moore, inspiriert. Um Zerstörungen der Anlage durch die Besucherströme zu verhindern, ist Stonehenge nur noch aus mehreren Metern Abstand zu besichtigen. Öffnungszeiten: 24. Okt. – 15. März tgl. 9.30–16.00, 16. März – 31. Mai tgl. 9.30–18.00, 1. Juni – 31. Aug. tgl. 9.00–19.00, 1. Sept. – 23. Okt. tgl. 9.00–17.00 Uhr (Privater Zugang außerhalb der Öffnungszeiten: Tel. 0 19 80 – 62 62 67, www.english-heritage.org.uk/stonehenge/).

✶✶ Megalithkultstätte

Entstehungsgeschichte

Aus der ersten Bauphase der Kultstätte ab ca. 3000 v.Chr. stammt noch der schwach gewölbte, ursprünglich 2 m hohe Ringwall um das Heiligtum, der nach Nordosten hin einen Ausgang hat. Etwas außerhalb dieser Öffnung befand sich der Heel Stone (griech. helios = Sonne). An der Innenseite des Erdwalls lag ein Ring von 56 Gruben,

nach ihrem Entdecker im 17. Jh. Aubrey Holes genannt, die wahrscheinlich als Begräbnisstätten nach Feuerbestattungen dienten. Die vier Stationssteine, Station Stones, könnten am Ende dieser Bauperiode hinzugefügt worden sein.
In einer zweiten Bauphase zwischen 2900 und 2600 v. Chr. erhielt Stonehenge Holzstrukturen innerhalb des Erdwalls.
Anschließend bauten Siedler der Becherkultur an der Megalithstätte weiter. Innerhalb des Erdwalls wurden von Wales herangeschleppte, bis zu 4 t schwere Blausteine (Dolorit) in einem doppelten Halbkreis aufgestellt. Diese dritte Phase erreichte zwischen 2300 und 1500 v. Chr. ihren Höhepunkt, als mit enormem Arbeitskräfteeinsatz, wie er nur von sozial differenzierten Gesellschaften zu leisten ist, eine Riesenkonstruktion aus Sarsensteinen errichtet wurde. Diese über 25 t schweren Sandsteinblöcke wurden aus den 35 km nördlich gelegenen Marlborough Downs herbeitransportiert.
Das Zentrum bilden schließlich 19 hufeisenförmig angeordnete Blausteine, um die ein äußeres Hufeisen aus fünf bis zu 7 m hohen Trilithen (Dreisteinkonstruktionen) angeordnet war, die aus je zwei Tragsteinen und einem Deckstein bestanden. In das Zentrum der Anlage setzte man einen Altarstein. Die Hufeisen wurden umschlossen von einem Kreis von 60 Blausteinen, dieser wiederum wurde von einem etwa 4,5 m hohen Kreis aus 30 Sarsensteinen umringt, die durch ein umlaufendes Gebälk aus meterdicken Steinplatten

Stonehenge *Orientierung*

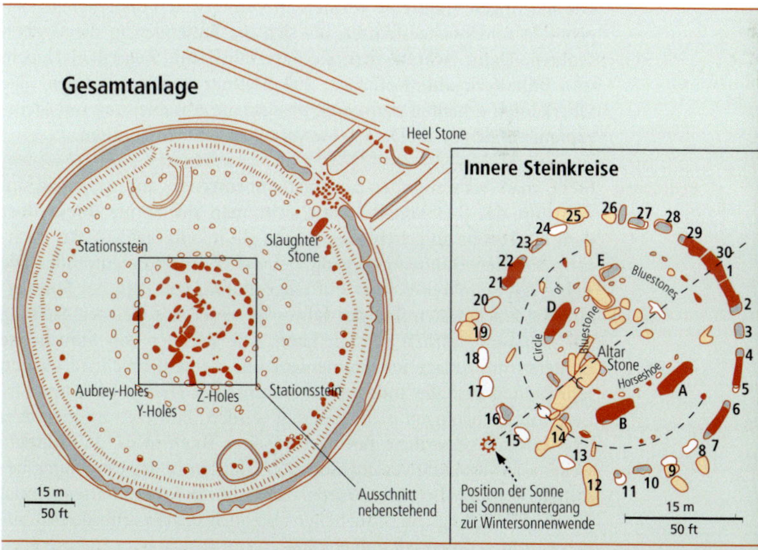

miteinander verbunden waren. Um 1500 v. Chr. versuchte man, weitere Blausteine außen um den Sandsteinring anzuordnen, wozu Gruben, so genannte Y- und Z-Löcher, ausgehoben wurden, jedoch kam dieser Plan nicht mehr zur Ausführung. Von dem mit einem Opferstein (Slaughter Stone) versehenen nordöstlichen Haupteingang führte ein Prozessionsweg zum Heel Stone, der nach dem Sonnenaufgang zur Sommersonnenwende ausgerichtet war. So genannte Stationssteine wurden innerhalb der Wallgrenzen in Zusammenhang mit den Mondzyklen und dem Sonnenuntergang zur Wintersonnenwende aufgestellt.

Bautechnik Die Errichtung von Stonehenge fasziniert bis heute. Wie wurden beispielsweise die Steine transportiert? Die Blausteine mussten von ihrem Herkunftsort in Südwestwales eine Strecke von 385 km zurücklegen. Vermutlich schleppte man sie auf Rollschlitten zur nächsten Flussmündung, verlud sie auf Flöße und transportierte sie entlang der walisischen Küste und weiter auf den Flüssen Avon, Frome und Wyle, wobei immer wieder Landstrecken zurückgelegt werden mussten. Die gewaltigen Sarsensteine wurden über hügeliges Land und eine Distanz von 35 km wahrscheinlich auf riesigen Schlitten und Rollen fortbewegt und von ca. 500 Männern mit Hilfe von Seilen aus Rinderhaar oder geflochtenen Lederriemen gezogen.

Die Steine wurden dann vor Ort bearbeitet. Die Decksteine erhielten eine leichte Krümmung für die kreisförmige Aufstellung, außerdem wurden sie vorbereitet für eine horizontale Verkeilung und vertikale Zapfen-Zapfenloch-Verbindungen mit den Tragsteinen.

Die mächtigen Tragsteine wurden an vorbereitete Fundamentgruben gebracht und hochgestemmt, bis sich die Fußenden in die Gruben senkten. Dann richtete man sie vermutlich mit Zugseilen, Hebeln und Stützwerk auf, wofür ca. 200 Männer benötigt wurden. Die Oberkanten erhielten dann eine passgenaue Abschleifung mit Steinzapfen, auf denen die Decksteine verankert werden konnten.

Bedeutung Steht man während der Sommersonnenwende am Altarstein im Zentrum des Steinkreises, dann sieht man die Sonne direkt über dem Heel Stone aufgehen; das Gleiche gilt in entgegengesetzter Richtung für den Sonnenuntergang bei der Wintersonnenwende. Die Achse des Steinkreises weist auf jenen Punkt, von dem der Sonnenaufgang am längsten Tag des Jahres in seiner nördlichsten Stellung am Horizont gesehen werden kann. Die Erbauer von Stonehenge richteten die Anlage am Sonnenlauf und dementsprechend an den Jahreszeiten aus; alle anderen astronomischen Theorien können bislang von Archäologen nicht bestätigt werden. Bewiesen ist aber, dass eine sesshaft gewordene Bevölkerung ihre Toten in ca. 350 mittlerweile fast vollständig verschwundenen Gräbern in der Umgebung bestattete – möglicherweise wurde das enorme Arbeitskräftepotential für die Errichtung von Stonehenge also auch für ein zentrales Monument für den Totenkult aufgebracht.

★ ★ Stratford-upon-Avon

P 16

Landesteil: Mittelengland
Grafschaft: Warwickshire
Höhe: 120 ft/37 m ü.d.M.
Einwohnerzahl: 21 000

Stratford-upon-Avon ist weltweit als Geburtsstadt von William Shakespeare bekannt. Die elisabethanisch geprägte Kleinstadt am River Avon lebte früher vom Tuchhandel, heute lebt sie von der Vermarktung ihres berühmten Sohnes – mit drei Millionen Besuchern im Jahr ist Stratford nach London Englands beliebteste Ziel.

STRATFORD-UPON-AVON ERLEBEN

AUSKUNFT

Bridgefoot, Stratford-upon-Avon, Warwickshire, England, CV37 6GW
Tel. 08 70 – 160 79 30
Fax 0 17 89 – 29 52 62
E-mail: stratfordtic@shakespeare-country.gov.uk
www.shakespeare-country.co.uk

ESSEN

► **Erschwinglich**

① ***The Dirty Duck***
Waterside, nahe Shakespeare Company
Die Schauspieler der Royal Shakespeare Company eilen nach der Vorstellung am liebsten in den nahen Pub, dessen Wände mit den Fotos früherer Inszenierungen tapeziert sind. Sollte man nicht versäumen.

② ***Lambs***
12 Sheep Street, Tel. 0 17 89 – 29 25 54
Restaurant im Bistrostil mit moderner, gut würzender Küche. Schöne Räumlichkeiten in einem Stadthaus aus dem 16. Jahrhundert.

ÜBERNACHTEN

► **Komfortabel**

① ***Parkfield Guest House***
3 Broad Walk, Stratford-upon-Avon
CV37 6HS
Tel. / Fax 0 17 89 – 29 33 13
Gemütliches und bei Theatergängern beliebtes B&B.

② ***Virginia Lodge***
12 Evesham,
Stratford-upon-Avon
CV37 6HT
Tel. / Fax 0 17 89 – 29 21 57
www.virginialodge.co.uk
Im Landhausstil eingerichtetes hübsches viktorianisches Haus mit 6 Zimmern; familienfreundlich.

③ ***Caterham House***
58-59 Rother Street,
Stratford-upon-Avon
CV37 6LT
Tel. 0 17 89 – 26 73 09
Fax 41 48 36
Individuelles Haus aus der georgianischen Zeit. Teilweise mit Antiquitäten eingerichtet.

SHAKESPEARE BIRTHPLACE TRUST

Der »Shakespeare Birthplace Trust« verwaltet die fünf Attraktionen, die mit dem Leben des Barden verbunden sind. Mit einem Sammelticket für alle fünf kann man etwa die Hälfte der Eintrittsgelder sparen.

Stratford-upon-Avon

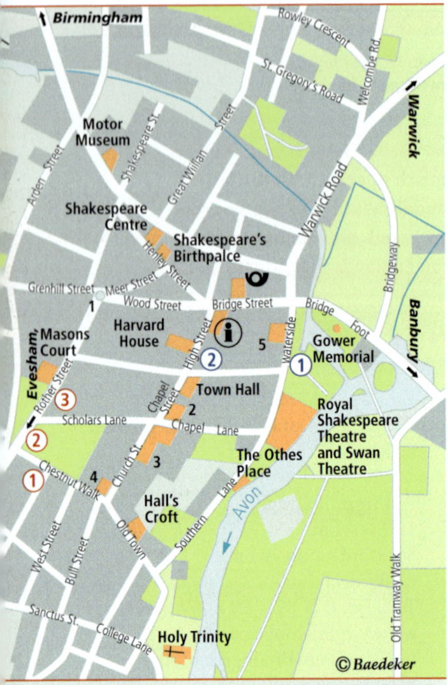

1 American Fountain
2 New Place
3 Guild Hall
4 Shakespeare Institute
5 World of Shakespeare

Essen
1 The Dirty Duck
2 Lambs

Übernachten
1 Parkfield Guest House
2 Virginia Lodge
3 Caterham House

Überall im Zentrum mit seinem geschlossenen Stadtbild aus dem 16./17.Jh. und schönen Grünanlagen wird man auf den berühmten Dichter hingewiesen. Internationale Bedeutung hat die Stadt zudem als Forschungs- und Spielstätte der Werke Shakespeares. Während der Sommerferien sollte man die Stadt nach Möglichkeit meiden.

Sehenswertes

Shakespeare's Birthplace, ein zweistöckiger Fachwerkkomplex in der Henley Street, steht heute etwas isoliert, da aus Brandschutzgründen die umliegenden Fachwerkhäuser abgerissen wurden. Shakespeare's Birthplace besteht aus dem Geburtshaus und den später von Shakespeares Vater hinzugekauften Häusern. Das Innere des Geburtshauses zeigt die Wohnwelt einer Familie aus der unteren Mittelschicht in der zweiten Hälfte des 16. Jh.s, jener Zeit, in der William Shakespeare als Sohn eines Handschuhmachers aufwuchs. In den mit zeitgenössischen Möbeln eingerichteten Zimmern ist u.a. die berühmte Folio-Ausgabe seiner Werke zu sehen, außerdem ein Fenster, in das erlauchte Besucher und Bewunderer ihre Namen eingraviert haben.

Shakespeare Centre

Neben dem Geburtshaus entstand 1964 das moderne Shakespeare Centre, Wirkungsstätte des 1847 gegründeten privaten »Shakespeare Birthplace Trust« mit Studienräumen und einer Bibliothek.

Quiney House

An der Ecke High Street und Bridge Street steht Quiney House. Das Haus wurde zwischen 1616 und 1662 von dem Weinhändler Thomas Quiney und seiner Frau Judith, der jüngeren Tochter von Shakespeare, bewohnt. Nicht weit von Quiney House entfernt – in der High Street – steht das **Harvard House**, das der Mutter von John Harvard (1607–1638), dem Gründer der berühmten Harvard-Universität in Massachusetts/USA, gehörte.

Shakespeare's Birthplace – heute ist hier ein kleines Museum eingerichtet.

Im klassizistischen Rathaus steht eine Shakespeare-Statue, die von David Garrick (1716–1779), Schauspieler und Leiter des Drury Lane Theatre in London, gestiftet wurde.

Town Hall

Im New Place Stadtmuseum in Nash's House werden Erinnerungsstücke an David Garrick und William Shakespeare ausgestellt. Thomas Nash, dem das Haus gehörte, war mit Shakespeares Enkelin Elizabeth Hall verheiratet. Neben seinem Haus stand seinerzeit New Place, eines der schönsten Häuser in der Stadt, das Shakespeare 1597 kaufte. Hier lebte er nach seiner Rückkehr aus London von 1611 bis zu seinem Tod. Der nächste Besitzer, ein vom Dichterkult genervter Pfarrer, ließ das Haus 1759 abreißen; 1862 ging das Grundstück an den Shakespeare Trust, der dort einen wunderschönen Garten im elisabethanischen Stil anlegen ließ: Knott Garden, in dem jede bei Shakespeare erwähnte Pflanze vertreten sein soll.

✶ Von Nash's House zur Guildhall

Hall's Croft ist eines der ansehnlichsten Tudor-Häuser in Stratford. In diesem Haus mit hübschem Garten wohnte der Arzt Dr. John Hall, der Shakespeares älteste Tochter Susanna heiratete.

✶ Hall's Croft

In der Holy Trinity Church ist Shakespeare begraben. Eine schlichte Steinplatte im Chor zwischen Kanzel und Hochaltar trägt Shakespeares Worte: »Good frend for Jesus sake forbeare, to digg the dust enclosed heare. Bleste beye man y'spares the stones and curst be he y' moves my bones« – »Guter Freund, unterlass um Jesus Willen, den Staub zu durchwühlen, der hier eingeschlossen liegt. Gesegnet sei derjenige, der diese Steine verschont, verflucht, wer meine Gebeine anrührt«. An der Wand darüber sieht man ein Shakespeare-Bildnis von 1623, wahrscheinlich ein Werk des flämischen Bildhauers

Holy Trinity,
◄ Shakespeare-Grab

Das Royal Shakespeare Theatre am Ufer des Avon, ein Bau aus den 1930er-Jahren

Geraert Janssen. Dicht dabei befinden sich die Gräber seiner Frau, Anne Hathaway, seiner Tochter Susanna Hall, seines Schwiegersohns John Hallre und des ersten Mannes seiner Enkelin Elizabeth, Thomas Nash. In der Kirche kann man sich auch den Taufstein ansehen, an dem der Dichter getauft wurde, und eine Kopie des Kirchenregisters mit den Eintragungen seiner Taufe und seines Begräbnisses.

Royal Shakespeare Theatre ★

Das Royal Shakespeare Theatre am Ufer des Avon wurde 1920–1932 nach Plänen von Elizabeth Scott gebaut. Das alte »Memorial Theatre«, in dem ab 1879 fast alle Werke Shakespeares mit großem Erfolg aufgeführt wurden, fiel einem Brand zum Opfer. Im oberen Stockwerk sind in der Picture Gallery Porträts von Shakespeare und berühmten Schauspielern, Kostüme und Bühnenbilder ausgestellt.

Picture Gallery ►

1936 eröffnete die Royal Shakespeare Company das **Swan Theatre**, dessen Architektur elisabethanischen Vorbildern nachempfunden wurde. **The Other Place** schräg gegenüber ist eine Studiobühne, die sich kleineren Produktionen widmet.

World of Shakespeare

»The World of Shakespeare« am Ende der Waterside Street gibt Einblick in die Zeit des großen Literaten.

Bancroft Gardens

In den Flussauen des Avon liegen die Bancroft Gardens. Das **Gower Memorial**, ein Shakespeare-Denkmal von 1888, zeigt den Dramatiker im Lehnstuhl – umgeben von seinen literarischen Gestalten Lady Macbeth, Falstaff, Hamlet und Prince Hal.

National Teddy Bear Museum

Eine Attraktion anderer Art ist das Teddybärmuseum. Zu den über 1000 Exponaten aus 20 Ländern gehören Nachbildungen beliebter Kinderbuchhelden wie Winnie-the Pooh, Paddington und Rupert sowie Bären prominenter Leute, darunter der Bär Humphrey von Ex-Premierministerin Margaret Thatcher und der Teddy Iswlyn des ehemaligen Labour-Vorsitzenden Neil Kinnock.

Umgebung von Stratford-upon-Avon

★ **Anne Hathaway's Cottage**

Anne Hathaway's Cottage liegt in Shottery westlich vom Stadtzentrum. Das Landhaus, ein Backsteinbau mit Fachwerk, Reetdach und einem schönen Garten, befindet sich fast in dem gleichen Zustand wie damals, als Shakespeare hier um die Hand seiner Frau Anne anhielt. Bis 1899 wurde es von Nachkommen der Hathaway-Familie bewohnt, inzwischen hat man es wieder im Stil des 16./17. Jh.s möbliert. Hinter dem Obstgarten ist ein kleiner Park angelegt worden.

Mary Arden's House

Shakespeares Mutter soll Mary Arden's House in Wilmcote 6,5 km nordwestlich von Stratford bewohnt haben. Dieses hübsche Bauernhaus beherbergt heute das Shakespeare Countryside Museum, in dem es um das Landleben in der Grafschaft Warwickshire geht.

Charlecote Park

Im Charlecote Park 6,5 km östlich soll Shakespeare gewildert haben; angeblich wurde er ertappt und von Sir Thomas Lucy mit Peitschenhieben bestraft, woraufhin Shakespeare ihn als Friedensrichter Shallow in »Heinrich IV.« der Lächerlichkeit preisgab. Der Lucy-Familie gehörte das Anwesen seit 1247. Sir Thomas errichtete den Landsitz 1558 neu und empfing dort sogar Elizabeth I.

★ **Ragley Hall**

Die im Palladio-Stil gebaute Ragley Hall nordwestlich von Stratford ist Sitz des Marquis von Hertfort. Zu sehen sind Chippendale-Möbel, Gemälde von Rubens und Reynolds, Meissener- und Sèvres-Porzellan. Der Landschaftsgarten ist ein Werk von Capability Brown.

Hier – in Anne Hathaway's Cottage – hielt Shakespeare um die Hand seiner Frau an.

★ ★ Warwick

P 16

Landesteil: Mittelengland/West Midlands
Grafschaft: Warwickshire
Höhe: 197 ft/60 m ü.d.M.
Einwohnerzahl: 22 500

Die Grafschaftshauptstadt von Warwickshire, ein sehenswerter alter Ort am River Avon, wird seit 900 Jahren vom trutzigen Warwick Castle beherrscht. Die mächtigen Grafen von Warwick kontrollierten von ihrer uneinnehmbaren Festung aus nicht nur das Umland, sondern mischten kräftig in der englischen Politik mit.

Grafschaftshauptstadt mit Tradition

Im Schutz der Burg kam die kleine Handelsstadt im späten Mittelalter zu Wohlstand. Nach einem Großbrand im Jahr 1694 wurde ein sorgfältig geplanter Wiederaufbau durchgeführt. Heute kann man wochentags über den Markt am Old Square und in der Jury Street bummeln oder einen der vielen Antiquitätenläden durchstöbern.

Sehenswertes

★★ Castle

Warwick Castle gehört zu den viel besuchten Sehenswürdigkeiten des Landes. Den schönsten Blick auf das Castle der Grafen von Warwick hat man von der Avonbrücke. Zum Gate House geht man durch die früheren Stallungen und den Burggraben, heute Parklandschaft mit verschiedenen Gartenanlagen, Pfauengehege und Rosengarten. Angeblich geht das Castle auf eine Festung aus dem Jahr 915 zurück. Die heutigen Festungsanlagen stammen aus dem 14. Jahrhundert, während die Burggebäude selbst im 17. und 18. Jahrhundert zu einem schlossartigen Landsitz umgestaltet wurden. Aus dieser Zeit datiert die Kollektion von Möbeln, Porzellan, Skulpturen und Gemälden europäischer Meister. Die Wachsfigurenausstellung »A Royal Weekend Party 1898« von Madame Tussaud zeigt Szenen aus dem Leben des Hochadels.

WARWICK

AUSKUNFT

The Court House, Jury Street,
Warwick, Warwickshire,
England, CV34 4EW
Tel. 0 19 26 – 49 22 12
Fax 0 19 26 – 49 48 37
E-mail: warwicktic@btconnect.com
www.warwick-uk.co.uk

In der **Altstadt** gibt es hübsche alte Bauensembles, darunter Court House (Tourist Information) mit georgianischem Ballsaal. Das Lord Leycester Hospital an der High Street wurde 1571 vom Earl of Leicester für Soldaten in einem Fachwerkhaus von 1383 eingerichtet.

← Warwick Castle spiegelt sich in den Wassern des River Avon.

★ **Stiftskirche St. Mary** Das Prachtstück der Stiftskirche St. Mary ist die Beauchamp Chapel – sprich »Bihtschm« – an der Südseite des Chores im Perpendicular Style (1443–1464). Die spätmittelalterlichen Fenster sind zum großen Teil original. In der Mitte der Kapelle befindet sich das Grabmal des Stifters, Richard de Beauchamp, Earl of Warwick (1381–1439), mit 14 trauernden Figuren und der Liegefigur des Grafen aus vergoldetem Kupfer, die der einzige namentlich bekannte englische Bildhauer des Mittelalters, John Massingham, schuf.

Umgebung von Warwick

Royal Leamington Spa Im benachbarten Heilbad Royal Leamington Spa lohnen die Heilquellen und der Kurpark, außerdem die schönen Parkanlagen der Jephson Gardens und Pump Room Gardens einen Besuch.

★★ **Heritage Motor Museum** In Gaydon 16 km südöstlich präsentiert das 1993 vom Rover-Konzern eröffnete Oldtimermuseum britische Automobilgeschichte. 17 Marken sind in dem Art-déco-Gebäude vertreten, darunter Austin-Healey, Morris Minor und Mini, Autolegenden des Konstrukteurs Issigonis, Triumph-Roadster, Riley-Limousinen, die aus Miss Marple-Krimis bekannten Wolseley-Polizeifahrzeuge und der seifenförmige EX.181, mit dem Stirling Moss 1957 fünf Weltrekorde errang.

★★ Weald of Kent

T 18/19

Grafschaft: Kent

Nordöstlich von Brighton erstreckt sich die Hügellandschaft des Weald. In dieser »Parklandschaft Englands« konstrastieren romantische Flusstäler mit hellen Laubwäldern, grünen Viehweiden, Obstgärten und Hopfenfeldern, dazwischen liegen schmucke Dörfchen und Kleinstädte, die sich ihren ureigenen Charme bewahrt haben.

Oast Houses Charakteristisch für das Hopfenanbaugebiet sind die »oast houses«, Backsteinbauten mit weißen spitzkegeligen Dächern, unter denen früher der Hopfen getrocknet wurde; heute sind sie begehrte Zweitwohnungen. Typische Kennzeichen sind die »tile hanging«, schuppenartige Holz- und Ziegelverkleidungen, und die »weatherboarding«, durch Pech und Teer wetterbeständig gemachte Holzlatten.

★ **Royal Tunbridge Wells** An den Nordhängen des Weald liegt Royal Tunbridge Wells. Dank eisenhaltiger Quellen avancierte der hübsch gelegene Kurort im 18. Jh. zu einem beliebten Heilbad. Illustre Gäste waren der Dandy »Beau« Nash (► Bath) und Johanna Schopenhauer. Attraktionen sind die von Kolonnaden gesäumten und mit Pfannenziegeln gepflasterten »Pantiles«-Einkaufsstraßen, Englands erste Fußgängerzone,

★ Pantiles ►

Sissinghurst Palace, in Besitz des National Trust

DIE HÜTER DES ENGLISCHEN KULTURERBES

Der National Trust und der English Heritage bewahren die schönsten Stücke Großbritanniens, und wer sich für historische Häuser und Gärten interessiert oder die schönsten Landschaften der Britischen Inseln zu Fuß erkundet, wird bald das visuelle Leitmotiv seines Urlaubs gefunden haben: das Symbol eines Eichenblatts, das Schlossportale ziert und Küstenpfade beschildert.

Die Sozialarbeiterin Octavia Hill, der Pastor Hardwicke Rawnsley und der Notar Sir Robert Hunter gründeten 1895 die Stiftung, der heute die schönsten Stücke in England, Wales und Nordirland gehören – den **»National Trust for Places of Historic Interest or Natural Beauty«**. Für Schottland ist eine Schwesterorganisation zuständig. Mit einem kleinen Stück Land an der walisischen Küste nahm alles seinen Anfang – und mit dem Wissen, dass die rasch voranschreitende Industrialisierung nicht nur das Leben der Menschen umwälzte, sondern im Begriff war, auch die englische Landschaft unwiederbringlich zu verändern.

Das Herrenhaus lebt

Ab den dreißiger Jahren schlug mit dem »Country House Scheme«, einem Gesetz, das immer höheren Erbschaftssteuern auf den Herrenhäusern des Adels begegnete, die Stunde des National Trusts als Retter des alten Englands. Der Aristokratie wurde die Möglichkeit eingeräumt, ihren Besitz zu verschenken. Im Gegenzug dafür, dass der National Trust den Erhalt der Anwesen sicherte, erhielten die Familien samt nachfolgender Generationen das Recht, weiterhin ihre angestammten Sitze zu bewohnen. Das Arrangement half nicht nur, die in den großen Herrenhäusern durch alte Möbel, Gemälde, Schriftstücke und sonstige Erinnerungsträger sichtbar gemachte Geschichte des Königreichs zu erhalten und der Öffentlichkeit zugänglich zu machen. Nebenher machte es auch die **Besichtigung eines noch bewohnten Landsitzes** möglich, was einen ganz eigenen Charme hat: Da schiebt die jüngste Generationen die Krönungsstühle an die Wand, um bei schlechtem Wetter in der Halle Fußball spielen zu können, und beim Spaziergang im Park trifft man auf den Sohn und Erben des Lords, der seine Golden Retriever ausführt.

Nicht jeder Aristokrat tritt jedoch seinen Besitz aus freien Stücken ab; manche gehorcht auch schlicht der

»Ich hasse dieses garstige National-Trust-Symbol«

Notwendigkeit, Steuerschulden zu begleichen. **Vita Sackville-West**, legendäre Gärtnerin, reiselustige Schriftstellerin und Freundin von Virginia Woolf, haderte zeitlebens mit dem Schicksal, das sie als Frau von der Erbfolge ihres geliebten Elternhauses ausschloss.

Das **Märchenschloss Knole** in Südengland, das seine Ursprünge in elisabethanischen Tagen hat, fiel an einen männlichen Verwandten, dann prangte das Eichenblatt an der Zufahrt. Auch ihr ebenfalls in der Grafschaft Kent gelegener späterer Wohnsitz **Sissinghurst** konnte sie nicht mit dem Verlust Knoles versöhnen.

Noch ein Jahr vor ihrem Tod wütete Vita 1960 in einem Brief an ihren Mann Harold: »Ich hasse dieses garstige National-Trust-Symbol. Knole hätte mein sein sollen, mein, mein, mein. Wir waren füreinander bestimmt.« Ironisch genug: Auch an Sissinghurst prangt mittlerweile das Eichenblatt.

Die Retter des alten Englands

Heute gehören dem **National Trust** als **größtem privaten Grundbesitzer Großbritanniens** 248000 Hektar Land, über 900 Kilometer Küste, 350 historische Häuser und Gärten; außerdem Industriedenkmäler, 50 Dörfer, 1200 Bauernhöfe, mehr als 100 Parks, 650 archäologische Denkmäler sowie historische Taubenschläge, Kirchen und Kapellen. Als gemeinnützige Stiftung arbeitet er unabhängig vom Staat und ist bei seinen aufwändigen Projekten ganz auf Spenden und die Beiträge seiner rund 2 Mio. Mitglieder angewiesen. Kein Besitz darf verkauft werden, und Eintrittsgelder und die Einnahmen aus Tea Rooms und Gift-Shops reichen kaum aus, um die Unterhaltungskosten auch viel besuchter Anwesen zu decken. Die **staatliche Organisation English Heritage** ist dagegen dem Umweltministerium angeschlossen. Sie kümmert sich um Erhalt und Verwaltung alter Burgen wie Tintagel in Cornwall, historischer Stätten wie das Schlachtfeld und die Abtei von Hastings sowie prähistorischer Denkmäler wie Stonehenge. Zudem berät sie die Regierung in Fragen des Denkmalschutzes. Aber auch Down House, das Domizil von Charles Darwin in Südengland, oder Osborne House auf der Isle of Wight, das Lieblingsrefugium von Queen Victoria, gehören English Heritage.

Ansturm auf Stonehenge

Viele Immobilien gelangen per Testament an den National Trust. So hinterließ **Beatrix Potter**, die Schöpferin von »Peter Rabbit«, »Jemima Puddle-Duck« und anderen ewigen Helden der englischen Kinderliteratur, der Stiftung gleich mehrere Bauernhöfe in ihrer Wahlheimat, dem nordenglischen Lake District. Dazu gehörte auch Hill Top, die Farm, die sie 1905 kaufte und auf der viele ihrer liebevoll gezeichneten Bilderbücher entstanden. 1930 begründete sie eine Partnerschaft mit dem National Trust. Sie erwarb Monk Coniston Estate, einen weiteren Bauernhof mit viel Land, ließ die Stiftung zur Hälfte einsteigen, dafür sollte dieser nach Beatrix' Tod auch die andere Hälfte des Besitzes gehören.

Als sie 1943 starb, hatte sie verfügt, dass dem Verband nach dem Tod ihres Mannes auch ihre über tausend Hektar Land sowie mehrere Cottages und traditionell bewirtschaftete Bauernhöfe zufallen würden. Solche Schenkungen kann der National Trust nur annehmen, wenn auch die Mittel zur Verfügung stehen, sie zu erhalten. In diesem Fall kein Problem: Die Höfe der Erfolgsschriftstellerin sind nach wie vor in Betrieb, durch Wohnhaus und Garten von Hill Top drängen sich von Frühling bis in den Herbst die Besucher.

Die Begeisterung der Besucher fordert beiden Organisationen bisweilen Gratwanderungen ab. In Fällen wie Stonehenge, bewahrt und bewacht von English Heritage, umgeben von Land im Besitz des National Trust, gilt es dann, das **Interesse der Öffentlichkeit gegen die Erfordernisse des Denkmalschutzes** abzuwägen. So wurde dort das Sonnenwend-Fest verboten, weil man das zum Weltkulturerbe zählende prähistorische Stein-Arrangement durch den alljährlichen Ansturm der Neo-Druiden bedroht sah.

Landschafts- und Naturschutz

Neben Kulturdenkmälern wird auch die Natur geschützt. **Moore und Heidelandschaften** gehören ebenfalls zum Besitz des National Trust, der sie vor Bebauung bewahrt und bereits geschädigte Gebiete durch Aufforstung und Wiederherstellung alter **Berg- und Küstenpfade** vor dem Zerfall rettet. Ohne die Arbeit zahlreicher ehrenamtlicher Helfer wäre all dies nicht möglich. Dass das Anliegen, das Beste des britischen Kulturerbes zu bewahren, nicht an fehlenden Arbeitskräften scheitert, erklärt sich vor allem dadurch, dass der National Trust längst Teil der nationalen Identität geworden ist.

Aber auch Gäste können in ihrer Urlaubszeit mithelfen: Infos unter www.nationaltrust.org.uk

WEALD OF KENT ERLEBEN

AUSKUNFT

The Old Fish Market, The Pantiles, Tunbridge Wells, Kent, England, TN2 5TN
Tel. 0 18 92 – 51 56 75
Fax 0 18 92 – 53 46 60
E-mail: touristinformationcentre @tunbridgewells.gov.uk
www.visittunbridgewells.com

ESSEN

► Erschwinglich

Signor Franco
Royal Tunbridge Wells, 5a High Street, Tel. 0 18 92 – 54 91 99
Etwas versteckt liegt dieses kleine Restaurant mit hevorragender, italienischer Küche.

ÜBERNACHTEN

► Luxus

Hotel du Vin & Bistro
Royal Tunbridge Wells, Crescent Road, TN1 2LY
Tel. 0 18 92 – 52 64 55, Fax 51 20 44
www.hotelduvin.com
Dieses zentral gelegene Hotel mit 36 Zimmern gehört zur »Hotel du Vin Group«, deren Markenzeichen stilvolle Zimmer und smarte Restaurants sind.

und die Säulengänge des Badehauses, unter denen man einst lustwandelte und Heilung durch Trinkkuren suchte.

★★ Knole Palace

Am Rand des gutbürgerlichen Sevenoaks 20 km nordwestlich von Tunbridge Wells steht der elegante Knole Palace, der mit sieben Innenhöfen, 52 Treppen und 365 Räumen zu den größten Herrenhäusern Englands zählt. 1456 wurde er von Erzbischof Bourchier of Canterbury begonnen, einem späteren Erzbischof von Heinrich VIII. abgefordert. Damit fiel Knole an die Krone. Elizabeth I. gab den Palast an ihren Cousin Thomas Sackville, den ersten Graf von Dorset, der ihn erheblich vergrößern ließ. Seitdem ist das heute im Besitz des National Trust befindliche Anwesen nahezu unverändert geblieben. Die Prunkgemächer, allen voran das königliche Schlafgemach, der Ballsaal und das Zimmer des venezianischen Botschafters, beherbergen eine beachtliche Kunstsammlung – darunter Bilder von Reynolds, Hoppner und Gainsborough –, seltenes, mit Goldbrokat und reinem Silber verziertes Mobiliar, persische Teppiche und kostbares Porzellan. Die in Knole geborene Schriftstellerin Viktoria Sackville West (1892–1962) hat dem Palast u.a. in ihren »Edwardians« (1930) ein Denkmal gesetzt, Virginia Wolf wählte ihn als Schauplatz ihres 1928 erschienen Romans »Orlando«. Die Besichtigung sollte man mit einem Spaziergang durch die herrliche Parkanlage abschließen, zu deren Bild auch das friedlich grasende Rotwild gehört.

★ Ightham Mote

Wenige Kilometer östlich von Knole Palace steht das alte Wasserschloss Ightham Mote, das zu den schönsten mittelalterlichen Relikten in England gehört.

Ein weiteres Zeugnis alter Ritterlichkeit in Kent ist das südwestlich gelegene Hever Castle, das aus dem 13.–15. Jh. stammt, aber nach 1810 im gotischen Stil umgebaut wurde. In dem Schlösschen lebte Anne Boleyn in jungen Jahren. Die zweite Frau Heinrichs VIII. wurde wegen wiederholten Ehebruchs – vermutlich aber auch weil sie dem König keinen Thronfolger schenkte – im Londoner Tower geköpft. 1903 kaufte der Amerikaner William Waldorf Astor den heruntergekommen Besitz und ließ ihn vollständig restaurieren, der Park wurde nach italienischem Vorbild gestaltet – sehenswert sind die in Form von Schachfiguren gestutzen Hecken.

★ Hever Castle

Nordwestlich von Hever Castle liegt Chartwell House, das vier Jahrzehnte lang Landsitz von Winston Churchill gewesen ist und heute eine Gedenkstätte beherbergt, in der auch Gemälde von Churchill zu sehen sind.

★ Chartwell House

Penshurst Palace etwas weiter östlich, ein Herrenhaus aus der Mitte des 14. Jh.s, ist Sitz des Viscount de I'lsle. Vorbei an getrimmten Eiben und wunderschönen akkuraten Parkanlagen kommt man zu dem Gemäuer aus grauem Stein. Der mittelalterliche große Saal von 1340 stützt sein Dach auf mächtige Kastanienbalken. Die Gemäldekollektion zeigt viele Porträts der Sidneys, die früher das Anwesen besaßen. Auf Besucher warten auch alte Weinberge, ein Farmmuseum und ein Abenteuerspielplatz für Kinder.

★ Penshurst Palace

Penshurst Palace ist eines der ältesten Herrenhäuser in Südengland

✶ Scotney Castle 12 km südöstlich von Royal Tunbridge Wells steht bei Lamberhurst Scotney Castle, das aus den Ruinen eines Wasserschlösschens (14. Jh.) und den Teilen zweier Wohnhäuser aus dem 17. und 19. Jh. besteht. Besondere Zierde der gepflegten Gartenanlage sind die zahlreichen Rhododendronbüsche.

✶ Bodiam Castle Bodiam Castle südlich von Scotney Castle gilt als eine der romantischsten Burgruinen in England und gehört zu den am besten erhaltenen mittelalterlichen Wasserburgen des Landes. Da das Castle nie belagert wurde, bietet es noch heute ein hervorragendes Beispiel dafür, wie man im Mittelalter bei der Konstruktion von Wehranlagen damit begann, dem Wohnkomfort mehr Beachtung beizumessen. Der Burggraben ist so breit angelegt, dass man fast glaubt, es handele sich um einen See.

✶ Sissinghurst Castle Sissinghurst Castle östlich von Royal Tunbridge Wells, ein einstiger Tudor-Herrensitz aus der Zeit vor 1550, wurde 1930 von Victoria Sackville-West und ihrem Mann, dem Historiker Sir Harold Nicolson, erworben. In ihrem Arbeitszimmer im Turm steht die Druckerpresse, mit der Virginia und Leonhard Woolf Anfang der 1920er-Jahre frühe Ausgaben der später berühmten »Hogarth Press« herstellten.

ab 18³⁰ umsonst

Maidstone Maidstone 24 km östlich von Sevenoaks ist die Grafschaftshauptstadt von Kent. Am Fluss steht ein schönes Ensemble von Häusern und

»The loveliest castle in the world« – Leeds Castle, auf zwei Inseln in einem See gebaut

der Pfarrkirche All Saints aus dem 14. Jahrhundert. Der angrenzende erzbischöfliche Palast (14. Jh.) befand sich einstmals im Besitz der Erzbischöfe von Canterbury, die bis 1538 ihre Residenz in Maidstone hatten. Im Herrenhaus Tithe Barn (16. Jh.) ist ein großes Kutschen- und Wagenmuseum untergebracht.

★★ Leeds Castle

Etwa 10 km südöstlich steht Leeds Castle, laut Lord Conway »the loveliest castle in the world«. Seinen Namen erhielt das Castle nach Led, dem Ersten Minister von Ethelbert IV., König von Kent (857). Die ursprünglich normannische Festung wurde auf zwei Inseln in einem See gebaut, auf dem heute Enten und Schwäne ihre Kreise ziehen. Heinrich VIII. ließ die D-förmige, zweistöckige Gloriette in einen prächtigen Palast umbauen, der über 300 Jahre als königliche Residenz dienen sollte. Besonders schön sind der Bankettsaal Heinrichs VIII. mit wunderschönem Ebenholzboden und geschnitzter Eichendecke, der Gelbe Salon, dessen Seidendamastdesign 1936 von Boudin geliefert wurde, der Thorpe-Hall-Raum als hervorragendes Beispiel der dekorativen Kunst um die Mitte des 17. Jh.s und das sicherlich einmalige Hundehalsband-Museum, dessen Exponate bis zu 400 Jahre alt sind. Zum 200 ha großen Parkland gehören Wald, der von Buchsbaumhecken umsäumte Culpeper Garden, ein Labyrinth aus 2400 Eiben, eine Grotte, die Voliere mit über 100 Vogelarten, Gewächshäuser, ein Weingarten und ein Golfplatz.

★★ Wells

N 18

Lage: Südengland
Grafschaft: Somerset
Höhe: 128 ft/39 m ü.d.M.
Einwohnerzahl: 9 750

Wells – die wohltuenden Quellen. Sie gaben der Stadt ihren Namen und versorgten einst ein Kloster, das der Wessex-König Ine um 700 gegründet hatte, mit Wasser. Hauptattraktion von Wells, das 909 Bischofssitz wurde, ist die beeindruckende gotische Kathedrale mit einer imposanten Skulpturengalerie an der Westfassade.

In der Kleinstadt 40 km südwestlich von Bristol scheint die Zeit stillzustehen: Hotels und Gasthäuser sind mehrere hundert Jahre alt, die Einwohnerzahl hat sich im Lauf der letzten 500 Jahre kaum verdoppelt. Die Altstadthäuser gruppieren sich um den Markt, wo donnerstags ein Antiquitätenmarkt stattfindet.

Sehenswertes

★★ Kathedrale

Die Kathedrale von Wells ist eine der frühesten gotischen Kathedralen Englands. In der ersten Bauphase ab 1180 entstanden das Hauptschiff im frühgotischen Early English Style und die Querschiffe noch

Gruppenbild mit Kathedrale

mit spätnormannischen Elementen. 1240 setzte man die Westfassade vor. In der zweiten Bauphase wurden zwischen 1290 und 1340 der Vierungsturm, der Ostabschluss des Chores mit der Marienkapelle und das Kapitelhaus im hochgotischen Decorated Style gebaut. Die beiden gedrungenen Türme der Westfassade wurden 1386 und 1421 errichtet; sie erscheinen für Sehgewohnheiten von Kontinentaleuropäern und im Vergleich mit den Kathedraltürmen Frankreichs wie unvollendet. Anders als die ausgeprägten vertikalen Doppelturmfas-saden der französischen Kathedralgotik zeigen die englischen Fas-saden eine querhausartige Breitendehnung: Fassadenwand und Turmbauten sind in ungewöhnlicher Weise miteinander verbunden, indem die massiven Türme neben die Seitenschiffe gesetzt werden.

Berühmtheit erlangte die Skulpturengalerie der **Westfassade** mit einst mehr als 300 Figuren, die man sich wie im 13. Jh. farbig vorstellen muss. Inzwischen sind die Figuren stark verwittert und haben ihre Farbe verloren, etliche fehlen, viele wurden neu angefertigt.

Das schlichte **Innere** ist typisch für die englische Gotik: Das Lang-

WELLS ERLEBEN

AUSKUNFT

Town Hall, Market Place,
Wells, Somerset,
England, BA5 2RB
Tel. 0 17 49 – 67 25 52
Fax 0 17 49 – 67 08 69
E-mail: touristinfo@wells.gov.uk

ESSEN

► Erschwinglich

Ancient Gate House Hotel
20 Sadler Street,
Tel. 0 17 49 – 67 20 29
In diesem bezaubernden, 500 Jahre alten Gebäude gegenüber der Kathedrale bekommt man sehr gute italienische Gerichte.

ÜBERNACHTEN

► Komfortabel

Ancient Gate House
20 Sadler Street, BA5 2RR
Tel. 0 17 49 – 67 20 29, Fax 67 03 19
Voller Atmosphäre steckt das kleine Hotel von 1473, dessen 19 Zimmer mit Himmelbetten eingerichtet und mit modernem Komfort ausgestattet sind. Einmalige Sicht auf die Kathedrale.

Canon Grange
Cathedral Green, BA5 2XE
Tel. 0 17 49 – 67 18 00
B&B mit Blick auf die Westfassade der Kathedrale und 6 geräumigen Zimmern.

haus ist mit 20,5 m Höhe relativ niedrig, während es sich über 126,5 m in die Länge zieht. In der **Vierung** fallen sofort die einzigartigen, im Scheitel aufeinandergestellten Spitzbögen auf; diese unortho-doxen **Scherenbögen** wurden 1338 nachträglich zur statischen Absicherung gegen einen drohenden Einsturz des Vierungsturms eingezogen. Wunderschön sind die Knospen- und Figurenkapitelle, deren in Stein gehauene Szenen aus mittelalterlichem Alltag man sich genauer ansehen sollte: ein Mann mit Zahnweh, ein Dornauszieher, Obstdiebe, die stehlen, erwischt und bestraft werden.

Die ungewöhnlichen Scherenbögen in der Vierung

Im **Chorumgang** sieht man zahlreiche Bischofsfiguren und -gräber. Die Miserikordien des Chorgestühls zeigen u.a. Darstellungen musizierender Tiere. Das große Chorschlussfenster von 1430, Golden Window genannt, zeigt die Wurzel Jesse, die Abstammung Jesu. Das palmenartige Rippengewölbe des achteckigen **Kapitelhauses** wird von einem einzigen Bündelpfeiler getragen.

Vicar's Close

Englands älteste Reihenhausanlage stammt aus dem 14. Jahrhundert, sie befindet sich direkt nördlich der Kathedrale. Insgesamt 40 Häuser sind hier aneinander gereiht. Noch heute wohnen hier Kirchenangestellte und Theologiestudenten.

Südlich der Kathedrale steht der von einem Wall und einem Graben umzogene **Bischofspalast**, in dem der Bischof von Bath und Wells residiert. Angeschlossen sind die Palace Gardens mit den Quellen, den so genannten »welling springs«.

! *Baedeker* TIPP

Astronomische Uhr

Im nordwestlichen Querschiff ist eine berühmte astronomische Uhr aus dem Jahr 1392 zu sehen. Alle 15 Minuten tauchen über dem Zifferblatt Ritter auf, die in die Schlacht ziehen – jeweils einer muss sein Leben lassen, zur vollen Stunde liegen vier Ritter darnieder. Eine goldene Sonne zeigt die Stunden am äußeren Kreis an, Minuten werden im zweiten Kreis und Monate ganz innen gezählt.

Ein Bummel durch die **Altstadt** von Wells führt über den Marktplatz, auf dem ein Brunnen aus dem 18. Jahrhundert steht, und durch die High Street, die Hauptgeschäftsstraße mit Häusern, die zwischen dem 15. und dem 17. Jahrhundert gebaut worden sind.

Winchester: Uferidyll am River Itchen

Umgebung von Wells

★ **Wookey Hole** Im Wookey Hole, einem Naturhöhlensystem 3 km nordwestlich von Wells, lebten bis zur Römerzeit Menschen. In den riesigen Tropfsteingrotten haben sich durch das Wasser des River Axe Sinterterrassen und Seen gebildet. Bis heute ranken sich um die bizarren Kalksteinformationen Geister- und Hexenlegenden.

! *Baedeker* TIPP

Wie entsteht der Cheddar?

Wer bei der Herstellung von Cheddar-Käse zusehen möchte, hat im Ort bei der Cheddar Gorge Cheese Company täglich zwischen 10.00 und 17.00 Uhr Gelegenheit dazu.

Die bekannte Käsestadt **Cheddar** am Fuß der Mendip Hills ist wenig attraktiv. Interessant ist aber die Cheddar Schlucht mit bis zu 120 m hohen Kalksteinwänden. 16 km nordwestlich von Wells kommt man auf der B 3135 in die Schlucht. Am unteren Ende der Klamm kann man die Stalak-tithöhlen **Gough's Cave und Cox's Cave** besichtigen; im Museum wird das 9000 Jahre alte Skelett des »Cheddar Man« aufbewahrt.

★ ★ Winchester

Q 18

Landesteil: Südengland
Grafschaft: Hampshire
Höhe: 128 ft/39 m ü. d. M.
Einwohnerzahl: 36 000

»Eine angenehme Stadt, bereichert durch eine wunderschöne Kathedrale, umgeben von saftigen Wiesen« – so beschrieb der Romantiker Keats 1819 voller Begeisterung das am River Itchen gelegene, harmonisch in die Hügel der South Downs eingebettete Winchester, die einstige Hauptstadt von England.

Von angelsächsischer Zeit bis ins 13. Jh. war die heutige Grafschaftshauptstadt von Hampshire Hauptstadt des englischen Königreichs. Mit der politischen Bedeutung verband sich eine Zeit kultureller Blüte: Um seinen Anspruch auf den angelsächsischen Thron geltend zu machen, hatte sich Wilhelm der Eroberer sowohl hier als auch in London krönen lassen; außerdem veranlasste er einen Kathedralenneubau und den Bau einer Burg zur Verwahrung des Domesday Book und des königlichen Schatzes. Die europaweit bekannten Miniaturisten von Winchester brachten die einmalige Winchester Bible hervor. Erst unter Heinrich III. (1216–1271) wurde London endgültig zur Hauptstadt, Winchester verlor viele Privilegien und versank trotz mancher Wiederbelebungsversuche in Bedeutungslosigkeit. Reste der Königsburg, zahlreiche mittelalterliche Bauten und eine der längsten Kathedralen Europas im normannisch-gotischen Stil erinnern noch an die einstige Bedeutung der Stadt.

WINCHESTER ERLEBEN

AUSKUNFT

Guildhall, The Broadway, Winchester, Hampshire, England, SO23 9LJ
Tel. 0 19 62 – 84 05 00
Fax 0 19 62 – 85 03 48
E-mail: tourism@winchester.gov.uk
www.winchester.gov.uk

ESSEN

▸ Fein & teuer

Old Chesil Rectory
1 Chesil Street,
Tel. 0 19 62 – 85 15 55
Über zwei Etagen erstreckt sich dieses erstklassige Lokal in einem Haus aus Tudor-Zeiten.

ÜBERNACHTEN

▸ Luxus/Komfortabel

The Wykeham Arms
75 Kingsgate Street, SO23 9PE
Tel. 0 19 62 – 85 38 34, Fax 85 44 11
Historischer Pub zwischen College und Kathedrale mit gutem Restaurant und 14 stilvollen Zimmern.

▸ Komfortabel

Acacia
44 Kilham Lane, SO22 5PT
Tel./Fax 0 19 62 – 85 22 59
B&B in ruhiger Gegend mit drei angenehmen Zimmern und gemütlicher Lounge.

Winchester Cathedral, einst angelsächsische Krönungskirche

Sehenswertes

★★ Kathedrale

Die Kathedrale, die bekannt ist für ihren Evensong (tgl. außer So. 17.30 Uhr), ist mit ihren 164 m der längste Sakralbau, der im mittelalterlichen Großbritannien errichtet wurde. Vier wichtige Bauphasen sind erkennbar: das normannische Querhaus samt gedrungenem Vierungsturm, ein frühgotischer Ostteil, an den sich das spätgotische Langhaus anschließt, und der im 16. Jh. umgestaltete Chorabschnitt. Die Fundamente für den heutigen Bau wurden 1079 gelegt. Der Eingang befindet sich in der spätgotischen Fassade (14. Jh.), die von einem neunbahnigen Lanzettfenster dominiert wird.

Das 12-jochige **Langhaus** entstand im 14. Jh., als der normannische Bau gotisch verkleidet wurde. Es ist mit einem für die englische Spätgotik typischen Netzgewölbe im Perpendicular Style und verzierten Schlusssteinen gedeckt. Im nördlichen Seitenschiff befindet sich die Grabplatte der Schriftstellerin Jane Austen. Sehenswert ist auch das normannische Taufbecken aus schwarzem Tournai-Marmor.

Im **nördlichen Querschiff** hat man einen herrlichen Blick auf reinste frühnormannische Architektur mit Rundbögen, Würfelkapitellen, tiefen Emporen und dickem Mauerwerk. Hier befindet sich die Kapelle der hl. Drei Könige mit einem Fenster von William Morris. Fresken aus dem 13. Jh. schmücken die Kapelle des Heiligen Grabes. Auf dem **Lettner** haben angelsächsische und dänische Könige ihre letzte Ruhe gefunden, so Alfred der Große, Knut, Aethelwulf, Edred.

1107 stürzte der **Vierungsturm** ein. Damals war man höchst alarmiert: In der Vierung war sieben Jahre zuvor der unbeliebte König Wilhelm Rufus II., Sohn von Wilhem dem Eroberer, begraben worden, der zur Finanzierung seines ausschweifenden Lebens auch die Kirche hart besteuert hatte. Sollte die Beisetzung ein Fehler gewesen sein und der Einsturz ein Zeichen Gottes? Reagiert hat man nicht auf diesen Vorfall – der Sarkophag befindet sich immer noch unter dem Turm. Einen Blick sollte man auf das schöne Fächergewölbe des Vierungsturms werfen, das im 17. Jh. aus Eichenholz gearbeitet wurde.
Zu Beginn des 13. Jh.s wurde der enorme **Retrochor** angelegt. Mitten im Retrochor befindet sich ein moderner Schrein zu Ehren des Heiligen Swithun, dessen Grab im Mittelalter eine wichtige Pilgerstätte war, nachdem dort von mehreren Wundern berichtet worden war. Der Reliquienschrein stand bis zu seiner Zerstörung 1538 auf einem Podest hinter dem Hochaltar, das »Heilige Loch« aus dem 12. Jh. weist noch darauf hin: Hier konnten die Gläubigen förmlich hineinkriechen, um dem Heiligen so nah wie möglich zu sein. Im hinteren Chor trifft man auf die reich ausgeschmückte Kapelle des Kardinals Beaufort (1447), Widersacher der Jeanne d'Arc, deren Statue am Eingang zur Marienkapelle steht.In der Kathedralbibliothek wird die berühmte Winchester-Bibel aus dem 12. Jh. aufbewahrt, deren kunstvoll ausgemalte Initialen zu den großen Leistungen der Buchmalerei von Winchester zählen.

? WUSSTEN SIE SCHON ...?

- Rechts von der Marienkapelle fällt die kleine Statue des Tiefseetauchers William Walker auf, der ab 1905 fünf Jahre lang in einer einzigartigen Aktion den absinkenden südlichen Chor stabilisierte. Er entfernte mit bloßen Händen das verrottete Holz des alten Fundaments und ersetzte es durch Beton.

✶ ◄ Winchester Bibel

Domfreiheit

In der Domfreiheit südlich der Kathedrale steht Pilgrims' Hall mit einer sehenswerten Balkendecke aus dem 14. Jahrhundert. Durch das King's Gate, ein Stadttor aus dem 12. Jh., hatten der Bischof und die Mönche direkten Zugang zur Stadt.

In der **College Street** Nr. 8 starb die Romanschriftstellerin Jane Austen 1817 im Alter von 42 Jahren.

Winchester College wurde 1382 als Teil des New College in Oxford gegründet. Es ist die älteste und räumlich am großzügigsten eingerichtete Public School – 70 »scholars« wohnen im Haus, 500 »commoners« kommen von auswärts in die Schule. Zwei der ursprünglichen Häuserblocks, Flint Court und Chamber Court, sind erhalten. Der älteste Schulraum des Landes ist

! *Baedeker* TIPP

Pub Wykeham Arms

Sollte die Collegeluft zu staubig gewesen sein oder der Rundgang zu viele Energien gezogen haben, dann bietet sich der altehrwürdige Pub an der Ecke Canon Street/Kingsgate Street für eine Pause an.

ART

Seventh Chamber. In die Säulen des Kreuzganges haben Generationen von Schülern ihre Namen eingeritzt.

Weitere Sehenswürdigkeiten

Von der College Street geht es zum Wolvesey Palace und zu den Überresten der Burg, durch die Abbey Gardens und zur Brücke über den Itchen. Ein hübscher Uferweg führt auf der anderen Flussseite weiter südlich zum Katharinenhügel und einem rätselhaften Rasenlabyrinth mit einer Länge von über 25 m. Geht man vom Fluss westlich über den Broadway mit der Guildhall zur High Street, kommt man durch die Fußgängerzone zum Butter Cross und weiter bergauf zum eindrucksvollen West Gate, einem Torhaus aus dem 13. Jh.

Castle Great Hall

✶

◄ King Arthur's Round Table

In unmittelbarer Nähe stehen die Überreste der normannischen Königsburg, die 1067 unter Wilhelm dem Eroberer erbaut wurde, um das Domesday Book zu verwahren. Blickpunkt in der Haupthalle (Great Hall) von 1236 ist die Tischplatte an der Stirnwand, an der König Artus seine Tafelrunde abgehalten haben soll (►S. 298 f.). Allerdings wurde sie erst in der zweiten Hälfte des 13. Jh.s angefertigt, also Jahrhunderte nach der angeblichen Lebenszeit von König Artus. 1522 wurde der Tisch in den Tudorfarben Grün und Weiß bemalt, als Heinrich VIII. Kaiser Karl V. zum Gastmahl lud. Über einer Tudorrose erkennt man Heinrich VIII. als Artus verkleidet.

✶

St. Cross Hospital

Ein schöner Spaziergang führt vom Winchester College am Fluss entlang zum St. Cross Hospital, Englands ältestem Armenhaus 2 km südlich vom Zentrum. Das St. Cross Hospital wurde 1136 von Heinrich von Blois, dem Enkel von Wilhelm dem Eroberer, für 13 arme, fromme Männer gegründet. Kardinal Beaufort erweiterte die Stiftung 1445 für verarmte Adlige. Seit 800 Jahren dient St. Cross Hospital als Pflege- und Seniorenwohnheim. Die Wohnungen gruppieren sich um einen Innenhof. Die Kapelle ist ein schönes Beispiel für den Übergang von normannischer Romanik zu früher Gotik. Zickzackfriese, Querhaus und die massiven Rundpfeiler des östlichen Langhauses stammen noch aus dem 12. Jh. Eine einzigartige Fensterrahmung ist im nördlichen Querschiff zu finden: Im so genannten Vogelschnabelfenster scheinen steinerne Vögel das Rundfenster zu halten.

Umgebung von Winchester

Chawton

◄ Jane Austen's House

Wer sich für die Schriftstellerin Jane Austen interessiert, kann ihren Altersruhesitz in Chawton 30 km nordöstlich besuchen, wo sie von 1809 bis 1817 mit ihrer Mutter und ihrer Schwester lebte. Das über 300 Jahre alte Gebäude ist als Museum mit Manuskripten, Illustrationen und anderen Erinnerungsstücken der Literatin eingerichtet.

← *Beschauliche Ruhe in der Innenstadt von Winchester*

★★ Windsor

R 18

Landesteil: Mittelengland
Grafschaft: Berkshire
Höhe: 65,6 ft/20 m ü. d. M.
Einwohnerzahl: 30 000

Seit über 900 Jahren ist die Königsfamilie in Windsor ansässig. Windsor Castle gilt als eine der schönsten Residenzen der Welt und ist die älteste und größte ständig bewohnte Burg Großbritanniens.

Auf dem Round Tower weht die königliche Flagge, wenn die Queen sich in Windsor aufhält. Ist sie nicht dort, können die Prunkgemächer besichtigt werden. Windsor liegt etwa 35 km westlich von London am Themseufer und bildet mit Eton einen Doppelort.

★★ Windsor Castle

Baugeschichte Wilhelm der Eroberer ließ Windsor Castle um 1078 errichten, um London von Westen her – insbesondere gegen Eindringlinge über die Themse – zu schützen. Ein Dutzend Monarchen haben an Windsor Castle gebaut oder es verändert. Charles II. (1660–1685) ließ die Burg in ein bequemes Wohnschloss umbauen, das die folgenden

Windsor Castle, die Residenz der englischen Könige an der Themse

WINDSOR ERLEBEN

AUSKUNFT

24 High Street, Windsor, Berkshire, England, SL4 1LH
Tel. 0 17 53 – 74 39 00
Fax 0 17 53 – 74 39 11
E-mail:
windsor.tic@rbwm.gov.uk
www.windsor.gov.uk

ÜBERNACHTEN

► **Luxus**

The Christopher Hotel
110 High Street, Eton, Windsor, Berkshire SL4 6AN
Tel. 0 17 53 – 85 23 59, Fax 83 09 14
Gediegen und auf der anderen Flussseite in Eton gelegen.

Herrscher allerdings nur selten nutzten. Im 19. Jh. erfolgten unter George IV., William IV. und Victoria nochmals größere Umbauten; für George V. hatte die Residenz eine solche Bedeutung, dass er den Namen Windsor für die Königsfamilie annahm – Windsor Castle wiederum hatte seinen Namen von dem kleinen Ort Windlesora übernommen. In die Schlagzeilen geriet Windsor Castle 1992 durch einen verheerenden Großbrand, dessen Schäden sich in Millionenhöhe beliefen; alle zerstörten Räumlichkeiten wurden wieder aufgebaut.

Hosenbandorden

Edward III. gründete 1348 auf Windsor Castle den Hosenbandorden (The Most Noble Order of the Garter), den höchsten Orden des Königreiches. Nur 26 Knights oder Ladies dürfen ihm angehören, durch »Extra-Knights« kann diese Zahl überschritten werden. Anlass zur Ordensgründung soll ein Fest gewesen sein, bei dem eine Hofdame ihr Strumpfband verlor; in das allgemeine Gelächter hinein soll Edward bemerkt haben, dass es für seine Ritter eine Ehre sein solle, ein solches Band zu erhalten. Mit der Gründung des Hosenbandorden besann man sich auf die Tafelrunde von König Artus: Im ausgehenden Mittelalter deutete sich der Niedergang des Rittertums an, und man wollte mit der Gründung eine ausgewählte Gemeinschaft von Männern und Frauen etablieren, die die ritterlichen Tugenden bewahrten. Die Ordensinsignien sind bei feierlichen Anlässen die Ordenskette mit dem Ordenszeichen »The George«, bei geringeren Anlässen das Schulterband mit dem Motto »Honi soit qui mal y pense« (Verachtet sei, wer Schlechtes dabei denkt), das Herren unter dem linken Knie und Damen am linken Oberarm tragen.

Besichtigung

Die Anlage besteht aus zwei umbauten Höfen, dem Upper Ward und Lower Ward, zwischen denen der Round Tower steht. Der Eingang befindet sich am monumentalen Henry VIII. Gateway von 1511.
Man kommt zunächst in den Lower Ward. Direkt gegenüber dem Eingangstor stehen die Gebäude der Military Knights of Windsor, die dem Hosenbandorden angehören. Die hufeisenförmig angelegten »**Horseshoe Cloisters**« wurden 1479–1481 errichtet.

Eton Boys in typischer College-Kleidung

St. George's Chapel ▶ St. George's Chapel ist die Ordenskapelle der Hosenbandritter, sie ist dem Schutzpatron des Hosenbandordens, St. George, geweiht und gilt als eines der schönsten Beispiele des spätgotischen Perpendicular-Style. Die Fassaden zieren Wappentiere und Schildhalter der Herrscherhäuser Lancaster und York: im Norden Falke, Hirsch, Stier, schwarzer Drache, Hirschkuh und Windhund für die Yorks, im Süden Löwe, Einhorn, Schwan, Antilope, Panther und roter Drache für die Lancasters. Schiff und Chor werden von einem eindrucksvollen Fächergewölbe überspannt. St. George's Chapel ist Ruhestätte mehrerer englischer Herrscher, darunter George V. und Maria, Henry VIII., Jane Seymour und Charles I., Henry VI., Edward IV. und Edward VII. Sehenswert ist das aus Windsor-Eichen geschnitzte Chorgestühl (1478–1485) mit Szenen aus dem Leben des hl. Georg. Darüber sieht man Wappen und Banner von 700 Ordensrittern.

Albert Memorial Chapel ▶ Die Albert Memorial Chapel wurde um 1500 von Henry VII. als eigene Gruftkirche erbaut, blieb aber für diesen Zweck ungenutzt – er ist in der Westminster Abbey in London begraben. Queen Victoria ließ die Kapelle 1861 als Erinnerungsstätte für Albert einrichten.

State Apartments ▶ In den Staatsgemächern sind eine umfangreiche Gemäldesammlung (u.a. Holbein, Leonardo da Vinci, Raffael, Michelangelo, van Dyck, Rubens, Rembrandt, Canaletto) zu sehen, Möbel, französische Gobelins, Porzellan, Glas- und Silberwaren, außerdem Waffen – u.a. im Grand Vestibule die Kugel, die Lord Nelson in der Schlacht von Trafalgar tötete. Audienzzimmer und Kabinett der Queen sind mit herrlichen Deckengemälden und Holzschnitzarbeiten ausgestattet.

Doll House ▶ Sehenswert ist das Puppenhaus der Königin, ein Meisterwerk der Handwerkskunst, das 1924 für Queen Mary 1924 angefertigt wurde.

Diese Schulbänke drückte schon manche spätere Prominenz

Die Anlagen des **Home Park** umschließen Windsor Castle im Norden und Osten. Hier stehen Frogmore House and Mausoleum, in dem Queen Victoria zusammen mit Prince Albert begraben ist. An der Südseite des Schlosses liegt der Great Park mit prächtigem Rotwildbestand.

Windsor und Eton

Windsor hat noch heute einen **malerischen mittelalterlichen Kern** mit Fachwerkhäusern aus dem 17. und 18. Jh., schmalen, verwinkelten Kopfsteinpflastergassen und gemütlichen Pubs.

★★ Eton College

Auf der anderen Themseseite liegt Eton mit dem weltberühmten College. Die Wahl der Schule spielt in England eine wesentlich größere Rolle als in anderen europäischen Ländern; absolviert man die »richtige« Schule, kann dies von ausschlaggebender Bedeutung für die spätere berufliche und gesellschaftliche Laufbahn sein. Synonym für englische Erziehung mit höchstem Ausbildungsniveau ist Eton College. Die traditionsreichste aller britischen Public Schools wurde 1440 gegründet. Die Schülerschaft besteht aus 70 »Collegers«, die als Beste ihrer Klasse kostenlos im College leben und studieren, und etwas mehr als 1000 »Oppidans« (Externe), die ihren Schulbesuch bezahlen und in Studentenheimen oder Pensionen wohnen. Alle Schüler tragen eine Uniform: Cut und gestreifte Hose. Zu den Eton-Absolventen gehören unter anderem Henry Fielding, William Pitt, William Gladstone, der Herzog von Wellington und 20 englische Premierminister. Um zwei schöne Innenhöfe zieht sich das Hauptgebäude aus rotem Backstein, das noch aus der Gründungszeit stammt. Besonders sehenswert ist die Schulkapelle, die 1441 im Perpendicular Style gebaut wurde. Eigentlich stellt sie nur den Chor einer fast doppelt so groß geplanten Kirche dar.

! *Baedeker* TIPP

Teatime

Teatime in den »Crooked House Tea Rooms«, 51 High Street. Das ursprüngliche Haus datiert aus dem 17. Jahrhundert, 1718 wurde es wiederaufgebaut. Vom Keller führt ein Geheimgang ins Windsor Castle – der ist allerdings fürs Publikum geschlossen. Gleich nebenan verläuft Queen Charlotte Street, die angeblich kürzeste Straße Englands.

Ziele in der Umgebung

★ **Legoland Windsor** Berühmte europäische Bauwerke aus Lego sind im Legoland Windsor südwestlich der Stadt an der B 3022 zu sehen. Mehr als 800 Minigebäude, Duplo-Garten, Lego-Fahrschule – ein unbedingtes Muss für LegoFans.

Ascot Jenseits des Windsor Great Park liegt Ascot. Zum weltberühmten Ascot-Pferderennen im Juni wacht die Kleinstadt auf: Außer tausenden von Besuchern kommt auch die königliche Familie in glanzvollem Aufzug von Windsor Castle durch den Park zu Besuch.

! *Baedeker* TIPP

Themsefahrten

Von Windsor aus kann man Flussfahrten auf der Themse durch eine ungemein schöne Parklandschaft unternehmen. Die Themse verzweigt sich immer wieder und bildet kleine Inseln.

Seit 1839 findet alljährlich in der ersten Juliwoche auf der Themse bei **Henley-on-Thames** die **Königliche Regatta** statt, die zu den gesellschaftlichen Ereignissen der Londoner Saison zählt. Ein anderes traditionsreiches Fest ist das »Swan-Upping« (Zeichnen der Schwäne) in der dritten Juli-Woche. Der Ort selbst mit schönen georgianischen Häusern liegt malerisch am Flussufer.

★ Worcester

O 16

Landesteil: Mittelengland
Grafschaft: Hereford and Worcester
Höhe: 98 ft/30 m ü. d. M.
Einwohnerzahl: 75 000

Worcester – sprich »Wuster« – kennt man in Deutschland vor allem wegen der pikanten Worcester-Sauce und möglicherweise auch wegen des Porzellans, das seit 1750 hier hergestellt wird. Die Grafschaftshauptstadt liegt am Severn, an dessen Ufer eine schöne Kathedrale steht.

Durch Industrie und Neubauten hat die Stadt viel von ihrem einstigen Charme eingebüßt. Worcester hat sich als erste Stadt im Bürgerkrieg auf die Seite Charles I. gestellt und als letzte Cromwell ergeben. Charles II. hatte in der Stadt sein Hauptquartier.

Sehenswertes

★ **Kathedrale** Den besten Blick auf die Kathedrale hat man vom Ufer des Severn aus. In dem Sandsteinbau sind vom Norman Style bis zum späten Perpendicular alle Stilrichtungen zu sehen. Keine andere englische

8⁰⁰ – 18⁰⁰ kein Eintritt

WORCESTER ERLEBEN

AUSKUNFT

The Guildhall, High Street, Worcester, Worcestershire, England, WR1 2EY
Tel. 0 19 05 – 72 63 11
Fax 0 19 05 – 72 24 81
E-mail:
touristinfo@cityofworcester.gov.uk
www.visitworcester.com

ESSEN

▶ Erschwinglich

Lemon Tree
12 Friar Street, Tel. 0 19 05 – 2 77 70
Moderne britische Küche, schönes Ambiente.

ÜBERNACHTEN

▶ Luxus/Komfortabel

Diglis House Hotel
Severn Street, Worcester WR1 2NF
Tel. 0 19 05 – 35 35 18
Fax 76 77 72
E-mail diglishouse@yahoo.com
Sehr schön am Flussufer gelegen. Im 19. Jahrhundert lebte hier der Maler Benjamin Williams Leader, sein Kollege John Constable kam häufig zu Besuch.

▶ Komfortabel

Osborne House
17 Chestnut Walk, Worcester WR1 1PR
Tel. 0 19 05 – 2 22 96
E-mail enquiries@osborne-house.-freeserve.co.uk
Gemütlich und nur wenige Gehminuten vom Zentrum entfernt.

Kirche kann mit dem einheitlichen 118 m langen Gewölbe des ansonsten eher uneinheitlichen Kirchenraums konkurrieren. Der Chor mit schlanken Pfeilern aus Purbeck-Marmor und schön ausgearbeiteten Kapitellen stellt reinsten Early English Style dar. Das Grabmal des 1216 gestorbenen Königs John Lackland trägt ein Bildnis des Königs, das als das erste Bild eines englischen Monarchen überhaupt gilt. Der in die Spitze des königlichen Schwertes beißende Löwe verweist auf den Machtverlust, den der König durch die Unterzeichnung der Magna Charta hinnehmen musste. Die **Krypta**, die von 50 eleganten Pfeilern getragen wird, stammt aus der Zeit zwischen 1084 und 1092, ist also noch aus normannischer Zeit erhalten. Der schöne **Kreuzgang** ist im Perpendicular Style gebaut. ✶ ◀ Chor

Das Gewölbe des **Kapitelhauses** wird von nur einem Zentralpfeiler getragen – eine architektonische Meisterleistung, die hier in Worcester erstmals erbracht wurde. Später gab es häufige Imitationen dieser Bauweise. Der ursprüngliche Rundbau stammt von 1150, seine zehneckige Außenform erhielt der Bau um 1400. Als wichtigster Rest des einstigen Klosters ist das **Refektorium** erhalten, ein großer Saal, unter dem eine normannische Krypta liegt. Er wird jetzt als Aula der King's School benutzt.

✶ Civil War Centre

Das Civil War Centre südöstlich der Kathedrale war 1651 Hauptquartier Charles' II. in der entscheidenden Schlacht gegen Cromwell. Charles II. setzte sich nach der Niederlage nach Frankreich ab.

✶ Royal Worcester Porcelain Works

Südlich der Kathedrale befinden sich die Fabrikationsräume der 1750 gegründeten Königlichen Porzellanmanufaktur, die 1840 an ihren jetzigen Standort zog. Das Visitor's Centre stellt das Leben der Töpfer im 19. Jh. dar, das angegliederte Museum of Worcester Porcelain zeigt die schönsten Stücke aus der Produktion.

Museum of Local Life

Das Museum in der Friar Street in einem Fachwerkhaus aus dem 16. Jh. zeigt das häusliche Leben im viktorianischen Worcester.

Guildhall

An der High Street steht die stattliche Guildhall aus dem 18. Jh.; Statuen von Charles I. und Charles II. flankieren den Eingang, ihr Feind Cromwell hängt – an den Ohren festgenagelt – über der Tür.

Ländliche Idylle in der Umgebung von Worcester

Umgebung von Worcester

Brodheath In Brodheath 5 km westlich steht das Geburtshaus des Komponisten Edward Elgar (1857–1934). Das Haus ist als Museum eingerichtet.

Evesham Evesham 25 km südöstlich ist eine gepflegte kleine Stadt mit schönen alten Fachwerkhäusern. Das Städtchen liegt inmitten von Obstplantagen an den Ufern des Avon. Von einer 701 gegründeten Benediktiner-Abtei sind noch der Glockenturm und ein Torweg erhalten.

Malvern 13 km südwestlich von Worcester ist wegen seiner idealen Lage an den Ausläufern der Malvern Hills einer der beliebtesten Kurorte in England. Der Kurort besteht aus verschiedenen Ansiedlungen, deren Mittelpunkt Great Malvern ist.

! *Baedeker* TIPP

WC-Theater

Great Malverns Beitrag zum Guinness Buch der Rekorde ist das kleinste Theater der Welt. Es befindet sich am Edith Walk in einem umgestalteten Herren-WC aus viktorianischer Zeit und bietet immerhin zwölf Plätze.

* * York

Q 13

Landesteil: Nordengland
Grafschaft: North Yorkshire
Höhe: 57 ft/17 m ü. d. M.
Einwohnerzahl: 123 000

Die Stadt rühmt sich ihrer schönen Sehenswürdigkeiten: Das Minster ist die größte mittelalterliche Kathedrale Englands und zweifellos eine der schönsten. Romantische Straßenzüge und Fachwerkbauten, zahlreiche Kirchen und öffentliche Bauten prägen das Bild.

Zentrum von Nordengland York, das Zentrum der einstigen Grafschaft Yorkshire, die 1974 in vier Grafschaften aufgeteilt wurde, ist die Hauptstadt des nördlichen England und quasi ein Gegenpol zu London. Der Bürgermeister dieser mittelalterlichen und zugleich modernen Stadt gilt mehr als seine Amtskollegen, da nur die Bürgermeister von London und York den Titel »Right Honorable« führen dürfen. Der Titel des Herzogs von York wird traditionell dem zweitältesten Sohn der Königsfamilie verliehen.

Geschichte: York – 71 n. Chr. mit Namen Eburacum gegründet – war unter den Römern wichtiger Militär- und Handelsstützpunkt im

! *Baedeker* TIPP

Blick auf's Minster

Wer mit dem Auto über die B 1363 nach York kommt, hat einen wunderbaren Blick auf das Minster, das sich über den Feldern erhebt – eine Aussicht, die seit Jahrhunderten unverändert ist.

York Orientierung

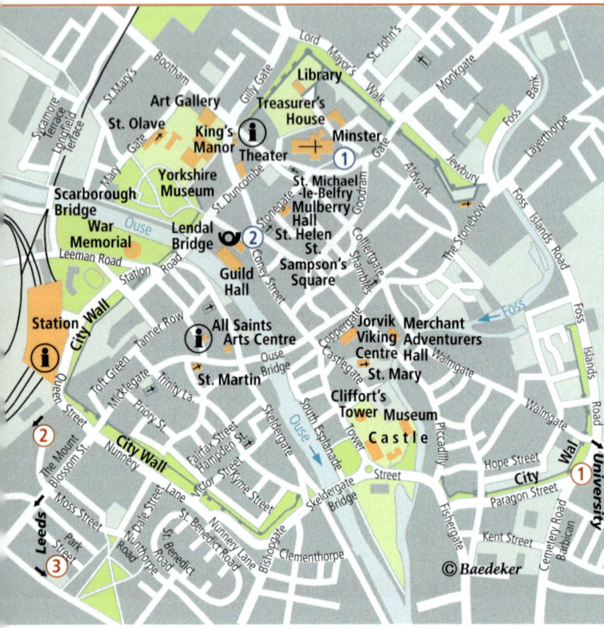

Essen

1 St. William's Restaurant
2 Betty's Tea Rooms

Übernachten

1 The Hazelwood
2 Bishop's Hotel
3 Romley House

Norden Britanniens und eine bedeutende Stadt mit hoch stehender Kultur. Unter den Sachsen war sie die Hauptstadt des anglischen Königreichs Deirta und als Erzbischofssitz ab 625 das geistliche Zentrum, von dem aus das Christentum im Norden Englands verbreitet wurde.

Im Mittelalter kam York als Zentrum der Wollweber und Tuchhändler und als Hafenstadt mit internationalem Handel zu großem Wohlstand. Die Könige aus dem Haus Plantaganet förderten die Stadt nach Kräften. Edward III. (1327–1377) verlieh erstmals den Titel eines Herzogs von York. Herzog Richard (1416–1460) begann die Rosenkriege gegen das seit 1399 regierende Haus Lancaster. Sein Sohn bestieg 1461 als Edward IV. den englischen Thron. Die Industrialisierung ist spurlos an York vorbeigegangen. Wichtiger Wirtschaftsfaktor ist der Tourismus mit über drei Millionen Besuchern pro Jahr.

✶✶ Minster

Hauptattraktion ist die gewaltige Kathedrale, die einer bedeutenden Diözese würdig ist. Besonders eindrucksvoll ist neben den immensen Dimensionen die einzigartige Fülle ihrer mittelalterlichen Glasmale-

YORK ERLEBEN

AUSKUNFT

Outer Concourse, Railway Station, Station Road, York, North Yorkshire, England, YO24 1AY
Tel. 0 19 04 – 62 17 56
Fax 0 19 04 – 62 41 73
E-mail: kg@ytbyork.swiftserve.net
www.visityork.org

ESSEN

► Erschwinglich

① ***St. William's Restaurant***
College Street,
Telefon 0 19 04 – 63 48 30
Das Restaurant in dem Tudor-Gebäude, das seit dem 15. Jahrhundert dem Minster gehört, ist idealer Ort zur Stärkung nach anstrengender Kathedralenbesichtigung. Schöner Innenhof.

► Preiswert

② ***Betty's Tea Rooms***
St. Helen's Square,
Tel. 0 19 04 – 65 91 42
In Betty's Tea Room kann man in elegantem Ambiente süße Spezialitäten zum Tee probieren.

ÜBERNACHTEN

► Luxus

White Swan Inn
Pickering, Ryedale, North Yorkshire YO18 7AA
Tel. 0 17 51 – 47 22 88, Fax 47 55 54
E-mail info@white-swan.co.uk
Die Zimmer im White Swan Inn in Pickering im Ryedale sind komfortabel; das Restaurant ist gut und bietet eine solide Auswahl an Ales.

► Luxus/Komfortabel

① ***The Hazelwood***
24 - 25 Portland Street, York
YO31 7EH
Tel. 0 19 04 – 62 65 48, Fax 62 80 32
reservations@thehazelwoodyork.com
Sehr angenehme Unterkunft in einem eleganten Stadthaus, das im Herzen der Stadt liegt.

► Komfortabel

② ***Bishop's Hotel***
135 Holgate Road, York YO24 4DF
Tel. 0 19 04 – 62 80 00
Fax 62 81 81
E-mail: enquiries@bishopshotel.co.uk
Freundlich eingerichtete Zimmer in einer schönen Villa aus viktorianischer Zeit.

③ ***Romley House***
2 Millfield Road, York YO23 1NQ
Tel. 0 19 04 – 65 28 22
E-mail info@romleyhouse.co.uk
Romley House ist freundlich und familiär geführt und liegt in Zentrumsnähe.

EINKAUFEN

Swinegate, im Mittelalter der Schweinemarkt, ist ein Gassengewirr voller Designerboutiquen, Souvenirläden, Cafés und Bars. Stonegate, einstmals das Terrain der Steinmetze, birgt heute exklusive Geschäfte. Schön zum Flanieren sind die Shambles, eine mittelalterliche Straße, deren Fachwerk-Fassaden hier und da große Fleischerhaken zieren: Eine Erinnerung an die Metzger, die früher hier zu Hause waren und ihre Läden hatten.

GEISTER-TOUR

Um Geister und Gespenster, Geschichte und Geschichtchen, Sagen und Legenden geht es bei den gruselig-unterhaltsamen »Ghost Walks«, bei denen man durch York geführt wird. Treffpunkt zum »Ghost Walk« ist täglich um 20.00 Uhr vor dem Kings Arms Pub an der Ouse Bridge.

reien. Um 627 wurde eine erste Kirche aus Holz für die Taufe des angelsächsischen Königs Edwin gebaut. Mit dem Bau der jetzigen gotischen Kathedrale begann man im frühen 13. Jahrhundert.

Rundgang ► Das im hochgotischen Stil vollendete Langhaus ist 158 m lang und 64 m breit und damit eines der breitesten gotischen Schiffe in Europa. In die Westwand ist das eindrucksvolle achtbahnige Maßwerkfenster (1338) mit Herzblattformen (Heart of Yorkshire) eingelassen, auf dem Szenen aus dem Neuen Testament, Apostel- und Bischofsfiguren zu sehen sind. Die an den Langhauswänden angebrachten Wappenschilde erinnern an Adlige, die Edward I. und Edward II. in ihren Kriegen gegen Schottland unterstützten.

Im nördlichen **Seitenschiff** befindet sich das Wallfahrtsfenster (um 1312) mit Petrus, der von Pilgern umgeben ist, und ungewöhnlichen Details wie einem lesenden Hahn und einem Affenbegräbnis. Daneben erstrahlt das **Glockengießerfenster** (14. Jh.) mit entsprechenden Motiven. Im dritten Joch des südlichen Seitenschiffs ist das **Jesse-Fenster** (um 1310) mit Figuren der Vorfahren Jesu (u.a. David, Salomon, Propheten) bemerkenswert.

Das dreischiffige **Querschiff** ist im 13. Jh. errichtet worden. In der Schlusswand des nördlichen Querschiffs fasziniert das von Charles Dickens so benannte »Five Sisters Window« (ca.1260). Im südlichen Querschiff erinnert die herrliche **Fensterrose** (um 1500) an die Hei-

York Minster, würdiger Kathedralbau für eine bedeutende Diözese

York Minster Orientierung

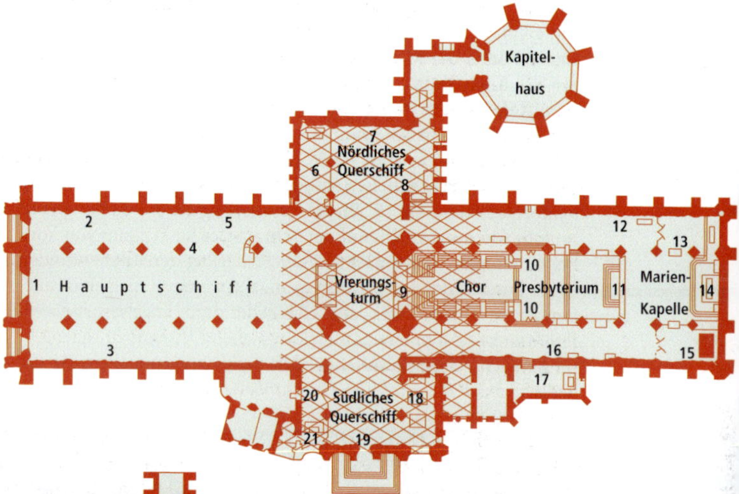

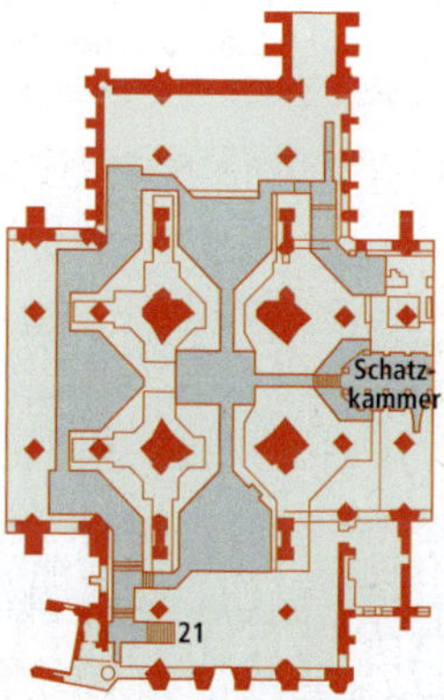

The Foundations

1 Westfenster (1338)
2 Portalskulpturen
3 Jesse-Fenster (ca. 1310)
4 Drachenkopf
5 Glockengießer-Fenster (14. Jh.)
6 St.John's Chapel
7 »Five Sisters«-Fenster (ca. 1260)
8 Astronomische Uhr
9 Lettner mit Königsstatuen
10 Zugänge zur Krypta
11 Hauptaltar
12 St.-William-Fenster (1422)
13 St.Stephen's Chapel
14 Ostfenster (1408)
15 Allerheiligenkapelle
16 St.-Cuthbert-Fenster (ca. 1435)
17 Zouche-Kapelle
18 Grabmal von Erzbischof Walter de Gray (1255)
19 Rosenfenster (ca. 1500)
20 St. George's Chapel
21 Eingang zu »The Foundations«

rat Henrys VII. mit Elizabeth von York, durch die die Rosenkriege zwischen den Häusern Lancaster und York beendet wurden.
Die **Chorschranke** ist ein Meisterwerk der spätgotischen Bildhauerkunst: Zu sehen sind Statuen der 15 englischen Könige von William I. (links) bis Henry VI.(rechts). Im südlichen Chorumgang befindet sich das **St. William-Fenster** von 1422 mit Szenen aus dem Leben des Heiligen, dessen Schrein im Mittelalter im Altarraum verehrt wurde. William Fitzherbert, Erzbischof von York, wurde vier Jahre nach seiner Wahl 1143 von Papst Eugen III. ungerechtfertigt abgesetzt, 1153 aber restituiert. Beim triumphalen Wiedereinzug in York brach die Brücke über die Ouse unter der Last der Menschen zusammen, ohne dass jemand verletzt wurde – ein deutliches Zeichen für

die Heiligkeit des Erzbischofs. Im nördlichen Chorumgang befindet sich das **St. Cuthbert-Fenster**, das Szenen aus dem Leben des Heiligen zeigt, der 685 zum Erzbischof geweiht wurde. Den Schluss der Chors bilden die Marienkapelle und das Ostfenster mit Darstellungen des Alten Testaments, das um 1408 entstand und wohl das **größte mittelalterliche Buntglasfenster der Welt** ist.

Die **Krypta** (12. Jh.) stammt aus einer normannischen Vorgängerkathedrale, außerdem sind Reste einer Apsis (11. Jh.) aus einer noch früheren Kirche erhalten. Ausstattungskostbarkeiten sind die Kapitelle, der Taufstein, im 15. Jh. als Erinnerung an die Taufe von Edwin im Jahr 627 aufgestellt, und der Schrein des St. William von York.

★ The Foundations ► Bei Grabungen, die 1967–1972 zur Sicherung der Kirchenfundamente im Bereich des Mittelturms gemacht wurden, stieß man auf umfangreiche Unterbauten aus römischer und angelsächsischer Zeit. Fundstücke sind in einem archäologischen Museum zu sehen.

★ Kapitelhaus ► In dem achteckigen Kapitelsaal fällt die freitragende, bemalte Gewölbedecke aus Holz mit 20 m Durchmesser auf.

St. William's College Restaurant: Hier tafelt man im Ambiente des 15. Jahrhunderts.

★ The Minster Close

Zu den interessanten Bauten in der Domfreiheit zählen das St. William's College (15. Jh.), in dem eine Ausstellung zur Geschichte des Minster gezeigt wird, das Treasurer's House (17. Jh.), das frühere Wohnhaus des Domschatzmeisters mit hervorragendem Interieur, und die Minster Library, die in einer Kapelle aus dem 12./13. Jh. untergebracht ist. Hinter der St. Michael-le-Belfrey Church an der Südseite des Minster erinnert eine römische Säule (4. Jh.) an die Ausrufung Konstantins zum römischen Kaiser in York im Jahr 306.

★ Altstadt

Museum Gardens

Westlich des Münsters liegen die Museum Gardens mit Überresten des St.-Leonard-Hospitals (11. Jh.) und Teilen der römischen Festung, in die die mittelalterliche Ummauerung eingefügt wurde. Das **Yorkshire Museum** besitzt eine bedeutende archäologische Sammlung mit überwiegend römischen und angelsächsischen Funden. Die **City of York Art Gallery** zeigt eine Sammlung englischer und europäischer Gemälde vom Mittelalter bis zur Neuzeit.

Fußgängerzone

★ ◄ Stonegate

★ ◄ Shambles

Südlich der Kathedrale liegt die Fußgängerzone von York mit zahlreichen Geschäften. Schöne, mittelalterliche Gassen sind Stonegate – in York heißen Straßen wie im Skandinavischen häufig »gate« (= Gasse), ein deutliches Relikt der Dänenherrschaft – und vor allem Shambles: schmal und dunkel – die Gasse, in der die Metzger in alten Häusern wohnten, »shambles« genannt nach den Fenstersimsen (shambles), auf denen sie ihr Fleisch anboten.

The ARC

Im Archaeogical Research Center in der St. Saviourgate kann man bei Ausgrabungen selbst mit Hand anlegen.

Merchant Adventurers' Hall

In der Straße Piccadilly steht der vornehmste Zunftbau der Kaufleute und reichen Handelsherren, die Merchant Adventurers' Hall.

★★ Jorvik Viking Centre

Ein Stück in Richtung River Ouse befindet sich in der Coppergate das Jorvik Viking Centre, das über den Alltag der Wikinger im 9./10. Jh. informiert. Zu sehen sind u.a. Rekonstruktionen von Wohnhäusern aus dem dänischen Jorvik, der Vorgängerstadt von York, und Nachbildungen frühmittelalterlicher Werkstätten.

York Castle

York Castle im Süden der Altstadt wurde 1068 in Holzbauweise von den Normannen errichtet. Im 13. Jh. wurde statt der Holzfestung eine weitläufige Burganlage gebaut, von der lediglich **Clifford's Tower** erhalten ist – der Keep, benannt nach Roger de Clifford, der als Führer der Lancaster Partei 1322 hier hingerichtet wurde. 1190 suchten rund 150 Juden in dem Turm Zuflucht vor Verfolgung durch die aufgebrachte Menge während der Kreuzzugspropaganda gegen die Juden. In ihrer aussichtslosen Lage nahmen sie sich das Leben. Im 18. Jh. entstanden auf dem Burgareal Gefängnisbauten, die heute musea-

Micklegate Bar, ein Überbleibsel der alten Stadtmauer von York

len Zwecken dienen. Das **York Castle** Museum gibt hervorragende Einblicke in die englische Lebenswelt verschiedener Jahrhunderte. Dazu gehört auch die Kirkgate, ein nachgebauter viktorianischer Straßenzug mit kleinen Geschäften.

Einen bleibenden Eindruck hinterlässt ein Spaziergang auf den ca. 5 km langen Stadtmauern. Sie wurden größtenteils im 14. Jh. gebaut und folgten weitgehend den römischen Mauerlinien, schlossen auch Reste davon ein. Sechs Tore (bars) sind noch erhalten, vier davon aus dem Mittelalter; Walmgate Bar, Monk Bar und Bootham Bar haben sogar noch die alten Fallgatter. Im Monk Bar stellt das **Richard III. Museum** die Geschichte des berühmten Schurken dar.

Das weltweit größte seiner Art ist das **Eisenbahnmuseum** am westlichen Stadtrand in der Leeman Road, das am Beispiel zahlreicher Lokomotiven und Waggons von 1820 bis heute die Entwicklung der Eisenbahn aufzeigt. Zu sehen sind u.a. ein viktorianischer Postzug von 1838 und luxuriöse edwardianische Salonwagen.

Umgebung von York

Beningbrough Hall

In Beningbrough Hall, einem frühgeorgianischen Landsitz ca. 13 km nordwestlich von York, sind über 100 Leihgaben aus der National Portrait Gallery zu sehen.

Burnby Hall

Einen Abstecher lohnen die Gärten von Burnby Hall gut 30 km südöstlich von York.

Selby

★ ★

Abbey ►

Selby liegt südlich von York ebenfalls am River Ouse. In dem Städtchen gibt es eine Reihe bemerkenswerter georgianischer Häuser und eine der schönsten Klosterkirchen Englands. Der Vorgängerbau der eindrucksvollen Abtei, 1069 an dieser Stelle für Benediktinermönche gegründet, stellte das erste bedeutende Kloster nach der normannischen Eroberung dar. Die jetzige Kirche wurde um 1100 begonnen und St. Germanus geweiht. Sehenswert sind die spätnormannische Westfront und das Nordportal. Die östliche Hälfte des Hauptschiffs ist romanisch-normannisch, die westliche im Transitional Style des 13. Jh.s gehalten. Architektonisch bemerkenswert ist der im Decorated Style errichtete Chor (1280–1340). Höhepunkte sind das Ostfenster mit Darstellungen des hl. Michael und das »Washington Window« (14. Jh.) im Chor mit dem Wappen der Familie, von der auch Amerikas Präsident George Washington abstammte.

★ **Yorkshire Wolds**

The Wolds – zur Unterscheidung zu anderen Hügellandschaften gleichen Namens »Yorkshire Wolds« genannt – erstrecken sich nördlich, östlich und südlich von York. Früher war dieses Gebiet gleichsam eine riesige Schafweide, da die Böden wenig ertragreich waren. Inzwischen sind weite Landstriche in Kornfelder verwandelt worden. Dazwischen liegen weiße Klippen und malerische Baumgruppen, und schöne altmodische Alleen durchziehen die Landschaft. Weit verteilt liegen in dieser dünn besiedelten Gegend einige sehenswerte Plätze.

Castle Howard entstand nach den Entwürfen von John Vanbrugh

Malton, ein Städtchen am Ufer des Derwent, ist bekannt für die Zucht von Rennpferden. Das **Eden Camp Modern History Theme Museum**, ein Museum für Kriegsgeschichte nordöstlich von Malton, widmet sich visuell, akustisch und sogar in Gerüchen dem Zweiten Weltkrieg und den Folgejahren. Zu sehen sind u.a. die Nachbildung eines Kriegsgefangenenlagers und eher überraschende Attraktionen wie die »Gefangenenkantine«, in der sich Besucher stärken können (an der Kreuzung der A 64 und A 169).

✶ Castle Howard ►

Westlich von Malton lohnt Castle Howard, ein imposantes Herrenhaus nach Entwürfen von John Vanbrugh im palladianischen Stil gebaut. Deutlich orientierte der Dramatiker und Architekt sich bei dieser ersten bedeutenden Arbeit an Plänen von Christopher Wren. Besonders gelungen ist die Gartenfront. Die eleganten Räume beherbergen großartige Gemälde, Stilmöbel und Kostüme sowie kostbare Vasen und Statuen. In dem Park gibt es hübscheWasseranlagen, die einander nach einem ausgeklügelten System speisen.

Nordwestlich von Malton liegt am Ufer des River Rye **Nunnington Hall**, ein großer Herrensitz aus dem späten 16. Jh. mit einer schönen Gartenanlage. Zur Innenausstattung gehören feine Holztäfelungen, kostbare Tapisserien und chinesisches Porzellan.

✶ **Nationalpark North York Moors**

Die North York Moors oder North Yorkshire Moors sind Nationalparkareal, das sowohl die reizvolle Klippenküste als auch das Hinterland – überwiegend Heide- und Moorlandschaften – umfasst. Kiefern, Stechginster und zahlreiche Wildblumen sind hier zu finden. Die North Yorkshire Moors Railway, ein von einer Dampflok betriebener Zug, durchquert den Nationalpark auf der Nord-Süd-Strecke von Grosmont bei Whitby nach Pickering. Einen Zwischenstopp kann man in Goathland machen, einem der wenigen Dörfer in dem dünn besiedelten Gebiet. Die Moors sind beliebtes Wandergebiet. Auf dem **Cleveland Way**, einem Fuß- und Reitweg von etwa 175 km Länge, lässt sich der Nationalpark fast einmal umrunden.

Vom Seebad Bridlington geht eine wunderbare **Küstenstraße** nach Nordwesten bis nach **Whitby**. Ab Whitby gibt es mehrere landschaftlich sehr schöne Straßen, die durch die North York Moors führen (Bridlington, Scarborough und Whitby ►North East Coast).

Von kulturellem Interesse ist der Südwesten des Nationalparks. Ein

Rievaulx Abbey *Orientierung*

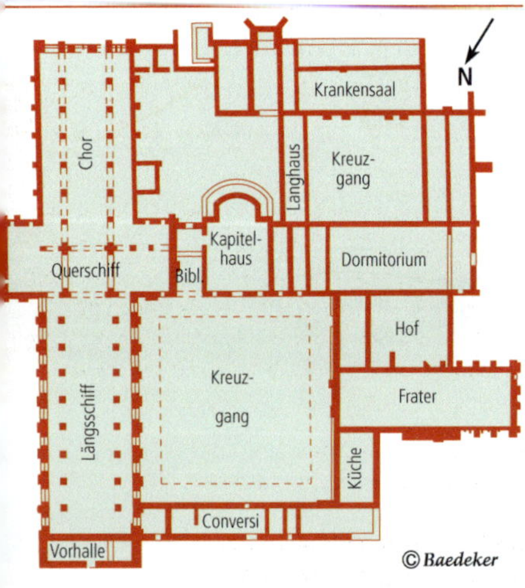

Eine der eindrucksvollsten Ruinen Großbritanniens: Rievaulx Abbey

Bild vollendeter Schönheit bieten die gewaltigen Ruinen der **Rievaulx Abbey**, die 1131 für Zisterzienser-Mönche gegründet wurde. Relativ gut erhalten ist das Kirchenschiff, von den Klosterräumen, in denen einst etwa 500 Mönche lebten, sind Krankenräume und der Schlafsaal aus dem 12. und 13. Jahrhundert zu erahnen. Oberhalb der Abtei steht ein Schlösschen aus dem Jahr 1758, zu dem man hinaufsteigen kann, um den eindrucksvollsten Blick auf die Ruine und das ganze Tal zu genießen.

In dem malerischen Weiler **Coxwold** war der Schriftsteller Laurence Sterne (1713–1768) als Prediger tätig. In **Shandy Hall** verfasste er die »Sentimental Journey« (Empfindsame Reise). Seine damalige kleine Studierstube ist heute als Gedenkzimmer eingerichtet.

Wenige Kilometer nördlich von Kilburn kann man die Umrisse eines Pferdes erkennen, die in den weißen Kalkstein eingeritzt wurden.

! *Baedeker* TIPP

Der schönste Blick

Den »schönsten Blick Englands« nannte James Herriot alias Alf Wight, wie der berühmteste Tierarzt der Welt in Wahrheit hieß, die Aussicht von der Sutton Bank am Südwestrand des Nationalparks der North York Moors in der Nähe von Sutton-under-Whitestonecliff und Kilburn.

✶ Yorkshire Dales

O/P 12

Landesteil: Nordengland **Grafschaft:** North Yorkshire

Die Yorkshire Dales sind ein äußerst reizvolles und abwechslungsreiches Gebiet. Zu den Dales gehören das Wharfedale, also das Tal des Flusses Wharfe, das Upper Ribbledale, das Wensleydale, das Swaledale und die Südseite des Teesdale. Diese Flusstäler sowie zahlreiche Seitentäler bilden den Nationalpark Yorkshire Dales.

✶ **Nationalpark und Landschaftsbild**

»Dale« leitet sich vom skandinavischen »Thal« ab und bezeichnet, anders als das allgemein gebrauchte »Vale« für Tal, ausschließlich die moorigen und sumpfigen Täler, die von Flüssen aus dem Pennine-Gebirge gespeist werden. Jedes der dünn besiedelten Täler hat einen anderen Charakter. Das Ribblesdale mit Wasserfällen, aufragenden Felsen, Höhlen und großen Steinbrüchen ist das dramatischste. Auch das Swaledale hat wilde Schluchten mit zerklüfteten Felsformationen.

Typische Landschaft der Yorkshire Dales zwischen Swaledale und Wensleydale

YORKSHIRE DALES ERLEBEN

AUSKUNFT

Minster Road, Ripon, North Yorkshire, England, HG4 1LT
Tel. 01765 – 604625
Fax 01765 – 604625
E-mail: ripontic@harrogate.gov.uk
www.harrogate.gov.uk/tourism

ESSEN

► Erschwinglich

Napier's Restaurant
► Übernachten

The Lister Arms Hotel
► Übernachten

ÜBERNACHTEN

► Luxus

Devonshire Arms Country House Hotel
Bolton Abbey, Skipton, North Yorkshire BD23 6AJ
Tel. 01756 – 710441, Fax 710498
E-mail:
sales@thedevonshirearmsco.uk
Das Haus ist seit 1733 in Besitz der Familie des Herzogs und der Herzogin von Devonshire. Der Herzogin obliegt die Inneneinrichtung. So finden sich in diesem Luxushotel schöne Gemälde und Antiquitäten.

► Komfortabel

The Lister Arms Hotel
Malham (bei Skipton), North Yorkshire BD23 4DB
Tel. 01729 – 830330, Fax 830323
E-mail: info@listerarms.co.uk
Gasthaus aus dem 17. Jahrhundert mit schönem Pub und Restaurant.

King's Arms Hotel
Market Place, Askrigg, DL8 3HQ
Tel. 01969 – 650258, Fax 650635
Das hübsche Hotel war Kulisse für den Dorf-Pub der Fernsehserie »Der Doktor und das liebe Vieh«.

Napier's Restaurant
Chapel Hill, Skipton, North Yorkshire BD23 1NL
Tel. 01756 – 799688, Fax 798111
E-mail: ianackroyd@btconnect.com
Gute Küche und gepflegte Zimmer in einem ehemaligen Farmhaus.

TIPP

Passt gut in diese idyllische Landschaft: Urlaub auf dem Bauernhof. Ein Verzeichnis all jener Farmhäuser, die Bed & Breakfast anbieten, findet man im Internet unter www.yorkshirefarmbreaks.com.

Lieblich ist dagegen das obere Wharfedale. Das Wensleydale ist breiter, mit satten Wiesen, Wasserfällen und Heidelandschaft. Die Höhen liegen im Schnitt bei 180 m, manche steigen bis über 600 m an.

Wharfedale

Bolton Abbey

Das südlichste Tal der Yorkshire Dales ist das des Flüsschens Wharfe nordwestlich von ►Leeds. Günstiger Ausgangspunkt für die Erkundung seiner landschaftlichen Schönheiten ist das Dorf Bolton Abbey mit der **Ruine der Bolton Priory**. Reste der Kirche sind erhalten, ein Teil des Kirchenschiffs wird sogar noch benutzt. Auf außerordentlich schönen Spazierwegen lässt sich Bolton Estate durchstreifen. Ein Spaziergang, den man sich nicht entgehen lassen sollte, geht am Westufer des Wharfe entlang zum »Strid«, wo sich der Fluss auf weniger als 1 m Breite verengt und entsprechende Stromschnellen bildet. Von der Abtei bis zu der 1659 gebauten Barden Bridge sind es knapp 5 km. Für den Rückweg sollte man die andere Flussseite wählen.

★ Strid ►

★ **Upper Wharfedale**

Eine schöne Strecke durch das Upper Wharfedale führt von Bolton Abbey am Westufer des Wharfe an der Barden Bridge und der Ruine des Barden Tower vorbei. Im Kilnsey Park kann man sich über die vielfältige Landwirtschaft der Dales informieren. Nach links zweigt eine Straße in das schmale Litondale Richtung Arncliffe ab. Ab Buckden am Fuß des etwa 700 m hohen Buckden Pike kann man weiter dem Wharfe folgen oder rechts zum Wensleydale abbiegen.

Skipton

Das Städtchen Skipton westlich von Bolton Abbey ist der Hauptort der Region zwischen Wharfedale und Ribbledale. Das Schloss ist eines der besterhaltenen in ganz England.

Embsay

Für Eisenbahnfreunde lohnt die Sammlung alter Lokomotiven und Wagen am Bahnhof von Embsay etwas nordöstlich. Sonntags fährt eine dampflokbetriebene Bahn von Embsay zur Bolton Abbey Station.

Malham

Schön ist ein Ausflug von Skipton in nordwestlicher Richtung nach Malham. Wanderungen durch wildromantische Szenerien führen zur amphitheaterartigen Felsformation Malham Cove, zur Schlucht von Gordale Scar und zu dem versteckten Moorsee Malham Tarn.

Wensleydale

Das Wensleydale ist nicht nach einem Fluss benannt, sondern nach dem Städtchen Wensley südwestlich von ►Richmond. Der Fluss, der durch das Tal fließt, ist der Ure.

Ripon

★ Kathedrale ►

Ein guter Tourenstützpunkt – noch nicht im eigentlichen Wensleydale gelegen – ist Ripon am Skell, einem Nebenfluss des Ure. Sehenswert ist die Kathedrale, die auf eine 657 von Alchfrith gegründete Klosterkirche zurückgeht. Die ältesten Teile, Querschiffe und Chor, stammen aus dem 12. Jahrhundert. Die angelsächsische Krypta stammt noch aus der Zeit um 670.

★★ **Fountains Abbey**

Fountains Abbey wird oft als eine der schönsten Ruinen Europas bezeichnet. Sie liegt 6,5 km südwestlich von Ripon und wurde von der UNESCO als Weltkulturerbe eingestuft. Fountain Abbey ist nicht nur eine der großartigsten, sondern auch größten und am besten erhaltenen Ruinen Großbritanniens und ein hervorragendes Beispiel der in

Abgelegen mitten in der Landschaft: die Ruinen der Fountains Abbey

England häufigen Umwandlung eines Klosters zu Wohngebäuden. Der Name stammt von mehreren Quellen, die in der Nähe entspringen. Der beste Eindruck ergibt sich, wenn man durch den georgianischen Landschaftsgarten Studley Royal kommt – unvermittelt hat man Blick auf die 1132 als Zisterzienser-Abtei gegründete Anlage. Das gewaltige Bauwerk kündet vom Reichtum der Mönche, der durch Schafzucht und Wollhandel begründet wurde. Schönster Teil der Anlage ist die »Chapel of the Nine Altars«, in der erstmals in England der Spitzbogen eingesetzt wurde. Weitgehend erhalten sind die umfangreichen Wirtschaftsgebäude, die die Klosteranlage so gewaltig erscheinen lassen: Kapitelhaus, Schlaf- und Waschräume, Refektorium, Küche, Krankenhaus und Gästehäuser sind meist doppelt vorhanden: für Mönche und Laienbrüder. In **Fountains Hall** (1595–1611), westlich außerhalb teils aus dem Material der Abtei gebaut, ist eine interessante Sammlung von Möbeln zu sehen.

★
◄ Studley Royal

★
Jervaulx Abbey

Eine andere eindrucksvolle Ruine – ebenfalls malerisch in einem Wiesental gelegen – ist die der Jervaulx Abbey 22 km nordwestlich von Ripon. Von der Kirche (um 1200) steht nur noch wenig, zu sehen sind noch die Wirtschaftsgebäude des einstigen Zisterzienser-Hauses.

Middleham

Erst jenseits von Jervaulx trägt das Tal des Ure den Namen Wensleydale, und hier beginnt auch der reizvollste Abschnitt des Flusslaufs mit Wasserfällen und romantischen Dörfchen an den Ufern. Eines dieser hübschen Dörfer ist Middleham. **Middleham Castle** war ein

Middleham Castle – hier hielt sich Richard III. seinerzeit gern auf.

Lieblingsaufenthaltsort von Richard III. Erhalten ist eine mächtige Ruine, deren Bergfried zu den größten in England zählt.

Aysgarth Waterfalls Drei Wasserfälle, die Aysgarth Falls, gibt es bei Aysgarth. Einen guten Blick hat man von der Brücke über den Ure.

In **Hawes** kann man eine Käsefabrik besichtigen, die den berühmten Wensleydale-Käse herstellt. Von Hawes führt eine Bergstraße in vielen Windungen nach Muker im Swaledale. 3 km hinter Hawes kommt man am Hardraw-Force-Wasserfall vorbei, dann geht es weiter über den Buttertubs-Pass. Den Namen »Butterfass« trägt der Pass nach fünf 15–30 m tiefen Höhlen.

Swaledale und Teesdale

Richmond Das Swaledale ist überwiegend rau und wild. Guter Ausgangspunkt ist die hübsche Stadt ►Richmond. Folgt man dem Swale auf seinem Lauf in westlicher Richtung, kommt man nach knapp 18 km nach Reeth, dessen Bleiminen schon von den Römern ausgebeutet wurden; die Old Gang Smelting Mill 6 km nordwestlich der Stadt ist ein typischer Schmelzofen vom Ende des 19. Jahrhunderts. Bei Reeth zweigt ein Weg ins einsame **Arkengarthdale** ab, durch Moor und Heide, durch winzige Orte und über steile Erhebungen.

Barnard Castle

Über das Arkengarthdale kommt man nach Barnard Castle. Das alte Städtchen liegt sehr schön am Fluss Tee, oberhalb des Flusses steht ein verfallenes Castle aus dem 12. Jahrhundert. Im Osten der Stadt liegt das Bowes Museum, das John Bowes und seine Frau Josephine Coffin-Chevalier 1869–1875 als Nachbildung eines Teils der Tuilerien in Paris bauen ließen für ihre hervorragende Kunstsammlung: Wandteppiche, wertvolle Keramikarbeiten, Porzellan, Manuskripte, Möbel und Gemälde, darunter alte Meister wie El Greco und Goya.

★ ★
◄ Bowes Museum

★
Raby Castle

Raby Castle 6 km nordöstlich von Barnard Castle ist ein gut erhaltenes Castle aus dem 14. Jahrhundert. Die meisten Räume sind heute im Stil des 18. und 19. Jh.s eingerichtet; die Schlosskirche jedoch ist seit 600 Jahren nahezu unverändert geblieben.

Teesdale

Von großem landschaftlichen Reiz ist das Teesdale oberhalb von Barnard Castle. Bei Forest-in-Teesdale stürzt ein Wasserfall 22 m in die Tiefe. Der 792 m hohe Mickle Fell im Upper Teesdale ist berühmt für seine vielfältige Pflanzenwelt: alpine, kontinentale und normalerweise nur weiter südlich wachsende Flora sind hier vereint.

★
◄ Mickle Fell

Gepflegtes sportliches Treiben auf dem Bowling Green von Barnard Castle

REGISTER

a

b

BILDNACHWEIS

AKG S. 38, 49, 62, 68, 81, 82, 85, 86, 88, 92, 630
Associated Press S. 35, 54
Baedeker-Archiv S. 27, 32, 47, 115, 185 (Mi.u.), 217, 219, 231, 259, 478 (links), 569 (2x), 587, 623 (re.u.), 647, 664, 711
Branscheid, B. S. 10, 174 (li.u.), 289, 353, 652
Branscheid, U. S. 237, 241, 309, 622, 623 (2x links), 695, 699
Corporation of London S. 478 (rechts), 479 (2x oben, unten rechts)
dpa S. 7 (oben), 37, 456
Eisenschmid S. 472, 482, 501, 502, 504
gettyimages/Johnson S. 636
Greater Glasgow & Clyde Valley Tourist Board S. 362, 366, 517
HB Verlag/Modrow S. 111, 125, 127, 144, 211 (Mi.li.), 333, 334, 335 (li.u.), 336, 337, 338, 340, 342, 347, 365, 368, 384, 385, 398, 399, 400, 403, 405, 508, 511, 512, 514, 567, 571, 573, 576, 579, 592, 594, 595, 640, 643, 644, 677
HB Verlag/Kiedrowski S. 5, 13, 28, 30, 40, 45, 110, 270, 271, 272, 480 (2x), 485, 499, 464, 708, 709
HB Verlag/Leue Umschlaginnenseite vorne, S. 6, 7 (unten), 8 (oben), 11, 15 (Mitte), 56, 58, 72, 94/95, 105, 117, 122, 157, 159, 163, 169 (li.u.), 174 (re.u.), 185 (re. Mi.), 205, 208, 211 (re.u.), 213, 233, 234, 236, 255 (4x), 256, 257, 280, 281, 287, 295, 308, 320, 351, 352, 371, 372, 417, 537, 538, 543, 619, 620, 623 (li.o.), 624 (re.), 632, 634, 635, 657, 658, 661, 662, 680, 693, 696, 698, 700, 703, 704
HB Verlag/Lyons S. 9, 41, 70 (unten), 71, 100, 106, 109, 130, 131, 138, 145, 146, 169 (Mi.li.), 179 (4x), 185 (Mi.re.), 187, 193, 194, 195, 260, 263, 264, 274, 278, 291, 312, 326, 381, 395, 407, 412, 436, 442, 450, 453, 518, 524, 525, 526, 528, 531, 534, 535, 548, 549, 550, 554, 555, 561, 562, 584, 586, 588, 613, 627, 648, 649, 666, 668, 672, 673, 718, 720, 721, 724, 728, 729
Huber S. 566
IFA S. 471, 506
Interfoto/Fratelli Alinari S.p.A. Firenze S. 211 (re.o.)
Kirchgeßner S. 8 (unten), 12/13, 14, 15 (oben) 16 (unten, oben), 34, 36, 120, 128, 151, 153, 177 (Mi.u.), 345, 356, 364 (unten), 388, 568, Umschlag hinten (2x)
Krinitz S. 77
Kuttig S. 222
Fotoagentur Lade S. 181 (Mi.u.), 382, 727
laif/Gollh. & Wieland S. 186/187
laif/Gonzalez S. 174 (li.o.), 210, 211 (re.o.), 212, 242, 296, 420, 484, 624 (li.)
laif/Krinitz S. 74, 171, 185 (re.u.), 215, 292 (unten), 293, 294, 328, 335 (2x oben), 359, 402, 404, 570
laif/Modrow S. 507
laif/Zielske, H.&D. S. 4, 17, 169 (re.u.), 177 (Mitte), 185 (li.o.), 225, 226, 247, 249, 315, 462, 600, 601, 603, 604, 606, 608, 712
look S. 139, 492
Maier S. 491 (li.o.)
Mauritius S. 42
Mauritius/Pigneter S. 324
Mauritius/Lawrence S. 377
Merten, H.P. S. 183 (li.u.), 191
Müller, K.U. S. 169 (li.o.), 218, 496, 691
National Portrait Gallery S. 66
picture-alliance/akg-images/Erich Lessing S. 255 (re.o.)
picture-alliance/akg-images/Rabatti-Domingie S. 211 (Mi.re.)
picture-alliance/CMI/Picture24/AQUILA S. 73
picture-alliance/dpa S. 33, 84, 87, 93, 479 (li.u.), 491 (Mi.li., li.u., re.u.), 335 (re.u.)
picture-alliance/dpa/Stockfood S. 113, 118, 375
picture-alliance/KPA S. 80, 639
Photopress/Bott S. 712
Photopress/Hackenberg S. 166/167, 169 (Mi.re.), 181 (2x rechts), 437 (li.), 546, 719
Photopress/Master S. 20, 78, 177 (2x oben), 181 (links, links oben), 185 (re.o.), 262, 317, 431, 432, 461, 523, 572, 574, 665, 685, 686, 687, 688
Photopress/Rauh S. 16 (Mitte), 179 (2x re.u.), 427, 437 (re.), 530, 560
Reincke S. 1, 23, 95, 183 (3x oben, re.u.), 298, 383, 387, 389, 390, 564
Bildagentur Schapowalow S. 174 (re.o.), 541
Schapowalow/Huber S. 269
Smith, J. S. 380
Stetter S. 490, 491 (re.o.),
Szerelmy S. 220
The Falkirk Wheel S. 198, 199 (5x), 200
Thomas S. 64, 136, 476, 481, 488
Wrba S. 15 (unten), 18, 70 (oben), 169 (oben), 189, 201, 203, 302, 446, 494, 596, 602
ZEFA S. 177 (unten), 706

Titelbild: look/Pompe

VERZEICHNIS DER KARTEN & GRAFISCHEN DARSTELLUNGEN

IMPRESSUM

Ausstattung: 431 Abbildungen, 71 Karten und grafische Darstellungen, eine große Reisekarte
Text: Stefanie Bisping, Eberhard Bort, Achim Bourmer, Helga Cabos, Rainer Eisenschmid, Prof. Dr. Wolfgang Hassenpflug, Martina Johnson, Dr. Reinhard Paesler, Dr. Madeleine Reincke, Reinhard Strüber
Bearbeitung: Baedeker Redaktion (Dr. Eva Missler)
Kartografie: Christoph Gallus, Hohberg; Franz Huber, München; Franz Kaiser, Sindelfingen; Falk Verlag, Ostfildern (Cityplan)
3D-Illustrationen: jangled nerves, Stuttgart
Gestalterisches Konzept: independent Medien-Design, München; Kathrin Schemel

Chefredaktion: Rainer Eisenschmid, Baedeker Ostfildern

11. Auflage 2008

Urheberschaft:
Karl Baedeker Verlag, Ostfildern

Nutzungsrecht:
MAIRDUMONT GmbH & Co KG, Ostfildern

Sprachführer in Zusammenarbeit mit Ernst Klett Sprachen GmbH, Stuttgart,Redaktion PONS Wörterbücher

Printed in China
Gedruckt auf 100% chlorfrei gebleichtem Papier

BAEDEKER VERLAGSPROGRAMM

- Ägypten
- Algarve
- Allgäu
- Amsterdam
- Andalusien
- Athen
- Australien
- Australien • Osten
- Bali
- Baltikum
- Barcelona
- Belgien
- Berlin • Potsdam
- Bodensee
- Brasilien
- Bretagne
- Brüssel
- Budapest
- Bulgarien
- Burgund
- Chicago • Große Seen
- China
- Costa Blanca
- Costa Brava
- Dänemark
- Deutsche Nordseeküste
- Deutschland
- Djerba • Südtunesien
- Dominikanische Republik
- Dresden
- Dubai • Vereinigte Arabische Emirate
- Elba
- Elsass • Vogesen
- Finnland
- Florenz
- Florida
- Franken
- Frankfurt am Main
- Frankreich
- Fuerteventura
- Gardasee
- Golf von Neapel
- Gomera
- Gran Canaria
- Griechenland
- Griechische Inseln
- Großbritannien
- Hamburg
- Harz
- Hongkong • Macau
- Indien
- Irland
- Island
- Israel
- Istanbul
- Istrien • Kvarner Bucht
- Italien
- Italien • Norden
- Italien • Süden
- Italienische Adria
- Italienische Riviera
- Japan
- Jordanien
- Kalifornien
- Kanada • Osten
- Kanada • Westen
- Kanalinseln
- Kenia
- Köln
- Kopenhagen
- Korfu • Ionische Inseln
- Korsika
- Kos
- Kreta
- Kroatische Adriaküste • Dalmatien
- Kuba
- La Palma
- Lanzarote
- Lissabon
- Loire
- London
- Madeira
- Madrid

- Malediven
- Mallorca
- Malta • Gozo • Comino
- Marokko
- Mecklenburg-Vorpommern
- Menorca
- Mexiko
- Moskau
- München
- Namibia
- Neuseeland
- New York
- Niederlande
- Norwegen
- Oberbayern
- Oberitalienische Seen • Lombardei • Mailand
- Österreich
- Paris
- Peking
- Piemont
- Polen
- Polnische Ostseeküste • Danzig • Masuren
- Portugal
- Prag
- Provence • Côte d'Azur
- Rhodos
- Rom
- Rügen • Hiddensee
- Sachsen
- Salzburger Land
- St. Petersburg
- Sardinien
- Schottland
- Schwäbische Alb
- Schwarzwald
- Schweden
- Schweiz
- Sizilien
- Skandinavien
- Slowenien
- Spanien
- Spanien • Norden • Jakobsweg
- Sri Lanka
- Stuttgart
- Südafrika
- Südengland
- Südtirol
- Sylt
- Teneriffa
- Tessin
- Thailand
- Toskana
- Tschechien
- Tunesien
- Türkei
- Türkische Mittelmeerküste
- Umbrien
- Ungarn
- USA
- USA • Nordosten
- USA • Südwesten
- Usedom
- Venedig
- Vietnam
- Weimar
- Wien
- Zypern

LIEBE LESERINNEN, LIEBE LESER,

ein herzliches Dankeschön, dass Sie sich für einen Baedeker Allianz Reiseführer entschieden haben. Er wird Sie zuverlässig auf Ihrer Reise begleiten und Sie nicht im Stich lassen.
Natürlich beschreibt er die wichtigen Sehenswürdigkeiten, aber er empfiehlt auch die nettesten Kneipen und Bars, dazu Hotels für den großen und kleinen Geldbeutel, gibt Tipps für Restaurants, Shopping und für vieles mehr, was eine Reise zum Erlebnis macht. Dafür haben die Autoren und die Redakteurin Sorge getragen. Sie sind für Sie nach Großbritannien gereist und haben all ihre Erfahrungen und Kenntnisse in diesen Reiseführer gepackt.

Trotzdem: Die Erfahrung zeigt, dass Fehler und Änderungen nach Drucklegung, für die der Verlag keine Haftung übernehmen kann, nicht ausgeschlossen werden können. Für Kritik, Berichtigungen und Verbesserungsvorschläge sind wir Ihnen außerordentlich dankbar. Schreiben Sie uns, mailen Sie uns oder rufen Sie an:

► **Verlag Karl Baedeker GmbH**
Redaktion
Postfach 3162
D-73751 Ostfildern
Tel. (0711) 4502-262, Fax -343
E-Mail: info@baedeker.com

Besuchen Sie uns auch im Internet unter www. baedeker.com. Hier finden Sie jeden Monat den aktuellen Reisetipp der Redaktion und das gesamte Verlagsprogramm. Hier können Sie auch lesen, wer Karl Baedeker war und wie er seinen ersten Reiseführer geschrieben hat. Mit seinen über 175 Jahren ist der Karl Baedeker Verlag der älteste Reiseführer-Verlag der Welt.

www.baedeker.com

ZU GEWINNEN: STADTREISE NACH LONDON

Unter allen Einsendungen verlost der Verlag am Jahresende – unter Ausschluss des Rechtswegs – eine Städtekurzreise für zwei Personen nach London.
Freuen Sie sich auf ein spannendes Wochenende in London. Natürlich ist ein Baedeker Allianz Reiseführer London auch dabei!